Heimat und Arbeit

Kuratorium

Erwin Teufel, Ministerpräsident
Frieder Birzele, Innenminister
Bürgermeister Werner Dammert, Präsident des Gemeindetags Baden-Württemberg
Dr. Lothar Faißt, Präsident des Badischen Sparkassen- und Giroverbandes
Eugen Frick, Esslingen
Professor Dr. Kurt Gerhardt, Hauptgeschäftsführer des Landkreistags Baden-Württemberg
Theo Götz, Oberstudiendirektor, Pfullingen
Walter Krause, Innenminister a. D.
Senator e. h. Dipl.-Ing. Berthold Leibinger, Präsident der Arbeitsgemeinschaft der Industrie- und Handelskammern in Baden-Württemberg
Siegfried Pommerenke, Landesvorsitzender des Deutschen Gewerkschaftsbundes
Bruno Rühl, Präsident des Württembergischen Sparkassen- und Giroverbandes
Rudolf Ruf (MdB), Präsident der Handwerkskammer Karlsruhe, Präsident der Arbeitsgemeinschaft der Handwerkskammern in Baden-Württemberg
Harald B. Schäfer, Minister für Umwelt
Siegfried Schiele, Direktor der Landeszentrale für politische Bildung Baden-Württemberg
Dr. Emil Schill, Präsident des Landkreistags Baden-Württemberg
Marianne Schultz-Hector, Ministerin für Kultus und Sport
Dieter Spöri, Minister für Wirtschaft, Mittelstand und Technologie
Gerhard Weiser, Minister für Ländlichen Raum, Ernährung, Landwirtschaft und Forsten
Gerhard Widder, Vorsitzender des Städtetags Baden-Württemberg

Herausgeber: Konrad A. Theiss und Hans Schleuning

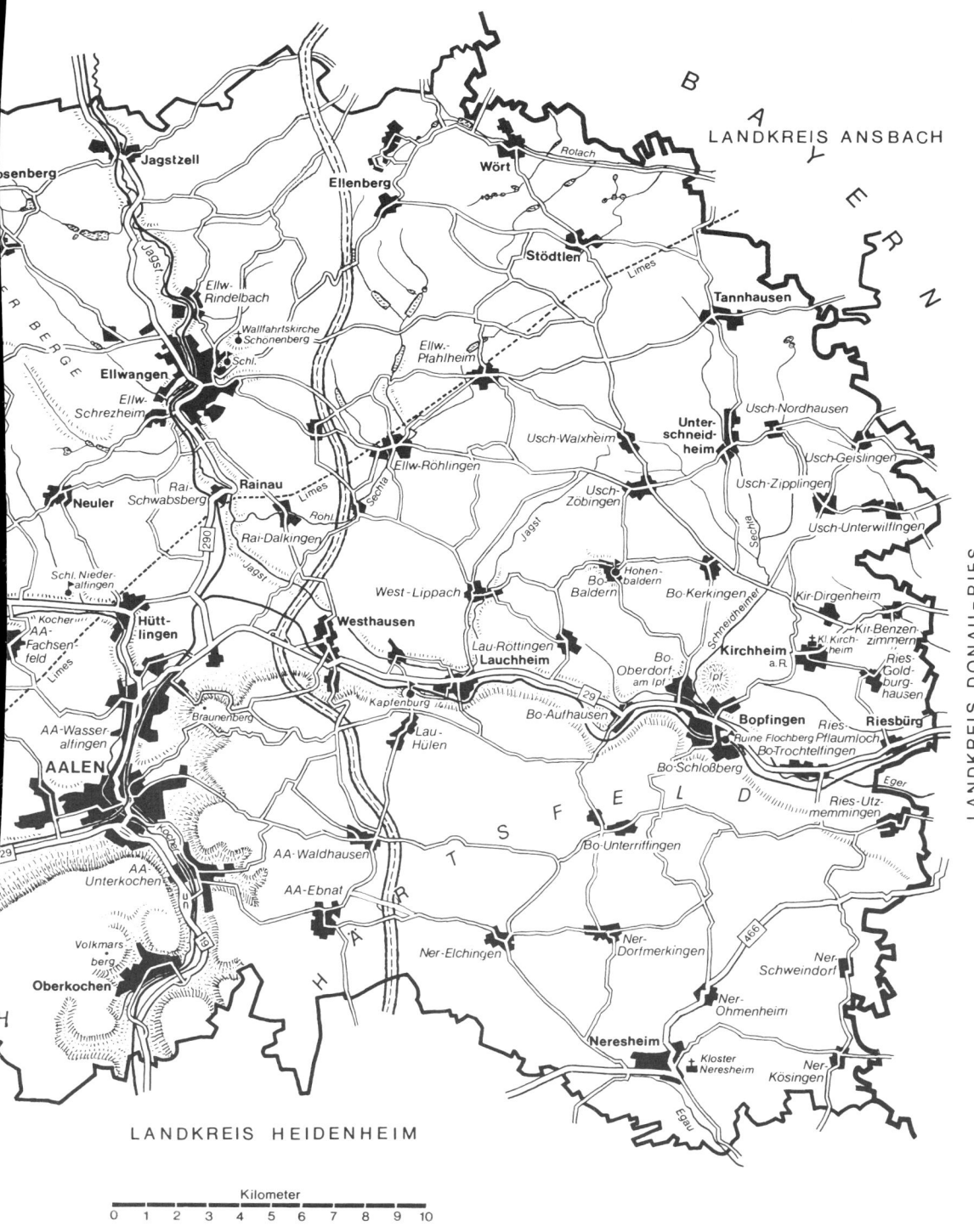

Der Ostalbkreis

Theiss

Herausgeber: Landrat Dr. Diethelm Winter
Redaktion: Bernhard Hildebrand M. A., Gabriele Süsskind

Die Deutsche Bibliothek – CIP-Einheitsaufnahme

Der **Ostalbkreis** / Hrsg.: Diethelm Winter. Red.: Bernhard Hildebrand ; Gabriele Süsskind. – 2., völlig neubearb. Aufl. – Stuttgart : Theiss, 1992
  (Heimat und Arbeit)
  ISBN 3-8062-0891-3
NE: Winter, Diethelm [Hrsg.]

Schutzumschlag: Jürgen Reichert, Stuttgart,
unter Verwendung eines Fotos
von Joachim Feist, Pliezhausen: Kloster Neresheim

© Konrad Theiss Verlag GmbH & Co., Stuttgart 1992
Alle Rechte vorbehalten
Gesamtherstellung: Grafische Betriebe
Süddeutscher Zeitungsdienst Aalen
Printed in Germany
ISBN 3-8062-0891-3

Geleitwort des Kuratoriums

Die Buchreihe „Heimat und Arbeit" sieht ihre Aufgabe darin, dem Bürger in Stadt und Land solide Information in Form eines umfassend und anschaulich gestalteten Sachbuches in die Hand zu geben, das über den engeren, gerade noch überschaubaren Lebens- und Heimatbereich zuverlässige Auskunft bereithält, einen gründlichen Überblick über alle Wissensbereiche vermittelt und den Ursachen nachgeht, die diesen Raum so und nicht anders gestaltet haben.

In einer in raschem Wandel begriffenen Welt ist es unumgänglich, die Voraussetzungen nicht aus den Augen zu verlieren, die von Natur aus gegeben sind und die vom Menschen umgeformt zu einer lebenswerten Heimat gestaltet wurden. Arbeits-, Gesellschafts- und Lebensformen stoßen Überaltetes ab, technologische und ökonomische Entwicklungen prägen dem Gesicht eines Gebietes völlig neue Züge auf. Die Umwelt wird vielfach zu einem Problem für den Menschen, der sie über Generationen geprägt hat, der in ihr lebt, arbeitet und sich in ihr heimisch und geborgen fühlen möchte.

Die Veränderungen unserer landschaftlichen und sozialen Umwelt sind so vielfältig und so schwer zu überschauen, daß eine ausreichende Sachkenntnis für den einzelnen immer schwerer wird und die Gefahr falscher Urteile entsteht. Die Buchreihe „Heimat und Arbeit" erfüllt hier eine wichtige Aufgabe, indem sie für einen überschaubaren Raum eine umfassende und zuverlässige Information anschaulich in Text und Bild vermittelt und damit zur Gewinnung eines sicheren Standortes für die eigene Arbeit beiträgt. Gleichzeitig schafft sie damit eine solide Ausgangsposition für die Beurteilung größerer Zusammenhänge.

Deshalb ist die Herausgabe dieser modern gestalteten Heimatbücher, die gleichzeitig als Sach- und Nachschlagewerke raschen Überblick vermitteln, heute notwendiger denn je.

Vorwort des Landrats

Im Jahre 1978 erschien die erste Kreisbeschreibung des damals gerade fünf Jahre jungen Ostalbkreises. Die Nachfrage nach diesem Werk war erfreulich stark. Dies führte allerdings dazu, daß die Kreisbeschreibung bereits seit Anfang 1982 vergriffen war.

Rechtzeitig zum 20. Geburtstag unseres Ostalbkreises erscheint in der Reihe „Heimat und Arbeit" das neue Porträt unseres Ostalbkreises. In dieser vollständig neu bearbeiteten Kreisbeschreibung ist neben Altvertrautem vieles von dem eingebunden, was in den letzten Jahren in unserem Landkreis entstanden und gewachsen ist.

Dieses Buch ist ein vielschichtiges und farbenfrohes Spiegelbild von Geschichte und Gegenwart unseres Ostalbkreises. Dabei steht im Blickfeld der Autoren nicht nur der Landkreis im engeren Sinne, sondern auch die großen Kreisstädte Aalen, Schwäbisch Gmünd, Ellwangen und die anderen 39 Städte und Gemeinden, die unseren schönen Ostalbkreis bilden.

Im Maßstab der langen und reichen Geschichte unseres ostwürttembergischen Raumes sind „20 Jahre Ostalbkreis" eine sehr kurze Periode. Es ist umso erstaunlicher, was im Landkreis und in seinen Städten und Gemeinden in dieser relativ kurzen Zeitspanne erreicht wurde. Wir haben heute in unserem Landkreis eine hohe Lebensqualität und gute Perspektiven für die Zukunft.

Wenn trotz der Bemühung um Kürze bei den Verfassern dieser Kreisbeschreibung nun doch ein sehr stattliches Buch entstanden ist, so ist dies ein Beweis dafür, daß unser Ostalbkreis sehr viel zu bieten hat. Auch wenn Sie, liebe Leserin, lieber Leser, nicht die Zeit haben, alles zu lesen, bin ich doch sicher, daß auch für Sie in dem Buch „Der Ostalbkreis" viele „Leckerbissen" enthalten sind.

Ich wünsche Ihnen bei der Lektüre dieser Kreisbeschreibung interessante und erfreuliche Stunden. Bitte bewahren Sie unserem Ostalbkreis und seinen Städten und Gemeinden auch zukünftig Ihre Sympathie und Unterstützung.

Den Autoren dieser Kreisbeschreibung und allen, die an der umfangreichen Vorbereitung beteiligt waren, danke ich sehr herzlich. Mein Dank gilt dem Kreistag und den heimischen Firmen, die die Finanzierung ermöglicht haben. Ein besonderer Dank gebührt dem Konrad Theiss Verlag als dem Herausgeber unserer Kreisbeschreibung.

Aalen, im Juni 1992   Dr. Diethelm Winter, Landrat

Inhalt

	Geleitwort des Kuratoriums	5
	Vorwort des Landrats	7
	Autorenverzeichnis	11
Einführung	Der Ostalbkreis stellt sich vor von Diethelm Winter	13
	Kreispanorama in Stichworten von Hermann Baumhauer	16
Land und Leute	Geologie, Landschaftsgeschichte und Rohstoff-Nutzung von Hans-Joachim Bayer	21
	Landschaft und Naturschutz von Elsa Nickel und Jörg Mauk	53
	Feste und Bräuche von Ottmar Engelhardt	66
Geschichte und Kultur	Der Ostalbkreis in der Vor- und Frühgeschichte von Bernhard Hildebrand	75
	Vom Frühmittelalter bis zum Ende des alten Reiches von Hans Pfeifer	119
	Der Ostalbkreis vom Ende des alten Reiches bis zur Gegenwart von Eugen Hafner	172
	Geschichte und Höhepunkte der Kunst von Hermann Baumhauer	227

Der Ostalbkreis heute	Der Ostalbkreis, Aufgaben und Leistungen für den Bürger von Diethelm Winter	265
	Aalen – Kreisstadt mit vielen Gesichtern von Ulrich Pfeifle	297
	Große Kreisstadt Schwäbisch Gmünd von Wolfgang Schuster	301
	Die Große Kreisstadt Ellwangen von Stefan Schultes	305
	Hochschulen und Forschung im Ostalbkreis von Rudolf Grupp	309
	Wissenswertes aus den Städten und Gemeinden von Bernhard Hildebrand	315
	Kreis und Gemeinden in Zahlen – Wohnplatzverzeichnis von Bernhard Hildebrand	375
Wirtschaft im Wandel	Industrie – Handel – Gewerbe von Walter L. Werner	389
	Handwerk zwischen Tradition und Fortschritt von Erich Dittus	402
	Landwirtschaft von Christoph Frhr. von Woellwarth	405
	Wald- und Forstwirtschaft von Axel von Detten	415
Die Arbeitswelt	Firmenporträts	423
Nachschlagteil	Namen- und Sachregister	543
	Gemeinderegister	550

Autorenverzeichnis

Dr. Hans-Joachim Bayer, Betriebsgeologe, Karlsruhe
Professor Dr. Hermann Baumhauer, Kunsthistoriker, Aalen
Axel von Detten, Oberforstrat, Staatliches Forstamt Schwäbisch Gmünd
Dr. Erich Dittus, Hauptgeschäftsführer der Handwerkskammer Ulm
Ottmar Engelhardt, Rektor a. D., Neresheim
Dr. Rudolf Grupp, Chefredakteur, Schwäbisch Gmünd
Professor Dr. Eugen Hafner, Aalen
Bernhard Hildebrand M. A., Kreisarchivar, Aalen
Jörg Mauk, Oberkonservator, Bezirksstelle für Naturschutz und Landschaftspflege Stuttgart
Dr. Elsa Nickel, Konservatorin, Bezirksstelle für Naturschutz und Landschaftspflege Stuttgart
Dr. Hans Pfeifer, Oberstudiendirektor a. D., Ellwangen
Ulrich Pfeifle, Oberbürgermeister der Stadt Aalen
Dr. Stefan Schultes, Oberbürgermeister der Stadt Ellwangen
Dr. Wolfgang Schuster, Oberbürgermeister der Stadt Schwäbisch Gmünd
Dipl.-Volkswirt Walter L. Werner, Hauptgeschäftsführer der Industrie- und Handelskammer Ostwürttemberg, Heidenheim
Dr. Diethelm Winter, Landrat des Ostalbkreises, Aalen
Christoph Frhr. von Woellwarth, Landwirtschaftsdirektor, Landwirtschaftsamt Aalen

Bildnachweis

Bavaria Luftbild Verlags GmbH, Eching: S. 471
Bezirksstelle für Naturschutz und Landschaftspflege Stuttgart: 11, Tafel 8 b
O. Braasch, Schwäbisch Gmünd: 28, Tafel 11, 13 unten
A. v. Detten, Schwäbisch Gmünd: 128–131
H. P. Döler: 12, Tafel 8 a, c
B. Drabek: 16
J. Feist, Pliezhausen: 3–5, 9, 10, 33–36, 38, 42, 43, 50, 63–67, 69–74, 81–84, 86, 87, 90–103, 106–108, 110–115, 117, 119, 121, 123, 124, S. 494, S. 496, S. 499, S. 525, S. 527, S. 528, S. 536, S. 537, S. 538, S. 539, S. 540, S. 541, Tafeln 4, 10, 12, 15–17, 20, 23, 24, 26–30, 32–36, 38, 40
A. Forkel, Ellwangen: 25
Foto Dittmar, Stuttgart: 61
Foto-Baur, Aalen: 20, 69, S. 437
Foto-Maier, Ellwangen: S. 443, S. 514
Foto v. Querfurth, Aalen: S. 474
Foto Schweizer, Schwäbisch Gmünd: S. 489
Foto-Sonntag, Aalen: 59
Fotostudio Eberle, Schwäbisch Gmünd: S. 434
Fotostudio Spektrum, Aalen: S. 511
U. Furtwängler, Bopfingen: Tafeln 9 oben, 31
B. Hildebrand, Abtsgmünd: 26, 37, 51, 76, 80, 85, 88, 89, 104, 105, 109, 116, 118, 120 122, Tafel 13 oben, 39
S. Hildebrand, Abtsgmünd: 18–21, 23–25, 27, 29, 32
S. Hildebrand, Aalen: Tafel 37
P. Kruppa, Aalen: 17, Tafel 6, 9 unten, 21
Landesdenkmalamt Baden-Württemberg: 30, Tafel 14
Luftbild-Brugger, Stuttgart: S. 501, Tafeln 1–3
J. Mauk, Stuttgart: 14
E. Nickel, Stuttgart: 13, Tafel 7
Photogrammetrie und Fernerkundung (Universität Karlsruhe), Satellitenbild: S. 22/23
Scan-Foto, München: S. 468
M. Schindler, Aalen: Tafel 5
Schwabenflugbild GmbH, Lorch: S. 454
R. Sieber, Ellwangen: 22
Stadtarchiv Schwäbisch Gmünd: 56
Studio Röhm, Lorch: S. 530
Stuttgarter Luftbild Elsäßer GmbH: S. 435, S. 444
H. Vogl, Stuttgart: 1
L. Windstoßer, Stuttgart: 68
Chr. v. Woellwarth, Aalen: 125, 127

Die nicht nachgewiesenen Bilder sind Eigen- bzw. Werkfotos der in den Bildunterschriften genannten Firmen.

Einführung

Der Ostalbkreis stellt sich vor

von Diethelm Winter

Hand aufs Herz. Kennen Sie den Ostalbkreis? Obwohl unser 1973 gebildeter Landkreis inzwischen „volljährig" geworden ist, wissen immer noch viele Kreiseinwohner zu wenig über ihren Heimatkreis. Durch die neue Kreisbeschreibung können Sie viel Neues und Interessantes erfahren. Bei denen, die außerhalb des Ostalbkreises wohnen, sind die Informationen über unseren Kreis natürlich noch viel dünner. Die weiter entfernt wohnen, haben sogar manchmal Schwierigkeiten, den Ostalbkreis räumlich richtig zu plazieren. Bei ihnen muß man der Kreisbezeichnung den Namen unserer weithin bekannten Kreisstädte Aalen, Schwäbisch Gmünd und Ellwangen hinzufügen.

Für alle – Einheimische und Auswärtige – wollen wir in dieser neuen Kreisbeschreibung „Gesicht", „Herz" und „Hände" unseres Ostalbkreises aufzeichnen. Die erste Kreisbeschreibung, die von dem damaligen Landrat Gustav Wabro ebenfalls im Konrad Theiss Verlag herausgegeben wurde, war infolge großer Nachfrage sehr schnell vergriffen. Die jetzige, völlig neu bearbeitete zweite Auflage enthält „Altbekanntes", aber auch ganz „Neues" über die Situation im Ostalbkreis – acht Jahre vor der Jahrtausendwende.

Auf der Grundlage einer gewaltigen Aufbauleistung, die die früheren Landkreise Aalen und Schwäbisch Gmünd mit ihren Städten und Gemeinden geleistet haben, konnte der Ostalbkreis seit seiner Gründung eine dynamische und manchmal fast stürmische Aufwärtsentwicklung mitgestalten. Diese Aufbauleistung ist den seit langem hier ansässigen Kreiseinwohnern ebenso zu verdanken wie den vielen Heimatvertriebenen und Flüchtlingen, die nach dem Krieg nach Ostwürttemberg gekommen sind. Nach wie vor ist der Ostalbkreis mit rund 1500 km^2 der drittgrößte Flächenkreis in Baden-Württemberg. Die Bevölkerungszahl hat seit 1973 um 20 689 auf jetzt 300 000 Einwohner zugenommen.

Die wirtschaftliche Entwicklung im Kreis ist durch die von unseren Unternehmen in Industrie, Handwerk, Handel und Gewerbe erreichte hohe Qualität von Erzeugnissen und Leistungen insgesamt sehr positiv. Die wichtigsten Voraussetzungen für die Erfolge unserer Unternehmen an den in- und ausländischen Märkten waren und sind der Fleiß und die Betriebstreue unserer „Ostälbler", die Investitions- und Innovationsbereitschaft unserer Unternehmen, die hohe Qualität der beruflichen Aus- und Weiterbildung und – last

not least – die vom Ostalbkreis nachhaltig geförderte Herausführung unseres Raumes aus dem Verkehrsschatten durch den Ausbau einer bedarfsgerechten Verkehrsinfrastruktur.
Das politische Gewicht des Ostalbkreises beruht nicht nur auf seiner Größe, sondern ist vor allem dem Einsatz und Geschick der Mandatsträger im Landkreis und auf Landes- und Bundesebene zu verdanken. Sie haben es verstanden, die Interessen des Kreises unüberhörbar zur Geltung zu bringen. Das Wort der Männer und Frauen von der Ostalb hatte und hat in Bonn und Stuttgart stets großes Gewicht.
Es ist kein Zufall, daß unser Landkreis bei landesweiten wohltätigen Sammlungen meist an der Spitze liegt. Das soziale Gewissen, die soziale Verantwortung und die Unterstützung für Menschen, die unsere Hilfe brauchen, wird im Ostalbkreis großgeschrieben; nicht nur beim Kreis und den Kommunen, den Freien Trägern und Organisationen, sondern auch bei vielen Bürgern, die sich in ehrenamtlichem Engagement für ihre Nächsten einsetzen – in der Nachbarschaft – am Krankenbett – im Altenpflegeheim und bei der Versorgung Pflegebedürftiger in der Familie.
Besondere Schwerpunkte in den sozialen Aktivitäten des Ostalbkreises, seiner Städte und Gemeinden und der freien Träger Caritas, Diakonie, Arbeiterwohlfahrt, Rotes Kreuz, Malteser, Johanniter und anderer freier Träger sind:
– Die Hilfe und Unterstützung für Kinder und Familien und der Schutz des werdenden Lebens,
– die Bereitstellung der Hilfen und Einrichtungen, die der Mensch im Alter benötigt,
– eine umfassende Förderung der Behinderten und ihre möglichst weitgehende Integration in das gesellschaftliche Leben,
– der Kampf gegen die Abhängigkeit von Alkohol, Drogen, Medikamenten und den Video-Mißbrauch.

In den Einrichtungen für Kinder, Alte und Behinderte im Ostalbkreis werden nicht nur Kreiseinwohner, sondern auch viele Hilfsbedürftige aus dem ganzen Land betreut. Diese Einrichtungen werden von vielen für soziale Belange aufgeschlossenen Kreiseinwohnern unterstützt und mitgetragen.
Die Landschaft der Ostalb ist von Schönheit und einem herben Reiz geprägt. Dies gilt für alle Jahreszeiten, auch für den Winter, wo viele Bürger aus den schneeärmeren Ballungsräumen die Lifte und Loipen im schneereicheren Ostalbkreis in großer Zahl bevölkern. Im Frühjahr, Sommer und Herbst kommen vor allem diejenigen in den Ostalbkreis, die Naherholung, Urlaub und Kurzurlaub abseits vom Massentourismus ganz nach ihren individuellen Wünschen gestalten wollen. Wanderungen durch den Ostalbkreis – zu Fuß oder mit dem Fahrrad – sind ein unvergeßliches Erlebnis. 35 Prozent der Kreisfläche sind von Wäldern bedeckt und machen den Ostalbkreis zu einem der waldreichsten Landkreise weit und breit. Im Kreis sind viele Natursseen und Rückhaltebecken, die auch für die Naherholung genützt werden und ein beliebter Treffpunkt nicht nur für Badegäste, sondern auch für Segler und Surfer sind. Auch dies eine Besonderheit im seenarmen Baden-Württemberg. Wer aus den Ballungsräumen auf die Ostalb kommt, stellt erfreut fest: Hier weht eine würzige, gute Luft, und hier ist die Landschaft noch nicht zubetoniert, sondern weitgehend in ihrer ursprünglichen Schönheit erhalten.
Es ist das Bestreben aller Verantwortlichen im Kreis, zukünftig mit unserer schönen Natur noch sorgsamer umzugehen und Beeinträchtigungen durch den Ausbau der Infrastruktur, insbesondere der Verkehrswege, auf das unbedingt Erforderliche zu beschränken.
Die Landschaft der Ostalb bietet nicht nur Schönheit, sondern für die 300 000 Einwoh-

ner des Kreises und die vielen Besucher, die zur Erholung hierher kommen, eine gesunde Umwelt. Diese zu schützen und zu erhalten ist die wichtigste Aufgabe einer offensiven Umweltpolitik, die wir für uns und unsere Nachkommen gestalten wollen. Wir werden die Ziele dieser Politik allerdings nur dann erreichen, wenn unsere Bürger den Umweltschutz auch in ihrem persönlichen Umgang mit der Natur ganz wichtig nehmen.

Seit langem ist der Ostalbkreis eine Kulturlandschaft von europäischem Rang. Balthasar Neumanns Klosterkirche in Neresheim, das Heilig-Kreuz-Münster der Baumeisterfamilie Parler in Schwäbisch Gmünd, Kloster Lorch, die St.-Vitus-Basilika Ellwangen, die uralte Johanneskirche in Aalen und das Deutschordensritterschloß Kapfenburg in Lauchheim seien hier für viele andere bedeutende Kunstdenkmäler genannt. Die bildende Kunst der Gegenwart hat im Ostalbkreis Vertreter, die mit ihren Werken weit über unseren Raum hinaus bekannt geworden sind. Die „Europäische Kirchenmusik in Schwäbisch Gmünd", die „Klosterkonzerte in Neresheim" und die Gründung des kleinsten kommunalen Theaters in Deutschland in Aalen sind Beweise für ein außerordentlich reges, qualitativ anspruchsvolles kulturelles Leben im Kreis.

Unser Ostalbkreis ist auch ein sehr lebensfroher Kreis. Eine barocke Lebensfreude führt die Bürger des Kreises und viele Auswärtige bei Festlichkeiten verschiedenster Art zusammen. Das größte und traditionsreichste Fest ist die Ipfmesse in Bopfingen. Tragender Pfeiler des gesellschaftlichen Lebens sind unsere Vereine. Viele Kreiseinwohner sind in mehreren Vereinen aktiv, jeder zweite Ostälbler ist in einem Sportverein. Selbst kleine Ortsteile mit weniger als 300 Einwohnern verfügen über eine Rarität, die in der Großstadt Mangelware ist – einen reinen Männerchor.

Last not least – der Ostalbkreis ist, gemessen an den Ballungszentren, ein religiös stark geprägter Kreis. Nach wie vor nehmen viele Menschen am kirchlichen Leben teil. Erfreulich ist die ökumenische Aufgeschlossenheit der Kirchengemeinden. Der Schönenberg bei Ellwangen vereint Jahr für Jahr Tausende von Heimatvertriebenen, die zur Wallfahrt hierher kommen und ihre Glaubens- und Heimattreue bekunden.

Fleiß, Geradlinigkeit, Aufgeschlossenheit und Zuverlässigkeit – das sind typische Eigenschaften der „Ostälbler". Sie haben den Weg aus dem früheren „Schwäbisch Sibirien" zu einem Großkreis mit hoher Lebensqualität geebnet. Es ist zu hoffen, daß der große Rahmen in Bund und Land für eine weitere gute Entwicklung unseres Ostalbkreises günstig ist. Dies gilt insbesondere für die Finanzen unseres Kreises, die durch neue wichtige Aufgaben zusätzlich belastet wurden. Der Ausbau einer bedarfsgerechten Infrastruktur entsprechend den sich wandelnden Bedürfnissen unserer Wirtschaft und unserer Bürger muß weitergehen, um im Wettstreit mit den Ballungszentren bestehen zu können. Das Ziel des Landesentwicklungsplans, in allen Räumen unseres Landes gleichwertige Lebensbedingungen zu schaffen, ist nicht zum „Nulltarif" zu haben. Trotz mancher Sorge sind wir zuversichtlich, daß der Ostalbkreis in der Zusammenfassung aller Kräfte und insbesondere mit der Tatkraft seiner tüchtigen Bürger auch nach dem Schritt ins dritte Jahrtausend eine weitere gute Entwicklung nehmen wird.

Kreispanorama in Stichworten

von Hermann Baumhauer

Der Naturraum des Ostalbkreises umfaßt im Süden den östlichen Teil der Schwäbischen Alb, den der Kocher in die zwei Hochlandschaften Albuch und Härtsfeld trennt. Diesem aus Weißjuraschichten aufgebauten Albkörper ist im Westen die Zeugenberglandschaft der drei „Kaiserberge" Stuifen, Rechberg, Staufen vorgelagert, im Osten begrenzt ihn die Randlandschaft des Nördlinger Rieses. Die Traufseite der Alb ist das gestaltprägende Element des Gebiets. Als eine mauerhafte, bewaldete Diagonale durchquert dieser Steilabfall in nordöstlicher Richtung den Kreis vom Bernhardus bis zum Rieskessel, rund 200 Meter über dem Albvorland behutsam von rund 750 auf 650 Meter abfallend.

Nördlich des Traufs entbreitet sich das auf braunen und schwarzen Juraschichten liegende Albvorland. Überblickt man es von den Albhöhen herab, erscheint es wie eine wechselreiche Folge von höheren und flachen Wellen, die von Rems, Kocher und Jagst gegliedert und neckarwärts entwässert werden, wobei ihnen eine große Zahl kleiner Bäche modellierende Hilfsdienste leisten. Alle drei im Ostalbkreis entspringenden Flüsse sind daher von charakteristischen Landschaften begleitet. Der Jagst gibt die altbesiedelte Kornkammer der Schwarzjuraplatten des südlichen Virngrunds, danach dessen waldreicherer Nordteil das Geleit zum Ellwanger Bergland hin und ins Fränkische hinein. Den Kocherlauf nehmen nach seinem Hüttlinger Westschwenk das stark reliefierte Welland und die südlichen Ellwanger Waldberge in Obhut, um ihn nach der Einmündung der Lein bei Abtsgmünd den Keuperlandschaften der Frikkenhofer Höhe, den Ausläufern des Welzheimer Waldes und den Limpurger Bergen zu übergeben. Die Rems schließlich hat den Albuchrand und das Dreikaiserbergland im Süden, im Norden das Welland und zuletzt den Welzheimer Wald zu Begleitern.

So hat das Kreispanorama teil an allen drei großen naturräumlichen Einheiten, die das Land Baden-Württemberg von Südwesten nach Nordosten durchziehen: im Süden am Weißjurakörper der Alb, im Albvorland an den schwarzen und braunen Juraschichten und im Norden an der Keuperzone der Schwäbischen Waldberge. Das Relief, das sich daraus ergibt, zeigt eine vielteilige Kammerung. Ein lebhafter Wechsel von Höhenzügen und Tallandschaften, von kuppigen, welligen oder verebneten Formen, von weiten Freiland- und großen Waldgebieten, von windoffenem Hochland und intimen Nischen gibt ihm eine anziehende Farbigkeit.

Superlative sind einem solchen Gebiet wohl kaum angemessen. Sein wichtigster Vorzug ist es, fruchtbares, einladendes und wohnliches Land zu sein. Denn so stark im Bereich

Tafel 1   Blick über die Aalener Bucht. Das Luftbild zeigt die Lage Aalens vor dem Albtrauf.

Tafeln 2/3   Blick in den Ostalbkreis. Im Vordergrund links der Hohenrechberg, darüber Waldstetten. Rechts der Stuifen. Im Mittelgrund der Albtrauf mit dem Rosenstein (links), dahinter die Aalener Bucht

Tafel 4   Das westliche Ries bei Zipplingen

des Albtraufs die natürlichen Kontraste zuweilen ausgebildet sein mögen, charakteristischer für den Ostalbbereich ist dennoch überall das maßvolle Nebeneinander und Miteinander des Unterschiedlichen. Überall bietet die Landschaft Stufen an, Übergänge und Ausgleiche. Auch der Steilabfall der Alb, der sich dem Fernblick so mauerhaft abgrenzend darbietet, erweist sich aus der Nähe besehen als ein von Buchten und Vorsprüngen, Nischen und Halbinseln lebhaft modelliertes Schichtstufengebilde, das eher einlädt als abweist. Vor allem das Band der Braunjurazone hat an diesem zerlappten Trauf die Aufgabe der Vermittlung übernommen. Die Orte Waldstetten und Heubach, Lautern und Essingen, Aalen und Lauchheim verdanken dieser natürlichen Austauscheignung ihrer Traufbuchten zwischen Albhochland und Albvorland weithin ihre Existenz.

So darf der Ostalbkreis als ein nach allen Seiten hin Kontakt gewährender, von überallher zugänglicher Raum bezeichnet werden, in dem Besiedlung, Bewirtschaftung und Verkehr die vielfältigsten Bezugslinien ausbilden konnten. Der Mensch hat denn auch diese Möglichkeiten seit der Bronzezeit zu friedlichen und kriegerischen Zwecken genützt; die überall verstreuten Hügelgräber auf der Alb und im Albvorland, die Siedlungen auf dem Goldberg und dem Ipf, die Fliehburgen auf dem Rosenstein oder bei der Kocherburg, die vielen Bodenfunde aus früher alamannischer Zeit und das Bemühen vieler Jahrhunderte um die Gewinnung von Ackerland bezeugen es. Da die Ostalb für Transporte keine Schranke darstellte, blieb dieses verkehrsoffene Land seit der Römerzeit auch eine vielbesuchte und oft heimgesuchte Durchgangszone für Leute, die in guter oder böser Absicht auf bequeme Wege zwischen Donauraum und fränkischem Raum oder von Neckarschwaben zum Ries angewiesen waren. Die regionale Geschichte erlebte die bitterste Auswirkung dieser Verkehrsoffenheit nach der Schlacht von Nördlingen im Jahre 1634. Und die regionale Wirtschaftsrate verdankt ihr die Ausbildung der West-Ost-Entwicklungsachse Lorch – Schwäbisch Gmünd – Aalen – Bopfingen sowie der nordsüdlichen Landesentwicklungsachse Kocher – Brenz bzw. Ellwangen – Aalen – Oberkochen.

Stadt und Land

Es ist, wie für viele Bereiche des Bundeslandes, auch für den Ostalbkreis charakteristisch, daß die siedlungsgeographischen, wirtschaftlichen und geschichtlichen Bedingungen kein dominierendes urbanes Zentrum entstehen ließen. Die historische Städtebildung war im 14. Jahrhundert so gut wie abgeschlossen. Da wirtschaftliche Antriebe fehlten, bestand kein Bedarf nach neuen; man konnte sich – selten genug – mit Stadterweiterungen begnügen. So behielten die historischen Städte und Stadträume von Schwäbisch Gmünd, Aalen, Ellwangen, Bopfingen, Heubach, Lauchheim, Lorch und Neresheim bis zum Beginn des 20. Jahrhunderts ihr eigenes, stark vom bäuerlichen Umland mitgeprägtes Gesicht. Dies entsprach durchaus dem landschaftlichen Strukturbild, das eher zur „föderativen" Gliederung als zur zentralistischen Zusammenfassung einlädt. Es bildete sich dadurch ein gemeinsamer Habitus heraus, und die Unterschiede im Wirtschaftsleben verwischten sich, zwei Feststellungen, die für das geschichtliche Kulturbild, aber auch für die fortwirkende Kraft der Tradition von Bedeutung sind. In den beiden letzten Jahrhunderten hat sich zwar das Bild verändert, nicht aber die Gesamtstruktur. „Kleinstädtisches Gepräge kann auch in den aufstrebenden Mittelstädten nachgewiesen werden, bis in die Gegenwart hinein" (Hermann Bausinger). Erst in jüngster

Zeit begann das „Industriezeitalter" das überlieferte Verhältnis zwischen Stadt und Land von Grund auf zu verwandeln, ein Prozeß, der noch andauert.

Je nach dem Grad ihrer Industrialisierung wirken seitdem die rasch wachsenden Städte auf das Land zurück. Sie leiteten dort eine „Verstädterungswelle" ein, die heute für manches Dorf die Bezeichnung „ländlich" als überholt erscheinen läßt. So wurden Wasseralfingen und Oberkochen zu Städten. Aus dem städtischen Umland wurden Einzugsbereiche mit Wohn- und Gewerbefunktion, aus den historischen Stadtorganismen Flächenstädte mit zusammenfassenden, zentralen Aufgaben. Vor allem im Bereich der drei Großen Kreisstädte Schwäbisch Gmünd, Aalen und Ellwangen läßt das Siedlungsbild die verstädternde oder landschaftsfressende Wirkung dieser Entwicklung erkennen. Es ist der Beschränkung der Städte auf die historische Durchgangszone im Süden des Kreises sowie der Größe des Kreisgebiets zu danken, wenn das Kreispanorama trotzdem ein im ganzen noch unversehrtes Erscheinungsbild zeigt, in dem die Schönheit der Natur noch immer den wichtigsten Faktor bildet.

Stauferland

Das Braunjuragebiet der drei Kaiserberge bildet den Ausgangspunkt für unseren Versuch, individuelle Akzente ins Kreispanorama zu setzen. Eine vortreffliche Einweisung in seinen Aufbau, seine ökologischen Bedingungen und die natürlichen Lebensgemeinschaften gibt die landschaftsgeschichtliche Abteilung des Städtischen Museums im „Prediger" zu Schwäbisch Gmünd, und ein vom Remstal zum Hohenrechberg hinaufführender Geologischer Pfad ergänzt die Einweisung durch die konkrete Begegnung mit dem Formenreichtum dieser Zeugenberglandschaft. Keine zweite Zone der Ostalb zeigt so eindrucksvoll wie sie die pausenlose Abtragungsarbeit des Wassers. Die Buckelwiesen und Geländenischen zwischen Straßdorf, Degenfeld und Weiler in den Bergen illustrieren, wie leicht sich die unteren Ton-, Mergel- und kalkigen Schichten der Alb abschwemmen oder modellieren lassen. Wasser, Winde und Frost haben mit ihnen leichtes Spiel. Der Opalinuston des Braunjura jedoch, der den Albanstieg bezeichnet, trägt über sich die harte Deckplatte des Brauneisensandsteins, die der Erosion Widerstand entgegensetzt. Diese Braunjura-Deckplatte bildet eine deutliche Stufe im Albanstieg. Sie zeigt sich am schönsten im „Stauferland": im Rehgebirge mit dem Asrücken, auf dem die stolze Trias der Kaiserberge sitzt: Stuifen, Rechberg und Hohenstaufen, drei Weißjura-Vorberge des Albkörpers, Zeugenberge, deren anmutige Landschaft vergessen läßt, daß sie Geschöpfe der Zerstörung sind. Die Wandertradition taufte die drei Berge „Kaiserberge", weil ihre Dreiheit das Erkennungszeichen des Heimat- und Hausgebiets der Staufer ist. Obgleich der Kegel des Hohenstaufen nicht zum Ostalbkreis gehört, bürgerte sich schon im Altkreis Gmünd auch der Name „Stauferland" ein. Mit guten Gründen, denn mit dem staufischen Kloster Lorch im Remstal, der ältesten staufischen Stadtgründung Gmünd und der großen staufischen Ministerialenburg Hohenrechberg besitzt der südwestliche Teil des Ostalbkreises Erinnerungsmarken von kulturgeschichtlichem Gewicht. Die alte württembergische Wander-, Skilauf- und Segelfliegertradition schließlich hat den Ruf dieser Kulturlandschaft bereichert durch Sport- und Erholungsziele von besonderer Anziehungskraft; Hornberg und Kaltes Feld sind seit langem landesweit bekannte Namen. Mit Recht kann daher heute der Regionalverband die Zone der Kaiserberge als das „Haupterholungsgebiet der Region Ostwürttemberg" einstufen, da „sich hierher die Ströme der Naherholungssuchenden aus dem Mittleren Neckar, dem Rems- und Filstal in die landschaftlich wunderbare Gegend ergießen".

Alblandschaften

Aus zwei Quellgründen unterhalb des Volkmarsbergs (748 m) bei Oberkochen und des Härtsfeldanstiegs bei Unterkochen kommend und in Unterkochen sich zu einem Gewässer vereinigend, tritt der Kocher nach kurzem Lauf durch ein beidseitig bewaldetes Tal in die freie Aalener Traufbucht hinaus. Sein Lauf scheidet die Ostalblandschaft Albuch und Härtsfeld voneinander. Wasserreichtum und Holz, Schafwolle und Flachs, Bohnerze und Brauneisenerz bildeten als die natürlichen Angebote von Talsohle, Hängen und Hochland die Voraussetzungen dafür, daß sich die reizvolle Landschaft am jungen Kocher seit dem 17. Jahrhundert zu einem wirtschaftlichen Schwerpunktraum entwickelte, der heute zugleich die größte Bevölkerungs- und Verkehrsdichte innerhalb des Ostalbkreises aufweist. Zu seinem Einzugsbereich gehören auch die westlichen Härtsfeldgemeinden, Essingen und Lauterburg am Albuchrand sowie das Welland. Firmennamen von Weltruf finden sich heute von Oberkochen, das 1968 zur Stadt erhoben wurde, bis nach Wasseralfingen, das 1951 Stadteigenschaft erhielt, heute jedoch mit Aalen eine Einheit bildet. Es ist beinahe ein Wunder, daß diese industrielle Dichte die Reize des oberen Kochertals kaum beeinträchtigt hat.

Die bewaldete Trauflinie von Albuch und Härtsfeld besitzt ihre weithin im Albvorland sichtbaren Signale im Massiv des felsenbekränzten Rosensteins (767 m) über der Textilstadt Heubach, im Braunenberg (685 m), dem Erzspender des fürstpröpstlichen und königlich-württembergischen Hüttenwerks Wasseralfingen, in der imposanten Schloßanlage der Kapfenburg (633 m) über dem einstigen Deutschordensstädtchen Lauchheim sowie in der bizarren Burgruine Flochberg (582 m) am Riesrand, deren bollwerkhaftes Gegenüber der Weißjurakegel des Ipf (668 m) darstellt. Hinter den bewaldeten Kammlinien des Traufs fällt, wie man dem Schulbuch glauben muß, das Albhochland von Albuch und Härtsfeld in südöstlicher Richtung zur Donau hin ab, doch hier wie dort gleicht das Landschaftsrelief eher einem in gelassener Bewegung erstarrten Gewell als einer „abgeflachten Tafel". Großräumige Landschaftsbilder, weite Horizonte unter hohem Himmel, Wacholderheiden und Trockentäler verkarstender Gewässerbette, windreiche Breiten und Waldmeere kennzeichnen die beiden östlichsten Höhenlandschaften der Schwäbischen Alb, als deren überragendes Kunstziel die barocke Abteikirche von Neresheim zu den bedeutendsten Kunstdenkmälern Deutschlands gehört. Doch auch ihre Schönheit kann nicht darüber hinwegtäuschen, daß es sich in Albuch und Härtsfeld um schwach strukturierte Auspendlergebiete handelt, die sich hart um einen Platz an der Sonne bemühen müssen; die Ferien- und Naherholungsplätze Amalienhof und Skizentrum Hirtenteich sind Beispiele für zeitgemäße Initiativen.

Im Vorderen Ries

Zu Füßen des Schloßbergs säumt der Rieskessel die Kreisgrenze, die hier zugleich Landesgrenze ist. Im Süden markiert vom Ipf, im Norden vom Zipplinger Kirchberg, einer Sprengscholle des Rieser Meteoreinschlags, und im Westen vom 627 m hohen schloßbekrönten Baldern, rühmt sich das Vordere Ries, ein „Mekka der Geologen und Prähistoriker" zu sein. Die weithin feststellbaren Wirkungen der erdgeschichtlichen Rieskatastrophe, unter denen der Goldberg als Sprudelkalkfelsen des tertiären Ries-Sees besonders auffällt, sowie die vor- und frühgeschichtlichen Siedlungsspuren von Goldberg und Ipf, von Meisterstall und Kirchheim begründeten diesen Ruhm.

Das Vordere Ries, noch vor Jahrzehnten ausschließlich Bauernland, gehört zum Einzugsraum der Industriebetriebe von Bopfingen und Nördlingen. Es hat seit 1950 auch selbst eine Reihe von Gewerbebetrieben erhalten. Die neuen Verdienstquellen haben die Dörfer schöner gemacht, doch in ihrem Wesen wenig verändert. So sind Ausfahrten zu den Kunstwerken von Bopfingen, zu den Barockkirchen von Zöbingen, Zipplingen und Flochberg, zum Höhenschloß Baldern und zum Kleinod Kirchheim noch immer auch Fahrten in ein Land der weiten Horizonte, in dem noch viel Stille wohnt.

Äcker – Stauseen – Wälder

Das Bauernland, das von der Jagst bei Rainau über Röhlingen und Pfahlheim den römischen Limes bis zum waldreichen Gebiet von Tannhausen und Stödtlen begleitet, ist die Kornkammer des Ostalbkreises. In seinem nordwärtigen Teil hat die mittelalterliche Rodung die Scheidelinie von offenem Land und Waldland zwar gelockert, so daß der bäuerliche Virngrund und das Ellwanger Bergland ohne genaue Abgrenzbarkeit ineinander übergehen. Aber folgt man dem Limes von Dalkingen aus ostwärts, so ist leicht auszumachen, daß knapp nordwestlich von ihm die Herrschaft der Wälder beginnt. Durchsetzt von Weihern und Stauseen ergreifen sie in breiter Strömung Besitz von dem flachhügeligen Land östlich und westlich der Jagst. Schutzmantelhaft umfangen sie den ältesten Kulturmittelpunkt des Kreises, den einstigen Klosterplatz Ellwangen. Den fruchtbaren Höhenrücken um Neuler aussparend streichen sie von den Ellwanger Bergen zu den Limpurger Bergen, um sich südlich des Kochertals und der Frickenhofer Höhe mit dem Welzheimer Wald zu vereinigen, dessen Remstalhänge um Lorch den einzigartigen Waldmantel des nördlichen und westlichen Kreisgebiets säumen.

Das Leintal, eine alte burgenbewehrte Verbindung zwischen Rems und Kocher, bildet im südwestlichen Raum des Kreises eine Landschaftsfurche besonderer Art. In seinem Bild überwiegen die intimen idyllischen Züge, zu denen auch die scharfgeschnittenen Tälchen beitragen, die ihm die Auslaufhöhen des Welzheimer Walds und das Welland entgegenschicken. Hier hat ein stimmungsvolles Mäandertal seinen natürlichen Liebreiz noch nicht der Regulierung opfern müssen. Auch das herbe Höhenland, das über Täferrot, Leinzell und Heuchlingen dem Flüßchen das Geleit gibt, zeigt noch viele Züge alter bäuerlicher Prägung.

Umso deutlicher drängen im Welland die Zeichen der Veränderung zutage. Geographisch sowohl dem Kochertal wie dem Remstal zugewandt und politisch bis zur napoleonischen Zeit teils zur katholischen Reichsstadt Gmünd und teils zur evangelischen Reichsstadt Aalen hin orientiert, schickt es heute seine Arbeitskraft beiden Seiten zu. So mutet das leicht zugängliche, nach allen Seiten hin aufgeschlossene Welland fast wie ein kleines Modell an für das Gesamtpanorama des Kreises, dessen besonderer Reiz im maßvollen Nebeneinander und Miteinander des Unterschiedlichen besteht, so stark auch zuweilen die Kontraste ausgeprägt erscheinen mögen.

Land und Leute

Geologie, Landschaftsgeschichte und Rohstoff-Nutzung

von Hans Joachim Bayer

Der Ostalbkreis im Satellitenbild

Weltraumaufnahmen lassen uns die einheimische, wohlvertraute Landschaft in einer völlig neuen Perspektive erscheinen, wobei in besonderer Detaildichte Wechselwirkungen zwischen den Naturräumen und der Nutzung durch Menschenhand auffallen.
Die Satellitenbildszene, welche fast den gesamten Ostalbkreis umfaßt, wurde am 27. April 1984 aus 720 km Höhe von einem amerikanischen Landsat-Satelliten aus erfaßt. Die Flächenauflösung eines Abbildungspunktes der Landsat-Szene beträgt 30 × 30 m auf der Erdoberfläche. Die nicht ganz wolkenfreie Satellitenszene (Flugzeugkondensstreifen und Schönwetterwolken über Aalen-West und Schwäbisch Gmünd-Ost) zeigt jedoch die wesentlichen Landschaftselemente unserer Region: Keuperbergland – Albvorland – Schwäbische Alb und Nördlinger Ries. Diese Landschaftselemente sind Teil des süddeutschen Schichtstufenlandes, welches aus Ablagerungsgesteinen (Sedimenten) des Erdmittelalters aufgebaut ist und in dem Gebirgsbewegungen und Abtragungen der Erdneuzeit für eine treppenförmige Ausgestaltung gesorgt haben. Die Schichtstufen prägen die heutige Oberfläche der Ostalblandschaft. Die untere Schichtstufe im Landkreis, das Keuperbergland im Norden und Westen, bezeichnet man auch als Schwäbisch-Fränkisches Waldland. Die Keupergesteine, den oberen Teil der Triasformation des Erdmittelalters bildend, wurden vor 230–196 Mio. Jahren abgelagert und bestehen im wesentlichen aus Tonmergeln (Letten) und Sandsteinen. Die erdneuzeitliche Abtragung sorgte hier vor allem für vielartige verschlungene und kerbförmige Taleinschnitte, wobei die Berghänge je nach dem Sandstein- oder Lettenaufbau des Gesteinsuntergrundes steiler oder flacher ausgeformt sind. Im Satellitenbild fällt das Keuperbergland zudem durch seinen hohen Anteil an Mischwäldern (Laubwälder – vornehmlich Buchenbestand – in oliv bis braungrünen Farben; Nadelwälder – vornehmlich Fichtenbestand – in braunschwarzen Farben), durch seinen hohen Weidelandanteil (hellgrüne Farben), durch eingestreute Ackerlandflächen (blaßrosa bis hellrote Parzellen) sowie durch viele zerstreut liegende kleinere Ortschaften, Weiler und Einzelgehöfte (Siedlungsflächen erscheinen in violetten Farben), auf. Lediglich die Städte Ellwangen und Schwäbisch Gmünd, die mit ihren älteren Siedlungsteilen

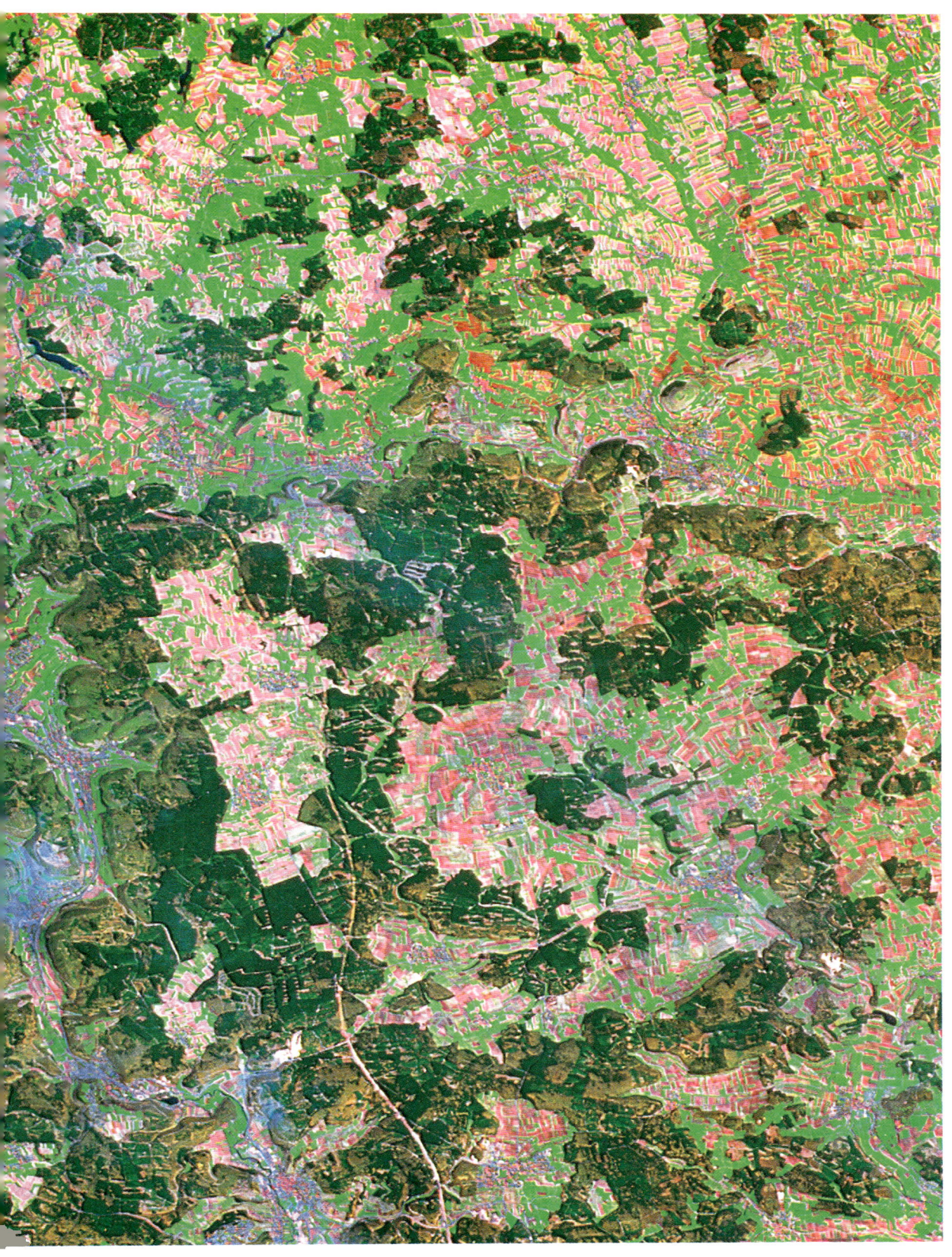

im Talgrund noch im Keuperbergland liegen, deren neubesiedelte verflachende Randhöhen jedoch zu den Schwarzjuraebenen gehören und damit zum Albvorland rechnen, erscheinen als größere Siedlungskörper. Das siedlungsmäßig kompaktere Ellwangen im Norden der Landsat-Szene erscheint vom Weltraum aus fast größer als das im Westen sichtbare, von Schönwetterwolken überschleierte Schwäbisch Gmünd, welches durch seine gestreckten Siedlungsflächen (Remstal und Seitentäler) weniger geschlossen wirkt.

Die Schichtstufe des Albvorlandes grenzt sich im Satellitenbild durch eine auffällige Waldarmut, durch einen nördlichen Gürtel größerer, zusammenhängender landwirtschaftlicher Nutzflächen und durch einen südlichen, breiten Grünlandgürtel vom Keuperbergland ab. Das Albvorland selbst wird nach Süden sehr scharf vom breiten Laubwaldsaum des Albtraufs, also der Steilkante und damit der sehr hohen Schichtstufe der Schwäbischen Alb, abgegrenzt. Das Albvorland liegt im Bereich der Schwarzjura(Lias)- und der Braunjura(Dogger)-Gesteine und wird von diesen bis hin zur landwirtschaftlichen und industriellen Nutzung geprägt. Das Schwarzjuraland bildet aufgrund der hohen Verwitterungsresistenz der unteren Felsbänke eine flache Schutzplatte über unverletzte, unterlagernde Keuperschichten. Auf dieser Schutzplatte sind jedoch häufig auch Tone und Mergel der mittleren und oberen Liasschichten erhalten, welche zu schweren (tonigen) Lehmböden verwittern und somit auf den großen Schwarzjuraebenen im Landkreis eine ergiebigere Landwirtschaft erlauben.

Die über dem Schwarzjura und im direkten Vorland der Schwäbischen Alb liegenden, z. T. welligen Braunjuraflächen bedingen weitgehend den Grünlandgürtel im Satellitenbild. Die mächtigen Tone des unteren Braunjura, aber auch des obersten, bilden fast reine Tonböden mit Vernässungseffekten und eignen sich daher vorzugsweise als Weideland. Im mittleren Braunjura bei tonig-sandigen bis sandigen Gesteinen sind schon eher ackerbauliche Nutzungen gegeben, hohe Eisengehalte im Gestein lassen die zum Teil bis intensiv rot gefärbten Ackerbauflächen innerhalb des Grünlandgürtels erkennen.

Die im Satellitenbild als große doppelte Siedlungsstruktur wahrnehmbare überbaute Fläche im abknickenden Grüngürtel ist Aalen (südlicher Teil) und sein Stadtbezirk Wasseralfingen (nördlicher Teil). Laubwaldgürtel im Süden (Langert) und Osten (Braunenbergvorsprung, Flexner) markieren den Albtrauf und begrenzen hier die sog. Aalener Bucht, in deren Kern die Hauptsiedlungsfläche des Stadtgebietes liegt. Die starke industrielle Ballung (dunkelviolette Bereiche) in Aalen und den südlich folgenden Orten im Kocher-Brenz-Tal ist dem jahrhundertelang genutzten Rohstoff Eisenerz aus dem Braunjura des Albvorlandes bei Aalen, aber auch den vielen lokalen Bohnerzlagerstätten auf der Albhochfläche zu verdanken.

Die Schwäbische Alb mit ihrer hohen Schichtstufensteilkante des Albtraufs, gebildet aus mächtigen felsbankigen und massig-felsigen Weißjuragesteinen (Malm) und einer daran anschließenden, etwas kuppigen, weiten Hochfläche, ist wohl die markanteste Schichtstufe im Ostalbkreis. Der 150–400 m hohe Steilanstieg des Albtraufes bildet einen Bereich von landschaftlich besonderer Schönheit, welche durch einzelne Inselberge (Ipf, Rechberg, Stuifen, Hohenstaufen) sowie durch Berghalbinseln (Scheuelberg, Rosenstein) vor dem geschlossenen Albtrauf noch einen besonders hohen Reiz erhält.

Die dahinter liegende Weißjurahochfläche ist demgegenüber eher als rauhes und ehemals karges Land zu bezeichnen, das von Trockentälern durchzogen wird. Die Albhochfläche, so zeigt es das Satellitenbild, ist etwa zur Hälfte von Wald bedeckt, wobei die braunschwarz bis schwarz erscheinenden Nadelwaldanteile meist auf starken Lehmböden über den Weißjurakalken stocken, während die Laubwaldanteile eher direkt auf Kalk- und Mergelrohböden angesiedelt sind. Die landwirtschaftlich genutzten Gebiete auf der Albhochfläche (große Feldeinteilungen sind häufig) zeigen trotz der Kargheit des Bodens eine hohe ackerbauliche Nutzung, welche freilich durch die Bodenverbesserungsmaßnahmen der jüngeren Zeit erst sinnvolle Erträge erbringen konnte. Die als Rodungsinseln entstandenen, zerstreut liegenden Ortschaften auf der Albhochfläche fallen kaum innerhalb landwirtschaftlicher Flächen auf. Feldflächen schneiden recht geradlinig und kantig an den ebenen Waldflächen ab. Als landschaftlich starker Eingriff der letzten Jahre fällt die Bautrasse der Autobahn A 7 zwischen Westhausen (mit Zufahrten zum Agnesbergtunnel am Albtrauf) und Nattheim/Oggenhausen (unterer Bildrand) auf. Weiße, zahnartige Eingriffe in Wäldern rühren von Großsteinbrüchen (Kalksteine, Mergelgewinnung) der Steine- und-Erden-Industrie.

Die vierte und im Weltraumbild auffälligste Landschaftsregion, das Nördlinger Ries, betrifft mit seinem westlichsten Teil noch den Ostalbkreis. Das kreisrunde, nahezu waldfreie Gebiet mit seinen großen, rosa bis rot (gut feuchtespeichernd) erscheinenden, sehr ertragreichen Ackerflächen und seinen breiten Grünlandauen der die Ebene durchziehenden Flüsse, bildet auch innerhalb des süddeutschen Schichtstufenlandes eine Sonderstruktur. Diese lange geologisch rätselhafte Sonderstruktur ist heute nachweislich als Sprengtrichter eines großen Meteoriteneinschlages zu verstehen, der vor 14,7 Mio. Jahren auf das Übergangsgebiet vom Schwäbischen zum Fränkischen Jura (Alb) raste, und in dem später Ablagerungen eines großen, später verlandeten Süßwassersees entstanden.

Sowohl von der naturräumlichen Gliederung als auch der landschaftlichen Nutzungsbeanspruchung bietet das Ostalbgebiet ein relativ ausgewogenes Erscheinungsbild. Menschliche Eingriffe, vor allem der jüngsten Zeit, werden zwar deutlich sichtbar, im Vergleich zu anderen Regionen Süddeutschlands ist der Anteil an Zersiedlung und infrastruktureller Zergliederung jedoch noch als relativ maßvoll zu bewerten.

Die Gesteinseinheiten

Im tieferen Untergrund, unter den an der Erdoberfläche anstehenden, lagern ältere Gesteinsschichten, die im Westen des Landkreises, und hier besonders unter dem Raum Heubach–Bartholomä bis etwa 1400 m in die Tiefe reichen, während im Osten des Landkreises, im Übergangsbereich zum Nördlinger Ries, diese schichtförmigen Gesteine nur bis 350–400 m Tiefe auftreten. Diese älteren Gesteinsschichten gehören dem Unteren Keuper, dem Muschelkalk, im Westen des Landkreises auch dem Buntsandstein und im Raum Heubach–Bartholomä dem Perm an. Die permischen Schichtgesteine (Rotliegend-Sedimente) sind maximal 280 Mio. Jahre alt. Unter diesen liegen ältere magmatische und metamorphe Gesteine (im wesentlichen Gneise und Granite) des ehemaligen mitteleuropäischen Variskischen Gebirges.

Gesteine des Keupers

Vor 230 Mio. Jahren begann die Keuperzeit, deren Letten-, Mergel- und Sandsteinablagerungen überwiegend in Flachmeer- und weiten Küstenräumen (land- und seeseitig) entstanden. Keupergesteine zeichnen sich durch eine besondere Buntheit aus. Gerade die Mergelablagerungen zeigen oft einen schnellen Wechsel, rotbraune bis rotviolette und grüne bis graugrüne Lagen. Etwa ein Drittel der Landkreisfläche, der Norden und Westen, wird von Keupergesteinen eingenommen, wobei die beiden untersten Gesteinseinheiten, Lettenkeuper und Gipskeuper, im Landkreis nicht mehr aufgeschlossen sind. Noch innerhalb des Landkreises, an den unteren Talflanken von Rems, Kocher und Jagst, steht jedoch die darüber folgende Keupereinheit des *Schilfsandsteins* als feinkörniger, etwas ton- und glimmerhaltiger, grünlicher, bisweilen roter bis rotbrauner Sandstein in steilen Lagen zutage an. Die Schichtstärke (Mächtigkeit) dieses gleichmäßigen, feinkörnigen Sandsteins kann zwischen 5 und 20 m, ja sogar 30 m schwanken. Der Schilfsandstein war früher ein beliebter und häufig gewonnener Werksandstein, von Waldhausen im Remstal zum Beispiel wurde er per Bahnfracht häufig in den Stuttgarter Raum geliefert.

Über dem Schilfsandstein folgen die *Bunten Mergel,* insgesamt 40 m (im Westen) bis etwa 75 m (im Norden) mächtig, welche in ihrem Mittelbereich von dem 15–30 m starken Kieselsandstein unterbrochen werden. Es sind typische Keupertonmergel (im Volksmund „Letten" genannt), leicht feinsandig, überwiegend rotbraune bis rotviolette, flach und parallel lagernde, schieferige Tonmergelsteine, oftmals einen schnellen Wechsel zu grünen und graugrünen Lagen zeigend. Beim Kieselsandstein handelt es sich um weißgraue, überwiegend mittel- bis grobkörnige, häufig schräg geschichtete und zum Teil wenig verfestigte Sandsteine. „Bunte Mergel" und „Kieselsandstein" gestalten oft Hanglagen im Keuperbergland.

Die nächste Gesteinseinheit des Keuper, der grobkörnige *Stubensandstein* mit seiner etwa 100 m mächtigen Gesteinsfolge, ist bestimmend für große Landschaftsteile im Norden und im Westen des Keupergebietes (Ellwanger Berge, Lein-Rems-Bereich). Der Stubensandstein, von etlichen bunten Tonsteinfolgen unterbrochen, besteht im wesentlichen aus drei Sandsteinfolgen, welche das Landschaftsbild auch unterschiedlich prägen. Der untere Stubensandstein mit seinen harten kalkigen Sandsteinlagen zeigt häufig Verebnungen, die oft ackerbaulich genutzt werden. In Flußtälern hingegen bildet er steile Hanganstiege und oftmals auch Talverengungen. Der mittlere Stubensandstein mit weniger harten Sandsteinbänken und einem größeren Anteil an Tonhorizonten tritt in Hanglagen als flacheres, unruhiges, welliges Wiesengelände in Erscheinung oder erfreut sich eines guten Mischwaldbestandes. Täler weisen hier deutliche Weitungen auf. Der obere Stubensandstein mit seinen härteren und kompakteren Sandsteinlagen zeigt oft einen bewaldeten Steilanstieg an den Hanglagen oder bildet die Bergkämme der Ellwanger Berge.

Stubensandstein wurde früher als Fegsand zum Reinigen der Stuben benutzt und hatte auch als fester Werksandstein große Bedeutung. Die Farbe der Sandsteine schwankt zwischen weiß bis gelblich, gelbgrün, gelbbraun, grün und grünbräunlich. Unzählige Gebäude im Landkreis sowie zahlreiche verlassene Steinbrüche gerade im oberen Stubensandstein künden von der früher intensiven baulichen Nutzung dieses recht verwitterungsfesten Bausandsteines.

Über dem oberen Stubensandstein folgt die Problemeinheit des Keupers, der *Knollenmergel*. Diese roten, rotbraunen bis violetten Mergel von ungeschichteter, flaseriger Erscheinung sind verantwortlich für Hangdurchnässungen, Rutschbewegungen und damit zum Beispiel auch für Straßenschäden und Schrägstellungen von Bäumen. Das liegt an einem Anteil quellfähiger Tonmineralien, die sich durch Wasseraufnahme ausdehnen können.

Gesteine des Keupers

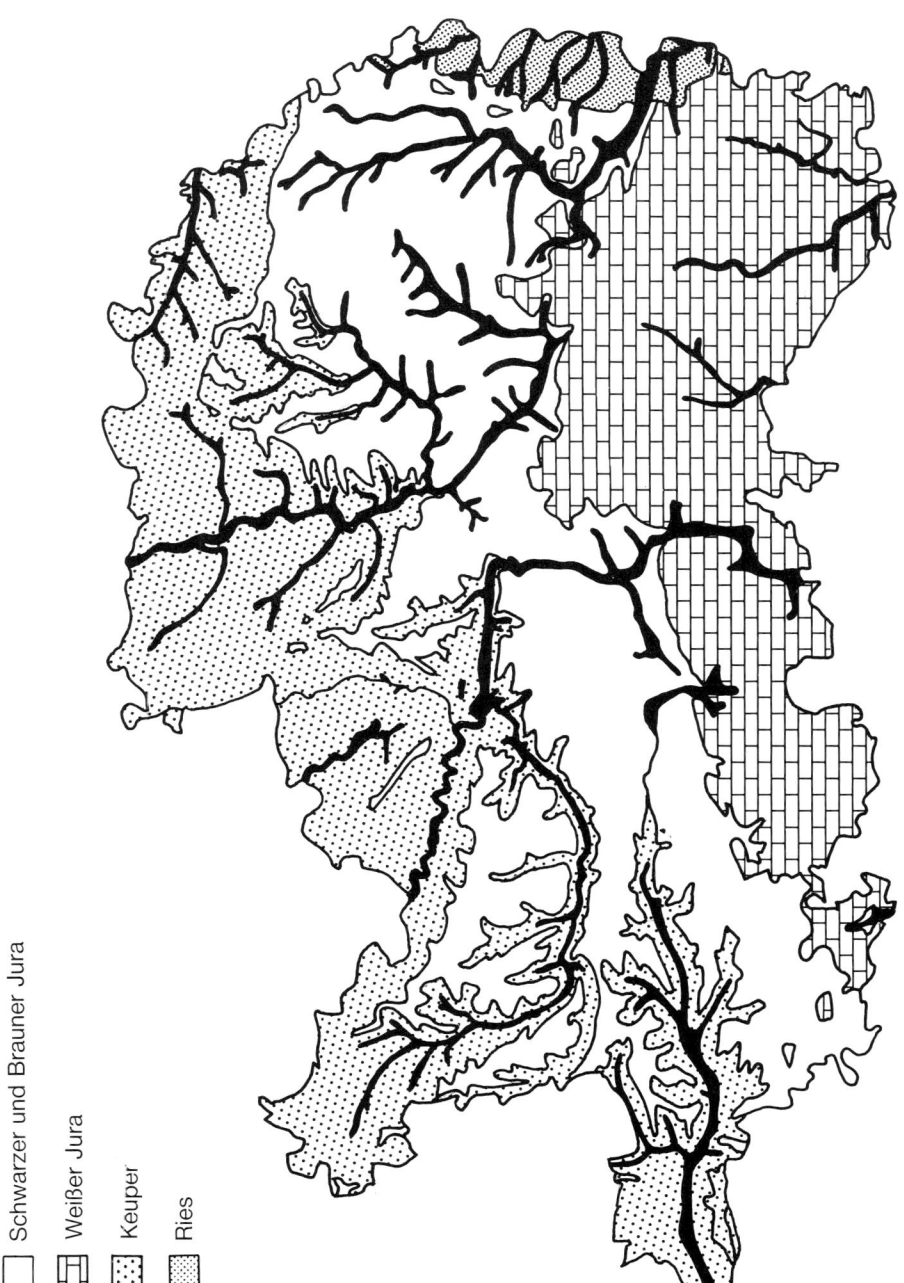

1 Geologische Übersichtskarte Ostalbkreis. Stark schwarz: junge (quartäre) Flußtäler

Schwarzer und Brauner Jura
Weißer Jura
Keuper
Ries

Auf den 15–23 m mächtigen Knollenmergeln bestand wegen der Rutschungsschäden im letzten Jahrhundert Bauverbot, und auch heute noch erfordert das Bauen hier kostspielige Sondermaßnahmen.

Der Jura

Der Schwarze Jura (Lias), gliedert sich wie die übrigen Jurafolgen in sechs Untereinheiten, die mit α–ζ gekennzeichnet werden. Die unterste Einheit hiervon wird nochmals in drei Subfolgen unterteilt. Die gesamte Serie erreicht im Kreisgebiet eine Schichtdicke von 22 m bis über 40 m. Markant ist die morphologische Geländeprägung der unteren Serie: einerseits bewirkt sie deutliche Hochflächenverebnungen, während sie andererseits zu den Hangflanken der Taleinschnitte hin eine deutliche und abschüssige Geländekante ausbildet. Hochflächen-Randsiedlungen, wie z. B. Hohenstadt, Mutlangen, Lindach, Deinbach, stehen ganz auf bausicherem Schwarzjura α. Er besteht vor allem aus dunklen Tonsteinen, relativ festen, dazwischen gelagerten Sandsteinbänken und einzelnen, Schalentrümmer enthaltenden Kalksandsteinen. Die nach oben abschließende Gryphaeenkalklage des Schwarzjura α erreicht nur eine Schichtdicke von 1,5 bis 2 m. Sie besteht aus sehr harten, fossilreichen Kalksteinbänken, gespickt mit Schalentrümmern, versteinerten Muscheln (vor allem Gryphaeen) und zum Teil recht großen Ammoniten (zumeist Arieten, auch „Wagenrad-Ammoniten" genannt). Bemerkenswert ist für den Raum Abtsgmünd–Hüttlingen eine eisenoolithische Ausbildung der untersten Bänke der Gryphaeenkalke. Seit dem Mittelalter gab es mehrfach Eisenerzabbauversuche und kleine Tagebaustellen in diesem eisenreichen Gesteinshorizont.

Der nächst höhere Schwarzjura ist etwa 6 m mächtig, er besteht überwiegend aus dunklen Tonsteinen (Turneriton), darüber folgen die 1–4 m dicken, helleren Numismalismergel des Schwarzjura γ. Diese Mergel enthalten Laibsteinlagen und anmergelige Kalksteinbänke. Bedeutender ist der Amaltheenton des Schwarzjura δ, der bei Gmünd 12 m, bei Aalen 15–23 m, bei Bopfingen 36–40 m, bei Ellwangen 20–28 m aufweist und durch schwere Acker- und Wiesenböden auffällt. Dunkle Tonsteine bestimmen diese Abfolge. Der Ölschiefer des Schwarzjura ε (Posidonienschiefer) und die Kalk- und Mergelbankfolge des Schwarzjura ζ (Jurensismergel) bilden wieder Verebnungsflächen im Albvorland (nördlich Mögglingen, bei Dewangen, Hüttlingen, Buch, Walxheim, Unterschneidheim). Die bis maximal 12 m mächtigen bläulich-schwarzen, schieferig, plattigen Tonmergel- bis Mergelsteine des Ölschiefers enthalten 8–11 Prozent Bitumen. Fischsaurierfunde aus Holzmaden bei Bad Boll haben den schwäbischen Ölschiefer weltberühmt gemacht, jedoch auch der Gmünder und der Aalener Raum haben interessante Saurierfunde im Ölschiefer hervorgebracht. Der Schwarzjura ζ schließt mit einer geringmächtigen Kalk- und Mergelbankfolge (Jurensismergel) nach oben ab. Algensaumzonen und Ammonitenanreicherungen sind häufig im Lias ζ zu finden.

Im Vorfeld des Albtraufes treten die Gesteine des *Braunen Juras* (Dogger) offen zutage und sind besonders in der gesamten Aalener Bucht, aber auch um Lauchheim und Bopfingen die bestimmende Gesteinseinheit. Die Braunjuragesteine weisen eine Gesteinsmächtigkeit von bis zu 185 m auf. Sie zeigen bei Verwitterung meist auch eine braune, braunrote und braungraue bis graue Farbe und verwittern zu nährreichen und guten Böden, die vor allem von der Landwirtschaft und dem Obst- und Gartenbau eingenommen werden. Unterste Einheit ist der Braunjura α (Opalinuston, international „Unteres Aalenium";

	ζ_3	Hangende Bankkalke (ti H; ti 1,3) Gravesienschichten, Obere Weißjurakalke Bankige Kalke, z. T. mit dünnen Mergellagen	bis 65 m
	ζ_2 ζ	Zementmergel (ti Z; ti 1,2) Gravesienschichten, Obere Weißjuramergel Regional recht unterschiedliche Wechselfolge von Kalkmergeln und Mergelkalken, dar. „Zwischenkalken"	40–100 m
	ζ_1	Liegende Bankkalke (ti L; ti 1,1) Ulmensis-Schichten, Hybonoticeratenschichten Kalke, z. T. mit Mergelfugen und Kieselknollen, oben dünnbankiger mit Kalkmergellagen	40–85 m
	ε	Obere Felsenkalke (ki 3) Subeumela-setatus-Schichten, Hybonoticeratenschichten Kalke, z. T. kristallin, mit Kieselknollen	20–35 m
	δ_4	Untere Felsenkalke (ki 2) Aulacostephanenschichten, Dickbankige Quaderkalke	70–80 m
	δ_3 δ_2 δ_1 δ	Rauhe, z. T. tuberolithische Bankkalke, im δ_4 grobgebankt mit Kieselknollen, im δ_1–δ_3 mit Mergelfugen, im δ_2 im Wechsel mit Kalkmergeln (Kalkbänke im δ_3 und δ_4 50–120 cm, im δ_1 und δ_2 10–30 cm)	
	γ_3 γ_2 γ γ_1	Mittlere Weißjuramergel (ki 1) Ataxioceratenschichten, ‚Aptychenmergel' Wechselfolge von Kalkmergeln und Mergelkalken, im γ_3 charakteristische Balderum-Bänke, zwischen γ_2 und γ_3 Bänke mit Pseudomonotis similis, Grenzbank zum γ_1 mit Ammonitenschalentrümmern	34–38 m
	β	Wohlgeschichtete Bankkalke (ox 2) Idoceratenschichten, Untere Weißjurakalke Regelmäßig gebankte Kalksteine mit Mergelfugen	20–22 m
	α_2 α	Untere Weißjuramergel (ox 1) Cardioceratenschichten Wechselfolge von Kalkmergeln und z. T. laibsteinartigen Mergelkalkbänken. Folge der kalkigen Bänke im oberen Abschnitt besonders dicht, im Grenzbereich zum β charakteristische Fukoidenbänke (Impressamergel)	75 m
	α_1	Wechselfolge von Kalkmergeln und Mergelkalkbänken (Transversariumschichten) meist unter Gehängeschutt am Steilabfall der Alb	

2 Schichtenfolge des Weißen Jura (Malm) im Bereich der Ostalb

3   Aalen. Im Urweltmuseum für Geologie und Paläontologie sind zahlreiche Versteinerungen aus dem Jura zu sehen.

der Name kommt von der Stadt Aalen, so daß weltweit alle Gesteine dieser geologischen Zeiteinheit „Aalenium" heißen). Braunjura α besteht nur aus einer, fast fossilleeren, gleichförmigen Abfolge von grauen bis dunkelgrauen Tonsteinen, die zu brauner, schwerer Erde verwittern. Etwas Feinsand und geringe Glimmergehalte weist die etwa 110 m mächtige Tonsteinfolge auf, die nach oben hin von einer Kalksandsteinbank, der sog. „Wasserfallschicht", begrenzt wird. Der Opalinuston ist ein beliebter Rohstoff für die Ziegelherstellung, durch feindisperse Pyrit-(FeS_2-)Verteilung im Ton führen die Bäche aus dem Opalinuston auch oft sulfathaltige Wässer. Baugruben in Hanglage sind oft rutsch- und setzungsgefährdet, zudem benötigt der Fundamentbeton einen besonderen Säureschutz.

Braunjura β (Eisensandsteinserie, Personatensandstein, Oberaalenium) war früher die wirtschaftlich bedeutsamste Gesteinsfolge unserer Region. Die 35–55 m dicke Gesteinsserie enthält Sandflaserschichten, bis zu zehn Eisenerzflöze, Sandsteinhorizonte, Tonsteine und

Kalksandsteinbänke. Die beiden mächtigsten Eisenerzflöze des Braunjura β wurden früher am Burgstall bei Aalen, am Bol bei der Erlau (auch „Berg Sinai" genannt) und beim Grauleshof (Erzgrube „Roter Stich"), am Braunenberg bei Wasseralfingen (Erzgrube „Wilhelm") sowie bei Essingen bergmännisch abgebaut. Die Sandsteinhorizonte wurden früher durch kleinere Steinbrüche aufgeschlossen; die abgebauten Sandsteine waren ein beliebter Werkstandstein, kleinere Sandsteinstücke wurden zu Bausand oder Formsand zermahlen. Die Sandflaserschichten, tonig-sandige, engständige und zum Teil linsenförmige Wechsellagen waren als „beibrechende Nebengesteine" bei der Eisenerz- und auch bei der Sandsteingewinnung wenig beliebt, ihr Erscheinungsbild und die zahlreichen Wühlgefüge und Wellenrippeln im Gestein belegen jedoch, daß sie typische Wattenmeersedimente sind. Auch die Eisenerze und Sandsteinlagen sind typische Küstensaumablagerungen.

Braunjura γ (Sonninienschichten, Unteres Bajocium) besteht im überwiegenden Teil wieder aus Tonsteinen, nur der unterste und der mittlere Bereich der 5–11 m starken Abfolge besteht aus einer Schalentrümmerbank (Sowerbyibank) und aus einer Kalksandsteinbank (Wedelsandstein). Charakteristisch für den Braunjura sind jedoch die dominierenden „schokoladenbraunen" Tonsteine.

Braunjura δ und ε (Oolithkalkserie, Mittel- bis Oberbajocium und Bathonium) müssen im Ostalbgebiet zusammengefaßt werden, da sie zusammen nur etwa 7–19 m Schichtfolge umfassen und gesteinsmäßig sehr ähnlich aufgebaut sind. Sehr fossilreiche Kalksteinbänke und dazwischen gelagerte Mergelhorizonte bestimmen die Abfolge. Die Kalkbänke bestehen fast immer aus lauter winzigen Kalkkügelchen (daher „Oolithbänke"), die durch ihren leichten Eisenerzgehalt eine gelbbraune bis rostrote Färbung aufweisen; die zwischengelagerten Mergel und Tonmergel sind braun bis dunkelgrau.

Braunjura ζ (Ornatenton, Callovium) beginnt mit einer Oolithbank (Macrocephalenoolith) und besteht darüber nur noch aus weichen, grünlich-grauen Tonmergeln. Die Gesamtabfolge umfaßt etwa 10 m und fällt im Gelände meist als stark durchnäßter Wiesensaum ein Stück unterhalb der bewaldeten Berghänge der Weißjuralandschaft auf.

Die trockenen, mergeligen und kargen Wiesen darüber, direkt unterhalb des einsetzenden Laubwaldes, rechnen schon zum *Weißen Jura* (Malm), der den eigentlichen Albtrauf vom Hohenrechberg über Scheuelberg, Rosenstein, Langert, Braunenberg bis zum Ipf hin bildet. Auch die Hochflächen der Schwäbischen Alb werden vom Weißen Jura eingenommen, allerdings weist dieser hier teils jüngere Verwitterungsdecken auf. Der Weißjura der Ostalb ist heute noch über 250 m, teilweise sogar noch über 300 m mächtig. Etwa 30 Prozent der Landkreisfläche gehören dem Weißen Jura an.

Weißjura α (Untere Weißjuramergel, Oxfordmergel) besteht überwiegend aus grauen Mergeln und Kalkmergeln, die im oberen Bereich ihrer 50–75 m mächtigen Abfolge häufiger von einzelnen Kalkbänken unterbrochen werden. Im verwitterten Zustand sind die Mergel hellgrau, fast weiß und zerfallen bröckelig, stückig, z. T. scherbig. Häufig liegt die Weißjura-α-Folge unter dem Hangschutt der höheren Weißjuraeinheiten begraben. Nahezu charakteristisch am Albtrauf ist der Hangwaldeinsatz oberhalb dem Mittelbereich der α-Mergel.

Weißjura β (Untere Weißjurakalke, Oxfordkalke) bildet mauerartige, wohlgeschichtet erscheinende, hellgraue bis graue Kalkbänke von insgesamt 20–23 m Mächtigkeit. Die glatten und scharfkantigen Kalkbänke,

4 Aufschluß von Weißjura-β-Kalken in Oberkochen

welche splitterig brechen, werden nur durch dünne Mergelfugen voneinander getrennt. Sie sind 40–50 cm, manchmal 80–90 cm stark, im oberen Weißjura β nehmen sie ab und erreichen nur noch 20–35 cm. Die harten β-Kalke fallen oftmals trotz Vegetationsdecke schon durch eine Geländeversteilung auf, und an ihrer Obergrenze erkennt man einen Geländeknick zum Flacheren. Sehr schön zu sehen sind die β-Kalke im verlassenen Steinbruch hinter dem ehemaligen Härtsfeldbahnhof in Unterkochen sowie bergseitig hinter der Firma Carl Zeiss in Oberkochen. Fast die gesamte Schichtfolge ist hier aufgeschlossen.
Weißjura γ (Mittlere Weißjuramergel, Kimmeridgemergel) wird in sechs Untereinheiten aufgegliedert. Markante Leitbänke der etwa 35 m starken Abfolge haben sogar eigene Namen. Vereinfacht dargestellt besteht der Weißjura γ aus Mergeln mit dazwischengeschalteten Kalkbänken. Oft sind die untersten Bereiche der γ-Mergel noch in den β-Kalksteinbrüchen aufgeschlossen, wobei die unterste Mergelkalklage viele unregelmäßig eingebettete Ammonitenbruchstücke enthält. Ein typisches Beispiel einer kargen Trockenstandortvegetation auf den γ-Mergeln findet man am Knöcklinghang und am Berghang oberhalb der Papierfabrik Unterkochen oder am Bargauer Horn, wo Wacholderstauden auf einer Steppenheide gedeihen. Auch Küchenschellen wachsen besonders gern auf γ-Mergeln.
Weißjura δ (Untere Felsenkalke, Kimme-

Der Jura

5 Der Rosenstein mit Heubach, im Hintergrund der Scheuelberg

ridgebankkalke), auch als Quaderkalke bekannt, kennzeichnet eine bis zu 70 m mächtige, felsen- und höhlenreiche, dickbankige Kalkabfolge, die zudem durch zahlreiche Steinbrüche aufgeschlossen ist. Er wird aufgrund durchgehender Merkmale noch in vier Untereinheiten gegliedert: δ_1 – 30 cm hohe, deutlich grau gefärbte Kalksteinbänke mit zentimeterdicken Mergelfugen. δ_2 – vorwiegend 10 cm starke Kalkbänke, die von noch dickeren Mergelzonen voneinander getrennt werden. Kennzeichnend sind Kalkknollen und durch Verwitterung stark hervorspringende Platten und Leisten. Malm δ_3 – weist 0,5–1,2 m, ja sogar 1,5 m mächtige Bänke auf, die durch nahezu orthogonale Klüfte und Vertikalspalten in bis zu 3 m Kantenlänge messende Quader aufgeteilt sind. Die Mergelfugen sind gering oder fehlen teilweise ganz. Die Grenze von δ_3 zum δ_4 bildet eine glaukonithaltige, grünlich-graue Mergelbank, die einen auffälligen Leithorizont darstellt. Diese Glaukonitbank ist am Rosensteinburgfels sowie in Steinbrüchen bei Bartholomä und bei Lauchheim-Hülen gut sichtbar aufgeschlossen. Darüber gehen die geschichteten Kalkbänke in ungeschichtete, massige Kalke über. Am Rosenstein, am Langert und am Härtsfeldrand beginnen die Massenkalke oft direkt über der Glaukonitbank.

Die Massenkalke, die auch die darüberliegenden Folgen des Weißjura ε und des ζ_1 einnehmen, sind im Gegensatz zu den Bankkalken nicht als chemische Ausfällung auf dem ehemaligen Meeresboden des Jurameeres entstanden, sondern sie waren Aufbaumaterial riffbildender Schwämme im ehemals flacheren, durchlichteten Meeresbereich. Diese Jurariffe waren beinahe gleichen Typs, wie wir sie heute aus den tropischen Meeren als Schwamm- und Korallenriffe kennen. Fast alle Gesteine der oberen Bergpartien, der Felskränze an den oberen Talkanten und der Hochflächen, auch unter den Feuersteinlehmflächen, sind an der Albtraufkante Massenkalke. Neben der überwiegend feinkörnigen, dichten, weißen bis hellgrauen Ausbildung gibt es auch grobkristallinen, zuckerkörnigen Lochfels von bräunlich bis dunkelgrauer Farbe; es gibt Kiesel-(Feuerstein-)knollen in einem mittleren Bereich der Abfolge, welche weitgehend dem Weißjura ε entsprechen und es gibt Dolomitvorkommen.

Auf der Ebene des Härtsfeldes, besonders im Gemarkungsbereich von Neresheim, sind noch höhere Weißjuragesteine des Weißjura ζ als liegende Bankkalke (30–80 m mächtig) und als Zementmergel (bis 110 m mächtig) aufgeschlossen. Zementmergelvorkommen bilden oft wannenförmige Landschaftssenken, Bankkalke meist flache Ebenen und flache Hanglagen, während Riffstotzen aus Massenkalk für die Buckel und Kuppen der Albhochfläche verantwortlich sind. Die Bankkalke, hellgraue gut geschichtete, leicht anmergelige Kalkbänke und die Zementmergel als hellgrau bis blaugraue Mergel bilden eine relativ monotone Abfolge, welche zudem auf der Albhochfläche nur recht karge Bodenbildung erlaubte.

Das Tertiär

Die ältesten tertiären (d. h. erdneuzeitlichen) Sedimente im Landkreis sind die Feuersteinrotlehme der Albhochfläche, die durch Kalkverwitterung entstanden sind. Sie kommen auf dem Härtsfeld und dem Albuch vor, ihre Mächtigkeit kann bis über 20 m erreichen. Die jüngeren, jedoch ebenfalls tertiären Feuersteinockerlehme kommen sowohl auf dem Albuch, auf dem Langert als auch auf dem Härtsfeld vor, ihre maximale Ablagerungsstärke beträgt 5 bis 10 m.

Das Ries. Vor 14,7 Mio. Jahren raste ein gigantischer Meteorit auf die Albtafel und sprengte mit seinem Zentrum nahe Deiningen, etwa 5 km östlich von Nördlingen, einen ca. 12 km im Durchmesser messenden Krater heraus. Die wahrscheinliche Einschlaggeschwindigkeit des Meteoriten betrug 15 km/s. Er durchschlug 600 m wohlgeschichtete Gesteinspakete des Erdmittelalters sowie die darunterliegenden Gneise und Granite des Erdaltertums. Er wurde dabei enorm komprimiert, erzeugte superhohe Drücke und schob und warf das zertrümmerte Gestein bis zu 45 km weit ins Kraterumland. Rückfeder- und Rückfallmassen füllten wieder etwas den Krater, während in einem weiten Bogen darum ein ringförmiger, breitgefächerter Aufschüttungswall aus hoch aufgeworfenen Trümmern, aus größeren flach abgelösten und verstellten Gesteinsschollen (sie reichen im Ostalbkreis bis Unterschneidheim, Bopfingen, Neresheim) und nach außen gedrückten, herausgeschobenen Großschollen entstand. Dieser, inzwischen teilweise wieder abgetragene Aufschüttungswall ist heute der Rand des Rieskessels (Durchmesser: 22–25 km), und zum Beispiel die Gemeinden Riesbürg und Kirchheim/Ries liegen direkt an diesem Aufschüttungswall.

Der Zutritt von Karstgrundwasser im Krater und die Sammlung von Niederschlägen und Gewässern innerhalb des Aufschüttungswalls ließen einen See entstehen, in und an dem sich später eine spezielle Lebenswelt ausbildete. Nahezu der gesamte Rieskessel ist mit Seesedimenten und jüngeren Flußablagerungen erfüllt. Einzelne Randberge wie der Goldberg bei Pflaumloch bestehen aus Süßwasserkalken, die im Riessee entstanden sind. Andere Berge, wie z. B. der Kargstein bei Bopfingen, der Ofnetberg bei Utzmemmingen sowie viele einzelne Bergkuppen am Riesrand sind verlagerte große Gesteinsschollen. Buckelförmige, auf dem Härtsfeld und im Vorland lagernde Gesteinsschollen heißen im Volksmund „Griesbuckel"; hierzu gehören die Schloßberge von Bopfingen und Baldern, Berge wie der Käsbühl und Buchberg sowie viele „Buckel" auf dem Härtsfeld. Als neue Gesteinsdurchmischung entstand bei der Rieskatastrophe die „Bunte Brekzie", eine wirre Mischung aus feinem Gesteinssprengschutt. Der Röttinger Eisenbahntunnel, der in seiner Auffahrung große Probleme bereitete, liegt in Bunter Brekzie. Eine neue Gesteinsart aus verschmolzenem, ausgesprengtem Grundgebirgsmaterial, der „Suevit", entstand ebenfalls bei der Rieskatastrophe. Er war ein sehr geschätzter Werkstein und wurde u. a. im Steinbruch „Alte Bürg" bei Utzmemmingen gewonnen.

Fluß- und Landschaftsgeschichte

Die sehr abwechslungsreiche und vielfach zertalte Landschaft im Bereich des Ostalbkreises wurde in ihren wesentlichen Zügen erst in den letzten 15 Mio. Jahren der Erdgeschichte gestaltet. Die Ausformung der heutigen Berg- und Talformen ist vor allem eine Folge der tertiären und quartären Flußentwicklung in Ostwürttemberg, der Widerstandsfähigkeit des geologischen Untergrundes und der geologischen Untergrundbewegungen (Tektonik).
Vor etwas 65 Mio. Jahren lagen noch etwa 700 m–400 m Gesteinsfolgen (Keuper und Jura) über dem heutigen Vorland der Albtafel. Vor 40 Mio. Jahren begann die Einsenkung des Oberrheingrabens und des Alpenvorlandes, verbunden mit einer gleichzeitigen Heraushebung des Schwarzwaldes, des heutigen Keuperlandes und der Schwäbischen Alb. Die aus den neuen Hochgebieten entspringenden Flüsse strebten nach Süden in Richtung Molassemeer bzw. später einem Vorläufersystem der Donau zu.

Gleichzeitig begann von Norden her der Kampf um die Wasserscheide. Die rheinischen Zuflüsse erreichten mit ihrem stärkeren Gefälle eine ständige Zurückverlegung des Berglandes nach Süden. Auf diese Weise wurden die Zuflüsse zur Ur-Donau immer kürzer, die europäische Hauptwasserscheide wurde nach Süden gedrückt. Vor 14,7 Mio. Jahren wurde der Abfluß der Ur-Jagst, die ursprünglich dem Ries zustrebte, durch Kraterauswurfmassen des Riesmeteoriten blockiert, die Ur-Jagst entwässerte danach in Richtung Ur-Brenz. Die Zuflüsse zur Ur-Brenz hatten ihren Ursprung noch nördlich von Schwäbisch Hall. Aus dieser Zeit von vor 10 Mio. Jahren sind Höhenschotter der Ur-Brenz zwischen Oberkochen und Königsbronn auf einer Höhenlage von 620 m über N.N. nachzuweisen, die Ur-Brenz dürfte demnach zum Beispiel etwa 280 m über dem Niveau des heutigen Kochers bei Abtsgmünd geflossen sein, allerdings in Gegenrichtung.

Die nächsten, sehr auffälligen Nachweise eines ehemaligen Abflußniveaus finden wir in der nördlichen Aalener Bucht; die *Goldshöfer Sande*. Diese Sande wurden im Altpleistozän (d. h. etwa 800 000–400 000 Jahre vor heute) im weiten Raum der Aalener Bucht und ihres Vorlandes als Abschwemmsande der alteiszeitlichen Ur-Brenz und ihrer Nebenflüsse (Ur-Lein, Ur-Bühler, Ur-Rot, Ur-Jagst) abgelagert und teilweise über 20 m hoch aufgeschüttet. Sie finden sich u. a. bei Abtsgmünd etwa 130 m über dem heutigen Kocherniveau. Aus dieser Höhendifferenz erkennt man den intensiven Einschnitt und Vorbau des Kochers nach Süden.

Gerade in der Zeit der Eiszeiten und Zwischeneiszeiten wurde das landschaftliche Relief des Keuperberglandes und des Albvorlandes entscheidend gestaltet. Die ungeheuren Wassermengen der Abflußsysteme hinterließen nach jeder Eiszeit ein bestimmtes Verebnungsniveau (Hochterrasse) in unserer Landschaft. Der gefällestarke, sich nach Süden vorarbeitende Kocher hatte etwa zur Mindeleiszeit Hüttlingen erreicht und etwa an der Wende zur Mindel-Riß-Zwischeneiszeit wurde die Ur-Jagst angezapft (vor ca. 300 000–250 000 Jahren). Die Lein und die Blinde Rot wurden in der Zwischenzeit dem Kocher tributär. Ihr heute noch nach Westen bzw. nach Süden gerichteter Verlauf deutet noch auffällig in die Abflußrichtung der Ur-Brenz. Sie münden heute spitzwinklig, widersinnig in den Kocher ein.

Vor etwa 150 000 Jahren erreichte die sich von Norden über Ellwangen einschneidende Jagst ihren damals zum Kocher fließenden Oberlauf. Kocher und Jagst lagen zu dieser Zeit etwa 20–30 m über ihrem heutigen Einschnittniveau. Erst ab etwa 15 000 Jahren vor heute entstanden die Schotterablagerungen im Talgrund des Kochers und seiner Nebenflüsse. Der Auelehm in diesen Flußauen entstammt teilweise sogar geschichtlicher Zeit. Die Verlagerung der Wasserscheide nach Süden, das weitere Eintiefen und Vorverlagern von Jagst und Kocher halten an, die landschaftliche Entwicklung geht auch heute noch weiter.

Bruchstrukturen im Gestein

Klüfte und Verwerfungen sind Bruchstrukturen im Gestein. Während Klüfte als vertikale oder schräge Trennfugen alle etwas härteren und festen Gesteinsbänke des Keupers und Juras in unendlicher Weise bis in Dezi- und Zentimeter-Abstände hinein strukturieren, sind Verwerfungen mehr übergeordnete, z. T. regional wirkende Trennelemente. Klüfte sind bedeutsam für Verwitterungsvorgänge im Gestein, als Zirkulations- und Speicherräume für Kluftgrundwasser und als Ablöseflächen bei der Gewinnung von Natursteinen. Verwerfungen hingegen können ganze Gesteinspakete aneinander versetzen, sie können daher als Speicherflächen oder als hydraulische Bewegungsbahnen für Tiefengrundwasser wirksam sein. Eine große Verwerfungszone in Süddeutschland, das sog. „Schwäbische Lineament", durchzieht in nahezu West-Ost-Richtung die Südhälfte des Ostalbkreises. Diese tiefgreifende und komplexe Bruchzone ist, vom Schwarzwald kommend, über Plochingen am Neckar bis ins Nördlinger Ries zu verfolgen. Berge wie der Hohenstaufen, der Hohenrechberg, der Scheuelberg, der Rosenstein, der Rücken des Albäumle oder der Ipf und der Blasienberg sind ziemlich geradlinig entlang dieser großen Bruchstrukturzone angeordnet.

Der tektonische Graben ist in seiner Gestaltung sehr asymmetrisch: Der nördliche Flankenbereich weist einen wesentlich stärkeren Schichtenversatz auf als der südliche. Auffällig ist die Position von Kegelbergen in diesem Graben. Die tektonische Einsenkung (z. T. über 40 m, bis 100 m Versatz im Norden, 70 m Sprunghöhe im Süden) ist der Hauptgrund für Kegel- bzw. Zeugenberge (Kaiserberge sowie Ipf und Blasienberg). Ursache ist die rückschreitende Erosion des Albtraufs nach Süden. Staufen, Rechberg oder der Ipf sind Relikte des ehemals weiter nördlich gelegenen Albtraufs (daher „Zeugenberge"). Ihre gegenüber dem ehemals umgebenden Schichtenbau tiefer gelegenen Gesteinsabfolgen waren durch die Grabenlage besser vor der rückschreitenden Erosion geschützt, und die meist harten Gesteinsserien auf den Zeugenbergkuppen haben ein weiteres für den Erhalt dieser Kegelberge getan.

Nicht überall jedoch ist das Schwäbische Lineament als Grabenbruch ausgebildet. Scheuelberg und Rosenstein liegen in einem (vorübergehend) ausklingenden Grabenbereich des Schwäbischen Lineaments (Halbinselcharakter). Entlang der Albtrauflinie zwischen Essingen und Aalen-Zochental ist fast nur die nördliche Hauptverwerfung des Lineaments entwickelt, der Albtraufverlauf ist daher recht geradlinig und zur Albhochfläche bündig. Zwischen Aalen und Lauchheim ist das Schwäbische Lineament im wesentlichen als Großflexur mit partiellen kleineren Verwerfungsbeträgen ausgestaltet, der Albtrauf reagiert hier entsprechend gering auf die Tektonik (Braunenberg-Vorsprung zwischen Wasseralfingen und Westhausen). Ab Lauchheim ist nach Osten hin wieder die nordseitige Hauptverwerfung ausgebildet, und östlich von Oberdorf (Gebiet des Ipf- und Blasienberges) existiert wieder ein tektonischer Graben, der im Bereich des Blasienberges sogar sehr komplex gebaut ist.

Auffällige Kennzeichen des Schwäbischen Lineamentes sind klare Abweichungen vom wohlgelagerten, relativ tafelförmigen Schichtlagerungsbau der Gesteine. Die Schichten sind normalerweise gering (ca. 2–3°) nach Südosten geneigt. Im Bereich des Albtraufs sind jedoch diese Gesteinsabfolgen unter dem Einfluß des Schwäbischen Lineamentes stärker gekippt, gestört, zerbrochen oder verworfen. Es gibt Bereiche, in denen die Gesteinsbänke bis zu 20 Grad nach Süden gekippt sind (z. B. Himmlinger Steige bei Aalen), in denen ehemals zusammenhängende Gesteinsfolgen durchtrennt und höhenmäßig einander stark versetzt (= verworfen) wurden. Und es gibt Bereiche, in denen das höhenmäßige Verspringen der Gesteinsschichten so stark war, daß in dieser tektonischen Bewegungsbahn nur noch zerriebene Gesteinstrümmer zu finden sind (Scheuelberg bei Heubach, Hohenstaufen). Zwischen zwei parallelen Hauptbahnen des Schwäbischen Lineaments können rechtwinklig dazu stehende Kleinverwerfungen vorliegen, die in dichter Folge nebeneinander auftreten können. Dies ist zum Beispiel am Rosenstein-Burgfels der Fall, der von Kleinverwerfungen regelrecht in einzelne Felsscheiben zerschnitten wurde.

Gesteinsauflockerungen entlang von Verwerfungsbahnen sind für die Hydrogeologie von großer Bedeutsamkeit, da sie dem Grundwasser bzw. in der Schwäbischen Alb dem Karsttiefenwasser besondere Wegsamkeiten bieten. Zahlreiche Quellen am Ostalbtrauf sitzen solchen Verwerfungen auf (z. B. Remsursprung/Essingen, Häselbachquelle/Unterkochen).

Schichtlagerung

Besonderen Einfluß auf die hydrogeologische Situation und damit auf den Quellenreichtum am südlichen Begleitsaum des Schwäbischen Lineamentes hat die Schichtlagerung der Gesteine. Die normale Schichtlagerung der Ostalbgesteine ist nahezu tafelförmig. Die ist jedoch in der Zone des Lineamentes deutlich anders: Zum einen verursachen große Verwerfungen ein Mitschleppen der Schichten zum Bereich des Versatzes in Richtung der erfolgten Sprungbewegung, und zum anderen ist eine ganze Kette von Schichtlagerungsmulden den Großverwerfungen des Lineaments südlich vorgelagert.

Die wichtigsten Mulden sind die Lauterner Mulde, die Essinger Remsmulde, die mit ihr verbundene Unterkochener Mulde, die Egerkessel- und die Ipf-Mulde. Die Unterkochener Schichtlagerungsmulde ist die größte, sie ist 2–3,5 km breit und über 9 km lang. Ihre

Einsenkung gegenüber ihrem südlich anschließenden Schwellenbereich beträgt 70 m südöstlich von Essingen und über 100 m im Tal des Weißen Kochers östlich von Unterkochen. Diese Mulden speichern das Tiefengrundwaser in zusätzlicher Weise. Der Quellenreichtum im südlichen Bereich der Lineamentzone ist daher ungewöhnlich hoch; Flüsse wie die Egau, der Weiße Kocher, die Rems und die Lauter entspringen hier. Der Segen des Lineamentes und seiner dazugehörigen, vorgelagerten Schichtlagerungsmulden ist also zweifacher Art: Oberflächlich herrscht ein großer Quellenreichtum und in der Tiefe ist in reichem Maße Grundwasser gespeichert.

Verkarstung und Höhlen

Verkarstung, eine natürlich ablaufende Korrosion von lösungsfähigen Gesteinen (Kalk, Gips, Salz), gibt es im Ostalbkreis nahezu nur am Traufrand und auf der Hochfläche der Schwäbischen Alb. Typische Karsterscheinungen sind Höhlen, Karstquellen, Dolinen (Erdfälle), Bachschwinden, Karstwannen (poljenartige, lehmerfüllte, abflußlose Senken) und Karren (kerbenartige Lösungsspalten) am offenen Gestein. Karsterscheinungen sind nahezu ausschließlich an den Weißjura der Schwäbischen Alb gebunden. Höhlen sind wohl die populärsten, auch geheimnisvollsten, aber keinesfalls die größten Karsterscheinungen, die unser Landkreis zu bieten hat. Eine Übersicht der größten und wichtigsten Höhlen, Karstquellen und Karstwannen ist in tabellarischer Form aufgeführt. Durch Neuentdeckungen sind jederzeit weitere Ergänzungen in der Höhlenstatistik möglich.

Besonders große Karsterscheinungen sind die Karstwannen in abflußlosen Senken mit eigenem Einzugsgebiet, auffälligen Verebnungen und einer hohen Dolinendichte. Die Erdfälle übernehmen für die abflußlosen Senken die Entwässerung. Durch geoelektrische Sondierungen hat man festgestellt, daß Karstwannen sehr starke und sehr unregelmäßige Lehmeinfüllungen aufweisen. Die Lehmeinfüllungen reichen oft bis 20–30 m, vereinzelt sogar bis in über 50 m Tiefe. Die Grenzschicht Lehm/Kalk (Karstwannenboden) ist keinesfalls wannenförmig, sondern weist ein unregelmäßig gestaltetes Relief auf, welches von Rinnen, Spalten und nebenstehenden Turmgebilden und Keilrücken geprägt wird. Lösungserscheinungen im Kalk unter der Lehmplombierung sorgen oft für Erdfallereignisse in den Karstwannen. Große Dolinen mit eigener Zulaufrinne haben an ihrem tiefsten Punkt Schlucklöcher (Ponore), die besonders nachbruchgefährdet sind. Wie eine höhlenkundliche Untersuchung im Kohlhauschacht bei Aalen-Ebnat gezeigt hat, können große zentrale Entwässerungsdolinen einer Karstwanne oft von schachtartigen Hohlraumgebilden unterlagert werden. Karstwannen sind, vereinfacht gesagt, große „Karieslöcher" der Albhochfläche, der Lehm darüber ist eine nicht dichtende Plombe.

Quellen im Kalkgebirge (Karstquellen) zeichnen sich besonders durch extreme Schüttungsschwankungen aus. Da die Hochfläche der Schwäbischen Alb beinahe völlig wasserarm ist, weil Niederschläge vom Kalkgebirge geradezu aufgesaugt werden und in Klüften, Kluftspalten und Karsthohlräumen unterirdisch relativ schnell zirkulieren können, ergeben sich an den Karstquellen kräftige Schüttungsreaktionen auf Niederschlagsereignisse. Quellen, die nur zeitweilig nach starken Niederschlägen laufen, nennt man Hungerbrunnen. In Oberkochen, Unterkochen, Essingen und Neresheim gibt es solche sporadischen Quellen. Ein anderes Karstphänomen, eine Bachversickerung (Bachschwinde) auf der Albhochfläche, ist die Weiherbachschwinde, deren Bachlauf aus den Essinger Weiherwie-

Tabelle 1: Größere Höhlen im Ostalbkreis

Name	Ort	Gewann	Länge	Tiefe	Historische Nutzung*
Teufelsklingenbröller	Heubach	Teufelsklinge	ca. 200 m		G
Brunnenhöhle	Oberkochen	Brunnenhalde	145 m		
Finsterloch	Heubach	Rosenstein	133 m		G
Fuchsloch	Heubach	Rosenstein	130 m		G
Dreieingangshöhle	Heubach	Rosenstein	75 m		VG, G
Falkenhöhle	Bartholomä	Kitzingbereich	70 m		G
Großes Wollenloch	Oberkochen/ Essingen	Wollenberg		54 m	G
Griebigensteinhöhle	Oberkochen	Rodhalde	52 m	16 m	G
Kohlhauschacht	Aalen-Ebnat	Niesitz		47 m	
Große Scheuer	Heubach	Rosenstein	44 m		G
Schwarzweilerschacht	Essingen-Tauchenweiler			38 m	
Haus	Heubach	Rosenstein	30 m		VG, G
Dampfloch	Heubach	Rosenstein	30 m	10 m	
Clemenshöhle	Heubach	Hochberg	30 m		
Jakobshöhle	Heubach	Scheulberg	26 m		
Kleine Scheuer	Heubach	Rosenstein	23 m		VG, G
Enges Loch	Heubach	Scheuelberg	23 m		
Geisterloch	Bartholomä	Kitzingbereich	21 m		
Fasnachtshöhle	Heubach	Scheuelberg	20 m		
Marswegschacht	Oberkochen	Heide		18 m	
Kahlenbühlhöhle	Oberkochen	Kahlenbühl	15 m	7 m	
Kleines Wollenloch	Oberkochen	Wollenberg	11 m	9 m	
Feuerknochenschacht	Oberkochen	Hagental		10 m	
Hohler Stein	Aalen-Unterkochen	Schloßhau	7 m		G

*G = geschichtliche Nutzung   VG = vorgeschichtliche Nutzung

Tabelle 2: Karstwannen im Ostalbkreis

Name	Ort(e)	Länge	Breite	Dolinendichte
Spitzhecke-Heide	Aalen-Waldhausen	1000 m	400 m	ca. 20–30
Rauhe Wiese	Bartholomä/Böhmenkirch	4000 m	200 m	ca. 60–80
Hirschrainebene	Bartholomä/Essingen	500 m	300 m	5
Amalienhofebene	Bartholomä/Essingen	1000 m	400 m	10
Ebnater Karstwanne	Aalen-Ebnat, Aalen-Niesitz, Heidenheim-Nietheim	4500 m	2500 m	ca. 100

Tabelle 3: Größere Karstquellen im Ostalbkreis

Name	Orte	Schüttung		
		Mittl.	Min.	Max
Schwarzer Kocher	Oberkochen	680 l/sec	50 l/sec	4180 l/sec
Weißer Kocher	Aalen-Unterkochen	420 l/sec	100 l/sec	2900 l/sec

Weitere kleinere Karstquellen sind die Egerquelle (Aufhausen), der Hungerbrunnen im Wolfartstal (Oberkochen), Egauquelle (Neresheim), Lauterursprung (Lautern), Remsquelle (Essingen), Ölweiherquelle (Oberkochen), Häselbachquelle (Unterkochen) sowie viele kleine Bachquellen im Weißen Jura der Ostalb.

sen nach wenigen hundert Metern von der Erdoberfläche verschluckt wird.

Rohstoffe der Metallgewinnung

625 Jahre Eisenerzbergbau. Der wirtschaftlich wichtigste Rohstoff im Ostalbkreis war jahrhundertelang Eisenerz. Noch heute ist ein Großteil der Industriestruktur, vornehmlich im Kochertal, von der Eisenverarbeitung geprägt. Die Eisenerzgewinnung und -verarbeitung auf der Ostalb ist seit 625 Jahren schriftlich belegt, archäologische Funde beweisen jedoch eine ca. 2500jährige Eisentradition, beginnend bei den Kelten, Römern und den frühen Alamannen der Ostalbregion. Die Geschichtsschreibung beginnt im Jahre 1365 mit einer Belehnungsurkunde von Kaiser Karl IV. an Graf Ulrich von Helfenstein über „alles eysnwerk" an Brenz und Kocher. 1366 wird ein zweites Erzregal an die Mönche des Klosters Königsbronn verliehen, 1367 wird dem Abt des Klosters Neresheim ebenfalls von Kaiser Karl IV. die Eisengewinnung erlaubt. 1610 findet man erstmals Erzabbaue am Braunenberg bei Wasseralfingen. 1668 beginnt man in Wasseralfingen den Bau eines Hochofens. 1671 wird hier das erste Eisenerz verhüttet, nachdem 1670 der Bergbau am Braunenberg zwischen Röthardt und Oberalfingen regulär begonnen wurde.

Aufgrund von wirtschaftlichen Standortnachteilen kam 1926 die Erzproduktion nahezu zum Erliegen. Im Zuge der autarkistischen Bestrebungen des „Dritten Reiches" lebte der Aalener und Wasseralfinger Bergbau nochmals kurz auf, ehe er 1939 in Wasseralfingen und 1948 in Aalen völlig stillgelegt wurde. Das Erz war zuletzt ins Ruhrgebiet zur Verhüttung transportiert worden. Im letzten Jahrhundert begann jedoch im Ostalbgebiet eine vielfältige Aufgliederung eisenverarbeitender Produktionszweige durch Neugründung und Standorterweiterungen. Kettenfabriken, Gießereien, Kurbelwellenhersteller, Gesenkschmieden, Stahlhandelsfirmen, Maschinenbaubetriebe und Anlagenbauer sowie Werkzeughersteller prägen heute den eisenständigen Schwerpunkt der Industrie.

Eisenerzvorkommen: Eisenerz kommt im Kreis in verschiedenen Lagerstättenformen vor: als Stuferz flözförmig, d. h. lagig, im Angulatensandstein (Schwarzer Jura α) bei Abtsgmünd und Hüttlingen und besonders im Braunjura β (Eisensandstein vor allem bei Aalen und Wasseralfingen ist der Braunjura β sehr eisenerzreich); sowie im höheren Braunjura am gesamten Albtrauf als Bohnerz auf der Albhoch-

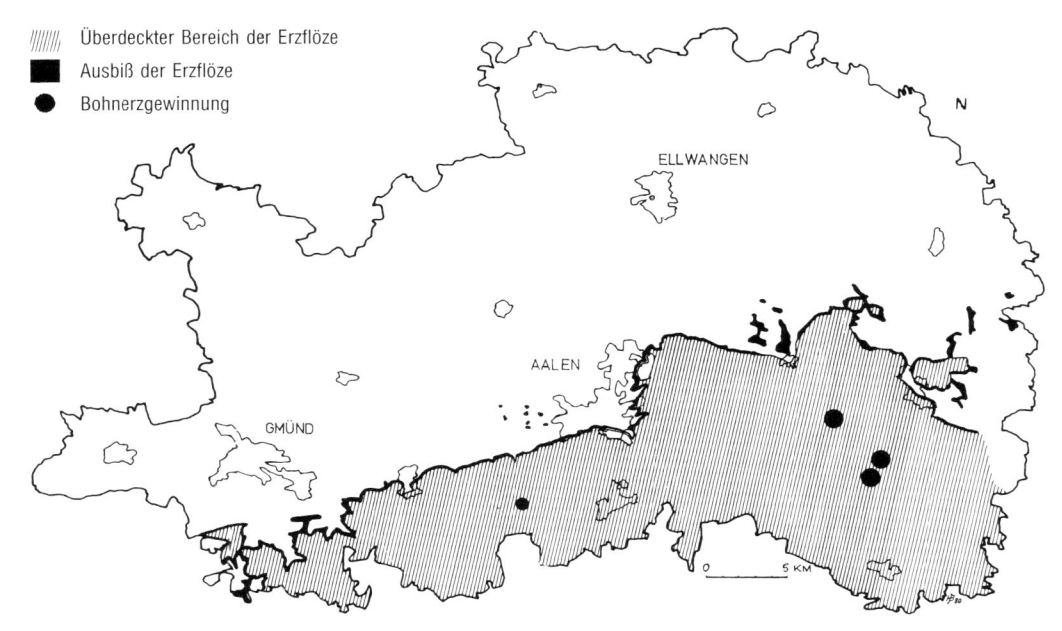

Rohstoffe der Metallgewinnung

///// Überdeckter Bereich der Erzflöze
■ Ausbiß der Erzflöze
● Bohnerzgewinnung

6 Eisenerzvorkommen im Ostalbkreis

fläche und als Schwartenerz (Tauchenweiler). Die Verbreitung der größeren Erzflöze ist an den Albtrauf gebunden. Sie werden unter der Albtafel von anderen Schichtpaketen überlagert. Die Mächtigkeit ist unterschiedlich und kann zwischen 0,5 m bis 2 m schwanken, ebenso kann die Erzqualität sehr unterschiedlich bis unbrauchbar sein. Die größten Abbaumengen erlangten die Braunjura-Stuferzflöze (insgesamt 8, davon 2 besonders mächtig und bauwürdig).

Die Erzflözmächtigkeiten für das Wasseralfinger Lager (auf Karte an Ausbißlinie weißer Bereich) betrugen im oberen Flöz 1,20 m – 1,40 m, im unteren Flöz 1,20 m – 1,70 m, im Aalener Lager ergaben sich Erzmächtigkeiten von 1,20 m – 2,45 m im unteren Flöz. Maximale Eisengehalte im Wasseralfinger Erz erreichten 36 Prozent. Haupterzminerale sind Goethit, Nadeleisenerz, weiterhin Chamosit und Siderit sowie wasserreiche Modifikationen. Schwierigkeiten in der Verhüttung brachte lange Zeit der hohe Kieselsäuregehalt.

Im Gegensatz zum Stuferz kommt Bohnerz in lokalen Anreicherungen in Karstschlotten der Ostalbhochfläche vor, Gewinnungsorte befanden sich vor allem im Raum Nattheim-Oggenhausen (St. Margareth), bei Michelfeld nahe Bopfingen-Oberriffingen und Dorfmerkingen. Hier zeugen noch heute aufgelassene Bohnerzgruben (Tagebaupingen) von der einstigen „Erzgräberei" für die Kocher-Brenz-Tal-Werke.

Bohnerze sind tertiäre Verwitterungsreste der einstigen Albhochfläche, die in Karstspalten, -schlotten und -mulden angereichert vorliegen bzw. vorlagen. Das Erz besteht aus linsen- bis bohnenförmigen Brauneisenkügelchen, die teilweise verbacken als Eisenschwarten vorkommen können. Der mittlere Eisengehalt liegt bei 30–36 Prozent, konnte jedoch auch manchmal die 50-Prozent-Marke überschreiten, der Kieselsäureanteil ist ungefähr gleich hoch wie beim Stuferz, während der Kalkanteil außerordentlich gering ist (1–2%). Das Wasseralfinger Hüttenwerk bezog sein Bohnerz vor allem aus dem Königsbronner Grubenrevier (Nattheim-Oggenhausen), besaß aber auch eigene Gruben bei Michelfeld und Dorfmerkingen.

Die Bohnerzgewinnung erfolgte anfangs nur in Wintermonaten durch Landwirte, für die das Erzgraben ein dringend notwendiges Zubrot bedeutete, später wurden die kleinen Tagebaue ganzjährig unter der Aufsicht von Bergmeistern durch Bergknappen und Lohnarbeiter betrieben. Anfang dieses Jahrhunderts kamen die Gruben zum Erliegen. Die Abbautiefen der recht unterschiedlichen Erzvorkommen (von 5 m bis 100 m Durchmesser schwankend) erreichten manchmal über 10 m, ja sogar über 15 m. Wo Bohnerzgruben in Wäldern abgebaut wurden oder später wieder Wälder entstanden, erinnern heute noch aufgelassene Abbaue, in denen meist dunkel schimmernd das Wasser steht, an den Bergbau (heute botanisch sehr interessante und höchst schützenswerte Hülben).

An die einstige Bedeutung des Eisenerzbergbaues im Raum Wasseralfingen–Aalen erinnern heute der Bergbaupfad am Braunenberg sowie das Besucherbergwerk „Tiefer Stollen" in Aalen-Wasseralfingen.

Besucherbergwerk „Tiefer Stollen". Die Stadt Aalen hat durch hohe finanzielle Investitionen die Wiederaufwältigung alter Stollenanlagen im Braunenberg bei Wasseralfingen ermöglicht, ein Förderverein trug durch freiwillige Mitarbeit und durch Spenden zum Gelingen bei. 1987 wurde der ehemalige Wasserlösungsstollen der Braunenberggrube, als „Stuferzgrube Wilhelm" einst württembergisches Hauptstaatsbergwerk auf Eisenerz, wiedereröffnet. Ein Denkmal der ehemaligen bergbaulichen Arbeitswelt ist damit wieder zugänglich, welches die Arbeitsbedingungen, die Arbeitsqualität, die Geschichte und wirtschaftliche Bedeutung des Ostalbbergbaues dokumentiert. Die Leistungen ehemaliger Bergmannsgenerationen sind mehr als beeindruckend.

Buntmetalle. Die reichsten Buntmetallvorkommen im Ostalbkreis sind, ganz offen gesagt, auf Schrott- und Müllplätzen zu finden. Geringste natürliche Buntmetallvorkommen (Kupfer, Blei, Zink, Mangan, Nickel etc.) sind in einzelnen Gesteinsbänken und -horizonten (z. B. Bleiglanzbank, Rätkeuper, Lias ε, etc.) vorhanden und besonders an die Schwefelkiesimprägnation und -knollen in einzelnen Folgen des Keupers und Jura gebunden. Vitriol, Alaun und Schwefelkies (FeS_2) wurden, wie auch aus dem Mittelbronner Kohlenabbau bekannt, schon seit dem Mittelalter im Ostalbkreis gewonnen und zum Teil noch im letzten Jahrhundert gefördert. Alle bekannten Buntmetallgehalte sind wirtschaftlich völlig bedeutungslos.

Energierohstoffe

Steinkohle. Baden-Württemberg ist eines der kohleärmsten Bundesländer. Zum einzigen interessanten Kohlenabbau in Württemberg kam es in Mittelbronn bei Frickenhofen im Ostalbkreis, wo in den obersten Gesteinsfolgen des Keupers (Rhätsandstein) sogar zwei dünne Kohleflöze zur Gewinnung vorhanden waren. Herzog Friedrich I. eröffnete hier 1596 sein württembergisches Kohlebergwerk, aus dessen schwefelkiesreicher (Pyrit [FeS_2] und geringe Buntmetallgehalte) Kohle mit ihrem pyritisierten Nebengestein die herzogliche Schwefel- und Alaunhütte in Frickenhofen versorgt wurde.

In der Folge wurde immer wieder versucht,

Energierohstoffe – Steine und Erden

den Abbau wieder aufzunehmen, aber ohne Erfolg.

Energie aus dem Erdinneren. Mit der Niederbringung der beiden Aalener Thermalwasserbohrungen hat zumindest indirekt die Erschließung geothermaler Energie im Ostalbkreis begonnen. Hier wurde zur natürlichen Förderung warmen Wassers ein Wärmeherd in der obersten Erdkruste angebohrt. Der natürliche Temperaturanstieg in zunehmender Tiefe ist regional sehr unterschiedlich. Er ist in Gebieten von ehemals erdgeschichtlich sehr jungen Vulkanvorkommen oder größeren tektonischen Schwächezonen am höchsten. Thermales und mineralisiertes Wasser wäre heutzutage an zahlreichen Stellen des Ostalbkreises (besonders im Süden des Landkreises) schon erschließbar.

Steine und Erden

Ziegel- und Keramikrohstoffe (Ton und Lehm). Ein Blick auf die Verbreitungskarte von Tonen (schwarze Flächensignatur) und Lehmen (graue Signatur) im Ostalbkreis zeigt einen außerordentlichen Reichtum an diesen Rohstoffen. Von den ursprünglichen Ausgangsstoffen: Albverwitterungslehme (Feuersteinlehme; Tertiär-Quartär, tfl-9bl), Opalinuston (Braunjura α), Amaltheenton (Schwarzjura δ), Bunter Mergel (Keuper), wird heute nur noch Opalinuston in einem einzigen noch bestehenden Ziegelwerk (Fa. Trost, Essingen-Bahnhof) verarbeitet. Der dunkel, nahezu schwarz, bei Verwitterung jedoch braun erscheinende Opalinuston, benannt nach dem Ammonit „Leioceras opalinum", erreicht in der Aalener Bucht eine besondere Schichtmächtigkeit (100–110 m) und Verbreitung, die einmalig in ganz Württemberg ist. Die Vorräte sind so gewaltig, daß von mehreren Milliarden Kubikmetern Rohmaterial im Kreisgebiet ausgegangen werden kann.

Kalke und Mergel gibt es in großer Menge im Weißjuragebiet der Schwäbischen Alb. Der bis zu 350 m mächtige Weiße Jura besteht fast nur aus Kalken und Mergeln, allerdings von sehr unterschiedlicher Verteilung, Qualität und Oberflächenverunreinigung (Lehme, gefüllte Karstschlotten).

Kalke sind als druckfeste Straßen- und Wegebauschotter, als Düngemittel, als Mauersteine und -platten, als Baustoffe und für chemische Produktionsverfahren ein sehr gesuchter Rohstoff, während Mergel (Kalk-Ton-Gemische) der Ausgangsstoff jeglicher Zementproduktion sind. Zementmergel, Chemie- oder Düngekalke wurden im Ostalbkreis noch nie gewonnen. Baukalke wurden jedoch zeitweilig auch hier gebrannt. 1949 gab es über 30 Kalksteinbrüche im Kreis, die neben Straßenschotter und Kalksplitt (z. T. als Betonzuschlag) auch noch Werksteine lieferten. Heute bestehen nur noch in Bartholomä, Aalen-Ebnat, Lauchheim-Hülen und Bopfingen Kalksteinbetriebe. Die Steinbrüche in Bartholomä und Hülen gewinnen Bankkalke des Weißjura δ_3 und Massenkalke des δ_4, in Ebnat und Bopfingen werden nur Massenkalke abgebaut. Produziert werden in diesen Steinbrüchen ausschließlich Straßenschotter und Wegesplitt. Da manche dieser Steinbrüche in der Wasserschutzzone III der Landeswasserversorgung liegen, bestehen für den Abbaubetrieb hier besondere Auflagen.

Bausande wurden seit altersher im Kreisgebiet abgebaut und sogar in die benachbarten Regionen geliefert. Grundlagen der Abbaue sind die Goldshöfer Sande um Aalen, Heisenberg, Onatsfeld und Fachsenfeld bis Goldshöfe sowie die Stubensandsteine um Ellwangen, Abtsgmünd und Schwäbisch Gmünd und teilweise auch Verwitterungsprodukte des Personatensandsteins (Dogger β, al 2) am Fuß des Albtraufs. Für feine Verputz- und Stuckarbeiten wurde früher Dolomitsand am Langert

44 Geologie, Landschaftsgeschichte und Rohstoff-Nutzung

7 Ton- und Lehmvorkommen im Ostalbkreis (schwarz = Ton)

8 Kalk- und Mergelvorkommen im Ostalbkreis (schwarz = Mergel)

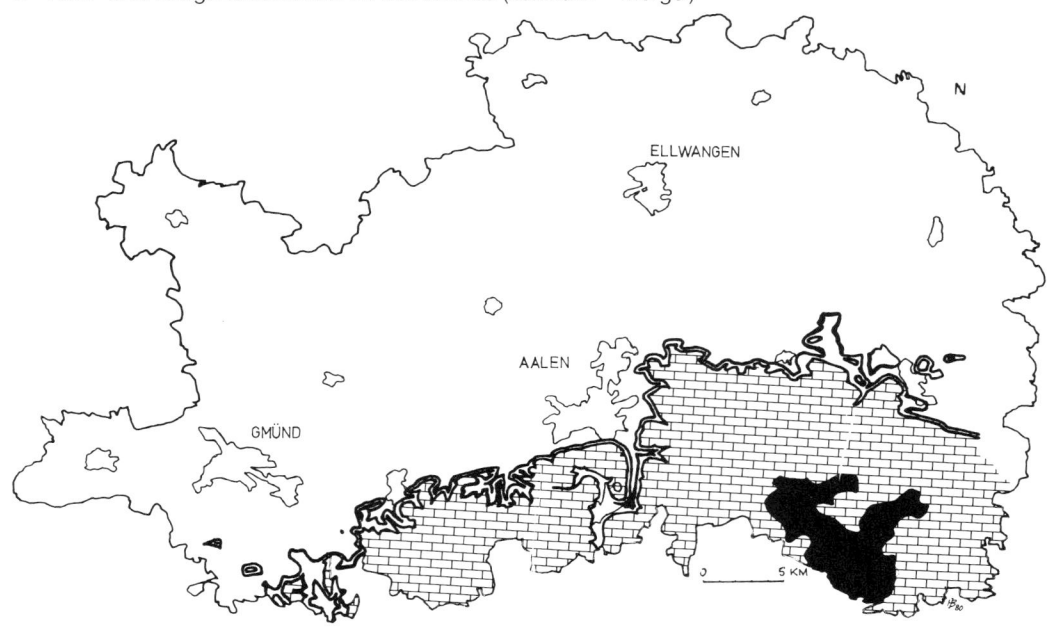

Steine und Erden

(Aalen), am Volkmarsberg (Oberkochen) und an zahlreichen Stellen des Härtsfeldes gewonnen (Beuren, Bopfingen-Sandberg, u. a.). Braunjura- und Weißjurasande werden heute nicht mehr verwendet, da die Vorkommen kleinräumig, unförmig, gewinnungsmäßig begrenzt und sehr teuer wären. Die eisenschüssigen rot und rotgelben „Goldshöfer Sande" und die grün bis hellvioletten Keupersande Ellwangens werden in zahlreichen Gruben gewonnen und auf nahezu jeder Bau- und Straßenbaustelle im Landkreis verwendet.

Stubensande wurden früher auch als Glassande und als Fegsande zum Reinigen von Stuben verwendet, im Ellwanger Stadtgebiet wurde er zum Teil unterirdisch durch Stollenauffahrungen und in Kammer-Pfeiler-Bauten gewonnen. Stubensande sind gleichförmiger und geringer verunreinigt als „Goldshöfer Sande", allerdings in offenen Abbaugruben in viel geringerer Abbaumächtigkeit vorhanden.

Formsande für das Gießereiwesen müssen besonders leichtkörnig, feinkörnig und gut ablösbar sein. Sande aus dem „Donzdorfer Sandsteinhorizont" des Braunjura β erfüllen diese Eigenschaften. In kleinen Steinbrüchen am Albtrauf zwischen Heubach und Bopfingen wurden sie anfangs zunächst als Nebenprodukt der Werksteingewinnung gewonnen. Durch die Anlage immer tieferer Stollen zur Eisenerzgewinnung in Wasseralfingen erschloß man unter dem Unteren Erzflöz den sog. Donzdorfer Sandstein; im Weitungsbau wurde er nun unterirdisch gewonnen und in den Aufbereitungsanlagen des Hüttenwerkes fein aufgemahlen. Da auch im Winter ständig eine Formsandgewinnung erfolgen konnte und in Wasseralfingen besonders gute Qualitäten gewonnen wurden, wurde die Stuferzgrube „Wilhelm" bald zu einem der größten Formsandlieferanten Württembergs. Über dem eigenen hohen Formsandbedarf der Wasseralfinger Hütte wurden alle wichtigen Gießereien des mittleren Neckarraumes mit Wasseralfinger Formsand versorgt. Mit der Schließung des Wasseralfinger Bergwerks wurde 1939 die Formsandgewinnung eingestellt, einige der imposanten, ehem. Formsandabbauhallen dienen heute dem Besucherbergwerk „Tiefer Stollen" als Ausstellungs- und Asthmatherapiehallen. Eine der unterirdischen Ausstellungshallen ist dem Wasseralfinger Eisenkunstguß gewidmet.

Glassande und andere Glasrohstoffe. Eine Glashüttenstatistik aus dem Jahre 1949 zählt in Württemberg sieben Betriebe auf, wovon vier im heutigen Ostalbkreis angesiedelt waren: Württembergisches Kristallwerk, A. Kauderer, Schwäbisch Gmünd; Gablonzer Glas, Max Pala, Glasschmuck, Schwäbisch Gmünd; Cäcilienhütte GmbH, Schwäbisch Gmünd und Glashüttenwerk Maxhütte, Max Pala, Wasseralfingen.

Seit 1508 bestand in Unterkochen eine Glashütte (die allerdings im 17. Jh. einging), und in den Ellwanger Bergen (Rosenberg) und um Gschwend wurden vor allem im 18. und 19. Jahrhundert zeitweise Glashütten betrieben, worauf heute noch Namen wie Hütten, Hüttenbühl usw. hinweisen. Die Glasindustrie hat im Ostalbkreis somit eine lange Tradition. Vertriebene Glasfacharbeiter aus Böhmen belebten nach dem Zweiten Weltkrieg, besonders in Schwäbisch Gmünd, dieses ehrwürdige Handwerk in hohem Maße und machten es zu einem Wirtschaftsfaktor im Ostalbkreis. Glas wird heute nur noch in Schwäbisch Gmünd verhüttet und geformt (Schmuckglasbetrieb Josephinenhütte), während die optische Glasbearbeitung seit 1946 in Oberkochen und Aalen eine feste, ständig expandierende Basis hat (Glasbezug vom Schott-Werk aus Mainz, zur Zeiss-Stiftung gehörend).

Glasrohstoffe für einfache Gläser sind vor allem eisenfreier, hochreiner Quarzsand, aber auch Kalk, Dolomit, Soda, z. T. Magnesit, Feldspat und z. B. Flußspat. Unter heutigen Qualitätsvoraussetzungen wäre der Ostalbkreis vielleicht gerade noch in der Lage, hochreine Kalke von der Alb zu liefern, während früher als Quarzsande gewaschene und gesiebte Stubensandsteinsande (Schwäbisch Gmünd, Ellwanger Berge) sowie Dolomite (Ca Mg [CO$_3$]$_2$) aus der Albtraufregion eingesetzt werden konnten. Auch Holz zum Schmelzen des Glasflusses lieferten die Wälder des Landkreises reichlich, stellenweise kam es jedoch durch den hohen Verbrauch zu übermäßiger Rodung, was zum Beispiel zur Aufgabe der Rosenberger Glashütte führte. Für die heutige Glasindustrie ist neben den hohen Energiekosten der Mangel an hochreinen, feinkörnigen Quarzsanden ein entscheidendes Hindernis. Für eine Massen-Gebrauchsglasproduktion (Flaschenglas) wären die Ellwanger Sande nach intensiver Aufbereitung noch akzeptabel. Wertvolle, feine Qualitätsschmuckgläser, wie sie in Gmünd hergestellt werden, verlangen jedoch hochwertigste und reinste Rohstoffe, welche nur noch an wenigen Stellen in Europa zu finden sind und zudem eine weitreichende Aufbereitung erfordern.

Naturwerksteine. Bis zum Zeitalter des Eisenbahnbaues in Ostwürttemberg, der eine billige Fremdbaumaterialbelieferung ermöglichte, hatten die Städte ihren typischen gesteinsabhängigen Eigencharakter: Neresheim und Oberkochen – im Weißen Jura gelegen – (und z. T. Heubach) waren „weiße" Kalksteinortschaften mit hell verputzten Kalkmauerwerken; Aalen, Lauchheim, Bopfingen (und z. T. Heubach) im unteren Braunjura gelegen – besaßen unzählige, oftmals unverputzte, Gebäude aus gelbbräunlichen Sandsteinen des Braunjura β. Schwäbisch Gmünd, Lorch und Ellwangen, im und am Stuben- und Schilfsandstein gelegen, wiesen zahlreiche grünliche Natursteinmauerwerke des Keupers auf. Aalen, auf den Opalinustonen gelegen, hatte zudem einen hohen Bestand an die Altstadt umgebenden Backsteinziegelbauten. Heute sind unsere Städte durch den seit Anfang dieses Jahrhunderts intensiv genutzten Baustoff „Beton" monotonisiert, ihr geologisch bedingter Bauwerkscharakter wurde bzw. wird mit immenser Geschwindigkeit „wegsaniert" und überbetoniert.

Die Böden

Böden sind das Verwitterungsprodukt des jeweils darunter anstehenden Gesteines, ergänzt durch den Humus der darauf siedelnden Pflanzen und durchwirkt von Kleinlebewesen, Bakterien und Pilzen. Wichtige Gestaltungsfaktoren sind das Ausgangsgestein selbst, die Intensität der eindringenden Niederschläge, das Geländerelief und die angesiedelte Vegetation. Steile Hangböden sind meist karg, da sie einen Teil der Verwitterungsbildungen durch Abschwemmungen verlieren, was wiederum den Aueböden im Talgrund zugute kommt. Im Ostalbkreis lassen sich, entprechend dem Gesteinsuntergrund und den Naturräumen, folgende Bodengruppen unterschieden:

Feuersteinlehmböden der Albhochfläche (Härtsfeld, Albuch, Langert) sind die ältesten im Ostalbkreis. Die auf den flachen Kuppen und Verebnungen der Albhochfläche vorkommenden Feuersteinlehme untergliedern sich in drei verschieden alte Bodenuntergruppen:

a) Alttertiäre Feuersteinrotlehme mit mehrere Meter mächtigen, wasserstauenden, Feuersteinknollen führenden, gelben bis ziegelroten Lehmen mit starken Tonanteilen. Rotlehmböden fallen durch Bodenversauerung auf und sind beliebte Heidelbeerstandorte.

b) Tertiäre Feuersteinockerlehme, nahe dem Verbreitungsgebiet der Rotlehme vorkommend, jedoch mit nicht so starker Lehmdicke ausgestattet. Sie sind wasserdurchlässig, meist ockerfarbig und in ihren unteren Partien nicht mehr lehmig-schmierig, sondern schorfig-feinerdig.

c) Jüngere, quartäre Feuersteinschlufflehme, gekennzeichnet durch scharfkantigen Feuersteinsplitt, dünnere Lehmmächtigkeit und eine weitreichende Auflagerung über normalem Kalkverwitterungslehm. Entstanden sind die Feuersteinschlufflehme als zwischeneiszeitliche Fließerden (Wanderschuttdecken), die auch noch vom Wind angewehte Staublehmanteile (Löß) aufgenommen haben. Diese Schlufflehme sind forstwirtschaftlich sehr produktionskräftige Böden. Sie kommen meist in der weiteren Umrahmung der älteren Rot- und Ockerlehme vor.

Böden des Albtraufs und der feuersteinlehmfreien Albhochfläche. Das Kalkgebirge (Weißjura-Anteil) der Schwäbischen Alb erlaubte meist nur die Ausbildung armer und karger, steiniger Kalkverwitterungslehme (Terra fusca) und dünner, schwarzer Humuskarbonatböden (Rendzinen). Erst Düngung und Bodenverbesserungsmaßnahmen auf der Albhochfläche in den letzten Jahrzehnten konnten diese Böden landwirtschaftlich ertragreicher machen. Ansonsten sind diese Böden meist bewaldet oder von Wacholderheiden bestanden. Die steinigen Kalkverwitterungslehme sind ortsfest entstandene, schwere, zähe, gelbbraune, kalkreiche Lehme der Hangkanten, Oberhänge und Kuppen. Die Lehmbodenauflage auf dem Kalkfels ist zu dünn, um vernässen zu können, da auch Spalten und Klüfte im Kalkgestein einen Teil der Niederschläge schnell absorbieren und so den Boden austrocknen.

Die Hanglagen des Albtraufs bis hinunter zu den Talflanken sind überwiegend mit steinigen, trockenen, nahezu schwarzen Humuskarbonatböden (Rendzina) überzogen. Ihre Dicke beträgt nur wenige Dezimeter, darunter steht der klüftige Kalk an. Wo Mergel in Hanglagen ausbeißen, zeigen Mergelrohböden und Rendzinen karge Trockenstandorte an. Wacholdersteppenheiden bilden hier die natürliche Vegetation. An den Berghängen sind auch alle Bodenübergangsformen zwischen Terra fusca und Rendzina in den Bereichen von steinigen Hangschuttdecken möglich. Hangschuttdecken ziehen sich vor allem an Seitentalkerben hinunter oder bilden die verflachenden Bergfußlagen. Abgeschwemmte Lehme, Kalksteinschutt und Karbonatböden treten hier gemeinsam auf.

Im Bereich der liegenden Bankkalke auf dem Härtfeld herrschen extrem steinige Rendzinen („Plättlesboden"), die jedoch durch die Mergellagen in den Bankkalken noch eine geringe Wasserbindkraft aufweisen. Auch in heutiger Zeit finden auf solchen Böden noch Umwidmungen von landwirtschaftlichen Flächen in Forstareale statt.

Böden des Albvorlandes im Braunjura-Gebiet sind Braunerden, Parabraunerden und Pelosole. Pelosole sind schwere Tonböden, wie sie besonders im Opalinuston (Braunjura α), auf Tonbändern des mittleren Braunjura, und als vernäßter Tonboden (Pseudogley-Pelosol) im obersten Braunjura (Ornatenton, Dogger ζ) auftreten. In Senken des Opalinustonbereiches tritt die gleiche typische Vernässung auf. Ab dem Braunjura β (Eisensandsteinbereich bis Dogger ε) sind auf sandig-lehmigem Untergrund schwere, tonige Braunerden und Parabraunerden bestimmend. Nur die Bodenzonen, die den Braunjurasandsteinen aufsitzen, zeigen meist lockere, mürbe Struktur und bräunliche bis braunrote Farbe. Dazwischen kommen auch trockene Braunerden aus lehmigem Sand bis sandig-steinigem Lehm vor. Über den Ausbißbereichen der Eisenerzflöze herrschen ferritische Parabraunerden, die durch deutliche rote Bodenfarben auffallen.

Die Schwarzjurabereiche des Albvorlandes tragen besonders im Westen des Landkreises noch Lößlehmauflagen auf ihren Hochflächen, die als „Staublehme" in den Zwischeneiszeiten angeweht und abgelagert wurden. Diese Lößlehmflächen bildeten tiefgründige Parabraunerden aus, die äußerst wertvolle Ackerbauflächen sind. Wo die Lößlehmauflage geringer ist und Tone und Mergel des Schwarzjura für einen tongründigen Unterbau sorgen, kann Staunässe den Boden beeinträchtigen, so daß in Vernässungsbereichen (Parabraunerde-Pseudogley) oft nur noch Grünlandwirtschaft möglich ist. Über dem mittleren und oberen Schwarzen Jura, in denen der Mergelanteil im Gestein höher wird, haben sich tonig-schluffige, schwere Böden (Pelosole) gebildet, die in Bereichen starken Mergeluntergrundes (z. B. über dem Ölschiefer) zu kalkreichen und leider erosionsgefährdeten Rendzina-Pelosolen führten.

Die Böden des Keuperberglandes sind im stratigraphischen Grenzbereich Schwarzjura/Keuper und über dem darunter anstehenden Knollenmergel von besonderer Bedeutung. Zahlreiche Quellen, die an der Basis des Schwarzen Jura (Lias) austreten, durchnässen den ohnehin aufquellfähigen Tonanteil des Knollenmergels. Zusammen mit heruntergeschwemmten Lias-Decklehmen und Lias-Böden entsteht zwischen dem Lias-Anteil und den anstehenden, aufgewitterten Knollenmergeln ein schmieriger, quelliger Rutschboden, der jedoch oft auch lehmig-steinigen Hangschutt enthält. Die ständige Vernässung und Bodenerosion verhindert ein Ausreifen des Bodens. Ackerbau ist hier so gut wie nicht möglich, häufig ist hier eine Weidenutzung und Obstbaumbestockung. Sinnvoll wäre auch die Anlage von Schutzwald, der den Knollenmergeln eine relativ gleichmäßige Feuchtigkeitszufuhr garantiert und somit die Rutschgefährdung erheblich minimiert. In den unterlagernden Keupereinheiten wechseln häufig Sandsteinfolgen mit Keupermergeln ab, entsprechend kleinflächig und wechselschichtig ist die Bodenqualität über diesen Keupereinheiten. Zusammenfassend kann man hier von sandigen, relativ trockenen Böden auf Sandsteinen und von schweren, tonigen, sandig-tonigen und lehmig-tonigen, in flachen Lagen vernässenden Böden über den Keupermergeleinheiten („Letten") sprechen. Die Böden nehmen abhängig von den Untergrundverhältnissen ein ganzes Spektrum von Bodensorten vom Ranker über Braunerde, Pelosol, Pseudogley, Syroseum (Rohboden) bis zur Pararendzina ein. Der engräumige Bodenwechsel führt entsprechend zu einer recht wechselhaften Wald-, Wiesen- und Ackernutzung.

Die Böden der großen Flußauen (Rems, Lein, Kocher, Jagst, Eger) sind weitgehend von sandigen Hochflutlehmen bedeckt, welche vom kalkreichen Überschwemmungswasser durchweg aufgekalkt wurden (brauner Kalkauen-Boden/Auenlehme). Im tieferen Bereich des Keuperberglandes, in Richtung nördlicher und westlicher Kreisgrenze, werden die Aueböden jedoch kalkärmer. Generell ist auf den braunen Kalkaue-Böden eine vielseitige Nutzung möglich.

Hydrogeologie und Quellen

Die Hydrogeologie befaßt sich mit dem Wasserspeichervermögen in Gesteinen, dem unterirdischen Verlauf der eingesickerten Wässer und ihrer Abgabe an Quellen. Abhängig ist die Wasseraufnahme und -abgabe eines Gesteines von den anfallenden Niederschlägen, vom Grad der oberirdischen Entwässerung, von der Durchlässigkeit der Böden und vom jeweiligen Gesteinsaufbau selbst. Parameter zur Beurteilung der hydrogeologischen Eigenschaften eines Gesteines sind sein Durch-

Tafel 5 Mit der Autobahn A 7 gewann der Ostalbkreis Anschluß an das internationale Verkehrsnetz. Der Agnesberg-Tunnel.

Tafel 6　Der „Tiefe Stollen" bei Aalen-Wasseralfingen. In den Schachtanlagen des heutigen Schaubergwerks wurde über Jahrhunderte Eisenerz gebrochen.

Hydrogeologie und Quellen

lässigkeitskoeffizient, seine Aquifermächtigkeit (Höhe der wasserspeichernden Gesteinsfolge) und sein Speicherkoeffizient.

Die sehr hohe Quellendichte und eine entsprechende Dichte an Bachläufen und Flüssen im Keuperbergland resultiert aus der Wechselschichtung der Keuperabfolge aus Lettenschichten (Ton- bis Mergelhorizonte) und Sandsteinschichten, wobei die Lettenschichten Stauflächen für die jeweils darüberlagernden, wasserführenden Sandsteinschichten sind. Die Speicherfähigkeit in den Sandsteinen ist nicht sonderlich hoch, durch entsprechende Schichtmächtigkeit der jeweiligen Sandsteinfolge ist jedoch genügend Kapazität für größere Einspeicherungen vorhanden. Der Abfluß aus den Sandsteinen ist relativ gleichmäßig, entsprechend sind auch die zahllosen Quellschüttungen recht ausgeglichen, jedoch schwach.

Die zivilisatorische Belastung der Gewässer ist aufgrund der überwiegend bewaldeten Einzugsgebiete meist noch gering. Dagegen treten laut Regionalverbandbericht in Tiefbrunnen häufig schwach reduzierte, sauerstoffarme und gelegentlich etwas eisen- und manganhaltige Grundwässer auf. Der Gehalt an Nitrat-Ionen ist als Folge des reduzierten Milieus oft vermindert. Der gesamte Lösungsinhalt beträgt zwischen 300 und 550 mg/Liter, die Karbonathärte liegt zumeist zwischen 3,5 und 6,0 mval/l (= 10 bis 16 Grad deutscher Wasserhärte).

Im Albvorland mit seinen Schwarzjura- und Braunjuragesteinen herrscht noch eine relativ hohe Quellendichte, obwohl zwischen den quellenarmen, wasserstauenden Tonsteinschichten (z. B. Turneriton, Amaltheenton, Opalinuston, usw.) und den gering bis mittelmäßig wasserspeichernden Horizonten mit seinen Basisquellen größere Abstände liegen können. Wasserspeichernde Schichthorizonte bestehen in den Kalkstein-, Kalksandstein- und Sandsteinbänken des Schwarzjura α, in den Kalk- und Kalkmergelsteinen des Schwarzjura γ (meist Kluftwasserspeicher), in den Sandsteinfolgen im Braunjura β (ergiebige Porenwasserspeicher) sowie gering in einzelnen größeren Schichtbänken des mittleren und oberen Braunen Jura.

Eine grundsätzlich andere hydrogeologische Situation ist in den Weißjuragesteinen der Schwäbischen Alb gegeben. Einerseits entspringen einige der größten Flüsse unseres Landkreises am Nordrand der Schwäbischen Alb, andererseits ist die Hochfläche und die innere Region der Alb nahezu gewässerlos, während im tiefen Innern der Weißjuraschichten mit die größten Trinkwasservorkommen von ganz Baden-Württemberg lagern. Dieser scheinbare Widerspruch, typisch für ein Karstgebirge, erklärt sich aus einer hydrogeologischen Zweiteilung der Schwäbischen Alb in eine Zone des Seichten Karstes mit Quellen über dem Niveau der Fließgewässer und eine Zone des Tiefen Karstes, gewässerlos und nur mit einigen großen, aber unregelmäßig stark schüttenden Quellen, welche ihr Quellniveau unter dem der großen Täler haben und von unten quelltopfartig nach oben drücken (z. B. Brenztopf, Pfefferquelle, Brunnenmühlenquelle).

Die Zone des *Seichten Karstes* am Albtrauf und Nordsaum der Schwäbischen Alb weist zahlreiche Quellen auf (u. a. die Kocherquellen, die Remsquelle, die Egerquelle), die in den unteren Weißjuragesteinen jeweils an der stauenden Grenzfläche austreten. So stellen die Grenzflächen zwischen Weißjura-α-Mergeln und -β-Kalken sowie zwischen Weißjura-γ-Mergeln und -δ-Kalken die häufigsten Quellhorizonte dar. Sind durch größere tektonische Strukturen im Untergrund, z. B. in der Zone des Schwäbischen Lineaments noch begleitende Schichtlagerungsmulden vorhanden, so liegen besondere Quellanreicherungen

9 Die Quelle des Weißen Kochers bei Unterkochen

in den Hanganschnitten allseitig wannenartig gelagerter Gesteinshorizonte vor. Die Remsquelle bei Essingen und die Weißkocherquelle mit ihren Nebenquellen bei Unterkochen und die Egerquelle bei Bopfingen entspringen in Schichtlagerungsmulden.
Geht man tiefer in die Schwäbische Alb, befindet man sich nicht nur weitestgehend in Kalkfolgen und Kalkkomplexen des Weißen Jura, sondern auch in der Zone des *Tiefen Karstes*. Dieser nahezu oberflächengewässerfreie Bereich mit Trockentälern und Dolinen liegt im Ostalbkreis um Bartholomä, Aalen-Ebnat, Neresheim und den Härtsfeldanteil

von Lauchheim und Bopfingen, seine eigentliche Verbreitung ist jedoch in den südwestlichen bis südlichen Nachbarlandkreisen gegeben. Diese Landstriche waren vor der Fernwasserversorgung schlimme Wassermangelgebiete, in denen Zisternen mit all ihren unhygienischen Nebeneffekten betrieben werden mußten. Größere Zisternen, die sog. Dorfhülen, dienten Mensch und Tier als Wasserspender, auch wenn dieses Wasser Tage und Wochen alt war.

Die ins Kalkgebirge versunkenen Niederschläge werden ab 40–70 m Tiefe im riesigen Kluftgrundwasserspeicher des Kalkgebirges gesammelt und driften entsprechend dem generellen Schichtlagerungsgefälle nach Süden. Im Süden und Südosten der Schwäbischen Ostalb, bei Langenau, Burgberg und Dischingen, wird dieses Karsttiefenwasser aus großen Quellfassungen abgepumpt und von der Landeswasserversorgung über weite Teile Mittel- und Nordostwürttembergs verteilt. Da das Kalkgebirge nur eine geringe Filter- und Reinigungskraft für das Karstgrundwasser hat, ist dieses besonders umweltgefährdet und bedarf eines besonderen Schutzes. Große Teile der Trockenregionen Albuch und Härtsfeld sind daher Trinkwasserschutzgebiet. Die dem Ostalbkreis angehörigen Riesrandgemeinden gehören hydrogeologisch überwiegend dem Keuperbergland und dem Albvorland an und profitieren nur gering von dem überall im Ries vorhandenen sehr hohen Grundwasserstand.

Altlasten sind Schäden im Untergrund

Altlasten sind starke Verunreinigungen bzw. Schadstoffansammlungen im Boden, im Gesteinsuntergrund, im Grundwasser und in der Luft. Die recht vielfältigen Altlasten im Ostalbkreis resultieren aus wilden Müllkippen, aus alten Produktionsstandorten der chemischen, metallverarbeitenden und anverwandten Industrie, aus Standorten der Gaserzeugung, der Munitionslagerung, der Treibstofflagerung, der Kadaverbeseitigung und der unzureichenden Abwasserbehandlung. Während in den Ballungsgebieten überwiegend alte Produktionsstandorte Schäden im Untergrund und am Grundwasser verursacht haben, liegt im Ostalbkreis der Schwerpunkt auf unzähligen alten, wilden Müllkippen. Diese wurden zum Teil bis in die siebziger Jahre als Bauschuttabladestellen betrieben, in Wirklichkeit wurden hier oft auch Pestizidkanister und zum Beispiel auch Galvanikschlämme abgelagert. Autowracks wurden in Sandgruben und gar in Dolinen versenkt, Tierkadaver ließ man in Schachthöhlen gleiten, Hausmüll und landwirtschaftliche Abfälle wurden an Flußufer geworfen, Industrieabfälle und Hausmüll landeten in zahlreichen kleinen Steinbrüchen, Lehm- und Sandgruben sowie zum Teil im Wald und auf Wiesenflächen, welche man später mit Humus überzog. Hinzu kam die Ableitung ungeklärter Abwässer in Flüsse und andere Gewässer, so daß zum Beispiel der Kocher zwischen Unterkochen und Abtsgmünd einer der schmutzigsten Flüsse Süddeutschlands war (Zellstoff und Farben waren Hauptverunreinigungen). Die Kocherverschmutzung war noch in den siebziger Jahren so groß, daß der Fluß als aufgeheizte, stinkende und täglich anders gefärbte Kloake den Landkreis durchzog.

Zwar ist die Gewässerverschmutzung hier heute deutlich geringer, Schädigungen im Uferfiltrat und im intermittierenden Grundwasser der Talaue haben sich jedoch im Laufe der Jahrzehnte angereichert. Manche Altlasten (wilde Müllkippen oder alte Produktionsstandorte) wird man nur durch aufwendige Maßnahmen (Schuttaushub, Deponieschließung, Boden-Wasser-Reinigung, Boden-Luft-Absaugung, mikrobakterielle Behandlung etc.) reinigen können. Bestimmte Grundwasserspeicherräume werden jedoch aufgrund des Schadstoffeintrages durch Altlasten für längere Zeit unbrauchbar bleiben. Flächenhafte Grundwassergefährdungen sind jedoch auch durch landwirtschaftliche Überdüngung gegeben, vor allem die Nitratbelastungen übersteigen in einigen ländlichen Bereichen des Ostalbkreises klar den zulässigen Grenzwert. Überhöhte Düngergaben, die auch vom Wurzelwerk der Pflanzen nicht mehr aufgenommen werden können, belasten nicht nur den Boden, sondern zerstören die Gebrauchsfähigkeit von Grundwasser bis hin zur Schließung von Trinkwassergewinnungsanlagen.

Nicht unerwähnt bleiben soll die Verlaufsschädigung ehemals natürlicher Fließgewässer im Ostalbkreis, welche durch übertriebene wasserbauliche Maßnahmen zum Teil vollkommen ihr ökologisches Gleichgewicht verloren haben. Hochwasserschutz verbunden mit Rückhaltebeckenbau wurde so weit getrieben, daß selbst kleinste Nebenbäche einen Rückhaltedamm erhielten und ein begradigtes verbautes Bachbett bekamen, so daß zum Beispiel die Jagst und ihre Nebenflüsse streckenweise keine Flußschlingen und keine hochwasserbremsenden Naßwiesen mehr aufweisen. Erst in den letzten Jahren begann ein naturgemäßer Gewässerausbau. Notwendig ist jedoch vielfach eine Renaturierung unsinnig begradigter Flußläufe, um Flora und Fauna zerstörten Lebensraum zurückzugeben. Nirgendwo im Osten Baden-Württembergs gibt es so viele kaputtbegradigte Flußläufe wie im Ostalbkreis, dieser traurige Rekord sollte baldmöglichst abgebaut werden.

Landschaft und Naturschutz

von Jörg Mauk und Elsa Nickel

Der Ostalbkreis umfaßt sehr unterschiedliche Naturräume, von der Albhochfläche über das Albvorland bis zum Keuperbergland. Jeder hat eigene landschaftliche Reize und Besonderheiten, die das Interesse des naturkundlich Interessierten finden.

Obwohl in den letzten Jahren und Jahrzehnten so umwälzende Veränderungen wie Straßenneu- und -ausbauten, Siedlungserweiterungen, Flurbereinigungen, Gewässerbegradigungen, Rückhaltebecken, Aufforstungen und Intensivierung der Bewirtschaftung landwirtschaftlicher Flächen die Natur und das Landschaftsbild zu ihrem und zu unserem Nachteil verändert haben, gibt es noch eindrucksvolle Reste einer ehemaligen Vielfalt an Pflanzen und Tieren. Es ist deshalb Anliegen und Aufgabe des Naturschutzes, diese herausragenden Gebiete zu erhalten, zu pflegen und zu verbessern und ihre Bedeutung einer breiten Öffentlichkeit zu vermitteln.

Der Naturschutz hat dafür die Möglichkeiten des Flächenschutzes durch Naturschutzgebiete (NSG) und Flächenhafte Naturdenkmale (FND). Sie haben die umfassendste Schutzfunktion, hier hat Natur Vorrang vor Nutzungsinteressen. In Landschaftsschutzgebieten (LSG) soll die Funktionsfähigkeit des Naturhaushaltes größerer Landschaftsräume erhalten werden. Das Landschaftsbild in seiner Eigenart und Erholungsfunktion für den Menschen steht hier im Vordergrund. Mit Einzelbildungen als Naturdenkmale können zusätzlich zum Beispiel eindrucksvolle Bäume und Baumgruppen, Felsen, Quellen und Dolinen geschützt werden. Im Ostalbkreis sind derzeit 27 Naturschutzgebiete mit zusammen 625 Hektar ausgewiesen, das sind ungefähr 0,36 Prozent der Kreisfläche, sowie 53 Landschaftsschutzgebiete mit 18 764 Hektar auf 12,4 Prozent der Kreisfläche. Von 757 Naturdenkmalen sind 392 Flächenhafte Naturdenkmale mit insgesamt 363 Hektar.

Eine zunehmende Aufgabe des Naturschutzes ist die Landschaftspflege, die in enger Zusammenarbeit mit Landwirten durchgeführt wird. Die Pflege von Flächen durch Mahd oder spezielle Beweidung sowie die extensive Bewirtschaftung von Grünland, Äckern, Hecken und Wäldern kann verträglich und gegen Vergütung geregelt werden. Durch den Grunderwerb besteht zusätzlich die Möglichkeit, Flächen in Schutzgebieten in öffentliches Eigentum zu überführen und damit ihre Entwicklung und Bewirtschaftung vorgeben zu können.

Der Albuch

Das Lautertal zwischen Furtlepaß und Degenfeld mit seinem Einzugsbereich stellt eine bemerkenswerte Einheit dar, die als NSG *Kaltes*

Naturschutzgebiete im Ostalbkreis (Stand: 31. 12. 1991)

Name	Verordnung vom	Flächengröße in ha	Gemeinde
Volkmarsberg	29. 7. 1936	68,1	Oberkochen
Bargauer Horn	9. 5. 1939	25,2	Schwäbisch Gmünd
Dellenhäule	19. 8. 1969	24,3	Aalen, Neresheim
Goldberg	8. 2. 1972	32,7	Bopfingen, Kirchheim a. R., Riesbürg
Tierstein mit Hangwald und Egerquelle	14. 8. 1972	2,8	Bopfingen
Rauhe Wiese	12. 6. 1975	5,2	Bartholomä
Weiherwiesen	13. 3. 1978	28,2	Essingen
Streuwiese bei der Orsägmühle	29. 6. 1978	1,2	Rosenberg
Streuwiesen an der Schwarzen Rot	14. 8. 1979	2,1	Gschwend
Streuwiese bei Rötenbach	14. 5. 1980	5,7	Bartholomä
Rosenstein	30. 1. 1981	22,4	Heubach
Lorcher Baggerseen	5. 11. 1981	18,5	Lorch
Steinbruchterrassen im Egautal	12. 3. 1982	10,7	Neresheim
Schlucht des Großen Wimbachs	1. 7. 1982	3,1	Gschwend
Ipf	30. 12. 1982	71,6	Bopfingen
Birkenweiher mit Ober- und Unterholzweiher	15. 8. 1983	22,5	Wört
Dossinger Tal	31. 8. 1984	22,6	Neresheim
Gromberger Heide	4. 12. 1984	18,2	Lauchheim
Weiherkette beim Spitalhof	14. 2. 1985	23,2	Wört
Vorbecken Buch	30. 7. 1990	11,2	Rainau, Westhausen
Tal der Blinden Rot	9. 10. 1990	60,7	Abtsgmünd, Neuler
Auweiher	5. 11. 1990	22,8	Ellenberg, Wört
Riegelberg	13. 11. 1990	21,3	Riesbürg
Breitweiher mit Hilsenweiher	4. 12. 1990	14,3	Stödtlen
Blasienberg	4. 6. 1991	41,8	Kirchheim a. R.
Zwing	geplant	105,1	Neresheim
Wiesentäler bei der Menzlesmühle	geplant	7,0	Gschwend
Kaltes Feld mit Hornberg, Galgenberg und Eierberg	geplant	645,0	Schwäbisch Gmünd, Waldstetten
Tonenberg-Karkstein-Käsbühl	geplant	177,1	Bopfingen, Lauchheim
Scheuelberg	geplant	123,1	Heubach, Schwäbisch Gmünd
Trochtelfinger Kapf	geplant	36,1	Bopfingen

Feld mit Hornberg, Galgenberg und Eierberg geplant ist: Der Hornberg und das Kalte Feld sind wenig geneigte, ausgedehnte Wacholderheiden, ihr höchster Punkt liegt bei 780 m. Im Gegensatz dazu fallen die Heiden des Hohenberg und Eierberg steil ab, ihr größter Höhenunterschied nach Degenfeld beträgt 215 m. Der Biotopkomplex aus Wäldern, landwirtschaftlich genutzten Flächen, Heckenzügen, Klingen und Heiden ist landschaftlich sehr eindrucksvoll und hat sich einige Besonderheiten bewahrt: Hier findet man unter anderem noch den exotisch anmutenden Libellen-Schmetterlingshaft, die Blauflügelige Ödlandschrecke, die Zweipunkt-Dornschrecke, den Zwerg-Bläuling, den Kreuz-Enzian und die Grüne Hohlzunge. Durch eine großzügige Förderung mit Naturschutzmitteln sollen verlorengegangene Heideflächen auf dem Kalten Feld wieder für die Schafbeweidung zurückgewonnen werden. Das LSG *Kaltes Feld bis Rosenstein* zeigt eine abwechslungsreiche Alblandschaft mit vielen hangparallelen Heckenbändern, einzelnen Resten ehemaliger Schafweiden (z. B. das FND „Schönbergle" und die „Reiterleskapelle", bekannt für eine üppige Orchideenpracht) und Kalkbuchenwäldern an den steil abfallenden, teils felsig durchsetzten Hängen. Die lichten Buchenwälder haben auch Anteile von Ulmen, Bergahorn, Eschen und weiteren Baumarten. Hier wachsen Seidelbast, Lerchensporn, Märzenbecher, Türkenbundlilie, Arznei-Schlüsselblume, Akelei und Leberblümchen, an frischeren Stellen Bärlauch und Silberblatt. Im Frühjahr hört man den Berglaubsänger.

Unterhalb der Waldgrenze schließen bandförmig und miteinander verbunden die Wacholderheiden an, die eine ideale Biotopvernetzung darstellen. Durch die Schafbeweidung bedingt, wachsen hier Küchenschelle, Frühlings-, Deutscher und Fransen-Enzian, verschiedene Orchideenarten, Silberdistel, Thymian, Gemeiner Dost und viele andere Blütenpflanzen, die einem reichen Insektenleben Nahrungsgrundlage bieten. Bläulingsarten, Scheckenfalter, Blutströpfchen und andere Schmetterlingsarten sowie viele Heuschreckenarten haben hier noch einen Lebensraum.

Die typische Abfolge von Landschaftselementen an den steilen Weißjura-Hängen ist im NSG *Bargauer Horn* exemplarisch erhalten: Die Hochfläche und der Trauf auf Weißjura Delta-Kalken sind von Wald bedeckt mit vorwiegend Buche, Eiche und Hainbuche; unterhalb des Traufs sind die abgeflachten Weißjura Gamma-Mergel mit den landschaftsprägenden Wacholderheiden; hangabwärts schließen sich flachgründige Weißjura Beta-Böden der Wohlgebankten Kalke an, mit lückigen, lichten Laub- und Buschwäldern, deren Bäume häufig zu Krüppelwuchs neigen (Steppenheidewald); der relativ flache Übergang zum Hangfuß trägt auf Weißjura Alpha-Mergeln wieder Wacholderheiden. Der Steppenheidewald und die randlichen Bereiche der Heiden haben als Besonderheiten der Pflanzenwelt den Hirsch-Haarstrang, die Ästige Graslilie, das Berg-Leinblatt, das Rindsauge, die Kalk-Aster, den Weiden-Alant, das Breitblättrige Laserkraut sowie die Orchideen Weißes und Rotes Waldvögelein, Zweiblatt und Rotbraune Stendelwurz.

Die artenreichen Lebensgemeinschaften der Wacholderheiden können nur durch regelmäßige Schafbeweidung erhalten werden. Bei zunehmender Verbuschung verlieren sie allerdings ihre Attraktivität für den Schäfer. Hier veranlaßt der Naturschutz mechanische Pflege, um die offenen Magerrasen wieder herzustellen.

Das geplante NSG *Scheuelberg* ist bedeutsam wegen seiner unterschiedlichen Buchenwaldgesellschaften, verbunden mit einer sehr steilen, direkt nach Süden geneigten Wacholderheide und schönen Heckenzügen. Kalkbuchenwald, Steppenheidewald, bodensaurer Heidelbeerbuchenwald, Schluchtwaldabschnitte, Felsbildungen und Höhlen verbinden sich mit Säumen und Freiflächen, die beinahe mediterran anmuten. Hier war das letzte Vorkommen des Apollofalters im Ostalbkreis. Es ist heute erloschen, zeigt aber die Klimagunst des Gebietes, die auch heute noch zahlreiche seltene Tier- und Pflanzenarten fördert: Gelber Enzian, Kugelblume, Zwergmispel und Pracht-Nelke sowie Sandlaufkäfer, Pflanzenwespen, Netzflügler und viele weitere Arten. Auch hier muß der ständig drohenden Verbuschung mit Säge, Freischneider und Axt begegnet werden, um den Lebensraum zu erhalten.

Ein besonderer Höhepunkt des Albuchs ist der *Rosenstein* bei Lautern, sein markanter Ostfelsen ist Naturschutzgebiet. Die zerklüfteten, senkrechten Felswände sind weit ins

Albvorland hinein sichtbar. Hier verbinden sich Steppenheide (mit einem von drei Standorten des Berg-Laserkrautes, mit Blut-Storchschnabel, Berg-Lauch, Leinblatt und Schwalbenwurz), Kalkbuchenwald, Schluchtwald (mit dem Gelben Eisenhut), Höhlen und Felsen (mit Fledermäusen und felsbrütenden Vögeln) auf eindrucksvolle Weise. Das Gebiet hat schon früh das Interesse des Menschen gefunden, wovon Wälle und die Burgruine zeugen. Heute bedeutet seine Attraktivität für die Naherholung mit Feuerstellen, Höhlenbesuchen und Klettern eine enorme Störung und Belastung für die Natur.

Typisch für die Hochfläche des Albuchs sind oberflächlich entbaste, von Feuersteinlehmen überlagerte Flächen. Gestaute Feuchtigkeit fördert Vermoorungen, die der Mensch teilweise schon vor langer Zeit durch die Anlage von Hülben als Viehtränken und Wasserstellen genutzt hat. Oft wurden dafür auch natürliche Erdfälle durch Abdichten mit Lehm verwendet. Torfmoose, Schnabel-Segge, Fieberklee, Blutauge und vereinzelte Birken sind hier typisch. Für Amphibien, Libellen und andere an Feuchtgebiete gebundene Tier- und Pflanzengruppen sind sie ein wichtiger Biotopverbund auf der sonst sehr wasserarmen Albhochfläche. Daher sind viele als Flächenhafte Naturdenkmale geschützt, z. B. die „Tauchenweiler Feldhülbe", die „Große Birkenhülbe", die „Kolmannshülbe" und die „Neue Hülbe", alle bei Bartholomä.

Auf den relativ wenigen Rodungsinseln haben sich auf basenarmem Untergrund durch die jahrhundertelange Beweidung Borstgrasrasen gebildet. Hier ist neben Heidekraut, Breitblättrigem Knabenkraut, Heide-Nelke, Flügelginster und Arnika (die als geschützte Art durch rücksichtsloses Sammeln leider stark gefährdet ist) auch das Breitblättrige und Scheidige Wollgras zu Hause. Magere oder nasse Flächen, die nicht dem Ackerbau dienen konnten, wurden als Streuwiesen zur Gewinnung von Einstreu für die Tiere im Stall genutzt. In den NSG *Rauhe Wiese, Streuwiese bei Rötenbach* und den *Weiherwiesen* sind diese früher weit verbreiteten Landschaftstypen noch exemplarisch erhalten. Hier lebt eine ganz besondere Tierwelt, z. B. die seltene Gefleckte Heidelibelle, die Kleine Moosjungfer, die Torf-Mosaikjungfer und die Speer-Azurjungfer. Auch hier muß die historische Nutzung durch gelegentliche Mahd spät im Jahr imitiert werden, um die typischen Lebensgemeinschaften bis hin zu den Ameisen, Heuschrecken und Schmetterlingen zu erhalten.

Die freien Rodungsinseln des Albuchs waren durch Schaftriebe miteinander verbunden, wozu typischerweise die Trockentäler mit ihren Flanken benutzt wurden. Durch Aufgabe der Wanderschäferei und Aufforstungen mit gebietsfremden Fichten sind diese Verbindungen heute oftmals weggefallen. Als Beispiele sind noch erhalten der „Weiherschlauch" (Teil des NSG *Weiherwiesen*) und das LSG *Wental* südlich Bartholomä.

Das NSG *Volkmarsberg* bei Oberkochen ist ein weiterer Höhepunkt des Albuchs. Mit 743 m ist er die höchste Kuppe des Gebietes. Die Wacholderheide ist durch einzeln stehende, mächtige Weidbuchen und die umgebenden Buchenwälder für die Tierwelt bedeutsam. Auch Enziane, besonders Frühlings-Enzian auf weiten Flächen, Brand-Knabenkraut und Katzenpfötchen zeichnen das Gebiet aus. Leider erfährt es durch den regen Freizeitbetrieb (Vesperstüble, Grillplatz, Spielplätze, Skibetrieb) starke Störungen. Der Turm aus den dreißiger Jahren ziert den Volkmarsberg sicher ebenfalls nicht.

Eine wichtige Zäsur zwischen dem westlichen Albuch und dem östlichen Härtsfeld bildet die Kocher-Brenztalfurche. Sie durchschneidet die Alb zwischen Königsbronn (Kreis Heidenheim) und Unterkochen in nord-südlicher Richtung und wird teilweise vom jungen Kocher durchflossen. Er entspringt südlich Oberkochen als „Schwarzer Kocher" (FND) aus einer Karstquelle an der Grenze zwischen Weißjura Alpha und Beta. Bei Unterkochen gesellt sich der „Weiße Kocher" hinzu, aus einer Karstquelle an der Grenze zwischen Weißjura Gamma und Delta. Die Hänge des Kochertals (teilweise LSG) bis Wasseralfingen sind mit Kalkbuchenwäldern bedeckt, die reich an Frühjahrsblühern sind und in einer natur-ähnlichen Form erhalten und entwickelt werden sollten. Entlang dem Hangfuß ziehen sich noch Reste von Wacholderheiden als optimal vernetzte, blütenreiche Trockenbiotope, die der Rotflügeligen Schnarrschrecke und vielen anderen Insektenarten Lebensraum bieten.

10 Wacholderheide bei Neresheim

Das Härtsfeld

Der nördliche Teil der Alb zwischen Aalen-Oberkochen und dem Riesrand bzw. der bayerischen Grenze, das Härtsfeld, ist bestimmt von zahlreichen Trockentälern, die randlich – ähnlich wie auf dem Albuch – oft noch Reste einst ausgedehnter Schafweiden tragen. Landschaftlich besonders schön ist das NSG *Dellenhäule*, das heute noch als Schafweide genutzt wird. Besonderheiten sind hier Vorkommen der Einfachen Wiesenraute, der Mond-Raute, der Quirlblättrigen Weißwurz und der Heide-Nelke. Steile, teils felsige Hänge hat das NSG *Dossinger Tal*, das Pflanzenarten des Übergangsbereiches zwischen Wald und offener Landschaft (sog. Saumarten) birgt: Ästige Graslilie, Kleine Wiesenraute, Blaugrünes Labkraut, Trauben-Gamander und die Felsen-Nelke. Der künstlich aufgestaute See wirkt leider als Fremdkörper in dem Felsental. In den umgebenden Grünlandflächen wird eine Nutzung ohne Dünger von der Naturschutzverwaltung gefördert.

Weitere Trockentäler sind das LSG *Krätzental* mit der markanten Felsnase des „Hohlen Stein" (FND), das Kugeltal nördlich Beuren mit wenigen kleinen Heideresten, die aber leider heute nicht mehr durch Schafbeweidung genutzt werden, und das Tal südlich Neresheim, das NSG *Zwing*. Hier leben noch Arten wie Neuntöter, Berg-Singzikade, Kleines Knabenkraut, Große Händelwurz und Pyramidenorchis. Leider wurden hier – wie in weiten Teilen des Härtsfeldes – große Teile der Heiden mit Fichten aufgeforstet. Dadurch gingen miteinander vernetzte Wacholderheiden, Böschungen und Stufenraine als Rückzugsgebiete für unzählige Tier- und Pflanzenarten in der flurbereinigten Landschaft verloren.

Den nördlichen Trauf des Härtsfeldes beherrscht die Kapfenburg bei Lauchheim (610 m). Der freie Blick weithin ins Albvorland ist durch das LSG *Kapfenburg* gesichert. Unweit, direkt bei der europäischen Wasserscheide, bildet die südexponierte *Gromberger Heide* (NSG) zusammen mit den Buchenwäldern des Grombergs und den wärmeliebenden Säumen, die den Waldrändern vorgelagert sind, eine Einheit mit hoher Artenvielfalt. Helm-Knabenkraut, Fliegen-, Hummel- und Bienen-Ragwurz, Kugelblume und Berg-Kronwicke sind nur einige der Besonderheiten des Gebietes. Auch hier unterstützt die Pflege der Naturschutzverwaltung mit gelegentlicher Entbuschung die regelmäßige Schafbeweidung. Da das Gebiet geologisch aus Weißjura-Kalken besteht, die teilweise von allochthonen Schollen überlagert sind, verbindet es das Härtsfeld mit dem Riesrand.

Der Riesrand

Das Riesereignis hat bis heute starke Auswirkungen auf die Natur. Bereits auf dem Härtsfeld findet man zahlreiche kleinere Riesauswürflinge, die Grieshügel. Da sie für Ackerbau ungeeignet waren und deshalb früher beweidet wurden, haben sich auf ihnen auch Heidereste gehalten. Sie bilden oft kleine Inseln in der intensiv bewirtschafteten Landschaft, z. B. die FND „Wöllerstein" bei Unterriffingen, „Finsterbuck" bei Oberriffingen, „Spitzbergle" bei Härtsfeldhausen und „Hintere Süße" bei Trochtelfingen. Im FND „Sieben Brunnen" (Trochtelfingen) sieht man oberhalb eines ehemaligen Steinbruchs Schliff-Spuren der Rieskatastrophe.

Für den württembergischen Riesrand besonders hervorzuheben sind jedoch die relativ großflächigen Heiden, die hier auf markanten Kuppen und Bergen in räumlichem Verbund erhalten sind. Als überregionale Besonderheiten sind folgende Pflanzen und Tiere des

Der Riesrand 59

Gebietes zu nennen: Blaugras, Erdsegge, Berg-Gamander, Kleines und Stattliches Knabenkraut, Brand-Knabenkraut, Katzenpfötchen, Herbst-Drehwurz, Mond-Raute, Elsässer Haarstrang, Mittleres Leinblatt, Berg-Laserkraut, Diptam, Immensaug, Berg-Kronwicke; Ameisengrille, Grünblauer und Schwarzgefleckter Bläuling, Berghexe, Blauflügelige und Rotflügelige Ödlandschrecke, Kleiner Heidegrashüpfer, Ölkäfer, Grasbock, Braunkehlchen und Uhu.

Auffälligstes Landschaftselement ist der *Ipf* (NSG), ein mächtiger Weißjura Zeugenberg der Alb. Ihn bedeckt eine Wacholderheide mit großer Artenvielfalt, die leider durch intensive Freizeitnutzung beeinträchtigt zu werden droht. *Tonenberg, Käsbühl und Karkstein* (geplantes NSG) bilden landschaftsbestimmende Felsenbänder, die ein reizvolles Mosaik von Heckenzügen, Heiden, Felsköpfen, Wiesen und Äckern tragen. Sogar ein kleines Kalk-

11 Strukturreiche Lebensräume mit viel Grünland braucht das Braunkehlchen.

12 „Landschaftspfleger" im Einsatz auf der gut beweideten Heide des Karksteins

flachmoor hat sich hier gehalten und birgt letzte Reste von Wollgras, Davall's Segge und Sumpfdreizack. Weitere eindrucksvolle Heiden sind die NSG *Blasienberg*, *Goldberg* (dessen Südwasserkalke mit ihrem Fossilienreichtum zusätzlicher Schutzzweck sind), *Riegelberg* sowie die geplanten NSG *Kapf bei Trochtelfingen* und *Schloßberg-Beiberg*. Zusammen bilden sie einen für Baden-Württemberg einmaligen Biotopverbund, der dem Überleben der seltenen Arten eine Chance bietet. Daher sollten alle heute noch erhaltenen Heidereste von fremden Nutzungen verschont bleiben. Die Schafbeweidung muß erhalten bzw. wiederbelebt werden und durch zusätzliche Pflegemaßnahmen, mit Rücknahme von Verbuschungen sowie Fichten- und Kiefernanflug, unterstützt werden.

Zurück an den felsigen Abhang der Alb führt uns das NSG *Tierstein mit Hangwald und Egerquelle,* an dessen Fuß die Eger entspringt, die in ihrem Verlauf der Donau zustrebt. Sie wurde zu einem kleinen Teich gestaut. Der Quellkessel ist von einem Schluchtwald umgeben, in dem reichlich Silberblatt wächst. Von hier blickt man zur Ruine Schenkenstein, hinter der sich ein einmaliger Steppenheide-Saum und -Wald den Berg hinaufzieht. Zwischen krüppeligen Buchen findet sich das größte Vorkommen des Berg-Laserkrautes und auch die Kleine Wiesenraute, der Färber-Meister, der Wohlriechende und der Bleiche Schöterich fühlen sich wohl.

Zur Vielfalt der reich gegliederten Landschaft des Riesrandes gehören auch die Äcker. Sie sind vom Menschen geschaffene Lebensräume, die unsere Zivilisation seit Jahrtausenden begleiten. Wenn sie an Heideflächen angrenzen, beherbergen sie die größtmögliche Artenvielfalt für diesen Biotoptyp. Voraussetzung ist allerdings, daß sie ohne Kunstdünger und Pflanzengifte bewirtschaftet werden. Dann stellen sich zahlreiche Ackerwildkräuter ein, die in anderen Teilen des Landes schon ausgestorben oder äußerst selten geworden sind. Die Äcker des Riesrandes sind dafür berühmt, daß heute noch Arten vorkommen wie Flammendes und Sommer-Adonisröschen, Venuskamm, Gelber Günsel, Finkensame, Möhrenhaftdolde, Kleiner und Großer Frauenspiegel, Acker-Gelbstern, Sand-Mohn und Acker-Rittersporn. Die Naturschutzverwaltung ist bemüht, mittels Extensivierungsverträgen die Artenvielfalt der Äcker zu erhalten.

Albvorland

Das Albvorland erstreckt sich über die gesamte Länge des Ostalbkreises, von Schwäbisch Gmünd im Südwesten bis Tannhausen im Nordosten. Der Naturraum enthält sowohl die Hügel der Braunjuralandschaft als auch die weiten Ebenen bzw. leicht gewellten Landschaften des Schwarzen Juras (Lias). Im Westen des Kreisgebietes haben Rems, Lein und Kocher, die zum Neckar entwässern, tiefe Täler in die Verebnungen des Lias eingeschnitten. Im Ostteil hingegen sind die relativ breiten Täler der oberen Jagst, Röhlinger und Schneidheimer Sechta Bestandteil einer leicht gewellten Landschaft.

Das Landschaftsschutzgebiet *Hohenstaufen, Rechberg, Stuifen mit Aasrücken und Rehgebirge* im Bereich Wißgoldingen, Rechberg, Waldstetten und Weiler in den Bergen ist eine typische Braunjuralandschaft mit offenen und bewaldeten Höhenzügen und weiten Wiesenhängen. Überragt wird diese äußerst reizvolle Landschaft von den Kaiserbergen. Zukünftig wird es große Anstrengungen erfordern, die landwirtschaftliche Nutzung, vor allem auf den beschwerlichen Wiesenhängen, zu erhalten. Weitere Aufforstungen würden die Vielfalt dieser herausragenden Erholungslandschaft erheblich beeinträchtigen.

Albvorland – Welzheimer Wald

Auf den zwischen Rems und Kocher gelegenen Hochflächen prägen landwirtschaftlich genutzte Flächen das Bild der Landschaft. Elemente der historischen Kulturlandschaft wie Obstbaumalleen entlang von Straßen und Wegen, Obstwiesen, zumeist um die alten Dorfkerne gelegen, Hecken und Feldgehölze, gliedern die Landschaft. Mächtige alte Bäume, vorwiegend Linden und Eichen, sind vielfach als Naturdenkmale geschützt.

Der an den Hängen zu den tief eingeschnittenen Tälern anstehende Knollenmergel verursacht wegen seiner Rutschungen Buckelwiesen, die im LSG *Leintal* in sehr charakteristischer Weise zu sehen sind. Landschaftsstrukturen wie Obstwiesen, Viehweiden, kleine Quellaustritte, Wasserläufe, feuchte Senken und Laubgehölze tragen zur ökologischen Vielfalt und landschaftlichen Schönheit bei. Die Erhaltung dieser Kulturlandschaft erfordert den Fortbestand der bäuerlichen Nutzungen. Dieses sollte nicht nur ein wichtiges Anliegen des Naturschutzes sein.

Die steile Kante an den Talrändern ist meist mit einem artenreichen Laubmischwald bewachsen. Diesem sog. *Kleebwald* gehören Eiche, Hainbuche, Ulme und Linde an. Seine Krautschicht zeigt im Vorfrühling ein buntes Bild mit Frühlings-Platterbse, Hohlem Lerchensporn, Wald-Goldstern, Echtem Lungenkraut und dem seltenen Blaustern. Die zuletzt genannte Pflanze hat sich bei Horn in die am Ortsrand gelegenen Obstwiesen ausgebreitet (FND).

Altarmgumpen der Lein und Feuchtgebiete mit temporär stehendem Wasser sind bei Täferrot und Heuchlingen erhalten. Sie sind Laichgewässer und Lebensräume der Amphibien und Reptilien, u. a. von Laubfrosch, Kamm-Molch und Ringelnatter. Der Aufkauf von Grundstücken im Gewässerrandstreifen trägt dazu bei, daß unausgebaute Gewässer weiterhin natürlich mäandrieren können.

Weitere unverbaute, naturnah mäandrierende Bäche im Albvorland, die eine besondere Beachtung verdienen, sind das Schlierbachtal bei Neuler und die Röhlinger Sechta zwischen Röhlingen und Dalkingen. Am zuletzt genannten Bach sollten in der Flurbereinigung die Fehler der Vergangenheit vermieden und deshalb beidseitig der Sechta genügend Fläche zur Verfügung gestellt werden.

Im östlichen Albvorland findet man ein weiteres Beispiel für eine Braunjuralandschaft mit bewaldeten Höhenrücken. Sehr markant steht im Zentrum dieser Landschaft das *Schloß Baldern* (LSG) auf einem Bergkegel. Bemerkenswert sind auch die in einer Waldlichtung bei Tannhausen gelegenen Baronenweiher. Es sind zwei alte Stauteiche, auf deren Dämmen alte Eichen und Erlen wachsen. Im Verlandungsbereich haben sich Seggenriede mit Sumpf-, Steif-, Schlank- und Schnabel-Segge gebildet.

Welzheimer Wald

Zum Welzheimer Wald gehört der westlichste Teil des Landkreises, der von den geologischen Schichten des Keuper bedeckt wird. Der Naturraum erstreckt sich von der Rems über das Lein-, Rot- und Schlechtbachtal bis zu den Höhenrücken bei Gschwend.

In der Remsaue zwischen Lorch und Waldhausen liegt das NSG *Lorcher Baggerseen*. Den Kern des Schutzgebietes bilden fünf Baggerseen, die zum größten Teil auf den Kiesabbau in den dreißiger Jahren und früher zurückzuführen sind.

Ursprünglich sollten die von Grundwasser gefüllten „Löcher" wieder aufgefüllt werden. Die Nutzung des Geländes als Müllplatz, aus heutiger Sicht wegen der Gefährdung des Grundwassers undenkbar, konnte gestoppt werden. Ein großer Eingriff in das Seengebiet brachte allerdings der Straßenbau der B 29, der Teile der ehemaligen Seen bedeckte und zerschnitt. Als Ausgleichsmaßnahmen wurden neue Wasserflächen angelegt. Die jahrzehntelang sich selbst überlassenen Seen begrünten sich alleine mit standorttypischen Sträuchern und Bäumen. Heute gleicht das Gebiet einem natürlichen Auwald mit Bäumen wie Baumweide, Esche, Pappel, Erle und Traubenkirsche. Die Uferzonen der Seen sind zum Beispiel mit Rohrkolben, Rohrglanzgras und Froschlöffel, die Wasserflächen mit Laichkräutern und Wasserknöterich bewachsen. Das Interesse des Naturkundlers richtet sich in erster Linie auf die Vogelwelt, für die die Seen Brutgebiet, Rastplatz auf dem Vogelzug oder Überwinterungsgebiet sind. Über 40 Arten brüten regelmäßig oder gelegentlich im Gebiet, darunter der Flußregenpfeifer. Über 160 Arten konnten im Lauf der Jahre beobachtet werden. Ein Aufkauf der Flächen durch das Land ermöglichte eine Regulierung des unsachgemäßen Fischbesatzes und eine Einschränkung des störenden Angelns.

Landschaftsprägend sind im Welzheimer Wald enge, landschaftlich reizvolle Wiesentäler. Ein gutes Beispiel ist die Leinaue im LSG *Welzheimer Wald mit Leintal* zwischen der Kreisgrenze und dem Leinhäusle bei Zimmerbach. Der naturnahe, mäandrierende Gewässerverlauf ist hier noch weitgehend erhalten. Von der ursprünglichen Dynamik des Fließgewässers zeugen heute noch viele Relikte wie Altarme, Altwassertümpel und versandete Altarme in Form von nassen Mulden. Neben großflächigen Feuchtwiesen mit der Kohldistel sind Pflanzengesellschaften wie Flutrasen, verschiedene Großseggenriede, Kleinseggenrasen und Hochstaudenfluren anzutreffen mit Arten wie Traubiger Trespe, Moor-Labkraut, Kleiner Schwarzwurzel, Kümmelblättriger Silge oder Knöllchen-Steinbrech. Mehrere herausragende Gebiete sind als Flächenhafte Naturdenkmale geschützt, in Planung ist ein größeres Naturschutzgebiet.

Westlich von Hundsberg liegt das NSG *Streuwiese an der Schwarzen Rot,* dessen Schutzziel die Erhaltung einer sehr artenreichen, historischen Wiesennutzung ist. Geplant ist ein umfassendes NSG *Wiesentäler bei der Menzlesmühle.* Eine Besonderheit in den sandführenden Bächen ist das Bachneunauge, eine seltsam anmutende urtümliche Fischart. Weitere interessante Täler und Tälchen befinden sich in der Umgebung von Gschwend, in denen ein vielfältiges Nutzungsmosaik anzutreffen ist. Neben Weiden und Wirtschaftswiesen sind dort extensiv genutzte Feuchtwiesen auf Stubensandsteinböden, Hangquellen und Vermoorungen. Regelrechte Charakterpflanzen der Feuchtwiesen sind die selten gewordenen Arten Trollblume und Breitblättriges Knabenkraut. Daneben finden wir Fieberklee, Sumpf-Blutauge, Schmal- und Breitblättriges Wollgras und den Kassubenblättrigen Hahnenfuß. Als FND geschützt sind z. B. „Streuwiese bei Humbach", „Pflanzenstandort bei der Wolfsmühle", „Feuchtfläche bei Nardenheim", „Feuchtwiese beim Badsee" oder „Pflanzenstandort bei der Gschwender Mühle". Alle genannten Gebiete in den Tälern des Welzheimer Waldes bedürfen unserer Aufmerksamkeit, ihre Erhaltung erfordert eine extensive landwirtschaftliche Nutzung oder eine regelmäßige Mahd zur Pflege. Erfreulich ist die zunehmende Bereitschaft von Landwirten zur Mitarbeit beim Naturschutz.

Ellwanger Berge

Naturräumlich zählt der nördlichste Teil des Landkreises zu den „Schwäbisch-Fränkischen Waldbergen", besser bekannt ist jedoch die regionale Untergliederung „Ellwanger Berge", zu denen wir die Waldgebiete beidseits des Kochers einbeziehen. Während im Kochertal, etwa bei Abtsgmünd, sehr große Höhenunterschiede zwischen dem Talgrund und den anschließenden Höhenzügen bestehen, ist die Reliefenergie im Jagsttal, z. B. um Ellwangen, wesentlich geringer.

Unterhalb von Abtsgmünd mündet, von Norden kommend, ein tief in das Keuperbergland eingeschnittenes, enges Tälchen in das Kochertal. Das NSG *Tal der Blinden Rot*, ca. 500 m oberhalb der Mündung beginnend, erstreckt sich auf einer Länge von ungefähr 5 km über die 100–150 m breite Talsohle. Die unverbaute, naturnah mäandrierende Blinde Rot demonstriert lebhaft die ursprüngliche Vielfalt derartiger Wasserläufe. Flach- und Steilufer, kleine und große Sandbänke, Auskolkungen und schneller fließende Streckenabschnitte mit einer Sohle aus harten Sandsteinbänken wechseln sich ab. Das dynamische Fließgewässer hinterläßt Altarme, Altarmgumpen, feuchte Senken und Sandablagerungen. Entlang des Gewässers befindet sich eine typische Ufervegetation aus Weidengebüsch, Schwarzerlen, Eschen und Traubenkirschen. Im Talgrund wechseln kleinräumig Wirtschaftswiesen, Weiden, extensiv bewirtschaftete Naßwiesen, Feuchtgebiete, Erlenbruchwälder, Auenwälder und Fichtenforste. Hervorzuheben ist der Erlenbruchwald, ein Waldtyp, der durch Staunässe und temporäre Wasserflächen geprägt wird. In der Krautschicht heben sich neben verschiedenen Seggen und der Flachen Quellbinse im Frühjahr die vielen gelben Sumpfdotterblumen und im Sommer die Bestände der gelben Wasser-Schwertlilie hervor. Beeindruckend ist die Gewöhnliche Pestwurz, die mit ihren großen, runden Blättern fast mannshohe Bestände bildet. Hier hat noch die Tierwelt der natürlichen Fließgewässer wie Eisvogel, Wasseramsel, Feuersalamander, Bachforelle und das seltene Bachneunauge ihren Lebensraum.

Das NSG *Schlucht des Großen Wimbachs*, nördlich von Frickenhofen gelegen, ist eine besonders typische Keuperklinge. Schluchten, Felsklingen, mächtige Steinblöcke und kleine Wasserflächen hat die Erosion des Wassers in den Untergrund aus unterschiedlich harten Sandsteinen gegraben. Der kurze Lauf des Großen Wimbachs überwindet von 511 m über NN bei seinem Ursprung bis zur Mündung in den Kocher einen Höhenunterschied von 169 m. Der Bach überspringt dabei einen von harten Sandsteinen gebildeten zwei Meter hohen Wasserfall, der in einen breiten, tiefen Gumpen fällt. Ein weiterer ca. drei Meter hoher Wasserfall ist in Kaskaden gegliedert. Eindrucksvoll sind die vielen von Moosen und Farnen bewachsenen Sandsteinblöcke und -brocken. Weitere imposante Bildungen im oberen Stubensandstein, auch Höhlensandstein genannt, sind die Felsgrotten „Teufelskanzel" bei Rotenhar und „Teufelsküche" bei Humberg.

Ein Kleinod unter den Naturschutzgebieten liegt südlich von Rosenberg in einem Waldeinschnitt, die *Streuwiese bei der Orsägmühle*. Als Streuwiese bezeichnet man nasse Wiesen, auf denen Schilf oder Sauergräser wachsen und deren Schnitt nicht als Futter, sondern zur Einstreu für das Vieh verwendet wurde. Für die Landwirtschaft sind sie schon lange bedeutungslos, um so wichtiger jedoch als Lebensraum für eine Vielzahl besonders seltener Tiere und Pflanzen. Ein Aufkauf durch das Land Baden-Württemberg verbunden mit einer regelmäßigen Pflege von der Bezirksstelle für Naturschutz und Landschaftspflege konnten das Gebiet bis heute erhalten. Neben Pflanzenarten wie Davall's-, Hartmann's- und Floh-Segge, Fleischfarbenem Knabenkraut, Sumpf-Herzblatt, Sumpf-Läusekraut, Gewöhnlichem Fettkraut und Sumpf-Blutauge ist ein Massenvorkommen der Sumpf-Stendelwurz zu erwähnen. Weitere floristisch reiche Streuwiesen befinden sich im „Muckental", beim „Neuweiher" und bei der Neumühle (FND). In diesen Streuwiesen lebt auch die Gerandete Jagdspinne, unsere größte einheimische Spinnenart.

Östlicher Virngrund

Im nordöstlichsten Teil des Ostalbkreises verläuft von West nach Ost eine markante Stufe, die eine Linie zwischen Ellenberg und Tannhausen-Bergheim bildet. Nördlich davon liegt der „östliche Virngrund", der naturräumlich gesehen bereits zum „Dinkelsbühler Hügelland" gehört. In seinem Haupt-Gewässersystem, der Rotach, befinden sich viele alte Weiher, die Fischzucht in Form der Teichwirtschaft hat hier eine bis ins Mittelalter zurückgehende Tradition. Seit langem sind die meist reizvoll im Wald gelegenen Weiher als Landschaftsschutzgebiete geschützt. Wegen ihrer Bedeutung für den Artenschutz wurden in den letzten Jahren die Weiherketten *Birkenweiher mit Ober- und Unterholzweiher*, *Weiherkette beim Spitalhof* und *Breitweiher* mit *Hilsenweiher* als NSG und weitere Weiher als FND unter Schutz gestellt. Da die Weiher in einer sehr ebenen Landschaft liegen, haben sie große Flachwasserbereiche. Die nährstoffarmen Verhältnisse begünstigen großflächige Verlandungszonen mit Pflanzen der Streuwiesen oder Vermoorungen. Besonderheiten wie Rundblättriger Sonnentau, eine fleischfressende Pflanze, oder Gewöhnlicher Wassernabel sind hier anzutreffen. Die großen Flachwasserzonen sind mit Großseggen-Röhrichten und Schwimmblattpflanzen bewachsen, darunter die Glänzende Seerose in ihrem einzigen Vorkommen in Baden-Württemberg. Ein idealer Lebensraum haben hier der Laubfrosch, die Sumpf-Schrecke oder Libellen wie Herbst-Mosaikjungfer, Glänzende Binsenjungfer, Gemeine Winterlibelle und Schwarze Heidelibelle.

Das westlich von Wört gelegene NSG *Auweiher* besteht im Kern aus einem Aufstau der Rotach, der zur Wasserkraftnutzung für die Aumühle erstellt wurde. Auf dem Staudamm verläuft die Landstraße nach Dinkelsbühl. Die ca. fünf Hektar große Wasserfläche ist ringsum von Röhrichten umgeben, die flußaufwärts eine beachtliche Länge erreichen. Ein Schwerpunkt des Schutzzweckes gilt den Wasservögeln. Regelmäßige Brutvögel sind u. a. Tafelente, Wasserralle und Zwergtaucher, aber auch Zwergdommel, Krickente, Drosselrohrsänger, Tüpfelsumpfhuhn und Schwarzhalstaucher brüten hier, wenn sie nicht von den Anglern gestört werden. In den Röhrichten wachsen Pflanzen wie Wasser-Schierling, Kalmus, Gewöhnliche Teichbinse, Bittersüßer Nachtschatten, Schmalblättriger Rohrkolben, Teich-Ampfer und Zungen-Hahnenfuß.

13 „Zwei Linden mit Kreuz" bei Ellwangen-Rindelbach, ein landschaftsprägendes Naturdenkmal

Tafel 7 a Eine sehr selten gewordene Orchidee nährstoffarmer Grünländer ist das Kleine Knabenkraut.

b Die charakteristische Pflanze der herkömmlich bewirtschafteten Feuchtwiesen ist die Trollblume.

c Der Frühlings-Enzian – eine kennzeichnende Art auf den Schafweiden

d Auf lockeren Buchenwaldböden wachsen Märzenbecher, sie läuten den Frühling ein.

e Der Große Frauenspiegel: ein Ackerwildkraut, das am Riesrand gelegentlich noch anzutreffen ist

Tafel 8   a   Der Laubfrosch hat im Ostalbkreis noch schöne Vorkommen.

b   Größere Weiher mit geschützten Röhrichtbeständen sind der Lebensraum der Tafelente.

c   Wo nährstoffarme Streuwiesen gut erhalten sind, lebt vereinzelt noch die Sumpfschrecke (im Bild ein Männchen).

Tafel 9 Die Ipfmesse in Bopfingen hat eine lange Tradition (oben).
Zu den neueren Errungenschaften gehören die Stadtfeste, hier in Ellwangen.

Tafel 10 Rainau. Freizeitspaß und Freilichtmuseum in einem. Im Vordergrund das konservierte Bad des römischen Kastells Buch

Östlicher Virngrund

14 Kolbenweiher mit typischer Schwimmblatt-Gesellschaft und Verlandungszone

Mit den Weihern des östlichen Virngrundes schließen wir die Runde durch die Naturräume des Ostalbkreises. Nachzutragen bleibt der Hinweis, daß in der Regel in den geschützten Gebieten ein Betretungsverbot besteht, die Entnahme von Pflanzenteilen und das Stören der Tiere in Naturschutzgebieten und Naturdenkmalen grundsätzlich verboten ist. Diese Einschränkung zum Artenschutz behindert jedoch nicht den Besuch der Gebiete. Die Eigenheit, Vielfalt und Schönheit der Natur kann jeder vom Wege aus erleben.

Feste und Bräuche

von Ottmar Engelhardt

Da ein neuer Erdenbürger heute normalerweise das Licht der Welt in der Entbindungsstation erblickt, und die Wöchnerin auch nicht mehr in der „Kinderstube" zu Hause versorgt wird, da man auch nur noch ausnahmsweise daheim stirbt, sondern dies dem Krankenhaus oder Altersheim zusteht, sind so manche alte Bräuche um Geburt und Tod dem Wandel unserer Zeit zum Opfer gefallen. Das „Dorf im Umbruch der Zeit" ist ein anderes geworden; einst bäuerliche Strukturen sind zurückgedrängt zugunsten des Wohnsiedlungscharakters einer Bevölkerungsmehrheit von Industriependlern, die in der ländlichen Umgebung der Hektik und dem Alltagsstreß zu entfliehen suchen und die „naturnahe Idylle" suchen. Dies führte unübersehbar zu einer Vermengung von dörflichen und städtischen Lebensformen, zu einer Neutralisierung des Dorfes mit manchen Vor-, aber auch deutlichen Nachteilen.

Dieser etwas ernüchternde Auftakt soll nun aber keinesfalls als nostalgiesüchtiges Lamento, als resignierende Geste verstanden werden. Denn wenn man sich mit Land und Leuten befaßt, stößt man auch heute noch auf eine Fülle von lebendig Gewachsenem, das auf guten Traditionen fußt, auf echtem, selbstbewußtem Bürgersinn. Und trotz mancher modernistischer Verirrungen, die uns ärgern, ist das Gemeindebewußtsein in Land und Stadt sogar verstärkt vorhanden. Gemeinde- und Kreisreform haben daran wenig zerbröselt – vielleicht sogar im Gegenteil!

Feiern und Feste

Wenn uns die Medien – allen voran das Fernsehen – heute beibringen, nach welchem Schema wir zu funktionieren haben, wie ein rheinischer Karneval hierzulande abzulaufen hat und so die schwäbisch-alemannische Fastnacht zu einem janusgesichtigen Mischmasch degeneriert – Gott sei Dank ist dies noch nicht allgemein – so erfreuen wir uns doch immer noch auch an einer dörflichen Hochzeit, wo man nach dem Segen der Kirche sich zur Feier im Wirtshaus „Zur Schenk . . ." einfindet, wo die Altersgenossen ihren Stolz darein setzen, die Braut auf Kosten der Brautführer in ein anderes Lokal zu entführen („Brautstehlen") und wo auch noch die alten Hochzeitsverse gesungen werden:

Jetz bisch du verheirot'
Jetz bisch du a Ma'.
Jetz guckt di dein Lebtag
Koi Mädle meah a'.

und

Feiern und Feste – Lebendiges Brauchtum

Jetz bisch du verheirot'
Jetz bisch du a Weib.
Jetz siggscht du deir Lebtag
Koim Mädle meah gleich.

Wann dr Hochzeiter tanzt,
Müaßet d'Bretter se biaga
Ond en dreiveirtel Johr
Muaß'r d'Kender scho wiaga . . .

Lebendiges Brauchtum

Eine Umfrage in sämtlichen Gemeinden des Ostalbkreises ergab bei überwiegend positiver, zum Teil leider aber auch mangelhafter Resonanz eine erstaunliche Fülle an lebendigem Brauchtum. Feste zu feiern ist landauf, landab hoch im Schwange. So spannt sich vom Neujahranschießen bis zum Bleigießen an Silvester ein weiter Bogen mit vielfältigen Inhalten, die hier nur beispielhaft angedeutet, keinesfalls aber erschöpfend dargestellt werden können.

Wie eh und je werden Vereinsjubiläen, Fahnenweihen, Sänger-, Schützen-, Musik- und Sportfeste gefeiert. Frühlings-, Straßen-, Garten-, Wald- und Scheunenfeste gibt's zuhauf. Gemeinde- und Stadtfeste stärken den Bürgersinn und den Ruf des Ortes, so die Reichsstädter Tage in Aalen, die Stadtfeste in Schwäbisch Gmünd, Ellwangen, Lorch, Lauchheim und Oberkochen, das Härtsfelder Sommerfest in Neresheim, die Burgfeste auf der Kapfenburg und in Niederalfingen, das Schloßfest in Hohenstadt, das Marktplatzfest in Seifertshofen oder das Riegelbergfest in Utzmemmingen . . . In Ellwangen und Lauchheim wirken die Bürgerwehren im gleichen Geiste.

15 Die Bürgerwehr in Lauchheim, Beispiel für lebendiges Brauchtum

Kirchliche Feste

Den Kirchenheiligen wird eifrig Reverenz erwiesen. Wir kennen das Jakobusfest auf dem Hohenberg, das Jakobiessen in Heubach, das Ulrichsfest in Dehlingen auf dem Härtsfeld, den Leonhardstag in Stödtlen, das Patriziusfest in Hohenstadt . . . An Vincentius feiern nach alter Tradition die Holzhauer in Ebnat, und der Verein „Besucherbergwerk Tiefer Stollen" in Aalen-Wasseralfingen veranstaltet seine Barbarafeier. Auf das 14. Jahrhundert geht die „Käppeleskirch" in Adelmannsfelden zurück, wozu sich alljährlich am 3. Sonntag im August die „Ehemaligen", selbst aus Übersee, einfinden.

Und dann ist auch das Wallfahrtswesen im Volk noch sehr lebendig. Der Schönenberg bei Ellwangen, der Rechberg, Maria Brünnlein bei Wemding, Maria Buch bei Neresheim und Maria Eich bei Ebnat sind ebenso wie die Marienkapelle in Zöbingen vielbesuchte Stätten der Einkehr. Auch das Skapulierfest in Heuchlingen, das Dreifaltigkeitsfest im Kloster Neresheim oder das uralte Wallfahrtsfest, das „Birenfest", in Flochberg müssen hier erwähnt werden.

In vielen Familien werden auch die Namenstage noch gebührend beachtet und überall natürlich die runden Geburtstage, die mit Jahrgangsfeiern begangen werden. Jahraus, jahrein berichtet die lokale Presse in Wort und Bild über die goldenen Fünfziger, eisernen Sechziger und taufrischen Siebziger – ja, in Schwäbisch Gmünd sind diese Feiern glanzvolle gesellschaftliche Ereignisse.

Nicht zu vergessen sind hier auch die vielen reiterlichen Veranstaltungen auf kirchlicher Ebene, die Blutritte in Schwenningen bei Neuler und in Lippach, der Silvesterritt in

16 Patriziusfest in Abtsgmünd-Hohenstadt

Kirchliche Feste – Märkte – Im Jahreslauf

17 Den Silvesterritt in Westhausen gibt es seit 1626.

Westhausen und das Dreikönigsreiten in Adelmannsfelden.

Märkte

Tiefe Wurzeln haben auch mehrere Märkte in unserem Kreis. Da ist der berühmte Kalte Markt in Ellwangen, der Maimarkt in Schwäbisch Gmünd, die weitbekannte und beliebte Ipfmesse in Bopfingen (seit 1811), das viermal im Jahr sich abspielende Marktgeschehen in Aalen, der Pfingstmarkt in Oberkochen und der Bartholomäusmarkt in Bartholomä, wo alle zwei Jahre auch die „Roßtage" – ein bedeutendes Fuhrmannstreffen – alte Traditionen pflegen.

Im Jahreslauf

Vervollständigen wir dieses Kaleidoskop religiösen und weltlichen Brauchtums anhand des kalendarischen Rahmens, so folgen den Sternsingern zu Dreikönig die Narren zur Fastnachtszeit. Und diese hauen in jüngster Zeit ganz gehörig auf die Pauke. Seit fast 150 Jahren schon tut es im wahren Sinn des Wortes die Schwarze Schar in Ellwangen mit ihrer geliebt-gefürchteten „Pennäler Schnitzelbank". Altes Fastnachtsbrauchtum wird an vielen Orten gepflegt und wiederbelebt, so in Schwäbisch Gmünd, wo alljährlich ein internationales Guggenmusiktreffen veranstaltet wird, in Aalen mit dem „Sauren Meckereck", in Ober- und Unterkochen, Essingen, Neuler und nicht zuletzt in Neresheim, wo Hexengericht und Fasnetsumzug viel Zulauf finden. Den Fasnetsküchle folgen die verdorbenen Mägen nach Konfirmation und Kommunion (Das Festlokal muß oft schon 2 bis 3 Jahre vorher reserviert werden!), und der April bringt nach dem „Aprilschicken" geweihte Palmzweige und Ostereier.

Der Mai beginnt überall mit dem „Maienstekken", wo die Mädchen endlich den sichtbaren Beweis kriegen, daß ein fester Verehrer ihrer harrt. Überall sind heute in den Ortschaften und Städten stattliche Maibäume zu bewundern, wobei ein beliebter „Maibaumwettbewerb" der „Schwäbischen Post" zu einer erstaunlichen Mobilisierung von schöpferischen Kräften und handwerklicher Kunstfertigkeit animiert.

In Adelmannsfelden ist der 1. Maitag der „Hagelfeiertag", der schon seit dem Mittelalter begangen wird.

Danach folgen die noch vielfach lebendigen kirchlichen Bittprozessionen und – sehr oft noch in alter, festlicher Ausgestaltung – die Fronleichnamsprozessionen; beispielhaft sei hier die Gemeinde Neuler genannt.

Der frühe Sommer bringt die Zeit der Kinderfeste. Aalen hat hier einen guten Namen oder Bopfingen mit seinem „Rutenfest" und ebenso Heubach, wo nur in jedem dritten Jahr gefeiert wird. Dabei wird auch Geschichte lebendig und Heimatbewußtsein geschaffen.

Seit 1813 holt die Kirchengemeinde Essingen den ersten Erntewagen in feierlicher Form ein; und nach der harten Arbeit des Sommers wird Erntedank und Kirchweih gefeiert, letztere vor allem in den Wirtshäusern, aber auch bei Dorfkirchweihfesten. Und die Zeitungen sind voll von verlockenden Angeboten an Reh-, Hammel- und Gänsebraten . . .

Das sich neigende Jahr setzt auch noch seine Akzente. In Neunheim begeht man das Schutzengelfest, dem im November das Totengedenken folgt. Weitverbreitet sind dann die Martinsritte und -umzüge. Und die Buben gehen mit den Rübengeistern um. Dem überall auftretenden und leider oft bös vermarkteten Nikolaus folgen schon lange vor den eigentlichen Festtagen die Weihnachtsfeiern, Theateraufführungen und Konzerte der entsprechenden Vereine und Firmen. – Weihnachten selbst ist das Fest in der Familie geblieben. Christbaum und selbstgebackene Weihnachtsbrötle sind in ihrem Bestand ungefährdet.

Insgesamt konnte hier doch ein reiches Füllhorn lebendiger Traditionen und neugeschaffener Bräuche ausgeschüttet werden. Wenn auch nicht verschwiegen werden kann, daß dem Verfasser bei seiner Umfrage auch Mitteilungen auf den Tisch kamen, daß hier und dort keine traditionellen Veranstaltungen stattfinden, weil man „in der Zugehörigkeit zum pietistischen Württemberg" verhaftet und eingeengt war, oder „wegen der Armut der Bevölkerung" . . .

Spruchweisheiten im Ostschwäbischen

Wenn d'Arbet oifach wär, no dät's dr Schultes selber.

Em Wenter a Gipser ond em Sommer a Schullehrer.

Z'viel Wissa macht Kopfweh.

Wer Vater ond Mutter net ehrt, der muaß aufs Härtsfeld.

So viel Mund – so viel Pfund (bei Erbteilungen).

Wenn ein Härtsfelder stirbt, so muß man den Bienen die Leich ansagen, sonst sterben sie alle.

Wie der Acker, so die Ruben; wie der Vater, so die Buben.

Weibersterba – koi Verderba; Gäulverrecka – groaßer Schrecka.

Barmherzige Mütter ziehen lausige Töchter.
Ein Will ist besser als ein Wöll.
Viel Geschrei, wenig Wolle.
Liebe bessert, Rohheit bösert.
Wer bei Hunden schläft, wacht bei Flöhen auf.
Allzuschneidend macht Scharten.
Ich bring ein Ei und will zwei.
Gott grüßt manchen, der ihm nicht dankt.
Strenge Regenten regieren nicht lang.
Wo der Mistwagen nicht hingeht, geht der Garbenwagen auch nicht hin.
Regenbogen am Morgen macht dem Schäfer Sorgen.
Fette Küche macht leeren Beutel.
Hennen, die viel gackern, legen wenig Eier.
Machst du dich selbst zum Schaf, beißen dich die Hunde.
Wer viel schwätzt, lügt viel.
Gebrauchter Schlüssel ist immer blank.
Unterm Krummstab ist gut wohnen.
Lutherisch Fleisch siedet auch in katholischen Häfen.
So weit man kocht, so weit man ißt.
Ein magerer Vergleich ist besser als ein fetter Prozeß.
Was stinkt, das düngt.
Große Herren haben die Ohren an den Füßen.
Der Rabe zieht keinen Distelfinken.
Die Faulheit ist der Schlüssel zur Armut.
Junge Huren, alte Betschwestern.
Wer früh fährt, läuft spät.
Am Bauern muß man bloß recht anklopfen, dann stiebt er wie ein Mehlsack (man kann immer noch etwas aus ihm herausholen).

Ortsneckereien

„Wer durch Kuacha kommt ohn globt – durch Eicheng ohn gfoppt – durch Emnat ohn gschlaga – der ka von viel Glück saga!" Ja, freundnachbarliche Spottsucht steckt dem Schwaben tief im Blut, und wo er dem andern eins auswischen kann, da tut er dies mit Wonne. Allerdings ist er auch schmunzelnd bereit, den beißenden Humor des Nachbarn über sich ergehen zu lassen, wenn der einmal auspackt und genüßlich in Wunden bohrt. Eine köstliche Fülle von Ortsneckereien steckt noch im Volk, und was eifrige Forscher in mühevoller Kleinarbeit aufgezeichnet haben, das ist heute noch überall lebendig, würzt so manche Festrede oder beflügelt die Stammtischrunde. Auf Kosten anderer zu lachen ist halt immer ein Spaß.

Aalen Spitzärsch – der Name kommt von einem harmlosen Spiel mit Ostereiern: Die Partner schlagen mit der Spitze ihres Eies gegeneinander, wobei gesprochen wird „Arsch auf Arsch ond Spiitz auf Spiitz". Gewonnen hat der, dessen Ei nicht beschädigt wird. Der „Aalener Spion" ist landesweit berühmt geworden; drum sind die Aalener auch die „Spiona". – „Grüaß Gott, ihr Herra", soll der Aalener Kundschafter sich vorgestellt haben, als er im Krieg der beiden Reichsstädte in Schwäbisch Gmünd spionieren sollte – worauf ihm alles bereitwillig gezeigt worden sei.

Aufhausen Stoischmätzer – der Ort gehörte früher zur Burg Stein, später Schenkenstein.

Baldern Rankarutscher = Kleinbauern oder Bauern mit unwegsamem Gelände (auch Oberalfingen, Schwabsberg, Westerhofen).

Bargau Spüallompa – weil die Frauen diese vors Fenster hängen (auch Rechberg, Straßdorf) – Ratzen, wegen der vielen Ratten.

Bartholomä Brandstifter, weil es im Ort oft brannte. – Birkaschnalzer, weil die einstigen Besenbinder ihre Reiser (oft auf unerlaubte Weise) durch das „Schnalzenlassen" von Birkenwipfeln gewannen.

Benzenzimmern Bronnascheißer.

Bettringen Halbhierige – weil sie einst ein Loch gruben, um Erdaushub unterbringen zu können.

Bopfingen Man sagt der Stadt ein besonderes Schildbürgertum nach. Die Bopfinger haben einst ihre Eierabgabe an den Herzog in den Karren gestampft, damit mehr hineinpaßten = Gelbfüßler. – Blodera – zu Zeiten eines Salzmangels säten sie Salzsamen aus und verbrannten sich bei der Besichtigung des Salzkrauts die Füße. Erst später wurde ihnen klar, daß sie sich in die Nesseln begeben hatten. – Einmal ließen sie Roßäpfel als Haseneier ausbrüten. – Der Name der Stadt stammt daher, daß man einmal den Bürgermeister in einem Faß den Ipf herunterrollen ließ, wobei der beim Poltern des Fasses immer gerufen hat: „Bopf – Bopf – Bopf . . ."

Brastelburg Herrgottspantscher – sie schlugen den Herrgott am Kreuz mit Ruten, weil trotz ihrer Gebete keine Wetterbesserung eintreten wollte.

Buch Jochreama (Jochriemen) – Herstellung von Ochsenjochen; ist vielleicht auch auf die Zähigkeit der Bewohner gemünzt.

Dalkingen Misthoka – ein an der Kirche Vorbeifahrender entzündete seine Pfeife mittels des durch den Misthaken herbeigezogenen Ewigen Lichtes.

Degenfeld Huuseldomme – sie lockten die jungen Gänse: Husele, huß, huß, huß!

Dirgenheim Rüapel, Kuibacka.

Dossingen Rabennest.

Dorfmerkingen Schnallaberger.

Ebnat Häfner-Emnat, Hafenstädter – hier lebten einst viele Häfner. – Steckabuaba – weil sie einst recht streitsüchtig waren.

Elchingen Hurdaspringer – sie wurden beim Schafestehlen erwischt. – Gugelhopfschender – weil sie bei Hochzeiten mehrfach antraten, um noch ein Stück Kuchen herauszuschinden.

Ellwangen Veitlesschmatzer – am Tag des Kirchenpatrons der Basilika, der einstigen Stiftskirche St. Veit, wurde eine Reliquie des Heiligen ausgestellt und vom Volk geküßt.

Essingen Hoaka (Haken).

Flochberg Ratta.

Forstweiler Fuchsschwanz.

Goldshöfe Stearagucker, Lachaspritzer.

Halheim Wolkaschiaber.

Fachsenfeld Pfannenstiel – alter Name des Teilorts Himmlingsweiler.

Heubach Maustupfer – weil sie auf dem Hochberg den Mond herabstupfen wollten.

Heuchlingen Leingöckeler.

Hofen Steckelesläufer – weil sie mit Stöcken bewehrt herumliefen. Krautscheißer – weil einst viel Weißkraut angebaut wurde.

Hofherrnweiler Käskista.

Hohenstadt Mauspritzer – sie hielten den Mond für einen Feuerschein.

Hussenhofen Remsgöckeler (vgl. Heuchlingen, Mögglingen, Unterböbingen).

Hüttlingen Lochnarra - ein Unrathaufen im Dorf sollte in ein daneben gegrabenes Loch weggeräumt werden. – Igelpritscher – ein Hüttlinger stolperte eines Morgens auf dem Weg zur Arbeit über einen „Igel", der aber ein von einer Bäuerin verlorener Muff war; und als einige Bratwürste herausfielen, meinte er: „'s Gwoid kommt scho raus". – „A Muff isch koi Igel / Ond doch muaßr's sei / Drom schlagat dia Hüttlinger / Mit Stecka drauf nei."

Jagstzell Rüabastückla – wegen des starken Anbaus von Rüben.

Kerkingen Rüabahäfa.

Killingen Mistlachsaufer.

Kösingen Muckaspritzer – die Feuerwehr hielt einen Fliegenschwarm für Rauchentwicklung.

Laubach Sonnenlöscher.

Lauchheim Juda – wegen des einstigen hohen jüdischen Bevölkerungsanteils.

Lauterburg Hagabüachane.

Leinenfirst Hier putzt man nie die Kochtöpfe. Drum heißt es in Schwabsberg von einem schmutzigen Topf, er sei „eigmoost wia's Leinafirsta Schnitzhafa".

Leinzell Leinzell bettelt äll.

Lindach Bära – in der alten Sakristei ist ein Wappenbär zu sehen.

Ortsneckereien

Lippach Fröschpantscher (auch Itzlingen).
Lorch Schenkel – der Schenkel von Lorch war einst ein weitbekanntes Original.
Mögglingen Sääfabaumstehler – sie stahlen einst Zweige des Sefenbaumes (Wacholder), um daraus ihre Palmbuschen zu binden.
Mutlangen Maulesel.
Neresheim Schwäbisch Bethlehem (Kloster) – Egaustrietze – Nordlichtlöscher – Bettelsäck – Bettelheim.
Neubronn Kloba (Haken).
Neuler Fuierstoi, Fuierstoilemmel (Fundorte des Feuersteins).
Niederalfingen Fuggerloch – weil das Schloß einst den Fuggern gehörte.
Nordhausen Tannakuahbeutel – hier wurden einst besonders eifrig Tannenzapfen gesammelt.
Oberalfingen Nusspritscher.
Oberböbingen Heckascheißer – Schulkinder, die zu Fuß nach Unterböbigen gingen.
Oberkochen Schlittascheißer – im ausgehenden 19. Jahrhundert leerten die Oberkochener Burschen einem Landtagskandidaten Jauche in den Schlitten. – Haoka und Schnaoka; so spotten die Unterkochener, die „oo" sprechen.
Pfahlheim Spüallompafresser.
Rechberg Zigeuner – meint nicht die Bewohner selbst, sondern die einst häufige Anwesenheit von fahrendem Volk.
Reichenbach bei Westhausen „Z' Reichabach, so sitzt dr Teufel onterm Dach".
Röhlingen Nesthasa.
Röttingen Stoischmatzer.
Saverwang Heckaschmatzer, Sandbeißer.
Schwäbisch Gmünd Hugo Moser erzählt: „Ein Bäuerlein fragte einmal in Gmünd den Daare (einst ein bekannter Spaßvogel, der so lang und dünn war wie ein Darm), wo man denn in Gmünd einen 'Faulenzer' bekommen könne (ein Buch mit Hilfstabellen, die das Rechnen erleichtern). 'Do gohst no nomm ens Rothaus, glei onta nei bei dr earsta Tür, do geit's Faulenzer grad gnuag.' Er deutete auf die Polizeiwache, wo der Mann auch wirklich eintrat." Drum heißen die Gmünder „Faulenzer". – Naze – die Bewohner der katholisch gebliebenen Reichsstadt bekamen ihren Namen vom hl. Ignatius. – Nazarener.
Schwabsberg Hommelziager. „Henterm Busch halt, wia d'Schwabsberger" – Sie hielten einen Bittgang um Regen, während dem es tatsächlich zu regnen anfing. Man stand im Gebüsch unter. Als man weiterziehen wollte, meinte der Bürgermeister: „Manna, haltet henterm Busch, 's könnt aufhöra."
Stetten bei Neresheim Krautbluier – sie haben im Nebel Krautköpfe für Türken gehalten.
Straßdorf Kälblesjäger – Ofalocher = arme Teufel.
Tannhausen Schollaklopfer – beim Pflügen mußten schwere Schollen zerschlagen werden.
Trochtelfingen Prügelscheißer.
Unterkochen Bärafanger, Marderfanger. – Schlittarutscher.
Unterschneidheim Bändelmacher, Bändelbuaba.
Waldhausen bei Aalen Waldhasa. – Hülba – wegen der im Dorf einst zahlreichen Hülen.
Waldstetten Waschgelta – oft trat der Dorfbach über, und man ruderte mit Gölten und Zubern umher, um Treibgut zu retten. Einmal fuhr man sogar aus Gaude bis nach Gmünd. – Kiesrammel.
Walxheim Semsaläufer, Semsahorcher.
Wasseralfingen Schmelzdreckler (von der Hochofenschlacke). Groaß-Pfannastiel (als einstiges Straßendorf).
Westhausen Späknuiper, Späbuaba (Späne, Kneiper = Messer).
Wört Sandhasa.

Literatur: Moser, Hugo: Schwäbischer Volkshumor, Stuttgart 1950.

Geschichte und Kultur

Der Ostalbkreis in der Vor- und Frühgeschichte*

von Bernhard Hildebrand

Das Gebiet des heutigen Ostalbkreises ist aus archäologischer Sicht eine der interessantesten Landschaften in Baden-Württemberg, sowohl was die naturräumlichen Voraussetzungen betrifft, als auch den Fundreichtum aus fast allen vor- und frühgeschichtlichen Epochen. Bestätigt wird dies durch die Ergebnisse von über 100 Jahren archäologischer Forschung, und auch die jüngste Vergangenheit erbrachte mehr als nur regional bedeutende Entdeckungen. So kann im Rahmen einer Kreisbeschreibung nur ein Überblick gegeben werden und – aus der dafür erstmalig entstandenen Kartierung der Fundstellen – einige neue Aspekte für die Besiedlungsgeschichte des Ostalbkreises aufgezeigt werden.

Die natürlichen Voraussetzungen

Der besonders bei der Werbung für den Fremdenverkehr oft zitierte Dreiklang der Landschaften im Ostalbkreis ist auch für die Besiedlungsgeschichte und damit für die archäologische Forschung von besonderem Interesse. Das Gebiet des heutigen Landkreises bietet mit seinen drei Landschaftsräumen

---
* In memoriam Bernhard Josef Hildebrand (1922 – 1987)

einen Ausschnitt aus dem Südwestdeutschen Schichtstufenland, dessen höchste Stufe die Hochfläche der Schwäbischen Alb im Süden des Kreises bildet. Das Kocher-Brenztal gliedert mit seinem tiefen Einschnitt den Albkörper in zwei Teile, den Albuch im Westen und das Härtsfeld im Osten. Diese Zweiteilung wird auch für die naturräumliche Gliederung des anschließenden Albvorlandes benützt. Korrekt bezeichnet als das Vorland der östlichen Schwäbischen Alb, gliedert sich dieser streifenartige Naturraum in das Albuch- und Härtsfeldvorland, beide wieder mit zahlreichen Untereinheiten, die aber nur zum Teil alte Landschaftsnamen tragen, wie z. B. das Rehgebirge oder das Welland. In Ermangelung alter Namen wurden für die naturräumliche Gliederung zahlreiche neue Bezeichnungen geschaffen, die sich aber wegen ihrer komplexen Namen im Sprachgebrauch bislang nicht durchgesetzt haben. Als Beispiele seien hier nur die Bezeichnungen „Liasplatten über Rems und Lein" für die Gegend zwischen Rems- und Kochertal und „Pfahlheim-Rattstädter-Liasplatten" für das Gebiet östlich von Ellwangen bis zur Kreisgrenze genannt.
Auch die Bezeichnung „Schwäbischer Wald" für den dritten, anschließenden Naturraum der Keuperwaldberge ist neuzeitlich und wird

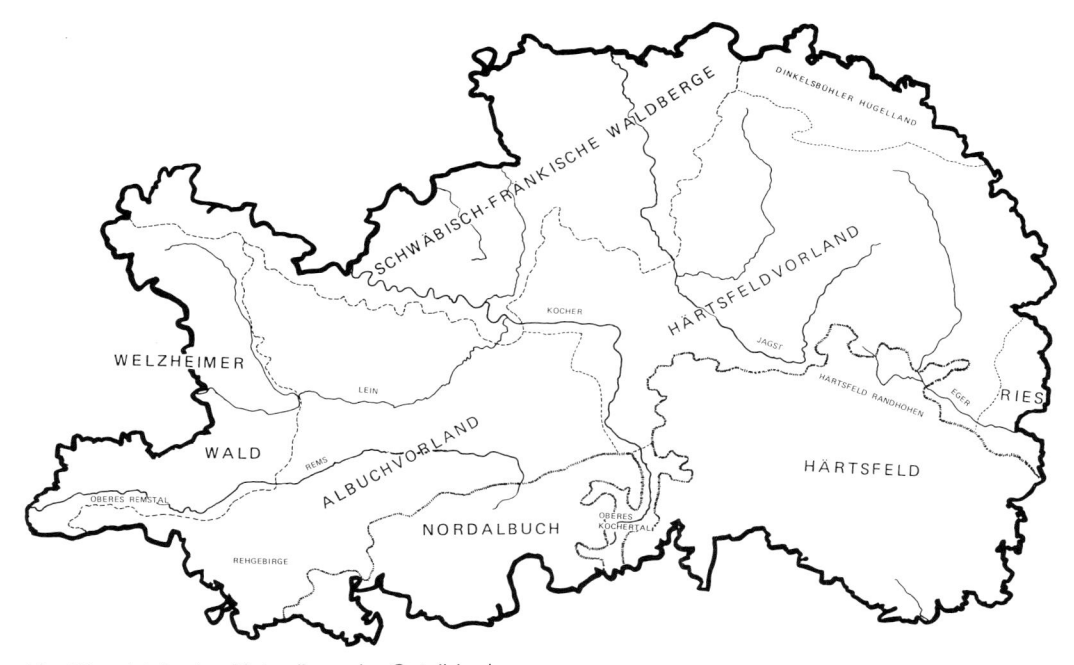

18 Die wichtigsten Naturräume im Ostalbkreis

wiederum besonders gern für die Fremdenverkehrswerbung eingesetzt, wurde aber auch schon des öfteren kritisiert, weil sich dieses heute noch immer relativ geschlossene Waldgebiet auch noch weit ins Fränkische hinein fortsetzt und sich die heutigen politischen Grenzen nicht genau mit der alten Stammesgrenze decken. Allerdings liegt nur ein verschwindend geringer Teil des Kreisgebiets bei Rosenberg und bei Gschwend jenseits der schwäbisch-fränkischen Sprachgrenze, so daß die Bezeichnung Schwäbischer Wald zumindest für die Gegend um Gschwend als durchaus gerechtfertigt erscheint. Für das Waldgebiet um Ellwangen gibt es eine alte Bezeichnung, die leider heute ziemlich uneinheitlich gebraucht wird. Gemeint ist der Virngrund, dessen alte Grenzen seit einer im Jahr 1024 ausgestellten Urkunde bekannt sind. Kaiser Heinrich II. bestätigt darin dem Kloster Ellwangen die Rechte an dem viel älteren Bannforst „Silva Virigunda", der sich von Sulzbach am Kocher bis nach Stödtlen erstreckte. Damit reichte dieses große Waldgebiet im Osten noch in die „Pfahlheim-Rattstätter-Liasplatten" hinein, deshalb hat sich der Name auf die heute gebräuchliche naturräumliche Gliederung nicht niedergeschlagen, und die Waldberge um Ellwangen werden heute etwas schlichter als „Ellwanger Berge" bezeichnet. Trotzdem wird es interessant sein, ob sich die Grenzen dieses alten Waldgebietes auch anhand der Verbreitung der archäologischen Funde nachvollziehen lassen und ob der Virngrund, wie schon verschiedentlich behauptet, erst recht spät besiedelt worden ist.

Wie kurz dargestellt, bietet bereits die Bezeichnung der Landschaftsräume im Landkreis mit ihren Unterschieden zwischen geologisch und vegetationskundlich genau defi-

Die natürlichen Voraussetzungen

nierten Naturräumen und den alten und neuen Landschaftsbezeichnungen eine gewisse Sprachverwirrung, die für unser eigentliches Thema aber nicht relevant ist. Deswegen werden im folgenden der Einfachheit halber die verschiedenen Landschaften und ihr archäologischer Fundbestand in fünf Bereiche eingeteilt, die den großen Naturräumen entsprechen: Albuch und Härtsfeld als Teile der Schwäbischen Alb, Albuchvorland als das westliche Albvorland einschließlich dem Welland, Härtsfeldvorland als das östliche Vorland der Schwäbischen Alb bis zum Ries und Keuperwaldberge für die großen Waldgebiete vom Welzheimer Wald bis zu den Ellwanger Bergen. Darüber hinaus hat das Kreisgebiet noch kleine Anteile am Ries und am Dinkelsbühler Hügelland bei Stödtlen und Wört.

Die drei großen Naturräume mit ihren beschriebenen Untereinheiten unterscheiden sich indes nicht nur geologisch, klimatisch und vegetationskundlich – das Härtsfeld ist zum Beispiel wegen seiner höheren Lage im Jahresdurchschnitt um einiges kälter und hat deswegen kürzere Vegetationsperioden –, darüber hinaus bieten sie für Bodendenkmale und ihre Erhaltung gänzlich andere Voraussetzungen. Was die im Boden verborgenen Funde betrifft, bietet das Albvorland mit seinem großen Anteil an landwirtschaftlich genutzten Flächen ideale Fundvoraussetzungen, auf der anderen Seite aber auch durch die jahrhundertelange Beackerung die denkbar schlechtesten Erhaltungsbedingungen für einstmals oberirdische Bodendenkmale wie z. B. Grabhügel. Diese haben sich wiederum recht gut in den großen Waldgebieten wie auf dem Härtsfeld erhalten. Für solche Bodendenkmale und ihre Erhaltung sollten theoretisch die Keuperwaldberge mit ihren großen geschlossenen Waldgebieten die besten Voraussetzungen bieten. Diese verschiedenen Erhaltungsbedingungen werden bei der Beurteilung der Verbreitungskarten der verschiedenen Epochen genau so zu beachten sein wie ein weiterer, durch die Geographie vorgegebener Faktor: die verkehrstechnische Lage der Landschaften.

Hier ist die Geschichte des Ostalbkreises bis in die Neuzeit im wesentlichem geprägt durch zwei wichtige, natürlich vorgegebene Verkehrswege, die sich in Aalen kreuzen. Da ist zunächst der wohl bequemste Albübergang weit und breit, durch das Kocher-Brenz-Tal in Süd-Nord-Richtung von der Donau her in die Aalener Bucht und seine Verlängerung durch das Jagsttal über Ellwangen nach Norden zum Main und dann die nicht minder wichtige West-Ost-Verbindung vom mittleren Neckarraum durch das Remstal über Schwäbisch Gmünd nach Aalen und von hier aus weiter immer am Albtrauf entlang durch das obere Jagsttal und das Egertal ins Nördlinger Ries. Gerade diese West-Ost-Verbindung ist ein sehr bequemer Fernweg vom Neckar zur Donau, die einzig nennenswerte Steigung die hier im Kreisgebiet zu bewältigen ist, bildet die Röttinger Höhe bei Lauchheim. Beide Fernwege werden seit der zweiten Hälfte des 19. Jahrhunderts durch Eisenbahnlinien markiert und waren sicher schon in der Vorgeschichte viel begangene Wege.

Eine weitere wichtige natürliche Vorgabe bieten schließlich die Bodenschätze der Alb, die durch die neuesten Ausgrabungen des Landesdenkmalamtes wieder in das Interesse gerückt sind: ausgedehnte und oberflächige Bohnerzvorkommen auf der Schwäbischen Alb und das nur bergmännisch zu gewinnende Stufenerz des Braunen Jura, vor allem in der Aalener Bucht. Während sich für die Bohnerzlagerstätten auf dem Albuch schon eine vorgeschichtliche Nutzung abzuzeichnen scheint, ist trotz gegensätzlicher Behauptungen in der Literatur ein regelrechter Bergbau nach Stufenerz bislang erst für das hohe Mittelalter anzunehmen. Trotzdem sind die Bohnerzvorkommen sowie der für die weitere Verarbeitung notwendige Holzreichtum der Gegend sicher auch ein Faktor, der für die vorgeschichtliche Besiedlung ins Gewicht fällt, vor allem für die Besiedlung des Albuchs und des Härtsfeldes. Im Vergleich mit Bodenqualität, verkehrstechnischer Lage und natürlichen Vegetationsbedingungen sind die Erzvorkommen beim derzeitigen Forschungsstand für die frühe Besiedlung der Ostalb allerding eher zweitrangig.

Eiszeitjäger auf der Ostalb

Der älteste Fund, der die Anwesenheit des Urmenschen im Gebiet des heutigen Ostalbkreises belegt, ist der etwa 100 000 Jahre alte Faustkeil von Iggingen.. Für uns ein unvorstellbares Alter, gemessen an der langen Entwicklungsgeschichte des Urmenschen, die mit dem Homo erectus vor etwa 1,3 Millionen Jahren in Afrika beginnt, jedoch ein verhältnismäßig kurzer Zeitraum. Nach den neuesten Erkenntnissen kamen aus Afrika in mehreren Einwanderungswellen die Urmenschen vor einer Million Jahren nach Europa. Die ältesten Spuren menschlicher Tätigkeit stammen aus Frankreich und sind zunächst noch sehr primitive Steinwerkzeuge. Dort in Frankreich beginnt auch die Urgeschichtsforschung mit mehreren Höhlenfunden und von dort stammt auch die chronologische Abfolge der altsteinzeitlichen Entwicklung.

So sind die Stufen dieser Werkzeugentwicklung, der Urgeschichtsforscher bezeichnet sie als Technokomplexe, auch nach den französischen Fundorten benannt, deren Bezeichnung genau so für Süddeutschland Gültigkeit haben. Danach datiert der Faustkeil von Iggingen in das sog. Micoquien, in die Zeit vor etwa 100 000 Jahren.

Bereits vom Homo sapiens, unserem direkten Vorfahren, sind die Steinwerkzeuge aus der Kleinen Scheuer im Rosenstein, sie gehören zeitlich in das Aurignacien und das Magdalénien, beides Stufen des jüngeren Abschnitts (Jungpaläolithikum) der Altsteinzeit. Dem Magdalénien zugerechnet wird auch das älteste Kunstwerk aus dem Landkreis, das ebenfalls aus der Höhle Kleine Scheuer stammt, ein kleiner Anhänger aus Gagat in Form einer Larve. Iggingen und der Rosenstein sind die bislang einzigen Nachweise altsteinzeitlicher Jäger im Landkreis. Daß unsere Gegend aber zweifellos zu ihrem Jagdrevier gehörte, beweisen die Höhlenfunde aus den Ofnethöhlen, nur wenige Meter außerhalb der Kreisgrenze bei Utzmemmingen, und die berühmten Funde aus den Höhlen im Lonetal im Landkreis Heidenheim.

Über die Lebensbedingungen und die Umwelt der Steinzeitjäger ist man heute in groben Zügen informiert. Die Schwäbische Alb war damals eine kalte Steppenlandschaft mit wenig Holzbewuchs. Die Menschen lebten hauptsächlich von der Jagd auf die Herdentiere Wildpferd, Rentier, Nashorn und Mammut, die Nahrung und Felle lieferten. Siedlungen in unserem heutigen Sinne gab es noch nicht und auch die Höhlen waren nicht dauernd bewohnt, sondern wurden vielmehr von Zeit zu Zeit als Jagdlager aufgesucht.

Im letzten Teil der Altsteinzeit ändern sich dann die genannten Lebensbedingungen radikal, und die Urgeschichtsforschung berichtet von einer klimatischen Änderung, die für Mensch und Tier damals einer Umweltkatastrophe gleichkam: Ab etwa 11 000 v. Chr. kommt es am Ende der Eiszeit zu einer relativ schnell einsetzenden Wiedererwärmung. Der Wald ergreift wieder Besitz von der Schwäbischen Alb, überwuchert die vorher offenen Landschaften und nimmt damit den Rentierherden den Lebensraum, die vermutlich nach Norden in für sie günstigere Landstriche ab-

Tabelle 1: Zeittafel mit den im Text verwendeten Bezeichnungen

Zeit	Epoche	Unterperiode	Phase	
911	Hohes Mittelalter			
843	Frühes Mittelalter	Ostfrankenreich		
714		Karolingerzeit		
482		Merowingerzeit		
260	Völkerwanderungszeit			
150	Römische Kaiserzeit	Vorderer Limes		
85		Alblimes		
15 v. Chr.		Donaulimes / Eroberung des Voralpenlandes		
130 v. Chr. –	Eisenzeit	Latènezeit	Spätlatènezeit	D
			Mittellatènezeit	C
			Frühlatènezeit	B / A
450 v. Chr. –		Hallstattzeit	Späte Hallstattzeit	D
750 v. Chr.			Mittlere Hallstattzeit	C
	Bronzezeit	Urnenfelderzeit	Jüngere Urnenfelderzeit	B
1200 v. Chr. –			Ältere Urnenfelderzeit	A
			Späte Bronzezeit	D
			Mittlere Bronzezeit	C / B
1500 v. Chr. –				
2000 v. Chr.			Frühere Bronzezeit	A
5600 v. Chr. –	Steinzeit	Jungsteinzeit (Neolithikum)		
8000 v. Chr. –		Mittelsteinzeit (Mesolithikum)		
		Altsteinzeit (Paläolithikum)		

wandern. Neue Tierarten breiten sich jetzt aus wie Reh und Hirsch, die vom Steinzeitmenschen eine völlige Umstellung seiner Jagdgewohnheiten verlangen. Der Mensch war vorher an die Herdenjagd gewöhnt und mußte jetzt die wesentlich schwierigere Einzeljagd erlernen. Allerdings haben sich nach dem Fundbild dieses letzten Abschnitts der Altsteinzeit nur wenige den neuen Gegebenheiten angepaßt, die meisten werden den großen Herden nach Norden gefolgt sein. Jedenfalls erbrachte die Schwäbische Alb bisher nur sehr wenige kleine Jagdlager aus dieser Epoche.

Die Mittelsteinzeit

Lohnte sich für die Altsteinzeit eine Kartierung der wenigen Fundstellen nicht, so ändert sich dieses Bild schlagartig mit dem Beginn der Mittelsteinzeit um das Jahr 8000 v. Chr., und erst jetzt kann man zu Recht von der Anwesenheit größerer Gruppen der Steinzeitjäger sprechen.

Der Mensch dieser Epoche begegnet uns dann auch als den neuen Umweltbedingungen perfekt angepaßt. Die typischen Funde der Mittelsteinzeit sind sog. Mikrolithen, kleine und kleinste Splitter aus Feuerstein, die als Schneiden oder Spitzen in die Jagdwaffen, d. h. in die Pfeile und Speere aus Holz eingesetzt wurden. Der Trend zur Verkleinerung der Waffen und Werkzeuge hatte bereits im letzten Teil der Altsteinzeit eingesetzt und wird im Verlauf der Mittelsteinzeit sogar noch stärker. Dieser Umgang mit dem Rohmaterial Feuerstein beweist zwar ein erhebliches Können der damaligen Menschen, ohne einen triftigen Grund aber werden sie von den altbewährten und kunstvoll gearbeiteten größeren Waffen nicht abgekommen sein. Die Urgeschichtsforschung bietet dafür eine einleuchtende Erklärung: Durch die nun wesentlich stärkere Vegetation waren die Bodenaufschlüsse, die seither den Feuerstein in großen Mengen geliefert hatten, zugewachsen und damit war das Rohmaterial für Waffen und Werkzeuge einer deutlichen Verknappung unterworfen.

Daß aber immer noch genügend Feuerstein

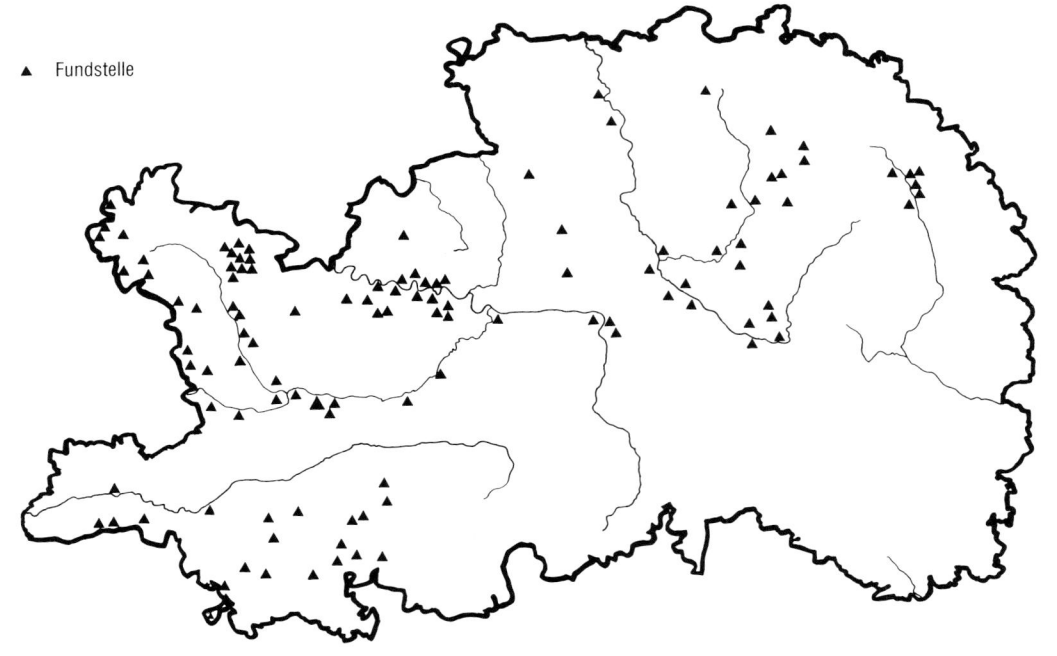

▲ Fundstelle

19 Mittelsteinzeitliche Funde im Ostalbkreis

Tafel 11 Der Ipf bei Bopfingen. Die Luftaufnahme zeigt die außergewöhnlich gut erhaltenen Befestigungswälle der Vorgeschichte.

Tafel 12　Der Goldberg bei Riesbürg-Goldburghausen, auch er war in der Vorzeit besiedelt.

Die Mittelsteinzeit

vorhanden war, beweisen nicht weniger als 116 Fundstellen allein im Ostalbkreis, auf denen Geräte dieser Epoche angetroffen wurden. Die Palette reicht dabei vom Einzelfund einiger Abschläge, die bei der Bearbeitung der Feuersteinknollen entstanden waren, bis hin zur ergiebigsten Fundstelle im Ostalbkreis, die immerhin nach den Fundberichten aus Baden-Württemberg über 5700 Fundstücke erbrachte. Vor allem die letzten Jahrzehnte brachten hier durch die Aktivitäten einiger weniger Sammler eine zahlenmäßig beachtliche Zunahme an Fundstellen; Die Kartierung zeigt allerdings noch kein schlüssiges Gesamtbild. Die Fundstellen streuen praktisch über das ganze Kreisgebiet mit einer deutlichen Massierung auf den Höhen zwischen Kocher und Rems. Aus dem ehemaligen Virngrund um Ellwangen sind bisher recht wenig, vom Albuch und Härtsfeld gar keine Funde bekannt geworden. Die Fundleere auf der Albhochfläche dürfte jedoch mehr am Forschungsstand liegen, da es wenig einsichtig ist, daß das Rehgebirge südlich von Schwäbisch Gmünd und der Virngrund um Ellwangen zum Revier der mittelsteinzeitlichen Jäger und Sammler gehörte, die Alb mit ihren immer noch attraktiven Höhlen jedoch nicht.

Eine der bekanntesten Höhlen wurde in der Mittelsteinzeit sicher aufgesucht: die schon erwähnte Ofnethöhle bei Utzmemmingen, die für die Mittelsteinzeit einen sensationellen Befund erbrachte. Nach den neuesten C-14-Daten gehören, wie der Ausgräber schon anhand der Beifunde vermutete, die berühmten Schädelbestattungen am Höhleneingang in diese Epoche. Es sind die ersten regelrechten Bestattungen überhaupt, die hier angetroffen wurden.

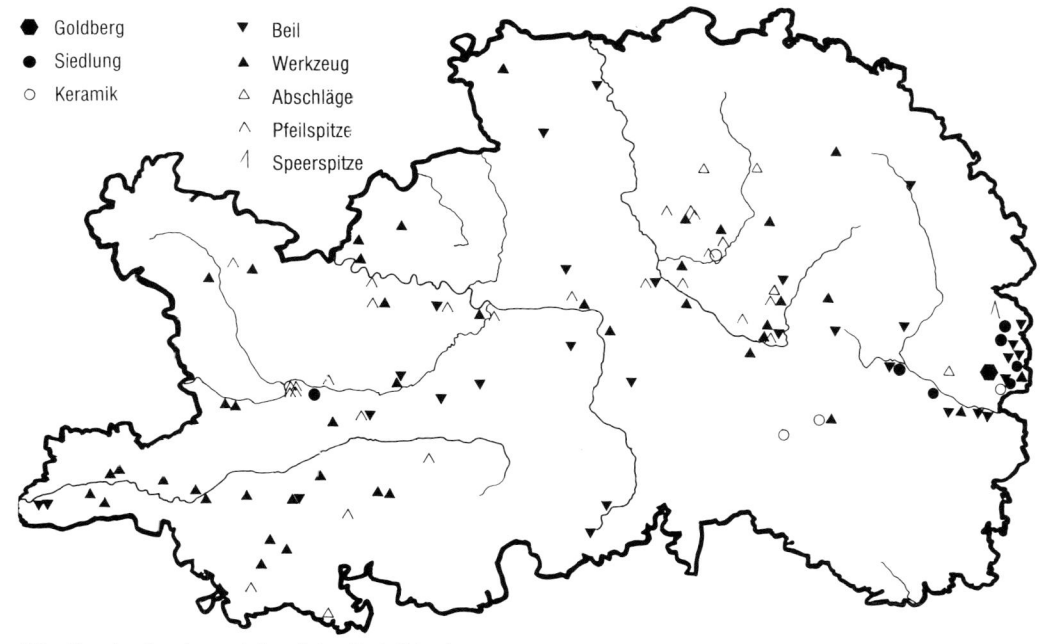

20 Funde der Jungsteinzeit im Ostalbkreis

Die ersten Bauern

Um einiges früher als bisher angenommen, beginnt nach den neuesten Datierungen bereits im 6. Jahrtausend v. Chr. die Einwanderung der ersten Bauern in Süddeutschland. Sie bringen eine neue Lebensweise und viele neue Techniken mit, die alle im sog. „Fruchtbaren Halbmond" in Kleinasien entstanden sind und auf dem Weg über die Donauländer zu uns gelangten.

Die relativ schnelle Ausbreitung sowie die über weite Gebiete sehr einheitliche materielle Kultur rechtfertigen es, von Einwanderern zu sprechen, die auch hier im Ostalbraum auf die „einheimischen" Jäger und Sammler getroffen sein müssen. Wie sich allerdings der Kontakt zwischen den so unterschiedlichen Bevölkerungsgruppen ausgewirkt hat, ist bis heute unklar. Eine Hypothese wäre die ziemlich schnelle Assimilierung der zahlenmäßig weitaus unterlegenen Jäger und Sammler, die andere Möglichkeit bildet die Verdrängung der bisherigen Bevölkerung. Immerhin setzen aber die vielen mesolithischen Fundstellen eine relativ starke Population voraus, und von den neuen Einwanderern, den Bandkeramikern, ist bekannt, daß sie sich bevorzugt nur auf den fruchtbaren Lößflächen wie im Nekkarland oder auch im Nördlinger Ries niedergelassen haben. Damit ergeben sich, betrachtet man sich die Verbreitungskarte der mittelsteinzeitlichen Fundstellen, schon theoretisch zwei ganz voneinander abgegrenzte Lebensräume: die neuen Bauern auf den fruchtbaren Böden im Ries und die Jäger und Sammler in den immer noch ausgedehnten Wäldern der Ostalb, des Albvorlandes und des Keuperberglandes.

Unter diesen Vorgaben erscheint eine Kartierung der neolithischen Fundstellen im Ostalbkreis besonders interessant, sie stehen auch mit über 100 Fundmeldungen hinter den mittelsteinzeitlichen kaum zurück. Überraschend ist allerdings ihre Verbreitung: Sie ist im großen und ganzen die gleiche wie in der vorhergehenden Mittelsteinzeit, nur daß jetzt zum ersten Mal einige wenige Fundpunkte auf dem Härtsfeld erscheinen. Etwas klarer wird das Bild erst dann, wenn auf der Karte die verschiedenen Fundarten getrennt werden: Dann nämlich zeigt sich, daß echte Siedlungsfunde, also nicht nur Werkzeuge und Waffen sondern vor allem die charakteristische neolithische Keramik, bislang nur im Egertal bei Bopfingen und im Ries angetroffen wurden (mit einer unsicheren Ausnahme), während die übrigen Fundstellen im Ostalbkreis nur Waffen, wie z. B. die vielen Pfeilspitzen und Werkzeuge wie Beile und Schaber erbracht haben. Viele der Fundstellen von Beilen und Pfeilspitzen sind zudem viel zu weit von den sicheren Siedlungen entfernt, um sie noch mit der Jagd der Bandkeramiker oder mit einer Rodungsarbeit im Wald erklären zu können.

Noch interessanter ist dann der Vergleich der mesolithischen mit den neolithischen Fundstellen: Immerhin 19 Fundplätze erbrachten Werkzeug- und Waffenfunde beider Epochen, aber nur in einem Fall, auf der Gemarkung Röhlingen, kommen bescheidene Keramikfunde dazu.

So sieht es nach dem derzeitigen Forschungsstand so aus, daß die ersten Bauern der Jungsteinzeit als Einwanderer zunächst nur das Ries und das Egertal bei Bopfingen besiedelt haben, also die extrem fruchtbaren Gebiete, während im übrigen Kreisgebiet die Jäger und Sammler der Mittelsteinzeit in den Wäldern ihren Lebensraum behalten haben. Die vielen Waffen- und Werkzeugfunde neolithischer Art würden dann einen Kontakt beider Gruppen untereinander beweisen, was auch eine Verschmelzung beider Populationen in der weiteren Jungsteinzeit nicht ausschließen würde, zumal die Lebensweise der Bauern, nicht zuletzt durch die vielen technischen Errungenschaften und einer gesicherten Ernährung, für die Jäger und Sammler durchaus attraktiv gewesen sein muß: Die Bandkeramiker lebten in festen Häusern, den sog. Langhäusern, aus Holz mit Wänden aus Flechtwerk und Lehm zusammen in kleinen dorfartigen Siedlungen, bauten Getreide an, hatten Haustiere und betrieben Vorratshaltung. Dazu und zum Kochen dienten Gefäße aus gebranntem Ton mit ganz charakteristischen bandförmigen Verzierungen, die der Keramik und der ganzen materiellen Kultur ihren Namen gaben: Bandkeramische Kultur. Zeitlich gehören die Bandkeramiker ganz an den Anfang der Jungsteinzeit, ins sog. Altneolithikum, vom beginnenden 6. Jahrtausend v. Chr. bis ins ausgehende 5. Jahrtausend v. Chr.

Der Goldberg und die Chronologie der Jungsteinzeit

Einige wenige Fundstellen und Bodendenkmale im Ostalbkreis können für sich eine überregionale Bedeutung in Anspruch nehmen. Dazu gehört zweifellos der Goldberg bei Goldburghausen, Gemeinde Riesbürg, am Rand des Rieskessels.

Seine Bedeutung für die Erforschung der Jungsteinzeit erhielt er durch die langjährigen Ausgrabungen Gerhard Bersus von 1911 bis 1929, der hier die zeitliche Abfolge der neolithischen Kulturen Rössen – Michelsberg – Altheim zum ersten Mal nachweisen konnte, dank der für die damalige Zeit geradezu revolutionären Art der Grabungstechnik: Bersu führte hier die ersten großen und systematischen Flächengrabungen durch, und der Goldberg wurde damit zu einer Schulungsstätte für eine ganze Generation deutscher Archäologen.

Die Besiedlung des Goldbergs beginnt im zweiten Abschnitt der Jungsteinzeit, im sog. Mittelneolithikum. Von der älteren Bandkeramik ergaben sich keine Siedlungsbefunde und nur ein einziger Scherben aus dieser Zeitstufe liegt vom Goldberg vor. Erst in der ersten Hälfte des 4. Jahrtausends v. Chr. entsteht eine Siedlung der Rössener Kultur auf dem Berg. Es ist die Zeit der Nachfolgekulturen der Bandkeramiker, die sich auch im Hausbau stark vom vorhergehenden unterscheiden. Gerhard Bersu stellte bei seinen Ausgrabungen ein Dorf fest, das aus 20 Häusern bestand. Die Westseite des Hochplateaus war durch einen Palisadenzaun gesichert.

Tabelle 2: Die Besiedlung des Goldberges in der Jungsteinzeit

Zeit	Stufe	Kultur	Siedlungsphase
ca. 2000 v. Chr.			
	Endneolithikum	Goldberg III	Goldberg III
ca. 3500 v. Chr.			
	Jungneolithikum	Michelsberger Kultur	Goldberg II
ca. 4500 v. Chr.			Goldbergfazies
	Mittelneolithikum	Rössener Kultur	Goldberg I
ca. 4900 v. Chr.			
	Altneolithikum	Bandkeramik	–
ca. 5600 v. Chr.			

Die Häuser selbst waren denen der Bandkeramiker in ihrer Holzkonstruktion – Pfostenhäuser mit Firstdach – durchaus ähnlich, nur in der Länge wesentlich bescheidener. Das Innere war in mehrere Räume aufgeteilt, in einem davon befand sich der Herd. Die Außenwände bestanden aus Spalthölzern, die in Wandgräbchen ruhten und mit Lehm verputzt waren. Die Außenwände waren schließlich noch mit einem Kalkanstrich versehen und mit kleinen Buckeln verziert.

Diese erste Siedlung auf dem Goldberg muß eine lange Lebensdauer gehabt haben, darauf deuten jedenfalls zahlreiche Umbauten und Überschneidungen von Hausgrundrissen hin. Auch im Fundbestand schlägt sich dies nieder: Die Forschung unterteilt diese erste Phase nochmals in eine ältere, die der Rössener Kultur entspricht, und eine jüngere, nicht direkt mit anderen vergleichbare Schicht, die deshalb als sog. „Goldbergfazies" bekannt ist. Eine Brandschicht kündet schließlich noch von einem katastrophalen Ende dieses ersten Dorfes, und auch die zweite Siedlung auf dem Goldberg findet dieses Ende.

Dieses Dorf der Phase Goldberg II wird der jungneolithischen Michelsberger Kultur zugeordnet und ist größer als seine Vorgängersiedlung, die Häuser allerdings erreichen bei durchaus ähnlicher Bauart nicht ganz die Abmessungen ihrer Vorgänger. Auch das „Michelsberger" Dorf schützt die leicht zugängliche Westseite des Berges, diesmal sogar mit einem Graben vor der Palisade, die an der Innenseite zusätzlich mit einer Erdrampe befestigt war.

Eine Zuordnung des dritten jungsteinzeitlichen Dorfes auf dem Goldberg zu einer der endneolithischen Kulturen war nicht möglich. Zu vielfältig scheinen die durch die Funde bestätigten Beziehungen zu anderen Kulturen gewesen zu sein, als daß sich das Inventar einer Kultur zuweisen ließ. Deshalb gilt die Phase Goldberg III als eigenständige Kulturgruppe innerhalb des süddeutschen Endneolithikums, deren Inventare auch andernorts angetroffen wurden. Die Siedlung selbst war der Zahl der Häuser nach die bislang größte auf dem Goldberg, allerdings gehören die etwa 50 Häuser von der Bauart her eher zu den primitivsten im Neolithikum überhaupt. Es sind wiederum hölzerne Pfostenhäuser, deren Dach aber jetzt in Form eines Zeltdaches spitz zuläuft und deren Böden eingetieft waren. Außerdem wurde bei der Ausgrabung eine große Zahl von Kellergruben angetroffen, die nach den Berichten bis zu vier Metern tief waren. Eine Befestigung dieses dritten Dorfes wurde nicht festgestellt, ist aber angesichts des leichten Zuganges auf das Hochplateau von Westen her zu erwarten. Interessanter als die Bauten ist dann das Fundinventar der Siedlung Goldberg III: Es leitet über zur nächsten großen Epoche der Vorgeschichte. Im Goldberg III-Inventar ist bereits ein Metall enthalten, das die Waffen- und Werkzeugtechnik revolutionieren sollte und das gleichzeitig auch einen weitreichenden Fernhandel beweist. Am Ende des Neolithikums taucht in verschiedenen Kulturen das Kupfer als neuer Werkstoff auf.

Fassen wir zusammen: Das Bild, das uns der gegenwärtige Forschungsstand von der Jungsteinzeit im Gebiet des heutigen Ostalbkreises bietet, ist recht einseitig und das in mehrfacher Beziehung: Aus dem größten Teil des Landkreises gibt es zwar eine Fülle von Funden, meist Waffen und Werkzeuge, sichere Siedlungsplätze sind aber bislang nur aus dem westlichen Ries und dem Egertal um Bopfingen bekannt geworden. Eine Fundgattung fehlt bislang fast ganz: Es sind die typischen jungsteinzeitlichen Hockergräber, deren Vorhandensein durch die Siedlungsfunde vorausgesetzt wird. Die einzigen sicheren Gräber wurden bei den großen Flächengrabungen im

Egertal östlich von Bopfingen entdeckt, und ihre Beigaben, Glockenbecher und Armschutzplatten, datieren sie ganz ans Ende des Endneolithikums in die Zeit zwischen 2500 und 2000 v. Chr. Interessant ist noch, daß bei der gleichen Grabung auch Siedlungsbefunde dieser Glockenbecherleute angetroffen wurden, die Siedlung lag damit nicht weit von den Gräbern entfernt, was für die Umgebung des Goldberges noch einiges erwarten läßt.

Zur Bronzezeit auf der Ostalb (ca. 2000–1200 v. Chr.)

Im Gegensatz zu den beiden vorherigen Epochen, die für das Kreisgebiet ein überraschend dichtes Fundbild ergaben, steht die Zahl der bronzezeitlichen Fundstellen. Dennoch lassen sich einige Beobachtungen aus anderen Fundregionen auch im Ostalbkreis bestätigen.

Kennzeichnend für die Bronzezeit ist zunächst einmal das neue Material zur Herstellung der Werkzeuge und Waffen. Eine Legierung aus 90 % Kupfer und 10 % Zinn, die Bronze, setzt sich allgemein in der Frühbronzezeit der Epoche durch, und es werden Beile, Dolche und sogar Hiebschwerter sowie Schmuck aus der neuen Legierung gegossen. Das dazu benötigte Zinn stammt von der Britischen Insel und aus Spanien und setzt damit einen funktionierenden Fernhandel voraus. Auch die Weiterverarbeitung zu Bronze und vor allem die komplizierten Gußtechniken erfordern eine spezielle Ausbildung und führen damit zur Entstehung eines neuen Handwerks.

Die materielle Kultur der Bronzezeit kennen wir fast nur aus den Grabfunden der Epoche, und nach der Bestattungsart läßt sich die Bronzezeit auch unterteilen.

In der Frühbronzezeit setzt sich im wesentlichen der jungsteinzeitliche Bestattungsbrauch der Hockergräber fort, wenn sich auch eine gewisse Differenzierung abzeichnet. Der Bestand an bekannten Gräbern ist allerdings landesweit sehr bescheiden, da die Entdeckungsbedingungen für Flachgräber denkbar schlecht sind. Aus dem Ostalbkreis ist bislang kein einziger Grabfund bekannt geworden, lediglich ein Bronzebeil aus Westhausen-Lippach könnte von einem derartigen Grab stammen. Anders sieht es mit dem Bestand an Siedlungen aus, die einen landesweiten Trend widerspiegeln: Am Ende der Frühbronzezeit entstehen befestigte Höhensiedlungen. Mit sog. Abschnittswällen werden teilweise sehr große Flächen gesichert, die von der Größe des Innenraums her eher gegen eine dauernde Besiedlung sprechen.

Deshalb, und mangels Grabungsbefunden, ist bislang unklar, ob wir hier dauerhafte Siedlungen oder lediglich nur Fliehburgen vor uns haben. Die beiden aus dem Ostalbkreis bekannten Objekte sind der Rosenstein bei Heubach und das Schloßbaufeld hinter der Kocherburg bei Aalen-Unterkochen. Beide Hochplateaus werden mit Wällen von beeindruckenden Dimensionen (Rosenstein 400 m Länge, Kocherburg 424 m Länge) befestigt und auf dem Rosenstein läuft zusätzlich ein Wall (Wall D) mit 650 m Länge quer über das Hochplateau und teilt dieses in zwei Teile. Die damit gesicherten Hochflächen sind so gewaltig, daß wohl eher mit einer Nutzung als Fliehburg für die Siedlungen der Umgebung zu rechnen ist als mit einer dauernd bewohnten Bergfestung. Anders sieht es mit dem Hochplateau des Ipf bei Bopfingen aus: Auch von dort stammen frühbronzezeitliche Funde, und das Plateau entspricht mit einer Größe von etwas über zwei Hektar eher den Vorstellungen für eine dauernd bewohnte Höhensiedlung. Seit kurzem ist auch noch eine Flachlandsiedlung bekannt: Die Ausgrabungen im Egertal bei Bopfingen erbrachten Hausgrundrisse und Keramik der frühen Bronzezeit.

Angesichts der wenigen Fundpunkte, Schlüsse für die Besiedlungsgeschichte des Kreisgebiets zu ziehen, verbietet sich von selbst. Allerdings bleibt festzuhalten, daß jetzt auch die Randhöhen der Schwäbischen Alb (Kocherburg und Rosenstein) in die Besiedlung mit einbezogen werden.

Nur wenig besser ist das Fundbild der folgenden Mittleren Bronzezeit, die auch als Hügelgräberbronzezeit bekannt ist. Die Verstorbenen werden jetzt unter Grabhügeln beigesetzt, nicht mehr in Hockerlage sondern in gestreckter Rückenlage und mit Waffen-, Schmuck- und Gefäßbeigaben versehen, je nach ihrem Wohlstand. Vor allem in den Wäldern der mittleren Schwäbischen Alb haben sich zahlreiche dieser Hügel bis heute erhalten, und auch auf der Ostalb sind einige der vielen Grabhügel als bronzezeitlich bekannt. Da aber einerseits diese Kenntnis zumeist auf alten, unsystematischen Ausgrabungen beruht, es aber andererseits einem Grabhügel von außen nicht anzusehen ist, ob er nun bronze- oder hallstattzeitlich ist, ist das sichere Fundbild der Mittelbronzezeit das sich bis jetzt abzeichnet, sehr bescheiden. Sicher sind noch wesentlich mehr der 416 bekannten und bislang nur als vorgeschichtlich verzeichneten Grabhügel aus der Bronzezeit. Funde dieser Zeitstufe haben bisher allerdings sehr wenige geliefert, vor allem die Zahlen ergeben hier ein deutliches Bild: Nach dem neuesten Verzeichnis im Kreisarchiv und nach den Listen des Landesdenkmalamtes sind uns im Gebiet des heutigen Ostalbkreises 822 Grabhügel bekannt. Davon werden 48 % als hallstattzeitlich, aber

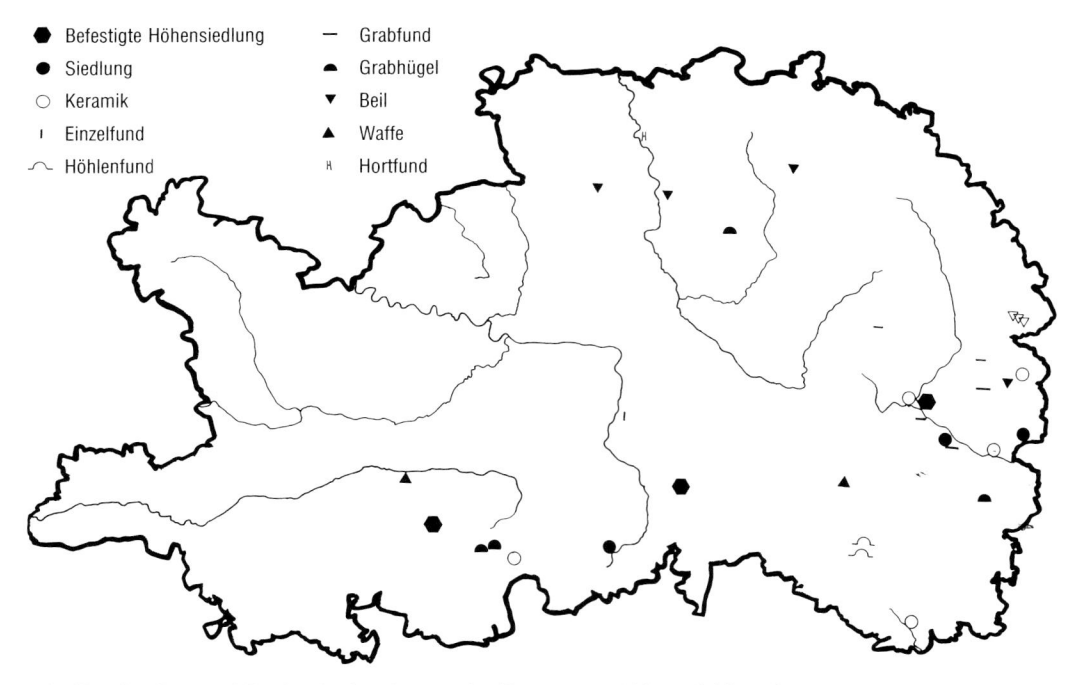

21 Fundstellen und Bodendenkmale aus der Bronze- und Urnenfelderzeit

Zur Bronzezeit – Die Urnenfelderzeit (ca. 1200–750 v. Chr.)

nur 1,7 % als bronzezeitlich angesprochen. Diese Hügel wiederum sind lange nicht alle ausgegraben, teilweise sind es nur einige wenige eines großen Grabhügelfeldes, das dann komplett der Epoche zugeordnet wird.

Da es aber auch Grabhügelfelder mit Hügeln aus beiden Epochen gibt, sind die obengenannten Zahlen eher noch mit Zurückhaltung zu beurteilen. Ein solches Feld mit sowohl bronze- als auch hallstattzeitlichen Grabhügeln befindet sich auf dem Albuch auf den Gemarkungen Essingen und Lauterburg. Die Grabhügel im „Fuchsloch" und im „Oberwehrenfeld" erbrachten Funde beider Epochen. Als ebenfalls bronzezeitlich werden zehn Grabhügel auf der Gemarkung Utzmemmingen, einige auf Gemarkung Schweindorf sowie ein Hügel auf Gemarkung Röhlingen angesehen. Damit ist unser Forschungsstand bereits skizziert. Zu erwähnen wären noch einige wenige Einzelfunde, z. B. der Bronzedolch von Böbingen oder der Hortfund aus drei Beilen und mehreren Gußbrocken aus Unterwilflingen sowie einige auf der Karte nicht verzeichnete, weil unsichere Höhlenfunde. Immerhin zeigt sich aus der Verbreitung der wenigen Fundstellen ein Trend, der bereits für die mittlere Schwäbische Alb festgestellt wurde: Spätestens in der Mittelbronzezeit werden auch die Hochflächen der Ostalb in die Besiedlung mit einbezogen. Für den Albuch beweisen dies die genannten Grabhügel bei Essingen und Lauterburg und zumindest für das östliche Härtsfeld die Hügel von Utzmemmingen und Schweindorf.

Nochmals schlechter ist dann der Fundbestand aus der Spätbronzezeit: Zu nennen sind nur zwei Höhlenfunde auf dem Härtsfeld sowie zwei Grabfunde aus dem Egertal, ein Grab davon wurde erst vor kurzer Zeit entdeckt.

Die Urnenfelderzeit (ca. 1200 – 750 v. Chr.)

Nach ihrer vorherrschenden Bestattungsart wird die nächste Epoche benannt, die ebenfalls noch der Bronzezeit zugerechnet wird. Die Grabfunde treten jetzt in ihrer Bedeutung für unseren Raum weit zurück, und das ist auch mit der neuen Grabsitte und den Entdeckungsbedingungen für die Gräber zu erklären: Die Toten werden jetzt verbrannt und in kleinen Urnengräbern beigesetzt, die Beigaben wie Keramik, Waffen und Schmucknadeln befinden sich häufig ebenfalls in der Urne, die oben mit einem Teller oder mit einer Schale abgedeckt wird. Von den wenigen sicheren Grabfunden zeigen vor allem drei Gräber bei Wössingen die Entdeckungsbedingungen sehr deutlich : Die Gräbergruben waren relativ klein, und die Urnen lagen in 60 cm Tiefe. Nicht viel besser ist der Bestand an sicheren Siedlungsfunden. In der Urnenfelderzeit entstehen wieder befestigte Höhensiedlungen und als solche werden der Rosenstein bei Heubach und der Ipf bei Bopfingen angesprochen. Für den Rosenstein gelten wiederum die bei der frühen Bronzezeit angeführten Bedenken, während für den Ipf eine Besiedlung des Hochplateaus aufgrund der Funde als wahrscheinlich anzunehmen ist. Auch die ersten Wälle zur Sicherung der Hochfläche des Ipf stammen wohl aus der Urnenfelderzeit.

Für eine zentrale Bedeutung des Ipf in der Urnenfelderzeit spricht auch sein Umfeld, aus dem die meisten der weiteren Siedlungsfunde der Epoche stammen. Seit den jüngsten Ausgrabungen des Landesdenkmalamtes sind erstmals Hausgrundrisse und Siedlungsstrukturen bekannt. 1989 wurde in Riesbürg-Pflaumloch Teile einer urnenfelderzeitlichen Siedlung entdeckt, von der sich noch die Pfostenlöcher der Häuser und ein Palisadengraben erhalten hatten, während das ehemalige

Laufniveau mit den interessantesten Befunden leider ein Opfer der Erosion geworden war. Der Ausgräber deutet die Befunde als die Spuren von mehreren Gehöften, die aus Wohn- und Wirtschaftsbauten bestanden hatten und in einer Phase von einer Palisade umgeben gewesen waren. Weitere neue Befunde ergaben die Grabungen im Egertal bei Bopfingen sowie in den Weiherwiesen, Gemarkung Essingen, auf dem Albuch. Damit ist erstmals für die Urnenfelderzeit eine Besiedlung des Albuchs nachgewiesen, die sich auch im Pollenprofil, das im Rahmen der Untersuchungen erstellt wurde, deutlich abzeichnet. Das Härtsfeld dagegen erbrachte bislang nur bescheidene Funde, und die Gegend zwischen Rems und Kocher bleibt gänzlich siedlungsleer. Aus dem ehemaligen Virngrund um Ellwangen sind ein Hortfund aus Jagstzell und drei weitere Bronzebeile bekannt geworden, die allerdings für den Nachweis einer Besiedlung unerheblich sind.

Die Zeit der Kelten

Für den nächsten Abschnitt der Vorgeschichte, für die Eisenzeit, gibt es erstmals eine schriftliche Überlieferung, mit welchem Volk wir es in den folgenden Epochen zu tun haben. Es sind nach den Nachrichten des griechischen Schriftstellers Herodot die Kelten und auch spätere seiner „Kollegen" bestätigen dies. Dieses Volk wird heute mit zwei aufeinanderfolgenden großen archäologischen Kulturkreisen identifiziert, die nach den Fundplätzen benannt sind, an denen sie erstmals festgestellt wurden. Namengebend sind das Gräberfeld bei Hallstatt im Salzkammergut und eine flache Stelle (Untiefe= La Tène) am Neuenburger See in der Schweiz. Als namengebend für die beiden Abschnitte der Eisenzeit bestimmte sie 1876 der damalige schwedische Reichsantiquar Hans Hildebrand. Seitdem wird die ältere Hälfte der vorrömischen Eisenzeit als Hallstattzeit, die jüngere Hälfte als Latènezeit bezeichnet, Begriffe die sich bis heute gehalten haben.

Die Hallstattzeit (ca. 750 – 450 v. Chr.)

Auch das Gebiet des heutigen Ostalbkreises gehört zu diesen großen Kulturen. Der Kulturkreis der Hallstattkultur erstreckt sich von Böhmen bis in die Gegend von Paris.
Für die Hallstattzeit ist dann erstmals wieder eine beträchtliche Vermehrung der Fundstellen im Ostalbkreis feststellbar. Das Fundbild ist allerdings einseitig: Den wenigen sicheren Siedlungsfunden steht eine beachtliche Zahl von Grabhügeln dieser Zeit gegenüber. Mindestens 23 % oder fast 200 Grabhügel gehören unter den schon bei der Bronzezeit genannten Bedingungen zur Hallstattzeit, und viele der noch nicht ergrabenen Hügel werden noch dazuzurechnen sein. Die Grabhügel der Hallstattzeit unterscheiden sich in der Bestattungsart und wahrscheinlich auch in ihrer Größe von den älteren, bronzezeitlichen Hügeln. Die Verstorbenen werden jetzt auf einem Scheiterhaufen verbrannt, über dem eine Grabkammer und ein Grabhügel errichtet werden. Ein typisches Beispiel dafür ist der im „Nassen Häule" auf Gemarkung Bopfingen-Unterriffingen 1958 ausgegrabene Hügel: Unter einer runden Steinpackung wurde die Aussparung für eine ehemals hölzerne Grabkammer angetroffen, die mit 2,4 x 3 m groß genug gewesen wäre, um auch einen unverbrannten Leichnam aufzunehmen. Der Leichenbrand war in einer Urne beigesetzt, weiterer Leichenbrand befand sich zu einem Häufchen zusammengefaßt nicht ganz zwei Meter von der Urne entfernt. Während sich die Metallbeigaben auf ein Bronzeringchen beschränkten, war das Grab mit Keramikbeigaben geradezu verschwenderisch ausgestattet.

Die Zeit der Kelten – Die Hallstattzeit (ca. 750–450 v. Chr.)

22 Gefäßbeigaben aus einem hallstattzeitlichen Grabhügel im „Nassen Häule" bei Unterriffingen

Insgesamt 32 Tongefässe umfaßte die Ausstattung für die Reise ins Jenseits, dazu gehörten Schalen und Teller, die noch Knochenreste einer Fleischbeigabe enthielten, vier große Urnen mit Schöpfgefäßen und zahlreiche Tassen und Näpfe für die Versorgung mit Getränken. Die gefundene Keramik war typisch auch für andere Fundstellen auf der Ostalb und sehr zurückhaltend mit Riefen und Graphit verziert. Diese relativ zierarme Tonware hat zu der Bezeichnung der Ostalbgruppe innerhalb der Hallstattkeramik geführt, die sich darin wesentlich zum Beispiel von der Alb-Salemer Keramik unterscheidet.

Die Ostalb-Keramik wurde auch in einem erst 1990 entdeckten Gräberfeld im neuen Bopfinger Industriegebiet Süd-Ost auf Gemarkung Trochtelfingen angetroffen. Das dortige Hallstattgräberfeld brachte in mehrfacher Hinsicht neue Erkenntnisse für die Struktur der Gräberfelder dieser Epoche. Festgestellt wurden vier Kreisgräben, die im Zentrum eines großen, bislang nur zum Teil erfaßten Brandgräberfeldes lagen. Die alte Oberfläche des Friedhofes war durch die Bodenerosion bereits beseitigt, so daß im Innenraum der „Kreisgräben" keinerlei Befunde mehr angetroffen wurden. Da es sich aber nach der Interpretation des Ausgräbers um die letzten Reste ehemaliger Grabhügel handelt, muß man sich dort ursprünglich ähnliche Bestattungen vorstellen wie im oben geschilderten Grabhügel im Nassen Häule. Die besondere Bedeutung der Ausgrabung liegt darin, daß erstmals im Ostalbkreis nicht nur ein oder mehrere Hügel untersucht wurden, sondern daß auch der Raum um und zwischen den Hügeln ausgegraben wurde. Und gerade dort lagen die meisten Bestattungen. Anhand der Beigabenausstattung der Gräber ergibt sich damit folgendes Bild dieses Friedhofes: In den Grabhügeln wurde die soziale Oberschicht der sicher nicht weit entfernten Siedlung bestattet. Nahe bei den Grabhügeln liegen überdurchschnittlich gut mit Geschirrsätzen ausgestattete Gräber relativ wohlhabender Leute. Weiter davon entfernt, am Rande des Gräberfeldes, fanden sich dann arm ausgestattete oder beigabenlose Gräber als einfache Brandschüttungsgräber. Damit ergibt sich auch ein Bild der sozialen Verhältnisse jener Zeit. Genau so wichtig ist aber, daß der angetroffene Befund verallgemeinert werden muß: Das heißt, daß zumindest viele der bekannten Hallstatt-Grabhügel aus dem Ostalbkreis nur die oberirdisch sichtbaren Teile ganzer Gräberfelder mit vielen Bestattungen sind.

Sicher der Hallstattzeit zuzuweisen sind bislang mindestens 14 Einzelhügel oder Hügelfelder aus drei bis – zum größten Feld mit ursprünglich – 46 Hügeln im Wald Wagenhardt in Rainau-Dalkingen. Sie verteilen sich fast gleichmäßig auf Albuch, Härtsfeld und Härtsfeldvorland, während die Gegend zwischen Rems und Kocher sowie die Keuperwaldberge anscheinend siedlungsleer bleiben. Echte Siedlungsfunde wie vom Ohrenberg bei Kirchheim-Benzenzimmern liegen bis jetzt allerdings nur aus dem Ries und seinen Randhöhen vor.

Mit der späten Hallstattzeit ändert sich dieses Siedlungsbild kaum. Nur ein geringes Ausgreifen auf die Liasplatten über Rems und Lein in der Gegend um Heuchlingen und Schechingen wird durch einige Grabhügel dokumentiert.

Zusätzlich treten jetzt wieder befestigte Höhensiedlungen auf, die größten unter ihnen werden mit einer neuen Führungsschicht in Zusammenhang gebracht. In der späteren

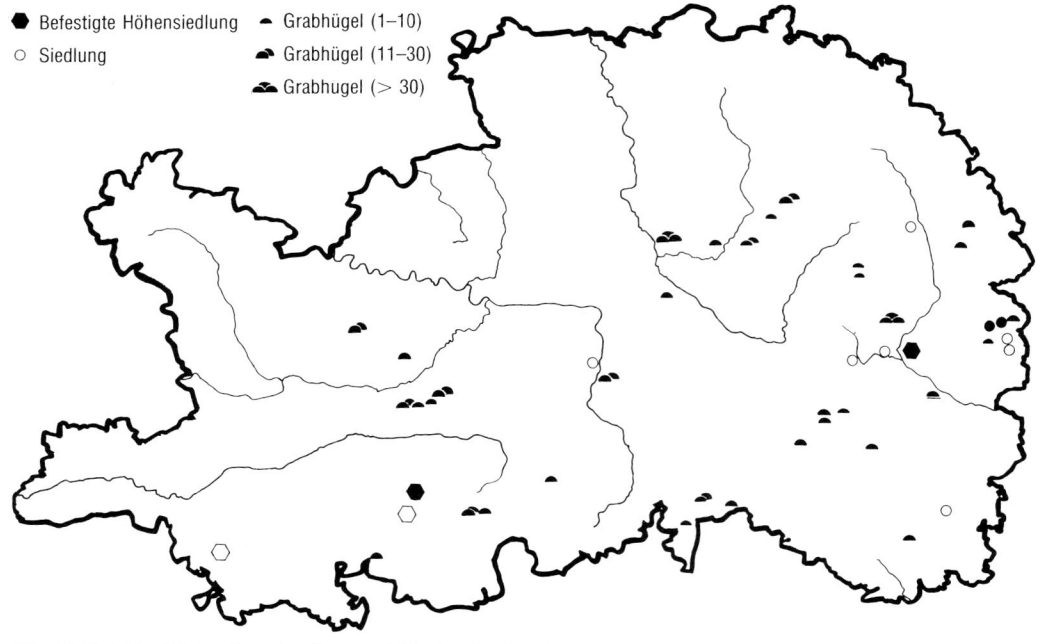

23 Hallstattzeitliche Fundstellen und Bodendenkmale

Die Hallstattzeit (ca. 750–450 v. Chr.)

Hallstattzeit kristallisiert sich diese neue Oberschicht heraus, die sich durch solche Höhensiedlungen und vor allem durch große und überaus reich ausgestattete Grabhügel zu erkennen gibt. Die beiden aktuellsten Beispiele dafür sind die Heuneburg bei Hundersingen an der Donau als teilweise erforschter Fürstensitz sowie das reiche Fürstengrab von Hochdorf. Mangels schriftlicher Überlieferung hat man diese Führungspersönlichkeiten ihrer Machtfülle entsprechend mit dem aus dem Mittelalter stammenden Begriff des Fürsten bezeichnet, der sich – obwohl etwas unglücklich gewählt – gegenüber anderen Bezeichnungen durchgesetzt hat.

Zu den etwa 17 Fürstensitzen wird seit langem auch der Ipf bei Bopfingen gerechnet, der auch ein weiteres Kriterium für eine solche zentrale Siedlung erbracht hat: Vom Hochplateau stammt das Fragment einer aus Griechenland importierten Schale. Allerdings ist unser Kenntnisstand über den Ipf bisher äußerst bescheiden. Abgesehen von einer Menge von Lesefunden vom Hochplateau hat nur Friedrich Hertlein im Rahmen seiner Ringwallforschungen ab 1907 einige kleine Grabungen auf dem Ipf durchgeführt. Festgestellt wurde eine mächtige Kulturschicht auf dem Hochplateau und mehrere holzversteifte Trockenmauern keltischer Machart, z. B. im Ringwall um die Hochfläche eine Trockenmauer mit fünf Metern Stärke. Die Grabungsfunde zeigten zwei zeitliche Schwerpunkte der Besiedlung, die Urnenfelderzeit und die Hallstattzeit. So wird angenommen, daß zumindest die mächtigen Befestigungen um das Hochplateau in die Hallstattzeit gehören. Das alles und besonders die mächtigen Wälle sowie das immerhin etwa 2,2 ha große und sicher damals dicht bebaute Hochplateau spricht für einen Fürstensitz. Auf der anderen Seite ist aber auch schon zu Recht betont worden, daß in der Umgebung des Ipf bislang keine reichen Gräber vom Typ Hochdorf gefunden wurden, obwohl das zum Ipf gehörige Grabhügelfeld schon längst bekannt ist. Es liegt 1,5 km nordwestlich des Berges beim Hof Meisterstall im Wald Buckeleshau, und Eduard Paulus sah hier 1877 noch 60 Grabhügel. So bleibt die Stellung des Ipf als Fürstensitz bis auf weiteres umstritten. Eine nur lokale Bedeutung als kleiner Häuptlingssitz ist aber angesichts der Befunde ebenfalls auszuschließen.

Ein solcher lag damals in unmittelbarer Nähe auf dem schon bekannten Goldberg. Die Siedlung Goldberg IV gehört ebenfalls in die späte Hallstattzeit und der Plan der Siedlung zeigt eine relativ dichte Bebauung mit einem nochmals abgegrenzten Herrensitz an der höchsten Stelle des Berges. Auch dieses befestigte Dorf auf dem Goldberg aus kleineren Wohnhäusern mit Herdstellen und größeren Wirtschaftsbauten, zusammengefaßt zu etwa zehn Gehöften, ist in einer Brandkatastrophe zugrunde gegangen.

Im Fundinventar des Goldberges und auch in den Grabhügeln tauchen jetzt zum ersten Mal sog. Fibeln (Gewandspangen) auf, die für die späte Hallstattzeit sowie für die folgenden Epochen bis ins frühe Mittelalter hinein zu einem der wichtigsten Datierungsinstrumente der Archäologie werden.

Ungeklärt ist bislang die Stellung des Rosensteins in der späten Hallstattzeit, zumindest einer der riesigen Wälle dort stammt aus dieser Zeit, und die ebenso beeindruckenden Wälle auf seinen Nachbarbergen werden auch hierzu gerechnet. Leider fehlt ein modern ausgegrabenes Grabhügelfeld der Stufe ebenfalls. Den damaligen Bestattungsbrauch, Körpergräber in Grabhügeln, teilweise mit Nachbestattungen, kennen wir sicher dokumentiert nur von wenigen, älteren Ausgrabungen, so von einem Hügel im Kirchbauernholz in Neresheim-Schweindorf. Der Hügel war mit einem Steinkranz umgeben, in der Hügelmitte fand sich unter Steinbrocken das Skelett. Unter den relativ spärlichen Beigaben – zwei Gefäße, Eisenmesser und eine Glasperle – fand sich auch eine Bronzefibel mit Fußzier, die das Grab ganz an das Ende der Hallstattzeit datiert.

**Die Latènezeit
(ca. 450 v. Chr. – um Chr. Geb.)**

Die Latènezeit ist eine Epoche tiefgreifender Wandlungen im Bereich der keltischen Kultur. Zunächst leben anscheinend die hallstattzeitlichen Fürstensitze weiter, um dann übergangslos zu verschwinden. Noch während der Frühlatènezeit entstehen neue Höhensiedlungen wie die auf dem Schloßbaufeld hinter der Kocherburg bei Unterkochen.
Mit der Mittellatènezeit begegnen uns neue Bodendenkmale auch im Ostalbkreis. Es sind die spätkeltischen Viereckschanzen als wichtigste Zeugen mittel- und spätlatènezeitlicher Besiedlung im Ostalbkreis, während von der wichtigsten kulturellen Errungenschaft der Kelten, den großen stadtartigen Siedlungen, bislang nur bescheidene Spuren vorliegen.
Einer ähnlichen Änderung sind die Bestattungssitten unterworfen. Zunächst werden die Verstorbenen noch in Grabhügeln beigesetzt, wohl meistens als Nachbestattung in schon bereits bestehende Hügel. Nur aus dem Ries sind bis jetzt solche Bestattungen für die nähere Umgebung bekannt. In der Mittellatènezeit dominieren dann die Flachgräber, die dann noch einmal in der Spätlatènezeit durch Brandgräber abgelöst werden. Beide Gräberarten, Körperflachgrab und Brandgrab haben keinerlei oberirdische Kennzeichnung, die

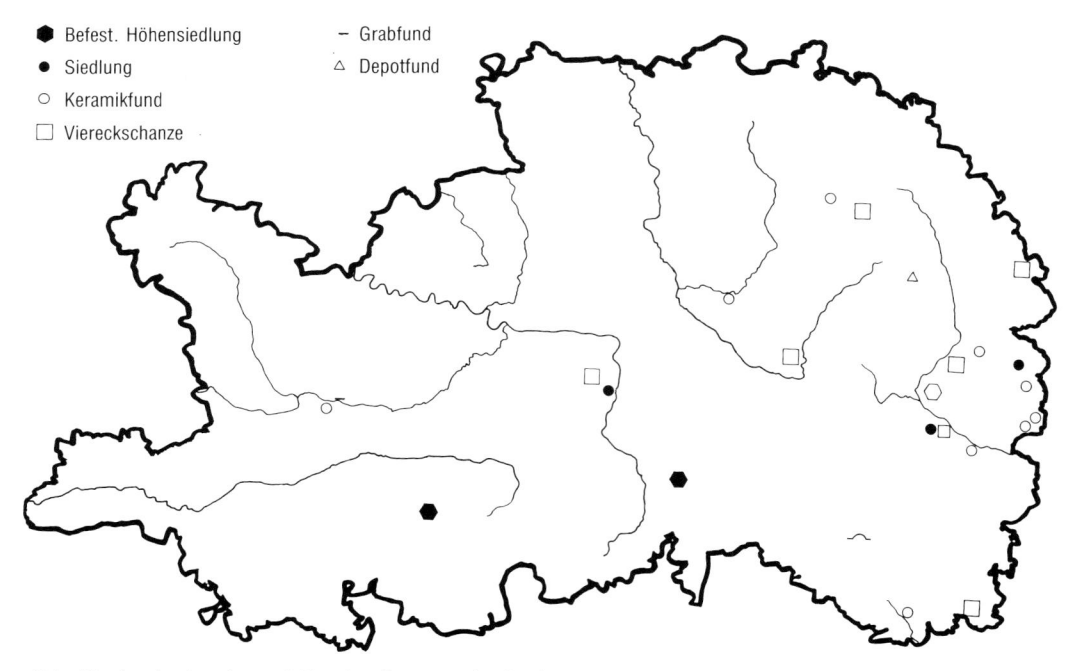

24 Bodendenkmale und Fundstellen aus der Latènezeit

sich bis heute erhalten hätte. Ihre Entdeckung ist somit dem Zufall einer Baumaßnahme unterworfen, und damit werden die ohnehin schlechten Entdeckungsbedingungen nochmals durch mehrere Faktoren verschlechtert. Nur so läßt sich der bescheidene Forschungsstand im Vergleich zur vorhergehenden Epoche mit ihrem dichten Siedlungsbild, das durch die Grabhügel dokumentiert wird, erklären. Einzige sichere Zeugnisse sind die erwähnten Viereckschanzen, die in ihrer Verbreitung das gleiche Siedlungsbild ergeben, das schon im wesentlichen für die vorhergehenden Metallzeiten bestanden hat. Einige wenige Siedlungsfunde sowie die neuen Ausgrabungen im Egertal und die Siedlung Goldberg V runden das Bild von einer Epoche ab, in der das Gebiet des Ostalbkreises wohl genau so dicht besiedelt war wie in der vorhergehenden Hallstattzeit.

Die Viereckschanzen

Allein schon der Begriff „Viereckschanze" verrät – er stammt aus dem militärischen Sprachgebrauch – eine der vielen Deutungen, die diese Denkmalgattung im Laufe der Zeit erfahren hat. So spricht die Oberamtsbeschreibung Aalen von 1854 die Schanze auf den Schanzäckern bei Heisenberg westlich von Wasseralfingen als römische Befestigung an. Die etwas später erschienene archäologische Karte des Oberamts verzeichnet sie gar als „römische Niederlassung von namhafter Ausdehnung". Andere Erklärungsversuche deuteten die Anlagen als Schwedenschanzen, als keltische Gehöfte oder als einfache Viehpferche, die letztere Version begegnet sogar bis in die jüngste Vergangenheit.
Erst neuere Ausgrabungen brachten Hinweise über ehemaliges Aussehen, Funktion und Zeitstellung dieser weitverbreiteten Anlagen, deren Vorkommen von der Atlantikküste im Westen bis nach Böhmen im Osten reicht. Die Nordgrenze bildet dabei der Main, die Südgrenze wird durch die Alpen markiert.
Die wenigen ausgegrabenen Viereckschanzen zeigten bisher ein weitgehend gleiches Erscheinungsbild: Die Anlage war umgeben von einem Spitzgraben, aus dessen Aushub ein Wall aufgeschüttet wurde, der eine beachtliche Höhe erreichen konnte, wie die für den Ostalbkreis besterhaltene Schanze beim Weiler Jagstheim, Gemeinde Kirchheim, zeigt. Der Wall war nur an einer Stelle für ein Tor unterbrochen, das wohl bei den meisten Anlagen durch einen hölzernen Torbau markiert war. Auffallend ist, daß sich dieser Durchgang nie in der Nordseite der Schanzen befand. Die Größe des Innenraumes lag nach dem neuen Viereckschanzenatlas des Landesdenkmalamtes zwischen 0,4 und 1,2 ha bei den Schanzen in Baden-Württemberg. Bei den acht bekannten Schanzen im Ostalbkreis bewegen sich die Flächeninhalte zwischen 0,5 ha (Unterschneidheim-Geislingen) und 1,16 ha (Wasseralfingen-Heisenberg). Nach den Grabungsergebnissen von Fellbach-Schmiden und vom bayerischen Holzhausen stellte man sich diesen großen Innenraum weitgehend unbebaut vor, die bisherigen Erkenntnisse gingen lediglich von einem kleinen Holzbau in einer Ecke des Innenraumes aus und von einem Brunnen oder einem Kultschacht an einer der Außenseiten.
Doch wurden auch schon mehrere Innenbauten festgestellt, wie z. B. in Ehningen und auch die noch laufenden Ausgrabungen im Egertal bei Bopfingen erbrachten für die dortige Viereckschanze mehrere große Innenbauten, so daß man hier auf die Ergebnisse der Grabung besonders gespannt sein darf, vor allem in bezug auf die Interpretation ihrer ehemaligen Funktion. In der neueren Forschung hatten sich bisher zwei Bezeichnungen durchgesetzt, die beide das gleiche bedeuten: Die

Tabelle 3: Viereckschanzen im Ostalbkreis

Gemeinde	Fläche	Bemerkung
Aalen-Wasseralfingen, Flur „Schanze"	1,16 ha	im Gelände sichtbar★
Ellwangen-Pfahlheim, Flur „Altes Schloß"	1,1 ha	im Wald sichtbar
Kirchheim-Jagstheim, Flur „Kirchheimer Holz"	0,625 ha	sehr gut erhalten★
Lauchheim-Hettelsberg, Flur „Burstel"	0,625 ha	schlecht zu erkennen
Neresheim-Kösingen, Flur „Farzach"	?	nur teilweise erhalten
Unterschneidheim-Geislingen, Flur „Lehle"	0,505 ha	im Wald sichtbar
Bopfingen-Flochberg, Industriegebiet Nord-Ost		Ausgrabung seit 1990
Unterschneidheim-Nordhausen (?) 0,7 km NW		bisher nur vom Luftbild bekannt

★ Besichtigung lohnt sich

Viereckschanze wird heute als Temenos (griechisch) oder Nemeton (keltisch) angesprochen, was mit „heiliger Hain" oder allgemeiner mit „Kultplatz" übersetzt werden kann. Besonders wichtig ist ein weiteres Ergebnis der Bopfinger Ausgrabung. Dort wurde nämlich zusätzlich zur Viereckschanze eine zeitgleiche Außensiedlung festgestellt. Verallgemeinert bedeutet dies, daß wir wahrscheinlich bei allen acht Viereckschanzen im Ostalbkreis mit einer entsprechenden Siedlung in unmittelbarer Nähe zu rechnen haben. Damit markieren die Viereckschanzen das spätkeltische Siedlungsgebiet im Landkreis und zwar, wie die neuesten Datierungen nahelegen, für die beiden letzten Jahrhunderte vor Christi Geburt. Ihre Verbreitung ist, wie schon erwähnt, die gleiche wie für die hallstattzeitlichen Grabhügel, das heißt, daß die Gegend zwischen Rems und Kocher und der Virngrund immer noch siedlungsleer bleiben.

Eine weitere Fundgattung mußte bei der Kartierung unberücksichtigt bleiben. Seit der ausgehenden Mittellatènezeit prägen die Kelten – vor allem nach griechischen Vorbildern – eigene Münzen in Silber und Gold, es sind die im Volksmund so bezeichneten „Regenbogenschüsselchen", von denen auch im Ostalbkreis eine größere Anzahl gefunden wurde. Allerdings sind die Fundmeldungen darüber überwiegend älteren Datums und deshalb außerordentlich schwer nachprüfbar.

Weitere Fragezeichen stehen auch noch hinter der Besiedlung des Ipf bei Bopfingen in spätkeltischer Zeit: In der Spätlatènezeit entstehen teilweise riesige stadtartige Siedlungen, die von C. Julius Caesar überlieferten Oppida, die mit umfangreichen Wallanlagen geschützt sind. Eine typische Torform dieser Städte ist das Zangentor, und auch die Toranlage der Befestigung, die den Ipf auf halber Höhe umschließt, zeigt diesen Aufbau. Die Wälle auf dem Ipf unterhalb des Hochplateaus umschließen etwa 7 ha Fläche, dazuzurechnen ist noch das Hochplateau mit über 2 ha. Diese Dimensionen sowie das in der Spätlatènezeit dicht besiedelte Umfeld des Berges sprechen für ein solches Oppidum auf dem Ipf. Der Nachweis dafür muß allerdings zukünftigen Ausgrabungen vorbehalten bleiben, wie überhaupt die Spätlatènezeit und vor allem ihr Ende und der Übergang zur Römerzeit ohne Zweifel ein Forschungsschwerpunkt der Zukunft sein wird. Der heutige Kenntnisstand darüber ist jedenfalls äußerst bescheiden. Es ist noch nicht einmal bekannt, wann genau das

Die Viereckschanzen – Vorgeschichtliche Bodendenkmale

Ende der keltischen Kultur in Süddeutschland anzusetzen ist und in welchem Verhältnis dieses Ende mit den Eroberungen der Römer steht. Das gilt vor allem für Gebiete wie den Ostalbkreis, der nicht in der unmittelbaren Kontaktzone der Kelten und Römer liegt, und für die Zeit zwischen der Zeitenwende und dem Ende des 1. Jahrhunderts, als die Ostalb in die Interessensphäre der Römer rückte.

Vorgeschichtliche Bodendenkmale

Noch wesentlich dichter als die Verbreitungskarten der Bronze- und Hallstattzeit sowie der Latènezeit ist das Kartenbild der bislang nur als vorgeschichtlich anzusprechenden oberirdischen Bodendenkmale. Das betrifft vor allem die vielen Grabhügel und in geringerem Umfang auch einige der sog. Abschnittswälle. Allein von den Grabhügeln, denen man bekanntlich von außen nicht ansieht, welcher Epoche sie angehören, sind 416 Hügel(fast 51 % des Gesamtbestandes) bisher nur als vorgeschichtlich anzusprechen. Zwar werden die meisten dieser Hügel mit hoher Wahrscheinlichkeit der Hallstattzeit zuzurechnen sein, das Fehlen von Funden und Grabungsbefunden zwingt aber hier zur Vorsicht. So wird es auch notwendig, diese Denkmale in einer eigenen Karte zusammenzufassen, die in ihrer Dichte sehr eindringlich unseren heutigen Forschungsstand und seine Begrenztheit zeigt. Auf der anderen Seite spiegelt die Karte aber auch eine erfreuliche Tatsache wider: Sehr viele Grabhügel sind bis heute verschont geblieben und bilden so archäologische Reservate für zukünftige Forschungen.

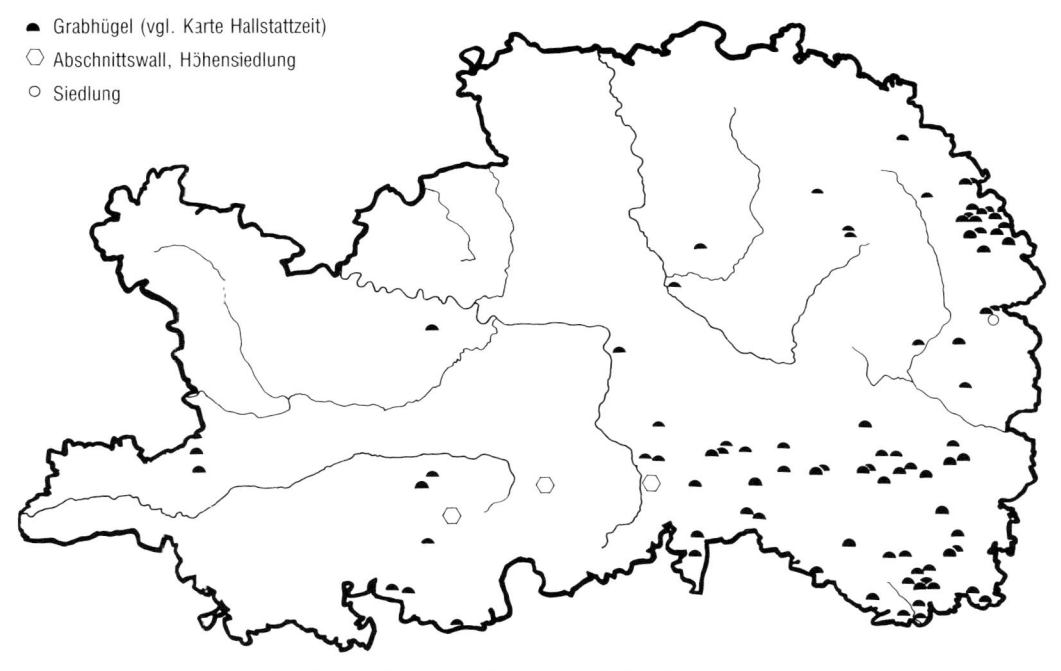

- ▲ Grabhügel (vgl. Karte Hallstattzeit)
- ◌ Abschnittswall, Höhensiedlung
- ○ Siedlung

25 Verbreitung der Bodendenkmale vorgeschichtlicher Zeitstellung

Allerdings sind besonders abgelegene Grabhügelfelder – und die gibt es in den Waldgebieten des Landkreises in großer Zahl – immer mehr durch moderne Grabräuber gefährdet, die schon zahlreiche Hügel geplündert haben. Dabei wird auf der Suche nach vermeintlichen Schätzen nicht nur der gesamte Befund und damit die Aussagekraft eines Hügels für immer zerstört, die Funde werden auch aus ihrem ursprünglichen Zusammenhang gerissen. Gerade die Funde aber sind aus den Hügeln unserer Gegend bei weitem nicht von einem solchen materiellen Wert – mit Edelmetall ist gleich gar nicht zu rechnen, daß sich das Risiko einer Raubgrabung überhaupt lohnen würde. Zudem bedürfen die meisten zunächst der fachkundigen Hand des Restaurators, um den weiteren Zerfall zu stoppen. So lohnt sich also eine Raubgrabung auch in dieser Hinsicht nicht, ganz abgesehen von der Strafverfolgung, die das Denkmalschutzgesetz für solche Fälle vorsieht.

Zur Verbreitungskarte der vorgeschichtlichen Bodendenkmale bleibt noch festzuhalten, daß sie das gleiche Verbreitungsgebiet zeigen wie die Fundstellen der Metallzeiten, so daß sich hinsichtlich der Besiedlungsgeschichte der Landschaften wohl auch in Zukunft keine gravierenden Änderungen ergeben werden.

An der Grenze des Imperium Romanum

Als die Römer frech geworden ... Wer kennt nicht dieses bekannte Lied, das den Zeitpunkt der Umkehr der römischen Politik in Germanien durch eine Niederlage beschreibt, an der die Römer noch lange Zeit zu verdauen hatten. Damals im Teutoburger Wald verloren sie nicht nur drei ihrer Legionen und zahlreiche Hilfstruppen, damals wurde auch der römische Traum von einer großgermanischen Provinz bis zur Elbe schon in seinen Ansätzen zerstört. Die Besetzungsgeschichte Süddeutschlands gleicht denn auch mehr einem langsamen schrittweisen Vortasten als einer großartigen Eroberung, und die Einbeziehung ins römische Imperium verdankt die Ostalb nach dem heutigen Forschungsstand auch nicht solchen Eroberungsgelüsten der Römer, sondern vielmehr einer aus strategischen und verkehrstechnischen Gründen notwendig gewordenen Grenzkorrektur.

Seit der Eroberung des Voralpenlandes im Jahre 15 v. Chr. bildeten der Rhein und die Donau die neuen Grenzen des Imperiums, die – und das zeigt den Respekt vor den Germanen – stark militärisch gesichert wurden. Die Rheingrenze zum Beispiel bewachten teilweise bis zu sieben Legionen, was mehr als einem Viertel aller römischen Legionen entsprach. Die Donaulinie wurde von römischer Seite dagegen wohl zunächst als weniger gefährdet angesehen, da hier das Alpenmassiv als natürliche Barriere zwischen den Germanen und Italien stand. Deswegen wurde die Donaulinie zunächst nur von Hilfstruppen gesichert, die von Rom aus den Völkern der Provinzen aufgestellt wurden. Auch erfolgte die Sicherung der Donaulinie relativ spät: Erst unter der Regierung des Kaisers Claudius (41–54 n. Chr.) wurde das Voralpenland zur römischen Provinz erhoben und nach 41 n. Chr. entstanden auch die ersten Kastelle entlang der Donau, die durch eine Straße untereinander verbunden waren. An der oberen Donau sind diese Militärlager etwa einen Tagesmarsch voneinander entfernt. Sie zeigen damit wohl die ursprüngliche Planung zur Absicherung der Donaulinie.

In der Grenzziehung in claudischer Zeit ist dann auch der Grund zu suchen, warum Rom später die Grenzen noch einmal korrigiert hat: Zwischen Rhein und Donau ragte damals noch ein riesiger Keil unbesetzten Gebietes in Gestalt des Schwarzwalds ins römische Reich hinein und die Straßenverbindung zwischen der Provinz Obergermanien und Raetien mit ihren Hauptstädten Mainz und Augsburg war denkbar schlecht. So mußte der Reisende in claudischer Zeit noch zwischen Mainz und Augsburg – die kürzeste Verbindung führte über Basel und dort ums Rheinknie herum – ganze 640 km zurücklegen. Die Straßen, und damit auch kurze Verbindungen, waren die Lebensadern des römischen Reiches sowohl in wirtschaftlicher wie in militärischer Hinsicht. Deshalb ist es leicht verständlich, daß dieser gewaltige Umweg, der auch die Distanz zwischen den westlichen und den östlichen Provinzen des Reiches betraf, den strategisch denkenden Römern ein Dorn im Auge war. Bereits unter Kaiser Vespasian wurde dann auch dieser Umweg ganz gewaltig abgekürzt. Vespasian, Kaiser von 69–79 n. Chr., kannte die Verkehrsmisere sehr genau, war er doch als junger Mann Kommandant der damals in Straßburg stationierten Legion. So verwundert es auch nicht, daß gerade von Straßburg aus eine neue Verbindungsstraße durch das Kinzigtal im Schwarzwald nach Tuttlingen an die Donau gebaut wurde. Damit wurde die Distanz zwischen Mainz und Augsburg immerhin auf ca. 480 km verkürzt, was bei den damaligen Geschwindigkeiten eine erhebliche Zeiteinsparung bedeutete. Wie wichtig für Rom dieser Umstand war, zeigt, daß für die Eroberung des Gebietes damals ein vergleichsweise hoher Aufwand betrieben wurde, und der Befehlshaber des Unternehmens, der Legat der Provinz Obergermanien, dafür immerhin die Triumphalinsignien erhielt.

Genauso aufwendig wurde das neugewonnene Gebiet durch mehrere Kastelle gesichert und mit Rottweil, dem römischen Arae Flaviae, bekam die Gegend ein neues Zentrum, das in großartiger römischer Manier geplant wurde. Allein schon der Name, zu übersetzen als „die Altäre der Flavier", kündet von der geplanten Bedeutung. Durch einen glücklichen Zufall in Gestalt eines römischen Meilensteines, der bei Offenburg gefunden wurde, sind wir heute über die Zeit dieses wichtigen Straßenbaues informiert. Die Inschrift auf dem Stein bezeichnet das Jahr 74 n. Chr. als Baudatum. Kurz danach kann die Gründung der Kastellkette angesetzt werden, die für die militärische Absicherung des Gebiets verantwortlich war. Auch die Schwäbische Alb rückt um diese Zeit nach 74 n. Chr. in die Interessensphäre der Römer: Die genannte Kastellkette setzt sich mit den Kastellen Gomadingen, Donnstetten und vielleicht auch mit dem in Heidenheim festgestellten Holzkastell weit auf die Schwäbische Alb fort. Die großartigen Pläne mit Rottweil sowie die Kinzigtalstraße wurden allerdings recht bald in ihrer Bedeutung von den weiteren Ereignissen wieder in den Hintergrund gedrängt. Schon nach dem Chattenkrieg der Jahre 83–85 n. Chr. wurde das erwähnte Verkehrsproblem durch die Eroberung des Gebiets zwischen Rhein und Neckar endgültig gelöst. Damals, unter Kaiser Domitian, wurde mit dem Bau des Limes begonnen, und die sog. Neckar-Odenwald-Linie bildete für längere Zeit dann die neue Grenze des Imperium Romanum. Jetzt erst wird der Bau einer neuen Fernverbindung zwischen Mainz und Augsburg möglich, die, wie die große Wandkarte im Limesmuseum in Aalen zeigt, im Prinzip den gleichen Weg nahm wie unsere modernen Autobahnen. Die Distanz zwischen Mainz und Augsburg verkürzte sich damit durch die neue Route über Stuttgart-Bad Cannstatt auf 360 km, im Vergleich zur oben beschriebenen Strecke über Basel eine Einsparung von immerhin 280 km. Auch für das Gebiet des heutigen Ostalbkreises hat die Zeit Domitians Bedeutung: Damals entstanden hier ebenfalls die ersten Straßen und Kastelle.

Die Kastelle aus der Zeit des „Alblimes"

Der Begriff Alblimes stammt aus der älteren Forschung und ist etwas unglücklich gewählt. Er steht für eine Reihe von Kastellen, die mit einer Straße untereinander verbunden waren. Eine Grenzlinie im Sinne des vorderen Limes mit Befestigungen gab es damals noch nicht, und mit der Alblinie wurden lediglich strategisch wichtige Punkte gesichert. So bekam der wichtige Albdurchgang des Kocher/Brenztales als Bewachung die für lange Zeit größte Truppeneinheit der gesamten Provinz Raetien. Um 90 n. Chr. wurde in Heidenheim die Ala II Flavia stationiert, ein über 1000 Mann starkes Reiterregiment, das aller Wahrscheinlichkeit nach aus dem Rheinland auf die Schwäbische Alb verlegt wurde. Mitten im Brenztal baute sich die Truppe ein über 5 ha großes Steinkastell, das heute durch die Heidenheimer Innenstadt überbaut ist. Der Kommandeur der Ala war der ranghöchste Offizier der gesamten Provinz, und Heidenheim war damit das militärische Zentrum für die weitere Umgebung, dem mit Sicherheit die Nachbarkastelle unterstanden, die auch aus dieser Zeit stammen. Für den Ostalbkreis sind dies das Kastell in Bopfingen-Oberdorf und das erst 1987 durch die Luftbildarchäologie entdeckte Lager auf dem Albuch bei Essingen.

Das Kastell in Oberdorf wurde 1912 von Friedrich Hertlein festgestellt und teilweise ausgegraben. Vorausgegangen waren Terra-Sigillata-Funde und die Vermutung, daß hier am Schnittpunkt der beiden schon länger bekannten Römerstraßen sich ein Kastell befinden mußte. Leider waren die Befunde durch einen Steinbruchbetrieb schon erheblich gestört, so daß Hertlein die Umrisse nur in groben Zügen ermitteln konnte.

Demnach hatte das Oberdorfer Kastell die Form eines Trapezes, die Nordseite war 118 m, die Südseite 137 m lang, die West- und Ostseiten 153 bzw. 160 m. Hinter einem Graben fanden sich Pfostenlöcher, die letzten Reste einer sog. Holz-Erde-Mauer, vom West- und Südtor fanden sich jeweils die Standspuren der beiden hölzernen Tortürme. Aufgrund von vielen Tuffsteinen in der Grabenverfüllung vermutete Hertlein, daß die Außenseite der Kastellumwehrung ursprünglich mit diesen Tuffsteinen verkleidet war. Das wäre allerdings ein singulärer Befund, die bislang bekannten „Holz-Erde-Mauern" hatten entweder eine Mauerschale aus Rasensoden, oder aber die Außenfront bestand aus Palisadenhölzern, an die innen ein durch Holzbalken befestigter Erdwall angeschüttet war. Von den ebenfalls hölzernen Innenbauten fanden sich keinerlei Spuren mehr. Eine Ausgrabung durch das Landesdenkmalamt 1974 bestätigte die Befunde Hertleins, das Kastell hatte tatsächlich keine Steinbauphase. Besonders eindrucksvoll war damals die Freilegung des Lagergrabens, der hier in den anstehenden Fels mühsam eingehauen war. Auch für die Zeitstellung des Lagers ergaben sich keine Neuigkeiten: Bisher wird die Entstehungszeit sehr grob mit dem späten 1. Jahrhundert, das Ende des Kastells im frühen 2. Jahrhundert vermutet. Es ist bislang unklar, ob Oberdorf der direkte Vorläufer des Kastells Buch ist, oder ob zwischen beiden noch ein weiteres Lager zu suchen ist.

Einen Hinweis darauf gibt die sog. Peutinger Tafel, eine spätantike Straßenkarte, in der auch mehrere Stationen aus unserer Gegend verzeichnet sind. Die Station „Opie" der Karte wird heute aus guten Gründen mit Oberdorf (Opie-Ipf) in Verbindung gebracht, während die Station „Septemiacum" bisher noch nicht entdeckt wurde. F. Hertlein vermutete sie östlich von Sechtenhausen an der Straße zum nächsten Kastell, Munningen, das bereits auf bayerischem Boden liegt. Der Ver-

Die Kastelle aus der Zeit des „Alblimes"

lauf der Alblimesstraße, die Heidenheim mit Oberdorf verband und von hier aus weiter nach Munningen lief, gilt auf weite Strecken als gesichert, obwohl auch hier keine eindeutigen Grabungsbefunde vorliegen. Aber ihr Verlauf und ihre Trassenführung auf dem Härtsfeld zeigen so viele Merkmale römischen Straßenbaus, und die Römerstraße hat zudem keinerlei Bezug zu unserem modernen Siedlungsbild, daß ihre Bezeichnung als römische Straße als gesichert gelten darf.

Die Alblimesstraße von Heidenheim her überschreitet die Kreisgrenze südlich von Stetten (Gemarkung Neresheim) und läuft als lange, gerade Linie auf Elchingen zu. Besonders gut sichtbar ist sie vom dortigen Flugplatz aus. Nördlich von Elchingen knickt sie nach Nordosten ab und zieht jetzt in Richtung Michelfeld und von dort aus weiter vom Härtsfeld herunter nach Aufhausen und Oberdorf zum Kastell. Von dort aus in Richtung Itzlingen ist der genaue Verlauf nicht nachgewiesen. Erst wieder nördlich von Wössingen liegt die Römerstraße zum Teil unter der modernen Straße Wössingen – Zipplingen, wo sie nördlich von Wössingen in einem ganz charakteristischen, scharfen Knick nach Osten abbiegt, um dann wieder schnurgerade an Oberwilflingen vorbei in Richtung des bayrischen Kastells Munningen zu verlaufen.

Ganz ähnlich ist die Trassierung der zweiten Römerstraße auf dem Härtsfeld, die Oberdorf mit dem römischen Faimingen verbindet und die ebenfalls schon aus der Zeit des Alblimes stammen könnte. Hier zeigen sich die Prinzipien des römischen Straßenbaus noch deutlicher: Die Straße kommt von Frickingen, Landkreis Heidenheim, her und erreicht die Kreisgrenze südlich vom Fluertshäuser Hof (Gemarkung Neresheim-Kösingen). Praktisch ab Frickingen läuft die Trasse als eine gerade Linie auf ca. 13 km Länge über das Härtsfeld auf Hohenberg, Gemarkung Bopfingen,

26 Die Römerstraße von Faimingen nach Oberdorf bei Ohmenheim

zu, um von dort aus den Abstieg ins Egertal zu machen. Auf der ganzen Strecke, bis hinter die Ortschaft Dehlingen, ist sie heute noch durch einen geteerten Feldweg markiert, und ihr Verlauf ist sogar auf den Satellitenbildern zu erkennen.

Damit ist die verkehrsmäßige Anbindung des Kastells Oberdorf weitgehend klar. Ganz anders ist die Situation beim erst 1987 entdeckten Kastell in den Weiherwiesen auf dem Albuch, Gemarkung Essingen. Seine Stellung innerhalb des beschriebenen Sicherungssystems auf der Alb sowie seine Funktion an dieser doch abgelegenen Stelle auf dem Albuch sind noch weitgehend unklar. Die Ausgrabungen 1990 erbrachten die Spuren eines Holz-Erde-Lagers, das aber wesentlich kleiner ist als das Kastell in Oberdorf. Mit der

Größe 90 x 90 m und einer Innenfläche von 0,6 ha wäre das Lager gerade groß genug gewesen, um einen Numerus, eine Einheit von etwa 130–150 Mann, aufzunehmen. Die wenigen Funde sprechen dafür, das Kastell etwa zeitgleich mit dem in Oberdorf anzusetzen, und auch seine Lage paßt ganz gut in den Verlauf der Alblinie. Sein Standort auf dem Albuch könnte sich durch die schon in vorgeschichtlicher Zeit genutzten Bohnerz- und Eisenschwartenvorkommen dort erklären; eine weitere Erklärung bietet bereits die Oberamtsbeschreibung von Aalen vom Jahr 1854: Schon dort wird der Albabstieg über den Stürzel bei Essingen als alte Römerstraße vermutet. Damit hätte das Essinger Lager in etwa die gleiche strategische Lage wie das Kastell in Oberdorf, nämlich die Sicherung eines bequemen Albaufstieges. Auf jeden Fall darf man auf weitere Forschungsergebnisse um das Essinger Kastell gespannt sein.

Das Limestor in Dalkingen und die Baugeschichte des raetischen Limes

Schon mit dem ersten Blick auf den Verlauf und die Struktur des Limes im Ostalbkreis fallen zwei unterschiedlich bewachte Streckenabschnitte der Grenze auf: Während der Westteil der Grenze von Lorch bis nach Rainau-Buch relativ stark durch Kohortenkastelle mit 500 Mann Besatzung gesichert ist, überwacht den Limesabschnitt von Buch bis zur Landesgrenze nur ein vergleichsweise bescheidenes sog. Numeruskastell in Halheim mit höchstens 150 Soldaten diesen langen Grenzabschnitt. Diese Unterschiede lassen sich mit der Geschichte der beiden Abschnitte erklären, an deren Schnittpunkt ein für die Erforschung des Limes wichtiges Bauwerk steht.
Die von der Reichslimeskommission als Feldwache bezeichnete Ruine wurde 1973 und 1974 vom Landesdenkmalamt unter der Leitung von Dieter Planck ausgegraben und anschließend durch den Ostalbkreis konserviert. Ein wichtiges Ergebnis der Grabung war, daß hier für den raetischen Limes erstmals die komplette Baugeschichte der Grenzbefestigungen nachgewiesen werden konnte. Als erste Bauphase wurden die Spuren eines hölzernen Flechtwerkzauns und eines Holzwachturms angetroffen. Erst in der zweiten Phase wurde die Grenze mit einer regelrechten und durchgehenden Palisade ausgestattet, die nach Ausweis der Funde um das Jahr 150 n. Chr. errichtet wurde. Die erste Bauphase dürfte dementsprechend vor 150 n. Chr. entstanden sein, vielleicht sogar in der Zeit Hadrians (117–138 n. Chr.). Im westlichen Streckenabschnitt der Grenze, von Buch nach Lorch, gibt es allerdings keine solchen frühen Befunde. Eine durchgehende Grenzsicherung wäre auch vor 150 n. Chr. in diesem Abschnitt sinnlos gewesen, da einerseits der vordere obergermanische Limes damals noch nicht gebaut war, und es andererseits an der Linie Buch–Lorch noch keine Kastelle zur Bewachung der Grenze gab. Zusätzlich ist bekannt, daß der raetische Limes von Ost nach West gebaut wurde, wie die Befunde in Bayern nahelegen.
Der geschilderte Forschungsstand läßt somit für die Baugeschichte des Limes im Ostalbkreis nur einen Schluß zu: Schon einige Zeit vor 150 n. Chr. entstand der östliche Abschnitt des Limes von der Landesgrenze bis zum Jagsttal. Er wurde durch die Kastelle Halheim und Buch bewacht, vom Jagsttal bis zum Neckar bestand damals noch eine Lücke in der Grenze, die nur durch die älteren Kastelle des Alblimes gesichert wurde. Erst nach dem Jahr 150 n. Chr. wird diese Lücke geschlossen.

Die letzte Grenzkorrektur

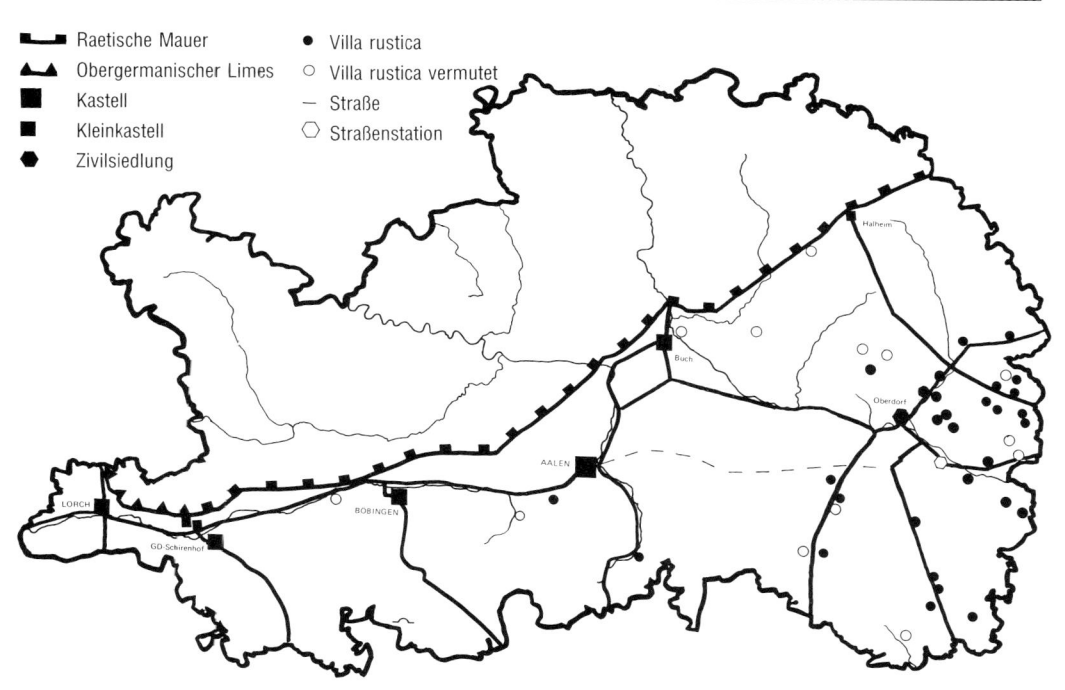

- ▙▆▟ Raetische Mauer
- ▲▲▲ Obergermanischer Limes
- ■ Kastell
- ■ Kleinkastell
- ⬣ Zivilsiedlung
- • Villa rustica
- ○ Villa rustica vermutet
- — Straße
- ⬡ Straßenstation

27 Der Ostalbkreis im 2. und 3. Jahrhundert n. Chr.

Die letzte Grenzkorrektur

In der Regierungszeit des Kaisers Antoninus Pius (138–161 n. Chr.) erhält der obergermanisch-raetische Limes seine endgültige Gestalt. Diese für die römische Geschichte in Süddeutschland letzte Grenzkorrektur nach vorne war mit einem groß angelegten Bauprogramm verbunden, das in der Geschichte seinesgleichen sucht und auch das Siedlungsbild des heutigen Ostalbkreises wesentlich veränderte. Wie schon bei dem kurzen Blick auf den Alblimes angedeutet, war die wichtigste Voraussetzung für eine funktionierende Grenzsicherung zunächst die Schaffung der notwendigen militärischen Strukturen in Gestalt von Straßen und befestigten Kasernen. Erst dann werden die Römer daran gegangen sein, auch die äußere Grenzlinie zu befestigen.

Die Vorverlegung der Truppen und die Entstehung der vorderen Grenzlinie läßt sich dank neuer Forschungsergebnisse zeitlich sehr genau eingrenzen. Da ist zunächst das für den raetischen Limes indirekt wichtige Datum der Vorverlegung des Neckar-Odenwald-Limes auf die vordere Linie von Miltenberg am Main bis nach Lorch, die auf die Jahre um 155 n. Chr. zu datieren ist und die für den Bau des raetischen Limes im wahrsten Sinne des Wortes richtungsweisend ist. Weiterhin gibt es vom Alblimeskastell Heidenheim sehr genaue Vorstellungen, wann die dort stationierte Truppe abgezogen ist, und schließlich läßt sich der Bau der Kastellreihe von Lorch nach Aalen ebenfalls sehr gut zeitlich fassen. Aufgrund dieses guten Forschungsstandes haben sich die erwähnten Baumaßnahmen wohl in folgender Reihenfolge abgespielt:

Um das Jahr 155 n. Chr. hat die Ala II Flavia ihr Lager in Heidenheim geräumt und mit dem Bau des Kastells in Aalen begonnen. Parallel dazu oder kurz vorher werden die vor allem für den Transport des Baumaterials notwendigen Verbindungsstraßen zwischen den Nachbarkastellen und ins römische Hinterland gebaut worden sein. Auf den Maueräckern in Aalen entsteht in den folgenden Jahren das größte Kastell am gesamten Limes mit einem Flächeninhalt von 6,07 ha. Die Kastellumwehrung und Teile des Zentralgebäudes (Principia) werden als Steinbau ausgeführt, nur die große Reiterhalle wird zunächst als Holzbau errichtet. Die über 1000 Soldaten sind in Baracken (Holz- oder Fachwerkbauten) untergebracht und für die ca. 1100 Pferde der Truppe entstehen innerhalb des Lagers Ställe, deren Aufbau wir nicht kennen, da große Teile des Kastells im Westen durch Überbauung und im Osten durch den St.-Johann-Friedhof heute zerstört sind. Die Bauarbeiten in Aalen sind spätestens im Frühjahr 164 n. Chr. abgeschlossen, wie die Bauinschrift berichtet, die in der Principia gefunden wurde. Gleichzeitig mit dem Lagerbau ist mit der Entstehung der umfangreichen Zivilsiedlung zu rechnen, die zu jedem längerbelegten Militärlager der Kaiserzeit gehört. Hier lebten nicht nur die Familien der Soldaten, hier gab es alles, was für die Versorgung der Soldaten und Zivilisten notwendig war. Außerdem waren die Lagerdörfer Mittelpunkt für die in der Folgezeit einsetzende Besiedlung des Umlandes mit landwirtschaftlichen Betrieben. So gab es im Lagerdorf neben den Kastellen sicher zahlreiche Schankwirtschaften, die durch die Kaufkraft der Soldaten angelockt wurden, zahlreiche Händler und Handwerksbetriebe, wie sie zum Beispiel bei der Ausgrabung des Lagerdorfs in Rainau-Buch nachgewiesen wurden. Zusätzlich ist mit sämtlichen Einrichtungen zu rechnen, die auch heute noch im Umfeld von Kasernen angetroffen werden. Für die Freizeit und die Hygiene stand den Soldaten und auch der Zivilbevölkerung ein mit allem Luxus ausgestattetes Badegebäude zur Verfügung, daß sich in Aalen wenige Meter nördlich des Militärlagers befand und mindestens 60 m lang war. Das Bad war wohl vor allem im Winter wegen seiner damals schon perfekten Klimatechnik ein bevorzugter Aufenthaltsort. Der Badevorgang in römischer Zeit läßt sich heute noch nachvollziehen anhand der Raumfolge der in Schwäbisch Gmünd und Rainau-Buch ausgegrabenen und konservierten Badeanlagen.

Zeitlich und auch strukturell ähnlich hat man sich die Entstehung der Kastellkette von Lorch über Schwäbisch Gmünd-Schirenhof bis nach Böbingen vorzustellen, nur daß die genannten drei Kastelle erheblich kleiner waren als das Lager in Aalen. Gleiches gilt auch für die Kastelle Buch und Halheim die, wie oben bereits erwähnt, noch einige Jahre älter sein könnten. In diesen durchschnittlich zwei Hektar großen Lagern waren – wahrscheinlich nur teilweise berittene – Kohorten mit etwa 500 Mann Stärke untergebracht, nur im noch kleineren Kastell Halheim war es ein sog. Numerus mit etwa 130 Soldaten. Nur für das Kastell in Schwäbisch Gmünd-Schirenhof kennen wir auch den Namen der Truppe: Dort war bis zur Aufgabe des Limes die Cohors I Raetorum stationiert, die ursprünglich aus dem alpinen Stamm der Raeter aufgestellt worden war, wie ihr Name beweist.

Jedes der Kastelle war mit einer Straße mit dem Hinterland verbunden und in der Folgezeit erhielt auch die Remstalstraße und ihre Verlängerung ins Ries eine überragende Bedeutung. Sie war in der Limeszeit die kürzeste Verbindung von Regensburg (und damit von den östlichen Provinzen) ins Rheinland, so daß die Entdeckung der römischen Straßenstation in Bopfingen im Egertal an dieser

Die letzte Grenzkorrektur

Tabelle 4: Römische Kastelle im Ostalbkreis

Ort	Fläche	Bauart	Besatzung	Datierung
Alblimes				
Essingen	0,6 ha	Holz/Erde	Numerus? (160 Mann)	Ende 1./Anf. 2. Jh.
Oberdorf	1,7 ha	Holz/Erde	Kohorte (500 Mann)	um 90 – 130 ??
Vorderer Limes				
Lorch	2,47 ha	Stein	Kohorte	um 150 – 260
Schirenhof	2,0 ha	Stein	Cohors I Raetorum	um 150 – 260
Böbingen	2,0 ha	Stein	Kohorte	um 150 – 260
Aalen	6,07 ha	Stein	Ala II Flavia (1000 Mann)	164*– 260
Buch	2,1 ha	Stein	Kohorte	vor 150? – 260
Halheim	0,67 ha	Stein	Numerus	vor 150? – 260

* 164 n. C.: Inschriftlich datierter Abschluß der Bauarbeiten

28 Der römische Gutshof in der Flur Weilen, Riesbürg-Goldburghausen, zeichnet sich mit Haupt- und Nebengebäuden und der Umfassungsmauer in der Luftaufnahme im Acker ab.

wichtigen Straße nicht überrascht. Es ist allerdings der einzige archäologische Nachweis dieser Römerstraße, die damals schon genau so breit war wie die wenige Meter entfernt verlaufende moderne B 29. Für die übrige Route und auch für die anderen genannten Straßen gibt es nur teilweise geringe Spuren, so z. B. ein Luftbild des Straßenzuges westlich von Aalen. Ihr Verlauf ergibt sich jedoch durch die Standorte der Kastelle und durch die Topographie, so daß die Einzeichnung der Straßenzüge in die Karte im großen und ganzen gerechtfertigt ist, lokale Abweichungen aber immer noch möglich sind.

Am Rande der Straßen entstanden, wahrscheinlich auch noch im 2. Jahrhundert, eine große Zahl von landwirtschaftlichen Betrieben, allein im Ostalbkreis sind bis heute 37 bekannt. Wie die Karte zeigt, konzentrieren sie sich vor allem auf dem Härtsfeld und im westlichen Ries. Den Aufbau dieser Gutshöfe zeigt sehr schön das Luftbild der Villa Rustica in der Flur „Weilen", Gemarkung Riesbürg-Goldburghausen, auf dem sogar die Raumaufteilung des Wohngebäudes sichtbar ist: Um das repräsentative Hauptgebäude gruppieren sich weitere Steingebäude, Wirtschaftsbauten, Ställe und natürlich das Badegebäude, das auch hier zum römischen Standard gehört. Der ganze Komplex wird umgeben von einer Steinmauer, die durch ein Tor unterbrochen wird, das auch, wie im Beispiel der Villa rustica in Trochtelfingen, architektonisch aufwendig gestaltet sein kann.

So entwickelt sich nach dem Bau des Limes eine relativ dichte Besiedlung des Härtsfeldes und seines Vorlandes. Nach welchen Kriterien die Römer ihre Grenze damals gezogen haben und welchen Siedlungsraum sie damit abgegrenzt haben, wird der Vergleich mit der Verbreitung der vorgeschichtlichen Fundstellen zeigen.

Wie mit dem Lineal gezogen: Der Verlauf des Limes

Mit ca. 548 km Länge ist der obergermanisch-raetische Limes das größte Bodendenkmal in Europa. Im Ostalbkreis, an der Grenze zwischen den beiden römischen Provinzen Obergermanien und Raetien, beginnt im Rotenbachtal bei Schwäbisch Gmünd der 168 km lange raetische Limes. Auf etwa 52 km durchschneidet er diagonal das Gebiet des heutigen Landkreises und teilt es in zwei fast gleich große Abschnitte. Die Planvorgaben bei der Trassierung der Grenze durch die römischen Ingenieure sind offensichtlich: Man wollte eine möglichst gut zu überwachende Grenze – deswegen der auf weite Strecken schnurgerade Verlauf und eine möglichst kurze Grenzziehung – deswegen die geringe Rücksichtnahme auf lokale Gegebenheiten. So zeigt sich uns der Limes im Ostalbkreis als eine Aneinanderreihung von 23 geraden Einzelstrecken, die stumpfwinklig zusammentreffen und, abgesehen von einigen Extremwerten, eine Länge zwischen 600 und 3000 m haben.

Seit der Erforschung des Limes durch die Reichslimeskommision beschäftigt der offenbar großräumig geplante Verlauf der Grenze die Forschung bis zum heutigen Tag. Schon früh wurde festgestellt, daß der Limes ganz bewußt das Keuperbergland um Ellwangen ausspart und fruchtbare Gebiete wie das Nördlinger Ries miteinbezieht. Auch der verkehrstechnische Aspekt, vor allem die Bedeutung der wichtigen Ost-West-Verbindung durch die Täler der Eger, der oberen Jagst, des oberen Kochers und der Rems entlang des Albtraufs wurde schon mehrfach betont. Vor diesem Hintergrund ist es reizvoll, den Limesverlauf mit der Kartierung der vorgeschichtlichen Fundstellen zu vergleichen.

Da das Verbreitungsgebiet der jungsteinzeitlichen Fundstellen bis heute noch kein eindeu-

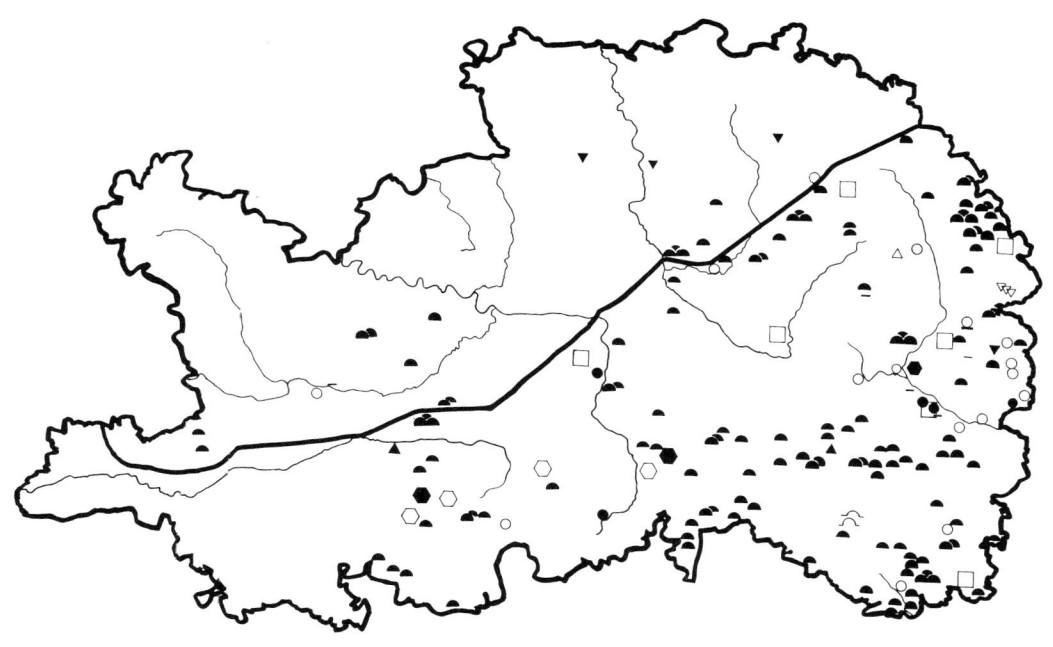

Wie mit dem Lineal gezogen: Der Verlauf des Limes

29 Der Verlauf des Limes und die vorgeschichtlichen Bodendenkmale und Fundstellen

tiges Bild zeigt, wurden nur die Fundpunkte der Metallzeiten (von der Bronzezeit bis zu Latènezeit) herangezogen. Und hier bietet sich nach heutigem Forschungsstand ein sehr klares Bild: Nur ganz wenige metallzeitliche Fundpunkte, darunter einige, die man mit einem Fragezeichen versehen müßte, liegen außerhalb des späteren Limes. Ein Zahlenvergleich unterstreicht dies: Von den insgesamt 822 bekannten vorgeschichtlichen Grabhügeln liegen 744 innerhalb und nur ca. 78 außerhalb des Limes. Von diesen 78 Grabhügeln wiederum sind noch die Hügelfelder „Stockwiesen", Gemarkung Heuchlingen, mit zwölf Hügeln und „Wagenhardt", Gemarkung Rainau-Dalkingen, mit 46 Hügeln abzuziehen, da sie unmittelbar am Limes liegen. Übrig bleiben dann noch 20 Grabhügel, davon gehören allein 16 zu einer Gruppe im Wald „Hag" auf der Gemarkung Schechingen, die deutlich außerhalb des Limes liegen.

Damit bietet sich durch die Kartierung der metallzeitlichen Fundstellen noch eine weitere Erklärung für den Verlauf des Limes im Vorland der Ostalb an: Der Limes scheint hier nichts anderes zu sein, als die – freilich lineare – Begrenzung des keltischen und vorkeltischen Siedlungsraumes nach Norden. Außerhalb des Limes liegt nur eine kleine Siedlungsinsel in der Gegend um Schechingen, die offensichtlich in der Hallstattzeit entstanden ist und vielleicht bis in die Latènezeit besiedelt war. So haben sich die Römer scheinbar hier damit begnügt, den alten keltischen Siedlungsraum in Besitz zu nehmen, der Virngrund und der Schwäbische Wald auf dem Gebiet des Ostalbkreises bleiben noch für lange Zeit ein dichter Urwald.

Von der Palisade zur Teufelsmauer

Für die Entstehung der Limeslinie zwischen Rainau-Dalkingen und dem Rotenbachtal in Schwäbisch Gmünd gibt es drei direkte zeitliche Anhaltspunkte. Zwei davon wurden auf naturwissenschaftlichem Wege gewonnen und zwar jeweils am Beginn und am Endpunkt der genannten Strecke. In den Talauen von Jagst und Rotenbach hatten sich die gespaltenen Eichenstämme von 40–60 cm Stärke, deren glatte Seite nach außen zeigte, in den feuchten Böden noch gut erhalten. Die dendrochronologische Untersuchung ergab für die Hölzer im Jagsttal ein Fälldatum von 165 n. Chr., die im Rotenbachtal verbauten Hölzer wurden im Winter 163/164 n. Chr. geschlagen.

Beide Daten passen gut zu den im Kastell Aalen ermittelten: Die Holzständer der großen Reiterhalle datieren 160 ± 10 n. Chr., die erwähnte Bauinschrift in die Jahre 163/164 n. Chr. Auch der archäologische Befund vom Limestor Dalkingen bestätigt die naturwissenschaftlichen Daten. Dort wurde im Bauhorizont des steinernen Wachgebäudes, das gleichzeitig mit der Limesmauer errichtet wurde, eine sehr gut erhaltene Münze der Lucilla, geprägt 161–169 n. Chr. gefunden, die zumindest nahelegt, daß die Limesmauer noch im späten 2. Jahrhundert gebaut wurde. Bisher hatte man die Teufelsmauer immer der Regierungszeit Caracallas zugeschrieben (211–217 n. Chr.).

Die aufgezählten Daten bestätigen damit, daß man spätestens um das Jahr 170 n. Chr. mit einer durchgehenden Grenzsicherung zu rechnen hat. In welcher Form allerdings ist noch nicht abschließend geklärt. Bei der Ausgrabung des Wachtpostens 12/77 zwischen Buch und Schwabsberg wurden zwar die Reste der Limesmauer und die Grundrisse zweier, zeitlich aufeinanderfolgender Steintürme angetroffen, eine Holzbauphase, zumindest eine Palisade, wurde aber nicht festgestellt. So steht zwar so gut wie fest, daß der Abschnitt zwischen dem Jagst- und dem Rotenbachtal gleich mit steinernen Wachtürmen ausgestattet wurde, ob allerdings jemals eine durchgehende Palisade vorhanden war, oder ob gleich eine Mauer errichtet wurde, läßt sich mit Sicherheit noch nicht sagen. Die gefundenen Palisadenreste in den Tälern sind für beides kein Beweis, da anzunehmen ist, wie auch in der Limesanlage in Hüttlingen dargestellt, daß die raetische Mauer im Auebereich der Täler wegen der Fluß- und Bachläufe durch Palisadenabschnitte unterbrochen war. Die Baugeschichte der übrigen Limesstrecken, besonders die des äußeren obergermanischen Limes, spricht allerdings dafür, daß auch hier zwischen Rotenbachtal und Jagst zunächst mit den Steintürmen eine Palisade entstanden ist, die dann später durch die Teufelsmauer ersetzt wurde.

30 Reste der Limespalisade bei Rainau-Schwabsberg (Grabungsfoto 1976)

Die Überreste der Mauer sind auf weite Strekken als Schuttwall erhalten, der besonders gut in den Wäldern wie im Mahdholz in Buch zu sehen ist. Dort wurde auch die Limesmauer zusammen mit den erwähnten Wachtürmen ausgegraben und im Anschluß die Turmfundamente konserviert sowie die Mauer in ihrer ursprünglichen Höhe rekonstruiert. Die 1,1 m starke Limesmauer war noch mehrere Steinlagen hoch erhalten und in der üblichen römischen Mauertechnik als Schalenmauer ausgeführt. Besonders überraschte die mit nur rund 20 cm sehr geringe Fundamentierung des sonst recht massiven Bauwerks. Am Steinwachturm konnten noch Reste eines Verputzes festgestellt werden, in den mit dem Fugeisen Rillen gezogen waren, die rot ausgemalt dem Bau das Aussehen eines Quadermauerwerks verleihen sollten. Vor allem in jüngerer Zeit wurde ein derartiger Verputz auch an und in den Kastellen angetroffen (vgl. die Rekonstruktion an der Saalburg), so daß auch durchaus mit einem entsprechenden Aussehen der Limesmauer gerechnet werden kann. Nachgewiesen wurde ein Verputz an der Teufelsmauer allerdings bisher nicht, genauso wie ihre ursprüngliche Höhe sowie das Aussehen der Mauerkrone wohl Spekulation bleiben wird. Um ihre Funktion zu erfüllen, dürfte jedoch die in Buch angenommene Höhe von 2,97 m (= 10 römische Fuß) der ursprünglichen sehr nahe kommen. Beim Bau der abgeschrägten Mauerkrone hat man sich bei der Rekonstruktion an der Handwerkstradition orientiert. Große Steinplatten, wie oft abgebildet, haben sich bisher entlang des Limes keine gefunden.

Der Name Teufelsmauer, der wohl im Mittelalter entstanden ist und auch heute noch auf den Landkarten verzeichnet ist, kündet vom Respekt unserer Vorfahren vor diesem imposanten Bau auch noch zu einer Zeit, als die Funktion des Limes schon längst vergessen war. Auch aus heutiger Sicht ist die Leistung der Römer zu bewundern. Allein schon der Transport des Baumaterials für die insgesamt 168 km lange Mauer mit ihren fast 300 Wachtürmen ist für die damalige Zeit ein immenser Aufwand. Für den Bau des Limes und seiner Türme mußten mehr als eine halbe Million Kubikmeter Steine gebrochen, transportiert und vermauert werden.

Caracalla und die Alamannen: Der gekaufte Sieg ?

Ein am gesamten Limes einmaliges Bauwerk ist eng mit den historischen Ereignissen verknüpft, die im 3. Jahrhundert n. Chr. zum Fall des Limes und zur Aufgabe der Gebiete östlich des Rheins und nördlich der Donau – also zum Rückzug der Römer – führten. Gleichzeitig taucht erstmals der Name der Angreifer in der historischen Überlieferung auf.

Als letzte von insgesamt fünf Bauphasen ergaben die Ausgrabungen am Limestor in Rainau-Dalkingen die Reste eines monumentalen Torbaus. Die Südwand des schon länger bestehenden Wachgebäudes wurde abgetragen und durch eine Prunkfassade mit bis zu 3,4 m Stärke ersetzt. Das aufgehende Mauerwerk war noch fast zwei Meter hoch erhalten und zeigte für einen Bau am Limes eine ungewöhnlich qualitätvolle Ausführung. Die Front des Baus war reich gegliedert und verziert. Links und rechts der Tordurchfahrt befanden sich zwei rechteckige Felder, die mit Netzmauerwerk (Opus reticulatum) ausgefüllt waren und von je zwei Pilastern flankiert wurden. Beides, Netzmauerwerk und Pilaster, bestanden aus sehr sorgfältig zugesägten Kalktuffsteinen von der Schwäbischen Alb. Sie wurden nach unten durch ein Sockelgesims abgeschlossen. Das ganze Bauwerk hatte im Vergleich zur Limesmauer eine ungewöhnlich massive Fundamentierung, die allein schon für eine große Höhe des ehemaligen Tores spricht. (Die abgebildete Rekonstruktion geht von 12 m Höhe aus.)

Damit zeigt das Limestor – wenn auch in provinzieller Form – alle konstruktiven Details eines römischen Triumphbogens, wie er vornehmlich in den großen Metropolen des römischen Reiches anzutreffen ist. Ein Triumphbogen setzt aber gleichzeitig nach römischem Verständnis ein historisches Ereignis voraus, wie z. B. eine Stadtgründung oder einen militärischen Erfolg. Die über 50 Bruchstücke einer überlebensgroßen Bronzestatue, darunter ein Schwertgriff mit dem Knauf in Form eines Adlerkopfes, die bei der Ausgrabung im Schutt vor dem Bauwerk gefunden wurden, bilden ein weiteres Indiz für die ehemalige Bedeutung. In oder auf dem Bau muß sich früher die Statue eines römischen Kaisers befunden haben, der engen Bezug zum Limestor in Dalkingen gehabt hat. Der archäologische Befund wies die Richtung, wann das erwähnte historische Ereignis zu suchen war und welchen Kaiser es unmittelbar betraf: Der Triumphbogen entstand nach Aussage der Funde im frühen 3. Jahrhundert und kann damit nur mit dem Feldzug Kaiser Caracallas gegen die Alamannen und seinem Sieg im Jahre 213 in Zusammenhang gebracht werden. Über beides, den Feldzug und den großartig gefeierten Sieg, berichten einige historische Quellen, die durch mehrere Inschriften ergänzt werden.

Demnach haben sich die Ereignisse damals etwa folgendermaßen abgespielt: Im Frühjahr 213 n. Chr. kam Kaiser Caracalla in die Provinz Raetien und hielt sich zunächst einige Zeit in Faimingen an der Donau auf, wo er anscheinend im dortigen Apollo-Grannus-Tempel Heilung von seinen Wahnvorstellungen suchte. Anläßlich seines Besuches ließ er dort die Straßen und Brückenbauten erneuern, wie die Inschriften auf zwei Meilensteinen beweisen. Inzwischen wurde für den geplanten Feldzug ein gewaltiges Truppenaufgebot zusammengezogen. Bereitstellungsraum war vermutlich bei Aalen, das damals Standort der größten Hilfstruppe am Limes war. Am Feldzug nahmen vermutlich Vexillationen (Abordnungen) der in Regensburg, Straßburg und Mainz stationierten Legionen teil, die unter dem Kommando des römischen Senators C. Octavius Appius Suetrius Sabinus zusammengefaßt wurden. Zusätzlich wurden zwei komplette Legionen nach Raetien abkommandiert: Die Legio II Traiana kam aus dem ägyptischen Alexandria und die Legio II Adiutrix aus Aquincum, dem heutigen Budapest. Weitere Feldzugsteilnehmer waren sicher zahlreiche Hilfstruppen, darunter die in Aalen stationierte Ala II Flavia.

Mit diesem, weit über 10 000 Mann starken Heer überschritt der Kaiser nach den Aufzeichnungen der stadtrömischen Arvalbrüder, eines Kollegiums, das sich dem Kaiserkult widmete, am 11. August 213 n. Chr. den raetischen Limes, wahrscheinlich beim er-

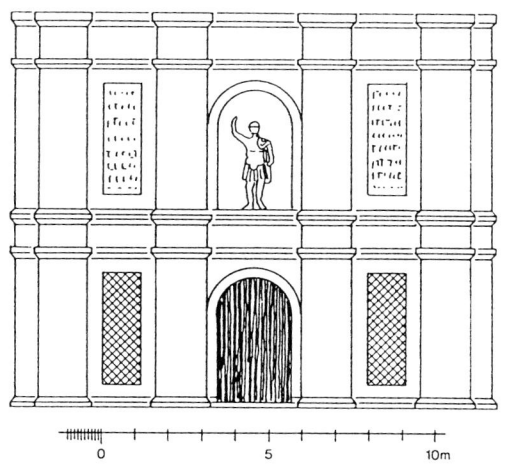

31 Limestor Dalkingen. Rekonstruktionsversuch von W. Kleiß

Caracalla und die Alamannen – Spätzeit und Landnahme

wähnten Limestor in Dalkingen. Der römische Historiker Sextus Aurelius Victor überliefert den weiteren Gang der Ereignisse: „Die Alamannen, einen Stamm mit zahlreichen Angehörigen, der ausgezeichnet zu Pferde kämpft, besiegte er (Caracalla) völlig in der Nähe des Flusses Main."

Der errungene Sieg war bereits am 6. Oktober 213 in Rom bekannt und wurde von der römischen Propaganda nach Kräften ausgeschlachtet. Caracalla nannte sich fortan „Germanicus Maximus" (der größte Bezwinger der Germanen), ein Ehrentitel der besonders auf den Münzen der nächsten Jahre erscheint. Die Legio II Traiana verdiente sich beim Feldzug den Ehrenbeinamen „Germanica".

Was waren aber nun das für Leute, die Caracalla in der Nähe des Main „völlig" besiegte? In den Aufzeichnungen der Arvalbrüder werden sie zunächst nur als Germanen bezeichnet, erst der zeitgenössische Geschichtsschreiber Cassius Dio erwähnt in seiner Römischen Geschichte den genauen Namen des Kampfverbandes: Alamannen. Sie waren nach Agathias, der sich auf einen älteren Schriftsteller bezieht, „ein zusammengewürfeltes Mischvolk" und das „würde auch ihre Bezeichnung ausdrücken". Dem widerspricht auch der heutige Forschungsstand nicht.

Demnach waren die Alamannen zunächst nur ein Kampfverband, der sich hauptsächlich aus Sueben aus dem mittleren Elbgebiet gebildet hatte. Ihre Gefährlichkeit für Rom wurde damals richtig eingeschätzt, deswegen auch das verhältnismäßig große Truppenaufgebot beim Feldzug gegen sie. Der errungene Sieg wurde immerhin für so wichtig angesehen (oder hochgespielt?), daß an der Stelle, an der Caracalla den Limes überschritten hatte, ein Triumphbogen errichtet wurde. Anders läßt sich die Prunkfassade am Limestor in Dalkingen, an einer doch sehr abgelegenen Stelle, nicht erklären. Der Feldzug hatte auch aus historischer Sicht durchaus Erfolg. Die Alamannen gaben danach noch volle 20 Jahre Ruhe. Über die damals eingesetzten Mittel, die letztendlich zum Sieg führten, gab es allerdings schon im zeitgenössischen Rom geteilte Meinungen. Nicht unbedingt die Version der kaiserlichen Propaganda vertrat dabei der schon erwähnte Cassius Dio: „Antoninus (Caracalla) zog gegen die Alamannen, erkaufte aber den Sieg, oder was so aussah, mit Geld."

Diese zweite Version der Ereignisse würde auch aus heutiger Sicht sehr gut zur üblichen römischen Politik und vor allem zum überlieferten Charakter des Kaisers Caracalla passen.

Spätzeit und Landnahme

20 Jahre hielt der Friede an der Grenze, und so lange stand auch der Triumphbogen in Rainau-Dalkingen. In den Alamannenstürmen der Jahre um 233 n. Chr. wird er zerstört und die bronzene Kaiserstatue von ihrem Sockel gerissen. Für die Bewohner des Limesgebietes beginnt jetzt eine unruhige Zeit. Zahlreiche Münzschätze dieser Jahre, die in den Brunnen im Lagerdorf Buch deponierten Gegenstände und schließlich archäologisch nachgewiesene Zerstörungen sprechen eine deutliche Sprache. In den beiden ausgegrabenen Kastellbädern am vorderen Limes, in Schwäbisch Gmünd-Schirenhof und in Rainau-Buch wurden Zerstörungen festgestellt sowie eine deutliche Reduzierung des Baubestandes nach dem Wiederaufbau. Die Alamannen hatten für ihren großen Angriff einen günstigen Zeitpunkt gewählt: Ein großer Teil der Grenzschutztruppen befand sich in Persien und war dort in Kämpfe mit den Sassaniden verwickelt. In einer Gegenoffensive gelang es Maximinus Thrax im Jahr 236 n. Chr. die Alamannen wieder aus dem Limesgebiet zu vertreiben. Die letzten Jahrzehnte der Römerherrschaft

bis zum Jahr 260 n. Chr. brachten aber immer wieder neue Angriffe.

In den Jahren 259/60 n. Chr. nutzten die Alamannen erneut innenpolitische Schwierigkeiten der Römer und griffen diesmal mit Erfolg an. Das Jahr 260 n. Chr. gilt als Endpunkt für die militärische Präsenz der Römer im Limesgebiet. Allerdings wird das Datum vor allem in jüngster Zeit immer wieder in Frage gestellt. Grund dafür sind die Münzreihen der römischen Orte, die teilweise erheblich über das Jahr 260 hinausreichen. Auch aus Aalen und Rainau-Buch gibt es jüngere Funde, die zumindest darauf hindeuten, daß Teile der Zivilbevölkerung in den Lagerdörfern am Limes geblieben sind. Das würde auch erklären, daß einige alte keltische Namen an die Alamannen weitergegeben wurden und bis heute im Gebrauch sind. Beispiele dafür sind die keltischen Bezeichnungen Ipf, Kocher und Jagst. Und auch der heutige Name der Stadt Aalen ist wohl nicht aus dem germanischen Wortschatz entnommen. Er läßt sich vielmehr mit der dort stationierten Truppe, der Ala erklären.

Sie kamen, sahen, blieben...

„Das Jahr 260 n. Chr. ist die Geburtsstunde des alamannischen Stammes als Staatsgebilde." So beschrieb 1978 Rainer Christlein die Entstehung des ersten germanischen Territoriums auf ehemals römischem Gebiet. Auch für die Ostalb haben die Ereignisse im 3. Jahrhundert eine weitreichende Bedeutung: Zunächst findet damals der zweite radikale Wechsel in der Bevölkerung statt. Nach den Kelten und den Römern kommen jetzt mit den Alamannen erstmals germanische Siedler in das Gebiet des heutigen Ostalbkreises, die als unsere direkten Vorfahren anzusprechen sind. Sie legen in den folgenden Jahrhunderten die Grundlagen für unser heutiges Siedlungsbild und sind die Gründer unserer heutigen Städte und Gemeinden. Damit kann man seit dieser Zeit erstmals von „unserer" Geschichte sprechen und nicht nur von der Besiedlungsgeschichte des Landes. Chronologisch gliedert sich die alamannische Frühgeschichte in zwei große Abschnitte, die sich auch im archäologischen Fundbild sehr stark voneinander unterscheiden. Die Zeit zwischen 260 und 482 n. Chr. wird allgemein als Völkerwanderungszeit, der folgende Abschnitt von 482 bis 714 nach der regierenden Dynastie als Merowingerzeit bezeichnet.

Die Völkerwanderungszeit

Zeiten des Umbruchs wie das 3. Jahrhundert sind archäologisch sehr schwer zu fassen. Das betrifft nicht nur die frühen Alamannen, auch die Zeit der späten Kelten, vor allem die Frage nach dem Schicksal der hier ansässigen Bevölkerung, ist bislang so gut wie gar nicht geklärt. Die oben erwähnten und bis heute überlieferten Flußnamen setzen aber eine wie auch immer geartete Kontinuität in der Bevölkerung voraus, die sich bis heute unserer Kenntnis entzieht.

Einige wenige Funde und die ebenfalls schon erwähnten Münzreihen deuten aber auf ein Weiterbestehen der römischen Siedlungsplätze in unserer Gegend hin, zumindest bis ins 4. Jahrhundert hinein. So wurde in der Siedlung in Oberdorf eine frühalamannische Fibel, im Kastell Böbingen ein Kamm, vor dem Nordtor des Kastells Buch ein spätrömischer Kontorniat und im benachbarten Heidenheim in der römischen Siedlung frühalamannische Keramik angetroffen. Weitere völkerwanderungszeitliche Funde im Landkreis stammen vom Goldberg und vom Rosenstein bei Heubach, wo eine Höhensiedlung der Alamannen angenommen wird. Echte Siedlungsbefunde aus dieser Zeit gibt es allerdings bisher nur aus dem Landkreis Heidenheim. Dort wurde in Sontheim im Stubental eine frühe Siedlung ausgegraben, die bis in die zweite Hälfte des 4. Jahrhunderts reicht und etwa zwei Generationen lang bewohnt war. Auch in Heidenheim-Schnaitheim und in Großkuchen wurden entsprechende frühe Befunde ausgegraben, die nahelegen, daß auch mit solchen frühen Siedlungen im Ostalbkreis zu rechnen ist.

Trotzdem ist die nur schwer zu fassende frühe Besiedlung nur zum Teil ein Ergebnis des schlechten Forschungsstandes. Die Siedlungsspuren und vor allem die Gräber sind zwar äußerst schlecht zu entdecken, da die Alamannen zunächst die Sitte der Totenverbrennung aus ihrer elbgermanischen Heimat auch hier weiter betrieben haben, und die unauffälligen Brandgräber (vgl. die der Urnenfelderzeit) sich nur als dunkle Verfärbung in einem Bodenaufschluß abzeichnen, die Zahl der landesweit bekannten Bestattungen ist aber genauso gering. So ist damit zu rechnen, daß die Bevölkerungsdichte in den ersten beiden Jahrhunderten der alamannischen Anwesenheit weitaus geringer war als in der späteren Merowingerzeit.

Die Reihengräberfriedhöfe der Merowingerzeit

Im 5. Jahrhundert übernehmen die Alamannen die fränkische Sitte, die Toten, mit Beigaben versehen, in Körpergräbern zu bestatten, die in Reihen angelegt werden. Diese Friedhöfe zeigen erstmals einen konkreten Lagebezug zu unseren heutigen Siedlungen, so daß ein jeweiliges Gräberfeld gleichzeitig den Beginn einer Siedlung – also die Zeit der Gründung erbringen kann. Die Friedhöfe zeigen eine recht einheitliche Lage: Sie befinden sich bis zu 300 m oberhalb des Ortskernes in leichter Hanglage.

Durch die Grabbeigaben, die einem modischen Wandel unterworfen waren, gelingt es der Forschung heute, die Zeit der Grablegung sehr genau zeitlich einzugrenzen, und so werden nicht nur Aussagen über das einzelne Individuum sondern vielmehr über die Struktur und Größe der zugehörigen Siedlung möglich. Aus der Vielzahl der Bestattungen kristallisiert sich die Tracht und Bewaffnung der Alamannen heraus, die je nach den persönlichen Verhältnissen des einzelnen mehr oder weniger aufwendig sein konnte.

Die Frauen wurden mitsamt ihrer „Gerade", d. h. mit ihrem Schmuck, mit Geräten aus dem Haushalt und mit Spinnzeug bestattet. Dazu kam oft noch ein Gefäß mit der Wegzehrung für die Reise ins Jenseits. Besonders der Schmuck, seine Verzierung und Tragweise, veränderte sich im Laufe der Zeit, so daß die Schmuckbeigaben zum wichtigsten Datierungsinstrument für die Frauengräber geworden sind. Seit der Mitte des 5. Jahrhunderts war die sog. Vierfibeltracht die Standardausrüstung der wohlhabenden Alamannin. Zwei große Bügelfibeln wurden als Verschluß am Rock getragen, zwei kleinere Fibeln befanden sich im Brustbereich. 100 Jahre später ändert sich diese Tracht: Jetzt dominieren einzeln getragene Fibeln im oberen Brustbereich und dazu kommen seit etwa 600 auch wieder vermehrt Ohrringe. Außerdem gehört ein umfangreiches Gürtelgehänge mit Amuletten und ähnlichem jetzt zur Tracht, die noch durch Fingerringe, Haarnadeln und Perlenketten während der gesamten Reihengräberzeit ergänzt sein konnte.

Auch für die Männergräber gab es eine ähnliche Standardausrüstung. Der alamannische Krieger wurde mit seinem „Heergewäte" bestattet, d. h. seiner ganzen Waffenausrüstung. Dazu gehörte das wohl von der römischen Reiterei übernommene Langschwert, das typisch alamannische einschneidige Hiebmes-

Tabelle 4: Chronologie der alamannischen Gräberfelder im Ostalbkreis

Ort	Zahl der Gräber	Belegungsdauer (ca.) 400 500 600 700	Siedlung
Neresheim	152 (300)		Weiler
Lauchheim	576 (1500)		Dorf
Bopfingen	300 (500)		Dorf
Unterschneidheim	2		?
Kirchheim	518 (700)		Dorf
Zöbingen			?
Kösingen	83		Weiler
Oberkochen	94		Weiler?
Pfahlheim	70		Weiler?
Böbingen			?
Aalen	11		nur 2 Höfe?
Bopf. Kappel	11		Einzelhof
Hüttlingen	76		Weiler?

Weitere Orte mit Reihengräbern: Trochtelfingen, Pflaumloch (Luftbild) Essingen, Unterkochen, Zipplingen (?), Röttingen (?), Röhlingen, Dorfmerkingen, Zimmern (?), Dirgenheim, Ohmenheim (?), Aalen Flur Bol.
Die Zahl in Klammern gibt die geschätzte ursprüngl. Größe des Friedhofs an.
Die Spalte „Siedlung" basiert weitgehend auf Schätzungen.

ser, der sog. Sax, Schild und Lanze sowie Pfeil und Bogen. In der Frühzeit findet sich noch die Streitaxt, die sog. Franziska, während der Sax erst etwa im 6. Jahrhundert eine weite Verbreitung erlebt.
Schon in der Zusammensetzung der Waffen ergeben sich also chronologische Besonderheiten, das wichtigste Datierungsinstrument sind jedoch die „Leibriemen" der Alamannen. Durch die ganze Reihengräberzeit läßt sich eine starke Veränderung der Gürtelmode feststellen, die um 400 n. Chr. mit dem spätrömischen Militärgürtel beginnt und noch vor 500 durch alamannische Fabrikate abgelöst wird. In der Folgezeit werden die Gürtel immer prächtiger und aufwendiger ausgestattet. Seit dem frühen 6. Jahrhundert gehört dazu eine Gürteltasche, ab etwa 600 kommen noch weitere Zierbeschläge dazu, besonders die Gürtelschnallen und Gegenbeschläge werden jetzt größer. Diese Entwicklung führt zur sog. vielteiligen Gürtelgarnitur mit zahlreichen, herabhängenden Riemen, die mit metallenen Riemenzungen eingefaßt sind. Besonders von diesen vielteiligen Gürtelgarnituren gibt es prächtige Exemplare mit silbertauschierten Riemenzungen, die in der zweiten Hälfte des 7. Jahrhunderts anscheinend groß in Mode waren. Kurioserweise endet diese Entwicklung wieder beim relativ einfachen Gürtel der

Tafel 13 Das konservierte Limestor bei Rainau-Dalkingen, unten das Hauptgebäude (principia) des Reiterkastells Aalen

Tafel 14   Goldblattkreuze und Siegelring der Alamannenzeit aus Lauchheim

Die Reihengräberfriedhöfe – Stationen der Alamannenforschung

Spätzeit um 700, bei dem nur noch die Schnalle verziert war. Ein weiteres Grabzubehör des vornehmen Alamannen sind Gegenstände, die ihn als Reiter ausweisen, wie z. B. Sporen oder in einigen Adelsgräbern das Zaumzeug. Nur auf den Adel beschränkt ist vermutlich die Beigabe des Reitpferdes in einem separaten Grab. Dabei wurden die Pferde im 7. Jahrhundert regelrecht enthauptet und der Kopf wahrscheinlich auf eine Stange über dem Grab gesteckt.

Die geschilderten Grabausstattungen bilden den Idealfall, der im einzelnen vom Reichtum des Verstorbenen abhängig war. Und gerade hier zeigen sich starke soziale Schichtungen. Rainer Christlein hat aufgrund der großen Materialbasis – allein in Baden-Württemberg sind über 10 000 Bestattungen erforscht – verschiedene Qualitätsgruppen herausgearbeitet, die auch für die Einordnung der Gräber im Ostalbkreis besonders wichtig sind.

Demnach war der größte Teil (über 60 %) der alamannischen Bevölkerung bettelarm, ihre Gräber gehören zur Qualitätsgruppe A, die ärmlich ausgestattet bis ganz beigabenlos sind. Eine „mittelmäßige Standardausstattung" der Gruppe B mit Fibeln und Schwertern konnten sich gerade 33 % der Bevölkerung leisten, die als Personen mit durchschnittlichem Wohlstand bezeichnet werden. Darüber steht die mit ca. 3–5 % schon sehr kleine Gruppe C, zu der Freie mit überdurchschnittlichem Wohlstand gerechnet werden, die sich durch eine aufwendige Grabausstattung mit Edelmetall und der Beigabe von Pferdegeschirr und Bronzegeschirr auszeichnen. Hier wird man wohl mit überörtlich bedeutendem Adel zu rechnen haben. Nach oben abgeschlossen wird diese Rangskala durch die Qualitätsgruppe D, die durch „sonderangefertigte Gegenstände, die nicht im Handel erhältlich sind" gekennzeichnet ist und auf den Hochadel beschränkt bleibt.

Zöbingen – Pfahlheim – Kirchheim – Lauchheim:
Stationen der Alamannenforschung

Die Geschichte der Erforschung der alamannischen Reihengräberfelder beginnt bereits im Jahre 1261. Damals brach in Zöbingen der Pfleger von Hohenbaldern mit seinem Pferd in eine Erdgrube ein, deren anschließende Untersuchung einen alamannischen Baumsarg, einen sog. Totenbaum, erbrachte. Wenn auch die zeitgenössischen Schilderungen von frischen Äpfeln neben dem Skelett aus heutiger Sicht wenig glaubwürdig sind, so handelt es sich bei dem noch heute in Zöbingen aufbewahrten Totenbaum ohne Zweifel um den Rest eines alamannischen Grabes. Die Entdeckung in Zöbingen führte sehr bald schon zu einer Wallfahrt und auch die heutige Wallfahrtskirche St. Maria, die mitten im Gräberfeld erbaut wurde, verdankt ihren Bau 1718 diesem Fund. Auf einem Gemälde ist die Szenerie der Auffindung und auf dem Kuppelfresko von Anton Wintergerst die darauf folgende „Ausgrabung" dargestellt.

Ein anderer Ort aus dem Ostalbkreis wurde ebenfalls durch seine reichen Alamannenfunde schon recht früh bekannt. Bereits 1876 wurde in Pfahlheim am „Rennweg" ein Holzkammergrab entdeckt, das die gut erhaltenen Bruchstücke eines Lindenholzkästchens mit figürlichen Darstellungen enthielt. Wenige Jahre später wurde ein weiteres Gräberfeld am Mühlberg festgestellt und teilweise ausgegraben. Unter den 60–70 Bestattungen aus der Zeit zwischen ca. 600 und 660 n. Chr. befanden sich mehrere Adelsgräber der Qualitätsgruppe C, u. a. mit koptischem Bronzegeschirr ausgestattet. Besonders überraschend war der sehr hohe Anteil an Reitergräbern (von den 30 sicheren Männergräbern waren die Hälfte Reiter), der die verschiedensten Erklärungsversuche bis hin zum fränkischen Militärposten auslöste. Da der Friedhof dem Anschein nach jedoch nicht ganz ausgegraben ist, muß man sich einstweilen mit der Erklärung zufriedengeben, daß hier die Grablege eines Adelssitzes vorliegt. Überhaupt wurde aus heutiger Sicht der Pfahlheimer Friedhof viel zu früh ausgegraben.

Welche Ergebnisse eine mit modernen Methoden durchgeführte Grabung erbringen kann, zeigt deutlich das Reihengräberfeld von Kirchheim am Ries: Dort wurde 1962 beim Schulhausneubau das alamannische Ortsgräberfeld angeschnitten und durch die Baumaschinen teilweise zerstört. Dem Landesdenkmalamt gelang es noch, von den ursprünglich ca. 700 Gräbern 518 auszugraben. Die wissenschaftliche Bearbeitung ist mittlerweile abgeschlossen und publiziert. Die gewonnenen Ergebnisse lassen ahnen, was erst die Auswertung des Lauchheimer Fundmaterials an neuen Erkenntnissen erbringen wird.

In Kirchheim gelang es der Bearbeiterin, die Gräber fünf verschiedenen Belegungsschichten zwischen ca. 530 und 710 n. Chr. zuzuweisen, und für Schicht 3, die zwischen 625 und 675 datiert, wird ein deutliches Anwachsen der Bevölkerung festgestellt. Ebenfalls in der fortgeschrittenen Schicht 3 entsteht nach 650 abseits des großen Gräberfeldes ein kleiner Friedhof mit Adelsgräbern der Qualitätsgruppe C, der insgesamt 30 Gräber umfaßt, eingeschlosssen die vier Pferdegräber. Aber auch im großen Gräberfeld wurden drei Adelsgräber festgestellt, so daß hier wahrscheinlich mit mehreren reichen Familien zu rechnen ist. Die archäologische Auswertung wurde hier erstmals durch anthropologische Untersuchungen ergänzt, die tiefe Einblicke in die Lebensumstände der Alamannen erlaubten: Zunächst überraschte die festgestellte Körpergröße der alten Kirchheimer, die mit durchschnittlich 1,77 m bei den adligen Männern und 1,67 m bei den vornehmen Damen durchaus heutiges Niveau erreichte. Die „Freien" der Qualitätsgruppe B waren mit 1,72 bzw. 1,54 m deutlich kleiner, die als „Halbfreie" bezeichneten der Gruppe A reichten mit 1,75 m wiederum fast an den Adel heran. Die Körpergröße änderte sich auch im Lauf der Jahrhunderte, die höchsten Werte sind im 6. Jahrhundert und im frühen 8. Jahrhundert anzutreffen. Die durchschnittliche Lebenserwartung blieb allerdings deutlich hinter der heutigen zurück. Sie betrug in Kirchheim für die Gesamtbevölkerung 25 Jahre, die Männer hatten eine Lebenserwartung von 32, die Frauen von 31 Jahren. Interessant sind auch die festgestellten Erkrankungen, die unsere heutige Vorstellung von den sog. Zivilisationskrankheiten in Frage stellen: Auch die Alamannen litten schon an Wirbelsäulenerkrankungen (in Kirchheim 11,2 % der Bevölkerung) und genauso an Krebs. Selbst Karies wurde – allerdings in geringerem Maße als heute – festgestellt. Während heute der Kariesanteil mit 58,2 % bei den Frauen noch höher ist als bei den Männern mit 54,6 %, waren die Verhältnisse damals umgekehrt: Bei den Männern betrug die Kariesrate 8,8 %, bei den Frauen aber nur 4,7 % und am meisten betroffen waren die adligen Männer und die weniger begüterten Frauen.

Die geschilderten Erkrankungen sind nur einige der vielen Ergebnisse, die durch die anthropologischen Untersuchungen bereits vorliegen. Noch wichtiger werden Forschungen im Bereich der Familienähnlichkeit werden, so daß es in Zukunft vielleicht möglich sein wird, in die Bevölkerungsstrukturen noch tiefer einzudringen. Auch in dieser Beziehung ist viel von den noch laufenden Ausgrabungen im Gräberfeld „Wasserfurche" in Lauchheim zu erwarten. Hier wird es wohl möglich sein, und das ist angesichts der anderen Gräberfelder eine einmalige Situation, ein Gräberfeld fast zu 100 % zu erfassen und auszuwerten.

Die bisherigen Ergebnisse der Ausgrabungen in Lauchheim sind allein schon spektakulär genug, obwohl mit 576 Gräbern bislang nur ein Teil des Friedhofes, der nach den Schätzungen des Ausgräbers etwa 1500 Bestattungen umfaßt, ausgegraben ist. Ähnlich wie in Kirchheim gibt es auch hier einen Separatfriedhof für den Adel, der in Lauchheim außerordentlich reiche Beigaben erbrachte. An der Spitze steht wohl der einmalige goldene Siegelring aus dem zum großen Teil beraubten Grab 36, der eindeutig der Qualitätsgruppe D zuzurechnen ist genauso wie einige reich ausgestatteten Frauen- und Kindergräber. Die festgestellten Befunde gehen in ihrer Bedeutung weit über den Adel von Kirchheim und Pfahlheim hinaus, so daß in diesem Fall die Bezeichnung als Hochadel mehr als gerechtfertigt erscheint. Seine Anwesenheit in Lauchheim wird mit der Bedeutung der Fernstraße entlang der Alb begründet, sein Sitz kann auf einer Burg an der Stelle der heutigen Kapfenburg direkt über dem Gräberfeld vermutet werden.

Ein weiteres wichtiges Ergebnis der Lauchheimer Ausgrabungen ist, daß ab dem Jahr 600 in den Bestattungen deutlich eine christliche Komponente faßbar wird, die sich nicht nur durch die vier bisher gefundenen Goldblattkreuze zu erkennen gibt. Ein Bronzekreuz, Kreuzdarstellungen auf einer Gürtelgarnitur und besonders der Siegelring mit den Buchstaben Alpha und Omega weisen ihre Träger als Christen aus. Eine Eigentümlichkeit ist, daß neben christlichen Symbolen die heidnische Bilderwelt und die Amulette weiterleben, die jeweiligen Menschen haben sich also nach beiden Seiten abgesichert.

Auch die Goldblattkreuze, von denen bis heute über 40 in Baden-Württemberg gefunden wurden, zeigen ähnliches. Diese Kreuze aus hauchdünnem Blattgold wurden eigens für die Bestattung angefertigt und lagen auf einem Tuch aufgenäht auf dem Mund der Verstorbenen. Die Verzierungen zeigen keinen einheitlichen Formenbestand, sie wurden vielmehr von dem bestimmt, was der Goldschmied gerade zur Verfügung hatte. Interessant ist auch ihre Verteilung auf die verschiedenen Qualitätsgruppen, die zeigt, daß die Kreuze wohl mehr mit der Wertschätzung gegenüber dem Verstorbenen als mit seinem sozialen Rang verbunden waren. In Neresheim stammt jedenfalls ein Kreuz aus einem Grab der Qualitätsgruppe A.

Das aufkommende Christentum und seine endgültige Durchsetzung sorgt dann auch für ein Erlöschen der alamannischen Beigabensitte. Schon zum Ende des 7. Jahrhunderts hin werden die Gräber zunehmend ärmer an Beigaben, um dann zu Beginn des 8. Jahrhunderts ganz beigabenlos zu werden. Auch die Reihengräberfelder werden jetzt aufgelassen und die Verstorbenen bei den neu entstehenden Kirchen auf dem „Kirchhof" beigesetzt.

Die Siedlung „Mittelhofen" in Lauchheim

Die Merowingerzeit in Süddeutschland ist zweifellos hinsichtlich der Gräber die am besten bekannte Epoche der ganzen Vor- und Frühgeschichte. Allerdings war sich die Forschung schon immer klar, daß dieses Quellenbild durch die Gräber recht einseitiger Natur ist. So erntete der Interessierte bei der Frage nach den zugehörigen Siedlungen zu den Gräberfeldern bei den Archäologen immer ein bedauerndes Schulterzucken und die resignierende Bemerkung, daß die frühmittelalterlichen Befunde unter unseren heutigen Dörfern und Städten liegen und damit für die Forschung weitestgehend verloren sind. Allenfalls die Hoffnung auf die Entdeckung der einen oder anderen mittelalterlichen Wüstung versprach noch Einblicke in die Siedlungsstrukturen der Alamannen. Vor diesem Hintergrund kommmt den Ausgrabungen vor den Toren der Stadt Lauchheim besondere Bedeutung zu.

Schon während der ersten Grabungskampagne im Gräberfeld Wasserfurche wurde der Verdacht geäußert, daß die Gräber viel zu weit vom mittelalterlichen Ortskern Lauchheims entfernt seien, um dazu noch eine Beziehung zu haben. Unmittelbar unterhalb des Gräberfeldes befand sich zudem eine Flur mit Namen „Mittelhofen", die an einen im Mittelalter aufgelassenen Ort denken ließ und die zum Gräberfeld auch die passende Entfernung aufwies. Im Zuge der Bauarbeiten für die Umgehungsstraße wurde nun eine Untersuchung des Areals notwendig, und die Archäologen des Landesdenkmalamtes wurden tatsächlich fündig. So ist es in Lauchheim ein einmaliger Glücksfall für die Archäologie, daß nicht nur ein großes und bedeutendes Gräberfeld der Merowingerzeit fast komplett untersucht werden kann, sondern auch die zugehörige Siedlung voraussichtlich genauso komplett erforscht werden kann.

Im Weißjura-Hangschotter zeichneten sich auf einer natürlichen Terrasse über dem Schwemmbereich der Jagst deutlich die Schwellbalkengräbchen und die Pfostenlöcher der alamannischen Holzbauten ab, das ehemalige Laufniveau war allerdings bereits der Erosion zum Opfer gefallen. Die typischen Wohnstallhäuser der Alamannen waren zu Hofarealen gruppiert, die wahrscheinlich mit einem Zaun eingefaßt waren. Zu den Höfen gehörten noch Speicherbauten und die ebenfalls typischen Grubenhäuschen. Sie werden heute aufgrund der Funde von Webgewichten, Spinnwirteln und Nähnadeln als Webhäuschen angesprochen, die wegen der nötigen Luftfeuchtigkeit in den Erdboden eingetieft waren. Innerhalb der Hofräume wurde mehrere, sich zeitlich überlappende Holzbauten festgestellt, die bis zu 26 m lang sein konnten. Dieser Befund verwundert angesichts der relativ kurzen Lebensdauer der hölzernen Ständerbauten nicht, so daß sich wohl jede Generation auf dem ererbten Hofareal ein neues Haus baute.

Nach den Vorberichten des Ausgräbers beginnt die Siedlung wohl zeitgleich mit dem Gräberfeld und reicht nach den Keramikfunden bis ins 12. Jahrhundert hinein. Unklar ist bislang ihr Verhältnis zur naheliegenden mittelalterlichen Stadt Lauchheim sowie die Namensform des Ortes mit der Endung auf -hofen, die für eine spätere Umbenennung des Ortes spricht. Hofen-Orte werden allgemein von der Siedlungsforschung als spätere Gründungen des 7. Jahrhunderts angesprochen, während solche frühen Gründungen wie die vorliegende Siedlung eher Namen mit der Endung auf -ingen oder -heim haben. So darf man auch in dieser Beziehung sehr gespannt sein auf die weiteren Ausgrabungen und die anschließende wissenschaftliche Auswertung, die uns mit Sicherheit viele neue Erkenntnisse zum Leben der Alamannen auf der Ostalb bringen wird.

Zur frühgeschichtlichen Besiedlung des Ostalbkreises

Für die Frage nach der Entstehungszeit unserer heutigen Siedlungen sind von den historischen Quellen keine Antworten zu erwarten. Die urkundliche Überlieferung, die vor allem in den letzten Jahren zu einer Fülle von Ortsjubiläen geführt hat, setzt in der Mehrzahl der Fälle erst recht zaghaft nach der ersten Jahrtausendwende ein. Seit damals werden in Güterverzeichnissen, Kaufverträgen und über die Nennung des niederen Ortsadels die meisten schon lange bestehenden Siedlungen erstmals urkundlich genannt.

Für die Zeit davor stehen nur die Ergebnisse

der Siedlungsforschung als wichtige Anhaltspunkte und im einzelnen die durch die Gräberfelder ermittelten Gründungsdaten zur Verfügung. Der Siedlungsforschung gelang es recht früh, anhand der charakteristischen Namensendungen die Ortschaften verschiedenen Siedlungsschichten zuzuweisen. Als älteste Gründungen im sog. Altsiedelland gelten dabei die Orte mit den Namensendungen auf -ingen und -heim, wobei die -ingen-Namen früher mit alamannischen, die -heim-Namen mit fränkischen Gründungen in Verbindung gebracht wurden. Im Namen der -ingen-Orte erkannte die Sprachwissenschaft zusätzlich oftmals noch den Namen des Ortsgründers, an den die Endung -ingen als Zusatz für seine Sippe angehängt wurde. So siedelte in Böbingen zum Beispiel die Sippe eines gewissen Bebo, der damit – folgt man der Sprachforschung – als der Gründer Böbingens anzusprechen ist. In Itzlingen hieß der Gründer demnach Utzilo, in Trochtelfingen Trohtlof, in Röhlingen Roliho, in Röttingen Roto, in Dorfmerkingen Marko und die Reihe ließe sich beliebig fortsetzen. Für die -heim-Orte zeichnet sich dabei ein ähnlicher Trend ab. Bestätigt werden die Ergebnisse der Siedlungsforschung durch die landesweite Kartierung der Reihengräberfelder, die sich in der Verbreitung mit den Namen der ersten Siedlungsschicht der -ingen und -heim Orte decken.

Um diese ältesten Orte gruppieren sich die Siedlungen des „älteren Landausbaues" seit der Mitte des 7. Jahrhunderts mit Endungen auf -hausen, -hofen und -stetten, und in einer zweiten Ausbauphase im 8. und 9. Jahrhundert entstehen die -weiler-Orte und Ortsnamen, die von Geländebezeichnungen oder Rodungen abgeleitet wurden. Die letzte Siedlungsschicht bilden dann die Ortschaften mit der Endung auf -kirch und -zell, von denen besonders die -zell-Orte für den Ostalbkreis interessant sind. Obwohl immer wieder betont wird, daß vor allem bei den -ingen und -heim-Namen Vorsicht geboten ist, da beide Namen anscheinend länger in Mode waren und im Einzelfall eine Überprüfung durch das Vorhandensein eines Ortsgräberfeldes notwendig ist, gelten die Ergebnisse der Siedlungsforschung als gesichert.

So reizt es natürlich, die genannten Siedlungsschichten für den Ostalbkreis nachzuvollziehen. Und tatsächlich liegen auch hier die meisten großen Ortschaften mit den Endungen -ingen und -heim auf ehemals römischem Siedlungsgebiet, von den Orten des älteren Ausbaues hat bisher noch kein einziger ein Reihengräberfeld erbracht, und im ehemaligen Virngrund um Ellwangen dominieren ganz eindeutig die jüngeren Ortsnamen mit Namensbestandteilen wie -berg, -bach und dem schon genannten -zell. Allerdings liegen auch auf den Höhen zwischen Rems und Kocher zahlreiche Orte mit der Namensendung -ingen wie Iggingen, Göggingen und Schechingen deutlich außerhalb des Limes, die aufgrund des Namens ein hohes Alter haben müßten.

Mehr Klarheit kann hier nur die Kartierung der Reihengräberfelder und der übrigen alamannischen Fundstellen erbringen, die aber auch einen Nachteil hat: Sie ist abhängig von den Zufällen des Forschungsstandes. Der allerdings stützt sich auf eine über 100-jährige archäologische Forschung. Zusätzlich haben so gut wie alle Gemeinden in den letzten Jahrzehnten Neubaugebiete oder Industriestandorte an den Randlagen der alten Dörfer erschlossen, so daß die Entdeckungsbedingungen für die ortsnahen Gräberfelder wenigstens zum Teil gegeben waren.

Die Verbreitungskarte der Gräberfelder spricht dann auch eine sehr deutliche Sprache: Die sicher nachgewiesenen Orte liegen alle innerhalb des Limes, außerhalb gibt es nur zwei sehr vage Nachrichten aus der Ellwanger

Der Ostalbkreis in der Vor- und Frühgeschichte

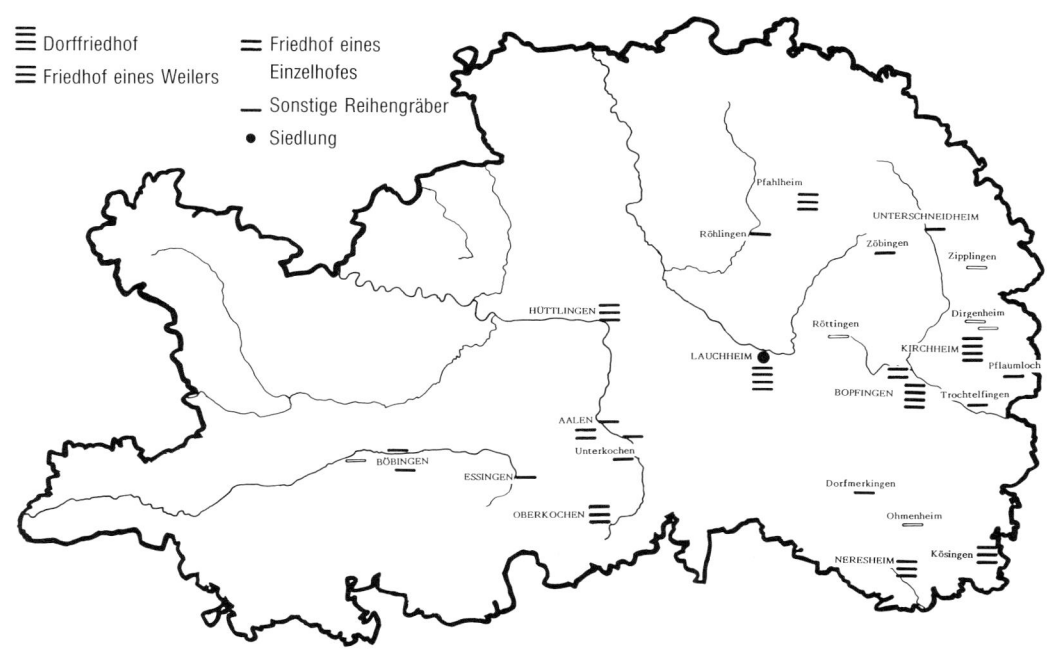

≡ Dorffriedhof
≡ Friedhof eines Weilers
= Friedhof eines Einzelhofes
— Sonstige Reihengräber
● Siedlung

32 Reihengräberfelder im Ostalbkreis

Oberamtsbeschreibung mit Hinweisen auf Reihengräber in Neuler und Eggenrot.
So stellt sich die frühmittelalterliche Besiedlungsgeschichte nach dem heutigen Forschungsstand wie folgt dar: Teilweise noch im 5. und vor allem dann im 6. Jahrhundert entstehen auf dem Härtsfeld, im Härtsfeldvorland, im Kochertal und im Remstal alamannische Siedlungen als direkte Vorläufer unserer heutigen Städte und Gemeinden. Dabei zeichnen sich anhand der Gräberfelder zweierlei Siedlungsstrukturen ab: Wenige größere Dörfer in zentraler Lage (z. B. Kirchheim, Lauchheim-Mittelhofen, Bopfingen) und mehrere weilerartige Siedlungen aus drei oder mehr Gehöften (z. B. Neresheim, Kösingen, Hüttlingen). Im 7. Jahrhundert kommen dazu noch Einzelhöfe, die sich durch typische kleine Gräberfelder zu erkennen geben (z. B. Bopfingen-Kappel, Aalen-Mauerstraße, Aalen-Bohl).

Das Gebiet außerhalb des Limes im heutigen Ostalbkreis bleibt bis zum Ende der Reihengräberzeit um das Jahr 700 scheinbar siedlungsleer, und das betrifft nicht wie seither angenommen nur den Virngrund, sondern auch die „Liasplatten über Rems und Lein" sowie den Anteil am Schwäbischen Wald im Kreisgebiet. Erst in der karolingischen Ausbauzeit werden diese Gebiete im 8. Jahrhundert in die Besiedlung mit einbezogen, in deren Zusammenhang auch die Gründung des Klosters Ellwangen zu sehen ist. Von Ellwangen geht dann in der Folgezeit eine rege Besiedlungsaktivität aus, wie unter anderem die -zell-Orte nahelegen. Der Limes markiert mit seinem Verlauf damit eine uralte Kulturgrenze, die erst im 8. Jahrhundert überschritten wird.

Vom Frühmittelalter bis zum Ende des alten Reiches

von Hans Pfeifer

Wer die uns umgebende Wirklichkeit verstehen will, muß sie als das Ergebnis der historischen Entwicklung begreifen. Die Darstellung der geschichtlichen Zusammenhänge in den vorangegangenen Jahrhunderten will daher zeigen, wie die politischen, gesellschaftlichen und wirtschaftlichen Strukturen und die vielfältigen Zeugen der Vergangenheit im Bereich des heutigen Ostalbkreises entstanden sind. Dabei sollen nicht nur die lokalen und regionalen Aspekte im Mittelpunkt stehen, sondern die den ganzen Raum übergreifenden Entwicklungslinien und geschichtlichen Verbindungen beachtet werden. So wird es auch unvermeidlich sein, bisweilen über heutige Grenzlinien hinauszublicken.

Ein auffallendes Kennzeichen in unserer rasch sich wandelnden Welt ist das wachsende Interesse vieler Menschen an der Geschichte. Geschichtliches Wissen kann den Blick schärfen für Probleme und Tendenzen der Gegenwart und Entscheidungshilfen geben für die Gestaltung der Zukunft.

Fränkisches Königtum und alamannisches und bayrisches Herzogtum

Für die rund 500 Jahre zwischen dem Fall des Limes (259/60) und der Gründung des Klosters Ellwangen (764) ist das ostschwäbische Gebiet reich an archäologischen Funden, deren Auswertung ein interessantes Bild von den Lebens-, Siedlungs- und Kulturverhältnissen dieses Raumes geben. In schriftlichen Quellen wird das Gebiet aber erst wieder deutlicher greifbar seit etwa der Mitte des 8. Jahrhunderts. Und da sehen wir den Raum bereits hineingezogen in die größeren politischen und kirchlichen Entscheidungen und Spannungen jener Zeit. Dabei lassen sich, das äußere Geschehen betreffend, drei Haupttendenzen feststellen, die ursächlich aber doch auch in einem inneren Zusammenhang stehen: die Auseinandersetzungen des fränkischen Königtums mit den alamannischen und bayrischen Stammesherzogtümern, zahlreiche Schenkungen und Stiftungen an die räumlich entfernten Klöster Fulda und Lorsch und schließlich eine Reihe von Klostergründungen innerhalb weniger Jahrzehnte.

Unter den letzten merowingischen Königen war das alamannische Herzogtum wieder selbständiger geworden. Nach dem Tode des Hausmeiers Karl Martell (741) empörten sich die Alamannen gegen die fränkische Herrschaft. Daraufhin unterwarf Pippin den Herzog Theutbald und setzte ihn ab. Pippins Bruder Karlmann schließlich ließ 746 in Cannstatt die Anführer des aufständischen Adels töten. Das alamannische Stammesherzogtum war nun endgültig beseitigt.

Der bayrische Herzog Tassilo hatte zwar zunächst dem König Pippin den Vasalleneid geleistet, jedoch 763 das fränkische Heer wieder verlassen und sich unabhängig gemacht. Es galt jetzt, das neugewonnene Alamannien dem Frankenreich fest einzugliedern und sichere Bastionen gegenüber dem immer wieder aufrührerischen Bayernherzog zu schaffen.

Die Einführung des fränkischen Systems der Grafschaftsverfassung in Alamannien, in welchem Ausmaß auch immer, konnte diesem Ziel allein nicht genügen. Das Königtum bediente sich verschiedener Mittel, diesen Raum direkt oder indirekt an sich zu binden. Unter diesem Gesichtspunkt gesehen mutet es nicht mehr so merkwürdig an, daß König Pippin im Juni 760, nach der ältesten auf deutschem Boden erhaltenen Urkunde, das königliche Hofgut Deiningen (nördlich von Nördlingen) dem weit entfernten Kloster Fulda schenkt. In der Folgezeit häufen sich nämlich auffallenderweise Schenkungen und Stiftungen im ala-

Zeittafel

	764	Gründung des Benediktinerklosters Ellwangen
nach	777	Klosterzelle Gamundias
vor	1102	Gründung des Benediktinerklosters Lorch
	1106	Umwandlung des Chorherrnstifts Neresheim in ein Benediktinerkloster
	1162	Gmünder Stadtbürger erstmals urkundlich erwähnt
	1182	Ellwangen erstmals als Stadt bezeichnet
	1188	Bopfingen erstmals als Stadt erwähnt
ca.	1210–1250	Johanniskirche in Gmünd erbaut
	1233	Weihe der Ellwanger Klosterkirche
	1248	Lauchheim erstmals urkundlich erwähnt
	1268	Gründung des Zisterzienserinnenklosters Kirchheim
	1284	Bürgermeister und Rat erstmals als Vertreter der Bürger in Gmünd erwähnt
	1300	Aalen erstmals als Stadt erwähnt
	1315–1410	Heilig-Kreuz-Münster in Gmünd erbaut
	1350	Neresheim erstmals als Stadt erwähnt
	1360	Aalen Freie Reichsstadt
	1460	Umwandlung des Benediktinerklosters Ellwangen in ein weltliches Chorherrnstift
	1462	Zunftmeister im Rat der Stadt Gmünd
	1524/25	Reformatorische Bewegungen in Gmünd, Ellwangen und Aalen
	1525	Bauernkrieg
	1546	Einführung der Reformation in Bopfingen
	1575	Einführung der Reformation in Aalen
	1634	Schlacht bei Nördlingen
		Großer Stadtbrand in Aalen
	1802	Die Reichsstädte Gmünd und Aalen und die Fürstpropstei Ellwangen dem Herzogtum Württemberg einverleibt

mannisch-ostfränkischen Grenzgebiet an die großen Reichsklöster Fulda und Lorsch. So geben die Schenkungsbücher dieser Klöster auch erste urkundliche Nachrichten über einige Orte unseres Raums. Zahlreichen Besitz hatte Fulda im benachbarten Ries. Im ostschwäbischen Raum besaß das Kloster schon im 8./9. Jahrhundert Güter in Pfahlheim, Wössingen, Unterschneidheim, Reichenbach (Westhausen), Bopfingen, Utzmemmingen, Hammerstadt (Aalen), Zimmern (Gmünd) und auf dem Härtsfeld in Dorfmerkingen, Kösingen und Riffingen. Gerade die extreme Abseitslage läßt deutlich werden, daß diese Schenkungen durch private Grundherrn auf königliches Vorbild und königliche Initiative zurückgehen. Die Schenker sind offenkundig fränkische oder frankophile Adelige, die in engen Beziehungen zum Königshaus stehen, denn ein rein lokal orientierter Adel würde wohl kaum so entfernt liegende Reichsklöster so auffallend mit seiner Gunst bedenken. Der Fernbesitz Fuldas und Lorschs in unserem weiteren Raum war Vorposten in einem wichtigen Interessengebiet des fränkischen Königs. Adelige Oberschicht und Kirche erweisen sich auch hier als Träger und Stütze königlicher Herrschaft und Großraumpolitik. Daneben soll deswegen bei den Schenkern das religiöse Motiv der Sicherung ihres Seelenheils keineswegs als gering veranschlagt werden. Mittelalterliches Denken ließ beide Absichten ohne weiteres miteinander verbinden.

Kloster- und Zell-Gründungen

Gewiß gehört die Gründung *Ellwangens* (764) auch in den Rahmen dieser Gesamtpolitik. Wie die Quellenberichte über seine Entstehung zu interpretieren sind, hat die Geschichtsforschung wiederholt beschäftigt. Sie geben nämlich nicht bloß Auskünfte über lokalgeschichtliche Einzelheiten, sondern versprechen auch allgemein interessante Einblicke in die Entstehung frühmittelalterlicher Klöster überhaupt.

Ausgangspunkt für all diese Fragen ist die Vita des Klostergründers Hariolf, die der Ellwanger Mönch Ermenrich, der wohl identisch ist mit dem späteren gleichnamigen Bischof von Passau, um 850 verfaßt hat. Vordergründig stellt diese Lebensbeschreibung den Klostergründer und ersten Abt als frommen Mann ganz im Sinne der damaligen Mönchsideale dar: ein begeisterter Streiter für die Sache Christi, der gern im Gebet verweilt und übernatürliche Erscheinungen hat, dessen Lebensweg ganz durch wunderbare Fügungen Gottes bestimmt wird und der auch noch nach seinem Tode vom Himmel aus über seine Gründung wacht.

In diese fromm-beschauliche Vita eines heiligmäßigen Mönchsvaters sind auch einzelne Bemerkungen eingestreut, die sehr konkrete Nachrichten von der Klostergründung und der Gründerfamilie vermitteln. Hariolf war ein Adeliger, der offenbar einer sehr frankenfreundlichen Familie entstammte. Er selbst wuchs zusammen mit dem fränkischen Hochadeligen Cadoloh auf, sein Bruder Franko befand sich beim königlichen Verwalter des Fiskalguts Bodman (Bodensee), sein Bruder Erlolf war als Bischof von Langres (Burgund) bereits in die fränkische Reichsaristokratie aufgestiegen. Verwandt war er mit Bischof Gozbald von Würzburg. Seine Familie, wahrscheinlich dem westbayrisch-alamannischen Hochadel zuzurechnen, war im Ellwanger Raum begütert, dessen Lage „im Grenzgebiet von Franken und Rätien" besonders hervorgehoben wird. Die Gründung des Klosters Ellwangen, die wichtigste Klostergründung jener Zeit und zugleich die erste auf heutigem württembergischem Boden, wirkt modellhaft für die Entstehung eines Klosters in damaliger Zeit: Ein adeliger Herr gründet auf eigenem

Grund und Boden ein Kloster auf der Gemarkung eines Ortes, dessen Herrenhof sein Eigentum war.

Wenige Jahre nach der Gründung Ellwangens setzte sich Abt Fulrad von St. Denis, der Vorsteher der vornehmsten Abtei und Leiter der Hofkapelle unter Karl d. Gr., südlich und westlich von Ellwangen fest. Er gründete die Zelle *Herbrechtingen* (774/75), der König Karl sofort seine dortige „curtis" vermachte, ließ sich etwa 776 die Zellen *Esslingen* und *Adalungszell* (= Hoppetenzell) schenken und faßte wahrscheinlich auch Besitz in Schwäbisch Gmünd. Allerdings ist dieses Gmünd in Fulrads Testament von 777 unter den „Zellen" in Alamannien nicht genannt. Erst in einer vom 16. September 782 datierten Urkunde, die eine Fälschung aus der Mitte des 9. Jahrhunderts darstellt und mit der St. Denis seine Ansprüche auf die von Fulrad stammenden Besitzungen sichern wollte, wurde unter den Zellen in Alamannien auch *Gamundias* aufgeführt.

Es gibt Gründe für die Annahme, daß der Anlaß zu der Fälschung die Streitigkeiten zwischen den Äbten und Mönchen von St. Denis über die Zuteilung des früheren Fulradbesitzes war. Da sich die Mönche bei ihrem Anspruch auf Gamundias nicht auf Fulrads Testament berufen konnten, haben sie möglicherweise zu dem damals nicht unüblichen Beweismittel eines gefälschten Diploms gegriffen und sich damit auf die Autorität Karls d. Gr. berufen. Wann und von wem die Zelle gegründet wurde, ist unsicher. Spielte sich der Vorgang wie in Esslingen und Adalungszell ab, dann hätte sie ein Adeliger der Umgebung gegründet und dann an Fulrad übergeben. War Fulrad selbst der Gründer, dann wäre sie zwischen 777 und 784 (Fulrads Todesjahr) entstanden.

Irgendwelche Nachrichten über Äbte, Konvent und innere Entwicklung des Gmünder Klösterchens sind nicht bekannt. Die Zelle wird auch in späteren Urkunden nicht mehr erwähnt, während St. Denis noch im Hochmittelalter Anspruch auf seine alamannischen Besitzungen Esslingen und Herbrechtingen erhoben hat. Topographisch ist ihre Lage nicht mehr feststellbar. Es wurden schon verschiedene Stellen vermutet: Das Innere des Heiligkreuzmünsters, die Stelle der heutigen Johanniskirche oder die Anfang des 19. Jahrhunderts abgebrochene St. Veitskapelle auf dem Johannisplatz.

Angesichts der vielen Unsicherheiten in der geschichtlichen Überlieferung des 8./9. Jahrhunderts und mangelnder Nachrichten aus folgender Zeit wäre die These einer kontinuierlichen Stadtentwicklung Gmünds seit der Karolingerzeit mit äußerster Zurückhaltung zu betrachten.

Daß Fulrad bis in das östliche Alamannien vorgestoßen ist und sich in nicht allzu großer Entfernung von Ellwangen eine beherrschende Stellung verschafft hat, wurde auch schon als eine gegen das Virngrundkloster gerichtete Politik gedeutet. Danach soll Hariolf die Gunst Karls d. Gr. verloren haben, während Fulrad zum einflußreichsten Mann am fränkischen Hof aufgestiegen sei. Wahrscheinlicher ist jedoch, daß Fulrad, dessen Besitz- und Herrschaftsrechte bis ins Elsaß, in die Ortenau und in den Breisgau reichten, in einem wohldurchdachten System mit Hilfe so weit vorgeschobener Zellen im nördlichen und südlichen Alamannien den fränkischen Einfluß sichern und Stützpunkte gegen Bayern schaffen wollte. Geographisch und strategisch gesehen konnte Schwäbisch Gmünd Zwischenstation zwischen Esslingen und Ellwangen und Esslingen und Herbrechtingen sein.

Sowohl die Gründung Ellwangens, das an einer alten Fernstraße vom Rhein zur Donau liegt, als auch die Anlage der Zellen Fulrads dürfen nicht punktuell gesehen werden. Wenn man bedenkt, daß seit der Mitte des 8. Jahrhunderts eine ganze Kette von Klöstern an der Grenze Bayerns und deren Hinterland angelegt wurden (Kempten, Ottobeuren, Solnhofen, Heidenheim am Hahnenkamm, Feuchtwangen, Ansbach, Herrieden), so kann man sich des Eindrucks nicht erwehren, daß es sich hier um eine zielstrebige Politik handelte, die direkt oder indirekt auf königliche Initiative zurückgehen dürfte.

Freilich darf die Betonung der politischen Absichten bei den karolingischen Zellen- und Klostergründungen die religiös-kirchlichen Motive nicht übersehen. Sowohl die besondere Verehrung von Heiligenreliquien in der Karolingerzeit als auch die kirchliche Organisation des beherrschten Gebietes sind als Beweggründe zu bedenken.

Die Anfänge Aalens

Kaum einordnen in diese politische Strategie läßt sich die frühe Geschichte *Aalens*.
Die Topographie läßt erkennen, daß die spätere Stadt nicht vom römischen Kastell und dessen Lagerdorf ihren Ausgang genommen hat, sondern von einzelnen Hofgruppen, die sich in der weiten Talaue links und rechts des Kochers in spätalamannischer Zeit gebildet hatten. Gräberfunde des 7. Jahrhunderts aus dem heutigen Stadtgebiet können solche Siedlungsspuren archäologisch eindeutig belegen. Diese verstreut liegenden Hofgruppen des frühen Mittelalters bildeten die Keimzelle des Dorfes Aalen.
Schwer zu datieren sind die Anfänge der noch erhaltenen St.-Johannes-Kirche, die in ihrem ältesten Bauabschnitt unmittelbar vor dem Osttor des einstigen römischen Reiterkastells errichtet wurde. Die römischen Steine, mit denen Teile der Nord- und Westwand aufgemauert sind, ein bei der Renovierung im Jahre

33 Aalen, Johanneskirche, eine der ältesten Kirchen des Landes

1973 aufgefundenes römisches Weihealtärchen und das in früher Zeit übliche Johannespatrozinium lassen darauf schließen, daß sie eine der ältesten Kirchen des Landes ist.
Die älteste schriftliche Erwähnung des heutigen Aalener Stadtgebiets stammt aus dem Jahre 839, als Kaiser Ludwig d. Fr. dem Kloster Fulda in dem Weiler Hammerstadt (Hamarstat) (heutiger Stadtteil Aalen-Hammerstadt) einen Gütertausch gestattete.

Das Kloster Ellwangen seit dem 9. Jahrhundert

Anders als in Aalen und in Schwäbisch Gmünd läßt sich die Geschichte des *Ellwanger Klosters* deutlich weiterverfolgen. Ihm war nicht nur reichsgeschichtlich, sondern auch kirchenpolitisch eine besondere Bedeutung zugedacht. Die entscheidende kirchliche Zielsetzung der Neugründung ergibt sich aus der Lage des Ortes in den Randzonen der Bistümer Augsburg, Würzburg und Eichstätt, also in einem Gebiet, das kirchlich noch nicht erfaßt und organisiert war.

Aus kleinen Anfängen hat sich das Kloster rasch und mächtig entwickelt. Die ungewöhnlich reiche Ausstattung mit Reliquien fränkischer und römischer Heiliger (Sulpicius, Servilianus u. a.) steigerte sein Ansehen. Die Gebetsverbrüderung mit Reichenau und St. Gallen zeigt, wie schnell es sich in den Strahlungsbereich der damaligen Kulturzentren im Süden eingeordnet hat. Vielleicht schon unter Pippin oder Karl d. Gr. wurde das ursprüngliche Eigenkloster dem fränkischen Herrscherhaus tradiert und in ein Reichskloster umgewandelt. Könige statteten es bald mit Privilegien aus. Möglicherweise ist ihm damals schon der ganze Bannwald von Sulzbach am Kocher bis Stödtlen geschenkt worden. Nach der ältesten erhaltenen Urkunde des Klosters nahm Ludwig der Fromme 814 die Abtei in seinen besonderen Königsschutz auf und verlieh ihr die Immunität, das heißt die Freiheit von der weltlichen Gerichtsbarkeit der Grafen, und das Recht der freien Abtswahl.

In den Aachener Synodalbeschlüssen von 817 erscheint das Reichskloster in der Klasse der mittelbegüterten Benediktinerklöster, die dem König Geschenke darzubringen hatten; es stand damit auf der gleichen Stufe wie die hochangesehenen Klöster Fulda und Hersfeld. Mit seinem ungewöhnlich starken Konvent zählte Ellwangen um 830 zu den zahlenmäßig größten Reichsabteien; es hatte 830 120 Mönchen, acht Jahre später sogar 160. In seiner geistigen und künstlerischen Tätigkeit konnte sich das Kloster sicher nicht mit den berühmtesten Abteien jener Zeit messen, doch ist die aktive Teilhabe der Ellwanger Mönche am karolingischen Bildungsleben nicht zu übersehen. Der gelehrteste unter ihnen war zweifellos Ermenrich um die Mitte des 9. Jahrhunderts, der Verfasser der Lebensbeschreibungen Hariolfs und Solas, des Gründers von Solnhofen. Er hatte seine Bildung in der karolingischen Hofschule, in Fulda, auf der Reichenau und in St. Gallen erhalten, stand in Verbindung mit den Vertretern des karolingischen Humanismus und ist 866 zum Bischof von Passau, der kirchenpolitisch so wichtigen Diözese an der Ostgrenze des Reichs, ernannt worden.

Die Frage, ob auf sein Betreiben der Slawenapostel Methodius nach seiner Verurteilung in Regensburg 870 in Ellwangen gefangen gehalten wurde, ist oft kontrovers diskutiert worden. Eine Zusammenfassung der letzten Forschungsergebnisse läßt den Schluß zu, „daß das ehemalige Kloster Ellwangen unter allen schwäbischen Orten die meisten Gründe für einen Aufenthalt des Slawenapostels in den zweieinhalb Jahren seiner Verbannung für sich in Anspruch nehmen kann" (I. Eberl).

Zu den ältesten bisher bekannten Kunstwerken aus der Frühzeit des Klosters gehört vor allem das vergoldete Reliquienkästchen, das 1959 bei Grabungen im Bauschutt der Krypta gefunden wurde und das von Sachkennern als einzigartig wertvolle westfränkische Arbeit bezeichnet und dem späten 9. Jahrhundert zugeschrieben wird. Wenn auch nicht am Ort entstanden, zeigt es doch auf künstlerischem Gebiet ähnlich weitgespannte Verbindungen des Klosters wie in der Politik.

Die Größe des Konvents, der wirtschaftliche Besitz, die politische Stellung und die wissenschaftlich-künstlerische Tätigkeit vermitteln insgesamt das Bild eines Klosters, das in der ersten Hälfte des 9. Jahrhunderts eine beachtenswerte materielle und geistige Blüte erlebte.

Entgegen der früheren Zusicherung des Rechts der freien Abtswahl übertrugen die Könige im

9. und 10. Jahrhundert die Abtei oft als Pfründe an Persönlichkeiten, die in Kirche und Reich eine führende Stellung einnahmen und das Kloster in Personalunion mit der Hofkapelle, der Erzdiözese Mainz, den Klöstern Reichenau, St. Gallen, Lorsch und Weißenburg (Elsaß) leiteten, für gewöhnlich aber nicht in Ellwangen residierten (Grimald † 872, Liutbert † 889, Hatto seit 889).

Diese Übung verrät zwar, wie begehrt die Ellwanger Pfründe bei den Großen des Reiches war; das Fehlen eines ortsanwesenden Vorstehers jedoch konnte dem inneren und äußeren Gedeihen der Abtei nicht förderlich sein, und so beginnt für Ellwangen wie auch anderswo eine Epoche des Niedergangs, die nur kurz durch Sandrat, den Klosterreformer des 10. Jahrhunderts, unterbrochen wurde.

Die Jahrhunderte zwischen dem Aussterben der Karolinger und dem Aufstieg der Staufer ist für die Ellwanger Geschichte in ziemliches Dunkel gehüllt. So weiß man weder etwas Sicheres über die Stellung der Reichsabtei im Investiturstreit noch über das Verhalten der Ellwanger Mönche zu den cluniazensisch-hirsauischen Reformbestrebungen. Jedenfalls gibt es keine zuverlässigen unmittelbaren Nachrichten, die Ellwangen der Hirsauer Reform zuweisen, und die 1124 geweihte Klosterkirche entsprach in ihrem Grundriß offenbar nicht dem hirsauischen Typus.

Wenige Nachrichten aus der 2. Hälfte des 10. Jahrhunderts lassen vereinzelte Vorgänge und Ereignisse knapp erkennen. Damals vollzog sich ein Wandel im Patrozinium der Kirche. Ellwangen erhielt wohl um 980 aus Mönchengladbach durch den Reformabt Sandrat eine Vitusreliquie, und in der Folgezeit drängte der hl. Vitus als Kirchenpatron die bisherigen Hauptpatrone Sulpicius und Servilianus zurück.

Seine kirchenrechtliche Stellung baute das Kloster weiter aus. Mit Hilfe einer päpstlichen Bulle aus dem Jahr 979 erstrebte man zunächst eine passive Exemtion, d. h. eine Befreiung von der Jurisdiktion und Weihegewalt des (Augsburger) Diözesanbischofs.

Die militärische Bedeutung der geistlichen Fürsten für das Reich läßt sich für die letzten Jahrzehnte des 10. Jahrhunderts belegen. Ein Heer Ottos II. im Jahre 981 bestand aus 2100 Panzerreitern; davon stellten die Bischöfe und Äbte rund 1500, die weltlichen Fürsten den Rest. Die Größenangaben für die einzelnen Kontingente ermöglichen interessante Vergleiche: Fulda und Reichenau schickten je 60, Ellwangen 40 Panzerreiter – eine stattliche Zahl im Verhältnis zu den größten weltlichen Kontingenten, die, von einer Ausnahme abgesehen, jeweils nur 30 bis 40 Mann betrugen.

Über die Entstehung der weltlichen Siedlung finden sich keine unmittelbaren Quellenaussagen. Die Frage, ob es schon vor der Gründung des Klosters eine dörfliche Niederlassung gegeben hat oder ob eine solche erst im Laufe der Zeit neben dem ummauerten Klosterbezirk entstanden ist und von diesem bis ins 12. Jahrhundert getrennt war, hat die Forschung bis jetzt nicht eindeutig beantworten können. Die frühere Annahme, daß sich die ursprüngliche dörfliche Siedlung am Fuße des Buchenbergs im Bereich der heutigen Marienkirche befand, wird neuerdings bestritten; neueste Forschungsergebnisse (H. Häfele) sehen das Zentrum des bürgerlichen Ellwangen mit einer Pfarrkirche bis zum 15. Jahrhundert im Bereich der heutigen Priestergasse.

Die Staufer: ihre Herkunft

Mit dem Zeitalter der Staufer tritt Ostschwaben in neues geschichtliches Licht. Die neueste Forschung (H. Bühler) über die Herkunft dieses Geschlechts hat gerade für unseren Raum zu überraschenden Ergebnissen geführt. Durch Vergleiche von Leitnamen der Geschlechter und von Besitztiteln stellten sich Beziehungen heraus, die in den ostschwäbischen Raum, in das Ries, führen. Hier lassen sich im 11. Jahrhundert Riesgrafen mit dem Namen Friedrich nachweisen. Sie dürfen als Vorfahren der Staufer angesehen werden. Deren Heimat ist demnach das Ries. Hier und in seiner Umgebung liegen auch ihre ältesten nachweisbaren Besitzungen (Flochberg, Bopfingen, Dinkelsbühl, Aufkirchen, Weißenburg), die noch nach mehr als 100 Jahren, 1188, im Besitz der Staufer waren. Mittelpunkt all dieser Besitzungen war die Burg Wallerstein, wohl der eigentliche Stammsitz des Hauses.

Aber bereits vor der Mitte des 11. Jahrhunderts haben die Riesgrafen das Gebiet zwischen Filstal, Remstal und Welzheimer Wald erworben, auf welchem Wege und aus welchen Gründen, ist nicht eindeutig geklärt. Hierher verlegten sie auch ihren Wohnsitz. Auf dem Bergvorsprung über Lorch errichteten sie einen burgartigen Herrensitz an der Stelle des späteren Klosters. Friedrich, der Sohn Friedrichs von Büren, erbaute dann um 1070 eine Burg auf dem Staufen, die dem Geschlecht seinen Namen gegeben hat. Seine Ernennung zum Herzog von Schwaben 1079 und seine Heirat mit Agnes, der Tochter Kaiser Heinrichs IV., werden jetzt verständlicher, wenn man bedenkt, daß seine Familie schon seit Generationen das Grafenamt im Ries bekleidete. Die Familie hatte längst über Macht und Ansehen verfügt, bevor sie in jener bewegten Zeit das wichtige Herzogtum Schwaben übertragen bekam. Der zeitgenössische Geschichtsschreiber Otto von Freising bestätigt dies, wenn er berichtet, der zum Herzog berufene Friedrich stamme „von den vornehmsten Grafen Schwabens" ab.

Der Investiturstreit und die jahrelangen Auseinandersetzungen zwischen Staufern und Welfen hatten das Königtum geschwächt. Der 1152 zum König gewählte Staufer Friedrich Barbarossa sah sich daher vor die Aufgabe gestellt, für die königliche Herrschaft eine neue Machtgrundlage zu schaffen. Dieses Ziel erstrebte er durch eine planmäßige Territorialpolitik, die im wesentlichen durch vier Maßnahmen gekennzeichnet war: durch den Bau von Burgen, die Gründung von Städten, die Verwendung von Ministerialen und durch eine zielstrebige Klosterpolitik.

Stauferburgen

Die Stauferburgen waren in erster Linie Wehranlagen und dienten der Verteidigung bei Fehden und im Krieg, zur Beherrschung von Verkehrsstraßen, zum Schutz von Handel und Gewerbe in den benachbarten Städten. Zugleich hatten sie herrschaftlich-administrative Funktionen, da von ihnen aus die benachbarten Besitzungen verwaltet wurden. Die Staufer besetzten sie mit Dienstmannen (Ministerialen), die sich durch ihre herausgehobene Tätigkeit im Kriegs-, Hof- und Verwaltungsdienst auszeichneten, zu Trägern der staufischen Territorialpolitik wurden und gerade unter diesen Herrschern einen erstaunlichen sozialen Aufstieg erreichten.

Zu dem Kranz von kleineren und größeren Burgen, die den Hohenstaufen umgaben, gehörte die Burg *Rechberg*. Die Reste der ausgedehnten Befestigungsanlage stammen aus dem 13.–15. Jahrhundert. Der Unterbau des dreigeschossigen staufischen Palas und die Umfassungsmauer der Burg mit romanischen Rundbogenfensterchen sind in Buckelquadern ausgeführt und reichen bis ins 13. Jahrhundert zurück, während Burgtor, Wehrgang und Teile der Außenwerke gotisch sind. Die Burg ist seit 1179 im Besitz einer staufischen Ministerialenfamilie, deren Mitglieder in wichtigsten Funktionen dem König dienten. Ulrich war Marschall im Herzogtum Schwaben und weilte 1179 bei Kaiser Barbarossa und 1199/1200 bei König Philipp auf rheinischen und schwäbischen Pfalzen. Sein Sohn Hilde-

Stauferburgen 127

34 Die Stauferburg Hohenrechberg, eine der größten und mächtigsten Burganlagen auf der Schwäbischen Alb

brand, zwischen 1194 und 1231 nachweisbar, war ebenfalls Marschall in Schwaben; mit König Heinrich VI. zog er nach Italien; später war er wiederholt am Hofe Philipps, Kaiser Friedrichs II. und König Heinrichs (VII.) tätig. Hildebrands Bruder Siegfried wurde Bischof von Augsburg (1208–1227). Auch er befand sich oft im Gefolge Friedrichs II. und starb in Brindisi.

Die *Lauterburg*, deren Ruinen auch noch mächtige Buckelquader aus der frühesten Anlage zeigen, war an der Paßhöhe der Verbindungsstraße vom Rems- ins Brenztal gelegen. Sie war, wenigstens eine Zeitlang, Pfalzgrafenburg. Zwischen 1128 und 1143 ist ein Adalbert „palatinus de Luterburc" nachweisbar. Neuere genealogische Forschungen verweisen ihn in die Familie der Pfalzgrafen von Schwaben und sehen in ihm einen Sohn Manegolds d. Ä., der mit Adelheid, Schwester

35 Ruine Lauterburg, eine pfalzgräflich-staufische Gründung am Steilabfall des Albuchs

Friedrichs von Büren, vermählt war. Danach wäre er ein naher Verwandter der frühen Staufer. Doch blieb diese Meinung nicht unwidersprochen. Umstritten ist auch, ob nach seinem Tod die Lauterburg an die Staufer fiel oder an die Oettinger. 1257 wird ein Waltherus Hagge, „nobilis de Luterburc" urkundlich erwähnt. Ob die Lauterburg (mit Aalen) schon 1258 (Aussterben der Grafen von Dillingen) an Oettingen kam, ist umstritten. Mindestens für 1311 läßt sich aber oettingische Herrschaft auf Lauterburg erschließen. Zur Herrschaft Lauterburg gehörte, zumindest zeitweilig, auch die mittelalterliche Burg *Rosenstein* bei Heubach. Sie tritt in den Quellen erstmals 1282 auf. Die Geschichte beider Burgen verlief weithin parallel.

Entstehung und frühe Geschichte der *Kapfenburg* sind noch in Dunkel gehüllt. Ob die Burg des Hochmittelalters bereits eine Vorgängerin hatte, die in Verbindung stand mit einer alamannischen Siedlung, deren Friedhof mit teilweise wertvollen Grabbeigaben am Fuße der Kapfenburg in jüngster Zeit ausgegraben wurde, ist nicht bekannt. Die Anfänge der jetzigen Burganlage gehen wohl ins 11. Jahrhundert zurück. Daß sie von den Staufern, die als die frühen Riesgaugrafen angenommen werden, errichtet wurde, ist nicht bewiesen. Über die hochmittelalterlichen Besitzer der Burg ist wenig bekannt. 1235 wird ein Eberhard von Grunberg (Gromberg) als Burgmann erwähnt; 1240 erscheint ein M. de Kappenburc als Zeuge in einer Urkunde; 1311 tritt ein Eberhard von Grünenberg (= Gromberg), genannt von Kapfenburg, als Bürge auf. In dieser Zeit gehörte die Burg wohl schon den Grafen von Oettingen, in deren Abhängigkeit die Herren von Gromberg geraten waren. 1334 ist die Kapfenburg urkundlich als oettingisch nachgewiesen. In der Folgezeit kommen als Burgmannen vor: 1340 Hr. Brunn und zwischen 1350 und 1357 Eberhard von Gromberg.

Am 25. März 1364 kaufte der Deutschordenskomtur zu Mergentheim, Marquard der Zollner, von den Grafen von Oettingen die Kapfenburg zusammen mit Hülen und Waldhausen um 4100 Pfund Heller. Seit 1384 ist die Kapfenburg Sitz eines der Ballei Franken unterstehenden Komturs, der von hier aus den reichen Herrschaftsbezirk mit der kleinen Stadt Lauchheim und vielen Orten auf dem Härtsfeld und im oberen Jagsttal verwaltet.

Lauchheim, 1248 erstmals erwähnt, gehörte bis ins 14. Jahrhundert den Herren von Gromberg, zum Teil auch den Schenken von Schenkenstein und dem Kloster Ellwangen. Seit der

Tafel 15   Kloster Lorch, ehemals Hauskloster der Staufer

Tafel 16   Die mächtige Burgruine Rechberg bei Schwäbisch Gmünd

Stauferburgen

zweiten Hälfte des 14. Jahrhunderts ging Lauchheim dann allmählich an den Deutschorden über und bildete danach den Hauptort der Kommende Kapfenburg. 1397 erhielt es von König Wenzel das Befestigungsrecht, 1398 Halsgericht, Stock und Galgen (= hohe Gerichtsbarkeit), 1402 das Marktrecht und erst 1431 das Stadtrecht mit den Freiheiten der Stadt Bopfingen, blieb aber unter der Herrschaft des Deutschordens.

Von der einst mächtigen Burg Flochberg zeugen heute noch die eindrucksvollen, ausgedehnten Ruinen der 1648 zerstörten Feste. Als frühester Vertreter von Flochberg galt bisher ein 1138 urkundlich genannter Reginhardus. Er befand sich damals bereits im Gefolge des Stauferkönigs Konrads III. Doch bereits 1122 nannten sich die Stifter des Klosters Echenbrunn (bei Gundelfingen), der Edelfreie Gumpert und sein Sohn Cuno, nach der Burg Flochberg. Schon 1145 wird die Burg als castrum regis, als Königsburg, bezeichnet. Sie muß damals in staufischem Besitz gewesen sein. Im staufischen Sicherheitssystem kam ihr eine doppelte Aufgabe zu. Sie hatte die vielbenützten alten Handelsstraßen, die von Straßburg über das Remstal nach Nördlingen und von Ulm über Giengen nach Dinkelsbühl–Rothenburg–Würzburg führten, zu schützen, und zugleich mußte sie die Ost-

36 Burg Flochberg, 1648 zerstört, heute eine eindrucksvolle Ruine über der Stadt Bopfingen

37 Die Turmhügelburg Leinroden in Abtsgmünd-Laubach

grenze des staufischen Schwaben gegen das welfische Bayern hin sichern. Einen geradezu handgreiflichen Beweis für diese letztere Aufgabe bringt eine Nachricht aus dem Jahre 1150. Welf VI. war damals von Bayern aus ins Ries eingedrungen und belagerte die Feste Flochberg. Nach einem vergeblichen Sturm auf die Burg mußte er sich zurückziehen. Dabei wurde er von dem Heer Konrads III. zwischen Flochberg und Neresheim so entscheidend geschlagen, daß er sich sofort zum Friedensschluß genötigt sah.

Außer dem König und den Hochadeligen haben in staufischer Zeit auch Ritter und Ministerialen Wohnsitze in geschützter Lage errichtet. So entstanden die in unserem Raum sehr häufigen niederadeligen *Turmhügelburgen*. Ihre Spuren sind in dem meist künstlich aufgeschütteten Burghügel heute noch festzustellen („Burstel"). In der Burg Roden (bei Leinroden) ist eine solche Turmhügelburg noch erhalten. Die mächtigen Buckelquadermauern des eindrucksvollen, knapp 25 Meter hohen Wohnturms erweisen diese typische Turmhügelburg als Bau der Stauferzeit um 1180. Sie diente der Sicherung der Leinstraße. Ein Odalrich de Roden ist 1147 urkundlich belegt.

Stauferstädte

Planmäßig haben die Staufer ihr Herrschaftsgebiet durch ein System von unter sich verbundenen befestigten Siedlungen gesichert. Im heutigen Ostalbkreis sind es die Städte *Schwäbisch Gmünd, Bopfingen* und *Aalen*. Zwar liegen konkrete Nachrichten über den Gründungsakt, der nicht an ein bestimmtes Datum gebunden sein muß, sondern sich über längere Zeit erstrecken konnte, nicht vor. Doch kann aus verschiedenen Umständen und späteren Überlieferungen gefolgert werden, daß diese Orte in der Stauferzeit zu Städten erhoben wurden.

So sind auch die mit der Entstehung der Stadt *Gmünd* zusammenhängenden Vorgänge im einzelnen nicht geklärt. Nach der sog. Ringlegende soll die Stadt von Herzog Friedrich I. von Schwaben in Erfüllung eines Versprechens gegründet worden sein und zwar an der Stelle, wo der verlorene Trauring seiner Gemahlin Agnes wiedergefunden wurde. Wie bei den meisten Städten gibt es auch hier keinen eigentlichen „Gründungsbrief". Eine Urkundenabschrift, die eine Schenkung zugunsten des Klosters Lorch im Jahre 1162 beinhaltet, nennt u. a. namentlich 15 Laien als Zeugen, die ausdrücklich als Gmünder Stadtbürger (cives) bezeichnet werden. Es muß also bereits vor 1162 Vorgänge und Entscheidungen gegeben haben, durch die Gmünd Stadtcharakter erlangt hat. Zu fragen ist, ob das unmittelbar vor 1162 war oder schon früher; wer die siedlungsmäßigen und rechtlichen Voraussetzungen geschaffen hat, und welche Motive ihn dabei geleitet haben. Neueste Forschungen (H.-M. Maurer) haben aus allgemeinen Beobachtungen und Indizien gefolgert, daß König Konrad III. (1138–1152) als eigentlicher Begründer der Stadt anzusehen ist. Dabei nimmt man an, daß sich die Stadtbildung wahrscheinlich zwischen 1125 und 1152 in mehreren Phasen mit wiederholten Anstößen vollzogen hat (P. Spranger). Konrad III. herrschte jahrzehntelang über den staufischen Besitz im Remstal oberhalb Lorch. Mit dem Hauskloster Lorch war er eng verbunden. Als Beweggründe dürften finanziell-wirtschaftliche wie militärisch-territorialpolitische Interessen ausschlaggebend gewesen sein. Städte wurden damals als Steuerquellen erschlossen, wie das Reichssteuerverzeichnis von 1241 zeigt. Von besonderer Bedeutung war die räumliche Nähe zur Stammburg auf dem Hohenstaufen. Das umfangreiche Reichs- und Hausgut in der Nähe dieser Burg erforderte einen Verwaltungsmittelpunkt wie militärischen Schutz durch die mit Mauern und Türmen befestigte Stadt. Diese erhöhte Sicherheit erhielt auch die Remstalstraße, die den Verkehr zwischen so wichtigen Handelsplätzen wie Straßburg, Nürnberg, Nördlingen und Augsburg vermittelte und den staufischen Besitz an der Rems mit dem im Ries verband. Beide Gebiete waren unter Konrad III. mehrfach militärisch gefährdet, befanden sie sich doch in der Grenzlage zu den Welfen, den schärfsten Rivalen der Staufer in Süddeutschland. „Charaktristisch für Gmünd und für die meisten anderen Stadtgründungen des 12. Jahrhunderts ist, daß sie Wirtschaftsplatz (Markt), herrschaftlicher Zentralort und Großburg zugleich gewesen sind" (K. Graf). „Zu dem 1162 bezeugten Auftreten von cives kommen weitere Argumente: der Nachweis früher Ministerialität in der Stadt, die Bezeichnung burgus im Jahre 1188, der Beleg für einen Schultheißen 1189, die Existenz zweier Kirchen im 12. Jahrhundert sowie die Bauweise der Stadtmauer und andere Gebäude" (H.-M. Maurer). Gmünd kann sich jedenfalls rühmen, daß vor ihm kein anderer Ort im späteren Württemberg als staufische Stadt urkundlich erwähnt ist.

Die schriftliche Überlieferung zur Frühzeit der Aalener Stadtgeschichte ist spärlich. *Aalen* wird namentlich erstmals als „Alon" in dem Ellwanger Güteverzeichnis aus der Zeit um 1136 genannt. Das Kloster hatte hier Besitz, erscheint also als Grundherr in Aalen. Gleichzeitig wird ein Mitglied des Ortsadels (Cunradus de Alon) erwähnt, der mit einer Hofstatt, wohl in Ellwangen gelegen, belehnt war. Ob der um 1150 in einem Verzeichnis der Einkünfte des Kämmerers des Klosters Ellwangen genannte Ort „Alach" mit Aalen identifiziert werden kann, ist zweifelhaft.

Am 29. Oktober 1300 belehnte Abt Ekkehard von Ellwangen, ein Schwabsberger, die Lutterburgerin und den Reinlinger mit dem Maierhof in (der Stadt) Aalen und der dazugehörigen Mühle im Dorf bei Aalen („Aelun"). Aus der Urkunde läßt sich zweierlei folgern. Sie unterscheidet ausdrücklich zwischen Aalen und dem Dorf bei Aalen; folglich muß es zu dieser Zeit neben der älteren Dorfsiedlung auch eine Stadt Aalen gegeben haben. Damit enthält das Dokument auch die erste Erwähnung der Stadt Aalen. Urkundlich sicher belegt als Stadt ist Aalen am 23. April 1328. Als Stadt erscheint Aalen also auffallenderweise spät. Der Zeitpunkt der Stadtgründung ist nicht genau festzustellen. Da es noch nicht im

Steuerverzeichnis der Reichsstädte von 1241 erwähnt wird wie etwa Schwäbisch Gmünd und Bopfingen, nimmt man an, daß es erst nach 1241 zur Stadt erhoben wurde, wohl zwischen 1241 und 1246, also in den letzten Regierungsjahren Kaiser Friedrichs II. († 1250). Allerdings gibt es keine direkten Beweisgründe, sondern nur Wahrscheinlichkeitsschlüsse, daß Aalen eine staufische Stadtgründung ist. Dafür spricht, daß das Gebiet im staufischen Macht- und Einflußbereich lag. Ihre Bedeutung verdankt die Stadt ihrer Lage an der Reichs- und Handelsstraße Straßburg–Nördlingen. Andererseits erscheinen die Oettinger im Jahre 1340 urkundlich als Stadtherrn. Ob sie die Stadt gegründet haben, oder ob Aalen aus staufischem Besitz an sie überging, ist eine kontrovers diskutierte Frage.

Die Topographie läßt erkennen, daß die heutige Stadt nicht vom römischen Kastell und dessen Lagerdorf ihren Ausgang genommen hat, sondern von mehreren spätalamannischen Hofgruppen, die das Siedlungsbild des Frühmittelalters geprägt hatten. Die planmäßige Siedlungskonzentration durch die Stadtgründung führte offenbar schon bald danach zur Aufgabe einiger dieser bäuerlicher Gehöfte.

Das Kloster Ellwangen hat seinen schon im 12. Jahrhundert nachweisbaren Besitz in Aalen erweitert. Außer dem im Jahre 1300 als Lehen vergebenen Maierhof und einer Mühle besaß die Abtei um 1337 2 Höfe, 2 Huben, 8 Lehen und 2 Selden, ferner 25 Häuser mit Gärten, 11 weitere Gärten, 1 Halde, 2 Wiesen und 10 Morgen Ackerland; außerdem wohl das ganze Hirtenamt, das 100 Eier zinste, und noch einen Anteil am Fluramt, von dem die Abtei einen Malter Dinkel bezog.

Der Aalener Burgstall liegt südöstlich des Kastells auf einem steil nach drei Seiten abfallenden Bergsporn. Die Anlage mit den zum Teil noch gut erhaltenen Wällen und Gräben hat eine Länge von rund 50 Metern und kündet heute noch von einer stattlichen mittelalterlichen Burg. Sehr wahrscheinlich war sie Sitz des seit 1136 nachweisbaren Ortsadels. Der zu dieser Zeit genannte Cunradus de Alon stand offenbar in ellwangischen Diensten. Ein zwischen 1345 und 1358 genannter Hans von Aalen war oettingischer Vogt zu Lauterburg. Angehörige der Herren von Aalen treten längere Zeit als ellwangische und oettingische Ministerialen auf. Wahrscheinlich sind sie bald nach 1426, der letzten urkundlichen Erwähnung, ausgestorben. Spätestens zu Beginn der 2. Hälfte des 14. Jahrhunderts scheint das Dorf Aalen zusammen mit der Burg des Ortsadels zerstört worden zu sein; denn um 1370 werden Äcker „in dem Felde gegen den Burgstall" erwähnt, 1419 ist die Rede von Äckern, „welche wüst liegen uff dem Burgstall" und 1425 von einer Flur, „do etwen das Dorf stund".

In *Bopfingen* besaß das Kloster Fulda im 8. und 9. Jahrhundert geringen Besitz, der später nicht mehr erwähnt wird. Der Ort – wohl im Besitz der Herren von Flochberg – kam spätestens im frühen 12. Jahrhundert an die Staufer, unter denen er zu wirtschaftlicher Blüte und politischer Bedeutung gelangte. Ähnlich wie in Gmünd hat auch hier die Lage an der Kreuzung zweier alter Handelsstraßen entscheidend dazu beigetragen. Zusammen mit der benachbarten Feste Flochberg bildete die Stadt einen wichtigen staufischen Stützpunkt. Welche Bedeutung Flochberg-Bopfingen und Umgebung für die Staufer hatte, kann daraus gefolgert werden, daß Konrads III. Sohn Heinrich im Jahre 1150 dieses Gebiet als „terra nostra", als „unser Land" bezeichnet; es muß als Hausgut König Konrads angesehen werden. Als Stadt wird Bopfingen erstmals 1188 genannt. Barbarossa hatte sie zusammen mit Flochberg, neben anderen Städten und Bur-

Stauferstädte – Reichs- und Stauferklöster

Aus dem Reichssteuerverzeichnis des Jahres 1241

Frankfurt	250 Mark Silber	*Steuern der Juden*	
Gelnhausen	200 Mark Silber		
Hagenau	200 Mark Silber	Straßburg	200 Mark Silber
Schwäbisch Hall	170 Mark Silber	Worms	130 Mark Silber
Schwäbisch Gmünd	160 Mark Silber	Speyer	80 Mark Silber
Kolmar	160 Mark Silber	Schwäbisch Gmünd	12 Mark Silber
Esslingen	120 Mark Silber	Schwäbisch Hall	8 Mark Silber
Breisach	100 Mark Silber	Ulm	6 Mark Silber
Rottweil	100 Mark Silber	Bopfingen	2 Mark Silber
Rothenburg	90 Mark Silber		
Ulm	80 Mark Silber		
Biberach	70 Mark Silber		
Konstanz	60 Mark Silber		
Überlingen	50 Mark Silber		
Bopfingen	50 Mark Silber		
Eberbach	20 Mark Silber		
Neckargemünd	20 Mark Silber		

gen, als Heiratsgut für seinen Sohn Konrad vorgesehen. Der Ortsadel, von dem 1153 erstmals mehrere Angehörige urkundlich mit Namen erwähnt werden, stand in staufischen Diensten. Gegen Ende der Stauferzeit erscheinen Vertreter von ihnen als Kämmerer und Marschälle, wahrscheinlich im Dienst Konrads IV.

Außer den territorialpolitischen Gründen bestimmten die Staufer auch fiskalisch-wirtschaftliche Motive zur Anlage von Städten. In dieser Zeit des Übergangs von der Natural- zur Geldwirtschaft erschlossen die mit dem Marktrecht ausgestatteten Städte ergiebige Finanzquellen; und Geld brauchten die Könige für ihre vielfältigen politischen Pläne und Unternehmungen immer dringender. Das Reichssteuerverzeichnis aus dem Jahre 1241 bestätigt die wirtschaftliche Bedeutung der Städte, läßt gewisse Schlüsse zu auf die relative Größe und die Wirtschaftskraft der einzelnen Städte. Die Judensteuer ist ein Indiz für die vor allem von Juden betriebenen Geldgeschäfte.

Reichs- und Stauferklöster

Kloster- und Kirchenstiftungen als Vorrecht des Adels haben auch die Staufer wahrgenommen. Ihre wichtigste Klostergründung in unserem Raum ist *Lorch*, das als Benediktinerkloster vor 1102 gegründet wurde, und zwar anstelle einer älteren staufischen Burganlage, deren Reste noch im Haspelturm stecken. Sowohl der den Staufern verwandte Geschichtsschreiber Otto von Freising wie auch die spätere Klostertradition nennen Herzog Friedrich I., seine Gemahlin Agnes, Tochter Kaiser Heinrichs IV. sowie die Söhne Friedrich und Konrad als Gründer. Nach einer späteren Urkunde hat Herzog Friedrich mit der Gründung des Klosters einen Wunsch seines Vaters

Friedrich von Büren erfüllt. Daß die ersten Mönche tatsächlich aus Hirsau, der Hochburg der cluniazensisch-päpstlichen Richtung kamen, läßt sich nicht sicher nachweisen. Die älteste Lorcher Urkunde von 1102 berichtet, daß Herzog Friedrich I. von Schwaben, seine Gemahlin Agnes und deren Söhne Friedrich und Konrad das Kloster dem hl. Stuhl übertragen haben. Wenn als Motiv der Klostergründung das Seelenheil der noch lebenden und verstorbenen Familienmitglieder genannt wird, entspricht dies dem Geist jener Zeit. Daß dabei auch politische Ziele und Absichten mitspielten, ist offenkundig. Denn der Herzog verband mit seiner Schenkung wichtige Bedingungen, die die Wahl des Abtes und die Vogtei betreffen. Der Abt sollte jeweils aus der Reihe der Mönche des Klosters gewählt werden, bei Fehlen eines geeigneten Kandidaten in Lorch jedoch nach Rat der Äbte von Hirsau, Komburg und Zwiefalten. Daß er die freie Abtwahl gewährte, unter Umständen sogar einen Einfluß Hirsaus, kann als Entgegenkommen des kaisertreuen Herzogs gegenüber den kirchlichen Reformkreisen gedeutet werden. Andererseits verknüpfte er seine Schenkung mit der Forderung, Vogt und Schirmherr der Abtei müsse immer dem Ältesten der staufischen Familie vorbehalten bleiben. Damit sicherte er sich einen weitgehenden Einfluß vor allem auf die Besitzverhältnisse des Klosters, ein bewährtes Mittel damaliger Hausmachtpolitik. Ein Hauskloster der zur schwäbischen Herzogswürde aufgestiegenen Staufer war Ausdruck ihrer neuen Machtstellung und eine Stärkung ihres Ansehens gegenüber den beiden mächtigsten Rivalen in Schwaben, den Welfen und Zähringern mit ihren Hausklöstern Weingarten und St. Peter. Um 1060 hatten die Staufer die Pfarrkirche St. Maria im Dorf Lorch in ein kleines Chorherrnstift umgewandelt und hier eine Familiengrablege errichtet. Doch hat König Konrad III. 1140 das Kloster auf dem Berg anstelle der Stiftskirche zur Grablege des staufischen Hauses bestimmt. Er ließ die Gebeine seines Vaters und anderer seiner Vorfahren in die Klosterkirche umbetten. Das ursprüngliche Familienkloster ist jedoch für das staufische Haus nicht zur zentralen Grablege geworden wie etwa der Speyrer Dom für die Salierkönige; kein männlicher Träger der Reichskrone ist hier begraben, außer vielleicht König Heinrich (1147–50), der Sohn Konrads III. Die berühmteste Tote in Lorch ist die Gemahlin Philipps von Schwaben, die byzantinische Prinzessin Irene. Fast über das gesamte Gebiet des alten Reiches und weit darüber hinaus sind die Staufergräber verstreut. Auch darin zeigt sich das tragische Schicksal der Staufer und das Zerfließen ihrer Macht und Größe.

Die Staufer haben nicht nur neue Klöster gegründet, sondern auch schon lange bestehende in ihre Klosterpolitik mit einbezogen. Das gilt besonders für das alte Reichskloster *Ellwangen*. In der ersten Hälfte des 12. Jahrhunderts befand sich das Kloster, was Vermögen und innere Verfassung betrifft, in einem krisenhaften Zustand. Der Wiederaufbau der 1100 abgebrannten Klosterkirche hatte schwere finanzielle Opfer erfordert. Abt Helmerich (1118–1136) war mit seinem Konvent offenbar tief zerstritten, weil er, wie ein Mitglied seines Konvents in einer wohl auf ihn zu beziehenden „Klageschrift" sich entrüstet, durch Verschleudern von Klosterbesitz der Abtei schwer geschadet hat. Der Abt vergab auch um 1136 innerhalb des südlich der Kirche gelegenen Klosterbezirks Wohnstätten an außerklösterliche Ansiedler und gab damit offensichtlich den Anstoß zur Gründung der Stadt, die sich deutlich als bewußte Schöpfung erweist. Das ganze Stadtgebilde ist im Grundriß und Aufbau auf das Gotteshaus, den geistig-religiösen Mittelpunkt hin orientiert. Da die Erweiterung des Klosterbezirks durch eine bürgerliche Siedlung den Klosterfrieden offenbar empfindlich gestört hat, verlegte der Nachfolger Abt Helmerichs, Abt Adalbert I., im Jahre 1146 die Klausurgebäude vom Süden der Klosterkirche nach dem Norden.

Im Hinblick auf den Zustand des Klosters zu Beginn des 12. Jahrhunderts spricht manches dafür, daß Adalbert I. (1136–1173) aus dem unter hirsauischem Einfluß stehenden Kloster Ottobeuren nach Ellwangen berufen wurde in der Absicht, dieses Kloster in entsprechendem Sinn zu reformieren. Wie viel er an hirsauischem Reformgeist verwirklichen konnte, läßt sich kaum mehr feststellen; überdies war zu jener Zeit das Leben der Reformklöster bereits in herkömmliche Formen eingemündet. Auffallend ist, daß der Abt des Reichsklosters relativ selten in Reichsgeschäften und als Zeuge in staufischen Kaiserurkunden erscheint. Ob der Grund dafür in seiner Herkunft aus der welfenfreundlichen Familie der Ursin-Ronsberg liegt, oder ob ihm die Leitung seines Klosters kaum andere Tätigkeiten erlaubte, ist kaum auszumachen.

Bezeichnend ist die Urkunde, die Friedrich Barbarossa noch im Jahre seines Regierungsantritts 1152 für das Kloster Ellwangen ausgestellt hat, da sie inhaltlich über die bei einem Regierungswechsel übliche Bestätigung alter Rechte hinausgeht. Der König verbriefte dem Kloster seine bisherigen Rechte und Privilegien, vor allem seine Vogtei-, Immunitäts- und Forstrechte; dabei wurde die schon von Heinrich II. 1024 festgelegte Grenze des Virngundaforsts erneut beschrieben. Daneben enthält die Urkunde vor allem interessante Bestimmungen über die Klostervogtei. Dem Abt wird gestattet, alle seine Angelegenheiten nach seinem Belieben durch den Vogt erledigen zu lassen. Doch werden die Rechte des Vogts eingeschränkt. Er durfte nur noch dreimal im Jahr, und zwar mit nur zwölf Pferden, das Klostergebiet betreten, um Gericht zu halten und die ihm dafür zustehenden Einkünfte in Empfang zu nehmen. Sonst habe er nichts zu tun, es sei denn, der Abt rufe ihn in besonderer Notlage. Man darf wohl in diesen Bestimmungen nicht bloß eine Schutzmaßnahme zugunsten des Klosters sehen, sondern auch eine Möglichkeit des Königs, das Kloster sich selbst stärker zu verpflichten.

Tatsächlich geschah dies auch mit dem Forstdiplom Friedrich Barbarossas von 1168. Darin wiederholte er zwar seine frühere Bestätigung der ellwangischen Rechte hinsichtlich des Virgundawaldes, traf jedoch gleichzeitig folgende Bestimmungen: Der Virgundawald sei mit allen Forstrechten als Lehen des Abts an seinen herzoglichen Sohn Friedrich und dessen Nachfolger übertragen; diesem obliege der Schutz des Waldes und der Forstrechte; unerlaubte Nutzungen des Waldes habe er zu verhindern. Zusammen mit dem Abt habe er das alleinige Jagdrecht. Diese Bestimmungen können wohl kaum anders als eine Art Schirmherrschaft der Staufer über Ellwangen angesehen werden. Wenn man bedenkt, daß der fünfjährige Herzog natürlich noch keine selbständigen Entscheidungen treffen und entsprechende Maßnahmen durchführen konnte, so ist unschwer zu erkennen, daß der Kaiser in Wirklichkeit selbst die Vogteirechte über ein Kloster an sich zieht, ohne dabei Lehensmann des Abtes werden zu müssen. Dabei ist zu beachten, daß der Forst eine wichtige Grundlage für die Ausbildung der Landeshoheit über ein Territorium war und Kirchenvogteien damals einen wesentlichen Teil der sich bildenden königlichen Territorien ausmachten. Falls sich noch die Vermutung erhärten ließe, daß Abt Adalbert II. von Ellwangen (1173–1188) ein fränkischer Adeliger war, zeigte sich auch darin die Absicht des Königs, durch starke Einflußnahme auf das Kloster auch hier im schwäbisch-fränkischen Grenzgebiet die königliche Macht zu stärken und auszuweiten. Einen schweren Rückschlag für das neu aufstrebende Kloster brachte die Brandkatastrophe des Jahres 1182, der Kirche, Kloster, Bibliothek und ein Großteil der Stadt zum Opfer fielen.

Eine neue Glanzzeit ist mit dem Namen des Abtes Kuno I. (1188–1221) verbunden. Er ist der erste Ellwanger Abt, der den Titel eines Reichsfürsten trägt. Und tatsächlich spielt er in der damaligen Reichspolitik eine entscheidende Rolle. Vom Beginn seiner Amtsübernahme an ist er auf vielen Hoftagen anwesend, auch wenn sie in größerer Entfernung von Ellwangen wie in Aachen, Mühlhausen (Thüringen), Worms, Speyer, Nürnberg stattfinden; und immer wieder tritt er als Zeuge in königlichen Urkunden auf, was darauf schließen läßt, daß er zum Beraterkreis der Stauferkönige gehörte.

Zu Beginn des durch die Doppelwahl von 1198 ausgelösten Thronstreits zwischen dem Staufer Philipp von Schwaben, dem Sohn Barbarossas, und dem Welfen Otto von Braunschweig, dem Sohn Heinrichs des Löwen, stand Kuno eindeutig auf seiten des Staufers. Er gehörte zu den weltlichen und geistlichen Fürsten, die 1199 dem Papst die Wahl Philipps zum König anzeigten und sich zu dessen Gunsten einsetzten. Da sich aber Innozenz III. schließlich für Otto entschied, führte die Auseinandersetzung zwischen beiden Parteien zu bürgerkriegsähnlichen Zuständen in Deutschland. Als Philipps Sieg sich unmittelbar abzeichnete, wurde er 1208 aus Privatrache ermordet. Ob es Zufall ist, daß Abt Kuno während der zehnjährigen Auseinandersetzung weder auf einem Hoftag auftritt noch in einer Urkunde erscheint, oder ob er sich aus dem Streit heraushalten wollte, ist nicht ersichtlich. Als nach dem Tode Philipps das staufische Haus bis auf den jungen Friedrich in Sizilien erloschen war, ging Kuno offenbar mit den staufischen Parteigängern zu Otto über, der jetzt die Sache des Reiches vertrat. Bereits 1209 gehörte er zu den Mitunterzeichnern der Verlobungsurkunde für König Otto und Beatrix, der noch minderjährigen Tochter Philipps. Aber dann schweigen die Quellen wieder über Kuno. Es ist zweifelhaft, ob er den neuen König zur Kaiserkrönung nach Rom begleitet hat, wo es bald zum offenen Bruch zwischen Kaiser und Papst kam. Als dann der jugendliche Friedrich II. in Deutschland erschien, um das Reich für sich zu gewinnen, scharten sich sofort die alten Anhänger seines Hauses um ihn. Ob der Ellwanger Abt dabei war, ist auch hier fraglich; jedenfalls erscheint er erst wieder seit 1215 in den Urkunden, als nach der Schlacht von Bouvines in Frankreich der Thronstreit zugunsten Friedrichs II. entschieden war. Von jetzt an ist er wieder unermüdlich im Dienste des Königs tätig. Welcher Wertschätzung er sich erfreute, kommt darin zum Ausdruck, daß ihm 1218 auch noch die Abtei Fulda übertragen wurde, und zwar mit der päpstlichen Erlaubnis, daneben die Abtei Ellwangen als Kommende beibehalten zu dürfen. Den Höhepunkt erreichte seine politisch-diplomatische Tätigkeit im Dienste des Staufers, als ihn Friedrich II. im Frühjahr 1220 mit dem ehrenvollen Auftrag nach Rom schickte, mit dem Papst über die Kaiserkrönung zu verhandeln. Daß seine Dienste insgesamt von fünf Königen so häufig in Anspruch genommen wurden, läßt auf ausgeprägte politisch-diplomatische Fähigkeiten des geistlichen Reichsfürsten schließen. Die heftigen, mit Leidenschaft geführten Auseinandersetzungen zwischen Staufern und Welfen, zwischen Kaiser und Papst während des Thronstreits mußten den mittelbar oder unmittelbar Beteiligten schwere psychische Belastungen bringen. Das häufige Herumreisen im Reich und Italien erforderte bei den damaligen Verkehrsverhältnissen eine robuste Gesundheit.

Tafel 17 Lauchheim. Die Kapfenburg, weit die Landschaft beherrschend, geht ins 11. Jahrhundert zurück. Im Vordergrund die Pfarrkirche St. Peter und Paul

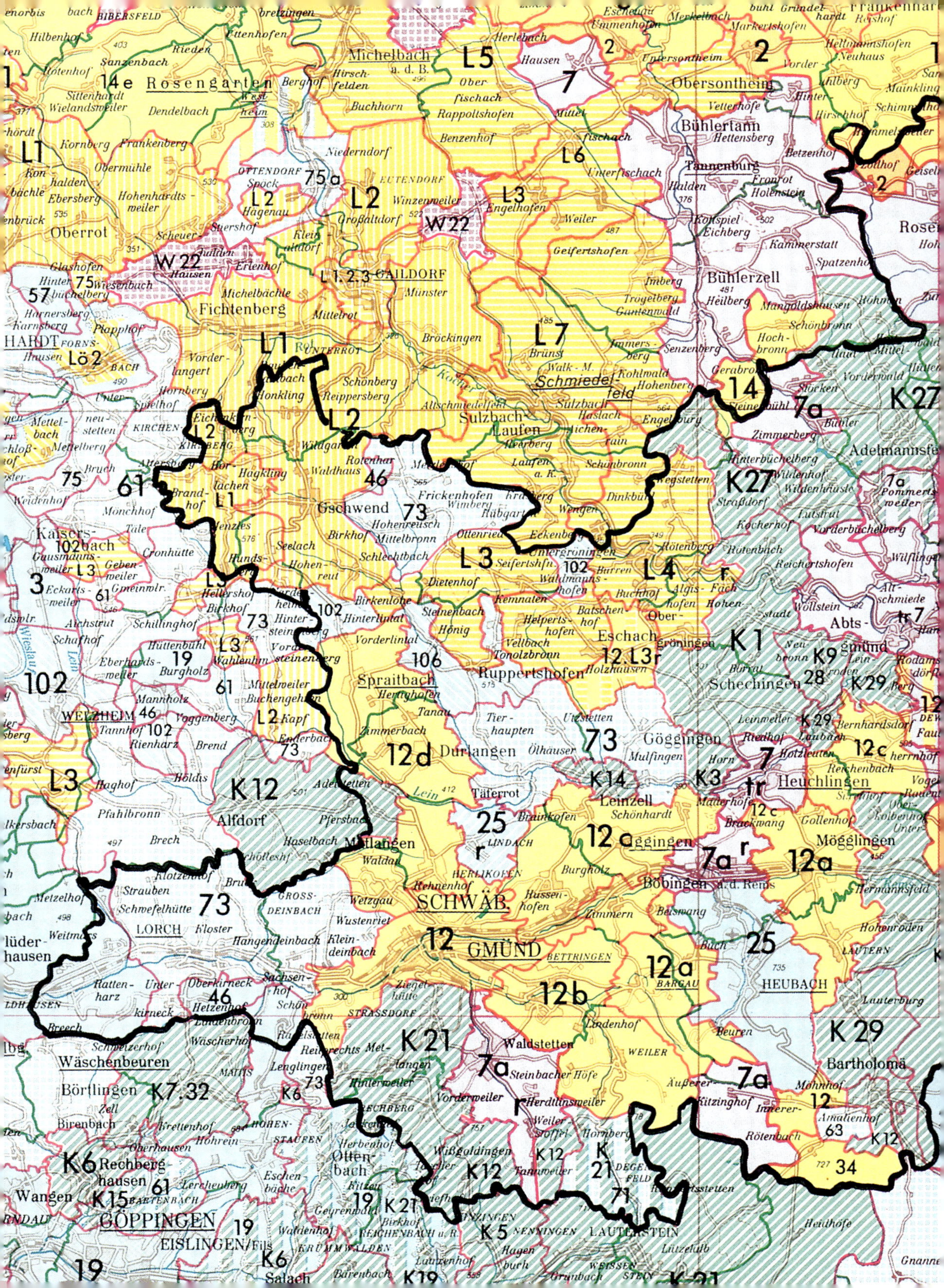

Rosengarten
Michelbach a. d. B.
Obersontheim
Bühlertann
Tannenburg
Bühlerzell
Oberrot
Gaildorf
Fichtenberg
Großaltdorf
Winzenweiler
Engelhofen
Geifertshofen
Bröckingen
Schmiedelfeld
Sulzbach
Laufen
Hardt
Welzheim
Gschwend
Frickenhofen
Hohenreusch
Untergröningen
Abtsgmünd
Schechingen
Spraitbach
Durlangen
Täferrot
Leinzell
Göggingen
Heuchlingen
Mögglingen
Iggingen
Böbingen a. d. Rems
Alfdorf
Pfahlbronn
Lorch
Mutlangen
Schwäb. Gmünd
Bettringen
Bargau
Heubach
Lauterburg
Bartholomä
Waldstetten
Weiler
Wäschenbeuren
Börtlingen
Rechberghausen
Göppingen
Eislingen/Fils
Salach
Wangen
Lauterstein
Degenfeld
Weißenstein
Nenningen
Donzdorf
Hohenstaufen
Ottenbach
Rechberg
Straßdorf
Waldhausen
Plüderhausen
Ruppertshofen
Eschach
Kaisersbach
Adelmannsfelden
L1
L2
L3
L4
L5
L6
L7
W22
K1
K12
K21
K27
K29
12a
12b
12c
12d
73
102

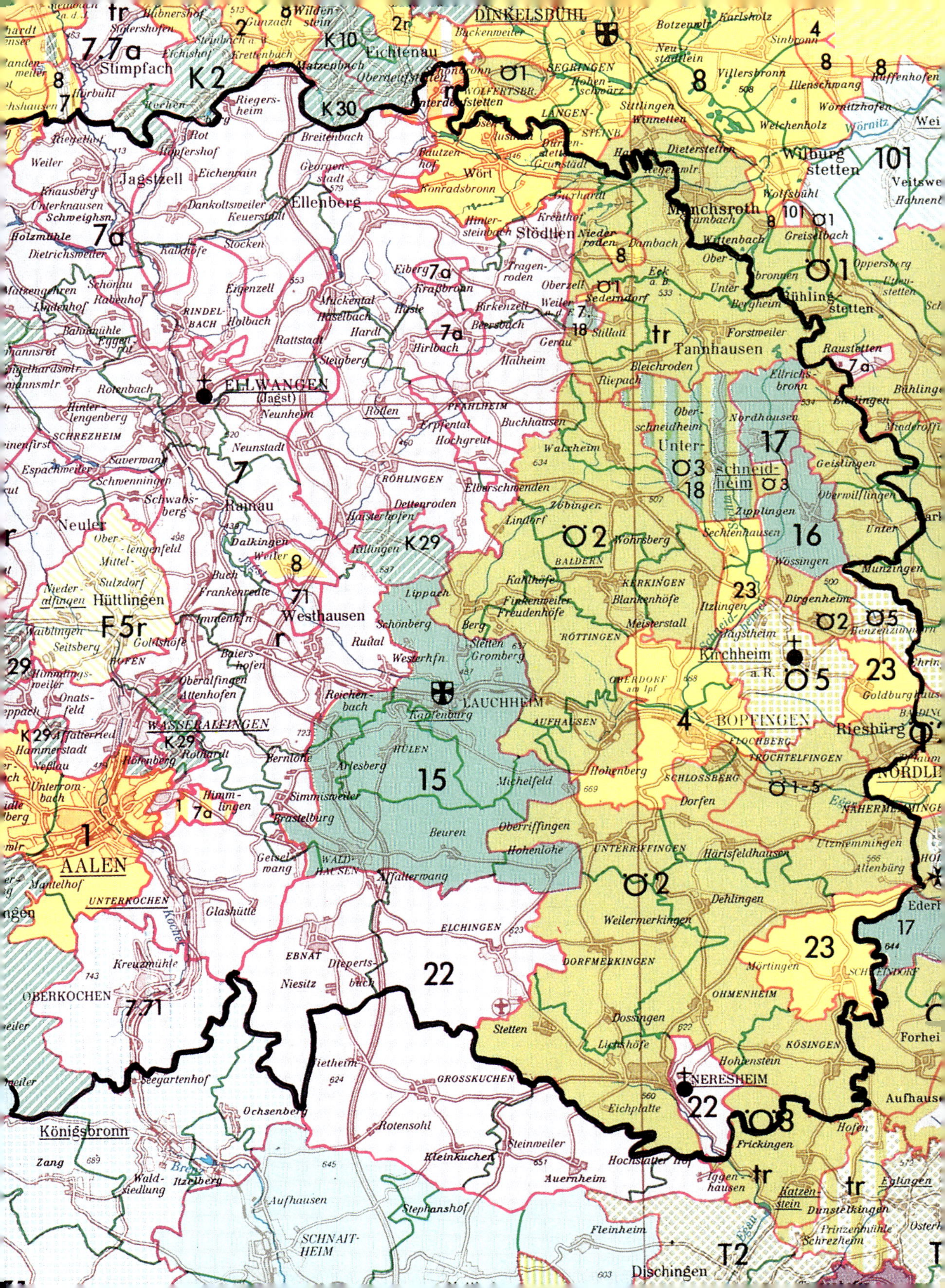

Tafel 20   Schloß Baldern, im Besitz der Familie von Oettingen, wurde auf mittelalterlichen Grundlagen 1718–1737 erbaut.

Tafeln 18/19   Besitzzersplitterung im Gebiet des heutigen Ostalbkreises im Jahre 1790 (Ausschnitt aus Kart VI, 13 Historischer Atlas von Baden-Württemberg)

Wichtigste Herrschaftsgebiete:

Violett:	Geistliche Territorien	Grün:	Deutscher Ritterorden
Hellbraun:	Limpurg	Gelb:	Reichsstädte
Braun:	Oettingen	Grün-weiß:	Reichsritterschaft, Kanton Kocher
Hellblau:	Württemberg		

Trotz dieser zeit- und kräfteraubenden Tätigkeit in der Reichspolitik hat Kuno seine Pflichten als Vorsteher seines Klosters keineswegs vernachlässigt. Dabei waren es keine geringen Aufgaben, die ihm in Ellwangen, und später auch in Fulda gestellt waren.

Ganz in der Entwicklung der Zeit erbaute der machtvolle Reichsfürst auf dem heutigen Schloßberg eine erste Burg, die nicht bloß dem Kloster Schutz bieten sollte, sondern künftighin dem Abt als Residenz diente. Wenn die Nachricht der Ellwanger Annalen zum Jahre 1201, Kuno habe Kloster und Stadt durch Brand zerstört, auf den Abt dieses Namens zu beziehen ist, ließe das auf schwerwiegende Differenzen und Spannungen zwischen Stadt und Kloster und dem kraftvollen Reichsabt schließen. Ob sie durch gegensätzliche Auffassungen im Thronstreit bedingt waren oder ob die aufstrebende Stadt sich von der Herrschaft des Abts befreien wollte, konnte bis jetzt durch keine weiteren Quellen geklärt werden.

Von den verschiedenen Äbten, denen als Bauherrn die heutige Basilika zu verdanken ist, gebührt ihm wohl das größte Verdienst. Und gerade dieses, zwischen 1182 und 1233 erbaute Gotteshaus ist der besondere Beitrag Ellwangens aus dieser Zeit: Hier wird zum ersten Mal auf schwäbischem Boden das Prinzip der flachen Holzdecke durch das der gewölbten Kuppeln abgelöst. Und so wurde dieser monumentale Sandsteinquaderbau der „bedeutendste unter den wenig zahlreichen romanischen Gewölbebauten Schwabens" (Dehio) und „vielleicht das wichtigste Baudenkmal der schwäbischen Kaiserzeit im Stammlande" (Gradmann).

Alle diese Leistungen zusammen – die Gründung der Stadt, der daraus notwendig gewordene Umbau des Klosters, die Wiedererrichtung der abgebrannten Klosterkirche, der Bau einer Burg und schließlich die Erhebung des Abtes in den Fürstenstand – lassen eindrucksvoll erkennen, daß die glanzvolle Zeit der Staufer, die den schwäbischen Raum immer stärker in das weltbewegende Geschehen gerückt hat, auch zu einer politischen und kulturellen Blüteperiode des Klosters Ellwangen geworden ist. Und dieses Reichskloster wiederum mit seinen politisch engagierten Äbten war eine wichtige Stütze staufischer Herrschaft im ostschwäbischen Raum.

Im Zusammenhang mit der staufischen Politik gewinnt der ostschwäbische Raum besondere geschichtliche Bedeutung. Auf den Raum Ostschwaben-Ries ist nicht nur mit größter Wahrscheinlichkeit die Herkunft der Staufer zurückzuführen; sie zeigen sich auch in ihrer Zeit als Könige und Kaiser mittel- oder unmittelbar als die beherrschende Macht unseres Gebiets. Im Rahmen der staufischen Territorialpolitik bietet Ostschwaben geradezu modellhaften Charakter. Wesentliche Grundelemente einer Herrschaftsbildung in jener Zeit lassen sich hier nachweisen: Städte – Burgen – Ministerialen – Klöster – Vogteirechte – Wildbänne. In der staufischen Reichslandpolitik hat Ostschwaben eine Art Brückenfunktion zwischen den staufischen Besitzungen im Elsaß und in Innerschwaben einerseits und im Franken- und Egerland andererseits. Umfang und Bedeutung des staufischen Besitzes im ostschwäbisch-fränkischen Bereich wird schlagartig beleuchtet durch den Ehevertrag, den Friedrich Barbarossa und König Alfons von Kastilien für ihre Kinder, Herzog Konrad von Rothenburg und Berengaria, abgeschlossen haben. Dieser Ehevertrag aus dem Jahre 1188 ist für unseren Raum in doppelter Hinsicht von Interesse. Einmal enthält er die Besitzliste, in der die Morgengabe Konrads für seine Gattin aufgeführt ist. Aus unserem Gebiet sind es (neben den heute bayrischen Städten Rothenburg, Weißenburg, Dinkelsbühl und Burg Wallerstein) die

Städte Schwäbisch Gmünd und Bopfingen und die Burgen Flochberg und Waldhausen. Von den genannten Orten ist nur Gmünd als Stadt schon früher erwähnt. Es ist auffallend, daß hier auf verhältnismäßig engem Raum nun plötzlich so viele Städte auftauchen. Die Vermutung, sie seien im Zusammenhang mit der Auseinandersetzung Friedrich Barbarossas mit Heinrich dem Löwen, die 1180 bekanntlich zum Sturz des Löwen führte, errichtet worden als Schutz gegen einen Einfall des Welfen aus seinem bayrischen Herzogtum, ist wohl unbegründet.

Der Vertrag von 1188 eröffnet noch einen anderen Aspekt. Durch ihn gerät das ostschwäbisch-fränkische Gebiet plötzlich aus der provinziellen Enge in die großen Zusammenhänge der europäischen Politik. Denn diese Heirat hatte wie andere in jener Zeit ihre politischen Hintergründe. Durch die Vermählung seines Sohnes mit Berengaria von Kastilien, der präsumptiven Thronfolgerin, wollte Barbarossa dieses Land Kastilien in den Machtbereich des Imperiums ziehen. Der Plan ist allerdings gescheitert, die Ehe wurde später wieder gelöst.

Dynastenklöster

Trotz des vorwaltenden Einflusses der Staufer und ihrer Anhänger haben auch andere Dynasten die Geschichte unseres Gebietes im Mittelalter mitgeprägt. Graf Hartmann von Dillingen und seine Gemahlin Adelheid schenkten wahrscheinlich im Jahre 1095 ihre Burg auf dem heutigen *Neresheimer* Klosterberg zur Gründung eines Klosters. So entstand hier zunächst ein Chorherrnstift. Die Einrichtung eines gemeinsamen Lebens von Weltgeistlichen, die nach der Regel des hl. Augustinus lebten, entsprach den Forderungen des Reformpapsttums. In solchen Stiften sollte ein reformierter Klerus auch zum Dienst in der Seelsorge herangebildet werden. Allerdings wurde dieses regulierte Chorherrnstift bereits 1106, unter Mitwirkung des Stifters, in ein Benediktinerkloster umgewandelt. Die ersten Mönche wurden aus Petershausen bei Konstanz berufen, später kamen weitere Mönche aus dem hirsauisch geformten Kloster Zwiefalten hinzu. Die Zahl der Mönche blieb zunächst gering (6–8), doch traten in den ersten Jahren nicht weniger als 25 Laienbrüder in das Härtsfeldkloster ein, ein Zeichen dafür, daß damals auch die Laien sich zu einem strengeren religiösen Leben hingezogen fühlten. Schutzpatron des Klosters wurde neben der hl. Afra der hl. Ulrich von Augsburg, der ja aus dem Dillinger Grafenhaus hervorgegangen war. Im Endkampf zwischen den Staufern und dem Papsttum stand das Kloster auf päpstlicher Seite; es wurde deshalb innerhalb weniger Jahre wiederholt geplündert und in Brand gesteckt, 1246 und 1247 durch König Konrad IV., 1249 durch den Markgrafen von Burgau. Die Vogtei des Klosters blieb in den Händen der Stifterfamilie bis zu ihrem Aussterben 1258. Dann beanspruchten die Grafen von Oettingen die Schutzherrschaft, die sie 1263 durch ein Urteil von Albertus Magnus unter dem Rechtstitel einer Pfandschaft erhielten. Allerdings hatte das Kloster unter ihnen zeitweilig viel zu leiden. Im 13. Jahrhundert, der Zeit seiner größten Ausdehnung, besaß das Kloster sieben Dörfer sowie Streubesitz, Einkünfte und Rechte verschiedener Art in rund 70 Orten sowie zehn inkorporierte Pfarreien. Während der ganzen Zeit ihres Bestehens war die Abtei ein bedeutendes Kulturzentrum des Härtsfelds.

Der hirsauischen Tradition gemäß gab es in Neresheim neben dem Männerkloster auch einen Frauenkonvent; 1121 zählte er 21 Schwestern. Doch gewann dieses Frauenkloster nach außen hin keine Bedeutung; es bestand bis zur Mitte des 13. Jahrhunderts.

Dynastische Territorialpolitik im Spätmittelalter

In der Endzeit der Staufer und nach ihrem Untergang begann der Kampf um ihr Erbe und damit die Zeit der territorialen Zersplitterung. Zunächst waren die *Grafen von Oettingen* dabei, in unserem Bereich das größte und geschlossenste Territorium aufzubauen. Der erste zielgerichtete Vorstoß nach Westen erfolgte durch Versuche der Grafen, im 13. Jahrhundert Vogteirechte über das Kloster Ellwangen durchzusetzen. Ob sie schon 1229 als rechtmäßige Vögte betrachtet werden können, ist umstritten. Sicher nachgewiesen im Besitz von Ellwanger Vogteirechten sind sie zu Beginn des 14. Jahrhunderts. Als Vögte konnten sie Einfluß nehmen auf die Verteilung und den Erwerb des Ellwanger Kirchenguts, das gerade im Ries reichlich vorhanden und großenteils an den dortigen Adel als Lehen ausgegeben war. Im Jahre 1250 erhielten sie Baldern als ellwangisches Lehen und besaßen damit eine Feste zur Sicherung ihrer Verbindung mit dem Kloster. Nach dem Aussterben der Grafen von Dillingen (1258) erwarben sie 1263 die Vogtei über das Kloster Neresheim mit beachtlichem Besitz im Südosten des Kreisgebiets. König Ludwig von Bayern überließ 1330 Berg und Burgstall Flochberg den Grafen von Oettingen zu Lehen mit der Erlaubnis, dort eine Festung zu bauen, die dem Reiche offen stehen sollte. Jedoch war Karl IV. 1347 bereits gezwungen, Flochberg den Oettingern zu verpfänden. Doch wurde die Burg in der Folgezeit nie ausgelöst, und so ist das Haus Oettingen-Wallerstein heute noch Besitzer der Anlage. Weiter im Westen setzten sie sich in Aalen, wo sie 1340 als Stadtherrn bezeugt sind, in der Umgebung der Stadt und in der späteren Herrschaft Adelmannsfelden fest. Sie wurden Lehensherrn der Burgen Hohenalfin-

38 Ehemaliges Zisterzienserinnenkloster Kirchheim am Ries. Torturm

Die mit den Staufern verwandten Grafen von Oettingen gründeten 1268 (Stiftungsbrief 1270) in *Kirchheim/Ries* ein Frauenkloster des neu entstandenen Zisterzienserordens, der Armut, asketische Einfachheit und das Gebot der Handarbeit stark betonte und damit in gewissem Gegensatz zu den zu Reichtum gelangten Benediktinern stand. Das von einer Äbtissin geleitete Kloster stand unter der Aufsicht des Abtes von Kaisheim. Unter der Schirmvogtei der Stifterfamilie, die in der Klosterkirche ihre Grablege einrichtete, gewann das Kloster bald reichen Grundbesitz in vielen Orten und zahlreiche Patronatsrechte. Das neugestiftete Kloster hat Papst Gregor 1272 in seinen Schutz genommen und dessen Besitzungen bestätigt. Den ersten königlichen Schirmbrief gewährte König Rudolf 1274. Das Kloster blühte rasch auf und zählte 1296 bereits 50 Nonnen.

gen, Kochenburg, Leinroden und Hohenstadt; zeitweilig besaßen sie die Kapfenburg, die Lauterburg mit Essingen, die Burg Rosenstein und Heubach. Diese Erwerbungen dürfen als die wichtigste oettingische Expansion gegen Westen im 14. Jahrhundert gelten. Sie schufen damit militärisch und wirtschaftlich „die geradezu einzigartige Gelegenheit zu einer beispielhaften oettingischen Hausmachts- und Herrschaftsbildung" (E. Grünenwald). Doch ganz konnten die Oettinger diesen Besitz nicht auf Dauer halten. Das Kloster Ellwangen hatte schon 1229 die Verhängung der Reichsacht über die Oettinger erreicht, weil sie das Kloster schwer geschädigt hatten. Bopfingen konnte die 1273 von Rudolf von Habsburg bestätigte Reichsfreiheit trotz wiederholter Gefährdung verteidigen. Der Deutsche Orden begann, in Zipplingen, Nordhausen und Unterschneidheim Rechte und Besitzungen zu erwerben. Nach 1350 mußten die Oettinger zahlreiche Positionen aufgeben. Um 1358/59 verpfändeten sie die Herrschaft Lauterburg zusammen mit Burg Rosenstein und Heubach und der Stadt Aalen an Württemberg, 1361 verkauften sie die Herrschaft Adelmannsfelden an das Kloster Ellwangen, 1364 die Kapfenburg mit Hülen an den Deutschen Orden, zwischen 1365 und 1381 mußten sie die Vogtei über die Stadt und einen Teil des Klostergebiets Ellwangen an die Abtei veräußern. Damit war Oettingen auf seine ursprüngliche Basis zurückgeworfen.

Vom Westen her bemühte sich *Württemberg* um das Erbe der Staufer. Noch im 13. Jahrhundert übernahmen die Grafen die Schutzherrschaft über die Abtei Lorch; seit 1322 waren sie unbestritten im Besitz der Vogtei, bekamen schließlich die ganze Verwaltung des Klosterbesitzes in ihre Hand und machten das ehemalige Stauferkloster, die „Reichsabtei", bis gegen Ende des 15. Jahrhunderts endgültig zu einem landständigen Kloster. Durch den bereits erwähnten Erwerb von Heubach mit Rosenstein, Lauterburg und Aalen griffen sie weit nach Osten aus. Allerdings wurde Aalen 1360 von Kaiser Karl IV. ausgelöst und zur freien Reichsstadt gemacht, während Heubach württembergisch blieb. Aalen wurde dann 1377 Mitglied des Schwäbischen Städtebundes. Mit seiner kleinen Gemarkung war die Stadt eingeschlossen von drei mächtigen Nachbarn: von der Abtei Ellwangen, der Grafschaft Württemberg und den gräflichen Häusern Oettingens. Vorposten gegen das Vordringen Württembergs war Gmünd, das wie andere frühere Stauferstädte zur freien Reichsstadt geworden war. Seit 1376 im Schwäbischen Städtebund zusammengeschlossen, führten die Städte einen fast 200 Jahre dauernden Kampf gegen Württemberg, an dessen Siegen und Niederlagen Gmünd beteiligt war. Doch konnte es seine Stellung als Reichsstadt bewahren.

Freie Reichsstadt Gmünd

Am Beispiel der Stadt *Gmünd* können Wesenszüge des bürgerlichen Gemeinwesens des späten Mittelalters aufgezeigt werden. Die hohe Steuerkraft am Ende der Stauferzeit läßt schon für jene Epoche auf eine wirtschaftliche Blüte schließen. Die steigende Zahl der Einwohner machte eine Erweiterung der Stadt notwendig, die in der Errichtung eines zweiten weiteren Mauerrings im 14. Jahrhundert ihren äußeren Ausdruck findet.

Auch in der inneren Verfassung vollzog sich ein Wandel. An der Spitze des Stadtregiments stand seit der Stauferzeit der Schultheiß als Vertreter des königlichen Stadtherrn. Ihm unterstanden Verwaltung und niedere Gerichtsbarkeit, die Polizeigewalt, das Finanz- und das Kriegswesen. Im Spätmittelalter kam es dann zu einer Fortentwicklung der städtischen Verfassung mit unterschiedlichen Tendenzen.

Die erste Phase (ca. 1284–1430) ist gekennzeichnet durch die Einschränkung der Befugnisse des königlichen Schultheißen, durch das Streben der Bürger nach Selbstverwaltung und durch die Entstehung des Rates (K. Graf). 1284 ist ein entscheidendes Datum in der Ausbildung der städtischen Selbstverwaltung. In diesem Jahr werden erstmals ein Bürgermeister und ein Rat bezeugt. Damit wird deutlich, daß die vom Bürgermeister vertretene Oberschicht, das Patriziat, die städtische Selbstverwaltung beansprucht. Die soziale Zusammensetzung dieses Patriziats bleibt unklar; der jeweilige Anteil von Kaufleuten und ehemaligen stadtherrlichen Ministerialen ist nicht zu ermessen.

Um 1370 wurde das Stadtregiment vom Schultheiß, dem Vertreter des Stadtherrn, praktisch unabhängig. Als dann schließlich 1430 die Stadt von Kaiser Sigismund das Recht erhielt, den Schultheißen einzusetzen und ihn durch den Bürgermeister mit dem Blutbann belehnen zu lassen, war die seit 1284 begonnene Entwicklung zur Ratsautonomie abgeschlossen und rechtlich abgesichert.

Die rasch wachsende Stadt und ihre Umgebung gaben dem Handwerk vielerlei Aufträge und ließen den Handel immer mehr aufblühen. Die in den Zünften organisierten Handwerker waren ursprünglich von der Verwaltung der Stadt ausgeschlossen. Je mehr sie aber den Rückhalt des Gemeinwesens bildeten, desto weniger konnten sie vom Stadtregiment ferngehalten werden. So erfolgte in einer zweiten Phase (ca. 1344–1462) die Einführung der Zunftverfassung, d. h. die Geschlechter wurden von einer neuen Führungsschicht immer mehr zurückgedrängt, die Zunftmeister am Stadtregiment beteiligt. Wahrscheinlich war ein Kampf zwischen Handwerkern und „Bürgern" vorausgegangen, bis 1344 in einer Friedensordnung erstmals der Einfluß der Zunftmeister auf die Verwaltung der Stadt bezeugt wird. 1373 bestätigte Kaiser Karl IV. diese Mitwirkung der Zünfte am Stadtregiment. Endgültig in den Rat aufgenommen wurden die Zunftmeister allerdings durch die Verfassungsänderung von 1462. Sie erhielten auch das Amt eines der nunmehr drei Stettmeister (= Finanzbürgermeister). Seit 1462 gab es drei Ratsbänke: die Bürgerbank, die Gemeindebank und die Zunftmeisterbank mit je 13 Mitgliedern. Auf der Bürger- und Gemeindebank gaben die Kaufleute und die Handel treibenden Handwerker den Ton an; auf der Zunftmeisterbank saßen die Vertreter der Handwerker, die keinen Handel trieben. Die Mehrheit im Kleinen Rat besaßen also nicht die Zunftmeister, sondern die Bürger und die Vertreter der Gemeinde. Genau betrachtet war daher die Zunftverfassung nur scheinbar eine Herrschaft der Zünfte.

Neben dem „Kleinen Rat" gab es noch den „Großen Rat", dem zusätzlich je zwölf Meister aus den einzelnen Zünften angehörten. Er wurde 1410 erstmals erwähnt. Über seine Kompetenzen ist nichts Genaues bekannt. Bei einer Verfassungsänderung 1488 wurde die Zahl der Ratsherrn von 39 auf 24 reduziert, gleichzeitig die Zahl der bisher 13 Zünfte auf acht verringert, um die zahlenmäßige Relation der drei Bänke zu gewährleisten. Die Reduzierung der Zahl der Ratsherren wirkte sich auf die Entscheidungsfindung und Meinungsbildung im Rat aus. Das konnte seine obrigkeitliche Stellung stärken. Gerade diese Entwicklung, die Ausbildung des „Obrigkeitsgedankens" im Stadtregiment, läßt sich in Verbindung mit einem Zurückdrängen der Zunftautonomie in der zweiten Hälfte des 15. Jahrhunderts feststellen.

Die Bedeutung der Stadt ergibt sich auch aus den Zeugnissen des kirchlichen Lebens, besonders aus der Zahl der Klöster. Bald nach 1220 ließen sich die Franziskaner nieder; es ist

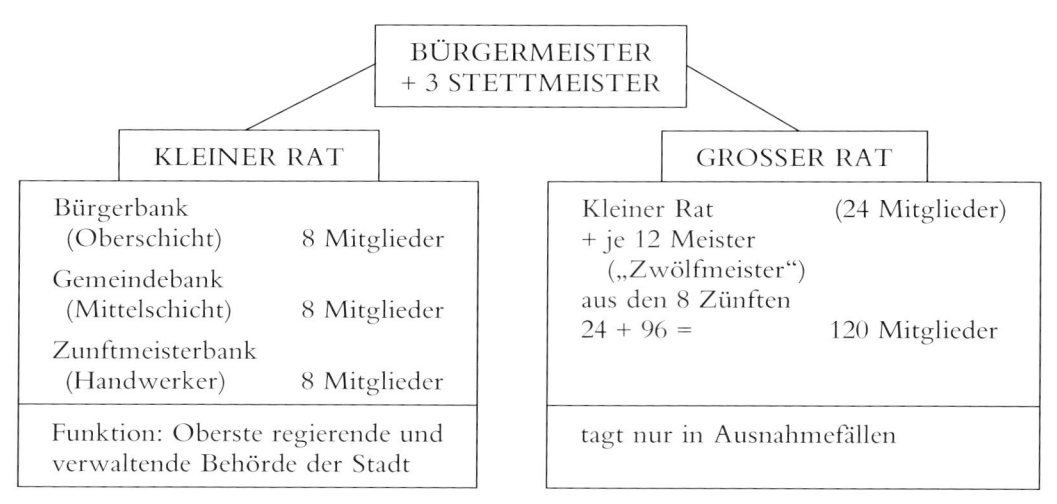

```
                    ┌─────────────────────────┐
                    │     BÜRGERMEISTER       │
                    │    + 3 STETTMEISTER     │
                    └─────────────────────────┘
                      ╱                     ╲
        KLEINER RAT                           GROSSER RAT
```

KLEINER RAT		GROSSER RAT	
Bürgerbank (Oberschicht)	8 Mitglieder	Kleiner Rat	(24 Mitglieder)
Gemeindebank (Mittelschicht)	8 Mitglieder	+ je 12 Meister ("Zwölfmeister") aus den 8 Zünften	
Zunftmeisterbank (Handwerker)	8 Mitglieder	24 + 96 =	120 Mitglieder
Funktion: Oberste regierende und verwaltende Behörde der Stadt		tagt nur in Ausnahmefällen	

Von den insgesamt 24 Räten des Kleinen Rates wurden jährlich 4 Zunftmeister und je 2 Ratsherren von den beiden anderen Bänken durch neue ersetzt.

39 Die Zunftverfassung der Stadt Schwäbisch Gmünd im Jahre 1488

eines der ältesten Franziskanerklöster auf deutschem Boden. Das Frauenkloster Gotteszell, außerhalb der Stadtmauern gelegen, war zuerst nach der Regel des hl. Augustin eingerichtet, wurde dann 1246 in ein Dominikanerinnenkloster umgewandelt. 1284 ließen sich die Augustiner nieder, 1294 folgten die Dominikaner. Von 1445 stammt das Franziskanerinnenkloster St. Ludwig. Diese Klöster sind unter verschiedenen Aspekten zu betrachten. Einmal bedeuteten sie ein erweitertes Seelsorgeangebot, was der Stadtpfarrer nicht selten als unangenehme Konkurrenz betrachtete. Ihre Konvente erwiesen sich in ihrer sozialen Zusammensetzung zum großen Teil als Versorgungsstätten der nachgeborenen Söhne und Töchter des Landadels und der bürgerlichen Oberschichten der Stadt. Aus diesen Familien stammten daher auch die großzügigen Gönner und Förderer dieser Klöster. So bedachten die Herren von Rechberg vor allem Gotteszell; hier hatten sie ihre Grablege. Die Klöster mit ihren Bibliotheken waren auch Bildungszentren; besonders die Dominikaner pflegten das gelehrte Studium. Materielle Grundlage für das klösterliche Leben war vor allem der Grundbesitz. Durch ihn bildeten die Klöster auch einen Machtfaktor in der Stadt. Ansehnlichen Landbesitz hatten die Dominikaner und die Augustiner. Der größte Grundherr der Stadt war das Kloster Gotteszell mit ausgesprochen reichem Grundbesitz, den das 1445 angelegte Lagerbuch ausweist. Der in Eigenbewirtschaftung betriebene Klosterhof umfaßte etwa 100 Hektar. Daneben besaß Gotteszell aus Schenkungen und Käufen in 45 Ortschaften mehr als 130 Höfe und Güter mit einer Gesamtfläche von rund 1800 Hektar. Dazu gehörten ihm Weinberge im unteren Remstal und beachtlicher Besitz in und bei der Stadt selbst. Auch die Einnahmen aus Zehnten und die Pfarreieinkünfte der inkorporierten Pfarreien Iggingen und Zimmerbach waren beträchtlich.

Freie Reichsstadt Gmünd

Daneben gab es in Gmünd zwei Hospitäler. Schon in der Stauferzeit war das Spital zum Hl. Geist entstanden. Als städtisches Spital kam es später zu umfangreichem Besitz und reichen Einkünften, so daß das Vermögen des Spitals das der Stadt bald übertraf. Jahrhundertelang nahm es der Stadt das ganze Armen- und Fürsorgewesen ab und trug auch noch zum Unterhalt von Kirchen und Schulen bei. Der ausgedehnte Grundbesitz des Spitals- und des Dominikanerinnenklosters Gotteszell – bildete den Grundstock für den Ausbau des reichsstädtischen Territoriums und ermöglichte dadurch den Fortbestand der freien Reichsstadt in der Auseinandersetzung mit den um das staufische Erbe ringenden Mächten, vor allem mit Württemberg. Ein zweites Spital, das schon 1326 genannte Feldsiechenhaus oder Katharinenspital, diente der Pflege von Personen mit ansteckenden Krankheiten und lag vor den Toren der Stadt.

Während die Johanniskirche (1210–1250), eine spätromanische dreischiffige Pfeilerbasilika, ein Denkmal der Stauferzeit darstellt, wird das gotische Münster zum hl. Kreuz, die älteste Hallenkirche Süddeutschlands, zum Wahrzeichen der bürgerlichen Epoche Gmünds. Dieses, das Stadtbild beherrschende Gotteshaus entstand zwischen 1315 und 1410 als Werk der Baumeisterfamilie Parler.

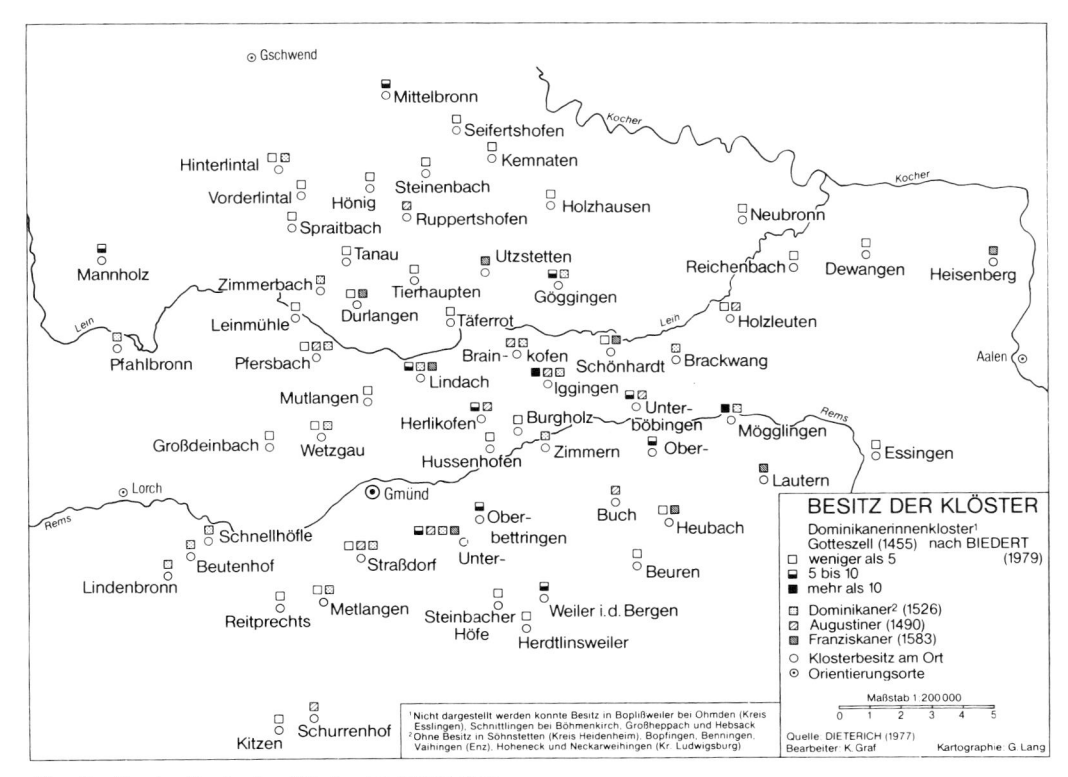

40 Besitz der Gmünder Klöster im Mittelalter

Vom Benediktinerkloster zum Chorherrnstift Ellwangen

Mit dem Ende der Staufer hatte für das Kloster *Ellwangen* eine lange Epoche des Niedergangs und des Zerfalls begonnen. Die allgemeingeschichtliche Entwicklung bildet den Hintergrund dieses Rückgangs: das sog. babylonische Exil der Päpste, das große abendländische Schisma, die kirchenpolitischen Kämpfe und Streitigkeiten. Dazu kommt eine Reihe lokal bedingter Gründe. Häufige Abtswechsel nach Kuno I. († 1221) haben eine kontinuierliche politische Entwicklung verhindert. Das Kloster ist vom Adel der Nachbarschaft als Versorgungsanstalt für nachgeborene Familienmitglieder betrachtet worden. Die adeligen Mönche waren weit von der benediktinischen Ordensregel abgekommen. Der Verzicht auf persönliches Eigentum wurde nicht mehr streng geachtet. Der Vermögensstand des Klosters war seit der Mitte des 14. Jahrhunderts andauernd äußerst schlecht. Die Reformversuche des einzigen bürgerlichen Abts Siegfried Gerlacher (1400–1427) blieben ohne Erfolg. Äußere Unglücksfälle haben das Kloster heimgesucht. 1443 zerstörte ein Brand die Wohnungen der Mönche, das Dormitorium, das Refektorium und den Kreuzgang. Der Rest klösterlicher Ordnung, den die Mönche bis dahin noch gewahrt hatten, wurde durch dieses Brandunglück vollends zerstört. Und allen Reformversuchen von außen hat der Konvent größten Widerstand entgegengesetzt. So ist es auch den Grafen von Württemberg als Schirmherrn des Klosters nicht gelungen, Ellwangen zu einem landsässigen Kloster zu machen. Schließlich wurde es 1460 in ein weltliches Chorherrnstift umgewandelt mit einem Fürstpropst an der Spitze und zwölf meist adeligen Stiftsherren.

Der Niederadel

Zwischen den größeren weltlichen und geistlichen Territorien lagen über den ganzen Bezirk zahlreiche kleine Herrschaften des *Niederadels* zerstreut, die seit dem 14. Jahrhundert wirtschaftlich stark herunterkamen, häufig zu Verkäufen gezwungen wurden oder auch ausstarben. Ihre Besitzungen wurden von den benachbarten größeren Herrschaften erworben. Fast alle der zahlreichen Rittergüter waren beim Kanton Kocher des Schwäbischen Ritterkreises im Verband der Reichsritterschaft immatrikuliert. Im wesentlichen blieb die territoriale Zerstückelung bis zum Reichsdeputationshauptschluß 1802/03 erhalten.

Mit dem Nebeneinander hochadeliger Herrschaftsgebiete (Oettingen, Württemberg), geistlicher Fürstentümer (Ellwangen), bürgerlicher Reichsstädte und Ritterschaften bildete das Gebiet des heutigen Ostalbkreises im Spätmittelalter gleichsam eine Miniatur des deutschen Reiches im Südwesten.

Reformation und Bauernkrieg

Gegen Ende des 15. Jahrhunderts mehrten sich im territorial zerklüfteten Süddeutschland die Anzeichen für eine wachsende politische und soziale Unzufriedenheit der Bauern. Die Ursachen sind im einzelnen wissenschaftlich noch umstritten, doch lassen sich mehrere Komplexe ausmachen, deren Zusammenwirken die bäuerliche Unzufriedenheit erklärt. Der Bevölkerungsanstieg verschlechterte allmählich die Lebensbedingungen auf dem Land; abhängigen Bauern war es verboten, in die Städte abzuwandern. Die Grundherren versuchten, ihre Einkünfte zu steigern; so erhöhten sie Abgaben und Dienste der Bauern. Sie erließen neue Dorfordnungen, die das tradierte Recht ablösten und die Mitbestimmung der Untertanen beseitigten. Die Bauern wollten dagegen ihr „gutes altes Recht" bewahren. Wenn auch die Forderungen der Bauern nach den jeweils örtlichen Verhältnissen verschieden waren, so hatten sie doch vieles gemeinsam. Die „Zwölf Artikel", die im Februar/ März in Memmingen verfaßt wurden, war ihr verbindendes Programm: freie Wahl der Pfarrer, Milderung der Frondienste, Beseitigung der Leibeigenschaft, Wiederherstellung der Allmende, freies Jagen, Fischen und Holzschlagen. Ausgelöst wurde der Bauernkrieg erst durch die Reformation. Was der religiöse Reformer Luther „von der Freiheit eines Christenmenschen" sagte, das verstanden die Bauern politisch. In fast allen Forderungen der aufständischen Bauern ist das Gedankengut der Reformation wiederzufinden.

Eine reformatorische Bewegung hatte sich in *Gmünd* unter dem Theologen Andreas Althamer gebildet, der aus Brenz bei Heidenheim stammte und in der ersten Hälfte des Jahres 1524 als Helfer des Pfarrers nach Gmünd gekommen war. Der Rat der Stadt stand der neuen Strömung ablehnend gegenüber. Als ihn am 5. November 1524 fünf Gmünder Bürger in einer Bittschrift ersuchten, einen evangelischen Prediger zu bestellen, lehnte der Rat dieses Begehren ab. Pfarrer Schleicher, der bewußt altgläubig eingestellt war, hat Althamer, der weiterhin evangelisch predigte, Ende Januar 1525 entlassen. Auf eine zweite Bittschrift vom 2. Februar 1525 reagierte der Rat nachgiebiger. Am 22. Februar wurde den Evangelischen gestattet, einen Gottesdienst abzuhalten und dazu mit der kleinen Glocke zu läuten. Althamer wurde von den Evangelischen wieder eingestellt und auf Druck seiner Anhänger von der Stadt besoldet. Trotzdem war die Stimmung zwischen dem altgläubigen und dem evangelischen Teil der Bürgerschaft äußerst gereizt. Althamer mußte von seinen Anhängern geschützt werden, wenn er durch die Straßen ging. Eines Tages besuchte er die Predigt eines Dominikanermönchs und unterbrach dessen Ausführungen durch Widerspruch. Am 12. Juni 1525 verheiratete er sich, um dadurch ein Zeichen zu setzen.

In der Folgezeit zeigte sich eine Verflechtung zwischen der evangelischen und einer politischen Bewegung, die eine Änderung der städtischen Verfassung durchzuführen strebte. Diese zünftische Bewegung zielte darauf ab, die Ratsverfassung zugunsten der Rechte der Gemeinde abzuändern, gleichzeitig aber auch die kirchlichen Verhältnisse im lutherischen Sinne umzugestalten. Die Gemeinde stellte einen Ausschuß von 52 Mann auf, in dem offenbar alle Zünfte vertreten waren. Am 27. März 1525 haben sich Rat und Gemeinde durch einen feierlichen Schwur gegenseitig verpflichtet, gemeinsam zu handeln, das Evangelium aufzurichten und die Stadtverfassung zu ändern. Diese schnelle Einigung von Rat und Gemeinde war nicht nur auf die Aktionen der Evangelischen zurückzuführen, sondern auf die Gefahr, die der Stadt von außen durch die Bauern drohte.

Der Bauernhaufe, der Gmünd bedrohte, hatte sich am 28. März konstituiert und nannte sich „Gemeiner heller Haufen". Mit ungefähr 2000 Mann lagerte er zunächst bei Iggingen, später bei Hohenstadt und Schechingen und wuchs schließlich auf rund 4500 Mann an. Gmünd reagierte taktisch klug. Es schickte den Spitalmeister zu den Bauern mit der Aufforderung an die Gmünder Untertanen, den Haufen zu verlassen und nach Hause zu gehen. Bei einer Abstimmung zeigten sich drei Viertel der Bauern den Mahnungen des Rats gehorsam; in wenigen Tagen hatte sich der größte Teil des Haufens aufgelöst. Dieses Verhalten macht deutlich, daß die Bauern ihre Forderungen nicht mit Gewalt durchsetzen wollten. In den Bauernhaufen sind vielmehr Demonstrationen zu sehen, die den bäuerlichen Beschwerden Nachdruck verleihen sollten.

Trotz des Eides vom 27. März blieb das gegenseitige Mißtrauen zwischen dem Ausschuß der Gemeinde und dem Rat bestehen. Das zeigte sich in der Osternacht (15.–16. April) 1525. Damals kam es aus noch nicht ganz geklärten Gründen zu einem bewaffneten Aufstand in der Stadt, bei dem das Dominikanerkloster geplündert wurde. Der Rat war nicht mehr in der Lage, die öffentliche Ordnung zu garantieren. Diese Schwäche nützte der Gemeindeausschuß, um den Rat zu entmachten und nunmehr Hoheitsfunktionen in der Stadt auszuüben. Insofern bedeutet das Geschehen in der Osternacht einen gewissen Höhepunkt der reformatorischen und politischen Bewegung.

Die Einnahme von Weinsberg am Ostersonntag, 16. April, durch den Haufen vom Nekkartal und Odenwald gab auch den Bauern im Remstal ein erneutes Zeichen zum Aufbruch. Schon am Ostermontag sind die Bauern um Gmünd und Alfdorf zusammengelaufen und haben sich zuerst in Hohenstadt, dann in Gaildorf versammelt. Danach wurde der „Gemeine helle Haufen" der „Gaildorfer Haufen" genannt. Er setzte sich aus Untertanen verschiedener Herrschaften zusammen, deshalb war es kaum möglich, in diesem Haufen einen einheitlichen Willen durchzusetzen. Es gab immer wieder Diskussionen zwischen Radikalen und Gemäßigten. Nach der Plünderung des Klosters Murrhardt zog der Haufen ins Remstal, wo er das Kloster Lorch in Brand steckte. Von hier aus machten kleinere Trupps eigene Unternehmungen. So wurde das Kloster Adelberg geplündert und durch Brand zerstört, am 29. April der Hohenstaufen erstürmt und die gesamte Burg durch Brand vernichtet; am 2. Mai hat eine Abteilung von Mutlangen aus das vor den Toren Gmünds liegende Dominikanerinnenkloster Gotteszell geplündert.

Das eigentliche Ziel des „Gemeinen hellen Haufens" war die Reichsstadt Gmünd. Er schickte am 29. April ein Schreiben an die Bürgerschaft von Gmünd mit der Aufforderung zu gemeinsamem Handeln. Bezeichnend ist, daß das Schreiben nicht an Bürgermeister und Rat gerichtet ist, sondern an die Gemeinde. Die Bauern suchten also die Verbindung zu den Bürgern. Nun gab ja der Ausschuß der Gemeinde seit Ostern in der Stadt den Ton an, und die zünftische Bewegung förderte die evangelische Predigt in der Stadt, ebenso wie die Bauern sich als Teil der evangelischen Bewegung verstanden. Doch die Stadtbürger ließen in ihrer Antwort deutlich erkennen, daß sie keineswegs gemeinsame Sache mit den Bauern machen wollten. Ein zweites Schreiben vom 1. Mai, an Bürgermeister und Rat gerichtet, verlangte den freien Durchgang durch die Stadt, was natürlich die Besetzung der Stadt bedeutet hätte. Deshalb war die Antwort ablehnend. Auf die Nachricht hin, der württembergische Bauernhaufen sei am 12. Mai bei Böblingen von Georg Truchseß von Waldburg vernichtend geschlagen worden, zog sich der „helle Haufen" auf Gaildorf zurück, wo er sich alsbald auflöste. Die städtische Bewegung wollte keine Gemeinsamkeit mit der bäuerlichen Bewegung draußen auf dem Land. Rat und revolutionäre Partei waren sich einig, den Bauern die Tore der Stadt verschlossen zu halten. Die Ratspartei jedoch verhandelte hinter dem Rücken der Gemeinde mit dem Schwäbischen Bund, um mit dessen Hilfe die frühere Machtstellung zurückzuerlangen. Esslingen schickte am 29. Mai 50 Knechte, der Bund entsandte aus Ulm Mitte Juni 63 Mann zur Unterstützung des Rats. Diesem ging es weniger um die Bauern, die ja bereits besiegt waren, sondern um die Lösung der Probleme in der Stadt. Althamer wurde am 4. Juli entlassen, am 11. Juli der Kleine Ausschuß der Gemeinde zu seiner Auflösung gezwungen. Die zünftische Bewegung in Gmünd war damit beendet. Die Stadtverfassung mit dem Stadtrat unter der Vorherrschaft der Geschlechter und die Festigung der alten Konfession konnten nun verwirklicht werden. Auf einem Städtetag am 21./22. August in Gmünd wurde der Stadtrat formell wieder eingesetzt; die alte Ordnung war wiederhergestellt.

Die politische und reformatorische Bewegung war in Gmünd gescheitert. Der Grund dafür lag in der Verbindung der beiden Bewegungen. Möglicherweise hatten die evangelisch Gesinnten eine Mehrheit unter den Bürgern; da jedoch die zünftische Bewegung die Stellung der Ratsfamilien bedrohte, sahen sich diese gezwungen, gegen beide Bewegungen vorzugehen. Auch der zeitliche Ablauf spielte eine entscheidende Rolle. Nachdem die Bauern bald überwunden waren, konnten die Landsknechte dazu dienen, den Stadtbürgern zu drohen.

Gleichzeitig rechnete man mit den Bauern ab. Sie wurden entwaffnet, teilweise gefangen genommen, eine unbekannte Anzahl von ihnen hingerichtet, die Überlebenden mit hohen Strafgeldern belegt.

Um 1524/25 bildete sich in Zürich ein Kreis von ehemaligen Schülern Zwinglis, denen die Reformation nicht weit genug ging. Die Taufe als äußeres Zeichen des freiwilligen Glaubensentschlusses sowie der Bereitschaft, künftig ein sündenfreies Leben zu führen, konnten ihrer Ansicht nach grundsätzlich nur Erwachsene, niemals Kinder empfangen (daher der Name „Wiedertäufer"). In ihren Gemeinden sahen sie die „Gemeinschaft der Heiligen", in der sie das Weltende erwarteten. Eid, Kriegsdienst, Todesstrafe, öffentliche Ämter lehnten sie ab. Sie wurden sowohl von beiden Konfessionen wie von der Staatsmacht verfolgt, weil man ihre radikale religiöse und sozialpolitische Einstellung für gefährlich hielt.

Täuferische Prediger waren offenbar bereits 1527 nach Gmünd gekommen; bis 1529 hatte der Rat erhebliche Schwierigkeiten mit ihnen. Er erließ wiederholt Ermahnungen zum Genuß des Altarsakraments, besonders bei Todesgefahr; er drohte, diejenigen vom Wasenmeister beerdigen zu lassen, die sterben, ohne mit dem Sakrament versehen zu sein. Da solche Appelle offenbar nicht viel nutzten, ließ man Mitte Februar 1529 sieben Wiedertäufer mit ihrem Anführer verhaften. Nach langer Haft wurden sie in einem Gerichtsverfahren zum Tode verurteilt und am 7. Dezember 1529 hingerichtet. Mit diesem harten Durchgreifen war die Täuferbewegung in Gmünd ausgeschaltet.

Als sich Reformation und Bauernunruhen in Deutschland ausbreiteten, war die innere Lage in *Ellwangen* nicht gerade fest und vertrauenserweckend. Über die religiös-sittlichen Zustände gibt es kaum unmittelbare Quellenberichte; jedoch dürfte der Erlaß des Dekans aufschlußreich sein, in dem er den Beschluß der Augsburger Synode von 1517 gegen die Konkubinarier auch im Gebiet von Ellwangen veröffentlichte und unter Androhung des Pfründenverlustes die Ellwanger Geistlichen verpflichtete, Konkubinen oder verdächtige Frauen innerhalb von sechs Tagen zu entlassen. Dazu kam die Spannung in Stift und Stadt durch die Auseinandersetzung um die Propstnachfolge.

Als sich nämlich Albrecht II. (1503–1521) von der Regierung der Propstei zurückziehen wollte, bemühten sich drei hochadelige Bewerber um die Propstwürde. Von ihnen blieb Pfalzgraf Heinrich, der Bruder des Kurfürsten von der Pfalz, mit Hilfe des Kaisers erfolgreich. Ihm trat Albrecht II. im Jahre 1521 die Propstwürde ab. Da sich aber das Stiftskapitel das Recht der Propstwahl nicht nehmen lassen wollte, wählte es aus den eigenen Reihen Johann von Gültlingen zum neuen Herrn, einen

Reichsritter gegen die wachsende Macht der Reichsfürsten. Doch konnte sich dieser gegen den mächtigen Pfalzgrafen mit seinen weitreichenden Beziehungen nicht durchsetzen und mußte daher auf die ihm übertragene Würde gegen eine Pension und die Zusicherung des Ertrags seiner bisherigen Pfründe verzichten. Gültlingen gewann jedoch Anhänger im Stiftskapitel, besonders die Stiftsherren Wilhelm von Hesperg (Hessberg) und Sigmund von Woellwarth. Während der Auseinandersetzungen wurde das Kapitel sogar mit dem Kirchenbann belegt. Der neue Landesherr war auch Bischof von Worms, Utrecht und Freising und hielt sich deswegen nur selten in Ellwangen auf. Hier vertrat ihn sein Stadtvogt Eberhard von Gemmingen.

Die Reformation in Ellwangen ist verbunden mit den Namen des Stiftspredigers Johann Kreß und des Stadtpfarrers Georg Mumpach (Mundtpart, Mandtpach). Johann Kreß, zwischen 1480 und 1485 in Steinenfeld bei Blaubeuren geboren, studierte in Heidelberg und war Lehrer Melanchthons in Tübingen. 1516 wurde er auf die Stiftspredigerstelle berufen. Wie er den Weg zur Reformation fand, ist nicht bekannt. Stadtpfarrer Mumpach, höchstwahrscheinlich Sohn des Ellwanger Kirchenpflegers an der Marienkirche und Schultheißen Mumpach, hatte 1521 mit 25 Jahren die Pfarrei seiner Vaterstadt erhalten. Wahrscheinlich bezog er seine reformatorischen Erkenntnisse aus seiner Heidelberger Studienzeit, wo er auch mit Johannes Brenz, dem Reformator von Schwäbisch Hall, bekannt geworden war.

Von der Fastenzeit 1524 wandte sich Kreß gegen die bisherige Form der Messe, gegen die Kelchentziehung, die Heiligenverehrung und das Fasten. Er unterwies Pfarrer und andere Priester, „auf lutherisch Messe zu lesen". Der Stadtpfarrer wiederum schlug in Nachahmung Luthers 1524 14 Artikel an die Tür seiner Kirche an, in denen er zur Disputation über das Meßopfer, das Fegfeuer, das Papsttum als Reich des Antichristen usw. aufforderte. Im weiteren Verlauf schlug er die Zerstörung oder Umwandlung der Klöster vor. Inzwischen hatten sich Hans von Gültlingen und die Chorherren Wilhelm von Hesperg und Sigmund von Woellwarth, einige Chorvikare und Bürger der Stadt der reformatorischen Bewegung angeschlossen. An Lichtmeß 1525 weigerten sich Kreß und die beiden Chorherren, bei der Prozession geweihte Kerzen zu tragen, wie es bisher üblich war. In der Karwoche luden der Pfarrer und der Prediger zum streng verbotenen Fleischessen in des Pfarrers Vaterhaus ein.

Als Mumpach einer Vorladung vor das geistliche Gericht des Augsburger Bischofs nicht nachkam, wurde er gebannt, und es wurde ihm verboten, Messe zu lesen. Doch er hielt sich nicht daran, und die Bürgerschaft stellte sich hinter ihn und verlangte, daß der Pfarrer wie zuvor predigen dürfe. Es kam zu stürmischen Verhandlungen mit dem Statthalter auf dem Rathaus. Die Stimmung wurde immer radikaler. Als die Stiftsherren mit dem Tode bedroht wurden, flüchteten sie.

Ihren Höhepunkt erreichte die Bewegung in der Siedehitze des Bauernaufstandes von Mitte März 1525 an. Dieser hat die mit der Propstwahl unzufriedenen Chorherren und die reformierenden Geistlichen mit den aufständischen Bauern zusammengeführt. Adelszwist, neue Religiosität und wirtschaftlich-soziale Probleme haben in Ellwangen die Explosion bewirkt.

Die beiden reformatorisch gesonnenen Chorherren Gültlingen und Hesperg riefen die Bauern auf der „langen Wiese" zwischen Schönau und Rindelbach zusammen. Hier beschworen sie die zwölf Artikel, in denen sie die Wahl der Pfarrer durch die Gemeinde, die Predigt des reinen Evangeliums, die Abschaffung der Abgaben, die nicht durch die Schrift bewiesen werden könnten, freie Jagd und Fischfang u. a. forderten. Es war eine Mischung von religiösen und sozialen Forderungen. Bei den sozialen Forderungen kam es den Ellwanger Bauern vor allem auf die Aufhebung der Gülten und die Umwandlung der Fallgüter in Erbgüter an. Am 26. April drangen sie in die Stadt ein und zwangen die Bürgerschaft zur Annahme ihrer zwölf Artikel. Dann setzten sie die Öffnung des Schlosses und die Lieferung von Proviant für 1200 Gulden durch. Zwei Tage später jedoch führte Bonifaz Hofmann, wahrscheinlich unter Begleitung der Stiftsherren Gültlingen und Hesperg, den Ellwanger Haufen – er soll rund 2000 Bauern gezählt haben – in die Gegend von Dinkelsbühl. Von dort aus fielen sie plündernd und brennend in das Kloster Mönchsroth ein, unterwarfen die Reichsstadt Dinkelsbühl und kehrten dann, verstärkt durch markgräflich-ansbachische Bauern am 10. Mai nach Ellwangen zurück. Diesmal hausten sie schlimmer als das erste Mal, vor allem in den Häusern der Chorherren; die markgräflich-ansbachischen Bauern sahen in Ellwangen eben nicht ihre Heimat, sondern Feindesland. Doch jetzt schloß sich ein Teil der Bürger zusammen und vertrieb die Bauern aus der Stadt. In der Zwischenzeit hatten Kreß und Mumpach den Gottesdienst ganz im evangelischen Sinn umgestaltet. Messe und Chorgebet wurden abgeschafft und das Abendmahl unter beiderlei Gestalt gefeiert. Am 17. Mai drangen dann wieder neue Bauern in die Stadt ein. Inzwischen rückte der pfälzisch-neuburgische Hauptmann von Neuneck, der Schwager des Ellwanger Stadtvogts von Gemmingen, im Namen des Fürstpropsts und des Schwäbischen Bundes mit einer kleinen Schar Reisiger heran. Durch einen Trick lockte er die Bauern aus der Stadt, indem er Dalkingen, Jagsthausen und Baiershofen in Brand steckte. Er zerstreute den Ellwanger Haufen, ließ etwa 30 Bauern erstechen und besetzte die Stadt. Noch am gleichen Tag, am 17. Mai, mußten die Bürger dem Fürstpropst den Treueid leisten. Damit war in Ellwangen das Schicksal des Bauernkriegs wie der Reformation besiegelt. Die Niederlage brachte den Bauern großen Schaden. Nicht wenige sind bei der Niederwerfung des Aufstandes umgekommen. Die Überlebenden wurden für den von ihnen angerichteten Schaden haftbar gemacht. Jeder hatte sechs Gulden zu bezahlen.

Zahl der bestraften Bauern in den einzelnen Ortschaften

Dankoltsweiler 4	Rötlen 7
Eigenzell 4	Hardt 3
Neunheim 12	Neunstadt 16
Schwabsberg 21	Haisterhofen 13
Saverwang 11	Frankenreute 2
Schrezheim 25	Birkenzell 13
Rotenbach 10	Ellenberg 22
Eggenrot 6	Wört 5
Hohenberg 14	Deufstetten 2
Rindelbach 1	Lustnau 4
Ramsenstrut 3	Stödtlen 15
Röhlingen 34	Breitenbach 6
Erpfental 12	Stimpfach 33

Da sich die Mehrzahl der Bürger nur ungern den Bauern angeschlossen hatte, wurde der Stadt ein Zugeständnis gemacht. Die Chorherrn wurden den Bürgern gleichgestellt und mußten künftighin die bürgerlichen Lasten (Steuern usw.) mittragen. Grausamer war die Strafe für die Verkünder und Anhänger des neuen Glaubens. Im Jahre 1526 ließ der Propst 32 Lutheraner gefangennehmen und mitten in der Stadt zur Hinrichtung aufstellen. Drei wurden auch tatsächlich enthauptet, den übrigen jedoch auf Bitten der Stiftsherren und

Bürger das Leben geschenkt. Hesperg mußte auf seine Pfründe verzichten und das Stift für alle Zeit verlassen. Gültlingen entfloh zum Haller Haufen, heiratete später und starb in Straßburg. Das weitere Schicksal Woellwarths ist unbekannt.

Kreß und Mumpach wurden am 30. Juli 1525 festgenommen und in Dillingen vor das geistliche Gericht des Bischofs von Augsburg gestellt. Mumpach wurden 20 ketzerische und zehn aufrührerische Anklagen zur Last gelegt. Die Anklagen gegen Kreß waren gemäßigter; neun betrafen sein Abweichen von der katholischen Lehre, sechs seine Beteiligung am Aufruhr. Beide wurden am 7. November 1525 in Lauingen hingerichtet. Kreß hatte zuvor noch widerrufen und wurde deshalb in geweihter Erde beigesetzt; Mumpach dagegen blieb seiner Lehre treu und wurde daher „in das Feld" begraben.

Vergleicht man anhand des knappen Quellenmaterials die beiden Reformatoren, so lassen sich doch Unterschiede in ihrem Wesen erkennen. Mumpach ging in seinen Ansichten weiter, sein Vorgehen war energischer, seine Sprache schärfer. Die Anklage wirft ihm vor, er habe den Bauernaufstand begünstigt und die Bürger aufgewiegelt. Kreß trat gegenüber Mumpach in den Hintergrund. Er enthielt sich der Kritik an den Mönchsgelübden und am Sakrament der letzten Ölung. Er war in seinem Verhalten und in seinen Predigten gemäßigter. An Lichtmeß 1525 hat er auf die Strafandrohung des Dekans schließlich doch die geweihte Kerze getragen; vor allem hat er vor seinem Tode noch revoziert und ist in den Schoß der alten Kirche zurückgekehrt. Sicher war er der gelehrte Kopf der Ellwanger Reformationsbewegung. Seine Zurückhaltung in einzelnen Fragen war wohl in seiner wissenschaftlichen Einstellung und in seinem Widerstreben gegenüber vorschnellen Entscheidungen begründet.

Über die lokalen Geschehnisse hinaus hat Ellwangen einen bemerkenswerten Beitrag zur deutschen Reformation geleistet durch das Werk des aus Rötlen stammenden Paulus Speratus (1484–1551), der später evangelischer Bischof von Pomesanien in Marienwerder wurde und vor allem als Organisator des evangelischen Kirchenwesens in Ostpreußen gewirkt hat, der aber auch als Kirchenlieddichter bekannt geworden ist.

Anfängliche Ansätze reformatorischen Geistes konnten sich in *Aalen* zunächst nicht durchsetzen. Der Fürstpropst von Ellwangen, der der Reformation ablehnend gegenüberstand, hatte als Patronatsherr der Aalener Kirche zu St. Nikolai noch genügend Einfluß, die Einführung des neuen Glaubens zu verhindern. Der Augsburger Religionsfriede 1555 ebnete dann den Weg für die Reformation in der Stadt. Auf dem Ulmer Städtetag 1575 äußerte Aalen die Bitte um Gewährung der Reformation; Herzog Ludwig von Wirtemberg unterstützte sie nachdrücklich, wohl in der Absicht, als Beschützer der religiösen Rechte der Reichsstadt Einfluß auf diese zu gewinnen. Er beauftragte den bekannten Theologen Jakob Andreä, Aalen im Sinne der Augsburger Konfession zu reformieren. Noch im gleichen Jahr nahm Andreä seine Tätigkeit als erster evangelischer Prediger in der Stadt auf. Rechtlich gesehen war damit eine widersprüchliche Situation entstanden. Der katholische Fürstpropst von Ellwangen übte nämlich weiterhin bis 1803 das Patronatsrecht an der nunmehr evangelischen Stadtkirche aus. Er versuchte 1607, einen katholischen Stadtpfarrer in Aalen einzusetzen. Doch der Rat der Stadt setzte sich erfolgreich zur Wehr. Auch territorialpolitisch wurde eine gefährliche Lage geschaffen. Zusammen mit den ebenfalls evangelisch gewordenen woellwarthschen Herrschaftsgebieten (Essingen, Fachsenfeld) bildete Aalen eine protestantische Insel inner-

Reformation und Bauernkrieg

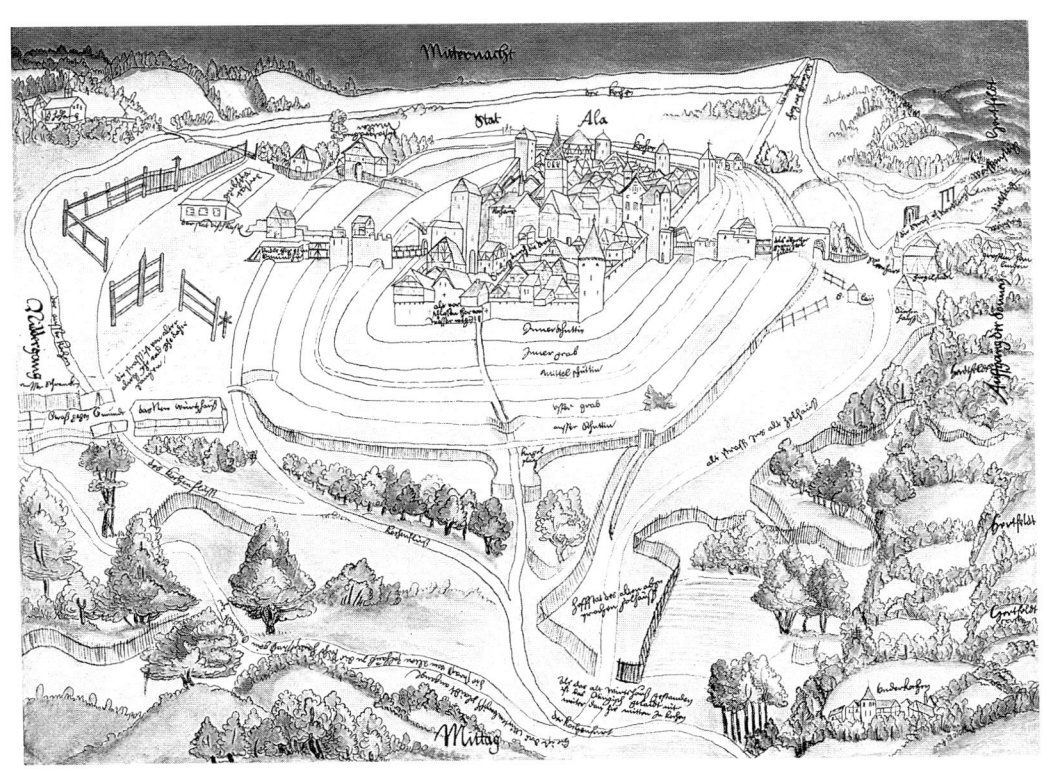

41 Die älteste Ansicht von Aalen stammt aus dem Jahre 1525.

halb eines großen katholisch gebliebenen Umfelds. Deshalb trat Aalen 1611 der Schutzmacht des Protestantismus, der Union, bei; sieben Jahre später kündigte es die Mitgliedschaft wegen des hohen finanziellen Beitrags wieder auf.

Anfang März 1525 fand „auf der langen Wies bei *Bopfingen*" eine Versammlung von Bauern statt, die später auf den Ipf zogen („Ipfhaufe"). Diese Bauernerhebung war für die Gemeinde zu Bopfingen Anlaß, am 11. März Artikel dem Rat der Stadt zu übergeben, die speziell auf diese Stadt zugeschnitten waren. Sie enthielten religiöse Forderungen im Sinne der Reformation und politische mit dem Ziel, mehr Anteil am Stadtregiment zu erhalten.

Der Rat ließ zwar einen lutherischen Prediger zu, weitere Zusagen machte er jedoch nicht. Als im Mai 1525 die Bauernerhebung in der Umgebung endgültig niedergeschlagen war, nahm der Rat seine Zugeständnisse wieder zurück und entschied sich für den alten Glauben. Es ist schwer zu sagen, ob ihn dabei mehr die innere Überzeugung oder die Furcht vor dem Kaiser und dem Schwäbischen Bund dazu bewogen haben. Doch blieb diese Entscheidung nicht endgültig. Anfang 1546 ist die Reformation in der Stadt endgültig eingeführt worden. Doch noch im gleichen Jahr hatte die Stadt dafür schwer zu leiden. Im Schmalkaldischen Krieg wurde Bopfingen auf Befehl Kaiser Karls V. besetzt und schwer geplündert. Als

42 Der Henles- oder Diebsturm, Rest der Stadtmauer der ehemaligen freien Reichsstadt Bopfingen

der Kaiser am 29. November 1546 die Stadt verließ, soll er geäußert haben: „Par Dio, dem Städtlein haben wir's grob gemacht."
Auch das Kloster *Neresheim* wurde in die Bewegungen des Bauernkriegs und der Reformation hineingezogen. Abt Johannes II. (1510–1529) hatte sich während der Bauernunruhen für vier Monate nach Wallerstein geflüchtet. Er und seine Nachfolger widersetzten sich den Versuchen, die Reformation einzuführen. Erheblichen Schaden nahm das Kloster in den folgenden Jahren. Im Schmalkaldischen Krieg 1546 brandschatzte der Landgraf von Hessen das Kloster, im April 1552 wurde es von Albrecht von Brandenburg vorübergehend besetzt. Eine später erschienene Chronik berichtet über diese Wochen: „Er (Albrecht) betrug sich zwar sehr freundlich und versicherte, daß demselben kein Schaden geschehen solle. Des andern Tags wurde aber eine Brandschatzung von 10 000 Gulden gefordert und am dritten nahm er 10 Pferde und 2 fette Ochsen mit sich fort." Es dauerte einige Zeit, bis sich das Kloster von den in diesen Jahren erlittenen Schäden erholt hatte.

Die Verfassungsänderung Kaiser Karls V. 1552

Nach dem Sieg im Schmalkaldischen Krieg erließ Kaiser Karl V. das sog. „Augsburger Interim", in dem den Protestanten bis zu einem Konzil Laienkelch und Priesterehe zugestanden wurden. Um den Widerstand gegen das Interim in Süddeutschland zu brechen, führte der Kaiser 1552 in den Reichsstädten eine Verfassungsreform durch. Dabei wurden die meist evangelisch gesinnten Zünfte aus dem Stadtregiment verdrängt und dieses dem Patriziat ausgeliefert, das im allgemeinen konservativ und katholisch gesinnt war. Auch in Gmünd wurde diese Verfassungsänderung durchgesetzt, obwohl hier die Gründe nicht zutrafen, denn die Gmünder Zunftmeister waren in der Vergangenheit – beim Vorgehen gegen die Täufer, im Bauernkrieg und im Schmalkaldischen Krieg – einig mit dem Rat gewesen. Jetzt konnte auch in Gmünd der gewöhnliche Stadtbürger und Handwerker nicht mehr in die entscheidenden städtischen Ämter gelangen. Der Rat wurde auf 21 Mitglieder verringert; fünf Mitglieder aus ihm bildeten fortan das eigentliche Führungsgremium, die „Geheimen Räte", bestehend aus den drei auf Lebenszeit gewählten Bürgermeistern und zwei Oberstättmeistern, die für die Finanzen zuständig waren. Von den 16 nicht auf Lebensdauer gewählten Mitgliedern des Kleinen Rats schieden jährlich vier aus, die der Kleine Rat durch Zuwahl ergänzte. Dem Kleinen Rat stand auch das Recht zu, jährlich den Großen Rat (64 Mitglieder) zu wählen, der dem Kleinen Rat Gehorsam schuldete.

Hexenverfolgungen

Düstere Erinnerungen rufen die Hexenverfolgungen Ende des 16. und im 17. Jahrhundert wach. Der Glaube an die Hexen war in jener Zeit überall verbreitet. Ausgelöst wurde die Hysterie offenbar durch das häufige Auftreten von Krankheiten, Seuchen, Unwettern und Mißernten, die durch Klimaverschlechterung verursacht wurden. Zwar war es in *Ellwangen* schon 1588–1590 zu Hinrichtungen von Hexen gekommen. Die großen Hexenverfolgungen hier knüpfen sich hauptsächlich an die Namen der Fürstpröpste Johann Christoph I. von Westerstetten (1603–1613) und Johann Christoph II. von Freyberg und Eisenberg (1613–1620).

Die Anklagen lauteten meist auf Verleugnung Gottes und der Heiligen, Entweihung des hl. Sakraments, Unzucht mit dem Teufel, Entfachung von Viehseuchen und Unwetter, Mischen von Giften und Herstellen von Hexensalbe. Zur Befragung der Hexen hatte der Kanzler Dr. Carl Kübler ein Formular mit 30 Fragen zusammengestellt. Wichtigstes Mittel der Beweisaufnahme war die Selbstbezichtigung und die unter den Qualen der Folter erzwungenen Geständnisse. Viele Hexen wurden aufgrund von Denunziationen verfolgt. Durch die Folter wiederum hat man die Hexen nach Mithexen befragt; diese Aussagen, man nennt es „Besagungen", ließen die Zahlen sprunghaft ansteigen, denn die Genannten wurden in „Besagungsbüchern" festgehalten, und Ellwangen hat sie unaufgefordert den Nachbarherrschaften zur Verfügung gestellt. Das Urteil lautete meist auf Verbrennung der lebenden Hexe. Der Fürstpropst, der das Begnadigungsrecht hatte, wandelte es häufig ab auf Hinrichtung mit dem Schwert oder Strang und Verbrennung des Leichnams. Diese Form galt damals als mildes Urteil.

Während anfangs fast nur Frauen der Hexerei bezichtigt wurden, stieg der Anteil der Männer von Jahr zu Jahr und betrug 1613–1618 rund ein Drittel. Auch Amtspersonen und Geistliche wurden nicht verschont. So wurden in Ellwangen zwei Richter und 1615 auch drei Priester und ein Organist hingerichtet. Zwischen 1588 und 1618 sind 338 Hinrichtungen belegt, 274 Frauen und 64 Männer, davon wurden rund 120 lebendig verbrannt. Wahrscheinlich lag die Gesamtzahl noch höher, bei etwa 400 Personen. Allein 1611 fanden 139 Hinrichtungen statt; sie wurden in Gruppen durchgeführt; in diesem Jahr waren es 17 Hinrichtungstage. In Ellwangen hatten die Jesuiten die Aufgabe, als Beichtväter die unglücklichen Opfer zu betreuen. Einer von ihnen, Pater Johann Finkh schreibt am 13. September 1613 in einem Bericht, seit 1611 seien schon 303 Hexen verbrannt worden. Dann fährt er fort: „Ich sehe nicht, wohin das führen soll und wie dies enden wird. Denn dieses Übel hat so überhand genommen und hat wie die Pest so viele angesteckt, daß nach Jahren, wenn der Magistrat weiterhin sein Amt so ausübt, die Stadt elend veröden wird." Nachdem Fürstpropst Johann Christoph von Westerstetten abgedankt hatte und Bischof von Eichstätt wurde, hat die Zahl der Hinrichtungen abgenommen, war aber immer noch sehr hoch. 1617 hat es keine Hexenverbrennungen gegeben, 1618 sind es nochmals zehn. Aus dem Jahr 1629 werden nochmals einige Hexenprozesse bezeugt, dann hörte in Ellwangen der Schrecken endgültig auf.

Die Hinrichtungskosten mußten die Angehörigen bezahlen; Hab und Gut der Hexen wurden ganz oder teilweise konfisziert. Doch waren es nicht finanzielle Gründe, die den Fürstpropst bewogen haben, die schrecklichen Hexenverfolgungen durchzuführen. Von den rund 400 Hinrichtungen wurden bei etwa 310 der Wohnort erwähnt. Sie lebten in der Stadt oder in Orten der Propstei. Von diesen 400

Personen waren, vorsichtig gerechnet, 260 Ellwanger, darunter 210 Frauen und 50 Männer. Die Opfer des Hexenwahns dürften daher im Verhältnis zur Bevölkerung schlimmer gewesen sein als die der vorausgegangenen Seuchen, Brände und Kriege. Sicherlich gab es damals fast überall in Süddeutschland Hexenprozesse. Aber die Zahl der Opfer wie die unmenschliche Art des Verfahrens war in Ellwangen offenbar doch über das hinausgegangen, was man andernwärts beobachtete. Ellwangen geriet in schlechten Ruf und wurde der Hexen wegen gemieden. Als zu jener Zeit die Frage diskutiert wurde, in der Stadt ein Gymnasium zu errichten, wurde u. a. folgendes Argument dagegen angeführt. Mit einer größeren Schülerzahl von außen könne man nicht rechnen, weil die Stadt wegen ihrer vielen Hexen einen schlechten Ruf habe und diese auch eine Gefahr für die Schüler bedeuteten. Und interessant ist, daß in dem im Jahre 1615 gegen die Mutter des Astronomen Johann Kepler in Weil der Stadt angestrengten Hexenprozeß einer der Ankläger aussagte: bei den Hexen seien Beweise nicht notwendig, weil die Verbrechen derselben im verborgenen geübt würden; im Ellwangischen seien „mehr als 100 Hexen verbrannt worden, ohne daß die Beschuldigungen bewiesen worden seien".

Ein Anstoß zur Hexenverfolgung in *Gmünd* kam von außen. Die Regierung der Fürstpropstei Ellwangen schickte Denunziationen über Gmünder Frauen und Männer als Hexen und Hexer. Außerdem leistete Ellwangen insofern „Amtshilfe", als es wiederholt einen seiner Scharfrichter als Fachmann für Folterfragen nach Gmünd auslieh. Der Versuch des Gmünder Ratskonsulenten Dr. Leonhard Kager, durch ein Rechtsgutachten die Hexenverfolgungen einzudämmen, blieb ohne Erfolg. Im Jahre 1617 wurden 78 Personen lebendig verbrannt, während des Dreißigjährigen Krieges unterblieben Hexenprozesse; nur aus der Zeit von 1645 bis 1652 sind einzelne Verfahren bekannt. In den achtziger Jahren des Jahrhunderts stieg die Hexenverfolgung nochmals sprunghaft an, bis sie dann 1684/85 endgültig abgeschafft wurde.

Der Dreißigjährige Krieg 1618–1648

Nach dem Augsburger Religionsfrieden 1555 hatte sich der ostschwäbische Raum etwas erholt von den schweren Schäden der über dieses Gebiet hinweggegangenen Kriege. Das Bemühen der neuen Konfessionen, ihre Stellung auszubauen und zu festigen und das Streben der katholischen Kirche, vor allem mit Hilfe der Jesuiten verlorengegangene Bereiche wieder zurückzugewinnen, verschärften die konfessionellen Gegensätze. Aus Sorge für ihre Sicherheit schlossen die evangelischen Fürsten 1608 die „Union"; ein Teil der katholischen Fürsten vereinigte sich im folgendem Jahr zur „Liga".

Ursachen und Ziele des Dreißigjährigen Krieges sind nicht auf einen Nenner zu bringen. Konfessionelle Gegensätze, der Dualismus zwischen Kaiser und Reichsständen und die Rivalität der Großmächte um die Hegemonie in Europa haben Ursachen und Verlauf bestimmt. Der Krieg wurde nach dem Grundsatz geführt: „Der Krieg ernährt den Krieg." Das Heer mußte von der Bevölkerung des Gebiets, in dem es gerade lag, versorgt werden. Der Feldherr legte den Städten deshalb „Kontributionen" auf. Zahlten sie nicht, wurden sie den Soldaten zur Plünderung überlassen. Die Bauern mußten Vieh und Getreide abliefern, oder ihre Dörfer wurden verbrannt. Durchzug oder Einquartierung eines Heeres waren eine Qual, gleichgültig, ob es eine befreundete oder feindliche Armee war. Die Verluste unter der Bevölkerung waren in den häufig vom Krieg überzogenen Gebieten sehr hoch. Die

Der Dreißigjährige Krieg 1618–1648

Menschen waren, vom Hunger geschwächt, Seuchen erlegen oder ermordet worden.
Die Reichsstadt Gmünd war von protestantischem Gebiet umgeben. Sie hatte sich 1619 der katholischen Liga angeschlossen. Im gleichen Jahr besetzten württembergische Truppen vorübergehend Stadt und Umland und forderten Kontributionen.
Da die Reichsstadt Aalen an einem wichtigen Verbindungsweg von Westen zum Osten lag, brachten häufige Truppendurchzüge und Einquartierungen Plünderungen, Armut, Hunger und Seuchen. Bald wurden Versuche unternommen, die Reformation wieder rückgängig zu machen. Als zwischen 1628 und 1632 kaiserliche Truppen die Umgebung besetzt hatten, wurde vorübergehend der katholische Gottesdienst wieder eingeführt.
Der Fürstpropst von Ellwangen hatte 1609 zu den Gründungsmitgliedern der katholischen Liga gehört. Er stellte sich damit in einen gefährlichen Gegensatz zu seinen evangelischen Nachbarn. Die finanziellen Beiträge zu diesem Bündnis während des Krieges und die dauernden Durchzüge und Einquartierungen kaiserlicher und gegnerischer Truppen bedeuteten schwere Belastungen für den Propst wie für seine Untertanen. Im Jahre 1626 wütete die Pest in der Stadt. Damals sind 34 Häuser ganz ausgestorben.
Der Krieg erhielt eine neue Dimension, als 1630 König Gustav Adolf von Schweden in den Krieg auf dem Festland eingriff. Sein Sieg über die Kaiserlichen bei Breitenfeld 1631 öffnete dem schwedischen Heer den Weg nach Süddeutschland und erfüllte die Protestanten mit großen Hoffnungen. Als zu gleicher Zeit der Kaiser in Italien freigewordene Truppen in den Schwäbischen Kreis einrücken ließ, wurde der süddeutsche Raum verstärkt in das Kriegsgeschehen hineingezogen.
Als die Schweden unter Oberst Christoph Martin von Degenfeld 1632 Gmünd besetzten, mußte die Stadt eine Brandschatzung von 13000 Gulden bezahlen; dazu kamen noch die hohen laufenden Quartier- und Versorgungskosten. Dafür durfte Gmünd katholisch bleiben. Im folgenden Jahr hat die schwedische Krone die klösterlichen Güter auf Gmünder Territorium dem Oberst von Degenfeld zugesprochen, um aus den Einkünften dieser Besitzungen den Sold seiner Truppen bezahlen zu können. Das bedeutete die Säkularisierung geistlicher Besitzungen. Doch als Degenfeld im Sommer 1634 Dienste im französischen Heer angenommen hatte, hat er seine Ansprüche stillschweigend aufgegeben.
Vor den herannahenden Schweden verließ der Fürstpropst Johann Jakob Blarer von Wartensee (1621–1654) am 18. Oktober 1631 mit seinen Kapitularen und Räten die Stadt und hielt sich in den nächsten Jahren in Bayern und Österreich, besonders in Salzburg, auf, während in Ellwangen sein Stadtvogt Johann Bernhard Cramer zurückblieb. Nach den zurückweichenden kaiserlichen Truppen drangen Schweden unter Oberst Sperreuter, der in Dinkelsbühl sein Hauptquartier hatte, in das Gebiet ein. Am 22. Mai 1632 besetzten sie die Stadt Ellwangen, nachdem Sperreuter einen „Accord" mit dem ellwangischen Statthalter und Vertretern der Geistlichkeit und der Bürgerschaft mit folgendem Inhalt abgeschlossen hatte: Rund 300 schwedische Reiter wurden als Besatzung in der Stadt, auf dem Schloß und im Stiftsgebiet einquartiert; die ellwangischen Beamten und Geistlichen durften in ihren Stellungen bleiben, der alte Gottesdienst konnte weiterhin gefeiert werden; eine Plünderung wurde durch Bezahlung einer „Rantzion" abgewendet; eine Kontribution im Sinne einer Besteuerung sollte noch bestimmt werden. Das waren annehmbare Bedingungen. Doch gab es Schwierigkeiten, da der Propst den Vertrag nicht unterschrieb und sich weiterhin bei den Feinden der Schweden

aufhielt. Die Besatzungsmacht hat daher zwar die Stadt dem Accord gemäß behandelt, nicht aber das Stift. Da der Landesherr ausgeschaltet war, nahmen die Schweden das Recht in Anspruch, einen neuen einzusetzen.

So schenkten sie am 1. Mai 1633 dem Grafen Kraft von Hohenlohe-Neuenstein die Fürstpropstei Ellwangen; der Graf mußte versprechen, 80000 Reichstaler dafür zu bezahlen. Graf Kraft war damit Landesherr über ein Gebiet geworden, das größer war als seine Grafschaft Hohenlohe-Neuenstein. Er betrachtete sich im Stift ebenso als obersten Kirchenherrn wie in seiner heimatlichen Grafschaft. Und als solcher war er entschlossen, die Reformation im Stiftsgebiet einzuführen. Allerdings sollte das aus taktischen Gründen nicht auf einen Schlag geschehen; zunächst sollte die Stadt evangelisch werden, dann wäre es seiner Meinung nach nur eine Frage der Zeit gewesen, daß sich auch das Land der neuen Richtung angeschlossen hätte. So wurde die Schloßkapelle als erste reformiert, dann an der Stiftskirche anstelle des katholischen der evangelische Gottesdienst eingeführt. Ein evangelischer Prediger und ein evangelischer Schulmeister kamen nach Ellwangen, während die Stiftsherrn, die Jesuiten und fast alle Geistlichen die Stadt verlassen mußten. Als in der Stiftskirche auch noch alle kirchlichen Geräte und Gewänder inventarisiert werden mußten, hat zum ersten Mal in der Ellwanger Geschichte ein weltlicher Herr seine Hand auf kirchliche Einrichtungen gelegt. Da jedoch die Hohenlohesche Herrschaft über Ellwangen nur Episode blieb, konnte auch dieser Versuch einer Reformation Ellwangens nicht erfolgreich sein.

Die entscheidende Wende brachte der Ausgang der blutigen Schlacht bei Nördlingen am 6. September 1634. Das kaiserliche Heer hatte die Schweden vernichtend geschlagen. Eine Folge war, daß sich die schwedische Herrschaft in Süddeutschland auflöste.

Aalen hatte schon vor der Schlacht, zwischen dem 16. und 21. August, eine schwere Plünderung durch kaiserliche Truppen über sich ergehen lassen müssen. Die große Katastrophe kam nach der Nördlinger Schlacht. Kroatische Einheiten hatten in der Nacht vom 6. auf 7. September die Stadt eingenommen. Die von den flüchtenden Schweden auf dem Marktplatz zurückgelassenen Pulverwagen wurden noch in der Nacht von zwei schwedischen Kornetts angezündet, damit sie nicht in die Hände der Feinde fielen. Die Berichte über das Ausmaß der Zerstörung sind unterschiedlich. Doch die durch die Explosion verursachte verheerende Feuersbrunst hat die Stadt offenbar zu einem großen Teil vernichtet. Gegen Ende des Krieges, 1646 und 1648, zogen Franzosen und Schweden nochmals durch die schwergeprüfte Stadt und raubten den Bewohnern die spärlichen Reste ihrer Habe, die sie gerettet oder neu erworben hatten.

Die kaiserlichen Truppen, die nach der Nördlinger Schlacht nach Gmünd kamen, schleppten die Pest ein. Vom Oktober 1634 bis November 1635 hat die Seuche 983 erwachsene Menschen hinweggerafft, etwa zwölfmal soviel Tote wie sonst in einem solchen Zeitraum; die verstorbenen Kinder sind dabei gar nicht mitgezählt. Nach vorsichtigen Schätzungen bedeutet das ein Drittel der Einwohner Gmünds. Im Jahre 1641 mußte die Stadt den Kaiser um Steuerermäßigung bitten; sie befand sich in einer ausweglosen Situation. Nur noch die Hälfte der Stadtbevölkerung sei am Leben, in den zur Stadt gehörenden Dörfern nur ein Viertel. Die finanziellen Aufwendungen der Stadt zwischen 1619 und 1646 betrugen rund eine Million Gulden. Das war sicher ein großes Opfer, wog aber doch gering, verglichen mit den Zerstörungen in anderen Städten wie im benachbarten Aalen.

Nach der Schlacht bei Nördlingen mußte auch Hohenlohe am 9. September 1634 das Stift

Ellwangen räumen. Der Propst konnte im folgenden Jahr in seine durch den Krieg schwer mitgenommene Herrschaft zurückkehren, aus der er allerdings im weiteren Verlauf des Krieges noch dreimal für kurze Zeit fliehen mußte.

Bopfingen hatte in den ersten Kriegsjahren unter den üblichen Kriegslasten – Truppendurchzügen, Einquartierungen, Geldzahlungen – zu leiden. Im Zusammenhang mit dem Restitutionsedikt versuchten die Kaiserlichen 1630, die Gegenreformation in der Stadt durchzuführen; doch mit dem Erscheinen der Schweden 1632 ist dieser Versuch gescheitert. Nach der Schlacht von Nördlingen schleppten die kaiserlichen Truppen hier wie in Gmünd die Pest ein. 381 Bewohner der Stadt starben an dieser Seuche allein zwischen September und Dezember 1634 und in den ersten Monaten 1635 nochmals 187 Personen. Die flüchtenden und verfolgenden Heere richteten 1634 auf ihrem Weg nach Westen noch schwere Schäden an. Goldburghausen, Trochtelfingen, Utzmemmingen, Schweindorf und andere Orte wurden angezündet, Pflaumloch fast ganz eingeäschert. Die benachbarte Burg Flochberg haben die Schweden noch am Ende des Krieges, am 15. April 1648, zerstört.

Neresheim wurde 1632 von den Schweden erobert, das Kloster 1633/34 dem schwedischen Generalmajor von Hofkirchen übertragen. Ein Neresheimer Tagebuch aus dem Jahre 1634 schildert die Situation: „. . . stund es um diese Refier allenthalben übel. Sterben viel Leute vor Hunger, und sahen auch so übel vor Hunger aus, daß sie keinem Menschen gleichsahen, Hund und Katzen auffiengen, und aßen, und Luder reißendweis hinwegnahmen, und aßen, Gras und Wurzel suchten." 1647 zählte das Kloster noch vier Mönche; die meisten der zum Kloster gehörenden Dörfer waren verwüstet. Im Jahre 1660 ist die Rede von dem „noch nicht halb erbauten Herdtfeld".

Im Herbst 1634 hatte das Ostalbgebiet die schwerste Zeit im Krieg erlebt. Vor allem im westlichen Ries und auf dem Härtsfeld wurden einzelne Dörfer weitgehend verwüstet, die Stadt Aalen großenteils zerstört. Viele Orte hatten durch die Pest einen großen Teil ihrer Einwohner verloren. Der Wiederaufbau des entvölkerten und verwüsteten Landes nach dem Westfälischen Frieden dauerte ein gutes Jahrhundert.

An der konfessionellen Struktur unseres Raumes hatte sich nichts geändert. Die geistlichen Herrschaften von Ellwangen, Neresheim und die Deutschordenskomturei Kapfenburg blieben wie die Reichsstadt Gmünd katholisch, von den weltlichen Herren im Westen die Grafen von Rechberg, im Osten die Familie Oettingen-Wallerstein, auf dem Härtsfeld das Haus Thurn und Taxis. Zur Reformation bekannten sich nach wie vor die Reichsstädte Aalen und Bopfingen, württembergische Herrschaftsbereiche mit Lorch und Heubach, die zur reichsfreiherrlichen Familie Woellwarth-Lauterburg gehörenden Orte im Albvorland und auf dem Albuch, im Nordwesten die Orte Untergröningen, Gschwend und Adelmannsfelden, die zur Herrschaft der Schenken von Limpurg gehörten.

Die Jesuiten in Ellwangen

Die religiöse und kulturelle Entwicklung der Fürstpropstei wurde von der Tätigkeit der Jesuiten entscheidend geprägt. Ihre Niederlassung in Ellwangen entwickelte sich in ihrer mehr als 200jährigen Geschichte von einer einfachen Missionsstation (1557–1658) über eine selbständige Residenz (1658–1729) zu einem eigentlichen Kolleg der Gesellschaft Jesu (1729–1773). Die zum Kolleg Dillingen gehörende Missionsstation war anfänglich bloß zeitweilig, von 1611 andauernd mit zwei Patres besetzt, die zunächst ganz in den Dienst der

43 Schloß Ellwangen, Residenz der Fürstpröpste, erbaut ab 1604 an der Stelle der im 12. Jahrhundert errichteten Burg der Äbte

Gegenreformation gestellt waren. Doch erhielt die Niederlassung bald einen doppelten Charakter: Einerseits bildeten die auf dem Schloß als Gäste des Propstes wohnenden Patres eine zum Fürstenhof gehörende und dort mit bestimmten Aufgaben betraute Mission, zum anderen hatten sie im ganzen Herrschaftsgebiet Aufgaben der außerordentlichen Seelsorge zu erfüllen. In diese Zeit der Missionsstation fällt auch die Entstehung der Wallfahrt auf dem Schönenberg 1638. In jener schrecklichen Zeit des Dreißigjährigen Krieges entwickelte sich rasch eine blühende Wallfahrt zu diesem Heiligtum. Für die Jesuiten hatte das eine zweifache Auswirkung. Die Wallfahrtsstätte bot ihnen die Möglichkeit einer intensiveren und umfassenderen Seelsorge, andererseits band sie den Orden immer stärker an Ellwangen.

Im Jahre 1658 wurde daher die bisherige Missionsstation in eine selbständige Residenz umgewandelt. Entscheidend dafür war, daß nun zwei weitere Jesuiten kamen, die ein Gymnasium eröffneten. Den Schwerpunkt ihrer Tätigkeit sahen die Jesuiten jedoch immer noch in der Seelsorge. Ein Höhepunkt ihrer Wirksamkeit war die Missionsarbeit des heiligmäßigen Pater Philipp Jeningen (1642–1704), dessen Grab sich in der Liebfrauenkapelle des Kreuzganges befindet. Auf seine Initiative geht das in den Jahren 1681–1695 erbaute und nach dem Brand von 1709 erneuerte Marienheiligtum auf dem Schönenberg zurück.

Die Jesuiten erfreuten sich fast zu allen Zeiten der großzügigen Unterstützung durch die jeweiligen Fürstpröpste. Ihr größter Wohltäter wurde aber der Stiftsdekan Ignatius Desiderius von Peutingen (1641–1718), der letzte Sproß des bekannten Augsburger Familiengeschlechts. Er hat der Ordensniederlassung mehrere Stiftungen vermacht und sie schließlich zu seinem Universalerben eingesetzt. Dieses gewaltige Vermögen von rund 90000 Gulden schuf nun die materiellen Grundlagen für die Errichtung neuer Gebäude (Kollegium, Gymnasium und Kirche 1720–1729) und die Umwandlung der Residenz in ein Kollegium.

Für die Regierung wie für die Bevölkerung der Stadt mit ihren vielen Beamten war die schulische Tätigkeit der Jesuiten besonders wichtig. Im Jahre 1729 wurde dem Gymnasium durch Einführung des Philosophiestudiums ein Oberbau aufgesetzt. Als dann 1752 auch noch Lehrstühle für Moraltheologie und Kirchenrecht geschaffen wurden, besaß die Stadt eine philosophisch-theologische Akademie, an der ein Teil des Theologiestudiums absolviert werden konnte. Die über 200jährige Wirksamkeit der Jesuiten in Ellwangen fand durch die Aufhebung des Ordens im Jahre 1773 ein gewaltsames, von außen aufgezwungenes Ende.

Trotz mancher Mängel und Schwächen war die Tätigkeit der Jesuiten in Ellwangen und Umgebung von nachhaltiger Wirkung. Ihre missionarisch-seelsorgerische Arbeit hat den katholischen Charakter des Fürstentums gefestigt und in dem Marienheiligtum auf dem Schönenberg einen auch heute noch viel besuchten Wallfahrtsort begründet, ihre majestätisch prächtigen Bauten haben das barocke Stadtbild geprägt, und mit ihrem Gymnasium wurde eine Stätte gediegener erzieherischer und wissenschaftlicher Tätigkeit und eifrigster Theaterpflege geschaffen.

Kapuziner Während sich in Gmünd schon im Mittelalter fünf Männer- und Frauenklöster verschiedener Orden (Franziskaner, Dominikaner, Augustiner) und seit 1644 noch die Kapuziner niedergelassen hatten, haben sich die Jesuiten in Ellwangen lange Zeit allein behauptet. Als die Kapuziner 1719 ein Gesuch an den Fürstpropst richteten mit der Bitte, in Ellwangen eine Niederlassung gründen zu dürfen, haben die Jesuiten, die eine Konkurrenz befürchteten, lange Widerstand geleistet, während die Stadtverwaltung und die Bürgerschaft einer Kapuzinerniederlassung wohlwollend gegenüberstanden. Zehn Jahre mußten die Kapuziner kämpfen, bis ihnen der Fürstpropst 1728 erlaubte, „außerhalb der Residenzstadt ein Clösterlein erbauen zu dürfen". Die Kapuziner waren beim Volk sehr beliebt und wirkten sehr erfolgreich, bis ihr Kloster 1803 säkularisiert wurde. Aber es durfte bis 1829 als eines der vier württembergischen Zentralklöster weiterbestehen zur Aufnahme von Patres aus anderen Klöstern.

Städtische Verfassung in Gmünd, Aalen und Ellwangen

Die Verfassungsänderung Karls V. im Jahr 1552 hat im Laufe der Zeit in den Reichsstädten Gmünd und Aalen zu einer oligarchischen Herrschaftsform geführt. In Gmünd waren zwar noch Elemente der alten Zunftherrschaft im Großen Rat verankert; doch war dieser in seiner Funktion vom Kleinen Rat abhängig. Der Kleine oder Geheime Rat bildete nämlich die eigentliche Regierung. Er konnte entscheiden, wann der Große Rat zusammentrat und welche Kompetenzen ihm zukamen. Die lebenslange Amtszeit der drei Bürgermeister sollte die Kontinuität der Stadtverwaltung gewährleisten, doch enthielt sie die Gefahr der Vetternwirtschaft. Die Einflußmöglichkeit der Bürger auf die Verwaltung der Stadt war daher praktisch geschwunden. Im 18. Jahrhundert bildete sich deshalb eine Bewegung, die sowohl die mangelnde Effizienz und die Korruption der Verwaltung kritisierte wie auch eine Teilnahme der politisch weithin entmachteten Bürger forderte.

In Gmünd führte das in den Jahren 1753/58 zu zwei Veränderungen. Durch kaiserliche Intervention wurde der Magistrat zu einem Rezeß gezwungen, der die Einführung mehrerer vom Magistrat unabhängiger Bürgerkonsulenten vorsah. Mit ihnen war in gewissem Umfang eine Kontrollinstanz geschaffen. Ein weiteres Ergebnis des Gmünder Verfassungskampfes war die Anerkennung des 1707 von Ratskonsulent Eustachius Jeger zunächst als Privatsammlung alter Rechte und Verordnungen gedachte Buch als offizielle Stadtrechtssammlung. Dieses Rechtsbuch wurde bald zur „Magna Charta" Schwäbisch Gmünds.

Ähnlich verlief die Verfassungsentwicklung in Aalen. Nachdem die Stadt 1360 reichsfrei geworden war, erlangte sie 1374 die städtische Selbstverwaltung. Der Rat ergänzte sich selbst aus dem Kreis weniger ratsfähiger Familien. Wahrscheinlich 1514 wurde der Bürgerschaft erstmals eine 24köpfige Vertretung, die „Vierundzwanziger", zugestanden, die aber später wieder entmachtet wurden. Im Gegensatz zu Gmünd führten die Bürgerunruhen des 18. Jahrhunderts in Aalen zu einer gütlichen Einigung zwischen Bürgerschaft und bisheriger Verwaltung. Im Jahr 1736

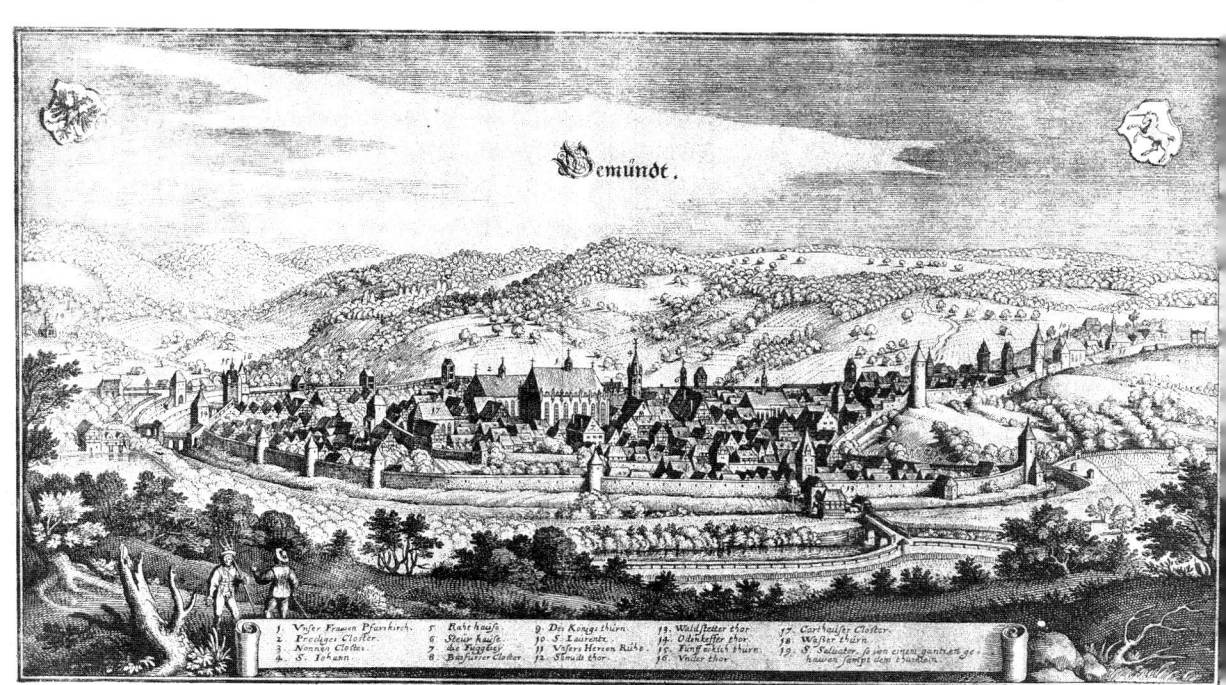

44 Schwäbisch Gmünd im 17. Jahrhundert. Stich von Matthäus Merian

Tafel 21 Hoch über Stiftskirche und Jesuitenkolleg thront Schloß Ellwangen

Tafel 22   Franz Georg von Schönborn (1682–1756), seit 1729 Erzbischof und Kurfürst von Trier, seit 1732 Bischof von Worms und Fürstpropst von Ellwangen

Städtische Verfassung in Gmünd, Aalen und Ellwangen

wurden die „Vierundzwanziger" als ständige Einrichtung wieder eingesetzt. Allerdings wurden sie auch nur das erste Mal von der Bürgerschaft gewählt, in der folgenden Zeit ergänzten auch sie sich selbst wie der Rat. Der Vierundzwanziger Rat bekam Überwachungskompetenzen für die Finanzen. Durch einen Prozeß vor dem Reichshofrat hat er sich 1779/80 selbst liquidiert. Eine schriftliche Kodifizierung des Stadtrechts wie in Gmünd gab es in Aalen nicht. Daß die politischen Tendenzen in Gmünd und Aalen denen anderer Reichsstädte entsprachen, zeigt die Äußerung des Staatsrechtlers J. J. Moser, der 1772 feststellt, von 52 Reichsstädten führten 30 höchst kostspielige Prozesse zwischen Bürgerschaft und Magistrat vor den Reichsbehörden.

Die Verwaltung der Stadt Ellwangen unterschied sich von der der benachbarten Reichsstädte. Stadtherr Ellwangens war der Fürstpropst. Er ernannte den meist adeligen Stadtvogt und den Stadtschultheiß und besetzte das Stadtgericht, das zugleich Stadtrat war. Gegen Ende des 18. Jahrhunderts hat der Propst das Recht der Besetzung des Stadtgerichts nur noch formell wahrgenommen. Beim Ausscheiden eines Richters hat das Stadtgericht einen Nachfolger gewählt und beim Fürstpropst nur noch um dessen Bestätigung nachgesucht. Insoweit herrschte hier in der Praxis eine Selbstergänzung des Rats wie in den Reichsstädten Gmünd und Aalen. Einzelne Gruppen der Bürgerschaft und die Zünfte haben keinen besonderen Einfluß auf die städtische Verwaltung erhalten. Der Stadt ist es nie gelungen, sich von der Herrschaft des Propstes zu befreien; im Gegensatz zu anderen Städten in geistlichen Fürstentümern konnte

45 Stadtansicht von Ellwangen. Lithographie von Joseph Wintergerst um 1820

sie nie freie Reichsstadt werden. Ihr Schicksal war, fürstliche Residenzstadt in der Propsteizeit zu bleiben. Symbolisch zeigt sich das darin, daß das städtische Rathaus zugleich fürstliches Regierungsgebäude war. Daß die Stadtbevölkerung keine einheitliche bürgerliche Schicht darstellte, ist am Beispiel Ellwangen deutlich zu erkennen. Nicht alle Stadtbewohner waren Bürger im politischen und wirtschaftlichen Sinne. Den Grundsatz der Gleichheit vor dem Gesetz gab es auch hier noch nicht. Die städtischen Untertanen zerfielen in Bürger und Hausgenossen. Wer als Bürger aufgenommen werden wollte, hatte bestimmte Voraussetzungen zu erfüllen. Dazu gehörten u. a.: katholischer Glaube, Nachweis der ehelichen Geburt, Nachweis des seitherigen Untertanenrechts, Freiheit von Leibeigenschaft, der Bewerber durfte keinen „nachjagenden Leibherrn" haben, guter Leumund, Schuldenfreiheit, bei Handwerkern Vorlegen des Handwerksbriefes, Besitz eines Steuervermögens von 200 Gulden (bei Bürgerskindern 50 Gulden), Vorweisen eines Ober- und Untergewehrs nebst Feuereimer, Zahlung einer Aufnahmegebühr von acht bzw. vier Gulden, Leistung des Bürgereids. Hausgenossen waren Mieter oder unentgeltliche Mitbewohner ohne Eigentum an Grund und Boden; sie hatten keine Steuern und Abgaben zu entrichten, aber ein Schirm- und Schutzgeld zu bezahlen. Sie konnten zu besonderen Aufgaben herangezogen werden, z. B. als Wachen an Jahrmärkten und als unbezahlte Botengänger in herrschaftlichen Angelegenheiten. Es wurde versucht, ihre Zahl immer mehr zu beschränken. Daneben gab es auch noch „Unehrliche" wie Henker, Scharfrichter, Totengräber, außerdem Randgruppen wie Sieche und Juden.

Wirtschaft und Handel im 18. Jahrhundert

Der Merkantilismus des 18. Jahrhunderts war eine staatlich gelenkte Wirtschaftspolitik mit dem Ziel, dem Staat die Mittel für seine vielfältigen Aufgaben zu verschaffen. Seine Hauptgrundsätze waren: Drosselung der Einfuhr, Steigerung der Ausfuhr von Fertigwaren und Förderung eigener Industrieunternehmen. Problematisch war diese Wirtschaftspolitik für Reichsstädte, die von den Einkünften ihrer Exporte abhängig waren. Das bodenständige Gewerbe dieser Städte wurde durch die Industrialisierungsmaßnahmen merkantilistisch ausgerichteter Staaten gefährdet. Die städtische Wirtschaft war nicht flexibel genug, auf veränderte Wirtschaftsformen zu reagieren. Magistrat und Zünfte bestimmten weitgehend Produktionsmengen und -arten. Neue Erzeugnisse herzustellen wurde erschwert. Wer keiner Zunft angehörte, konnte keinen Gewerbebetrieb eröffnen. Zum Schutze der Produktion und des Handels forderten daher die Gmünder Kaufleute von 1740 bis in die siebziger Jahre vom Rat immer wieder zweckmäßige Verordnungen und Maßnahmen. Doch der Magistrat blieb unbeweglich.

Um 1700 gab es in Gmünd etwa 70 Gewerbetreibende, die in acht Zünften zusammengeschlossen waren. Da oft recht unterschiedliche Handwerker einer Zunft angehörten (die Maurer und Schuhmacher gehörten zur Schmiedezunft), wird verständlich, daß die gewerblichen Interessen nicht nur mit denen der Zünfte übereinstimmen konnten.

Das Zinngießerhandwerk in Gmünd, das Zinnkrüge, -kannen und -becher herstellte, hatte im 16./17. Jahrhundert eine wirkliche Blütezeit erlebt. Als zu Beginn des 18. Jahrhunderts die Porzellan- und Fayencemanufaktur aufstrebte, erhielt dieser Gewerbezweig eine harte Konkurrenz, da sich der Publikumsgeschmack den Porzellan- und Fayenceerzeugnissen zuwandte. Anfang des 19. Jahrhunderts mußte die Zinngießerei in Gmünd aufgegeben werden.

Das Schmuckgewerbe, das im 17. Jahrhundert als Schlüsselindustrie der Reichsstadt galt und weit über die Grenzen Deutschlands hinaus bekannt war, produzierte vor allem Paternoster aus Gagat, Holz, Elfenbein oder Kristall. Diese Industrie verlor jedoch in den ersten Jahrzehnten des 18. Jahrhunderts ihre beherrschende Bedeutung. In den Mittelpunkt der gewerblichen Entwicklung trat jetzt die schon ins Mittelalter zurückreichende Gold- und Silberschmiedekunst. Um 1700 zählte man in der Stadt nicht weniger als 94 Werkstätten, 1739 sogar 250 Gold- und Silberschmiedemeister. Über mehrere Jahrzehnte war es im 18. Jahrhundert das dominierende Gewerbe und erlebte bis zur Mitte des Jahrhunderts seinen Höhepunkt. Die wenigen Meister, die nur Gold und Silber verarbeiteten, schufen im 18. Jahrhundert sakrale Kunstwerke, die einen Vergleich mit Schöpfungen aus Augsburg durchaus bestehen können.

Allerdings fertigte die Mehrheit der Schmiede Bijouteriewaren für eine weniger zahlungskräftige, aber größere Käuferschicht. Hier brachte die Menge den Erfolg und sicherte den Bürgern der Reichsstadt beachtlichen Wohlstand. Wichtigster Umschlagplatz der Gmünder Erzeugnisse war nicht die Reichsstadt selber, sondern die Messestadt Frankfurt am Main. Der Export ließ umfassende internationale Handelsbeziehungen entstehen und sicherte der Stadt bis zur Jahrhundertmitte einen beachtlichen Wohlstand. „Nahezu ein Jahrhundert lang verfügte die Reichsstadt Schwäbisch Gmünd von allen anderen Reichsstädten des Schwäbischen Kreises über die am weitesten reichenden Exportaktivitäten" (H. Micheli).

Doch gegen die Mitte des Jahrhunderts war das Gold- und Silberschmiedehandwerk überfüllt. Dies führte zu einer Überproduktion im Schmuckwarenbereich. Bereits Ende der vierziger Jahre waren in Gmünd mehr als 40 Goldschmiede ohne Aufträge. Wie in anderen Reichsstädten verhielt sich der Magistrat auch hier mit seinen zahllosen Dekreten ziemlich industriefeindlich und gewährte den bedrohten Handwerkern keinen Schutz vor ausländischer Konkurrenz. Österreich, sehr wichtig für die Abnahme des kirchlichen Devotionalienschmucks, praktizierte merkantilistische Schutzpolitik und belegte in der zweiten Hälfte des 18. Jahrhunderts die Einfuhr dieser Artikel mit hohen Zöllen. Als es 1784 ein totales Einfuhrverbot erließ, fiel es als Absatzgebiet ganz weg. Überproduktion und Absatzkrise bewirkten eine lang anhaltende Wirtschaftskrise mit vielen Arbeitslosen, die nicht in anderen Gewerben beschäftigt werden konnten. Schon 1739/40 und wiederum 1785/86 wanderten 110 Goldschmiede nach Österreich aus. Die wirtschaftliche Depression führte schließlich zu einem Gesundschrumpfungsprozeß und einer Umstellung der Produktion. Nicht große Arbeiten, sondern im Verlagssystem produzierte Kleinodien bestimmten fortan die Gmünder Gold- und Silberschmiedekunst.

Die Woll- und Baumwollindustrie entwickelte sich im 18. Jahrhundert in Gmünd zu einem einträglichen und zukunftsorientierten Gewerbe. Das Rohmaterial stammte aus der umfangreichen Schafzucht der nächsten Umgebung und dem Import aus südlichen Ländern. Billige Arbeitskräfte gab es im hiesigen Arbeits- und im Waiseninstitut. Die Produktion von Wollmützen, Handschuhen und Strümpfen hatte gegen Ende des Jahrhunderts eine größere wirtschaftliche Bedeutung als das Gold- und Silberschmiedhandwerk.

Während das Gewerbe durch planwirtschaft-

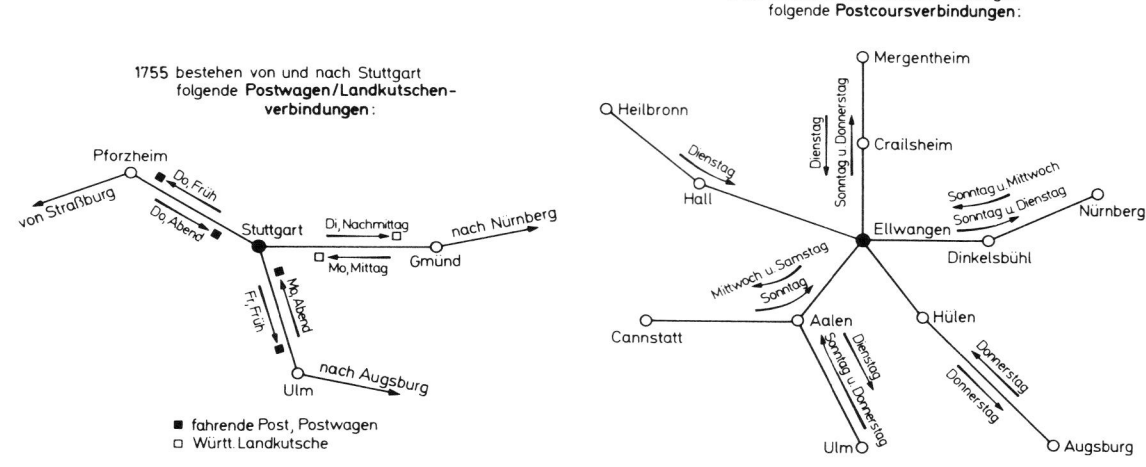

46 Post-, Reise- und Frachtwagenrouten im 18. Jahrhundert

liche Tendenzen in seiner unternehmerischen Entfaltung gehemmt war, gestalteten die Handelshäuser ihre Geschäfte nach liberaler Wirtschaftsgesinnung. Diese brachten jedoch nur ihnen enorme Gewinne. Ihren Reichtum investierten sie in Grundstückskäufen und prächtigen Häusern in der Stadt.

Für Wirtschaft und Handel hatte Gmünd eine verkehrspolitisch günstige Lage. Durch den Ausbau einer Chausseestraße im 18. Jahrhundert von Gmünd über Aalen, Ellwangen nach Nürnberg war die Reichsstadt an die süddeutschen Wirtschaftsstraßen angebunden und konnte so die wichtigsten Messestädte und Warenumschlagplätze erreichen.

Wer das wirtschaftliche Leben der Reichsstadt im 18. Jahrhundert betrachtet, muß auch die Bedeutung des Hospitals zum Hl. Geist mit einbeziehen. Dieses Spital war nicht nur eine soziale Einrichtung. Als landwirtschaftlicher Großbetrieb mit großem Viehbestand und umfangreicher Getreideerzeugung, dessen Vorräte oft mehrere Jahre reichten, konnte es die Lebensmittelpreise entscheidend beeinflussen. Die häufigen Kriegskontributionen, die die Stadt bis zum 19. Jahrhundert oft sehr kurzfristig durchziehenden Truppen zahlen mußte, hätte sie nicht selten an den Rand des finanziellen Ruins gebracht, wenn nicht das Barvermögen des Spitals zur Verfügung gestanden hätte. Durch seinen Einfluß auf die Preisgestaltung und als Kreditgeber ist dem Spital eine beachtliche wirtschaftlich-finanzielle Bedeutung zugekommen.

Das Urteil über die wirtschaftliche Situation am Ende des 18. Jahrhunderts ist wenig positiv. „Magistrat, Zünfte und Handelshäuser übergaben eine im Bereich Wirtschaft suizide Reichsstadt an Württemberg, beeinflußt durch die verwandtschaftlichen Verflechtungen von Magistrat, Zunftmeister, Achtmeister und Handelsherrn" (H. Micheli).

Im Gegensatz zu Gmünd gab es in der Reichsstadt Aalen vor dem 19. Jahrhundert keinen herausragenden bedeutenden Gewerbe- oder Industriezweig, wenn man von zwei Gewerbearten absieht. Die Schafzucht im Umkreis der Stadt lieferte die Wolle für die Wollweber,

Wirtschaft und Handel im 18. Jahrhundert

die in bescheidenem Ausmaß Wolltuche und Loden für den Export produzierten. Daneben gab es noch eine Anzahl von Gerbereien, deren Leder teilweise in der Stadt selber von den relativ zahlreichen Schuhmachern verarbeitet, teilweise aber auch auf dem Ulmer Markt verkauft wurde. Viele Bürger betrieben neben einem Handwerk eine kleine Landwirtschaft, so daß Aalen im 18. Jahrhundert durchaus den Charakter einer Ackerbürgerstadt hatte.

Die Fürstpröpste von Ellwangen haben schon vor dem Dreißigjährigen Krieg wichtige wirtschaftliche Unternehmen erworben oder gegründet. Johann Christoph I. von Westerstetten ließ im Jahre 1611 in Abtsgmünd Schmelzofen und Eisenhammer anlegen; 1614 kaufte sein Nachfolger die Eisenwerke zu Ober- und Unterkochen als ellwangisches Lehen vom Herzog von Württemberg zurück und nahm sie in eigene Verwaltung. Da das Erz aus der Grube bei Wasseralfingen gewonnen wurde, errichtete Johann Christoph III. in den Jahren 1668–1671 hier ein Hüttenwerk mit einem Schmelzofen. Die Öfen in Abtsgmünd und Unterkochen wurden aufgehoben; hier blieben nur die Hammerwerke. Bereits 1613 hatte die Fürstpropstei in Unterkochen eine Papiermühle gegründet, deren Produkte guten Absatz weit über das Stiftsgebiet hinaus fanden. Im 18. Jahrhundert betrieb dann Franz Georg von Schönborn (1732–1756) eine gezielte Wirtschaftspolitik nach den Grundsätzen des Merkantilismus. Schon sein Vorgänger Franz Ludwig (1694–1732) hatte in Wasseralfingen die fortschrittliche Technik der schlesischen Eisenindustrie eingeführt. Franz Georg ließ durch verschiedene Maßnahmen die Eisenproduktion steigern, so daß Ende des Jahrhunderts Pahl schreiben konnte: „Das Eisen gehet größten Teiles außer Landes nach Franken und Oberschwaben und behauptet an innerem Gehalt noch immer den Vorzug vor dem württembergischen, das in dem benachbarten Brenztale fabriziert wird." Wenn es darum ging, lästigen Wettbewerb auszuschalten, war die Fürstpropstei in der Wahl der Mittel nicht gerade zimperlich. Als ein württembergischer Untertan 1786 nahe Wasseralfingen ein Konkurrenzunternehmen zum Ellwanger Schmelzwerk aufbauen wollte, wurden der bereits errichtete Wasserdamm und die bereitgestellten Materialien auf Befehl der ellwangischen Regierung zerstört. Das Ende des daraufhin beim Reichskammergericht gegen Ellwangen angestrengten Prozesses hat die Propstei nicht mehr erlebt.

In Rosenberg wurde von 1667 bis 1782 eine Glashütte betrieben, die dann allerdings als „ein dem fürstlichen Stift sehr schädliches Etablissement" aufgehoben wurde. Der Hauptgrund dafür war offenbar der immense Holzverbrauch, der zum Abholzen größerer Waldflächen geführt hatte.

Im Jahre 1786 gründete der Stiftskapitular Friedrich Franz von Sturmfeder in Espachweiler eine priviligierte Tabakfabrik mit einer Tabakhandlung. Allerdings war diesem Unternehmen nur ein kurzer Erfolg beschieden. Schlechte Verwaltung und Konkurrenz brachten die Firma bald in finanzielle Schwierigkeiten, so daß sie bereits 1799 den Gläubigern abgetreten und 1805 zum Verkauf ausgeschrieben werden mußte.

Im 18. Jahrhundert waren in der Stadt bestimmte Zweige des Kunsthandwerks vertreten, die durch ihre Leistungen hervorragten. Da war die Familie Doser, die Groß- und Kleinuhren herstellte und ihre Fabrikate weit nach Franken und Bayern verkaufte. Ein Glasschleiferbetrieb lieferte Spiegel mit geschnittenem Rahmen bis nach Tirol und in die Schweiz. Einen guten Ruf hatten auch die Büchsenmacher. Bedeutende Gold- und Silberschmiede waren die Emer und Vogelmann.

Der eigentliche Promotor der fürstpröpstlichen Industrialisierungsversuche war der Land- und Stadtbaumeister Arnold Friedrich Prahl (1709–1758). Zusammen mit seinem Bruder und dem Kaufmann Peter Franz Zucchi brachte er eine schon 1726 gegründete Leinwandfabrik, die in eine Krise geraten war, schnell wieder zu hoher Blüte. 1752 konnte Prahl noch eine Garnsiederei einrichten. Durch hinterhältige Entscheidungen weiterer Teilhaber ging die Leinwandfabrik nach Prahls Tod in Konkurs. Eine von Prahl in Utzmemmingen gegründete und nach Ellwangen verlegte Porzellanfabrik ist durch die Konkurrenz der Schrezheimer Fayencefabrik eingegangen.

Gerade die Errichtung der Fayencefabrik in Schrezheim im Jahre 1752 war die einzige größere Neugründung unter Franz Georg. Großzügig wurde jede mögliche Erleichterung dem neuen Industrieunternehmen gewährt: 20 Jahre Steuerfreiheit, 20 Jahre Zollfreiheit für die Ausfuhr, Verbot für die Einfuhr fremden Porzellans.

Insgesamt gesehen gedieh unternehmerischer Geist in Ellwangen, der Stadt der Kunst und Kultur, nur wenig. Bezeichnend dafür ist, daß außer Bux, dem Gründer der Fayencefabrik, die zwei aktivsten Unternehmer des 18. Jahrhunderts nicht aus der Fürstpropstei stammten; Prahl war Westfale, Zucchi Italiener.

Kulturelles Leben

Nachdem die schwersten Schäden, die der Dreißigjährige Krieg verursacht hatte, beseitigt waren, kam es seit dem Ende des 17. und vor allem im 18. Jahrhundert nochmals zu einer kulturellen Blüte.

Ein Zeichen lebendiger Volksfrömmigkeit im 17./18. Jahrhundert ist das Gmünder Passionsspiel, das zu den größten und bekanntesten Volksschauspielen Schwabens gerechnet werden kann. Mehr als 100 Laienschauspieler stellten am Gründonnerstag und Karfreitag die Passion Christi dar. Dabei wurde die Wirkung des Bühnengeschehens durch eindrucksvolle musikalische Ausgestaltung noch gesteigert. Zahlreiche Zuschauer folgten jährlich voller Ergriffenheit diesem sinnfälligen Spiel.

Das verhältnismäßig kleine und abgelegene Gebiet der Fürstpropstei Ellwangen trat durch seine Landesherrn, die hohe geistliche Reichsfürsten waren, und durch die Jesuiten in Verbindung mit der großen Welt des Barock. Die Fürstpröpste waren auch in ihrer kleinen Residenzstadt darauf aus, für ihre gelegentlichen Aufenthalte den zeitgemäßen prunkvollen äußeren Rahmen und für die festlichen Gottesdienste in barocker Pracht glänzende kirchliche Räume zu haben. (→ H. Baumhauer, Geschichte und Höhepunkte der Kunst)

Die Lebenswelt des Barock manifestierte sich aber nicht nur in der Malerei und Baukunst. Auch Literatur, Musik, Theater wurden von barockem Geist erfüllt und geprägt. Dichtung und Musik erreichten jedoch in Ellwangen nicht die Leistungen benachbarter Höfe und Städte. Sicher standen die Fürstpröpste der Musik mit viel Interesse und Wohlwollen gegenüber. Bei Geburtstagen, Empfängen und großen Festen stellten sie die Musik ganz in den Dienst der fürstlichen Hofhaltung und Repräsentation.

Außer den Fürstpröpsten fanden sich auch unter den Stiftsherren immer wieder einzelne, die sich als besondere Musikfreunde erwiesen und vermutlich auch selbst musizierten. Als Beispiel sei Franz Joseph Graf von Küenburg erwähnt, der 1774 als Kanoniker in das Kapitel aufgenommen wurde. Bei seinem Tod im Jahre 1820 hinterließ er testamentarisch einen großen Bestand an handschriftlichen und gedruckten Musikalien (Partituren, Orchestermaterial, Klavierauszüge von Sinfonien, Konzerten, Opern, Streichquartetten usw.) mit der Auflage, daß dies „zum einzigen Zweck der Jugenderziehung, übrigens ohne alle Beschränkung" vermacht sei.

Zweifellos ist für den Bereich der Musik am stärksten hervorzuheben Johann Melchior Dreyer (1746–1824). Er stammte aus Röttingen, wurde um 1780 Organist an der Stiftskirche, zehn Jahre später Kantor und Musikdirektor. Er war der erste ellwangische Stiftsmusikdirektor, der kein Geistlicher war. Er hat viel komponiert – vor allem katholische Kirchenmusik, daneben auch einige Kammermusik. Seine Kompositionen wurden so gut wie alle veröffentlicht. Seine Werke fanden in Schwaben und Franken weite Verbreitung und waren gesucht und beliebt bis weit ins 19. Jahrhundert hinein.

Wodurch aber Ellwangen in Süddeutschland herausragte, war das Schultheater des Jesuitengymnasiums. Zunächst waren mit dem Schauspiel pädagogisch-didaktische und religiöse Ziele verbunden. Im 18. Jahrhundert wurden während des Schuljahrs in der Regel fünf bis sechs Dramen aufgeführt; von 1658 bis Ende des 18. Jahrhunderts gingen rund 600 verschiedene Dramen über die Ellwanger Bühne. Das bedeutet schon rein quantitativ eine gewaltige Leistung. Mit dieser Theatertätigkeit griffen die Patres aber auch über die Grenzen der Schule hinaus; sie erstrebten und erreichten eine große Breitenwirkung. Dieses Schultheater konnte bei festlichen Anlässen auch als Hoftheater dienen und die Pracht und den Glanz des fürstlichen Hofes nach außen zeigen. Die Aufführungen wurden zum gesellschaftlichen und kulturellen Ereignis der kleinen Fürstenresidenz.

Absolutismus und Aufklärung in der Fürstpropstei Ellwangen

Die Fürstpropstei Ellwangen hatte im letzten Jahrhundert ihres Bestehens tatkräftige Herrscher, die dem Hochadel entstammten und die außer dem Stift noch andere hohe Pfründen und Ämter in Kirche und Reich innehatten. Da diese Fürstpröpste nur selten in Ellwangen residierten, konnten die Ausgaben für die Hofhaltung gering gehalten werden. Vor allem hat sich die Regierungstätigkeit dieser Fürsten für den Ausbau des Ellwanger Fürstentums am fruchtbarsten ausgewirkt. Mannigfache Anregungen boten ihnen die anderen Territorien, und dort erprobte Einrichtungen wurden nicht selten nach Ellwangen übertragen. Wiederholt haben sie aus ihrem Vermögen beachtliche Summen für kulturelle und soziale Aufgaben zur Verfügung gestellt. Der Mißbrauch der Häufung geistlicher Ämter hat sich also für Ellwangen in dieser Hinsicht höchst vorteilhaft ausgewirkt.

Franz Georg von Schönborn ließ sich in seiner Regierungstätigkeit von den Grundsätzen des Absolutismus und des Merkantilismus leiten. In seine Regierungszeit fällt die grundlegende Organisation der Behörden des Ellwanger Fürstentums. Entsprechend dem Realsystem trennte er die obersten Staatsorgane nach Sachgebieten. Dem Hofrat, der bis dahin für alle Bereiche der Regierung zuständig war, nahm er das Kammerwesen ab und setzte ein eigenes Kammerkollegium ein. Dazu schuf er als dritte große Zentralbehörde den Geistlichen Rat, der alle aus der Exemtion des Stifts entspringenden Gerechtsame wahrzunehmen hatte. Damit waren in Ellwangen die drei obersten Regierungsbehörden geschaffen, die bis zum Ende der Propstei Bestand hatten. Durch die Einsetzung des Geistlichen Rats und die Errichtung eines Priesterseminars auf dem Schönenberg hat Franz Georg eine weitgehende Exemtion gegenüber dem Augsburger Diözesanbischof und damit eine quasi bischöfliche Jurisdiktion erreicht. Von den zum Teil berühmten Klöstern und Stiften auf dem Boden des heutigen Württemberg ist es nur

Fürstpröpste von Ellwangen

Ludwig Anton Pfalzgraf bei Rhein (1689–1694)
geb. 1660 – gest. 1694

1684 Hochmeister des Deutschen Ordens
1689 Fürstpropst von Ellwangen
1691 Koadjutor des Erzbischofs von Mainz
1693 Bischof von Worms
1694 Postulierter Bischof von Lüttich

Franz Ludwig Pfalzgraf bei Rhein (1694–1732)
geb. 1664 – gest. 1732, Bruder Ludwig Antons

1683 Bischof von Breslau
1694 Hochmeister des Deutschen Ordens
1694 Fürstpropst von Ellwangen
1702 Bischof von Worms
1716–1729 Erzbischof und Kurfürst von Trier
1729 Erzbischof und Kurfürst von Mainz

Franz Georg von Schönborn (1732–1756)
geb. 1682 – gest. 1756

1729 Erzbischof und Kurfürst von Trier
1732 Fürstpropst von Ellwangen
1732 Bischof von Worms

Anton Ignaz Graf Fugger von Kirchberg und Weißenhorn (1756–1787)
geb. 1711 – gest. 1787

1756–1787 Fürstpropst von Ellwangen
1769 Bischof von Regensburg

Clemens Wenzeslaus von Sachsen (1787–1802)
geb. 1739 – gest. 1812

1763–1768 Bischof von Freising
1763–1768 Bischof von Regensburg
1764 Koadjutor des Bischofs von Augsburg
1768–1802 Erzbischof und Kurfürst von Trier
1768–1812 Bischof von Augsburg
1770 Koadjutor des Fürstpropsts von Ellwangen
1787–1802 Fürstpropst von Ellwangen

Ellwangen gelungen, innerhalb der Kirchenverfassung diese Sonderstellung zu erringen. Epochemachend war Franz Georgs Regierung auch darin, daß er für Zentral- und Lokalverwaltung wie für die Gerichte grundlegende und umfassende Ordnungen geschaffen hat, die die Kompetenzen der einzelnen Behörden abgrenzten und ihre Arbeitsweise regelten. Durch diese umfassende Verwaltungsreform wurde Franz Georg der eigentliche Schöpfer der Verwaltungsorganisation des Ellwanger Fürstentums. Dieses „Schönbornsche System" wurde damals als Meisterstück gepriesen und auch von anderen Fürstentümern übernommen.

Der ungehinderte Herrschaftsanspruch des absolutistisch gesinnten Fürstpropsts fand seine Grenzen am Stiftskapitel, das politisch weitgehend die Stellung von Landständen einnahm. Die Macht des Stiftskapitels war jedoch größer als die der Stände in weltlichen Territorien, da es das Recht der Propstwahl besaß und während der Sedisvakanz die Regierungsgeschäfte zu führen hatte. Das Recht der Propstwahl benützte nun das Kapitel, dem neu zu wählenden Fürsten feste Bedingungen für seine geistliche und weltliche Regierung in Form einer Wahlkapitulation vorzulegen und auf diesem Wege Einfluß auf die Regierung zu nehmen. Papst und Kaiser hatten Ende des 18. Jahrhunderts solche Wahlkapitulationen verboten; in Ellwangen hat man sich an dieses Verbot nicht gehalten.

Franz Georg jedoch hat von Anfang an die „unerlaubte und unerhörte Anmaßung einer Mitregierung durch das Kapitel" zurückgewiesen und das absolutistische Regierungsprinzip durchgesetzt. So wußte die Leichenrede auf ihn zu rühmen, „daß er regiert, daß er allein regiert habe". Wie sehr dieses Regentenbewußtsein Franz Georgs auf seine Zeitgenossen wirkte, bezeugt die Äußerung Friedrichs d. Gr., daß es in Europa nur drei gebe, die wirklich regierten, er, der Papst (Benedikt XIV.) und der Kurfürst Franz Georg von Trier.

Clemens Wenzeslaus, der letzte Fürstpropst, war aufgeklärter Absolutist. Er förderte die pädagogischen Tendenzen seiner fortschrittsgläubigen Zeit. Er gründete einen Schulfonds und ließ für die Volksschulerziehung ein Schulgebäude errichten. Für das Collegium Ignatianum, das ehemalige Jesuitengymnasium, erließ er 1790 eine Schulordnung, die den Unterricht an die wissenschaftlichen Forderungen der Zeit anpaßte durch stärkere Betonung der Muttersprache und der Fächer Geographie und Geschichte. 1797 berief er den Hof-, Stadt- und Landschaftsphysikus Joseph Alois von Frölich, der nicht nur das Gesundheitswesen vorbildlich organisierte, sondern durch seine naturwissenschaftlichen Forschungen die Voraussetzungen schuf für eine im 19. Jahrhundert berühmte „Ellwanger Botanikerschule". Nach der Säkularisation wurde Frölich in württembergische Dienste übernommen. Frölich findet sein reichsstädtisches Pendant in dem Gmünder Stadt- und Landphysikus Wenzel Aloys Stütz, der beim Übergang an Württemberg als „Sehenswürdigkeit" gerühmt und der zu Beginn des 19. Jahrhunderts als wissenschaftliche Kapazität betrachtet wurde.

Das Ende der Selbständigkeit

Im Jahre 1796 mußte Württemberg die Grafschaft Mömpelgard und andere linksrheinische Besitzungen im Elsaß an Frankreich abtreten; zur Entschädigung wurden ihm rechtsrheinische Gebiete versprochen, darunter u. a. auch die Fürstpropstei Ellwangen. Der Friede von Lunéville (1801) hat diese Abmachungen bestätigt. Im Geheimvertrag von 1802 wurden Württemberg noch neun schwäbische Reichsstädte zugesprochen, darunter auch Gmünd und Aalen. Der Reichsdeputationshauptschluß von 1803 hat die große Flurbereinigung im Reich besiegelt. Schon Anfang September 1802 haben württembergische Truppen Gmünd, Aalen und Ellwangen besetzt. Durch Patent vom 23. November wurde die Zivilbesitzergreifung durchgeführt. Bopfingen war 1802 zunächst an Bayern gefallen. Neresheim, das als eine der letzten schwäbischen Abteien erst 1764 reichsunmittelbar geworden war, kam an die Fürsten von Thurn und Taxis.

Diese Vorgänge der Säkularisierung und Mediatisierung sind von der Geschichtsschreibung unterschiedlich beurteilt worden. Gewiß wird niemand mehr die Aufhebung der Reichsstädte und der kleinen geistlichen Staaten bedauern; im Zuge einer größeren politischen und wirtschaftlichen Entwicklung war sie notwendig.

Die Revolutionskriege Ende des 18. Jahrhunderts haben die wirtschaftlichen und finanziellen Kräfte Gmünds sehr geschwächt, ja spätestens seit 1797 galt die Stadt als bankrott. Der berühmte Gmünder Chronist Dominikus Debler hat die Situation so beschrieben: „. . . wenn wir auch nicht sollten in die Verteilung kommen und sollen wirklich bleiben, was soll es frommen, in Kürze der Zeit müssen wir anhalten, daß uns nur ein Fürst annimmt und auslößt, denn das Elend wird hier von Tag zu Tag größer und schlimmer." Aalen, das mehr agrarwirtschaftlich strukturiert war, hat die Krisensituation besser überstanden. Beim Übergang der Reichsstadt an Württemberg wurde ihr eine sparsame Verwaltung bescheinigt, und ein Gewährsmann berichtet, „das kleine verlachte Reichsstädtchen Aalen war doch das einzige, das fast schuldenfrei an Württemberg überging". Für Ellwangen waren nicht nur die leidvollen Vorgänge in der Zeit des Übergangs bitter; enttäuschend wurde vor allem, daß die Stadt, die jahrhundertelang Regierungszentrum und kirchlicher und kultureller Mittelpunkt war, in der Folgezeit von Württemberg immer mehr in den Winkel gedrängt wurde. Dabei war die Mitgift des ehemaligen geistlichen Fürstentums für den neuen Staat recht ansehnlich: stattliche Einkünfte aus Grund- und Lehenbesitz, aus riesigen Waldungen und einer blühenden Eisenindustrie; zahlreiche repräsentative Gebäude in der Stadt, die als Staatsgebäude vielen Zwecken dienstbar gemacht werden konnten. Dazu kam das geistige Erbe. Besonders tüchtige ellwangische Beamte sind in württembergische Dienste übernommen worden, und der aus der Fürstpropstei hervorgegangene berühmte Theologe Drey wurde zum Mitbegründer und Hauptvertreter jener theologischen Lehrrichtung, die als „Tübinger Schule" bekannt geworden ist. Die in der Fürstpropstei im 18. Jahrhundert durchgeführte Erneuerungsarbeit hat also bis in den Nachfolgestaat hinein fruchtbar fortgewirkt.

Literatur: Bauer, Karlheinz: Aalen. Geschichte und Kultur zwischen Welland und Härtsfeld. Stuttgart–Aalen 1983.

Burr, Viktor (Hrsg): Ellwangen 764–1964. Beiträge und Untersuchungen zur Zwölfhundertjahrfeier. 2 Bde., Ellwangen 1964.

Dieterich, Hans-Helmut: Rechtsstellung und Rechtstätigkeit der Schwäbisch Gmünder Klöster bis zum Dreißigjährigen Krieg. (Veröffentlichungen des Stadtarchivs Schwäbisch Gmünd 1, 1977).

Enßlin, Helmut: Bopfingen. Freie Reichsstadt – Mittelpunkt des württembergischen Rieses. Stuttgart–Aalen 1971.

Grünenwald, Elisabeth: Das älteste Lehenbuch der Grafschaft Öttingen. Öttingen 1975.

Heubach und die Burg Rosenstein. Schwäbisch Gmünd 1984.

Kießling, Winfried: Deutschordenskommende Kapfenburg. 1990.

Lorch. Beiträge zur Geschichte von Stadt und Kloster. Heimatbuch der Stadt Lorch. Bd. 1, Lorch 1990.

Literatur

Miller, Max-Gerhard Taddey: Handbuch der historischen Stätten Deutschlands, Bd. 6: Baden-Württemberg. 2. Aufl., Stuttgart 1980.

Der Ostalbkreis. Stuttgart–Aalen 1978.

Pfeifer, Hans: Geschichte der Stadt Ellwangen, in: Ellwangen – Von der Klostersiedlung zur modernen Flächenstadt. Katalog, Ellwangen 1979.

ders. (Hrsg.): St. Vitus Ellwangen 1233–1983. Festschrift zum 750jährigen Weihejubiläum. Ellwangen 1983.

ders. (Hrsg.): Wallfahrt Schönenberg 1938–1988. Festschrift zum 350jährigen Jubiläum. Ellwangen 1988.

Quarthal, Franz (Hrsg.): Germania Benedictina, Bd. 5: Baden-Württemberg. Augsburg 1975.

Geschichte der Stadt Schwäbisch Gmünd. Hrsg. vom Stadtarchiv Schwäbisch Gmünd. Stuttgart 1984.

Spranger, Peter: Schwäbisch Gmünd bis zum Untergang der Staufer. Schwäbisch Gmünd 1972.

Spranger, Peter-Gerhard Kolb (Hrsg.): Zeugen ihrer Zeit. Schriftliche Quellen zur Geschichte von Schwäbisch Gmünd, Lorch, Heubach und Umbung. Schwäbisch Gmünd 1987.

Die Staufer und Schwäbisch Gmünd. Schwäbisch Gmünd 1977.

Theiss, Konrad – Hermann Baumhauer (Hrsg.): Der Kreis Aalen. Stuttgart–Aalen 1970.

Theiss, Konrad A.: Kunst- und Kulturdenkmale im Ostalbkreis. Stuttgart 1989.

Der Ostalbkreis vom Ende des alten Reiches bis zur Gegenwart

von Eugen Hafner

Im Frieden von Lunéville (1801) war der württembergische Herzog für die linksrheinischen Besitzungen, die Grafschaft Mömpelgard und die anderen Territorien, die an Frankreich hatten abgetreten werden müssen, unter anderem mit der Fürstpropstei Ellwangen entschädigt worden. Im Geheimvertrag von 1802 waren noch neun schwäbische Reichsstädte dazu gekommen, darunter auch Aalen und Schwäbisch Gmünd.

Während den Aalenern zum Zeitpunkt des Übergangs eine sparsame Verwaltung und ein ausgeglichener Kassenstand bescheinigt werden konnte, stießen die württembergischen Kameralbeamten in Gmünd bei der Überprüfung von nicht weniger als sieben verschiedenen städtischen Kassen auf einen Abmangel von 108 322 Gulden, die letztlich einer verfehlten Personalpolitik und einer damit verbundenen Vetterleswirtschaft in der Verwaltung zuzuschreiben war.

Trotzdem gab es in dem okkupierten Schwäbisch Gmünd für die Kommissäre des württembergischen Herzogs einiges zu holen, gab es doch in der Stadt und außerhalb nicht weniger als sechs klösterliche Niederlassungen mit insgesamt 82 Mönchen und Nonnen. Soweit Einkünfte vorhanden waren, wurden diese ab sofort vom Staat in Anspruch genommen. Wie schon in Ellwangen, so hatten es die neuen Herren auch in Gmünd auf Wertgegenstände, vor allem auf Pretiosen der Kirchen, abgesehen, Meßkelche und Monstranzen wurden eingezogen und in Ludwigsburg umgegossen. Die Ordensniederlassungen wurden aufgehoben, ihre Insassen pensioniert.

Das Dominikanerkloster, der Prediger, wurde ausgeräumt und zu einer Artilleriekaserne umfunktioniert, das Dominikanerinnenkloster Gotteszell wurde zum Frauenzuchthaus, die Augustinerkirche der (evangelischen) Garnisonsgemeinde zur Nutzung übergeben. Während es im ärmlich-schlichten, ohnehin evangelischen Aalen nicht sehr viel umzuwälzen gab, trafen die Maßnahmen der neuen Herren in Schwäbisch Gmünd und Ellwangen wesentlich härter. Aber auch in der katholischen Kirche gab es viele Neuerer. Als Vertreter der kirchlichen Aufklärung setzte der Gmünder Stadtpfarrer und Dekan Thomas Kratzer einer Reihe von Maßnahmen durch, die von vielen alten Bürgern als schmerzlich empfunden wurden. Das bis dahin prunkvolle Karfreitagszeremoniell wurde abgeschafft, ebenso die alljährlichen Passionsspiele und die Prozession am Palmsonntag. Nun hatten auch die alten Stadtmauern und Wachttürme ausgedient, mit ihrer Abtragung wurde begonnen; auf den zugeschütteten Wassergräben erstellte man in Aalen die „Grabenhäusle", die erst in den letzten beiden Jahrzehnten verschwunden sind.

Die württembergische Verwaltung wurde reformiert und effizienter gemacht. So wurde das bisherige Oberamt Heubach 1803 mit dem neu geschaffenen Oberamt Gmünd „in stabs- und cameralamtlicher Hinsicht combinirt".
In den neuen Territorien wurden jetzt auch die Maße und Gewichte Württembergs, die Abschaffung der Folter, das Verbot der Auswanderung sowie des Besitzes von Waffen eingeführt.

Hohenstadt verweigert Huldigung

Wie anderswo hatten zunächst die Räte der besetzten Städte ihre Unterwerfung unter die neue Herrschaft zu bekunden. In Schwäbisch Gmünd geschah dies – nach Klärung einiger Einwendungen der Betroffenen – in einem symbolischen Akt, der „Handtreue an Eides statt", dem sich auch alle Bediensteten der Stadt anschließen mußten. Bürgergarde und Landmiliz wurden allenthalben aufgehoben; dafür, es waren kriegsbedrohte Zeiten, wurde die Militärdienstpflicht eingeführt. Eine drückende Last, die dazu führte, daß die Untertanen des Rittergutes Hohenstadt sich im Oktober 1805 weigerten – der Herzog war inzwischen Kurfürst und dann noch König geworden –, ihrem Landesherrn zu huldigen. Die Versammelten verweigerten den Treueid. Die Folgen blieben nicht aus: Nach wenigen Tagen rückte ein Bataillon württembergischer Truppen in Hohenstadt ein, die den größtenteils armen Leuten nun ins Quartier gelegt wurden und die Gemeinde auch noch Vollzugsgebühren kosteten. Die Wortführer bei der Verweigerung des Treueides wurden verhaftet, und unter dem Druck der angetretenen Truppe leisteten die Hohenstadter Untertanen endlich den geforderten Eid.
Wenn die herzogliche Verwaltung im allgemeinen mit den Gebieten von „Neu-Württemberg" bei der Übernahme nicht gerade zimperlich umging, so wandte sie auf das Territorium der ehemaligen gefürsteten Propstei Ellwangen großen Bedacht an. Im „Organisationsmanifest" vom 1. Januar 1803 wurde Ellwangen zum Sitz einer Oberlandesregierung für Neuwürttemberg mit einer Hofkammer, einer Landvogtei sowie einem eigenen Forst-, Salinen-, Bergwerks- und Landbaudepartement gemacht. Das frühere jesuitische, dann fürstpröpstliche Kollegium wurde als Gymnasium und Lyzeum „unter Beibehaltung einiger bisheriger und Ernennung anderer neuer Lehrer" der seit 1806 bestehenden königlichen „Oberstudiendirektion" unterstellt. 1811 nahm der König Ellwangen sogar unter die sieben „guten Städte" des Landes auf, eine Auszeichnung, die mit einem eigenen Abgeordneten im Landtag verbunden war. Erst der Umsturz von 1918 beendete die Ellwanger Sonderstellung. Für seine katholischen Untertanen richtete König Friedrich in Ellwangen darüber hinaus ein Generalvikariat, ein Priesterseminar und eine katholisch-theologische Lehranstalt, die nach ihm „Universitas Fridericana" benannt wurde, ein. Allerdings bestand die Universität nur fünf Jahre in Ellwangen, dann wurde sie als neue katholisch-theologische Fakultät der Universität Tübingen einverleibt. Auch das Priesterseminar und das Generalvikariat verlor Ellwangen, sie wurden nach Rottenburg verlegt.
Im Zuge der Neuorganisation der württembergischen Staatsverwaltung wurde Ellwangen nun Sitz der Regierung für den neu geschaffenen Jagstkreis bis zu dessen Auflösung 1924 sowie Sitz eines Kameralamtes (Finanzamt) und eines Landgerichts. Zum Jagstkreis gehörten die Oberämter Aalen, Crailsheim, Ellwangen, Gaildorf, Gerabronn, Schwäbisch Gmünd, Hall, Heidenheim, Künzelsau, Mergentheim, Neresheim, Öhringen, Schorndorf und Welzheim.

Nicht ganz ohne Gewalt

Nicht ganz ohne Gewalt wurde 1806 die Deutschordenskommende Kapfenburg mit ihrem Territorium, zu dem u. a. Lauchheim, Hülen und Waldhausen gehörten, von Württemberg in Besitz genommen. Für kurze Zeit wurde die Kapfenburg die Residenz des Prinzen Paul; auch ein Kameralamt wurde dort eingerichtet. Die Freie Reichsstadt Bopfingen war 1802 zunächst an Bayern gefallen. Erst mit dem Staatsvertrag von 1810 kam sie dann an Württemberg, zusammen mit einigen Gemeinden der „Jungen Pfalz", die 1938 dem Kreis Heidenheim zugeschlagen wurden. Mit dem gleichen Vertrag kamen weitere Teile des Rieses und des Härtsfeldes, die heute zum Ostalbkreis gehören, aus fürstlich Oettingischen und Thurn- und Taxisschen Besitzungen zu Württemberg.

Im Sommer 1811 besuchte König Friedrich die neuen Territorien im Osten seines Landes. Am 10. Juli war er in Ellwangen. Von dort fuhr er über Lauchheim nach Bopfingen, von wo aus der „dicke König" auch den Ipf aufsuchte. Die Fahrt ging weiter aufs Härtsfeld nach Neresheim. Die Anekdote, er habe beim Anblick der kargen Härtsfeldlandschaft geweint, entbehrt der historischen Bestätigung.

Armut auf dem Lande

Unter den Organisationsedikten Wilhelms I. von 1817 befaßten sich zwei mit der „Abgabeänderung und der Aufhebung der Leibeigenschaftsgefälle und der Ablösung der Feudallasten". Es wurde jedoch noch ein langer Kampf zwischen dem Regenten und dem grundherrlichen Adel geführt, der nicht bereit war, auf seine, wie er glaubte, alten, wohlerworbenen Rechte ohne Ablösung zu verzichten. Gerade die Ablösungsbedingungen und die damit verbundenen Neubesteuerungen waren so hart, daß die Untertanen „der Verzweiflung nahe waren oder in träge Resignation versanken", wie es in einem zeitgenössischen Bericht heißt. Dem Gesetz von 1817, das die Leibeigenschaft in Württemberg abschaffte, folgten weitere fortschrittliche Gesetze von 1819, 1821, 1836 und 1848/49.

Aber die Ablösung der Grundlasten, Gefälle und Fronleistungen und die damit verbundene „Neusteuerbarkeit" hatte die nunmehr „frei" gewordenen Klein- und Mittelbauern in solche Verschuldung gebracht, daß die „Vergantungen" (Konkurse) immer zahlreicher wurden und immer mehr solcher Anwesen unter den Hammer kamen. Aus heutiger Sicht unvorstellbare Armut war allenthalben die Folge. Die Zahl der Vergantungen stieg allein im Oberamt Aalen von 25 im Jahre 1839 auf 251 im Jahre 1852. Danach ging die Zahl zwar wieder zurück, die Armut war dennoch in vielen Dörfern groß. Allein die Armenlasten der Gemeinde Abtsgmünd stiegen von 347 fl (Gulden) im Jahre 1850, das waren umgerechnet etwa 595 Mark, auf 4496 Mark im Jahre 1910 an. Der Zwangsverkauf verschuldeter Anwesen ging weiter. Viele Güter gingen an „Ausmärker", also auswärtige Käufer. Manche Bauern hatten die Pfandschulden des Vaters oder Großvaters bei der Hofübergabe mit übernehmen müssen und befanden sich ständig in einer mißlichen Lage. In Abtsgmünd hatten diese Pfandschulden um 1900 die Millionengrenze überschritten. Erst die Inflation nach dem Ersten Weltkrieg machte viele Bauern schuldenfrei.

Überhaupt ist vor der Idylle des heiteren Lebens auf dem Lande, vom Bauern, der im Märzen die Rösslein einspannt, von der harmonisch unter einem Dach lebenden Großfamilie zu warnen. Es hat sie nie gegeben. Zwist und Hader herrschten unter manchem Dach: Nur einer konnte Hoferbe werden; in Ostwürttemberg herrschte das Anerbenrecht gegenüber der Realerbteilung in anderen Teilen Südwestdeutschlands: Der älteste im Mannesstamme war Hoferbe. Und wenn wir von 14, 15 Kindern, die es bis in unsere Tage hinein in der bäuerlichen Familie gegeben hat, ausgehen, dann mußten die anderen sehen, wo sie hinkamen oder blieben. Wenn der eine oder die andere irgendwo einheiraten konnte, die anderen wurden mehr oder weniger spärlich „ausbezahlt"; falls der Hoferbe nicht schon Schulden mit übernehmen mußte.

Das durchschnittliche Heiratsalter wird in der Oberamtsbeschreibung für den Bezirk Neresheim von 1872 für männliche Personen mit 32 und für weibliche Personen mit 29 Jahren angegeben. Der Trend zum späten Übergeben ist deutlich, die Gründe sind einsichtig: Nur für den sehr wohlhabenden Großbauern zeichnete sich die Zeit im Ausding als materiell halbwegs erträglich ab. Bei den anderen bedeutete die Hofübergabe trotz aller Details beim Ausdingen eine merkliche Einbuße, besonders was Bargeld betraf. Eine ständische bzw. staatliche bäuerliche Altersversorgung gibt es erst seit 1957.

Noch immer arbeiteten dann nach der Übergabe auf dem Hof des gar nicht mehr so „Jungen" die Eltern mit, solange es körperlich nur ging. Und wenn dann die Alten zu dem wurden, was wir heute einen Pflegefall nennen, dann waren sie eben auf die Liebe der Kinder, vielleicht auch nur auf deren Gnade angewiesen. Da gibt es in vielen Dörfern noch heute von manchem Härtefall zu berichten.

Ähnliche Härten gab es für die Base oder den Vetter, die man dann später auch Tante und Onkel nannte und die nach der Übergabe auf dem Anwesen der Eltern blieben. Sie waren, vor Knecht und Magd, die billigeren Arbeitskräfte; in der Behandlung durch die Hoferben mußten sie oft manche Unbill ertragen.

Die in den Tälern von Rems und Kocher aufkommende Industrialisierung konnte zum ausgehenden 19. Jahrhundert hin vielen Gemeinden, deren Bevölkerungsüberschuß dort Arbeit fand, vor der Kluft bewahren, die sich in abgelegeneren Gegenden auftat: daß wenigen großen Bauern im Dorf eine Menge von Habenichtsen gegenüberstand.

Betteln und stehlen

Armut ist ein relativer Begriff. Arm waren auf dem Lande eigentlich die meisten Bewohner. Nur in guten Jahren, wenn die Nahrungsmittel billig waren, mußten sie nicht Hunger leiden. So war eigentlich immer eine latente Not vorhanden. Als Ausweg blieb vielen Menschen nur das Betteln übrig. In den Städten, z. B. in Aalen, gab es bis in die sechziger Jahre des 19. Jahrhunderts einen Bettelvogt, der zu überwachen hatte, daß vor allem Ortsfremde nur an den ihnen zugewiesenen zwei Betteltagen pro Woche in der Stadt auftauchen durften. Wer an einem verbotenen Tag erwischt wurde, den mußte der Vogt „hinausfitzen", d. h. er bekam auch noch eine Tracht Prügel. „Am Tag betteln und bei Nacht stehlen," so jammert ein Wasseralfinger Chronist noch um 1850 angesichts der Scharen von Kindern, die von dem besonders hart betroffenen Fachsenfeld und dessen Teilgemeinde Pfannenstiel hereinströmten und so zu einer Plage für die ganze Ortschaft wurden.

Und wenn das, was am Abend aus dem Bettelsack gezogen wurde, für die hungrigen Mäuler einer armen Familie nicht ausreichte, dann ging's in der Nacht hinaus auf die Felder, wo Kartoffeln, Rüben, aber auch Korn „geholt" wurde. Der Flurschütz, der Feldhüter, konnte ja nicht überall sein. Bauern organisierten nächtliche Streifendienste zum Schutz ihrer Ernte; eine Maßnahme übrigens, die auch in den Hungerjahren nach dem Ersten und dem Zweiten Weltkrieg in vielen Landgemeinden unseres Kreises getroffen wurde.

Weil der Bedarf der Weber an Spinngarn immer groß war, gaben findige Händler als Verleger Garn zum Spinnen in die Häuser vor allem von Ortsarmen, „Hausgenossen", die sich mit dem kümmerlichen Entgelt mühsam über Wasser halten konnten, bei jeder aufkommenden wirtschaftlichen Krise dann aber die ersten Opfer wurden.

So war es beispielsweise in Fachsenfeld, von wo auf die Frage der Königlichen Armenkommission in den dreißiger Jahren, ob eine „Industrieschule" eingerichtet sei, die Antwort kam: „Hier sind keine Industrieschulen errichtet, sie sind auch für diesen Ort ganz unnötig, indem die Kinder von Jugend an bei ihren Eltern bei der Baumwollspinnerei hinlänglich Beschäftigung finden, schon im vierten Jahr zum Baumwollzopfen und im fünften Jahr ihres Alters zum Baumwollspinnen angehalten werden."

Erst die Gesetze von 1848 hatten in Württemberg die endgültige Befreiung der erbuntertänigen Landbewohner von den alten Lasten gebracht. Jetzt erst konnten sie selbst versuchen, ihre Not zu steuern, indem sie in die Stadt zogen, wo sich langsam, bei uns erst in den fünfziger Jahren, Handwerksbetriebe zu Fabriken entwickelten – oder indem sie die Heimat ganz verließen und auswanderten. Nicht nur „überzählige" Bauernsöhne und Hausgenossen mußten in die Fremde ziehen, auch viele Handwerker fanden keine ausreichende Beschäftigung.

Auf nach Amerika!

Ein Licht auf die Situation wirft ein Inserat, das der in Aalen erscheinende „Verkündiger vom Kocher- und Leinthal" am 20. Mai 1851 bringt: Darin sagen ein Schmied namens Stiefbold und ein Schlosser namens Majer allen Freunden Lebewohl: „. . . und wünschen von Herzen, daß sie nicht wie wir, veranlaßt durch Mangel an Arbeit, sich genöthigt sehen, die theure Heimat zu verlassen, um mit Weib und Kind über dem Meere Brod zu suchen, das uns in unserem Vaterlande nicht mehr gereicht wurde."

Von 1855 an ebbt die Woge der Auswanderungen aus dem heutigen Kreisgebiet, vor allem aus dem Aalener Raum ab. Durch den Bau der Remsbahn bessern sich die Verhältnisse. Erst in den Jahren nach 1865 nimmt die Auswanderung aus unserem Gebiet wieder zu. Jetzt ist aber weniger die heimische Not als viel mehr die stärker wachsende Prosperität der USA der Grund dafür, daß die Leute dorthin auswandern. Aber auch nach Siebenbürgen und Bessarabien wandern ganze Gruppen aus unserer Region aus. Ein Wiedersehen besonderer Art feierten im August des Jahres 1871 die beiden Söhne des Schmiedmeisters Ostertag aus Laubach, von denen auch das Amtsblatt berichtet: Der Sohn Jacob kam aus Philadelphia zu Besuch, während sich sein Bruder Casper mit seiner jungen Frau aus Odessa einfand.

Die Eisenbahn bringt Wohlstand

Die württembergische Regierung legte Wert auf ein gutes Straßennetz innerhalb des neuen, vergrößerten Staatsgebietes. Da lag manches im argen. Als bedeutendes Vorhaben für unsere östliche Region darf der Bau der Staatsstraße von Aalen nach Nördlingen gewertet werden, der zwischen 1815 und 1817 ausgeführt wurde. Aber Frachtkosten und Fuhrlöhne machten alles, was mit dem Pferdefuhrwerk befördert werden mußte, in der entlegenen Ostalb teuer. Massengut, wie z. B. Steinkohle, war in unserer Gegend deswegen sehr selten. Erst die Eisenbahn konnte hier Änderung schaffen.

Schon 1835, in dem Jahr, in welchem die erste Eisenbahn in Deutschland verkehrte, gründe-

Tafel 23 Schwäbisch Gmünd. Barockhäuser und Marienbrunnen mit der doppelgesichtigen Madonna

Tafel 24 Aalen. Das Alte Rathaus mit dem Spion im Glockenturm

Die Eisenbahn bringt Wohlstand

teten unternehmerisch gesonnene Schwäbisch Gmünder Geschäftsleute eine Aktiengesellschaft mit dem Ziel einer Eisenbahnverbindung durch das Remstal von Cannstatt aus. 10 000 fl wurden im ersten Überschwang der Begeisterung für das Projekt gezeichnet.

Zu den unermüdlichen Rufern nach einem Bahnanschluß für die revierferne Ostregion gehörte der Ellwanger Kaufmann Egelhaaf, der per Zeitungsinserat am 18. August 1845 alle am Bau einer Remsbahn interessierten Kreise zu einer Besprechung nach Ellwangen einlud. In der zweiten Bauperiode des württembergischen Eisenbahnbaus wurde dann auch die Strecke Cannstatt–Wasseralfingen, die Remsbahn, geplant, verakkordiert und ausgeführt. Nicht Aalen, sondern Wasseralfingen mit seinem expandierenden Hüttenwerk sollte das Ziel des Projektes sein.

Jetzt kam Leben in die idyllische Ruhe des Rems- und Kochertales. Arbeitskräfte aller Art wurden gesucht und strömten in Scharen aus den der Strecke benachbarten Ortschaften herbei. Bei den Ausschreibungen war die Strecke in einzelne Abschnitte und diese wiederum in „Loose" aufgeteilt. Die Ortsvorsteher wurden von der Baubehörde bemüht, ihre Bewohner zur Arbeit am Bahnbau aufzufordern. Jetzt kam Geld unter die Leute. Die Lieferung der Schwellen wurde heimischen Sägewerken übergeben, Fuhrunternehmer erhielten lohnende Aufträge. Nicht nur der Gleisbau brachte Beschäftigung; Bahnhöfe, Wärterhäuser, Brücken, Lokomotivschuppen wurden in Auftrag gegeben. Auch das heimische Baugewerbe und viele Handwerker kamen in den Genuß von Aufträgen.

Nach Fertigstellung der Strecke fand am 29. Juni 1861 die erste „Kollaudationsfahrt" zwischen Cannstatt und Gmünd statt. Der eigentliche Eröffnungszug fuhr dann am 18. Juli. Die Lokomotive „Noerdlingen" zog sechs festlich geschmückte Personenwagen.

Überall wurde der Zug mit aufwendigem Zeremoniell, aber auch mit großer Freude der ganzen Bevölkerung empfangen. Als Tag der offiziellen Eröffnung gilt der 25. Juli, jetzt wurde der ordentliche Betrieb auf der Strecke für den Personen-, Gepäck-, Equipagen-, Vieh- und Güterverkehr aufgenommen.

Mit der Eröffnung verschwanden zwar die bisherigen Botenkurse nach Stuttgart mit Pferdewagen. Jetzt war es aber interessant, die abseits der neuen Bahnlinie liegenden Ortschaften anzubinden. So richteten zwei Kutscher, die bisher ins Remstal fuhren, zwischen Schwäbisch Gmünd und Süßen eine „Privat-Omnibus-Gelegenheit" ein, die zusätzlich zum Postwagen verkehrte. Auch Gschwend, Heubach und Alfdorf sicherten sich den Anschluß an die Bahnverbindung durch „Carriol-Postfahrten" nach Unterböbingen und Lorch. Schon 1863 konnte die Strecke Wasseralfingen–Nördlingen eingeweiht werden. Zum Bau dieser Strecke waren zeitweise bis zu 2898 Arbeiter eingesetzt. „Darunter viel Gesindel" meldet eine Ortschronik der Zeit. Bei den zahlreichen Sprengungen, die zum Vortrieb der Strecke und besonders beim Tunnel zwischen Röttingen und Aufhausen nötig waren, gab es Tote und Verletzte.

Das Armenhaus in Lauchheim wurde zum Spital umfunktioniert. Und schon wird mit dem Bau der Strecke Aalen–Heidenheim begonnen, der im September 1864 abgeschlossen ist. Zwei Jahre später, am 15. November 1866, wird dann auch die Strecke Goldshöfe–Crailsheim, die „Obere Jagstbahn" eingeweiht.

An solchem Fortschritt konnten freilich nicht alle Gemeinden in gleicher Weise teilhaben. Schwer in den Verkehrsschatten geriet zum Beispiel Abtsgmünd, das trotz seines Eisenwerks und trotz aller Bemühungen des Schultheißen Schnez keinen Bahnanschluß erhalten hat. Immerhin richtete man 1872 einen

47   Die Remsbahn wird eröffnet: Am 18. Juli 1861 trifft der erste Zug in Wasseralfingen ein.

Pferdepostverkehr zur Bahnstation Wasseralfingen ein.

Die Schwäbisch Gmünder erreichten indessen eine bessere Anbindung des südlichen Kreisgebietes durch die Errichtung der Bahnstrecke nach Göppingen, die 1912 eingeweiht werden konnte. Die starke Motorisierung in den letzten beiden Jahrzehnten machte die Strecke jedoch unrentabel, 1984 ist die Linie stillgelegt worden. Heubach mußte das Ende des Ersten Weltkrieges abwarten und bekam dann 1920 doch noch den Bahnanschluß nach Unterböbingen. Auch diese Linie wurde nach 56 Jahren eingestellt, am 1. Mai 1976 ist der letzte Zug gefahren.

Dasselbe Schicksal widerfuhr der „Schättere", der Härtsfeldbahn Aalen–Neresheim–Dillingen, die als Schmalspurbahn von der Württ. Nebenbahnen A.G. betrieben, von 1901 bis 1972 existierte. Sie hatte eine eine wichtige Funktion zur Erschließung des auch verkehrsmäßig zurückgebliebenen Härtsfeldes, fiel aber der allgemeinen Motorisierung zum Opfer.

Doch in der Euphorie des Eisenbahnbaus dachte man an eine derartige Entwicklung noch nicht. Die Zeiten wurden besser, nicht für alle, aber doch für diejenigen, die in der aufkommenden Industrie Beschäftigung fanden. Aus den armen Kleinbauern und Seldnern werden nun Nebenerwerbslandwirte. Der Mann geht tagsüber in die Fabrik, die Frau versorgt das Vieh, das Ackerland wird nach Feierabend bestellt. Bescheidener Besitz, aber doch Besitz, harte Arbeit, eiserne Sparsamkeit lassen bei solchen Industriearbeitern, die typisch sind für die württembergischen Flußtalindustrien, keine proletarische Gesinnung aufkommen. Der Kleinlandwirt-Industriearbeiter denkt und handelt konservativ. In dieser Haltung wird er von der weltlichen und geistlichen Obrigkeit bestärkt. Nur in den größeren Industriestädten faßt die Sozialdemokratie Fuß.

Von der Werkstatt zum Industriebetrieb

Die Erschließung unseres Raumes durch die Eisenbahn brachte eine langsame, verglichen mit anderen Industriegebieten sehr späte Industrialisierung. Auch wenn sie nicht gerade überstürzt vor sich ging, brachte sie auch in unserem Raum manche Probleme. Die Menschen wurden von der Fabrik bei zwölf oder elf Stunden Arbeitszeit in ganz anderer Weise beansprucht, als sie bisher in ihrem ländlichen Alltag zu schaffen gewohnt waren. Und die Fabrikanten wehrten sich mit aller Kraft gegen Bestrebungen, für die Industriearbeiter die ganztägige Sonntagsruhe einzuführen. Sie werde „verheerende Folgen haben" heißt es in einem zeitgenössischen Bericht. Der Produktionsverlust verursache erhöhte Kosten, denn für die notwendig werdenden neuen Maschinen fehle zur Anschaffung das Kapital. Die Unternehmer wandten sich auch gegen die Häufung von arbeitsfreien Feiertagen, besonders in katholischen Gegenden, wo auch viele Heiligenfeste gehalten wurden. Der Achtstundentag wurde bei uns erst 1920 eingeführt.

Und wenn in den Fabriken und Werkstätten so lange gearbeitet wurde, dann mußten auch die Kaufläden am Abend noch geöffnet sein: Ladenschluß war in Schwäbisch Gmünd und Aalen um die Jahrhundertwende um acht Uhr. Viele Versorgungsgeschäfte hatten auch am Sonntagmorgen geöffnet, selbst die Lehrlinge hatten im Büro oder im Laden zu sein. Auch die Büroangestellten mußten am Sonntagvormittag arbeiten. Für die Lehrlinge begann die Fortbildungsschule am Sonntagmorgen um 6.30 Uhr; sie wurde für die Zeit des Gottesdienstes unterbrochen und ging dann bis 12 Uhr weiter. Kein Wunder, daß dann der Wirtshausbesuch am Sonntagnachmittag bis lang in die Nacht hinein ausgedehnt wurde. Der „blaue Montag", an dem der eventuell noch vorhandene Durst in Werkstätten und Fabriken weiter gestillt wurde, war auch in Süddeutschland eine verbreitete Erscheinung.

Hausweberei, ein aussterbendes Handwerk

Weben und Spinnen gehören seit Urzeiten zu den wichtigsten Arbeiten der Menschen in Dorf und Stadt. Es gab eigentlich in jedem Dorf ein paar Weber, die zu Leinwand oder Tuch verarbeiteten, was die Frauen an langen Winterabenden gesponnen hatten. Die Weber waren deshalb immer von anderen abhängig, nur selten gelangte einer zu bescheidenem Wohlstand.

Schwerpunkt der Hausweberei war in unserem Kreis Heubach. 86 Weber zählte man noch 1828. Bis 1861 ist deren Zahl auf 49 zurückgegangen. Dieser Rückgang, besser Niedergang eines Gewerbes, war vor allem auf den Druck aus England zurückzuführen, wo der mechanische Webstuhl schon im 18. Jahrhundert Eingang gefunden hatte. Nicht weniger als 85000 mechanische Webstühle waren dort schon 1830 registriert. Zunftprotokolle aus Heubach melden, daß dort Barchent- und Leinwandweberei betrieben wurde. Hauptrohstoff im 19. Jahrhundert war die Baumwolle, die über unternehmerische Verleger in die Webstuben, die im Kellergeschoß untergebracht "Dunken", geliefert wurden. Auch die Strumpf- und Seidenweberei hatte da und dort schon Eingang gefunden.

Zur Jahrhundertmitte hin wurde die Lage der Heubacher „Zeuglesweber" immer schwieriger. Die Zunft beklagt sich über die Konkurrenz der Strafanstalt Gotteszell, wo vor allem billiger Zwilch und Leintücher gefertigt wurden. Die Notlage der Zunftangehörigen wird deutlich aus einem Protokoll von 1851, in welchem das Anliegen geäußert wird, daß die Weber „nach einem schlechten Markttage auf dem Rückwege ihre Ware hausierweise absetzen" dürfen. Schließlich wurde die Zunft so arm, daß die Unterstützung wandernder Handwerksgesellen reduziert, zuletzt, wohl auch wegen zahlreicher Mißbräuche, ganz eingestellt werden mußte. Die Haltung der Regierung stellt Gerhard M. Kolb so dar: „Die Regierung sah die Notwendigkeit eines Freiraumes zur Entfaltung der modernen Industrie, wollte aber auch im Hinblick auf die mit allzu raschen sozialen Umwälzungen verbundenen Gefahren das alte Handwerk unterstützen bzw. modernisieren. Die Folge war, daß trotz des nur langsam voranschreitenden Technisierungsprozesses in der Weberei (im Unterschied zur Spinnerei) die Zünfte eine Überproduktion bei gleichzeitig starkem Preiszerfall nicht aufhalten konnten . . . Diese sich immer deutlicher abzeichnende Politik bewirkte in Heubach den raschen Untergang des alteingesessenen Handwerks, obwohl bis zur Mitte des 19. Jahrhunderts noch überall der größte Teil der Gewebe auf Handwebstühlen gefertigt wurde."

Daran änderte auch die Aufforderung von 1827 zur „Doppelspinnerei" nichts, und auch die Einrichtung einer „Industrieschule", in der jungen Frauen das Anfertigen von Handarbeiten beigebracht wurde, sowie die Organisation einer Armenspinnerei konnten an der weit verbreiteten Not in Heubach nicht viel ändern. Im gleichen Jahr, 1862, in dem die neue Gewerbeordnung für Württemberg die völlige Gewerbefreiheit brachte, wurde die Heubacher Weberzunft aufgelöst.

Korsette aus Heubach

Unternehmerisches Denken und Handeln war gefragt. Und da hatte Gottfried Schneider (1829–1907) eine Idee. Die Damenmode verlangte nach Korsetten, das war mehr als eine Marktnische, konnte doch die tonangebende französische Produktion den Bedarf weltweit nicht befriedigen. Die Herstellung war nicht an den Zunftzwang gefesselt. 1859 gründete Schneider sein Unternehmen. Damit legte er den Grundstein für ein neues Gewerbe, das im Fortgang der Industrialisierung im abgelegenen Heubach Folgen hatte, die der Firmengründer noch nicht absehen konnte.

Sein Erfolg machte Schule. 1886 gründete Johann Gottfried Spießhofer (1854–1917) zusammen mit Michael Braun (1866–1954) eine weitere Korsettmanufaktur. Gerhard Kolb versucht den außergewöhnlichen geschäftlichen Erfolg der neuen Heubacher Unternehmer zu ergründen, wenn er schreibt: „Tatsächlich läßt sich bei den Spießhofer – wie auch bei den Schneider und Braun aus anderen Motiven – über mehrere Jahrzehnte hinweg eine über das gewöhnliche Maß hinausgehende tägliche Pflichterfüllung, zielstrebige Arbeit, ‚von Gott vorgeschriebener Selbstzweck des Lebens', und sparsame Lebensführung im Sinne einer pietistisch-calvinistischen Berufsaskese feststellen, wie sie von Max Weber verdeutlicht wurde."

Kühne Marktbeobachtung und die rasch gezogenen Konsequenzen daraus ließen 1924 aus der Not eine Tugend werden: Die Ärzte wollten die Frauen von dem Zwang der engen Mieder befreien, die Folge waren Rückschläge für die Korsettindustrie. Spießhofer und Braun erkannten eine Nachfrage auf dem Markt nach Frottiertüchern und stellten die Produktion vergleichsweise rasch um: Der Markt reagierte mehr als positiv. Es mußte in drei Schichten gearbeitet werden, und die Firma konnte die gestiegene Nachfrage nur dadurch befriedigen, daß sie weit über die Region hinaus Räume, z. B. Säle von Gastwirtschaften, anmietete und somit für viele Frauen Beschäftigung brachte.

Industrie schafft Arbeitsplätze

So würde man heute zu einem Vorgang sagen, den wir bei der Korsettherstellung kennengelernt haben. Glücklicherweise regte sich nicht nur in Heubach unternehmerischer Geist. In Schwäbisch Gmünd ging Karl Erhard schon 1832 zur industriellen Fertigung von Silberwaren über. 1843 ist das Gründungsjahr der Metallwarenfabrik Erhard und Söhne, die auch in Schwäbisch Gmünd für mehr Arbeitsplätze sorgte. Klein- und Mittelbetriebe sind für das Edelmetallgewerbe in Schwäbisch Gmünd kennzeichnend: Im Jahre 1870 zählt man in Gmünd nicht weniger als 140 Betriebe, in denen über 2000 Leute beschäftigt werden. Zu den größeren Betrieben zählen die Firmen Wilhelm Binder, Gebrüder Deyhle, Erhard & Söhne und Gebrüder Kühn. Kurt Seidel kennzeichnet diese aus dem Handwerk hervorgegangene Industrie und ihre Fabrikherren als durchaus konservativ und meint dazu: „In den Phasen der Prosperität gab es keine Probleme, aber eine ausgesprochene Krisenanfälligkeit war von Anfang an gegeben. Die Fabrikantendynastien übten eine systematische Kontrolle über die Wirtschaftspolitik der Stadt aus. Sie garantierten eine unumstrittene Abhängigkeit des Gmünder Industriestandortes von der einseitig gearteten Industrie, die nachhaltig einen Druck auf den Arbeitsmarkt ausüben mußte und somit unverkennbar monopolistische Züge trug. Dadurch konnte ein bestimmtes Lohnniveau gewährleistet werden, weil keine Abwanderungsgefahr in andere attraktivere Beschäftigungsbereiche am Standort bestand."

Schon die stattliche Zahl von heute noch eindrucksvollen Fabrikanten-Villen, die Schwäbisch Gmünd aufweist, bestätigt die temporäre Effizienz solcher Industriepolitik eindrucksvoll. In Aalen sind solche Spuren der Prosperität weit weniger zahlreich.

Wenn auch in der Kochertal-Achse Oberkochen – Unterkochen – Aalen – Wasseralfingen die Metallindustrie vorherrschend war, so gab es hier doch eine größere Diversifikation der Betriebe. In Oberkochen gründete Christoph Jakob Bäuerle, der einer alten Schmiedefamilie entstammte, 1860 die erste Bohrerfabrik und wurde damit der Begründer des Oberkochener Bohrermachergewerbes. Albert Leitz, der bei Bäuerle gelernt hatte, gründete nach Rückkehr von einer fruchtbaren Wanderschaft 1876 eine eigene Werkstatt, in der er neben Handbohrern auch Schneidmesser und Beile produzierte.

1882 macht sich Jakob Schmid, der ebenfalls bei Bäuerle gelernt hat, als Bohrermacher selbständig und wird damit zum Begründer der Werkzeugfabrik Jakob Schmid GmbH & Co. 1890 beginnt Wilhelm Grupp mit der Fertigung von Handbohrern. Der fünfte im Bunde dieser Gründer ist August Oppold, der es bei Bäuerle zum Meister gebracht hat und 1896 einen eigenen Betrieb gründet.

Unterkochen verliert zwar die Roheisen verarbeitende Industrie (Läuterhäusle mit Hammerwerk), doch entsteht ganz in der Nähe eine Papierfabrik, 1875 gründen Rieger und Dietz eine Kettenfabrik.

Kocherabwärts ist 1872 die Papierfabrik Palm entstanden, und auf der Erlau wurde schon 1828 der erste Aalener Industriebetrieb, der Drahtzug, gegründet. 1843 ist das Gründungsdatum der Papierfabrik Erlenbau, ein Jahr zuvor war die Maschinenfabrik Seydelmann gegründet worden.

Am Schnittpunkt von zwei Eisenbahnlinien erhielt Aalen neben der 1865 gegründeten Eisenbahn-Reparaturwerkstätte zwei Bahnmeistereien, eine Betriebswerkstätte für Lokomotiven und ein Betriebsamt: Aalen wurde damit zur Eisenbahnerstadt und damit auch Anziehungspunkt für viele junge Leute vom Land, die hier eine Existenz fanden.

Die Auswirkungen auf die industrielle Entwicklung der Stadt waren beträchtlich, eine wahre Gründerzeit setzte ein: 1867 Ostertag-Geldschrankfabrik, 1874 Zuckerwarenfabrik Gustav Pahl, 1879 Maschinenfabrik Heinrich Rieger, 1882 Aktiengesellschaft Union („Wichse"), Eisengießerei Julius Jedele, Tonwarenfabrik Stützel-Sachs.

In Wasseralfingen erreichte das Königliche Hüttenwerk unter Bergrat Faber du Faur in der zweiten Jahrhunderthälfte einen Höhepunkt, sowohl in seinem Ansehen bis weit über die Grenzen des Landes hinaus als auch in der Menge und der Qualität seiner Produktion. Obwohl für das Eisenwerk in Abtsgmünd 1816 eigens eine Kohlestraße gebaut worden war, entwickelte sich dort das 1806 königlich württembergisch gewordene Werk zurück. 1861 hatte es noch 45 Mitarbeiter beschäftigt, 1912 waren es nur noch 26. Trotz aller Eingaben erhielt Abtsgmünd keinen Bahnanschluß; das wird mit ein Grund gewesen sein, daß das Werk Abtsgmünd 1929 stillgelegt wurde.

Abtsgmünd blieb also bis in die neueste Zeit von der Industrialisierung ausgeschlossen. Dies hatte eine mähliche, aber starke Abwanderung zur Folge, die Einwohnerzahl ging in der zweiten Jahrhunderthälfte stark zurück. Sie gingen dorthin, wo es Arbeit gab, zum Beispiel nach Aalen. Die größten Gruppen aber, die nach der Oberamtsstadt am Kocher zogen, kamen vom Härtsfeld und aus dem Ries. Noch heute gibt es in Aalen, wenngleich mit rückläufiger Mitgliederzahl, die Vereine der Härtsfelder und der Ellwanger Landsleute. Natürlich beschränkte sich die Wanderungsbewegung nicht auf Aalen. Stuttgart und das mittlere Neckartal wirkten anziehend, auch dort hatten die Fabriken Bedarf an

48 In der Gießerei des Königlichen Hüttenwerks Wasseralfingen. Radierung von Alexander Eckener 1917

Arbeitskräften. Und auch in Stuttgart haben die Härtsfelder einen „Bezirksverein Neresheim" gegründet. Bis zum Ersten Weltkrieg stammten viele Stuttgarter Straßenbahnschaffner aus unserer Gegend.

Die Revolution von 1848

Wenngleich sich die entscheidenden Auseinandersetzungen in den großen Städten abspielten, so hatten doch die Parolen von der Volkssouveränität, die Forderung nach demokratischen Wahlen, der Ruf nach Volksbewaffnung und für Pressefreiheit auch im Osten Württembergs gezündet. In Schwäbisch Gmünd war Eduard Forster Gründer eines demokratischen Vereins, dessen Sprachrohr der von Buchdrucker Matthias Ils herausgegebene „Märzspiegel" war. Die fortschrittlichen Kräfte erreichten in Schwäbisch Gmünd wie in Aalen den Rücktritt des gesamten Gemeinderates. In Schwäbisch Gmünd wurde auch der amtierende Stadtschultheiß Steinhäuser abgesetzt und durch Eduard Forster ersetzt. In Aalen war der Herausgeber des „Boten von Aalen", Friedrich Jakob Münch einer der demokratischen Anführer und nach dem zeitgenössischen Urteil „Republikaner von der rötesten Farbe".

In Heubach vermeldet die Ortschronik aus dem Jahre 1848 „revolutionäre Umtriebe der Bürgerwehr unter Führung des Apothekers Becher, des Bruders des bekannten Linksliberalen August Becher, der 1848 Mitglied des Vorparlaments war". Und in Ellwangen erschien im Zusammenhang mit der Volksbewaffnung ein Aufruf im „Amts- und Intelligenzblatt", in dem es abschließend hieß: „Darum, ihr Bauern, schmiedet eure Sensen sogleich zurecht und übt euch darin. In Ellwangen findet ihr Muster ausgestellt bei Sattler Ritzer."

Die deutsche Revolution von 1848 ist Episode geblieben, der demokratische Gedanke war zwar zum aufflammenden Strohfeuer geworden, jedoch bald schon wieder unter der zurückrollenden Woge der Restauration, die auch in Württemberg reaktionäre Züge annahm, erstickt. Die Republikaner wurden reglementiert, verhaftet, abgeurteilt. Nur durch die Flucht ins Ausland konnten sich viele ihrer Anführer der Strafverfolgung entziehen. In der Aalener Zeitung findet man im Nachrevolutionsjahr 1849 Aufrufe zu Spenden für die politischen Flüchtlinge in der Schweiz und in Frankreich. 30 fl war das Ergebnis der Sammlung allein im Oberamtsbezirk Aalen; eine beachtliche Summe, gemessen an der Armut, die noch weithin herrschte, ein Zeichen aber auch der Sympathie, die man für die Revolution und für die Revolutionäre im nachhinein noch hatte.

Lehrer und ihre Bildung

Das volkstümliche Spottlied vom armen Dorfschulmeisterlein, das neben seiner Lehrertätigkeit noch allerhand Arbeiten auf sich nehmen mußte, um sein Dasein zu fristen, hatte noch im 19. Jahrhundert auch bei uns einen sehr realen Hintergrund. Die Volksschulverhältnisse boten in den ersten Jahrzehnten noch kein sehr erfreuliches Bild. Da hatte die damals noch nicht sehr florierende Gemeinde Wasseralfingen 1820 ein Privathaus um ganze 1960 fl zu Schulzwecken erworben und darin einen Schulraum eingerichtet, in welchem nicht weniger als 110 Kinder von einem Schulprovisor unterrichtet werden sollten.

Nur einen – unverheirateten – Provisor deswegen, weil, wie es im Antrag der Gemeinde an die Kgl. Regierung des Jagstkreises hieß, „... ein verheirateter Schullehrer mit der geringen Besoldung eine Familie nicht ernähren könne". Doma hieß der ledige Provisor, dem

Der Bote von Aalen.

Oberamts- und Intelligenz-Blatt
für die Stadt und den Bezirk Aalen.

Nro. 44.   **1848.**

Dienstag,   den 6. Juni.

Dieses Blatt erscheint jeden Dienstag und Freitag je einen ½ Bogen — Der Abonnements-Preis beträgt halbjährlich 1 fl. — Anzeigen, die am Montag oder Donnerstag präzis 4 Uhr Abends noch eintreffen, erscheinen am folgenden Tage im Blatte, und wird die gewöhnliche gespaltene Garmond-Zeile oder deren Raum zu 2 kr. berechnet.

Das
Ministerium des Innern
an
das Königl. Oberamt Aalen.

I.

In mehr der sich in verschiedenen Theilen des Landes kundgebende Geist der Gesetzlosigkeit und der Anarchie ein entschiedenes und schnelles Entgegentreten der Staats-Regierung gegen die Ausbrüche desselben gebieterisch verlangt, um so dringender sieht sich das Ministerium veranlaßt, die Bezirksbeamten des Landes zu strengen und unbeugsamer Erfüllung ihrer Pflichten aufzufordern, sie dringend zu ermahnen, sich zum Voraus durch geeignete Ansprachen der kräftigen Mitwirkung der gutgesinnten Mehrheit der Staatsbürger in Aufrechthaltung der Ruhe und Ordnung in eintretenden Fällen zu versichern und in diesem Sinne namentlich auf schleunige Durchführung des Gesetzes vom 1. April d. J. hinzuwirken, im Fall aber durch diese Mittel das Ziel nicht sollte erreicht werden können und die ordentlichen Mittel zur Handhabung der Ordnung nicht ausreichen sollten, nach §. 12 der K. Verordnung vom 5. Juni 1823 zeitig militärische Hülfe nachzusuchen, wobei besonders darauf aufmerksam gemacht wird, daß in dringenden Fällen dem Oberamt die Befugniß zusteht die militärische Hülfe unmittelbar für sich in Anspruch zu nehmen, und es ist das K. Kriegs-Ministerium heute ersucht worden, die Regiments-Commandanten einzelner Abtheilungen anzuweisen, jeder diesfalls an sie gelangenden Requisition auf das schleunigste zu entsprechen. Je entschiedener das Ministerium stets bereit ist, den Bezirksbeamten in Handhabung der von ihnen getroffenen und zu treffenden Maßregeln jede Unterstützung zu Theil werden zu lassen, um so entschiedener glaubt es darauf vertrauen zu dürfen, daß die Bezirks-Beamten in pflichtmäßiger Handhabung ihres Amtes jeder Störung der Ruhe und jeder Uebertretung der Gesetze mit Entschiedenheit, Aufopferung, Ernst und Energie entgegentreten werden.

Stuttgart, den 15. Mai 1848.

Duvernoy.

49   Im Revolutionsjahr 1848 erscheint dieser Erlaß des württembergischen Innenministeriums am 6. Juni im „Boten von Aalen".

1826 Johann Nepomuk Stelzle, Sohn des Schreiners Johannes Stelzle aus Zöbingen ins schlecht besoldete Amt folgte. Stelzle hatte keinerlei pädagogische Vorbildung, er war gelernter Buchbinder, ein Handwerk, das damals seinen Mann auch nicht überall ernährte. Seine Besoldung setzte sich aus der Nutzung von gartengroßen Grundstücken, Naturalien, Brennholz und freier Wohung zusammen. Dazu kam ein Gulden 12 Kreuzer in Quartalsraten für jedes Schulkind, außerdem für die Sonntagsschule, die der Fortbildung von Schulentlassenen diente, 12 Gulden. Das Schulgeld wurde durch den Polizeidiener eingezogen. Für seine Dienste als Organist und Mesner bekam er weitere sechs Gulden Bargeld und diverse Naturalien.

Durch seine rastlose Arbeit auch im Bereich der Kirchenmusik, mit vielen Initiativen (die aber wenig Geld kosten durften), entwickelte er „seine" katholische Volksschule, die unter kirchlicher Aufsicht stand, auf ein wesentlich höheres Niveau, als er sie angetroffen hatte. Es ist für die ersten Jahre seiner Anwesenheit in Wasseralfingen verbürgt, daß Stelzle neben seinen vielen Ämtern und der Schulmeisterei auch noch weiterhin als Buchbinder tätig war. Im Jahre 1834 ist er mit seiner Familie ins Bürgerrecht aufgenommen worden. 1839 war ein Gesuch, den bisherigen Kanonenofen im Schulzimmer durch einen Plattenofen zu ersetzen, erfolgreich. Nach 1849 hatte Stelzle die Schulräume selbst gegen ein geringes Aufgeld zu reinigen. Zu seinem 30jährigen Dienstjubiläum erhielt er eine goldene Cylinderuhr, die das Beschaffungskomitee 60 Gulden gekostet hatte. Stelzle konnte es sich immerhin leisten, seinen einzigen Sohn Theologie studieren zu lassen. Zu ihm nach Unterhausen in der Nähe von Weilheim/Oberbayern zog Stelzle nach seiner Pensionierung im Jahre 1864. Dort ist er 1877 verstorben.

Der tüchtige Stelzle kann mit seiner glücklichen Laufbahn als Ausnahme für den Lehrerstand in Württemberg gelten. Wurde doch neben dem seit 1811 in Esslingen bestehenden evangelischen Lehrerseminar ein solches für die Heranbildung katholischer Volksschullehrer erst 1825 in Schwäbisch Gmünd im früheren „Franziskaner-Mannskloster" eingerichtet.

„Das Leben im Seminar", schreibt Helmut Christmann, „war streng geregelt, es ähnelte in manchem eher dem Dienst in einer Kaserne als einer Bildungsstätte für die Erzieher des Volkes." Darüber gibt die umfangreiche „Haus-, Lehr- und Disziplinarordnung" Auskunft, die man schlagwortartig auf den folgenden Nenner bringen kann: „Gehorsam, Ehrerbietung, Religiosität, Sittlichkeit". Nach beendigtem Nachmittags-Gottesdienst war den Seminaristen in Gruppen und unter Begleitung eines Aufsehers im Sommer bis sechs Uhr Ausgang in die Stadt erlaubt. Das Lesen von Romanen, das Spielen mit Karten und Würfeln sowie das Tragen von Brillen in der Öffentlichkeit war verboten. 1866 wurde die Seminarausbildung von zwei auf drei Jahre verlängert. Davor war der zweijährige Besuch einer Präparandenanstalt Pflicht.

Seit 1860 gab es in Schwäbisch Gmünd auch ein privates, erst später verstaatlichtes katholisches Lehrerinnenseminar. Die Ausbildung von Lehrern und Lehrerinnen erfolgte bis 1937 separat und auch nach Fächern differenziert. Zugunsten einer in Esslingen geplanten zentralen und simultanen Lehrerausbildung wurde von der NS-Regierung 1934 das Schwäbisch Gmünder Seminar aufgelöst; die letzten drei Klassen kamen nach Rottweil, um dort ihre Ausbildung abzuschließen. Die Schließung des Seminars hat damals in der Bürgerschaft tiefe Erregung ausgelöst. Als die Seminaristen am Abend des 9. Feburar 1934 von hier fortzogen, begleitete sie eine große Menschenmenge auf den Bahnhof.

Erst ein Jahr nach Ende des Zweiten Weltkrieges bekam Schwäbisch Gmünd wieder ein Lehrerseminar, dessen „Schulbetrieb" am 10. Mai 1946 begann (siehe S. 309 f.).

Die Arbeiterschaft

Wenn in einem vorhergehenden Abschnitt die Rede davon war, daß die Eisenbahn Wohlstand in die Täler von Rems und Kocher brachte, daß aus Handwerksbetrieben Fabriken wurden, dann brachten diese Fabriken zwar Arbeit und Brot unter die Leute, die vom Lande in die Stadt zogen, um dort ihr Glück zu suchen. Aber es waren lange Arbeitszeiten, die sie zu erbringen hatten, und es war karges Brot, das sie ernteten.

Ein Taglöhner erhielt, schon in einer fortgeschrittenen Periode, in Aalen im Jahre 1883 bei freier Kost 1,50 Mark, in Heidenheim lagen die Löhne etwas darüber, in Schwäbisch Gmünd waren sie vergleichbar, in Ellwangen und Bopfingen lagen sie darunter. Zur gleichen Zeit kostete in Aalen ein Kilo Schweinefleisch 1,20 Mark, also nur um einen Pfennigbetrag weniger als einen vollen Taglohn. Ein Kilo Butter kostete zwischen 1,20 und 2,00 Mark. Um die Kaufkraft ihres schmalen Lohnes wenigstens etwas zu verbessern, schlossen sich die Arbeiter als Konsumenten kooperativartig zu „Consumvereinen" zusammen, mit denen sie freilich gewollt oder ungewollt den örtlichen Handel schwächten. Die erste Gründung eines solchen Vereins ist für Aalen schon im Jahre 1865 nachweisbar. Es ist eine rein örtliche Selbsthilfeorganisation, offenbar ohne jeden Kontakt zur Bewegung der in den Indusriezentren des Reiches verbreiteten Verbrauchergenossenschaften. Erst 1894 erfolgt für Aalen ein solcher Anschluß an eine größere Organisation.

„Arbeit bringt Segen – Bildung macht frei" hieß das Motto der Arbeiterbildungsvereine; ein solcher wird in Aalen in den sechziger Jahren aktiv. Für die Lage in Schwäbisch Gmünd charakterisiert Kurt Seidel die Lage so: „Die Lohnarbeiter waren in den vorherrschenden Mittel- und Kleinbetrieben sehr eng an ihren „Prinzipal" gebunden. Auch nach der Mechanisierung der Produktion hatte sich der ausgesprochen patriarchalisch geartete Führungsstil erhalten können und zeigte eine große Beharrlichkeit. Die geschichtliche Entwicklung der Gmünder Arbeiterbewegung, der Zusammenschluß der abhängigen Lohnarbeiter mit dem Ziel, die bestehenden und festgefahrenen ökonomischen und politischen Verhältnisse zu verändern, bildete einen wesentlichen Bestandteil der Stadtgeschichte im 19. Jahrhundert. Den bedeutendsten Anteil bildeten naturgemäß die sozialistisch ausgerichteten Gruppierungen, denen sich aber auch noch christlich orientierte Interessengruppen an die Seite stellten, die zusammengenommen über die ideologischen Schranken hinweg die Interessen der Arbeiter gegenüber den Arbeitgebern geltend machten."

In Schwäbisch Gmünd organisierte sich schon 1867 der „Ortsverein der Gold- und Silberarbeiter". Das wichtigste Anliegen der organisierten Arbeiter bildeten in Gmünd die Bemühungen zur Durchsetzung des Zehnstundentages. In Hanau, Pforzheim und auch in Stuttgart war man zu diesem Ziel schon durchgestoßen. In der Zeitschrift „Der Genossenschafter" hatten die Gmünder Edelmetallarbeiter bereits ein publizistisches Organ, und im Vereinslokal „Roter Ochsen" besaß er u. a. eine Bücherei, deren Bestand vermutlich von dem 1866 eingegangenen Arbeiterbildungsverein stammte.

Im Jahre 1871 gründeten die Arbeiter einen Spar- und Consumverein eGmbH. Zu diesem Zwecke hatte man mit dem in Stuttgart bereits bestehenden Consumverein Verbindung aufgenommen. Auf der Gründungsversammlung am 17. September sprach der Landtagsabgeordnete Dr. Eduard Pfeiffer, Vorstand des Stuttgarter Consum-Vereins und des Verbandes süddeutscher Consum-Vereine. Zu der Versammlung waren auch Arbeiter aus anderen Berufszweigen eingeladen. Zweck des Gmünder Vereines war, seinen Mitgliedern „gute und unverfälschte Ware zu Tagespreisen gegen sofortige Bezahlung zu verschaffen und ihnen hierbei Gelegenheit zu geben, Ersparnisse zu erzielen."

Dachorgansation der Schwäbisch Gmünder Goldarbeiter war zunächst der liberale Hirsch-Dunckersche Gewerkverein. In der Folgezeit geriet der Verein aber immer stärker unter sozialdemokratischen Einfluß, im Dezember 1871 trat er demonstrativ aus dem Hirsch-Dunckerschen Gewerksverband aus. In Schwäbisch Gmünd bildete sich ein Ortsverein der Bebelschen Sozialdemokratischen Arbeiterpartei, der zu einem der Stützpunkte der Partei in Württemberg wurde. Das Sozialistengesetz von 1878 brachte das vorläufige Ende auch des Schwäbisch Gmünder Ortsvereins, der aber nach Aufhebung des Gesetzes 1891 sofort wiedergegründet wurde. Bemerkenswerter Erfolg: Bei den Reichstagswahlen von 1890 konnten die Sozialdemokraten in Schwäbisch Gmünd 47,8 Prozent der abgegebenen Stimmen auf sich vereinigen. Spiegelbild einer immer noch ständisch strukturierten Gesellschaft: Neben den bürgerlichen Vereinen, die keine Arbeiter aufnahmen, entstanden in Gmünd und Aalen Arbeiter-Turnvereine (in Aalen „ATV Jahn"), in Gmünd der „Arbeiter-Radler-Klub Rother Pfeil", in Aalen der Radfahrerverein „Solidarität", in Aalen außerdem der Arbeiter-Gesangverein „Lassallia".

Katholische Gesellen- und Arbeitervereine

Zwar nahm sich die römische Amtskirche erst spät der drängenden Arbeiterprobleme an (Encyklika Rerum Novarum 1891), doch standen katholische Sozialpioniere wie Bischof Ketteler und der Gesellenvater Kolping nicht auf verlorenem Posten. Schon vor 1848 hatte der Schwäbisch Gmünder Kaplan Sebastian Zeiler einen „Verein für verschämte Hausarme" gegründet, und schon 1857 kam es in Schwäbisch Gmünd zur Gründung eines Katholischen Gesellenvereins im Sinne Adolph Kolpings. Erst 1889 entstand in der Diasporagemeinde Aalen ein solcher Verein. Von großer Bedeutung waren auch die katholischen Arbeitervereine, in denen das Heer der Nicht-Professionellen organisiert werden sollte. In kurzer Folge wurden von dem Präses des Stuttgarter Vereins Arbeitervereine in Hüttlingen (1895), Wasseralfingen, Unterkochen und Aalen (1896) gegründet.

Auf evangelischer Seite fallen in die vergleichbare Zeit in Schwäbisch Gmünd ein um die Bildung bemühter „Leseverein" und 1878 die Gründung des aus dem „Jünglingsverein" hervorgegangenen „Christlichen Vereins Junger Männer".

Barmherzige Schwestern und Diakonissen

Sehr segensreich sollte sich der Schritt erweisen, den der bereits erwähnte Schwäbisch Gmünder Kaplan Zeiler tat, als er im Jahre 1852 vier Vinzentinerinnen aus dem Ausland, aus Straßburg nämlich, holte. Das waren keine Nonnen, die es seit der großen Revolution in Frankreich nicht mehr geben durfte, sondern Barmherzige Schwestern, die Krankenpflege unter den Armen übten, aber auch in den von ihnen geführten Kleinkinderschulen in Stadt und Land erfolgreich wirkten. Die Schwäbisch Gmünder Schwestern übernahmen die Krankenpflege im Spital und gründeten auch einen ersten Kindergarten. Der Kontakt mit dem Mutterland war schwierig. Darum wurde in der Bocksgasse eine vom Straßburger Mutterhaus unabhängige Niederlassung geschaffen, in welche nun auch Novizinnen aus Württemberg eintreten konnten. 1891 wurde das Mutterhaus nach Untermarchtal verlegt. Die meisten der Gmünder caritativen Anstalten wurden auch weiterhin von Vinzentinerinnen betreut. Neben ihnen sind noch die Franziskanerinnen vom Kloster Reute zu nennen. Beide Kongregrationen wurden zum Segen für die Städte und auch für viele Dörfer.

In gleicher Weise segensreich haben sich auch die evangelischen Diakonissen bewährt, die wie ihre katholischen Schwestern um Gotteslohn Dienst am Nächsten üben. Auch wenn veränderte gesellschaftliche Strukturen den Nachwuchs haben zurückgehen lassen und wenn demzufolge viele solcher Schwesternstationen in den vergangenen Jahren aufgegeben werden mußten: In einer materialistisch gewordenen Welt haben sie sich aus ihrem christlichen Glauben und Handeln heraus auch in unserem Kreis unschätzbare Verdienste erworben.

Vom Judendorf in die Stadt

Schon 1828 und 1853 hatte es in Württemberg Gesetze zur Gleichstellung der Juden gegeben. Am einschneidendsten war aber das Gesetz von 1864, das den Juden völlige Gleichstellung mit den anderen Staatsbürgern gewährte. Damit begann eine starke Abwanderung aus den seitherigen Judendörfern in die Industriestädte, in denen sie sich wirtschaftlich entwickeln konnten. Die meisten Juden im heutigen Kreisgebiet gab es damals im Oberamt Neresheim. 1813 zählte man dort 734, 1832 waren es 859, 1846 1190. Schon nach dem Emanzipationsgesetz von 1853 geht die Zahl rapide zurück: 1858 zählen wir noch 972, 1867 noch 735 Juden im Oberamt. Hauptorte jüdischer Ansiedlung waren Pflaumloch, Oberdorf am Ipf und Aufhausen, typische Judendörfer, aus denen es bis dahin kaum Möglichkeit des Ortswechsels gab. In Oberdorf gab es 1843 503 Juden, 1880 noch 279; auch in Aufhausen ging die Zahl der jüdischen Bewohner im gleichen Zeitraum um über die Hälfte zurück.

Die meisten von ihnen zog es in das florierende Stuttgrt. Aber auch das aufstrebende Schwäbisch Gmünd wirkte sehr anziehend. Hier entstand schon 1890 eine jüdische Gemeinde, um deren Gründung sich vor allem der Bankier Hermann Gutmann verdient gemacht hat. Die Schwäbisch Gmünder israelitische Gemeinde war dem Rabbinat Oberdorf zugeordnet. In den rund 50 Jahren ihres Bestehens ist die Gemeinde zwar relativ klein geblieben, die Bedeutung ihrer Mitglieder war aber vor allem im Bereich Handel beträchtlich. Von Anfang an zeichneten sich, wie Ernst Lämmle schreibt, die Schwäbisch Gmünder Juden durch rege wirtschaftliche Tätigkeit aus. Gutmann spielte mit seinem Bankhaus jahrzehntelang eine bedeutende Rolle. Im Jahre 1914 ging die Bank Gutmann & Söhne in der Württembergischen Vereinsbank auf. Um 1890 gründete R. J. Mayer aus Mönchsroth eine Schuhfabrik. 1912 errichtete die Firma einen stattlichen Fabrikkomplex zwischen Vorderer Schmiedgasse und Höferlesbach.

In Ellwangen zählte man 1854 18 Juden, ihre Zahl stieg bis 1886 auf 99 an, dann ging sie rasch zurück: 1910 wohnten nur noch 32 Juden in Ellwangen. Sie waren wirtschaftlich noch stark genug, um 1926 ein eigenes Bethaus zu schaffen. Zum Zeitpunkt der Macht-

Vom Judendorf in die Stadt

50 Der jüdische Friedhof von Aufhausen, der wohl schon 1560 angelegt wurde

übernahme durch die Nationalsozialisten lebten nur noch wenige Familien mit zusammen 15 Köpfen in der Stadt. Alle sind sie entweder ausgewandert oder noch vor den Deportationen in die Todeslager eines natürlichen Todes gestorben. Seit 1901 besaß die Gemeinde einen eigenen Friedhof, der unter der NS-Herrschaft zwar zerstört, nach Kriegsende 1945 jedoch wieder instandgesetzt wurde – von zwangsweise dazu befohlenen ehemaligen NSDAP-Mitgliedern.
Über die Grenzen von Ellwangen hinaus bekannt geworden ist der aus Lauchheim stammende Buchhändler und Antiquar Isaak Heß, der sich um das jüdische Schul- und Armenwesen in Württemberg große Verdienste erwarb. Schon 1831 hatte er die amtliche Erlaubnis erhalten, die jüdische Waisenfürsorge in Württemberg zu ordnen. Er gründet den „Württembergischen Verein zur Versorgung armer israelitischer Waisen und verwahrloster Kinder", der wiederum die „Israelitische Waisen- und Erziehungsanstalt Wilhelmspflege" in Esslingen gründete. Auch die meisten der

50 Juden, die 1933 in Bopfingen lebten, konnten nach 1933 auswandern. Die übrigen wurden 1939 nach Oberdorf „umgesiedelt" und 1942 in die Vernichtungslager des Ostens deportiert.

Wie anderswo in Deutschland setzten auch in Schwäbisch Gmünd 1933 Hetze und Boykott gegen jüdische Geschäftsleute von seiten der Nazis ein: „Wer beim Juden kauft ist ein Volksverräter!" lautete eine der Parolen des Judenverfolgers Julius Streicher. Es sind immer wieder SA-Trupps, oft auswärtige, gewesen, die man zur Verteilung von Flugblättern vor jüdischen Geschäften aufstellte. Beamte, deren Frauen beim Einkaufen in solchen Geschäften fotografiert wurden, mußten bei ihrer Behörde „vorreiten" und wurden mit Entlassung bedroht. Von 1935 an wurden jüdische Geschäftsleute zum Verkauf genötigt, zu oft recht günstigen Preisen dann für diejenigen, die von solcher „Arisierung jüdischer Geschäfte" profitierten.

Nicht niedergebrannt wie in anderen deutschen Städten, aber schwer demoliert wurde die Schwäbisch Gmünder Synagoge in der „Reichskristallnacht" (9./10. November 1938). Einige Juden wurden von der SA ergriffen und ins „Schutzhaftlager" Welzheim und das Konzentrationslager Dachau verbracht. Nach seiner Freilassung mußte der führende Kopf der Schwäbisch Gmünder Judenschaft, Rechtsanwalt Heimann, 1939 die jüdische Gemeinde liquidieren. Die Synagoge wurde an die Kreissparkasse verkauft. Die in Schwäbisch Gmünd verbliebenen Juden mußten ihre Häuser verlassen und, zusammengedrängt, in Interimsunterkünfte im Becherlehen umziehen. Von dort wurden sie 1942 nach Riga, Theresienstadt und andere Todeslager verschickt. Dasselbe Schicksal hatten auch die in Oberdorf verbliebenen Juden. Ihre seit 1812 bestehende Synagoge wurde ebenfalls verkauft. Das Gebäude wurde 1949 von

51 Die Synagoge von Oberdorf am Ipf nach ihrer Renovierung 1991/92

der in der Nachkriegszeit entstandenen katholischen Kirchengemeinde erworben und diente bis 1968 als Gottesdienstraum. Dann ging der Bau wieder in Privathände, bis der Aalener Verleger Dr. Konrad Theiss 1983 die Initiative zur Gründung eines Trägervereins Synagoge Oberdorf ergriff. Der 1989 gegründete Verein hat sich zum Ziel gesetzt, die Synagoge zu renovieren und in ihren ursprünglichen Zustand zurückzuversetzen.

Großdeutsch und föderalistisch

Wie so viele Neuwürttemberger standen auch die Bürger und Bauern der Ostalb bis hinein in die siebziger Jahre des 19. Jahrhunderts noch im großdeutschen Lager. Sie glaubten immer noch an einen Zusammenschluß aller deutschen Staaten unter Führung Österreichs. Streng föderalistisch und großdeutsch war ihr Abgeordneter, der Stuttgarter Finanzrat Moritz Mohl, darauf konnten sie sich verlassen.

Für diese Haltung ist eine Äußerung von Apotheker Closs bezeichnend, einem honorigen Aalener Demokraten, der im Jahr 1862 in der Oberamtsstadt ein „Schleswig-Holstein-Comité" gegründet hatte und dieses nach dem Kriege von 1866 wieder auflöste mit dem Bemerken, „Schleswig-Holstein und sein Recht" seien „dem preußischen Militär-Despotismus erlegen". In einem flammenden Aufruf hatte Mohl in der Abgeordnetenkammer im Juni 1866 diesen Despotismus angegriffen und mit dem Ruf „Zu den Waffen!" der Regierungsvorlage über die Bewilligung der Kriegskredite zugestimmt.

Hohe Wogen der politischen Aktivität schlugen auch auf der Ostalb die Wahl zum Zollparlament im Jahre 1867. Für den Wahlkreis XIII Aalen–Heidenheim–Gmünd waren aufgestellt die Kandidaten Graf Rechberg, Fabrikant Louis Lang aus Heidenheim und Moritz Mohl. In einer Wahlversammlung am 1. März 1868, die in der „Harmonie" in Aalen stattfand und von den Gewerbevereinen des Bezirks veranstaltet worden war, sprach Mohl. Er, der auch nach dem Frieden von 1866 noch immer betonter Preußengegner war, hatte in den Leuten, die hier versammelt waren, sein richtiges Publikum. Die Mehrzahl der Wähler sei „noch nicht großpreußisch geworden", hieß es in einer Betrachtung der Lokalpresse. Mit überwiegender Mehrheit wurde dann auch Mohl im Wahlbezirk zum Abgeordneten für das Zollparlament gewählt. Hatte Mohl 1866 vor der Auseinandersetzung mit Preußen den Kriegskrediten freudig zugestimmt, so fiel ihm dies im Juni 1870 sichtlich schwerer, als die Regierung dieselbe Vorlage in die Abgeordnetenkammer einbrachte, der Feldzug diesmal aber an der Seite Preußens gegen Frankreich gehen sollte. Marquart schreibt dazu: „Selbst Moritz Mohl stimmte zu, nicht ohne zu betonen, er wäre viel lieber neutral geblieben, wenn nur die bösen Bayern bei einer solchen Politik mitgemacht hätten . . . Beim Württemberger steigert sich manchmal der Eigensinn, die Freude am Neinsagen zu einer wahrhaft antiken Größe. So dachten auch die Aalener, die ihren Mohl durch 40 Jahre immer wieder in den Landtag schickten: Wer in Württemberg Nein sagt und dabei bleibt, ist ein rechter Mann."

Neue politische Kraft: Das Zentrum

Auf der neuen „Reichsebene", die jetzt – gegen den Willen vieler Süddeutscher, wie wir gesehen haben – gebildet worden war, zeichnete sich bald ein Vorgang ab, der eine verhängnisvolle Spaltung im Volke bilden sollte: Preußen hatte sich, besonders in seinen Westprovinzen, bereits in den vorhergehenden Jahrzehnten alles andere als tolerant gegenüber dem katholischen Volksteil und dessen Klerus verhalten. Vorsicht und Angst vor weiteren Verfolgungen dieser Art ließen nun, als das Reich gegründet war, die Katholiken aller Bundesländer sich auch politisch zusammenschließen: Ihre Partei war das Zentrum. Jetzt kamen viele Anhänger der großdeutsch-demokratischen Linken in unserem Lande in Gewissenskonflikt: Durften sie noch weiter ihrer bisherigen Partei angehören, oder mußten sie, schon aus Loyalität, sich der neuen Konfessionspartei anschließen? Dabei zählte gerade die oppositionelle Linke bis 1871 viele katholische Geistliche auch aus unserer Gegend zu ihren aktivsten Anhängern. Jetzt mußte sich dies alles ändern.

Bei den Reichstagswahlen bildete der Schwäbisch Gmünder Bezirk zusammen mit den Oberamtsbezirken Göppingen, Schorndorf und Welzheim einen Wahlkreis. Da jetzt die konfessionelle Struktur ausschlaggebend war, hatte in diesem Wahlkreis, wie Lämmle schreibt, ein Katholik keine Chance, und die Kandidaten des Zentrums waren in aller Regel

Katholiken. So fiel das Mandat hier jeweils an einen Nationalliberalen, ein solcher wurde 1898 noch mit knapper Mehrheit gewählt. 1903 dagegen fiel das Mandat bereits an einen Sozialdemokraten. Anders bei den Landtagswahlen. Hier stellt der Oberamtsbezirk Schwäbisch Gmünd allein einen Abgeordneten, und so fiel das Mandat schon in den neunziger Jahren an das Zentrum. Oberbürgermeister Möhler wurde 1919 noch für kurze Zeit Landtagsabgeordneter, auch sein Vorgänger Untersee hatte dem Landtag angehört.

Anders sah es im Reichstagswahlkreis XIII, der die Oberämter Aalen, Ellwangen, Neresheim und Gaildorf umfaßte, aus. Auf Drängen seiner Freunde kandidierte Mohl bei den Reichstagswahlen von 1871 für die Volkspartei. Auch jetzt noch, als viele Württemberger schon für den „Eisernen Kanzler" in Berlin schwärmten, trat Mohl für einen strikten Föderalismus ein. Bei diesen Wahlen trat aber zum ersten Mal das Zentrum auf den Plan. Als Kandidat wurde von dieser Partei der Tribunalrat Streich aus Ellwangen präsentiert. Die katholische Mehrheit der Wähler verhalf ihrem Kandidaten auch gleich zu einem Mandat: Mohl unterlag zunächst. Ganz glücklich sind die Zentrumsleute mit ihrem Mann im Reichstag jedoch nicht geworden: Gleich bei der ersten Sitzung stimmte Streich zusammen mit den Nationalliberalen gegen einen Antrag seiner eigenen Partei. Ob seine bald darauf erfolgte Beförderung zum Obertribunalrat mit diesem Akt zusammenhing, läßt sich heute nicht mehr feststellen. Auf jeden Fall legte Streich sein Mandat nach diesem Avancement nieder und ging wieder in den Justizdienst zurück.

„Gegen ultramontanen Geist"

Bei der notwendig gewordenen Nachwahl gaben die Zentrumsleute die Parole „Wahlenthaltung" aus, wohl auch deshalb, weil sie keinen geeigneten Kandidaten auf die Bahn brachten. Sieger der Nachwahl wurde Mohl, der auch bei den nächsten Wahlen 1874 wieder für die Demokratische Volkspartei kandidierte. Jetzt zeichneten sich die Fronten recht klar ab; neue, bisher nicht gehörte Töne sind auch bei ihm in seinen Wahlreden zu vernehmen, in denen er sich „gegen ultramontanen Geist, gegen das Jesuitentum und für die staatliche Gesetzgebung" verwendet. Doch dieses Mal brachte das Zentrum mit seiner starken Anhängerschaft seinen Kandidaten durch, den Stadtschultheißen Bayrhammer aus Ellwangen. Bei den Landtagswahlen von 1876 kandidierte Pfarrer J. Wengert aus Dirgenheim, der Redakteur des „Anzeigers vom Ipf" gegen den unermüdlichen politischen Hans-Dampf Mohl. Wengert, Zentrumsanhänger und süddeutscher Föderalist, versprach in seinen Wahlaufrufen, sich auch in der Arbeiterfrage zu engagieren, Mohl machte dennoch das Rennen.

Bei den Reichstagswahlen in den folgenden Jahren war es dank der konfessionellen Zusammensetzung der Wählerschaft in Wahlbezirk XIII immer das Zentrum, das seinen Kandidaten durchbrachte. Im Jahre 1877 siegte der Ellwanger Gymnasialdirektor Leonhard, Mohl schaffte das Reichstagsmandat nicht, und auch 1880 fehlten Mohl wieder 2000 Stimmen zur notwendigen Mehrheit, auch diesmal machte wieder der Zentrumsmann Leonhard das Rennen. Von 1881 ab war Heinrich Graf Adelmann, Gutsbesitzer zu Hohenstadt, Zentrumsabgeordneter des Wahlkreises. Bei der Reichstagsauflösung 1893 kam er jedoch als Zentrumsmann, der zugleich auch Bismarck schätzte, in Gewissenskonflikt und verzichtete auf eine erneute Kandidatur. An seiner Stelle gelang jetzt Pfarrer Wengert der Sprung in den Abgeordnetensessel im Berliner Reichstag.

Zwischen 1898 und 1907 war der Wahlkreis durch Pfarrer Theodor Hofmann aus Urlau bei Leutkirch vertreten, von 1907 bis 1912 war Professor Fridolin Schneider aus Ellwangen für den Wahlkreis im Reichstag. Mit dem Rottenburger Gerichtsassessor Eugen Bolz holten sich die Zentrumsleute des Wahlkreises XIII 1912 einen relativ jungen Mann, den sie auch wieder durchbrachten und der das Mandat bis 1918 innehatte. Für die Wahlen zur Weimarer Nationalversammlung kandidierte Bolz dann in Rottenburg – Horb. An seiner Stelle kam, auch er ein Mann des Zentrums, der bäuerliche Vertreter Franz Feilmayer aus Ruital bei Westhausen zunächst in die Nationalversammlung, dann war er über drei Wahlperioden hinweg Wahlkreisabgeordneter im Reichstag.

„Vegetarische Lebensweise vorherrschend"

Wenn man von den Veränderungen absieht, die sich in der Rems- wie in der Kochertalachse durch die aufkommende Industrialisierung ergeben hatte, dann war, wie es auch in den Oberamtsbeschreibungen steht, die Hauptbeschäftigung der Bevölkerung bis zum Ersten Weltkrieg der Feldbau. Die Lebensweise der ländlichen Bevölkerung war einfach, die Ernährung einseitig, die „vegetarische Lebensweise ist vorherrschend", stellt man noch 1880 fest, das Fleisch war teuer. Nur an Sonntagen, besonders aber bei Taufen und Hochzeiten, wurde reichlich geschmaust, danach begann wieder die dürftige Kost des Alltags. Vielfach wurde auf dem Land im Sommer, vor allem in der Erntezeit, mittags gar nicht gekocht, es wurde kalt gegessen, wie der Lauchheimer Stadtarzt Dr. August Gerlach in seiner 1907 erschienenen Chronik kritisch anmerkt. Hauptnahrung war neben dem Brot – das galt auch für das Ries und für das Härtsfeld – die aus weißem Mehl gebackenen „Nudeln". In der Frühe aß man eine Mehl- oder Brotsuppe. Was als „Kaffee" Eingang fand, war Korn- oder Zichorienbrühe.

Schon früh wurden auf dem Lande die Kinder zur Arbeit mit herangezogen; Arbeitsmöglichkeit für Kinder wurde nicht etwa als Last, sondern, auch wegen der Entlohnung, als Segen empfunden. Diese Tatsache und die schlechte Ernährung dürften der Grund dafür gewesen sein, daß bei der Musterung für den Militärdienst viele junge Männer vorübergehend zurückgestellt oder als untauglich eingestuft werden mußten. Auch die Hygiene der Menschen war ganz unterentwickelt. So hieß es in einem ärztlichen Bericht aus dem Oberamt Ellwangen 1880: „Dem Rath, Hosen anzuziehen (gemeint sind Unterhosen) wird von Frauen und Mädchen meist hartnäckiger Widerstand entgegengesetzt... Zum Baden gibt es außer der Stadt Ellwangen wenig Gelegenheit, sie wird auch nicht vermißt."

Alb- und Rieswasserversorgung

Zum Baden wenig Gelegenheit: Es fehlte, vor allem auf dem Lande, am Wasser. In einer Reihe von Härtsfeldgemeinden und in weiten Teilen des Ries gabe es keine laufenden Brunnen, das Trinkwasser wurde aus Pump- und Schöpfbrunnen sowie Zisternen bezogen. In trockenen Jahren versiegten diese Brunnen oftmals ganz, dann mußte das Wasser von außerhalb herangeführt werden. Das Zisternenwasser wurde überdies, wenn es längere Zeit nicht regnete, ungenießbar. Die Abtei Neresheim hatte deshalb für ihre Untertanen vertraglich einen Weg bis zur Brenz bei Schnaitheim gelegt, damit die Leute in Trockenzeiten ihr Vieh dorthin zum Tränken treiben konnten.

Unter diesen Umständen mußte die von der Kgl. Regierung in Angriff genommene Albwasserversorgung eine wahre Wohltat bedeuten. Schon 1861 hatten in Neresheim die ersten Verhandlungen stattgefunden. Erst 1892 aber nahm das Projekt mit der Gründung der Härtsfeld-Albuch-Wassergruppe konkretere Gestalt an. Der König selbst kam zur Inbetriebnahme aufs Härtsfeld, um mit seinen Untertanen die große Tat zu feiern. Wo die natürliche Kraftquelle, das Wasser, fehlt, konnten Gewerbe und Industrie nicht gedeihen. Das Härtsfeld blieb darum auch nach der Erschließung durch den Verkehr (Härtsfeldbahn) ein rein agrarisches Gebiet.

Im Ries war es ähnlich, hier setzte im württembergischen Teil erst nach dem Zweiten Weltkrieg eine planmäßige Wasserversorgung ein. Zwar hatte der Landkreis Aalen kurz vor Kriegsausbruch noch die Wasserquelle der Egau bei Aufhausen gekauft, mehr geschah dann wegen des Krieges nicht. Im trockenen Sommer 1947 war die Wassernot so groß, besonders im Ries, daß es an der Jagstquelle bei Walxheim zu Schlägereien kam, die sich wasserholende Landwirte lieferten.

Gleich nach der Währungsreform setzte der Landkreis zwei Rutengänger ein, die nach möglichen Bohrstellen suchen sollten. Sie wurden sofort fündig, und zwar an der Rot bei Wört und das austretende Wasser kam in solchen Mengen, daß sogar noch an den benachbarten Kreis Crailsheim geliefert werden konnte. 1962 konnte das Pumpwerk bei Wört eingeweiht werden, von dem aus zahlreiche Hochbehälter der Rieswasserversorgung das kostbare Naß erhielten.

In Schwäbisch Gmünd wurde die Wasserversorgung nach 1945 deswegen kritisch, weil Ausländerlager, Heimatvertriebene und die Besatzungstruppe den Wasserverbrauch derart steigerten, daß die herkömmliche Versorgung nicht mehr ausreichte. Es war der Verdienst von Oberbürgermeister Czisch, daß in seiner Amtszeit der Bau eines zweiten Anschlusses an die Landeswasserversorgung energisch vorangetrieben und auch zum Abschluß gebracht werden konnte.

Die Abtei auf dem Ulrichsberg

In Neresheim hatte der Fürst von Thurn und Taxis nach der Säkularisation der Reichsabtei dort zunächst eine Lehranstalt, das Lyceum Carolineum, eingerichtet, das jedoch schon 1806 wieder aufgehoben wurde. Die als Lehrkräfte verbliebenen Patres wurden nun pensioniert, wenn sie nicht in die Seelsorge überwechseln wollten. Das Kloster hatte 1811 nach der Übernahme durch Württemberg eine eigene Schultheißerei bekommen, die erst 1892 mit der Stadt Neresheim vereinigt wurde. 1893 war in den Räumlichkeiten des Klosters eine Erziehungsanstalt eingerichtet worden.

1921 wurde das Kloster wieder seinem ursprünglichen Zweck zugeführt: Aus Prag-Emaus geflüchtete deutsche Benediktinermönche erfüllten die Räume der Prälatur und des Konvents, vor allem auch die Kirche Balthasar Neumanns, wieder mit religiösem Leben. Die Wiedergründung erfolgte durch Erzabt Raphael Walzer von Beuron, zu dessen Kongregation Neresheim gehört. Über 40 Jahre lang, von 1921 bis 1965, war es dem ersten Abt seit der Neugründung, Dr. Bernhard Durst, einem gebürtigen Gmünder, vergönnt, die Geschicke der Abtei zu leiten und sie trotz der Wirren und Bedrängnis der NS-Zeit und des Zweiten Weltkrieges zu neuer Blüte zu bringen.

Unter Abt Johannes Krauss (1965–1977) mußte die Kirche wegen Einsturzgefahr geschlossen werden. Es folgte die gewaltigste Renovierung, die der Ulrichsberg je gesehen hatte und die über neun Jahre dauerte. Unter anderem wurde der Holzdachstuhl, der die Hauptkuppel trug, durch einen Stahldachstuhl ersetzt. Bauverantwortlicher aus dem Konvent wurde Prior Norbert Stoffels, der seit 1977 Abt des Klosters ist. Über 100 000 Besucher kommen seit der Wiedereröffnung der Klosterkirche alljährlich auf den Ulrichsberg.

Im wilhelminischen Zeitalter

Die Periode von der Reichsgründung bis zum Beginn des Ersten Weltkriegs ist trotz aller wirtschaftlichen Schwankungen und der damit verbundenen Unsicherheiten besonders für die Industriearbeiter insgesamt betrachtet eine Zeit zunehmender Prosperität gewesen. In Schwäbisch Gmünd ist sie gekennzeichnet durch die Amtsperiode von Oberbürgermeister Paul Möhler, der von 1894 bis 1922 die Geschicke der Stadt leitete und Gmünd nach oben brachte. Das ging von der Wasserversorgung bis zur Übernahme der Gasfabrik in städtische Regie, vom 1901 gegründeten Elektrizitätswerk bis zum Bau des Stadtbades (1902). Das Schulwesen blühte auf, Neugründungen und Ausbau vorhandener Einrichtungen bis zu einer höheren Stufe gehörten ebenso dazu wie die Förderung der vorhandenen und der Ansiedlung neuer Industrien. Zur Verbesserung der Wohnungslage wurde zwar nicht von ihm, sondern von seiten der organisierten Arbeiterschaft, der Spar- und Bauverein gegründet (1902). Die Stadtverwaltung stellte dem Verein aber Baugelände für den Bau von fünf größeren Gebäuden an der Rappstraße zur Verfügung. Es war dies der Anfang des genossenschaftlichen Wohnungsbaus in Schwäbisch Gmünd.

In Aalen war die schon 1865 gegründete Eisenbahn-Reparaturwerkstätte lange Zeit der wichtigste Industriebetrieb. Bei kargem, dennoch aber relativ gesichertem Einkommen war es den Reparatur-Arbeitern möglich, sich ein Häusle zu erwerben, das aus einem Haupt- und einem Dachgeschoß bestand, wobei letzteres noch vermietet werden konnte. Bei einer Fahrt auf der Bundesstraße 19 von Unterkochen nach Wasseralfingen kann man heute noch Spuren dieser Bautätigkeit verfolgen. Wichtig war, daß die Arbeiterwohnungen in unmittelbarer Nähe des Werkes lagen, dann war der Fußmarsch von der Wohnung zur Arbeit kein Problem.

So sind an der Aalener Bahnhofstraße gleich hinter dem Güterbahnhof und der Unterführung zur „Reparatur" die „Laborantengebäude" entstanden. Im ursprünglichen Zustand hatten diese Häuser noch nicht einmal Wasserleitungen zu den einzelnen Stockwerken, das Wasser mußte aus Brunnen geholt werden, die hinter den Gebäuden standen. Generationen von Eisenbahnerkindern sind in diesen Gebäuden aufgewachsen, und viele von ihnen sind wieder Eisenbahnbedienstete geworden. Ende der sechziger und Anfang der siebziger Jahre hat man die Häuser abgerissen. Die gegenüber dem Königlichen Hüttenwerk in Wasseralfingen errichteten Laboranten-Häuser blieben etwas länger bestehen, zuletzt wohnten Gastarbeiter dort. Aus der Zeit seiner Entstehung gesehen, war dieser „soziale Wohnungsbau" fortschrittlich.

Auf dem sozialen Sektor hatte sich in den Jahrzehnten vor dem Ersten Weltkrieg manches getan: Die Arbeitsbedingungen in den Fabriken waren verbessert worden, wenngleich die gewerkschaftliche Aktivität in Ostwürttemberg relativ schwach war. Was an Verbesserungen geleistet wurde, geschah vielfach aus der Einsicht der Prinzipale, „daß die Leistungen der Arbeiter und die Qualität der Erzeugnisse durch die Anhebung der Löhne und der Sozialzuwendungen günstig zu beeinflussen waren". So ist in diesen Jahren auch in unserer Region eine Reduzierung der täglichen Arbeitszeit erst auf elf, dann auf zehn Stunden festzustellen. Da die Währung fest war, wirk-

52 Bahnwärterhaus an der Remsbahn, um die Jahrhundertwende durch einen Anbau erweitert

ten sich auch bescheidene Lohnerhöhungen kaufkraftverstärkend aus, der Lebensstandard auch der arbeitenden Bevölkerung wurde allmählich höher. Dies alles geschah im frischen, zuweilen stürmischen Wind eines freien Marktes, der „schwankungsreiche, langanhaltende Strukturbereinigungen" mit sich brachte, vor allem in der schon damals stark auf den Export angewiesenen Industrie.

Zum allgemeinen wirtschaftlichen Aufschwung kamen auch fundamentale technische Verbesserungen wie etwa die Elektrifizierung, die besseres Licht und neue Kraft in die Werkhallen, aber auch in die Stuben der Leute brachte. 1913 ist das Gründungsjahr der UJAG in Ellwangen, von der aus in wenigen Jahren der größte Teil des heutigen Ostalbkreises elektrifiziert wurde.

Pershing-Raketen in Mutlangen

Bis zur Zeit des Hitler-Regimes war Schwäbisch Gmünd die einzige Garnisonsstadt im heutigen Kreisgebiet. Schon bald nach der Besetzung durch Württemberg wurde im „Schießtal" ein Artillerie-Schießplatz eingerichtet, der jedoch nur vom Frühjahr bis zum Herbst benutzt wurde. Die jeweilige Truppe war im ehemaligen Dominikanerkloster, dem „Prediger", untergebracht. Seit 1868 befand sich ständig das III. Bataillon des Infanterieregiments 122 in Schwäbisch Gmünd. 1897 wurde diese Einheit nach Heilbronn verlegt, dafür zog das II. Bataillon des neu gegründeten Infanterieregiments 180 in den Prediger ein, bis es 1912/13 in die neu gebaute Bismarck-Kaserne umziehen konnte. Auch in der Zeit der Weimarer Republik blieb Schwäbisch Gmünd Garnisonsstadt. Zunächst war es das III. Bataillon des Infanterieregiments 13 der Reichswehr, dann, beim Aufbau der Wehrmacht, wurde in der Bismarck-Kaserne, das III. Bataillon des IR 119 stationiert. Die Erweiterung der Schwäbisch Gmünder Garnison mit dem Bau der Hardt-Kaserne ab 1936, in welche dann eine Artillerie-Abteilung ein-

zog, ist vor allem den Bemühungen von Oberbürgermeister Konrad zu verdanken.
Nach dem Einmarsch der Amerikaner wurde Schwäbisch Gmünd amerikanische Garnison. Weltweit bekannt wurde Gmünd durch die in der Hardt-Kaserne stationierte Artillerie-Einheit, die nach dem NATO-Doppelbeschluß von 1979 mit Mittelstreckenraketen vom Typ Pershing II ausgerüstet wurde. Die in Mutlangen stationierten mobilen Abschußbasen wurden das Ziel bundesweit organisierter Protestaktionen, an denen sich solidarisch auch zahlreiche Prominente, unter ihnen etwa der Nobelpreisträger Heinrich Böll, beteiligten. Die durch „Sitzblockaden" verursachten Strafprozesse rückten auch das Schwäbisch Gmünder Amtsgericht ins Licht einer weltweiten Öffentlichkeit. Der INF-Vertrag zwischen Reagan und Garbatschow von 1987 zur Reduzierung der nuklearen Waffen machte die Mutlanger Raketen obsolet, sie wurden in der Folgezeit zusammen mit den in Schwäbisch Gmünd stationierten US-Einheiten abgezogen. Die Kasernen können zivilen Zwecken nutzbar gemacht werden. Es ist (1991) vorgesehen, die Hardtkaserne der Pädagogischen Hochschule zur Verfügung zu stellen.
Mit dem Aufbau der Wehrmacht nach 1935 erhielt auch Aalen militärische Einrichtungen: Eine Wehrkreis-Reit- und Fahrschule, ein Heeresverpflegungsamt und ein Heeres-Nebenzeugamt. Alle drei Baukomplexe dienen seit 1945 friedlichen Zwecken.
In Ellwangen wurde 1914 am Mühlberg eine Unteroffizier-Vorbildungsanstalt gebaut. Nach den Wirren der Revolution zog 1921 eine Polizeiabteilung dort ein, 1923 wurde daraus eine Polizei-Schulabteilung. Vorübergehend wurde dann ein evangelisches Landeswaisenhaus dort untergebracht, bis 1934, das Waisenhaus wurde nach Gmünd verlegt, das neue Regime eine „SS-Verfügungstruppe", die spätere III. Abteilung der SS-Standarte „Deutschland" dort unterbrachte. Nach dem Zweiten Weltkrieg diente die Kaserne vorübergehend als Lager für Flüchtlinge und Verschleppte aus den Ländern des Ostens, sog. Displaced Persons, das von der UNRRA (United Nations Relief and Rehabilitation Administration) verwaltet wurde. In der Hauptsache handelte es sich dabei um nicht mehr rückkehrwillige Ukrainer, die zum großen Teil nach USA und Kanada auswanderten.
Seit der Gründung der Bundeswehr sind in Ellwangen wieder deutsche Einheiten in Garnison, zur Zeit noch zwei Bataillone und ein Brigadestab mit Versorgungseinheiten. Die vorgesehene Reduzierung der Bundeswehr wird auch Ellwangen treffen, es ist jedoch sicher, daß die Stadt weiterhin ihre Garnison behalten wird.

Der Erste Weltkrieg

Eine starke Zäsur brachte der Erste Weltkrieg. Statt eines kurzen Feldzugs gab es ein jahrelanges Ringen, das nicht auf die Soldaten an der Front beschränkt blieb. Totale Aspekte, wie sie der Zweite Weltkrieg dann brachte, zeichneten sich schon 1915 ab. Die Front verlangte immer neue Soldaten; für die Arbeiter, die ihren Gestellungsbefehlen folgten, rückten Frauen in die Fabriken ein, nicht kriegswichtige Fabriken wurden auf Kriegsproduktion umgestellt. So lieferte etwa die größte Silberwarenfabrik von Schwäbisch Gmünd, die Firma Wilhelm Binder, schon bald Zündladungskapseln, Schlagbolzenhülsen und Fettbüchsen. Der 1915 einsetzende Grabenkrieg brachte der Firma einen Auftrag von 2,5 Millionen Handgranaten.
Schulen, Internate und andere Einrichtungen in Schwäbisch Gmünd, Aalen und Ellwangen wurden zu Hilfslazaretten umfunktioniert. Glocken wurden von den Kirchtürmen her-

untergeholt, Kupferdächer abmontiert und eingeschmolzen. Die Verknappung der Lebensmittel geriet in den Städten zur Hungersnot. In Schwäbisch Gmünd kaufte die Stadt, um die Lebensmittelversorgung wenigstens halbwegs zu sichern, Kartoffeln auf und legte im Stadtgarten Kartoffelmieten an. Die Landbevölkerung mußte abliefern, Polizei und Militärkommandos kontrollierten scharf. Steckrüben und Bodenkohlraben wurden zur menschlichen Ernährung herangezogen, „Ersatz" und „Hamstern" bekamen neue Wortinhalte. Schulkinder wurden zum Sammeln von Laub, Heu und Nesseln eingesetzt. Für Kinder von gefallenen Familienvätern wurden Waisenpflegschaften vermittelt, die veränderte Sozialstruktur und die Not der Zeit zeigten sich auch in der privater Initiative zu verdankenden Schaffung von „Säuglingsheimen". In Ellwangen wurde 1916 ein Lager für kriegsgefangene Offiziere auf der Wolfgangshöhe eingerichtet.

Rüstungsproduktion bedeutete oft zwangsläufig die Vergrößerung manch bisher kleiner Fabrik oder Werkstätte – und nicht unerheblichen Gewinn für manche Firmeninhaber. Der Beschäftigungsgrad im Bereich der Industrie- und Handelskammer Heidenheim (zu dem Schwäbisch Gmünd damals noch nicht gehörte), stieg von 107 pro Tausend der in Industrie und Handwerk Beschäftigten im Jahre 1907 auf 234 pro Tausend bei der nächsten Betriebszählung 1925. Maschinenbau und Textilindustrie standen in dieser Entwicklung an der Spitze.

Rote Fahnen auf den Kasernen

Auch wenn sich die Revolution von 1918 vor allem in den Großstädten abspielte, ihre Sendboten kamen auch in die Provinz. In Schwäbisch Gmünd und Aalen wurden Arbeiter- und Soldatenräte gebildet, in Heubach gab es einen Arbeiter- und Bauernrat. Von der Bismarck-Kaserne wehte die rote Fahne. In Aalen war es der Kieler Matrose Walter, ein gebürtiger Aalener, der seinen Landsleuten zeigen wollte, wie man eine richtige Revolution macht. Er traf aber auf wenig Resonanz. Es zeigte sich doch, daß der größere Teil der Sozialisten auch bei uns sich zum Lager der Mehrheitssozialisten um die Genossen Ebert und Scheidemann und nicht zum revolutionär-bolschewistischen Flügel zählte. SPD und Gewerkschaften veranstalteten 1918 im Aalener Saalbau „Löwenkeller" eine große öffentliche Versammlung. Die hier mit Mehrheit angenommene Resolution ist bezeichnend für die gemäßigte Richtung, die man einschlagen wollte: „. . . Die Versammlung steht auf dem Boden der Revolution . . . Die Arbeiter- und Soldatenräte sind Organe der neuen Volksregierung, die die Errungenschaften der Revolution zu sichern bereit und verpflichtet sind . . . Die Versammlung erklärt sich grundsätzlich für die sozialistische Wirtschaftsweise. Diese Umwandlung der kapitalistischen Produktion kann jedoch nicht mit denselben Gewaltmitteln vollzogen werden, auf die sich die kapitalistische Gesellschaft bisher gestützt hat, sie muß vielmehr durch Aufklärung und Erziehung der Völker zur sozialistischen Weltanschauung und durch internationale Verständigung erreicht werden. Die Versammlung lehnt deshalb die Bildung einer Roten Garde und die Diktatur als Kampfmittel zur Durchsetzung des sozialistischen Volksstaates ab."

In Schwäbisch Gmünd war die Lage nicht ungefährlich, weil sich zeitweise bis zu 6000 Soldaten, die demobilisiert werden sollten, in der Stadt befanden. Eine Zeitlang gelang es radikalen Kräften, das Militär für die Revolution zu gewinnen. Als jedoch Truppenverbände aus dem Felde zurückkamen, änderte sich die Lage; im Dezember 1918 noch wurde eine Sicherheitskompanie gebildet. Zur Sicherung gegen die Spartakusleute und andere extreme Gruppen wurden auf Landesebene Einwohnerwehren aufgestellt und mit Waffen der demobilisierten Truppe versehen.

Solche Maßnahmen entsprangen nicht eitlem Wahn der Regierung, auch die Gegenseite war gerüstet. Militärisch-straff waren auch die Kommunisten organisiert. So bildete der Rote Frontkämpferbund (RFB) in Württemberg die paramilitärische Division „Budjenny", Ostwürttemberg gehörte zum Regiment Nr. 97, dessen Stab sich in Ulm befand. Nach der NS-Machtübernahme wurden sowohl die Waffen der Einwohnerwehren als auch die der roten Revolutionäre eingezogen. Dabei zeigte sich, daß der Rote Frontkämpferbund auch schwere Waffen hatte.

Sogar im friedlichen Ellwangen erschien im November 1918 eine Delegation des Stuttgarter Arbeiter- und Soldatenrates. Bewaffnet zog sie zum Rathaus, um dort die rote Fahne zu hissen. Bald stellte sich heraus, was die Sendboten der Revolution in Ellwangen wollten: Sie hatten den Auftrag, Lebensmittel für die Landeshauptstadt sicherzustellen.

Wohnungsnot und Inflation

Waffenstillstand, Kriegsende. Einigermaßen ordentlich konnten sich die Armeen des Westheeres zurückziehen, die Einheiten wurden in ihren Standorten entlassen. In Schwäbisch Gmünd befanden sich zeitweise 6000 zu demobilisierende Soldaten. Viele von denen konnten erst jetzt daran denken, eine Familie zu gründen. Vier Jahre lang waren keine Wohnungen gebaut worden, es herrschte Wohnungsnot. „Siedlungsvereine" wurden als Notgemeinschaften gegründet. Kapital und Baumaterial waren knapp. Es wurde so einfach gebaut, wie es nur ging. Man erinnerte sich an alte Techniken, z. B. die Lehmstampfmethode. In Gmünd wurde die „Siedlungsgemeinschaft" gegründet. Auf dem Galgenberg in Aalen entstand das „Siedlungsheim", eine Wohnanlage, die Professor Wagner von der Staatsbauschule Stuttgart nach dem Muster der englischen Gartenstädte plante. In Schwäbisch Gmünd wurden im Prediger Wohnungen eingebaut, in Aalen in der „Nudelfabrik" Notwohnungen für Unbemittelte, wie man die Armen schönfärberisch nannte, eingezogen, und weil auch das noch nicht ausreichte, stellte die Stadt im „Schlauch" Baracken auf. Wer hier wohnte, war für sein Leben diskriminiert.

In Oberkochen errichteten zwei Brüder ein Doppelhaus. Aus einem nahe gelegenen Steinbruch brachen sie selbst Steine, transportierten sie auf die Baustelle, und als Mörtel verwendeten sie den nassen Kalkschlamm, der sich nach jedem Regen auf den Schotterstraßen zu bilden pflegte. Die Frauen arbeiteten mit. Die harte Arbeit dieser Menschen, berichtet die Ortschronik, sei allgemein bewundert worden.

Dann kam die Inflation. Der Kilopreis für Silber stand im März 1923 bei 438 000 Mark, dann stieg er ganz rasch zur Billionenhöhe an. Notgeld, das die Gemeinden schon nach Kriegsende drucken ließen, mußte mit immer neuen Werten überdruckt werden. Mit Einführung der Rentenmark im Februar 1924 hatte man endlich wieder eine harte Währung, aber wie knapp war jetzt das Geld. Wer gespart oder Kriegsanleihen gezeichnet hatte, der hatte alles verloren. Auch die Stiftungskapitalien der althergebrachten Sozialeinrichtungen wie Hospital- und Armenpflegen gingen zu großen Teilen verloren. Das traf die Alten, die nicht mehr arbeiten konnten, besonders hart.

Besonders schwer betroffen war die Schwäbisch Gmünder Edelmetallindustrie. Die Währungsreform mit der Rentenmark bedeu-

53 Noch im Dezember 1923 waren Mehl und Brot im Oberamt Aalen rationiert. Für einen Abschnitt dieser Karte erhielt man 750 Gramm Mehl oder 1000 Gramm Brot.

tete für viele Fachkräfte Arbeitslosigkeit oder Notstandsarbeit auf Jahre hinaus. Hunderte Gmünder und Gmünderinnen, vorwiegend junge Gold- und Silberschmiede wanderten in diesen Jahren aus, vorwiegend nach Amerika. Zwar brachten die „guten Jahre" der Weimarer Republik einen allgemeinen wirtschaftlichen Aufschwung, doch der schlug sich in Schwäbisch Gmünd nur schwach nieder. Dann kam der New Yorker Börsenkrach von 1929, der für alle Industrienationen verheerende Folgen hatte, besonders für die anfällige Schwäbisch Gmünder Industrie. Es folgte Massenarbeitslosigkeit, junge Menschen hatten kaum Aussicht, in ihrem Beruf Beschäftigung zu finden. Die grauen Scharen der Ausgestoßenen standen verzweifelt vor den Ar-

beitsämtern, um ihr „Stempelgeld" abzuholen: Not und Verzweiflung in Stadt und Land. Immerhin war die Arbeitslosenversicherung 1927 im ganzen Reichsgebiet eingeführt worden. Aber da waren Bedingungen: Nur wer mindestens 26 Wochen Beschäftigung nachweisen konnte, erhielt Unterstützung – für 24 Wochen, später nur noch für 20 Wochen. Wer länger ohne Arbeit blieb, der wurde „ausgesteuert" und war auf eine minimale Krisenunterstützung angewiesen. Notstandsarbeiten (Wegebau, Kanalisation von Flüssen und Bächen) sollten den Menschen wenigstens das Gefühl geben, daß sie etwas für ihr Geld tun mußten oder durften. Für Jüngere wurden mit der Hilfe des Arbeitsamtes freiwillige Arbeitsdienste eingerichtet mit gemeinschaftlicher, wenn auch recht spartanischer Unterkunft und Verpflegung.

In Schwäbisch Gmünd erließ der Leiter des Arbeitsamtes, der spätere Landespolitiker und Minister Dr. Adalbert Seifriz, einen Aufruf zugunsten der arbeitslosen Jugend. Sie solle in geeigneten Kursen ihr berufliches Wissen und Können erhalten und steigern. In kurzer Zeit liefen 24 Kurse für Mechaniker, Elektriker, für Holzverarbeitung, für Segelflugbau und andere. Neben der beruflichen Fortbildung standen allgemeinbildende Vorträge, Turnen und Sport auf dem Programm. Die Teilnehmer – und das war wichtig – erhielten täglich ein warmes Essen.

Anfänge der Hitlerbewegung

In einer solchen Lage war es kein Wunder, wenn die Leute aufhorchten, weil die Agitatoren einer neuen Partei, der NSDAP, in ihren Versammlungen „Arbeit und Brot" versprachen. Am 22. September 1923 wurde in Aalen eine Ortsgruppe dieser Partei gegründet. Sie scheint zu dieser Zeit schon bemerkenswert straff organisiert gewesen zu sein, denn zum Hitler-Putsch am 9. November in München standen auch in Aalen schon eine Anzahl von SA-Leuten zum Abmarsch nach München bereit. Sie warteten in dem Haus von Fräulein Marie Sachs, einer Rentnerin in der Bahnhofstraße 54, auf den Marschbefehl. Dieser kam jedoch nicht an, weil die bayerische Staatsregierung die Grenzen geschlossen hatte.

Auch wenn sie linientreu sein wollten, so fiel es den Aalener Hitler-Leuten doch schwer, sich an das absolute Führerprinzip ihrer Partei zu halten. „Es durfte nicht vorkommen", rügt Karl Mutschler, „daß Entscheidungen durch parlamentarische Mehrheitsbeschlüsse gefaßt wurden. Jeder Führer war dem vorgesetzten Führer mit seiner Person verantwortlich." Trotzdem wurde anscheinend am 25. Januar 1925 eine „Generalversammlung" nach herkömmlichem Modus gehalten. „Entgegen . . . den Bestimmungen der Landesführung wurde ein Ortsgruppenausschuß *gewählt*."

In den Richtungskämpfen zwischen der (völkischen) „NS Freiheitspartei Deutschlands" und der Münchener Richtung setzte sich in Aalen unter Fridolin Schmid die letztere durch; es gab zahlreiche Austritte, übrig blieb ein Häuflein von sieben Mann. Mit ihnen wurde am 21. August 1925 eine neue Ortsgruppe gegründet. Nur sehr langsam wuchs die Zahl der Mitglieder, die „Sprechabende" waren bisweilen nur von fünf Leuten besucht. 1925 wurde eine SA-Truppe gegründet.

Vergleichsweise unbeirrt ging in diesen Jahren das demokratische Leben weiter. Die gewerkschaftliche Aktivität war stark, wenngleich es zwei Gruppen gab, die „freien" Gewerkschaften, die auch personell mit der SPD verbunden waren, und die Richtungsgewerkschaften, wie etwa der Christliche Metallarbeiterverband, der zum Zentrum tendierte.

So feierten die „freien" Gewerkschaften in Aalen den 1. Mai 1928 in der üblichen Weise: Auf eine Straßenkundgebung, die es früher gegeben hatte, wurde verzichtet, man blieb also lieber unter sich. Um 2 Uhr nachmittags zog man hinauf zum neu errichteten Naturfreundehaus auf dem Braunenberg mit anschließendem fröhlichem Treiben und Kinderbelustigung. Beschlossen wurde der Tag mit einer Familienfeier im Spritzenhaussaal unter Mitwirkung der Stadtkapelle, des Arbeitergesangvereins „Lassallia", des „Arbeiterturnvereins Jahn" und einer Theatergruppe, die das Lustspiel „Spitzel und Spitzbube" aufführte.

1930 kehrte der aus Unterkochen stammende Ingenieur Adolf Kling aus dem Saargebiet in seine Heimat zurück und wurde bald darauf mit der Leitung des Bezirks X (Ost) im NSDAP-Gau Württemberg beauftragt. Der

Bezirk umfaßte die Oberämter Aalen, Ellwangen, Neresheim und Heidenheim. Am 1. April 1931 übernahm Brauereibesitzer Karl Barth die Leitung der Aalener Ortsgruppe. Fridolin Schmid, aus seinem Dienst bei der Reichspost entlassen, war jetzt Sturmbannführer der SA. Die Gesamtzahl der Mitglieder betrug 1931 in den vier Oberamtsbezirken zusammen 225 Parteigenossen, 97 davon waren SA-Männer. Diese niedrige Mitgliederzahl entsprach der politischen Bedeutungslosigkeit der Hitlerbewegung in weiten Teilen des Reichsgebietes.

Immer wieder: Wahlkämpfe

Von Dezember 1931 bis November 1932 fanden in Württemberg nicht weniger als sechs Wahlen statt. Alle Parteien wußten, daß es eine Änderung geben würde. Darum war auch der Einsatz von Rednern beträchtlich, auch solcher der ersten Garnitur. Wahlkampf, das bedeutete nicht nur Verteidigung der eigenen Position, sondern auch Angriff auf die Hochburgen des politischen Gegners. So lieferten sich SA und Kommunisten am 25. Februar in Fachsenfeld eine Saalschlacht, von der noch lange gesprochen wurde. Im „Rößle" hätte NS-Mann Dr. Glauner über „Die Irrlehre des Marxismus" sprechen sollen. Dazu kam es aber nicht. Kommunistische Störtrupps zerschlugen die Lampen, warfen den Ofen um, Scheiben splitterten, Prügel wurden von außen durch die Fenster geworfen. Die SA holte Verstärkung heran, bis die Landjäger auswehrten.

Alle Parteien setzten auch in der Ostalb ihre besten Leute ein. Es sprachen in Schwäbisch Gmünd erst Staatspräsident Bolz, dann die ehemaligen Reichskanzler Brüning und Wirth (beide Zentrum). Zur Juli-Wahl 1932 kam auch Kurt Schumacher nach Schwäbisch Gmünd, er war Mitglied des Reichstags und

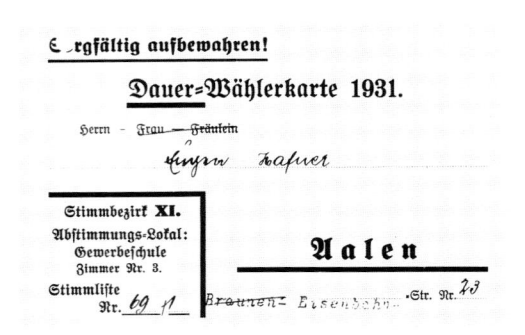

54 In der Endphase der Weimarer Republik folgte in kurzen Abständen eine Wahl der anderen. Die Wahlberechtigten erhielten 1931 deshalb Dauer-Wählerkarten.

55 NSDAP-Plakat mit Hitlerbild und KPD-Plakat mit Hammer und Sichel auf einer Plakatsäule beim Aalener Bohlschulplatz 1932

Redakteur in Stuttgart. Die Nazis schickten zur gleichen Wahl einen ihrer damaligen führenden Köpfe, Gregor Strasser, nach Schwäbisch Gmünd, der bald darauf wegen Meinungsverschiedenheiten aus der Partei austrat und dafür 1934 eines der Röhm-Putsch-Opfer wurde. Auch Theodor Heuss und Reinhold Maier (DVP) sowie Wilhelm Keil (SPD) hielten in Schwäbisch Gmünd Wahlkampfreden. Staatspräsident Dr. Eugen Bolz sprach auf Versammlungen in Aalen, Unterkochen, Lauchheim und Abtsgmünd. Auch Justizminister Dr. Beyerle, ein gebürtiger Hohenstadter, trat häufig in unserer Gegend als Redner für das Zentrum auf. Spitzenkandidat der NSDAP für die Landtagswahl im Bezirk Aalen war Adolf Kling, für das Zentrum kandidierte wieder der bisherige Abgeordnete, der Gewerkschaftssekretär Karl Gengler aus Stuttgart.

„Eiserne Front" kampfbereit

In der „Eisernen Front" waren damals kämpferisch zusammengeschlossen Reichsbanner, SPD, die linken Gewerkschaften und die Arbeitersportbünde. Höhnisch sprachen die NS-Anhänger von der „blechernen Front". Alle wußten, daß die Entscheidung schon bald fallen würde.

So lagen sich in Aalen Eiserne Front und SA in der Wahlnacht vom 13. zum 14. Februar 1932 in zwei Lagern jeweils alarmbereit gegenüber: die Nazis im „Löwenkeller", die Eiserne Front im Hauptgebäude der Konsumgenossenschaft in der Mühlstraße. Während die einen Löwenbier tranken, wurde auf der anderen Seite Most getrunken. Besorgt frotzelten die Nazis in einem Leserbrief der Kocherzeitung, ob der Konsumverein jetzt nicht den Mostpreis anheben müsse, nach solch einem Verbrauch . . .

Bei den Reichstagswahlen vom 31. Juli 1932 blieb das Zentrum mit Abstand die stärkste Partei, die NSDAP holte aber beachtlich auf. Dies gilt auch für Schwäbisch Gmünd. Hier erhielten die Sozialdemokraten 1030 Stimmen, die NSDAP dagegen 2101. Das Zentrum blieb mit 5228 Stimmen die weitaus stärkste Partei, die KPD kam immerhin auf 1568 Stimmen. Die übrigen Parteien landeten weit abgeschlagen. In den Landgemeinden war das Ergebnis für das Zentrum noch günstiger.

Nach der Machtübernahme durch Hitler am 30. Januar 1933 löste Hindenburg den Reichstag wiederum auf und veranlaßte damit den dritten Reichstagswahlkampf binnen Jahresfrist. Noch gaben sich SPD und Zentrum nicht geschlagen. Noch einmal kam Staatspräsident Eugen Bolz nach Schwäbisch Gmünd und auch in den Bezirk Aalen, noch einmal bäumte er sich gegen den Nationalsozialismus auf, dessen Härte er bereits kennengelernt hatte. In Abtsgmünd sprach Bolz bei einer großen Zentrumsversammlung in der „Krone", den Saalschutz übernahm die aus jungen Aalener Zentrumsanhängern bestehende „Schwabenwacht".

In Lindach veranstaltete die NSDAP eine große Wahlkundgebung, zu der auch die Schwäbisch Gmünder Kommunisten erschienen. Dort gerieten nun, wie Lämmle berichtet, der nationalsozialistische Stadtrat Sannwald und der kommunistische Stadtrat Haag aneinander. Nach der Versammlung gab es vor dem Lokal eine schwere Schlägerei, es wurde auch geschossen. Offenbar konnte man später nicht herausfinden, wer geschossen hatte. Es kam zu einer Gerichtsverhandlung vor dem Landgericht in Ellwangen. Die Kommunisten wurden für schuldig befunden, Haag wegen Landfriedensbruch zu einem Jahr Gefängnis verurteilt. Nach der Haft wurde Haag nicht freigelassen, sondern in das berüchtigte Schutzhaftlager auf dem Kuhberg bei Ulm verbracht. Von dort kam er später in die Konzentrationslager Dachau und Mauthausen. Seine Frau, die sich für ihren Mann einsetzte und in Berlin bis zu Himmler vordringen konnte, brachte es schließlich fertig, daß Haag aus dem KZ freikam.

Gleichgeschaltet

Bei der Wahl vom 5. März 1933 konnten die Nationalsozialisten gegenüber der Novemberwahl in Schwäbisch Gmünd selbst ihre Stimmen zwar verdoppeln, das Zentrum lag mit 44 Prozent der abgegebenen Stimmen dennoch vorne. Auch in den Oberämtern Aalen, Ellwangen und Neresheim blieb das Zentrum die stärkste Partei. Mit Hilfe seiner Verbündeten in der „Kampffront Schwarz-Weiß-Rot" erhielt Hitler die absolute Mehrheit im Reichstag, er blieb an der Macht. Die Machtübernahme schien in Gemeinden und Bezirken, in denen sich das Zentrum auch über den 30. Januar hinaus hatte behaupten können, gar nicht so leicht zu sein. Aber mochte auch die Schar ihrer Anhänger da und dort noch gering sein, mit rücksichtsloser Härte und fanatischem Einsatz gelang es in der Folgezeit der bisherigen NS-Minderheit, durch Anwendung drastischer Methoden ihre bisherigen Gegner aus den politischen Amtssesseln und Mandatsstühlen herunterzuholen und durch eigene „Kämpfer" zu ersetzen.

Überall wurde das gleiche Schema angewandt: Auch „geschmeidig" sich verhaltende Bürgermeister in Stadt und Land wurden so lange bedrängt, mit Vorwürfen überhäuft und dann entweder buchstäblich hinausgeekelt oder zum freiwilligen Rücktritt gezwungen. Das passierte Oberbürgermeister Lüllig in Schwäbisch Gmünd ebenso wie seinem Amtskollegen Schwarz in Aalen, Bürgermeister Frank in Oberkochen wie Bürgermeister Ettensperger in Ellwangen. Die Gemeinderäte mußten es sich zunächst gefallen lassen, daß ihr Proporz dem Stimmenanteil ihrer Partei bei der letzten Reichstagswahl angepaßt wurde. Das war aber immer noch nicht genug, mit drastischen Methoden wurden die Räte der anderen Parteien zum Mandatsverzicht gezwungen. Anfang 1934 beherrschte die NSDAP die Gemeinderäte, die im übrigen nicht mehr parlamentarisch, sondern nach dem Führerprinzip funktionierten: Sie hatten Befehle von oben hinzunehmen und auszuführen, ihre Linientreue oder die Tatsache, daß sie „alte Kämpfer" waren hatte Vorrang vor Sachkompetenz.

Soweit die bisherigen politischen Gegner nicht schon inhaftiert waren, wurden sie mundtot gemacht. Wer noch im geringsten aufmuckte, wurde „abgeholt", in ein Schutzhaftlager oder gleich ins KZ Dachau. Da man der Polizei noch nicht trauen wollte, wurde während einer Übergangszeit jedem Schutzmann auf die Streife ein SA-Mann mitgegeben, als Hilfspolizist und zur Kontrolle.

Die Machtergreifung der Nationalsozialisten ging in Schwäbisch Gmünd, so schreibt Lämmle, in mehreren Etappen vor sich. Sie begann mit der Flaggenhissung am Rathaus und endete im April 1934 mit der Entfernung von Oberbürgermeister Lüllig aus dem Amt. Zugleich verließen die letzten Zentrums-Stadträte den Gemeinderat. Vor einer großen Menschenmenge fand am Abend des 10. März 1933 die Hissung statt. Es folgten Aktionen der Partei und der SA gegen politische Gegner, vor allem gegen die Kommunisten, deren führende Leute in „Schutzhaft" genommen und auf den Heuberg gebracht wurden. Die Schwäbisch Gmünder SA besetzte das Naturfreundehaus auf dem Himmelreich, das später in „Hermann-Göring-Haus" umbenannt wurde. Die Volksbücherei wurde von der SA nach verdächtiger Literatur überprüft. Vor den jüdischen Geschäften zogen SA-Posten

Gleichgeschaltet – Zentral gesteuerte Aktionen

56 Aufmarsch der SA in der Ledergasse in Schwäbisch Gmünd

auf, sie trugen Plakate, auf denen zum Boykott aufgefordert wurde.

Zentral gesteuerte Aktionen

Daß diese Aktionen zentral gesteuert waren, beweist der gleiche Vorgang in Aalen. Die SA marschierte, begleitet von einer plötzlich vorhandenen SA-Kapelle, auf den Marktplatz, wo nach einer markigen Rede des SA-Standortältesten Dr. Honold die Hakenkreuzflagge am Rathaus aufgezogen wurde. Der gleiche Vorgang wiederholte sich auf dem Bahnhofvorplatz, an der Parkschule, beim Polizeiamt, vor dem Arbeitsamt, vor dem Amtsgericht und dem Oberamt.
Der mit den Nationalsozialisten verbündete Stahlhelm hatte allerdings schon zwei Tage vorher versucht, eine Nuance seiner Haltung zu demonstrieren. Auch hier feierte der Redner, Studienrat Wolf, den Umbruch, die Schmach sei zu Ende, die Stunde der Rache gekommen. Mit dem Ruf „Heil Deutschland" entrollten aber die Stahlhelmleute nicht die Hakenkreuzfahne, sondern die schwarz-weiß-rote Flagge.
Am 11. März meldete die Aalener Kocher-Zeitung kurz: „Heute morgen wurden sieben männliche und eine weibliche Funktionärin in Schutzhaft genommen". Unter dem 20. März erschien folgende Lokalmeldung in der Kocherzeitung: „Das Naturfreundehaus am Braunenberg und das Waldheim im Rohrwang (Das dem „Arbeiter-Turnverein Jahn" gehörte; d. Verf.) wurden polizeilich beschlagnahmt und den nationalen Verbänden übergeben. Am Samstag und heute früh wurden hier weitere Verhaftungen vorgenommen. Die bisher in Schutzhaft genommenen wurden heute früh mittels Omnibus in ein

Konzentrationslager auf den Heuberg gebracht, auch in Hofherrnweiler wurde heute früh eine Anzahl von Personen festgenommen."

Am 21. März folgt die Meldung über „Weitere Verhaftungen" (Überschrift): „Die Anwesenheit von Schutzpolizei der Polizeischule Ellwangen, das Auftreten von geschlossenen Formationen der SA und des Stahlhelms schon am frühen Morgen ließ gestern auf eine größere Aktion der Polizei schließen. Es wurden auch im Lauf des Tages von hier, Hofherrnweiler, Unterkochen und Wasseralfingen etwa 80 Personen in Schutzhaft genommen ... Die in Schutzhaft genommenen wurden in Omnibussen der Reichspost auf den Heuberg gebracht. In der Stadt war den ganzen Tag über eine gewisse Erregung. Zu Zwischenfällen ist es nicht gekommen."

In Ellwangen hatte schon am Tage der Machtübernahme Kreisleiter und Stadtrat Koelle „im Namen der Ellwanger Nationalsozialisten" den Antrag eingebracht, den Platz beim Bahnübergang nach Adolf Hitler zu benennen. Der Antrag wurde mit Mehrheit abgelehnt. NS-Mann Koelle bedrohte seine Gemeinderatskollegen mit Folgerungen aus diesem Beschluß, „den sie noch bereuen würden".

Führerprinzip, auch auf dem Rathaus

Bereits am 4. April 1933 wurden die Gemeinderäte auch bei uns wie im ganzen Reich nach dem Stimmergebnis der Reichstagswahl vom März 1933 umgebildet. Noch immer behauptete das Zentrum in vielen Gemeinden auch nach dieser Verfügung seine führende Stellung. So saßen im Oberkochener Gemeinderat den jetzt auf drei angewachsenen Mitgliedern der NSDAP-Fraktion fünf Zentrumsräte gegenüber. Dies änderte jsich erst nach einer neuen Verordnung von 1934, jetzt wurden die Gemeinderäte erneut „bereinigt"; nur noch NSDAP-Mitglieder oder „Hospitanten" bisheriger Fraktionen saßen in den Gremien. Letztere wurden entweder von der Partei als Mitglieder übernommen oder ausgeschaltet. So geschah es auch in Ellwangen, wo nach der Bereinigung vom 24. 8. 1933 noch zwei Hospitanten des Zentrums bei der NSDAP-Fraktion gastierten, zum 30. Januar 1934 wurden auch sie abgeschoben. Schon am 27. Oktober 1933 wurde in Ellwangen der 36jährige Kreisleiter Adolf Koelle zum Bürgermeister ernannt. Um einer Abschiebung zuvorzukommen, hatte sich Bürgermeister Ettensperger im August 1933 in den Ruhestand versetzen lassen. In Oberkochen wurde Bürgermeister Richard Frank, der dieses Amt seit 1905 inne hatte, „durch Entschließung des Herrn Reichstatthalters Murr" in den Ruhestand versetzt.

Nach dem Führerprinzip wurden auch alle Vereine gleichgeschaltet, es durfte nicht mehr wie bisher demokratisch gewählt werden. Die Gewerkschaften wurden aufgelöst, ihr Vermögen fiel an die Deutsche Arbeitsfront, der Pflichtorganisation für alle Arbeiter. Wer Widerstand leistete, kam in ein Schutzhaftlager, wie man die ersten KZ auch hieß. „Halt's Maul, sonsch kommscht auf da Heuberg" war damals eine gängige Redensart.

Stadtpfarrer Ruß und die Hitlerfahnen

Die NSDAP war, ganz besonders in den katholischen Gegenden Ostwürttembergs, nach der Machtübernahme 1933 um ein gutes Verhältnis zu den Konfessionen bemüht. Dabei verhielt sich die evangelische Geistlichkeit im allgemeinen kooperativer als die katholische. Dies geht auch aus einer Pressemeldung in der Kocher-Zeitung vom 28. April 1933 hervor: „Aalen. (Zur Aufklärung.) Anläßlich des Tages der ,nationalen Arbeit' habe ich mich mit dem hiesigen katholischen Stadtpfarramt, Herrn Stadtpfarrer Ruß, wegen des Kirchganges der SA. in Verbindung gesetzt. Von vorgenannter Stelle habe ich den Bescheid erhalten, daß lt. eines bischöflichen Erlasses wohl die SA. die Kirche betreten dürfe, aber ohne Fahne. Ich habe dem Herrn Stadtpfarrer darauf eindeutig erklärt, daß inzwischen die Hakenkreuzfahne Reichsflagge geworden ist. Hierauf erklärte Herr Stadtpfarrer Ruß, daß trotz alledem der Erlaß des bischöflichen Ordinariats vorliege. Eine Beteiligung der SA. ohne ihr Hoheitszeichen, der Hakenkreuzfahne, ist für sie unmöglich. Ich habe daher die gesamte SA. zum Kirchgang in die evangelische Stadtkirche befohlen.

      Der Führer des Standorts Aalen:
      gez. Schmid,
      Sturmbannführer."

Noch fühlten sich die Nationalsozialisten nicht stark genug, um selbstherrlich auch gegenüber den Kirchen handeln zu können. Analog zum Bündnis „Thron und Altar", wie es im wilhelminischen Kaiserreich praktiziert worden war, versuchte die Hitlerpartei, im Wortsinn sogar, den Segen der Kirchen zu bekommen.

Nicht zuletzt unter dem Druck der Schmidschen Erklärung vom 28. April 1933 kam es am 5. Juni zu einer Fahnenweihe, über die in der Kocher-Zeitung so berichtet wurde:

„Aalen, 6. Juni. Gestern früh zog der Sturmbann III/120 mit klingendem Spiel von seiner zweitägigen Übung in die Stadt ein, um sich auf dem Bohlschulplatz aufzustellen. Eine große Zuschauermenge sowie die Angehörigen der hiesigen SA-Mitglieder hatten sich eingefunden. Von den Geistlichen beider Konfessionen, Stadtpfarrer Hermann und Stadtpfarrer Ruß, wurde sodann die Weihe von 7 Sturmfahnen vorgenommen. Die Feier, bei der die Lautsprecher-Anlage der Firma Radio-Böhringer wieder die Übermittlung für die den weiten Platz Säumenden übernommen hatte, machte auf alle Teilnehmer einen gewaltigen Eindruck . . ."

Zum Erntedankfest 1933 trennte sich die Aalener SA zum Gottesdienstbesuch. Sturmbannführer Schmid, selbst Katholik, zog mit dem katholischen Teil seines SA-Sturmes und mit einer Abordnung der Hitlerjugend in die Salvatorkirche ein. Die Fahnenabordnungen nahmen zu den Seiten des Hauptaltares Aufstellung.

Hatte noch 1934 die Parole geheißen, daß Konfirmanden „im Ehrenkleid des Führers" zum feierlichen Konfirmationsgottesdienst erscheinen sollten, so zeigte sich in den Jahren danach das Gegenteil: Im – gesuchten – Konflikt mit den christlichen Kirchen wurde das Tragen der NS-Uniform in Gottesdiensten für die Mitglieder aller Gliederungen der NSDAP verboten.

Den harten Kurs der Partei gegenüber Abweichlern aus den eigenen Reihen, mochten sie auch noch so rabiate „alte Kämpfer" gewesen sein wie etwa der allgewaltige Chef der württembergischen Polizei, Dr. Mattheiß, zeigt dessen Schicksal. Im Zusammenhang mit dem Röhm-Putsch 1934 wurde er verhaftet, nach einem mißglückten Fluchtversuch nach Ellwangen gebracht und dort am 1. Juli 1934 ohne Gericht und Urteil in der SS-Kaserne erschossen.

Kirchlicher Widerstand

Nachdem sie die kämpferische Spitze ihrer linken Gegner vor allem durch deren Inhaftierung oder Liquidierung ausgeschaltet hatte, galt das besondere Augenmerk der NSDAP gerade in unserer Gegend der Kirche, vor allem der katholischen. Geistliche wurden systematisch bespitzelt und bedrängt, besonders natürlich solche, die ohne Furcht den neuen braunen Herren gegenübertraten. In Ellwan-

gen tat sich hier Kaplan Rudolf Renz, später langjähriger Pfarrer in Aalen, hervor. In ihm hatte Kreisleiter und Bürgermeister Koelle einen Gegner gefunden, der sich durch ebenso intelligentes wie geschicktes Taktieren dem rabiaten Nazi gewachsen wußte und ihn dies auch merken ließ. Renz hatte bei seiner Versetzung nach Ellwangen die Führung der katholischen männlichen Jugend und die Leitung des Kindererziehungsheimes Marienpflege übertragen bekommen. Er verstand es, die Jugendlichen auf einem kirchentreuen Kurs zu halten. Dies bedeutete auch, daß er die katholischen Jugendorganisationen wie etwa den Bund Neudeutschland in ihrer antinazistischen Haltung nach Kräften unterstützte. Auch wenn er wegen seiner Aktivitäten mehrere Male eingesperrt wurde, gelang es ihm doch immer wieder, den Hals aus der Schlinge zu ziehen, die man ihm schon gelegt hatte. Was den Kreisleiter am meisten störte, war das Bemühen und die Sorge der Kirche – und des Kaplans Renz – um die männliche katholische Jugend. Koelle brachte dies eines Tages unmißverständlich zum Ausdruck, indem er Renz in einem Gespräch mitteilte, daß auf dem Unteren Kuhberg in Ulm ein Konzentrationslager eingerichtet worden sei, in dem auch einige Kollegen von Renz säßen: „Da gehören auch Sie hin!" Bezeichnend für den Geist der Zeit auch bei der katholischen Jugend ist eine Liedstrophe, die man dem damals viel auch bei der Linken gesungenen Lied „Wann wir schreiten Seit an Seit" angehängt hatte:
Heilgem Kampf sind wir geweiht
Gott verbrennt in Zornesfeuern eine Welt,
sie zu erneuern, wollen machtvoll wir
                          beteuern:
Christus, Herr der neuen Zeit!
In Schwäbisch Gmünd kam es aus Anlaß der Abstimmungsenthaltung von Bischof Sproll nach dem Anschluß Österreichs zum Pfarrhaussturm von 1938. Die Abstimmung war am 10. April gewesen. Am 11. April erschienen, wie Lämmle berichtet, etwa 20 Schwäbisch Gmünder Nationalsozialisten vor dem Haus von Dekan Großmann auf dem Münsterplatz und schrien „Heraus mit dem schwarzen Hund, heraus mit dem Verräter!" Schüsse fielen, Fenster wurden mit Steinen eingeworfen. Der Dekan rief die Polizei zu Hilfe; doch diese unternahm nichts gegen die Demonstranten und führte ihn ab. Beim Eingang in den Polizeihof erhielt Großmann einen Fußtritt, so daß er zu Boden stürzte und sich verletzte. Anschließend ging es gegen das Gebäude in der Münstergasse, in dem Kaplan Eugen Schmid wohnte. Dort nahmen die Gewalttäter einen Baumstamm und rammten die Haustür ein. Ähnlich verfuhr man in Waldstetten beim Sturm auf das Pfarrhaus von Pfarrer Treiber. Die drei Geistlichen wurden in Schutzhaft genommen und nach Stuttgart überführt. Später wurden sie aus dem Gebiet des Gaues Württemberg-Hohenzollern ausgewiesen, sie konnten also in der Diözese Rottenburg nicht mehr als Priester tätig werden.

Die Schlote rauchen wieder

Mit Aufmärschen, Kundgebungen, mit Morgenfeiern und Rundfunkradau allein kann man ein Volk nicht überzeugen, zumal wenn viele aus diesem Volk noch Hunger leiden. „Arbeit und Brot" war eine der Parolen Hitlers in allen Wahlkämpfen gewesen. Jetzt lautete das Schlagwort „Arbeitsbeschaffung". Sie zu verwirklichen, gelingt einem autoritären Staat viel leichter als einem demokratischen. Und vom ersten Tag seiner Herrschaft an rüstete Hitler auf. Das bedeutete Aufträge für die vorhandene Industrie und für viele Fertigungszweige, die erst noch zu schaffen waren.
In Schwäbisch Gmünd, das noch 1934 zum

Notstandsgebiet erklärt worden war, siedelte sich das Maulbronner Unternehmen für Elektroguß Willy Schenk an der Lorcher Straße an. Am 7. Juli 1937 konnte mit der Produktion begonnen werden, bald wurde das Betriebsgelände zu klein. Gerne stellte Oberbürgermeister Konrad Gelände zur Verfügung. Es ging aufwärts in Schwäbisch Gmünd. Ein noch größerer Erfolg war Konrad mit der Ansiedlung eines Zweigwerks der Zahnradfabrik Friedrichshafen (ZF) beschieden. Nach kurzer Verhandlungs- und Bauzeit lief auch hier 1937 die Produktion von Getrieben an, die für die aufblühende Automobilindustrie in immer stärkeren Mengen benötigt wurden. Bis 1939 war die Zahl der ZF-Beschäftigten auf 560 angestiegen, Tendenz steigend.

Motoren der Automobil-, vor allem auch der nun forcierten Luftfahrtindustrie benötigten Kurbelwellen. Darauf hatte sich Karl Keßler in Wasseralfingen seit dem Ersten Weltkrieg spezialisiert. Auch er benötigte für sein expandierendes Werk immer mehr Arbeitskräfte. Und weil es in Schwäbisch Gmünd noch immer unbeschäftigte Gold- und Silberschmiede, Ziseleure und andere Fachkräfte der Edelmetallindustrie gab, wurden diese in einem umfassenden Programm in Gmünd zu Fräsern, Drehern und Schleifern umgeschult und dann in Wasseralfingen eingestellt; Werkbusse beförderten sie täglich zur Arbeit.

Auch in den Betrieben des Kochertals ging es aufwärts. Keßlers Alfing-Werke wurden zum „NS-Musterbetrieb" erklärt und zogen immer mehr Beschäftigte heran. Die Schwäbischen Hüttenwerke hatten volle Auftragsbücher. Carl Schneider brachte in Aalen sein darniederliegendes Hammerwerk wieder zu stolzer Höhe, in Unterkochen ging es bei Rieger & Dietz aufwärts. Auch die Bauindustrie profitierte von den Ausbaumaßnahmen der Fabriken, dazu kamen Aufträge für die Kasernenbauten in Schwäbisch Gmünd und Aalen.

In Oberkochen wurde 1938 die Firma „Fritz Leitz Maschinen- und Apparatebau" gegründet, die hauptsächlich für die Luftfahrtindustrie arbeitete und es in kurzer Zeit auf über 1000 Beschäftigte brachte. Ein reiner Rüstungsbetrieb waren die in einer abgelegenen Waldschlucht bei Reichenbach erstellten „Collis Metallwerke", in denen über 1000 Arbeiter und Arbeiterinnen hauptsächlich mit der Produktion von Granatenhülsen beschäftigt waren. Es gab wieder „Arbeit und Brot" wie die Nazis es verkündet hatten, aber Hitler rüstete für einen neuen Krieg.

Die Presse wird gleichgeschaltet

Joseph Goebbels hatte im März 1933 das neu geschaffene Reichsministerium für Volksaufklärung und Propaganda übernommen. Er kontrollierte damit die Massenmedien und sah es als eine wichtige Aufgabe an, auch die Presse gleichzuschalten und diejenigen Organe, die sich ihm widersetzten, auszumerzen. Schon in der „Kampfzeit" hatten die Nationalsozialisten im Osten Württembergs die in Heidenheim gedruckte „National-Zeitung" als eigenes Organ, mit seiner sehr niedrigen Auflage. Diese der NS-Presse Württemberg zugehörende Zeitung wurde vor allem in Ellwangen gegenüber der dort erscheinenden „Ipf- und Jagst-Zeitung", die der Stuttgarter AG „Deutsches Volksblatt" gehörte, propagiert. Derselbe Druck wurde auch auf die in Aalen als Kopfblatt des „Ipf" erscheinende „Aalener Volkszeitung" ausgeübt. Als beiden Blättern auch noch die Amtsblatt-Veröffentlichung und sogar die Berichterstattung über die Sitzungen des Gemeinderats verboten wurde, die Inserenten mit Repressalien bedroht wurden, mußten sie am 31. Juli 1935 ihr Erscheinen einstellen. Unter Druck gesetzt wurde auch der Verleger Stierlin, der in Aalen die Kocher-Zeitung herausbrachte. Ihm wurde wie vielen anderen Verlegern in Württemberg die Gründung einer GmbH vorgeschlagen, an der er mit 49 Prozent beteiligt blieb, während 51 Prozent die NS-Presse Württemberg – entschädigungslos – übernehmen sollte. Stierlin war damit gleichgeschaltet, er war nicht einmal in der Wahl seiner Lokalredakteure frei.

In Schwäbisch Gmünd ging es ähnlich zu. Hier stand der stark verbreiteten Rems-Zeitung die von der NS-Partei favorisierte Remstal-Post gegenüber. Beide Zeitungen gingen dann in der Schwäbischen Rundschau auf, die als Organ der NS-Presse vom 1. Juli 1936 ab in Gmünd erschien. Aus Rationalisierungsgründen wurden von Kriegsbeginn ab die Kocher-Zeitung und die National-Zeitung in Ellwangen unter dem gemeinsamen Titel Kocher- und National-Zeitung herausgegeben.

Am 17. April 1945 erschien die letzte Ausgabe der Kocher- und National-Zeitung. Nach einer Zwangspause konnte, wer Glück hatte, die in Ulm unter amerikanischer Kontrolle erscheinende Schwäbische Donau-Zeitung abonnieren. Die Schwäbisch Gmünder wurden aus Göppingen mit der Neuen Württembergischen Zeitung beliefert, später wurde sie ein eigenes Kopfblatt der NWZ. Ab 29. August 1949, also bei Aufhebung des Lizenzzwanges, erschien sie unter dem Titel Rems-Zeitung, bis heute.

In Aalen erhielten am 25. Februar 1948 Dr. Johannes Binkowski und Karl E. Conrads von der amerikanischen Militär-Regierung die Lizenzurkunde zur Herausgabe der Schwäbischen Post für die Kreise Aalen, Schwäbisch Gmünd und Heidenheim. In Gmünd konnte sich die Schwäbische Post jedoch nicht auf die Dauer halten. Der Partner Conrads gründete mit der neuen Lizenz in Heidenheim die Heidenheimer Zeitung. Als Kopfblatt der Schwäbischen Post erscheint seit 1. Dezember 1959 die Gmünder Tagespost. Die Geschäftsführung des Stuttgarter Schwabenverlags mochte auf amerikanische Lizenzierungsangebote nicht eingehen. Auch hier wartete man wie in anderen Zeitungsverlagen auf die Generallizenz der Amerikaner im Jahre 1949. Seit 1. September 1949 erscheint wieder die Aalener Volkszeitung und für Ellwangen und Bopfingen die Ipf- und Jagst-Zeitung.

Bis zum bitteren Ende

Die Rationierungskarten für Lebensmittel waren schon gedruckt, als Hitler mit dem Einmarsch in Polen den Zweiten Weltkrieg auslöste. Durch wirkungsvolle Autarkiemaßnahmen in den Jahren zuvor schienen die Deutschen besser vorbereitet zu sein als 1914, und die längere Zeit des Krieges mußten die Deutschen zwar Entbehrungen hinnehmen, aber nicht hungern. Auf Schwarzschlachtungen und Nichtablieferung von landwirtschaftlichen Erzeugnissen standen strenge Strafen, so daß die Disziplin besser gewahrt blieb als 1914–1918.

Gleich bei Kriegsbeginn mußte der heutige Ostalbkreis Evakuierte aus dem Kreis Rastatt aufnehmen, für die man die sinnige Bezeichnung „Rückwanderer" erfand. Nach dem Frankreichfeldzug konnten die Leute wieder in ihre Heimat zurückkehren. Im Zuge der Vorbereitung des Krieges gegen die UdSSR wurden neue Divisionen aufgestellt. In unserem Bereich war dies die 335. Infanterie-Division, deren Überlebende nach dem Krieg beim St.-Johann-Friedhof eine Ehrentafel für die Gefallenen errichteten. Stäbe und Truppe waren teils in Turnhallen, teils in Privatquartieren untergebracht.

Glücklich der wehrfähige Arbeiter, den sein Chef als unabkömmlich (uk) vor dem Kriegsdienst bewahrte. Aber in den Betrieben wurden hohe Leistungen verlangt: Schon 1940 wurde bei Alfing in Wasseralfingen in der

Tagschicht elf und in der Nachtschicht zwölf Stunden gearbeitet. Prinzipiell war Lohnstopp verordnet. Ein Hilfsarbeiter erhielt etwa 70 Pfennig, ein Facharbeiter konnte es auf einen Akkorddurchschnitt von 1,20 RM in der Stunde bringen. Es gab Verpflegungszusatzkarten für Schwer- und Schwerstarbeiter, viele Werkskantinen lieferten markenfreies Mittagessen. Die zunehmenden Verluste der Wehrmacht machten es erforderlich, daß auch immer mehr Rüstungsarbeiter eingezogen wurden. Frauen und Rentner wurden dienstverpflichtet, dazu kamen Kriegsgefangene aus allen Ländern, die von der Wehrmacht eingenommen worden waren, ab 1941 auch aus der Sowjetunion. Letztere standen nicht unter dem Schutz der Genfer Konvention, konnten also keinerlei Kontakt zu ihren Angehörigen aufnehmen und erhielten auch, anders als etwa Franzosen oder Belgier, keinerlei Päckchen, auch nicht vom Internationalen Roten Kreuz, wie dies bei westalliierten Kriegsgegnern der Fall war.

Kriegsgefangene und Zwangsarbeiter

Dazu kam ein buntes Völkergemisch aus teils deportierten, teils auch freiwilligen „Fremdarbeitern". Es gab beträchtliche Unterschiede in deren Behandlung. Polen und aus der Sowjetunion stammende Arbeiter und Arbeiterinnen mußten an ihrer Alltagskleidung die deutlich sichtbaren Kennzeichen P oder OST tragen, grundsätzlich durften sie ihre Lager, die man in Schwäbisch Gmünd, Aalen und Wasseralfingen rings um die Werke errichtet hatte, in denen sie arbeiten mußten, nicht ohne Aufsicht verlassen. Sie blieben praktisch eingesperrt. Ihre Verpflegung war sehr mager. Kein Wunder, daß sich diese Leute nach dem Einmarsch der Amerikaner verhielten wie „der Sklave, wenn er die Ketten bricht", und damit auch in der ersten Zeit Raub, Diebstahl und auch Mord an Wehrlosen einhergingen.

Umsiedler aus Gebieten, die nach dem Hitler-Stalin-Pakt von 1939 der UdSSR zugeschlagen worden waren, kamen auch in unseren Kreis und wurden hier zunächst in beschlagnahmten klösterlichen Einrichtungen untergebracht. So waren ab 1940 Deutsche aus den baltischen Staaten in einem Teil der Konventsgebäude der Abtei Neresheim untergebracht. In Ellwangen wurde das Missionsseminar St. Josef beschlagnahmt, in Schwäbisch Gmünd St. Ludwig, St. Elisabeth, St. Josef, St. Bernhard und das Canisiushaus. Da für die Umsiedlungsmaßnahmen die SS zuständig war, wurde von dieser Seite aus alles unternommen, um die neuen Volksgenossen auf eine entsprechende weltanschauliche Linie zu bringen. In ihren provisorischen Unterkünften durften, obwohl dies gut möglich gewesen wäre, keine Gottesdienste gehalten werden.

Hoch dekorierte Soldaten, wie der Aalener Eichenlaubträger Otto Weidinger, wurden in der Heimat festlich empfangen und durften sich ins Ehrenbuch der Stadt eintragen. Die Meldungen über die Auszeichnung von Frontsoldaten in den Heimatzeitungen wurden jedoch immer häufiger „ergänzt" durch Todesanzeigen von Gefallenen; zuletzt waren es ganze Zeitungsseiten, phrasenhafte Formulierungen wichen im Laufe der Zeit schlichteren Bekundigungen durch die Angehörigen. Besonders verdiente „Betriebsführer" wie Willy Schenk in Schwäbisch Gmünd, Karl Keßler in Wasseralfingen und Fritz Leitz in Oberkochen wurden mit dem Titel „Wehrwirtschaftsführer" ausgezeichnet. Das bedeutete auch für die solchermaßen Geehrten, daß sie noch mehr leisten, noch mehr aber auch aus ihren „Gefolgschaften", wie man seit 1933 die Mitarbeiter zu benennen beliebte, herausholen mußten.

Die Hitlerjugend richtete Wehrertüchtigungslager ein, z. B. 1942 in Heubach, in denen Schüler und Lehrlinge vormilitärisch ausgebildet wurden.
Wie im Ersten Weltkrieg, berichtete Theresia Nagler aus der Riesgemeinde Unterschneidheim, wurde auch jetzt die Hefe knapp, das Mehl wurde beim Backen durch Zugabe von Kartoffeln „gestreckt", aus Zuckerrüben bereitete man wieder Sirup, und zur Ölgewinnung wurde wieder Mohn angepflanzt. Das Spinnrad wurde von der Bühne geholt und Wollgarn gesponnen, deshalb nahm auch die Schafhaltung zu. Trotz strenger Strafdrohungen wurde immer wieder schwarz geschlachtet. Vielleicht kriegten dann die Hamsterer, die sich immer zahlreicher auf den Dörfern einstellten, auch ein Häfele Schmalz ab. Nicht nur in den Städten, auch in Landgemeinden wurden Evakuierte aus vom Bombenkrieg betroffenen Städten einquartiert.

Das letzte Aufgebot: Der Volkssturm

Als es dem Oberkommando der Wehrmacht im Herbst 1944 gelang, die Alliierten am Westwall noch einmal zum Stehen zu bringen, da mußten auch aus unserer Gegend alte Männer zum Ausbau von Stellungen ausrücken, zusammen mit Schulbuben, soweit sie nicht zur HJ-Flak eingezogen irgendwo ein Rüstungszentrum beschützen mußten. Die Lehrer zogen mit, am Vormittag war Schule, und nachts kamen die „Fliegenden Festungen".
Im Herbst 1944 wurde der Volkssturm aufgestellt als letztes Aufgebot zur Verteidigung der Heimat. In Bopfingen wurden die Männer zum Bahnschutz eingesetzt und zu Patrouillengängen durch die Stadt „wegen der zahlreichen ausländischen Arbeiter".
Trotz der immer noch sich verstärkenden Luftangriffe der Alliierten bei Tag und bei Nacht mußte die Rüstungsproduktion weitergehen. Zuletzt wurden auch in Schwäbisch Gmünd, Aalen und Oberkochen Stollen gegraben, in denen unterirdisch weitergearbeitet werden konnte. Bei Alfing in Wasseralfingen oblag der Bau dieser Stollen der Organisation Todt (OT), die in dieser Phase auch KZ-Häftlinge einsetzte. Darunter befanden sich vom September 1944 bis Februar 1945 auch Häftlinge eines Außenkommandos des Konzentrationslagers Natzweiler/Elsaß, von denen viele an Hunger und Entkräftung starben. Noch in den letzten Kriegstagen wurden durch den nördlichen Teil des Kreises Aalen einige hundert Häftlinge des KZ Kochendorf getrieben. Sie sollten nach Dachau marschieren, waren aber körperlich so heruntergekommen, daß viele von ihnen am Wege liegen blieben und dann von der Eskorte erschossen wurden.
Feindliche Tiefflieger schossen auf alles, was sich rührte, nicht nur auf die zurückflutenden Soldaten, von denen manche auch schon begannen, Waffen und Gerät wegzuwerfen. Wehe aber dem Deserteur, der einer der zahlreichen SS-Streifen in die Hände geriet. Zur Abschreckung wurden solche Leute nicht erschossen, sondern am nächsten Baum aufgehängt.
Das war auch das Problem jener Deutschen, die einsahen, daß weiterer Widerstand gegen die mit überwältigender Übermacht vorrückenden Amerikaner sinnlos war. Aalen hatte insofern Glück, als der Kampf- und Stadtkommandant Dahlmann „das Schlachtfeld mit etwas weniger Geräusch als er sonst zu verursachen pflegte, verließ", wie Hugo Theurer ironisch schreibt. Seine letzte „Heldentat" war die Sprengung der Eisenbahnbrücke beim Katzengumpen in Aalen und der Brücke beim Bahnhof Wasseralfingen. Auch in Schwäbisch Gmünd wurde auf Weisung des Kampfkommandanten die Leonhardsbrücke und die Bahnhofsbrücke gesprengt. Alles in jeder Beziehung sinnlose Maßnah-

men, die nur das Weiterexistieren nach der Übergabe erschweren. So war es auch in Oberkochen, wo sich die deutschen Pioniere auf die Sprengung nur einer Brücke (bei der Firma Oppold) beschränkten. Völlig sinnlos war auch die Sprengung von insgesamt fünf Brücken über Kocher und Lein bei Abtsgmünd.

In Schwäbisch Gmünd ist es dem französischen Capitain Paul Lémal zu verdanken, daß die Stadt den anrückenden Amerikanern übergeben und so ihre Zerstörung durch Kampfhandlungen vermieden wurde. Im Einverständnis mit dem Landrat und dem städtischen Beauftragten schickte Lémal, der zur Betreuung der in Gmünd arbeitenden französischen Kriegsgefangenen wie auch der „dienstverpflichteten" Zivilisten eingesetzt, in Wirklichkeit aber Mitglied der Résistance war, zwei Leutnants den anrückenden Truppen entgegen mit der Nachricht, sie könnten kampflos einrücken, es seien keine deutschen Truppen mehr in der Stadt. Fast zur gleichen Zeit, in der Nacht vom 19. auf 20. April, wurden auf Befehl von Kreisleiter Oppenländer und Kampfkommandant Hössle zwei Männer erschossen, die acht Tage zuvor, offenbar sogar unter Einfluß von Alkohol, vor dem Canisiushaus regimefeindliche Parolen ausgerufen hatten.

Hitlers berüchtigter „Nero"-Befehl vom 19. März 1945, wonach alle Industrie- und Versorgungsanlagen und Sachwerte innerhalb des Reichsgebietes, die sich der Feind irgendwie für die Fortsetzung seines Kampfes zunutzen machen könnte, abzutransportieren oder zu zerstören waren, wurde in den Betrieben nur in sehr abgeschwächter Form durchgeführt. So machte ein vertrauter Stab von Meistern und Vorarbeitern bei Alfing in Wasseralfingen die meisten Maschinen durch Entfernen wichtiger Teile zwar unbrauchbar, sie wurden aber in einem Stollen bei Rodamsdörfle gelagert und später wieder zurückgeholt.

Die reichen Bestände des Heeresproviantamtes Aalen wurden teilweise noch mit Eisenbahnzügen abtransportiert. Manche Züge wurden noch im Kreisgebiet, so in Oberkochen und Bopfingen, beim Halten von der Bevölkerung ausgeplündert. Zum Teil wurden auch Bestände an die Gemeinden ausgegeben. Von ganz anderen Begleitumständen beim Plündern waren die Aktionen der Fremdarbeiter nach deren Befreiung durch die einrükkenden US-Truppen begleitet. Privathäuser in der Stadt und Bauerngehöfte auf dem Land wurden von den vielfach bewaffneten Trupps heimgesucht. Wer sich widersetzte, wurde verprügelt oder erschossen. Die deutsche Polizei war entwaffnet worden. Nicht nur Waffen, sondern auch Fotoapparate und zum Teil auch Radiogeräte mußten der Besatzungsmacht abgeliefert werden.

Das Massaker von Lippach

Ein düsteres Kapitel beim Vordringen der Amerikaner in unseren Raum stellen die Vorgänge bei der Verteidigung und Einnahme von Lippach dar. Hier warf die SS den vordringenden US-Panzerverbänden ein letztes Aufgebot von 16- bis 17jährigen Soldaten entgegen, die erst im März eingezogen worden waren. Während das Gros der Truppe sich in der aussichtslos gewordenen Lage zurückzog, blieb ein Rest der Leute verängstigt im Dorf zurück; unbewaffnet versteckten sie sich in Kellern und Scheunen. Die einrückende US-Infanterie, eine Einheit aus Farbigen, war irgendwo an Schnaps geraten und gebärdete sich nun fürchterlich. Unter viehischen Begleitumständen wurden 36 junge Soldaten erschlagen. Viele Frauen, darunter auch schwangere, wurden vergewaltigt.

„Vaterland hat sich gerächt"

Um die Rückführung russischer und ukrainischer Zwangsarbeiter bemühten sich schon bald nach Kriegsende sowjetische Militärmissionen, die sich auch um eine würdige Bestattung von verstorbenen Landsleuten kümmerten. Eine Kupfertafel, die früher ein solches Gemeinschaftsgrab auf dem Unterrombacher Friedhof kennzeichnete, befindet sich heute im Aalener Stadtarchiv. Sie trägt folgende Inschrift: „Hier ruhen, zu Tode in der deutschnazistischen Gefangenschaft gequält, gefangene und zwangsweise nach Deutschland verschleppte Bürger der U.d.S.S.R. – Schlafen sie sanft – Vaterland hat sich gerächt – Deutschland ist auf die Knie gezwungen! Gräber sind nach Befehl des sowjetischen Offiziers gesetzt. Deutschland, Unterrombach, den 1. 1. 1945"

Besonders das letzte Kriegsjahr hatte noch einmal eine Evakuierungswelle, auch von ganzen Schulen, aus den luftangriffsgefährdeten Zentren ins relativ sichere Ostalbgebiet gebracht. Nun wurde versucht, zunächst einmal auch diese Menschen heimwärts zu schaffen, viele wollten oder konnten nicht mehr nach Hause. „Letzte" kostenlose Rücktransporte im Bereich der westlichen Besatzungszonen fanden im August 1946 statt, die Rückführung in die sowjetische Zone bedurfte einer Zuzugsgenehmigung des Zielortes. Und dann all die anderen, die durch Zwang ins Land geholt worden waren, und die auch nicht mehr alle nach Hause wollten wie zum Beispiel die Ukrainer. Ein Bild von der bunten Schar der Völker, die sich bei uns aufhielten, gibt ein Bericht aus Neresheim. Dort befanden sich nach der Kapitulation nicht weniger als 1033 Ausländer, darunter 319 Slowenen, 281 Russen, 183 Esten, 128 Letten.

Am 6. November 1946 ist „Wehrwirtschaftsführer" Karl Keßler im Alter von 66 Jahren verstorben. In einem bescheidenen Grab wurde er auf dem Friedhof von Wasseralfingen beigesetzt. Pfarrer Grüninger stellte seine Ansprache unter den Bibeltext Hiob 2,10 „Haben wir Gutes empfangen von Gott und sollten das Böse nicht auch annehmen".

Die Schwäbische Donau-Zeitung, damals die einzige Zeitung für Ostwürttemberg, schrieb in ihrem Nachruf vom Zwang der NS-Rüstung, unter welcher Alfing Keßler die Produktion in rasendem Tempo hatte steigern müssen: „Fast alle Nationen der Welt wurden – meist gezwungenermaßen – dienstverpflichtet und ins Werk geführt. Groß waren die Erfolge und auch an Ehrungen fehlte es nicht, aber ob das den aufwärtsstrebenden Demokraten in allen Teilen befriedigte, dürfte sehr fraglich sein. Der Zusammenbruch kam. Das stolze Werk muß heute um sein Weiterbestehen ringen."

Eingliederung der Heimatvertriebenen

Die Drangsale der ersten Besatzungsmonate mit ihren Beschlagnahmungen, Verhaftungen, mit Ausgehverbot bei Nacht und manchen Willkürakten hatten noch nicht aufgehört, da kam neue Not auf die Menschen zu, die Vertreibung von Millionen Deutscher aus ihrer angestammten Heimat und ihre Aufnahme in das in vier Besatzungszonen aufgeteilte Restdeutschland.

Im Kreis Schwäbisch Gmünd traf der erste Zug mit Schlesiern schon am 28. Oktober 1945 ein, in Aalen kamen die ersten Sudetendeutschen im März 1946 an. Weil das Gebiet des heutigen Ostalbkreises den Krieg relativ unbeschädigt überstanden hatte, mußten hier die stärksten Kontingente von ganz Nordwürttemberg untergebracht werden. Von Juni 1946 an kam alle zehn Tage ein Eisenbahnzug mit Vertriebenen aus den Sudetenländern an, in Gmünd war es ähnlich. Je Person hatten sie 50 Kilo ihrer Habe mitnehmen dürfen, dazu Lebensmittel für sieben Tage. Verboten war ihnen das Mitnehmen von Bargeld in Kronen und Devisen, von Einlagebüchern, von wertvollen Uhren, Fotoapparaten, Rundfunkgeräten, Schreibmaschinen, wertvollen Teppichen und Pelzwerk. Die „Flüchtlinge" wurden zunächst in Sammelunterkünfte gebracht, von dort ging es weiter in die Privatwohnungen, wo Kommissionen zur Wohnraumerfassung Räume beschlagnahmt hatten. Es gab viel Herzenshärte und Ablehnung, gelegentlich mußte auch die Polizei nachhelfen, aber auch Verständnis und Opferbereitschaft von seiten der Heimat-Verbliebenen. Josef Sperl schreibt von Röttingen: „Die Enge, in den Häusern und Wohnungen, die jetzt allenthalben herrschte, schuf menschliche Nähe im wahrsten Sinne des Wortes und führte notgedrungen zu täglichen Kontakten. Das gemeinsame Dach über dem Kopf führte die Menschen immer wieder zusammen. So erfuhr man mehr voneinander, verstand einander besser, und manche Spannungen lösten sich. Weil viele Heimatvertriebene auch aus ländlich-bäuerlicher Umgebung gekommen waren, ergaben sich Gemeinsamkeiten bei der Arbeit in der Landwirtschaft."

Viele Vertriebene wurden, als es darum ging, Arbeit für sie zu beschaffen, in der Landwirtschaft eingesetzt, für manchen Berufsfremden ein herbes Los. Da war es schon eine Erleichterung, daß die Besatzungsmacht in Schwäbisch Gmünd und in Aalen „Rebuild Shops" betrieb, in denen Fahrzeuge der US-Armee generalüberholt wurden. Bis zu 70 Prozent betrug der Anteil der Heimatvertriebenen zu Zeiten in den Belegschaften dieser Werkstätten, in deren Kantinen jedem Mitarbeiter täglich ein warmes Mittagessen mit 1000 Kalorien Nährwert zum Preis von 60 Pfennig verabreicht wurde.

Hatte es am 9. Februar 1946 im Gmünder Amtsblatt noch geheißen, der Kreis Schwäbisch Gmünd müsse mindestens 15 000 Vertriebene aufnehmen, so erhöhte sich das Aufnahmesoll bereits ein halbes Jahr später auf 18 000. Für den Kreis Aalen war die Zahl zunächst auf 22 000 festgesetzt worden, das dann erhöhte Soll von 32 000 Aufzunehmenden wurde Ende 1947 tatsächlich erreicht. Die Verpflegungszuteilungen waren zu Hungerrationen geschrumpft. Im November 1946 gab es – für jeweils vier Wochen – 6000 Gramm Brot, 1000 Gramm Fleisch, 12 Kilo Kartoffeln und 500 Gramm Zucker.

In Abtsgmünd erhöhte sich die Einwohnerzahl innerhalb eines Jahres von 1250 auf 1700. Nach Abschluß der Vertreibungsaktionen waren in den Altkreisen Schwäbisch Gmünd und Aalen 25 Prozent der Bevölkerung Heimatvertriebene. Als nach der Währungsreform die Industrie wieder in Gang kam und Arbeitskräfte suchte, zogen viele Vertriebene, vor allem aus den Landgemeinden, dorthin, wo sie bessere Arbeits- und vor allem Wohnungsmöglichkeiten geboten bekamen.

Die Entnazifizierung

Alle vier Besatzungsmächte sahen sich nach dem Einmarsch ihrer Truppen und der deutschen Kapitulation vor die Aufgabe gestellt, den unseligen Nationalsozialismus auszumerzen. Dies konnte nur dadurch geschehen, daß alle Angehörigen der Hitlerpartei aus ihren Ämtern in Staat, Verwaltung, aber auch in der Wirtschaft aus ihren bisherigen Positionen entfernt, also entlassen wurden. In der US-Besatzungszone geschah dies spontan und sehr schematisch und bedeutete auch für das Gebiet des heutigen Ostalbkreises, daß nicht nur Landräte und Bürgermeister, sondern auch einfache Arbeiter, aber auch Chefärzte und Bankangestellte, auf die Straße gesetzt werden mußten, wenn sie der NS-Partei oder einer ihrer ebenfalls als verbrecherisch erklärten Gliederungen angehört hatten.

Dies führte zu erheblichen Schwierigkeiten beim ohnehin schwierigen Wiederaufbau eines demokratischen Gemeinwesens, auf allen Ebenen. Reinhold Maier, der erste Ministerpräsident des Landes Württemberg-Baden schrieb später darüber: „Die von der amerikanischen öffentlichen Meinung so wild geforderte Verfahrensweise hat dahin geführt, daß wegen des Massenbetriebs unzählige Schwerschuldige sich dem Zugriff entziehen konnten." Führende Politiker aller demokratischen Parteien forderten deshalb ein anderes System. Dies wurde durch das in der US-Zone erlassene Gesetz zur Befreiung von Nationalsozialismus und Militarismus vom 5. März 1946 erreicht, auch wenn die Verfahren der dazu eingerichteten Spruchkammern viele Mängel aufwiesen. Jeder über 18 Jahre alte Deutsche mußte einen Fragebogen ausfüllen, der in 133 Ziffern Auskunft über die politische, aber auch die berufliche Vergangenheit forderte. In Aalen, Schwäbisch Gmünd und Ellwangen nahmen solche Spruchkammern im Juni 1946 ihre Tätigkeit auf. Es hagelte anonyme Zuschriften, deren Beschuldigungen sich oft als nicht haltbar erwiesen. Ermittler mußten eingesetzt werden. „Eilverfahren" waren möglich, von deren Ausgang zum Beispiel die Weiter- oder Wiederverwendung von Beamten abhing. Manchem erschien es in diesem Zusammenhang opportun, wieder in die Kirche einzutreten, aus der er den bisherigen Machthabern zuliebe ausgetreten war. Eine „Bekanntmachung betr. Eintritt und Wiedereintritt in die ev. Kirche" mußte Dekan Gümbel im Amtsblatt seines Dekanats vom 20. 9. 1946 erlassen. Der Grad der politischen Belastung wurde nach bestimmten Kategorien festgesetzt: 1. Hauptschuldige, 2. Belastete, 3. Minderbelastete, 4. Mitläufer, 5. Entlastete. Ein Witz kursierte damals: Die Eisenbahn habe einen neuen Wagentyp eingesetzt, der keinen Fußboden habe und die Aufschrift trage: „Nur für Mitläufer".

Im Ludwigsburger Internierungslager warteten indessen die dort inhaftierten größeren Nazis auf ihr Spruchkammerverfahren. Die Untersuchungen der öffentlichen Ankläger waren in einzelnen Fällen recht langwierig. So fand die Verhandlung gegen den früheren Kreisleiter Koelle (Aalen) erst im Mai 1948 statt. Ergebnis: Einstufung als Hauptschuldiger, neun Jahre Arbeitslager und dazu verschiedene Auflagen wie Vermögensabgabe und Nichtwählbarkeit für öffentliche Ämter.

Demokratischer Wiederbeginn

Im Gegensatz zu anderen Besatzungsmächten waren die Amerikaner daran interessiert, den deutschen demokratischen Kräften bald Raum zur Betätigung zu geben. Zu Jahresbeginn 1946 fanden in der US-Zone Gemeinderatswahlen statt, in deren Vorfeld sich neben der Christlich-Demokratischen Volkspartei (CDV, die spätere CDU) und der SPD vor allem die Kommunisten hervortaten. Sie hatten sich als Antifaschisten bewährt und waren am härtesten verfolgt worden, das zählte bei den US-Behörden. Bei den ersten Nachkriegswahlen erreichten die Kommunisten durchweg über fünf Prozent der abgegebenen Stimmen. Die CDV/CDU wurde vom katholischen Bevölkerungsteil als Nachfolgerin des Zentrums angesehen und hatte deshalb in den ersten Jahren Schwierigkeiten, auch in evangelischen Ortschaften Anhänger zu finden. Bis zum heutigen Tage ist der Ostalbkreis ein relativ „schwarzer", d. h. CDU-Wahlkreis bei Bundestags- und Landtagswahlen geblieben, Kandidaten anderer Parteien kamen und kommen über die Zweitausteilung der Stimmen bzw. über die Landesliste zum Zuge, tüchtige Abgeordnete dieser Parteien beleben

das politische Geschäft auch im Wahlkreis, nicht nur in den Parlamenten.
Im Deutschen Bundestag wurde der Wahlkreis 174 Aalen/Schwäbisch Gmünd von der ersten Wahl 1949 bis zum Jahr 1965 von dem aus Oppeln/Schlesien stammenden Journalisten Dr. Rudolf Vogel (1906–1991) vertreten. Vogel war in seinem Wahlkreis sehr rührig und verschaffte sich im Bundestag bald starken Einfluß in Fraktion und Ausschüssen. So war er zunächst Vorsitzender des Ausschusses für Presse, Rundfunk, Film und Fernsehen, dann wurde er gewichtiger Sprecher der Fraktion im Finanzausschuß. Noch vor Ablauf seines Mandats trat er 1964 in den Auswärtigen Dienst über und wurde Botschafter der Bundesrepublik bei der OECD in Paris. 1968/69 war er Staatssekretär im Bundesschatzministerium, nach dessen Auflösung trat er in den Ruhestand.
1953 rückte auf der Landesliste der SPD der Gewerkschaftssekretär Hans Geiger aus Aalen (1912–1986) in den Bundestag nach, bis er 1961 nach Böblingen verzog und den dortigen Wahlkreis bis 1976 vertrat. Außer Vogel und Geiger kamen bei der Wahl von 1953 jeweils über die Landeslisten ihrer Parteien die Gmünder Rechtsanwälte Dr. Ewald Bucher (FDP/DVP) und Dr. Karl Mocker (BHE) in den Bundestag.
1965 wurden die Wahlkreise neu eingeteilt. Der damalige Kreis Schwäbisch Gmünd bildet seitdem mit Backnang und Teilen des Kreises Schwäbisch Hall den neuen Wahlkreis 175 Schwäbisch Gmünd/Backnang. Hier wurde zunächst wieder der bisherige Mandatsträger, Bundestagspräsident Eugen Gerstenmaier, Abgeordneter bis zur Wahl von 1969. Die „Affäre Gerstenmaier" hatte jedoch zur Folge, daß die CDU des Wahlkreises an seine Stelle den 28jährigen Wissenschaftlichen Assistenten Dieter Schulte aus Schwäbisch Gmünd als Kandidaten aufstellte. Schulte wurde Sprecher seiner Fraktion in Verkehrsfragen und ist heute Staatssekretär im Bundesministerium für Verkehr.
Der Altkreis Aalen bildet seit 1965 mit dem Kreis Heidenheim zusammen den Wahlkreis 174. Hier war Dr. Manfred Abelein, Universitätsprofessor in Regensburg, direkt gewählter Abgeordneter der CDU. Bei der Wahlkreisversammlung zur Aufstellung des CDU-Kandidaten 1989 unterlag er dem aus Oberkochen stammenden Dipl.-Ing. (FH) Georg Brunnhuber, der bei der Bundestagswahl 1990 gewählt wurde und seitdem den Wahlkreis in Bonn vertritt. 1972 kam der Aalener Fachhochschul-Professor Dr. Frank Haenschke auf der SPD-Landesliste in den Bundestag, der aber 1976 auf eine Wiederkandidatur verzichtete.
Bei der Bundestagswahl 1972 stellte die SPD-Delegiertenversammlung des Wahlkreises Schwäbisch Gmünd/Backnang die Tübinger Juristin Herta Däubler-Gmelin als Kandidatin auf, ebenso 1976; beide Male kam sie über die Landesliste ihrer Partei in den Bundestag. Seit 1980 kandidiert sie für den Wahlkreis Tübingen/Hechingen. Für den Wahlkreis 175 stellte die SPD 1980 den Backnanger Robert Antretter, einen gelernten Schriftsetzer, als Kandidaten auf. Damals wie auch bei den späteren Bundestagswahlen kam er über die Landesliste ins Bonner Parlament.

Die Landtagsabgeordneten

Auch bei den Landtagswahlen brachte die CDU sowohl im Altkreis Schwäbisch Gmünd als auch im Altkreis Aalen seit den demokratischen Anfängen nach Kriegsende bis heute ihre Kandidaten in der Direktwahl durch. Von 1946 bis zu seinem Tode 1950 war der frühere Zentrumspolitiker Josef Andre Mitglied des Landtags für den Schwäbisch Gmünder Bezirk. Für ihn rückte Wilhelm

Heibel 1950 nach, außer ihm kamen damals Eugen Strobel für die FDP/DVP und Josef Janota (DG/BHE) ins Länderparlament. Bei der nächsten Wahl, die nach der Volksabstimmung für das neue Bundesland Baden-Württemberg die Verfassunggebende Landesversammlung bedeutete, kam der Stuttgarter Wirtschaftsprüfer Dr. Hans Häring zum Schwäbisch Gmünder CDU-Mandat, das er auch in der Wahl von 1956 wieder erhielt; in der Zweitauszählung kam bei beiden Wahlen auch Janota wieder zum Zuge, der dann bis 1964 dem Landtag angehörte. An der Stelle von Häring kandidierte 1960 Erich Ganzenmüller, damals noch Studienrat für Musik am Pädagogischen Institut, der sich in der Folgezeit besonders für den Verbleib der Pädagogischen Hochschule und deren Ausbau in Schwäbisch Gmünd einsetzte. Von 1968 bis 1972 war er Vorsitzender der CDU-Landtagsfraktion, von 1976 bis 1980 Präsident des Landtags. Lämmle ist zuzustimmen, wenn er schreibt, daß Ganzenmüller sich während dieser Zeit „zu einem der volkstümlichsten Politiker des Landes entwickelt" hat. Aus gesundheitlichen Gründen konnte Ganzenmüller 1980 nicht wieder kandidieren, nach langer Leidenszeit ist er am 24. 8. 1983 verstorben. An seiner Stelle präsentierte die Kreis-CDU für die Wahl von 1980 den Leiter des Finanzamtes Schwäbisch Gmünd, Dr. Helmut Ohnewald, der seitdem das Mandat innehat und bei der Regierungsneubildung 1991 von Ministerpräsident Teufel zum Justizminister des Landes berufen wurde.

Im Landtagswahlkreis Aalen kamen in Anbetracht der hohen Zahl von CDU-Stimmen bei den Wahlen zur Verfassunggebenden Landesversammlung von Nordwürttemberg-Baden 1946 die CDU-Kandidaten Ministerialrat Felix Walter, Ellwangen und Prokurist Gustav Kauffmann, Aalen, zum Zuge. Bei der im Herbst 1946 folgenden Landtagswahl wurde Walter wiedergewählt. Mit ihm zusammen kam auf dem Wege der Zweitausteilung der Landwirt Karl Schröppel aus Schweindorf ins Landesparlament. Walter wurde 1948 vom Landtag in den Parlamentarischen Rat nach Bonn berufen, der das Grundgesetz ausarbeitete. Für ihn rückte Gregor Harsch aus Wasseralfingen in den Landtag nach. Die nächste Landtagswahl von 1950 brachte gleich vier Kandidaten aus dem Wahlkreis nach Stuttgart: Den 1946 vom Kreistag zum Landrat gewählten Dr. Anton Huber und den Landwirt Josef Humpf aus Ruital (beide CDU), den Gewerkschaftssekretär Hans Geiger (SPD) und Walther Tittor (BHE).

21 Jahre lang, von 1950 bis 1971, vertrat Landrat Dr. Huber seinen Kreis, der auch sein Wahlkreis war, in Stuttgart. 1953 rückte Dr. Karl Mocker für den ausscheidenden BHE-Abgeordneten Walther Tittor nach. Die SPD erhielt erst wieder 1972 so viele Stimmen, daß es ihrem Kandidaten Dr. Alfred Geisel aus Ellwangen zu einem Mandat reichte, das er seither halten konnte. Seit 1980 ist er Vizepräsident des Landtags; seine Partei hat ihn auch für die Wahl von 1992 als Kandidaten nominiert. Anstelle von Dr. Huber, der für die Wahl von 1972 auf eine Wiederkandidatur verzichtete, hat Dr. Eugen Volz aus Ellwangen das Erstmandat bei allen Wahlen bis 1988 errungen. Er wurde in der Regierung Späth Parlamentarischer Staatssekretär zunächst im Justiz-, dann im Finanzministerium. 1991 gab er seinen Verzicht auf eine abermalige Kandidatur bekannt. An seiner Stelle nominierte die CDU-Kreisversammlung Gustav Wabro, Staatssekretär im Ministerium für Europa- und Bundesangelegenheiten, der auch als Bevollmächtigter das Land Baden-Württemberg beim Bund in Bonn vertritt.

Folgenreiche Verwaltungsreformen

Die wirtschaftliche Not nach dem Ersten Weltkrieg machte einschneidende Reformmaßnahmen in der Verwaltung des Landes Württemberg erforderlich. Zum 1. April 1924 wurden die Kreisregierungen in Ludwigsburg, Reutlingen, Ulm und Ellwangen abgebaut. Ein Teil ihrer Aufgaben ging an die Oberämter über. Für Ellwangen bedeutete die Aufhebung der Kreisregierung einen herben Rangverlust. Nicht zu Unrecht fürchtete man in der Beamtenstadt an der Jagst, an der die Industrialisierungswelle des 19. Jahrhunderts fast spurlos vorübergegangen war, den Abbau weiterer Behörden.

Nach dem Führerprinzip des Dritten Reiches, das außer dem formell weiterbestehenden Reichstag alle gewählten Vertretungen in Staat, Gemeinden und Kommunalverbänden beseitigte, wurden auch die württembergischen Oberamtskorporationen radikal umgestaltet und in den immer mehr von der NSDAP beherrschten totalen Staat eingefügt. Amtsversammlung und Bezirksrat wurden im April 1933 aufgelöst. Nach der neuen Kreisordnung von 1934 wurden die landesüblichen Bezeichnungen durch die in Preußen und anderwärts eingeführten ersetzt: Das Oberamt wurde zum „Kreis", die Amtskörperschaft zum „Kreisverband", die Amtsversammlung zum „Kreistag" und der Bezirksrat zum „Kreisrat". Kreistagsmitglieder waren die unter Mitwirkung der Partei ernannten Bürgermeister. Der Kreisrat bestand unter dem Vorsitz des Landrats aus dem Kreisleiter der NSDAP und fünf weiteren Mitgliedern, die der Landrat im Einvernehmen mit dem Kreisleiter zu berufen hatte. Kreistag und Kreisrat hatten keine Beschlüsse mehr zu fassen, sondern den Landrat lediglich zu beraten. An die Stelle der bisherigen parlamentarischen Kontrolle durch gewählte Körperschaften trat die Kontrolle durch den Kreisleiter der NSDAP, die Partei kontrollierte und regierte, man konnte auch sagen „Die Partei befiehlt dem Staat." (Walter Grube)

Jetzt konnte die Regierung aber auch, durch keinen Landtag und keine Gebietskörperschaft mehr gehemmt, an die Verwirklichung von seit langem erörterten Plänen gehen: Mit Wirkung vom 1. Oktober 1938 wurden nicht weniger als 27 Kreise aufgelöst. Zu diesen „Opfern" gehörten auch die Kreise Ellwangen und Neresheim, die im neuen Kreis Aalen aufgingen. Bühlertann kam zu Schwäbisch Hall, Schechingen und Heuchlingen zum Kreis Schwäbisch Gmünd. Besonders für Ellwangen war dies ein schwerer Schlag, den viele alteingesessene Bewohner dieses Kreises bis heute noch nicht haben verwinden können. Auch die massiven Interventionen von Bürgermeister und Kreisleiter Koelle konnten die Stuttgarter Entscheidung damals nicht rückgängig machen.

Auch wenn von der württembergischen Kreisordnung von 1934 nicht mehr viel übriggeblieben ist als die Bezeichnung für den Kreis und seine Organe, die einschneidenden Maßnahmen der Neueinteilung der Kreise von 1938 ist nach dem Zweiten Weltkrieg nicht rückgängig gemacht worden. Ein autoritäres Regime hatte Pläne verwirklicht, die von demokratisch verantwortlichen Regierungen nicht durchgesetzt werden konnten.

Der Ostalbkreis entsteht

Es ist die Regierung einer Großen Koalition von CDU und SPD mit Ministerpräsident Filbinger und Innenminister Krause gewesen, die eine erneute Kreisreform, die erste seit 1938, anstrebte und dazu ein Denkmodell entwickelte, das sie 1970 herausgab. Die Zahl der Kreise im gesamten Bundesland sollte von 63 auf 25 reduziert werden. Aus den Kreisen

57 Konrad Burkhard, Landrat des Kreises Schwäbisch Gmünd 1945–1961

58 Dr. Friedrich Röther, letzter Landrat des Kreises Schwäbisch Gmünd (1961–1972)

59 Dr. Anton Huber, Landrat des Kreises Aalen 1946–1970

60 Gustav Wabro, erster Landrat des Ostalbkreises (1973–1980)

61 Dr. Diethelm Winter, Landrat des Ostalbkreises seit 1980

(Von links oben nach rechts unten)

Der Ostalbkreis entsteht – Ausländische Arbeitskräfte

Aalen, Schwäbisch Gmünd und Heidenheim sollte ein Großkreis mit Aalen als Kreissitz gebildet werden. Heidenheim und Gmünd wehrten sich dagegen heftig. Unter der Leitung von Landrat Dr. Röther wurde in Schwäbisch Gmünd ein Aktionskreis zur Erhaltung des Kreises Schwäbisch Gmünd gebildet. Ein neuer Vorschlag von CDU-Politikern, statt der von Filbinger geplanten Reduzierung auf 25 Kreise 38 Landkreise zu bilden, wollte im Osten einen Großkreis Aalen–Schwäbisch Gmünd.

Oberbürgermeister Dr. Schoch wehrte sich mit eindrucksvollem Zahlenmaterial gegen die Reform, der Kreistag schickte eine Abordnung zum Innenminister. Am 26. Dezember 1970 lehnte der Gemeinderat den Entwurf der Landesregierung zur Kreisreform einstimmig ab und schloß sich der vom Landrat angesetzten Bürgerabstimmung an. Bei 66,5 Prozent Beteiligung votierten am 7. Februar 1971 97,1 Prozent für die Erhaltung des Kreises Schwäbisch Gmünd.

Nach dieser Abstimmung stellte der Schwäbisch Gmünder CDU-Abgeordnete Professor Erich Ganzenmüller zusammen mit seinem Aalener Fraktionskollegen, dem Landrat Dr. Anton Huber, im Landtag einen Antrag auf Erhalt des Kreises Schwäbisch Gmünd. Doch schon zuvor hatten sich der Koalitionsausschuß von CDU und SPD und die Landesregierung darauf geeinigt, den Kreis aufzulösen und der Stadt als Gegengewicht für den Zentralitätsverlust den Sitz des geplanten Regionalverbandes zu geben. Mit Ablauf des 31. Dezember 1972 hatte der Landkreis Schwäbisch Gmünd zu bestehen aufgehört.

Ausländische Arbeitskräfte

Als man Ende der fünfziger Jahre vom deutschen Wirtschaftswunder sprach, der Arbeitsmarkt praktisch leergefegt war und nur noch – bis zum Mauerbau 1961 – von sog. SBZ-Flüchtlingen belebt wurde, da schickten die Deutschen Werbekommissionen nach Italien, Griechenland, Spanien, Portugal und in die Türkei. Ob man die Angeworbenen Fremd- oder Gastarbeiter nannte, sie waren für den weiteren Aufbau, auch für die boomende Industrie so wichtig, daß man ihnen bald auch die Möglichkeit einräumte, ihre Familien nachkommen zu lassen. So zählte man im Bereich des heutigen Ostalbkreises bei der Volkszählung von 1970 insgesamt 13 509 Ausländer. Ihre Zahl stieg auf 20 446 im Jahre 1978.

Von 1983 bis 1987 ging die Zahl der Ausländer durch Anwerbestopp und Rückwanderung

62   Prof. Erich Ganzenmüller (1914–1983), führender Kommunalpolitiker in Schwäbisch Gmünd. Er gehörte dem Landtag von 1960 bis 1980 an und war von 1976 bis 1980 dessen Präsident.

auf 18 930 zurück. Bis 1990 nahmen die Ausländer wieder zu; am 31. 12. 1990 waren 23 277 im Kreisgebiet registriert, das sind 7,64 Prozent der Kreisbevölkerung. Auch wenn die türkischen Frauen und Mädchen Haar und Körper unter einem Deckmantel verbergen, so haben sich die Einheimischen doch längst an diesen Anblick gewöhnt. Kleine türkische Obst-, Gemüse- und Gewürzläden sind da und dort in den größeren Städten entstanden, und in Aalen haben die Türken im historischen Gasthaus zum Dreikönig eine Moschee eingerichtet. Es bleibt festzuhalten, daß gerade die Türken schwerste und belastendste Arbeit auf sich genommen haben, für die es auf dem heimischen Markt keine Bewerber mehr gibt.

Asylbewerber und Aussiedler

Zum 31. Dezember 1979 zählte man im Ostalbkreis 117 Asylbewerber. Deren Zahl ist in den folgenden Jahren noch zurückgegangen, bis 1989 der große Zustrom einsetzte. Am 30. Juni 1989 war die Zahl 270 erreicht (im Ostalbkreis ohne Große Kreisstädte); sie stieg bis zum 30. Juni 1991 auf 787 an. Zum Jahresende 1991 (jetzt die Großen Kreisstädte mitgerechnet) lebten im Ostalbkreis 2200 Asylbewerber, 7,5 Promille der Gesamtbevölkerung.
Der Zustrom von Aussiedlern, besonders aus dem Gebiet der früheren UdSSR beträgt seit Juni 1990 in unserem Kreis wöchentlich 130 bis 150 Personen. Im November 1990 war mit insgesamt 2809 Personen ein Höchststand erreicht. Bis zum Jahresende 1991 ging die Zahl auf 1867 Personen zurück.

Stadt und Dorf verändern ihr Gesicht

Was flächendeckende Feuersbrünste und Fliegerangriffe nicht vermochten, das haben moderne Tendenzen der Architektur und des Städtebaus auch hierzulande fertig gebracht. Dem motorisierten Verkehr zuliebe sind auch in die Städte unseres Kreises Schneisen geschlagen worden, viel Erhaltenswertes wurde dabei zerstört. Und die architektonische Idee von der Materialehrlichkeit, verwirklicht beim Neubau des Aalener Rathauses, hat ein betonstrotzendes Gebilde hervorgebracht, dessen Anblick schon gleich nach dem Bau Kopfschütteln bei den Bürgern hervorrief.
Die hemdsärmelige, auf bestehende Substanz wenig Rücksicht nehmende Bauwut vor allem der siebziger Jahre dieses Jahrhunderts wurde glücklicherweise bald zugunsten einer behutsameren Städtebaupolitik eingedämmt. Dafür gibt Schwäbisch Gmünd, wo der Prediger in seiner äußeren Gestalt erhalten wurde, ein gutes Beispiel her. Mit etwas Phantasie hätte auch der alte Bau der Gumpenmühle in Aalen in einen Neubau des Landratsamtes integriert werden können.
Den Ellwanger Stadtvätern (und -müttern) gebot das historisch geprägte Stadtbild vorsichtigeres Planen. Dafür wurden dort die Bürger auch länger vom tosenden Durchgangsverkehr geplagt. Stadtumfahrungen und der Bau von Tiefgaragen haben es möglich gemacht, daß Fußgängerzonen entstanden sind, um die uns die Besucher aus unseren europäischen Partnerstädten beneiden.
Das Landesdenkmalgesetz von 1973 sorgt mit dafür, daß gelehrte Fachleute heute ein gewichtiges Wort bei allen baulichen Veränderungen mitzureden haben. Auch bei noch so rücksichtsvollem Vorgehen konnte nicht vermieden werden, daß die Grundstückspreise gerade in den Zentren der Städte immer höher kletterten, so daß auch die Obergeschosse der Häuser noch gewerblich genutzt werden müssen. Wohnen im Stadtzentrum, auch wenn dort noch so pietätvoll um- und neugebaut wurde, ist vielfach zum Luxus geworden. Die Menschen flüchteten in die Siedlungen der

Vorstädte. Nach Ladenschluß sind unsere Innenstädte schlagartig leer.

Ein Glück, daß die Kultur der kleinen Kneipen und Cafés, die sich dort allenthalben angesiedelt haben, für Leben nach Feierabend sorgt. Und wo alte deutsche Gastwirtschaften aufgegeben wurden, geht's heute multikulturell zu: Italienische, griechische, asiatische Gastronomen sind ansässig geworden und können sich über Besuch nicht beklagen.

Auch unsere ländlichen Gemeinden haben seit dem Ende des Zweiten Weltkrieges ihr Gesicht verändert, nicht nur weil die charakteristischen Dunglegen, die schwäbischen Misthäufen, vom Straßenrand verschwunden sind. Wo früher der Nußbaum (mit dem Bänkle zum „Ausgruben") stand, sprießt heute eine Blaufichte, und viele der reizvollen Bauerngärtlein sind Rasenflächen gewichen, die genau so oft mit dem Motormäher niedergetrimmt werden wie in den neuen Siedlungen vor dem Dorfe.

Das Auto ermöglicht gute Fahrt zum Arbeitsplatz – und zum Supermarkt. In vielen Dörfern ist auch der letzte Kramladen, einst nicht nur Kaufstätte für die Dinge des Alltags, sondern auch Treffpunkt für ein Schwätzle, zugemacht worden. Und auch die örtlichen Molkereien sind zugunsten zentraler „Milchwerke" aufgegeben worden. Vielerorts stehen auch Pfarrhaus, Schule und Rathaus leer. Der Pfarrer kommt aus dem Nachbardorf, und die Schulkinder werden mit dem Bus zur zentral versorgenden Grund- und Hauptschule gebracht, die Gemeindereform hat den „Schultes" durch den ehrenamtlichen Ortsvorsteher ersetzen lassen. Das ebenso respektierte wie auch scherzhaft verlästerte dörfliche Dreigestirn, Pfarrer, Schultes und Schulmeister, gibt's nicht mehr.

Die einst wassergebundenen Straßenoberflächen sind makadamisiert. Ortskanalisation und Kläranlage sind auch dort vorhanden, wo es 1946 noch nicht einmal eine Wasserleitung gab.

„Grüß Gott mit hellem, frohem Klang!" Der deutsche Sängergruß tönt da und dort schon ein wenig zittrig, den Gesangvereinen fehlt es an jungen Sängern. Die spielen lieber Tennis, das ist auch auf dem Lande zum Volkssport geworden, da fehlt es nicht an Begeisterung. Der „Adler", der „Löwen", die Platzwirtschaft, wo sich abendlich ein Häuflein Zecher zur gemütlichen Runde traf, rentieren sich so nicht mehr. Wenn der junge Wirt nicht Koch gelernt hat und so anspruchsvollere Kundschaft zur gehobenen Gastronomie anzieht, dann muß auch hier dicht gemacht – oder an eine Diskothek vermietet werden.

Billige Grundstückspreise locken baulustige Stadtbewohner an, die am Dorfrand in Größe und Typus freier bauen können als im städtischen Umland mit den vielen gängelnden Bauvorschriften. So entstehen mancherorts Konglomerate von recht stolzen Immobilien die das Ortsbild nicht immer zu dessen Vorteil verändern.

Die Landräte der Kreise Aalen und Schwäbisch Gmünd ab 1945 und des Ostalbkreises ab 1973

Kreis Aalen
Max von Lütgendorff	1945–1946
Dr. Anton Huber	1946–1970
Gustav Wabro	1970–1972

Kreis Schwäbisch Gmünd
Konrad Burkhard	1945–1961
Dr. Friedrich Röther	1961–1972

Ostalbkreis
Gustav Wabro	1973–1980
Dr. Diethelm Winter	seit 1980

Kreistagswahlen 1946–1989

Wahlperiode	Gesamt-zahl der Sitze	CDU	SPD	FDP/ DVP	FDP/ DVP und Freie Wähler-vereini-gung	Wahlge-meinschaft Heimatver-triebene bzw. GDP/BHE	Sonstige Freie Wähler-vereini-gungen
1946 bis 1948							
Landkreis Aalen	32	23	2	1	–	–	6
Landkreis Schwäb. Gmünd	28	24	1	1	–	–	2
Summe	60	47	3	2	–	–	8
1948 bis 1953							
Landkreis Aalen	38	24	5	1	–	–	8
Landkreis Schwäb. Gmünd	32	16	2	1	–	–	13
Summe	70	40	7	2	–	–	21
1953 bis 1959							
Landkreis Aalen	40	21	5	–	7	7	–
Landkreis Schwäb. Gmünd	32	14	5	6	–	6	1
Summe	72	35	10	6	7	13	1
1959 bis 1965							
Landkreis Aalen	51	26	8	–	9	8	–
Landkreis Schwäb. Gmünd	40	13	5	5	–	7	10
Summe	91	39	13	5	9	15	10
1965 bis 1971							
Landkreis Aalen	49	26	10	–	8	5	–
Landkreis Schwäb. Gmünd	43	17	6	5	–	5	10
Summe	92	43	16	5	8	10	10
1971 bis 1972							
Landkreis Aalen	50	30	14	–	6	–	–
Landkreis Schwäb. Gmünd	42	21	10	–	8	3	–
Summe	92	51	24	–	14	3	–
Vorläufiger Kreistag Ostalbkreis 1973	92	51	24	–	14	3	–
1973 bis 1978	84	54	21	–	8	–	1

Wahlperiode	Gesamtzahl	CDU	SPD	Rep.		Grüne	Wahlbe-teiligung
1979 bis 1984	71	42	21		8		53,97%
1984 bis 1989	77	40	20		11	6	63,20%
1989 bis 1994	76	38	21	1	12	4	62,80%

Abgeordnete aus den Wahlkreisen Aalen und Schwäbisch Gmünd im Stuttgarter Landtag (1946–1992)

	Aalen	Schwäbisch Gmünd
1946 Vorläufige Volksvertretung	Lütgendorff von, Max Landrat	Burkhardt, Konrad Landrat
1946 Verfassunggebende Landesversammlung Württ.-Baden	Walter, Felix (CDU)	Andre, Josef (CDU)
1. WBL 1946–1950	1. Walter, Felix (CDU) bis 17. 2. 49, Nachfolger ab 2. 3. 49: Harsch, Gregor (CDU) 2. Schröppel, Karl (CDU)	Andre, Josef (CDU) bis 15. 3. 50, Nachfolger: Heibel, Wilhelm, ab 26. 4. 50
2. WBL 1950–1952	Dr. Huber, Anton (CDU) Geiger, Hans (SPD) Tittor, Walter (DG-BHE) bis 1952 Humpf, Josef (CDU)	Heibel, Wilhelm (CDU) Janota, Josef (GB-BHE) Strobel, Eugen (DVP)
VLV und 1. BWL 1952–1956	Dr. Huber, Anton (CDU) Dr. Mocker, Karl (BHE) (ab 1953)	Dr. Häring, Hans (CDU)
2. BWL 1956–1960	Dr. Huber, Anton (CDU) Dr. Mocker, Karl (BHE)	Dr. Häring, Hans (CDU) Janota, Josef (BHE)
3. BWL 1960–1964	Dr. Huber, Anton (CDU) Dr. Mocker, Karl (BHE) ab 7. 10. 62 über LL für Gepperth, Franz (GDP)	Ganzenmüller, Erich (CDU) Janota, Josef (GDP) (ab 6. 11. 63 (SPD)
4. BWL 1964–1968	Dr. Huber, Anton (CDU) Hasenöhrl, Adolf (SPD) bis 1. 3. 67 ab 6. 3. 68: Dr. Kellner, Herbert (SPD)	Ganzenmüller Erich (CDU)
5.. BWL 1968–1972	Dr. Huber, Anton (CDU)	Ganzenmüller Erich (CDU)
6. BWL 1972–1976	Dr. Volz, Eugen (CDU) Dr. Geisel, Alfred (SPD)	Ganzenmüller Erich (CDU)
7. BWL 1976–1980	Dr. Volz, Eugen (CDU) Dr. Geisel, Alfred (SPD)	Ganzenmüller Erich (CDU)
8. BWL 1980–1984	Dr. Volz, Eugen (CDU) Dr. Geisel, Alfred (SPD)	Dr. Ohnewald, Helmut (CDU)
9. BWL 1984–1988	Dr. Volz, Eugen (CDU) Dr. Geisel, Alfred (SPD)	Dr. Ohnewald, Helmut (CDU)
10. BWL 1988–1992	Dr. Volz, Eugen (CDU) Dr. Geisel, Alfred (SPD)	Dr. Ohnewald, Helmut (CDU)
11. BWL 1992–	Wabro, Gustav (CDU) Dr. Geisel, Alfred (SPD)	Dr. Ohnewald, Helmut (CDU)

Regionalverband Ostwürttemberg
Sitz Schwäbisch Gmünd

Gegründet 1973 als Nachfolgeorganisation der Regionalen Planungsgemeinschaft Württemberg-Ost
Verbandsvorsitzender (ehrenamtlich):
Friedrich Schenk, Bürgermeister 1973–1990
Erich Göttlicher,
Bürgermeister   seit März 1990
Verbandsdirektor (hauptamtlich):
Dr. Jürgen Tesdorpf   1974–1982
Dipl.-Ing. Bernhard Eppmann   seit 1982

Die Stadtvorstände der Stadt Aalen seit 1902

Friedrich Schwarz	1902–1934
Karl Barth	1934–1936
Dr. Karl Schübel	1936–1945
Otto Balluff	1945–1950
Dr. Karl Schübel	1950–1975
Ulrich Pfeifle	seit 1976

Die Stadtvorstände der Stadt Schwäbisch Gmünd seit 1894

Paul Möhler	1894–1922
Carl Lüllig	1923–1934
Franz Konrad	1934–1945
Emil Rudolph	1945–1946
Franz Czisch	1946–1948
Hermann Kah	1948–1954
Franz Konrad	1954–1956
Dr. Julius Klaus	1957–1965
Hansludwig Scheffold	1965–1969
Dr. Norbert Schoch	1969–1985
Dr. Wolfgang Schuster	seit 1986

Die Stadtvorstände von Ellwangen seit 1903

Karl Ettensperger	1903–1933
Adolf Koelle	1933–1942
Dr. Wilhelm Ehrbacher	1942–7. 2. 1945
Hugo Oechsle	7. 2. 1945–Mai 1945
Alois Rothmaier	25. 5. 1945–20. 7. 1945
Otto Schreiner	20. 7. 1945–1946
Alois Seibold	1946–1954
Alois Rothmaier	1954–1962
Karl Wöhr	1962–1982
Dr. Stefan Schultes	seit 1982

Literatur:

Abtsgmünd Junge Gemeinde – reich an Geschichte, Heimatbuch, 1986.
Bauer, Karlheinz, Aalener Geschichtsdaten in: Aalener Jahrbuch 1982.
Baumhauer, Hermann, Kirche und Abtei Neresheim, 1985.
Biedert, Hans-Karl, Die Machtergreifung der NSDAP in Aalen und Umgebung, in: Aalener Jahrbuch 1984.
Boelcke, Willi A., Wirtschaftsgeschichte Baden-Württembergs von den Römern bis heute, 1987.
Bopfingen Freie Reichsstadt – Mittelpunkt des württembergischen Rieses, 1971.
Friedensforum Ellwangen, Vernichtung und Gewalt – Die KZ-Außenlager Ellwangens, 1987.
Geschichte der Stadt Schwäbisch Gmünd, 1984.
Hafner, Eugen, Die Zeitung – lebendige Chronik der Landschaft, in: 125 Jahre Zeitung in Aalen, 1963.
–, 75 Jahre Alfing, 1986.
–, Ingenieure von der Ostalb, 1988.
–, Bewähren durch Bewahren, in: 750 Jahre Röttingen, 1989.
100 Jahre Kolpingfamilie Aalen, 1989.
Marquart, Ernst, Geschichte Württembergs, 1961.
Meier, Hansjürgen, Rems-Zeitung 1786–1986, 1986.
Oberkochen, Geschichte – Landschaft – Alltag, 1989.
Pfeifer, Hans, Geschichte der Stadt Ellwangen, in: Ellwangen von der Klostersiedlung zur modernen Flächenstadt, Ausstellungskatalog, 1979.
Schenk, Friedrich, Heubach von der Industrialisierung bis zum Zweiten Weltkrieg, in: Heubach und die Burg Rosenstein, 1984.
Schnabel, Thomas, Württemberg zwischen Weimar und Bonn 1928–1945/46, 1986.
Seidel, Kurt, Die Härtsfeld-Bahn, 1979.
Sperl, Josef, Als die Schule noch im Dorf war, in: 750 Jahre Röttingen, 1989.
Theurer, Hugo, Aalen im Zweiten Weltkrieg, 1951.
Ulmer, Dieter, Die nationalsozialistische Machtübernahme in der Stadt Ellwangen/Jagst in den Jahren 1933 und 1934, in: Ellwanger Jahrbuch 1983/1984.
Zeit der Lehre, Lehre der Zeit, 150 Jahre staatliche Lehrerbildung in Schwäbisch Gmünd, 1975.
Die Zeitung, Begleiter des Zeitgeschehens, 1978.

Geschichte und Höhepunkte der Kunst

von Hermann Baumhauer

Die 42 Städte und Gemeinden des heutigen Ostalbkreises kommen fast alle aus ländlichen Traditionen; 33 von ihnen sind, oft zusammengesetzt aus mehreren Orten, Weilern und Hofsiedlungen, echte Landgemeinden. So galt der Raum zwischen Lorch, Bopfingen und Neresheim nach der Säkularisierung oder Mediatisierung der historischen Herrschaften gemeinhin als „Provinz", abgelegen und kulturell uninteressant. Durch die Oberamtsbeschreibungen des Kgl. statistisch-topographischen Bureau, das Inventarwerk „Kunst- und Altertumsdenkmale im Königreich Württemberg" und nicht zuletzt dank der Verkehrserschließung des Landes durch die Eisenbahn haben sich die Vorurteile mehr und mehr korrigieren müssen. Heute sind sich die Kunstfreunde darüber einig, daß sich im Bereich der Ostalb eine Kunstkammer von Rang erhalten hat, in der die großen Stilperioden mit bedeutenden Beispielen vertreten sind.

„Hier entstand mit dem Monasterium auf dem Liebfrauenberg erstmalig große Architektur", schreibt Hermann Kissling über die romanische Klosterkirche von Lorch, einen Bau aus der Frühzeit des staufischen Herzogtums Schwaben mit der Grablege der Stauferfamilie. Die in spätstaufischer Zeit erbaute Johanniskirche von Schwäbisch Gmünd würdigt das Handbuch von Dehio-Gall als „ein Hauptbeispiel des wurzelechten Spätromanismus", und in Ellwangen behauptet die Basilika St. Veit ihren Ruhm als „das hervorragendste Baudenkmal der schwäbischen Kaiserzeit im Stammland" (Bruno Bushart). Die Gotik hat Schwäbisch Gmünd mit dem Heiligkreuzmünster beschenkt, von dem Hans Koepf schreibt, daß es wohl kaum ein zweites Bauwerk in Schwaben gebe, dessen Strahlungsfeld größer war. Und die Barockzeit zeichnete den Kreis mit zwei Glanzpunkten aus: der Schönenbergkirche von Ellwangen, einer wegweisenden Pionierleistung der vorarlbergischen Baumeistersippen, und der Abteikirche Balthasar Neumanns in Neresheim, in der sich schwäbische und fränkische Barocktraditionen vollendeten und deren europäischer Rang unbestritten ist.

Zwischen diesen Schwerpunkten, die längst zu Fremdenverkehrszielen geworden sind, haben Verantwortungsbewußtsein, Frömmigkeit und Kunstsinn geistlicher und weltlicher Herrschaften, von Stadtbürgern und Landvolk ein dichtes Netz von Kunstdenkmälern geknüpft, von denen viele überlokale Wertschätzung verdienen. Ihre älteste, für das Gebiet charakteristische Gruppe sind die Chorturmkirchen aus spätromanischer und gotischer Zeit: meist kleine Bauten, deren unterstes Turmgeschoß als Altarraum diente. Ihre Gestalt wurde, den wachsenden Einwohnerzahlen folgend, zwar häufig verändert, doch ihre stämmigen Türme behaupten noch vielerorts ihren das Dorfbild bestimmenden Rang.

Dieser ersten Welle von Sakralbauten ließ die Spätgotik eine zweite nachfolgen, die zwischen 1350 und 1530 das Gesamtbild um ein gleichermaßen charakteristisches Kennzeichen bereicherte: um die „Kirchenzier" der farbig gefaßten Holzbildwerke und der Wandmalereien. Trotz späterer „Modernisierungen" haben viele Gotteshäuser gute Stücke bewahren können, meist als Einzelfiguren, die aus ihrer ursprünglichen Zuordnung herausgelöst wurden; die Heiligengestalten der Ellwanger Kirche St. Wolfgang, die Marienkrönung in der ehemaligen Klosterkirche Kirchheim am Ries und die Chorfiguren in der kath. Pfarrkirche von Bartholomä mögen als Beispiele für viele stehen. Doch auch einige Altäre überstanden die Zeiten. Ihre schönsten sind der Bopfinger Blasiusaltar von Friedrich Herlin, der Wasseralfinger Altar von Martin Schaffner, der Altar der hl. Sippe und der St.-Sebald-Altar im Gmünder Münster, der seiner Tafeln beraubte Altar des Bartholomäus Zeitblom in Eschach und der Altar der Ottilienkapelle von Schwäbisch Gmünd-Unterbettringen.

Die dritte, für das geschichtliche Kulturbild des heutigen Ostalbkreises prägend gewordene Phase brachte das 18. Jahrhundert mit den Stilmerkmalen des späten Barock. Die zwischen Reformation und Dreißigjährigem Krieg einfließenden Anregungen der Renaissance, die für das benachbarte evangelische Württemberg so wichtig wurden, hatten sich im Ostalbbereich im wesentlichen auf Schloßanlagen wie die Kapfenburg, Ellwangen, Niederalfingen, Laubach und Untergröningen, und auf Gebrauchskunst beschränkt. Als nach dem Dreißigjährigen Krieg die Kassen sich erholten und man nach langer Wartezeit wieder ans Bauen denken konnte, hatte die Barockkunst bereits seit langem Europa erobert. Es waren vor allem die katholischen Herrschaften und Gebiete, die sich ihr in die Arme warfen.

Während die evangelisch gewordenen Inseln Aalen, Bopfingen, Heubach, Lorch und Adelmannsfelden-Gschwend sowie die woellwarthischen Dörfer auf dem Albuch, an der oberen Rems, an der Lein und im Welland sich abstinent verhielten, weil ihr Gottesdienst auf der Verkündigung des göttlichen Wortes gründete, öffneten sich Schwäbisch Gmünd und seine Ordensgemeinschaften, die Fürstpropstei Ellwangen, das Stiftsland der Abtei Neresheim und die Dörfer des Deutschen Ordens der „jetzigen manier" mit einer Erneuerungslust ohnegleichen.

Die neue „Bauwut" ergriff alles, um es zu verwandeln. Bauformen und Bauzier, Kirchen, Kapellen und Bürgerhäuser, das Treppenhaus so gut wie den Bauernschrank, den Bildstock ebenso wie die Schloßanlage. Die innere Gestalt von Schwäbisch Gmünd, das Stadtbild von Ellwangen und auch von Neresheim sind Schöpfungen dieses Jahrhunderts. Höhen wie der Rechberg und der Schönenberg und markante Positionen wie Hohenstadt wurden mit Wallfahrtskirchen bekrönt. Zum ersten Mal meldete sich auch die Kirchenmalerei in großem Stil zu Wort. Mit den Stukkateuren, Marmorierern, Gestühlsschnitzern und Schlossern blühte das Kunstgewerbe auf, das sich mit drei Sonderleistungen bleibenden Ruf erwarb: dem Filigranschmuck der Gmünder Gold- und Silberschmiede, der Schrezheimer Fayence und dem Eisenkunstguß des fürstpröpstlichen Schmelzwerks in Wasseralfingen.

Mit der Vollendung der einzigartigen Abteikirche von Neresheim, die bereits Anregungen des Klassizismus in ihre Ausstattung aufnahm, verabschiedete sich der Barock. Nur wenig später schuf die säkulare Zäsur der napoleonischen Zeit völlig neue Bedingungen auch für die Kunst.

Fassen wir zusammen: Am historischen Kulturbild des Ostalbkreises haben die Bildenden Künste bemerkenswerten Anteil, aber ein Kunstzentrum von maßstabbildender Strahlungskraft hat sich nirgendwo eingerichtet. So ist es für diesen weitgespannten Kreis charakteristisch geworden, daß er die künstlerischen Anregungen in seine Scheunen sammelte, wie sie sich ihm mit den Vorlieben und Beziehungen seiner Herrschaften anboten. Die Benediktinerklöster Ellwangen, Lorch und Neresheim waren mit hirsauischen, elsässischen und mittelrheinischen Gewohnheiten und Tendenzen vertraut. Die Bauhütten der weitverzweigten Parlersippe in Schwäbisch Gmünd und der Eseler in Dinkelsbühl und Nördlingen unterhielten Kontakte zu vielen Schwerpunkten städtischer Bürgergotik. Das Zisterzienserinnenkloster Kirchheim, das vom Männerkloster Kaisheim betreut wurde, holte ostschwäbische Altar- und Grabmalkunst ins Ries. Die Deutschordenskirchen orientierten sich gern in der Ballei Franken (Ellingen). Einflüsse aus dem kunstsinnigen Augsburg, der Bischofsstadt für die meisten Pfarreien, sind vielfach bezeugt. Und daß sich die zeit- und weltkundigen Ellwanger Fürstpröpste am liebsten von der höfischen Kunst Frankens, Österreichs oder der Dillinger Jesuiten anregen ließen, liegt überall zutage. Die Karte der Kunst- und Kulturdenkmäler, die sich daraus in diesem einst von vielen Territorialherrschaften aufgesplitterten Ostalbraum ergab, zeigt daher neben einer bemerkenswerten zahlenmäßigen Dichte auch eine überraschende Differenziertheit der künstlerischen Formenwelt. Beide Merkmale sprechen für eine beständige und lebendige Teilhabe an dem Bemühen der Generationen, dem Geist ihrer Zeit im Kunstwerk Gestalt zu geben.

Kloster Lorch

Obwohl das Gebiet der Ostalb schon mit der Gründung des Klosters Ellwangen (764) und der Zelle Gamundias (782) aus der mittelalterlichen Anonymität heraustrat, haben sich dort keine Baudenkmale aus karolingischer Zeit erhalten. Die bis heute fortlebende Initiale im Kunstinventar des Ostalbkreises schrieb erst die Familie der Staufer. Ihr bauliches Zeichen ist das Kloster Lorch. Vor 1100 begonnen, wurde es am 3. Mai 1102 mit einer Schenkungsurkunde Herzog Friedrichs I. von Schwaben und Franken von ihm, seiner Gemahlin Agnes und seinen Söhnen Friedrich und Konrad dem Stuhl Petri übergeben. Als Schirmherrn und Vögte beschützten ihre Nachkommen das Hauskloster anderthalb Jahrhunderte lang.

Geistliche Mitte der auf einer Bergzunge über Lorch liegenden Klosteranlage ist die ehemalige Benediktinerklosterkirche St. Maria, Peter und Paul, in der sich seit 1140 die Grablege der staufischen Familie befand. Da die Staufer zur Würde von Königen und Kaisern aufstiegen, fand kein gekröntes Haupt seine letzte Ruhestätte in der Klostergruft, jedoch verzeichnet die Chronik eine Reihe achtbarer staufischer Familienangehöriger, unter ihnen Irene von Byzanz, Gemahlin König Philipps von Schwaben.

Die Klosterkirche der Gründungszeit entstand als dreischiffige, flachgedeckte Basilika über dem Grundriß eines lateinischen Kreuzes. Ihrem kurzen Langhaus wurde ein querschiffartig gestellter Westbau mit vorgelagertem Atrium angefügt. Zwei runde Türme, von denen der südliche in erneuerter Gestalt noch hochragt, flankieren ihn. Die Bauformen sind einfach. Der Innenraum wirkt asketisch streng, da weder Lisenen noch Friese die Wände gliedern und die Arkadenpfeiler zwischen Hochschiff und Seitenschiffen keine

63 Die um 1100 errichtete Klosterkirche Lorch, im Vordergrund der Sarkophag von 1475

Kämpfer und Kapitelle aufweisen: Zuchtvoller, sparsamer Geist eines pionierhaften Anfangs, in Lorch bezeugen ihn vor allem das Langhaus und der Westbau, dessen vorgelagertes „Paradies" verschollen ist.

War der dritten Mönchsgeneration dieses Gotteshaus zu karg? Kurz nach 1200 entschloß sie sich zur Neugestaltung der Vierung und zum Aufbau eines gemauerten Vierungsturms. Ihr verdankt der Bau die kraftvollen Vierungspfeiler, deren Kapitellreliefs heute den bemerkenswertesten romanischen Schmuck der Klosterkirche darstellen. „Zwischen geometrischen und pflanzlichen Ornamenten spukt eine groteske Tierwelt – ein kraß wechselnder Eindruck, der von dem schönen Dasein geordneter, stilisierter Formen umschlägt in leibhaftiges Grauen und existentielle Bedrohung. In Stein gebaut ist der teuflischen Welt vor heiligem Ort Halt geboten" (H. Kissling).

Heute überspannen spätgotische Rippengewölbe Vierung und Querhausarme, und das romanische Chorquadrum wird ersetzt von einem gestreckten Altarhaus, in dem eine Stufenanlage so steil nach oben führt, daß der Kreuzgang unter dem Chorschluß durchgeführt werden konnte. Die Veränderungen erfolgten um 1469 unter Abt Nikolaus Schenk von Arberg, der nach Abschluß der Bauarbeiten auch die Umbettung der Gebeine aus den Staufergrüften in eine Steintumba veranlaßte. Der mitten im Langhaus aufgestellte Sarkophag (1475) eines Göppinger Steinmetzen trägt eine hochreliefierte Deckplatte mit dem von zwei Engeln gehaltenen Stauferwappen auf, dessen Bügelhelm ein Adler sitzt. Die Platte ist ein Meisterwerk der Reliefskulptur, eine würdige Ehrung der Stifter des Klosters, die die Umschrift nennt. Die um 1530 entstandenen Pfeilerbilder der staufischen Herrscher von Friedrich von Staufen bis Konradin sind nur ikonographisch von Interesse.

Schwäbisch Gmünd, St. Johannis

Hermann Kissling, der 1990 mit seinem Buch „Kloster Lorch – Bau- und Kunstgeschichte" eine umfassende und gründliche Untersuchung vorgelegt hat, schreibt zur Wirkungsgeschichte des staufischen Hausklosters: „Den Gmündern wurde auf dem Liebfrauenberg gezeigt, was große Architektur sein und darstellen kann. Auf Städter mit Ehrgeiz muß dies anspornend gewirkt haben. Gmünds Pfarrkirche, die im zweiten Viertel des 12. Jahrhunderts erstellte Vorgängerin des Münsters, war auch ein Quaderbau: eine dreischiffige Pfeilerbasilika mit geradem, vielleicht innen ausgerundetem Chorabschluß wie in Lorch, doch mit acht Arkaden. Aber nach ostschwäbischer Sitte ohne Querhaus und anfänglich mit nur einem Chorflankenturm."

Gmünd gilt als die früheste bezeugte Stadtgründung der Staufer. Sie wurde wahrscheinlich von König Konrad III., dem ersten Staufer auf dem deutschen Thron, veranlaßt. Rechtsprechung und Verwaltung wurden von einem staufischen Schultheißen wahrgenommen, Stadtherren blieben die Staufer. Kirchlich war Gmünd vom staufischen Hauskloster Lorch abhängig, bei dem die Patronatsrechte und -pflichten lagen; erst nach dem Untergang der Staufer wurde die Pfarrei dem Domkapitel Augsburg überlassen (1297). Da die romanische Pfarrkirche zum Heiligen Kreuz im Zuge des gotischen Münsterbaus abgetragen wurde und die spätromanischen Klosterkirchen Gotteszell (um 1240) und St. Franziskus (1260/70) in jüngere Bauten eingingen, stellt heute die Johanniskirche den ältesten sakralen Bauzeugen dar.

Die Johanniskirche wurde anstelle einer kleineren Vorgängerkapelle zwischen 1210 und 1230 erbaut: eine dreischiffige Pfeilerbasilika ohne Querschiff, mit niedrigerem, eingezogenem, halbrund geschlossenem Altarraum. Das flachgedeckte Innere ist 51,5 m lang. Der ursprünglich isoliert stehende, um 1240/50 erbaute Glockenturm an der Westseite des Chors ist von kraftvoller Originalität; die Gmünder Oberamtsbeschreibung von 1870 rühmt ihn als den schönsten romanischen Turm im Schwabenland.

Im 15. Jahrhundert ist das Gebäude in gotischem Sinn verändert, im 19. Jahrhundert des Historismus wieder rückromanisiert worden. So schlich sich Ungutes in den Bau. Aber er blieb Gmünds eindrucksvollstes Zeugnis für die Zeit Kaiser Friedrichs II. Die Größe dieser „Kapelle", ihre asymmetrische Architektur, das Nebeneinander von primitiven Dekorationen und sprachmächtiger Portal- und Wandplastik, vor allem aber der phantastische Reliefschmuck, der das ganze Bauwerk bedeckt, haben die Johanniskirche zugleich zu Gmünds geliebtem Rätsel gemacht. Während sie für die einen eine „gebannte" Kirche darstellt, an deren unheilabwendender göttlicher Würde die wilde Jagd von Unholden, Hunden, Vögeln, Schweinen und Mischwesen zum Scheitern verurteilt ist, erblicken andere in ihr vornehmlich ein illustres Beispiel volkstümlicher Zierlust. Man wird das eine wohl kaum vom andern säuberlich scheiden können. Wie in den Volksbräuchen, in Mythen und Aberglauben klang damals auch in der Steinmetzkunst die Erinnerung an die hochromanische Symbolik der Abwehrmagie nach, und ein vergleichender Blick auf die romanischen Bauwerke in Faurndau, Brenz und Murrhardt bestätigt zugleich die Freude der in unserem Raum tätigen Werkstätten an drastischem Zierat.

Ellwangen, Basilika St. Veit

Das Hauptwerk der staufischen Romanik im Ostalbkreis ist die Kirche des ehemaligen Benediktinerklosters Ellwangen, die spätere Stiftskirche St. Veit. Ihrer „reichen geschichtlichen Vergangenheit, ihrer kultischen und religiösen Bedeutung und auserlesener Werke höchster Kunst" wegen wurde sie 1964 durch ein päpstliches Breve in den Rang einer Basilica minor erhoben.

Die heute stehende spätromanische Kirche wurde nach einer Brandkatastrophe 1182 begonnen und 1233 geweiht. Sie erhebt sich bereits als dritter Steinbau auf dem sanft ansteigenden Hügel nahe der Jagst, der durch das 764 gegründete Benediktinerkloster zum Fluchtpunkt aller Lebenslinien der mittelalterlichen Klosterstadt geworden ist. Hirsauische, elsässische und mittelrheinische Bautraditionen einer im nordöstlichen Schwaben und im benachbarten Franken tätigen Bauhütte vereinigten sich in ihr. Durch die schöpferische Umsetzung der Vorbilder erhielt sie ihre eigenwertige Gestalt, deren künstlerischen Rang Bruno Bushart mit der Feststellung bestimmt hat: „Die Kirche ist das hervorragendste Baudenkmal der schwäbischen Kaiserzeit im Stammlande und, als dreitürmiger, im Innern dreigeschossiger Gewölbebau, eines der bedeutendsten, eindrucksvollsten Zeugnisse der spätromanischen Architektur rechts des Rheins."

Die kreuzförmige Ellwanger Basilika zeigt den streng durchgeführten quadratischen Schematismus einer klassischen dreischiffigen Anlage. Dem Langhaus ist westseitig eine zweigeschossige Vorhalle mit Turm vorgesetzt. Nach Osten schließt sich ihm ein machtvolles Querhaus mit zwei in den Winkeln zum Chor stehenden Türmen an. Der Altarraum wird von zwei Nebenchören begleitet; da sich unter der Vierung eine Hallenkrypta befindet, ist er stark erhöht. Er schließt, wie auch die Nebenchöre und die Ostwände der Querhausarme, mit je einer Apside, so daß die dreischiffige Choranlage einen Fünfapsidenchor

Tafel 25   Ellwangen. Stiftskirche St. Veit, ehemals Kirche des Benediktinerklosters, Hauptwerk der staufischen Romanik im Ostalbkreis

Tafel 26   Schwäbisch Gmünd. Zur Zeit des Stauferkaisers Friedrich II. wurde die spätromanische Johanniskirche erbaut.

Tafel 27   Die Johanniskirche in Schwäbisch Gmünd dient heute als Lapidarium. In den Seitenschiffen sind Originale der Bauplastik der Johanniskirche und des Heiligkreuz-Münsters ausgestellt.

Tafel 28 Das Heiligkreuz-Münster in Schwäbisch Gmünd, überragender Bauzeuge der Gotik

64 Ellwangen, Stiftskirche von Westen mit Jesuitenkolleg und Jesuitenkirche

darstellt. Die Maße des Bauwerks sind verhältnismäßig bescheiden (Länge 76 m, Querhausbreite 38 m). Klarheit, Gliederung und Maßverhältnisse verleihen ihm eine monumentale Würde, der man sich schwerlich entziehen kann.

Vornehmlich die Ostansicht ist aller Bewunderung wert. Flankiert von den beiden 48 m hohen Viereckürmen, deren Verschiedenheit in Schallöffnungen und Blenden kaum auffällt, schiebt sich dort der Ostteil des Hochschiffs kraftvoll aus dem Querhaus vor, die Monumentalität der Vierungszone ahnen lassend. Doch die Strenge der Flächen und Ku-

ben wird aufgelockert durch die bodennah und fast leutselig wirkenden Rundungen der Apsiden, die der Ostpartie den Reiz einer großzügig gestuften Plastik geben. Auch am stadtzugewandten langgestreckten Leib des Langhauses scheint alles auf die knappste geometrische Formel gebracht und ist dennoch fühlbar belebt. Einfache Lisenen gliedern die Wandflächen aus Keupersandsteinquadern, Rundbogenfriese mildern den Übergang von der Wand zum Dach. Aber wie reich blüht über den einfachen Fenstern das Steinmetzkunstwerk des Hauptgesimses! Und wie viel Demut spricht aus dem Torbogenfeld des von

65 Ellwangen, Tympanon des romanischen Südportals der Stiftskirche

drei Zierbändern umzogenen Südportals, auf dem Christus in der Mandorla mit Maria und Johannes die Gläubigen erwartet!
Auch die romanische Basilika St. Veit kam nicht ungestört auf unsere Tage. Ihre Vorhalle wurde nach 1470 durch Hans Stiglitz von Miltenberg in eine spätgotische Erweiterung eingeschlossen. 1588 wurde der Giebel des südlichen Querhausarms neu gestaltet und 1701 daneben eine barocke Nepomukkpelle angefügt. 1737/39 bemächtigten sich dann die Barockstukkateure des romanischen Innenraums und gaben ihm ein neues Gesicht. Von ihren Veränderungen wird später die Rede sein.

Burgen der Stauferzeit

Über dem Hauptportal der Ellwanger Basilika, das von der Vorhalle ins Innere führt, steht in lateinischer Sprache: „Ihr aber, die ihr dieses Haus verwaltet, hütet euch, daß es nicht untergehe. Wenn ihm sein Recht nicht wird, werdet ihr es büßen." Der Anspruch der Stauferzeit auf Vasallentreue im kirchlichen und weltlichen „Herrendienst" könnte kaum strenger formuliert werden. Herrendienst war das gesellschaftliche Prinzip der Vasallenverhältnisse zwischen Lehensherren und Lehensträgern; Herrendienst gewährleistete die Aufrechterhaltung einer Ordnung, die gewohnt war, Schutz und Treue gegeneinander aufzurechnen. Die weltlichen Bauzeugen davon sind die in staufischer Zeit errichteten Burgen, vornehmlich die der Ministerialen.
Der Bau oder die Inbesitznahme von Burgen folgte in dem der welfisch-bairischen Interessenzone so nahe liegenden Heimatgebiet der Staufer zuerst Bedürfnissen der eigenen Bewegungsfreiheit. Im Zuge der Siedlungs- und Städtegründungspolitik verbanden sich damit auch Konzepte geschützter Marktbeziehungen.
So wurden vor allem an der Rems-Ries-Linie befestigte Haftpunkte geschaffen, die das Hauskloster Lorch und die Herzogsburg auf dem Hohenstaufen sowie aus fiskalisch-wirtschaftlichen Gründen den Verkehrsweg Cannstatt – Augsburg schützten. Es entstanden die bereits 1180 umwehrte Großburg Schwäbisch Gmünd, die Dienstmannenburg Waldhausen, die Dienstmannenburg Lindach, die Burg Rechberg und am Riesrand die Burgen Flochberg und Baldern. Der Sicherung der Traufhöhen des Albuchs dienten die Burgen Rosenstein und Lauterburg, die Zugänge zum Härtsfeld wurden im Westen von der (abgegangenen) Kochenburg, im Osten von den Burgen Schenkenstein und Kapfenburg beschützt. Auch die Burganlagen an der Lein wie die Turmhügelburg Roden oder Leinzell, am Kocher (Wasseralfingen, Hohenstadt, Untergröningen) und an der Jagst (Burg der Reichsabtei Ellwangen) erfüllten als Träger von Lehen unmittelbaren oder mittelbaren Herrendienst im „Stauferland".
Wehrarchitektur ist funktionsgebunden, sie

verändert sich mit ihren Aufgaben, oder wird ihr Opfer. So sind von den in staufischer Zeit erbauten Burgen im Ostalbkreis nur Reste oder Ruinen übrig geblieben. Umbauten oder spätere Schloßbauten nützten ihre charakteristischen Buckelquadermauern; wo sie sich in den Städtekriegen, im Bauernkrieg oder im Dreißigjährigen Krieg als hinderlich erwiesen, wurden sie gebrochen und verfielen. Aber da die stauferzeitlichen Wehrbauten Gipfel- und Spornlagen mit freier Sicht bevorzugten, bilden ihre Ruinen historische Landschaftsakzente, die zu Charaktermerkmalen des Ostalbkreises geworden sind.

Zwei Aspekte sind in dieser Hinsicht von besonderer Bedeutung: das Panorama der mächtigen Burgruine Flochberg am Westrand des Rieses und die Burgruine Hohenrechberg im Albvorland der Dreikaiserberge. Bei „der Burg des Königs" Flocperch (1145) verlief die Ostgrenze des staufischen Schwaben gegen das welfische Bayern. Und die Ministerialenburg Hohenrechberg war „das wichtigste Glied in der Kette jener Wehrbauten, die sich schützend um die Reichsburg legten und deren Hut zuverlässige Dienstleute zu Lehen übertragen bekamen" (Manfred Akermann). Im frühen 13. Jahrhundert erbaut, seit dem frühen 14. Jahrhundert mehrfach vergrößert, blieb sie bis zur Brandnacht vom 6. Januar 1865 unzerstört. So kann sie den Geist staufischer Burgenbaukunst noch mit originalen Bauteilen belegen: „Besonders beeindruckend sind die wie ein Schiffsbug nach Westen vorspringenden, hochaufragenden Palaswände. Eine reizvolle Auflockerung erfahren die wehrhaften Mantelmauern der Kernburg durch die den Zwinger nach Norden abschließende . . . Wand mit ihren sieben sich nach innen verengenden Rundbogenfenstern und – als einzigem Schmuckelement – einer schmalen gekuppelten romanischen Doppelarkade mit einfachen Zierformen."

Wächter im Dorf: Chorturmkirchen

Glimpflicher als mit den Burgen der Stauferzeit verfuhren die Jahrhunderte mit den ländlichen Kirchen, die gerade in staufischer Zeit im Ostalbkreis ihren geistlichen Herrendienst aufnahmen. Von ihrem Alter zeugt neben dem Kirchenpatron vor allem der „Wächter im Dorf": ein stämmiger Turm über quadratischem Grundriß, der häufig den Altarraum im Erdgeschoß beherbergte. Für den Ostalbkreis sind diese Chorturmkirchen typisch geworden, auch wenn infolge des wachsenden Raumbedarfs in den größer gewordenen Dörfern die originalen Turmchöre zu Nebenräumen, Sakristeien oder gar Abstellkammern geworden sind.

Romanischer Kirchenbau versichtbart Wertordnungen. Die Chorturmkirche, die einem nach außen und innen herausgehobenen Altarraum ein Langhaus als Leuteraum anfügt, ist der einfachste bauliche Ausdruck des „Herrendienstes", der sich als menschliche Grundleistung aus der Urordnung Gott und Welt und aus der Botschaft der Heilsgeschichte ergibt. So lag es nahe, vor allem an die würdige Ausgestaltung des „Herrenraums" zu denken: Die Kunst der Kreuzwölbung wurde allgemein. Ein besonders schönes Beispiel erhielt sich in der ev. Pfarrkirche von Degenfeld (Schwäbisch Gmünd). Vier in den Ecken des Altarraums stehende Säulen mit reliefierten romanischen Kapitellen tragen dort massive Gurtbögen – ein einfaches Bild von gesammelter Kraft. Als zweites Beispiel sei der ehemalige Turmchor der kath. Kirche St. Michael in Abtsgmünd genannt, ein gewölbter Raum mit Arkaturen und spätromanischen Säulenkapitellen. Spätere Generationen suchten die einfachen Räume mit Malerei zu beleben. So in Kirchheim-Benzenzimmern, wo der Turmchor der romanischen Johanneskirche um 1250 frühgotische Wandmalereien mit

66 Stauferzeitliche Chorturmkirche in Degenfeld (Stadt Schwäbisch Gmünd)

67 Die romanische Chorturmkirche in Durlangen-Tanau

Szenen aus der Johanneslegende erhielt; in Neresheim-Kösingen, wo das Chorgewölbe der Pfarrkirche St. Maria mit gotischen und frühbarocken Evangelistensymbolen und den Figuren der Kirchenlehrer geschmückt wurde; in der St.-Anna-Kirche von Durlangen-Tanau, deren romanischer Chor um 1425 bemerkenswerte Freskenbänder mit Szenen aus dem Leben Jesu aufnahm; vor allem aber in Eschach, wo der tonnengewölbte Turmchor der ehem. Johanneskirche um 1360 mit empfindungsstarken Passionsbildern ausgezeichnet wurde.

Chorturmkirchen entstanden im ganzen Ostalbkreis. Im Albvorland und auf der Alb vertreten diesen Formtypus Degenfeld (ev. Kirche Sebastian und Walburga); Weiler in den Bergen (St. Michael); Wißgoldingen (Johannes d. T.); Waldstetten (St. Laurentius); Straßdorf (St. Cyriakus); Oberböbingen (ev. Kirche St. Michael); Mögglingen (Pfarrkirche); Bartholomä (ev. Kirche St. Bartholomäus); Kösingen (St. Sola, Vitus und Maria); und Schweindorf (ev. Kirche). Auch die St.-Ottilia-Kapelle in Unterbettringen besitzt einen Turmchor, ebenso die Ägidiuskapelle in Bronnen (Neuler), deren romanisches Tonnengewölbe stark restaurierte Fresken des 14. Jahrhunderts besitzt.

Im westlichen Kreisgebiet finden sich Chorturmkirchen in Adelmannsfelden (ev. Kirche St. Thomas); Täferrot (ev. Kirche St. Afra); Ruppertshofen-Tonolzbronn (ev. Kirche St. Stephanus); Leinzell (St. Georg); Göggingen (St. Nikolaus); Eschach (ev. Kirche St. Cyriakus), Tanau (St. Maria); Spraitbach (ev. Kirche St. Michael) und Abtsgmünd (St. Michael). Am reinsten erhalten ist die ev. Pfarrkirche St. Nikolaus in Obergröningen.

Aus dem östlichen Kreisgebiet sind zu nennen: Pflaumloch (St. Leonhard mit spätgotischen Wandmalereien); Trochtelfingen (ev.

Margaretenkirche mit frühgotischem Fresko im romanischen Turmchor); Benzenzimmern (ev. Kirche St. Johannes d. T.); Dirgenheim (St. Georg); Sechtenhausen (St. Nikolaus); Nordhausen (St. Veit).

Rechnen wir zu den im 12. und 13. Jahrhundert erbauten Chorturmkirchen auch Kirchen anderen Typs hinzu, etwa die zweischiffige Pfeilerbasilika St. Ulrich in Heubach, die Pfarrkirche St. Blasius in Bopfingen oder die vom Kloster Ellwangen auf dem Hohenberg erstellte Basilika zu Ehren des Pilgerheiligen St. Jakobus, dann wird eine das ganze Kreisgebiet erfassende Kirchenbautätigkeit der Stauferzeit erkennbar. Im Zeichen der Suevia sacra bildete sich damals eine erste einheitliche Kulturschicht aus, die ihre wichtigsten Impulse von den Klöstern und den das kirchliche Leben regulierenden Domkapiteln erhielt. „Eine sehr wichtige Rolle der städtebaulichen Entwicklung dürfte also der Konzentration von Sakralbauten und anderen kirchlichen Baukomplexen zufallen", resümiert Theoder Zanek für Schwäbisch Gmünd. Für Ellwangen stellt Hans Pfeifer fest: „So wie im Zeitalter des Absolutismus das Schloß das Zentrum der Stadtanlage bildet, war es im christlichen Mittelalter die Kirche. Die einzigartige Auszeichnung Ellwangens, die vollkommene Einheit von innerer Klostersiedlung und ringförmig anschließender Bürgerstadt erweist sich als schöpferische Leistung des 12. Jahrhunderts." Von den in staufischer Zeit kräftig wachsenden Dörfern ließe sich angesichts der Bedeutung der Kirchen in jener Zeit und ihrer herausgehobenen Position im Dorfbild dasselbe sagen.

Glanz und Empfindsamkeit der Gotik

Die Bildhauerkunst der Romanik hat im Ostalbkreis nur wenig hinterlassen: die skulptierten Portale der Gmünder Johanniskirche und der Ellwanger Basilika, das reich ornamentierte nördliche Seitenschiffportal der Kirche auf dem Hohenberg und, als Beispiele guter Steinmetzarbeit, das Jagdfries am Kranzgesims des Gmünder Johanniskirchturms sowie eine Reihe von reliefierten Kapitellen. Aus ihnen ragt eine figürliche Bauplastik der Johanniskirche heraus, die sich heute innerhalb des Gotteshauses befindet. Es ist das Hochrelief einer gekrönten Marienfigur von archaischer Strenge. In sitzender Haltung frontal dem Besucher zugewandt, dient ihr Schoß dem segnenden Christusknaben als Thron.

Rund 100 Jahre später hat ihr einige Steinwürfe südlich davon die Gotik eine programmhaft postierte Muttergottes gegenübergestellt: die Westportalmadonna der noch im Bau befindlichen Pfarrkirche. Die festlich gewandete Frau trägt statt einer Krone ein Kopftuch, ihr Kind schickt sich an, von ihrem linken Arm herabzusteigen. Der Gegensatz der beiden Mariengestalten könnte nicht größer sein: An St. Johannis die zu Gehorsam und Gefolgschaft auffordernde Herrin, am Münsterportal die „Schöne Frau", die zur Türe gekommen ist, um die Gäste zu empfangen.

Es war ein neues Menschenbild, das die Kunst der Gotik beseelte. An die Stelle des zur Gefolgschaft verpflichteten Lehensträgers trat im 14. Jahrhundert der Viator mundi, der „Pilger der Welt": der sterbliche Mensch, den Gott in Adam gerufen hat, damit er sich die Erde untertan mache; der verführbare Mensch, den die Gnade des christlichen Heils durch die Gefährdungen der Welt zum Endgericht geleitet; der Mensch der guten Werke, dem die Heiligen als Vorbilder zur Seite stehen. Mehr und mehr ging nach dem Untergang der Staufer die kulturelle Führung von den Klöstern auf die Städte über, ihr erstarkendes bürgerschaftliches Selbstbewußtsein drängte danach, auch im Kunstwerk sich selbst, das eigene neue Lebensgefühl wiederzufinden.

Das Münster in Schwäbisch Gmünd

Der überragende Bauzeuge der gotischen Stilperiode im Ostalbkreis ist das Heiligkreuz-Münster in Schwäbisch Gmünd. Schon um die Mitte des 13. Jahrunderts waren mit dem Chor der Bettelordenskirche St. Franziskus frühgotische Formen in die Stadt gekommen. Als sich mehr als zwei Menschenalter später die aufblühende Freie Reichsstadt dazu entschloß, die zu klein gewordene romanische Pfarrkirche zu ersetzen, war die hohe Zeit der himmelstürmenden Kathedralgotik bereits vorbei. „Der Zug der Zeit drängte auf Kosten der Höhe in die Breite und auf Kosten der Differenzierung zur Einheitlichkeit. Die neue Raumform sollte die Halle werden, die sämtliche Raumelemente unter gleich hohen Gewölben zusammenfaßt" (Hans Koepf). Die „Bürgergotik" kündigte sich an.

Um 1348 war die Langhaushalle der neuen Pfarrkirche „unser Frawen und dez hailigen Crutzes" aufgeführt: dreischiffig, 44,7 m lang und 21,5 m breit, gestützt von sechs kraftvollen Rundpfeilerpaaren. 1351 wurde der Grundstein zum Chor gelegt. Die Kunstgeschichte schreibt ihn Heinrich Parler zu, dem Vater des Prager Dombaumeisters Peter Parler. Als „Parlerchor" begründete er den Ruhm und die weit ausstrahlende anregende Kraft des Münsters. „Er gilt zu Recht als der Schöpfungsbau; mit ihm beginnen fast alle Darstellungen der spätgotischen Architektur in Deutschland", schreibt Reinhard Wortmann im Handbuch zur Kölner Ausstellung „Die Parler und der Schöne Stil" (1977).

Der Parlerchor ist ein dreischiffiger Hallenumgangschor mit einem Kapellenkranz. Er ist 32 m lang und fast so breit wie das etwas niedrigere, tiefer gelegene Langhaus. Da er mit sieben Seiten eines Zwölfecks geschlossen ist, wirkt der Chorschluß für das Auge fast rund. Die Seitenschiffe umlaufen einen von acht Rundpfeilern umstandenen Binnenchor von gleicher Scheitelhöhe. Indem Parler das östliche Pfeilerpaar, das den Standort des Hauptaltars bezeichnet, zur Figur eines halben Sechsecks zusammenrücken läßt, betont es den Umgangscharakter der Halle und fügt sich als raumschließendes Element sowohl in den schmiegsamen Rhythmus des Chorrunds ein, wie es auch die fluchtende Dynamik der 77 m langen Mittelachse des Gotteshauses auffängt.

Ein besonderes Kennzeichen des Parlerchors ist ein ungewöhnlich starkes „laufgangartiges" Gurtgesims. Zwischen den Spitzbogen des Kapellenkranzes und den Hochfenstern ausgespannt und verkröpft über die Wanddienste hinweggeführt, betont es die Zweigeschossigkeit des Wandaufbaus.

Die Klarheit des Innenraums findet ihre Entsprechung in der vielgerühmten kubischen Geschlossenheit des Choräußeren. Kapellengeschoß, Hochfenstergeschoß und Walmdach vereinigen sich in ihm zu einem dreistufig aufgebauten Aspekt, dessen Teile ebenso klar voneinander unterschieden wie miteinander verbunden sind. Das Kapellengeschoß erscheint fast rund. Es hat die Streben zwischen den behäbig-breiten sechsbahnigen Maßwerkfenstern ganz in sich eingesogen und wird in Höhe der flachen Pultdächer von einer umlaufenden Maßwerkbalustrade zusammengefaßt. Das zweite Geschoß ist um die Kapellentiefe zurückgestuft und wird in gleicher Weise von der Horizontale einer Maßwerkbalustrade zur Einheit gebunden wie gegen das Dach abgegrenzt. Innen und außen wird so die Absicht deutlich, den gotischen Höhendrang durch horizontale Gliederungsmittel zu mäßigen.

1409 waren die Arbeiten am Chor beendet, doch erst 1491 konnte mit der Einwölbung des Bauwerks begonnen werden. Sie wurde 1497 durch den Einsturz der stehengebliebe-

68 Schwäbisch Gmünd. Das südliche Chorportal des Heiligkreuz-Münsters, entstanden kurz nach 1351, zählt zu den wegweisenden Leistungen der spätgotischen Plastik in Schwaben.

nen Chorseitentürme der Vorgängerkirche unterbrochen. 1521, rund 200 Jahre nachdem eine hochgemute Zeit den Bau begonnen hatte, vollendeten die Gewölbemeister nach den Entwürfen von Aberlin Jörg und Hans von Urach das Werk der Parler in der letzten Stunde der Gotik. Sie gaben dem Innenraum jene bezwingende Strömung, die die sieben Joche der Langhaushalle dynamisch den vier Jochen des Chors zuführt und alle elf Pfeilerpaare altarwärts zu einer Prozession vereinigt.

Kirchheim am Ries

Die Auszeichnung des Gmünder Heiligkreuz-Münsters, der Kunst Schwabens sowohl in der Architektur wie auch in der Portalplastik neue Wege gewiesen zu haben, findet in Kirchheim am Ries ihr bescheideneres konservatorisches Gegenstück in der Kunst des Erbens. Gemeint ist das ehemalige Zisterzienserinnenkloster St. Maria, das 1267 von den Grafen von Oettingen gegründet wurde und trotz späterer Barockisierung Zeugnisse der frühen, hohen und späten Gotik bewahrt hat. Die erste, 1267 geweihte Klosterkirche ist die „Stiftskapelle" am südlichen Ende des Westflügels. Den quadratischen Raum von 8,5 m Länge und Breite und einem östlichen Chörlein überspannen vier Kreuzrippengewölbe, die auf vier Wandkonsolen und einer gemeinsamen Mittelsäule aufsitzen – kraftvolle Bauformen als Rahmen für ein beschauliches Leben in ungestörter Ruhe, das König Rudolf von Habsburg zu schützen versprach. An diese geistliche Zelle schließt sich nördlich ein hochgestellter flachgedeckter Frauenchor an, den zwei offene, vierbahnige Maßwerkfenster mit der Kapelle verbinden. Der als „Allerheiligenkapelle" bezeichnete Raum besitzt noch große Teile seiner gotischen Wandmalerei. Das Hauptwerk gotischer Baukunst in Kirchheim ist die heute als katholische Pfarrkirche dienende ehemalige Klosterkirche. Zu Beginn des 14. Jahrhunderts errichtet, wuchs sie in einfachen klaren Formen empor: ein hoher, langgestreckter Baukörper von 50 m Länge und 10 m Breite, dessen Westgiebel ein Dachreiter bekrönt. Das Innere ist als siebenjochiger Saalraum gestaltet, mit mehreckig schließendem, nicht eingezogenem Chor im Osten und einer langen Nonnenempore im Westen. Fast raumhohe Maßwerkfenster erhellen den

69 Kirchheim am Ries. Epitaph des Stifters, Graf Ludwig von Oettingen, in der ehem. Klosterkirche

Tafel 29 Netzgewölbe des Heiligkreuz-Münsters in Schwäbisch Gmünd

Tafel 30 Gotische Wandmalerei. Links an der Südwand in der ev. Kirche in Heubach, rechts im Turmchor der ev. Kirche in Eschach

Chor, halb so hohe die Nonnenempore; Kreuzrippengewölbe überspannen den ganzen Raum.

Auch in der Ausstattung des Kirchheimer Frauenklosters erhielten sich wertvolle Stücke gotischen Ursprungs. Ein Altarziborium, das ursprünglich Meßaltar für das oettingische Erbbegräbnis in der Klosterkirche war, eine edle Christusfigur am „Sechta-Kreuz", Steinbildwerke eines Stifter-Ehepaars und der Doppelgrabstein einer Äbtissin und ihrer Schwester sprechen für das 14. Jahrhundert. Ein Steinguß-Vesperbild im Rokoko-Altar der spätgotischen Münsterkapelle verweist auf den empfindungsstarken Weichen Stil des frühen 15. Jahrhunderts, während der feierliche Repräsentationsstil einer großen Marien-Krönungs-Skulptur und der ungezwungene Realismus einer Anna Selbdrittgestalt den Jahren um 1500 angehören. Wahrlich Gründe genug, den Kunstschwerpunkt Kloster Kirchheim als eine Stilfibel der gotischen Entwicklung vom 13. bis zum beginnenden 16. Jahrhundert zu schätzen. Dies um so mehr, als auch außerhalb des Klosterareals im frühgotischen Chorturm der St.-Martins-Kirche ein symbolisch auf den Kopf gestellter römischer Altarstein auf Wurzeln verweist, die bis „in die Zeit des frühen Christentums hinabreichen" (Dieter Planck).

St. Wolfgang in Ellwangen

Der Wunsch nach repräsentativer Selbstdarstellung im Bau- und Kunstwerk, der für die „Bürgergotik" der schwäbischen Reichsstädte charakteristisch ist, ist auch an der gotischen Bautätigkeit in der Klosterstadt Ellwangen abzulesen. Der Hintergrund war hier freilich ein anderer. 1443 waren Basilika und Kloster von einem Brand heimgesucht worden. Der seit Jahrzehnten andauernde Niedergang der Abtei führte schließlich 1460 zur Umwandlung in ein Chorherrenstift, dem ein Fürstpropst vorstand. Dem ersten Fürstpropst, Albrecht von Rechberg, bot sich daher eine augenfällige Bautätigkeit als das geeignetste Mittel an, einen erfolgreichen Neubeginn zu demonstrieren. Begünstigt von einer 40jährigen Regierungszeit (1461–1502), ließ er die beschädigten Bauten wiederherstellen und die Vorhalle der Basilika, der nunmehrigen Stiftskirche, ummanteln. Er baute den Kreuzgang mit der Liebfrauenkapelle wieder auf und gab den Auftrag zum Bau der St.-Wolfgangs-Kirche am Eingang des vor die Stadt verlegten Friedhofs.

Kreuzgang und Wolfgangskirche vertreten heute Ellwangen im gotischen Kunsterbe des Ostalbkreises. Der Kreuzgang, der einzige im Kreis, ist mit Stern- und Netzgewölben gedeckt. Seine Arkaden weisen abwechslungsreiches Maßwerk auf und umgeben eine stimmungsvolle Liebfrauenkapelle mit einer um 1350 entstandenen Altarmadonna aus Stein. Die St.-Wolfgangs-Kirche zeigte sich nach kurzer Bauzeit (1473–1476) als „Bau aus einem Guß". 39 m lang und 12 m breit, stellt sie eine Wandpfeilerkirche mit westlich vorgesetztem Turm dar: nach außen ein geschlossener, wohlgegliederter Baukörper über rechteckigem Grundriß und einem der Kernstadt zugewandten Chor mit Dreiachtelschluß, nach innen ein mit „gar costlichen Gewelben" gedeckter Hallenbau mit vier Jochen im Schiff und drei Jochen im nur wenig schmäleren Chor. Die Reihe der Strebepfeiler und Maßwerkfenster gliedern zwei Schiffportale mit Vorhallen, bescheiden auf der Nordseite, reicher auf der Südseite, wo sich auch bauplastischer Schmuck zeigt. Ihr Torbogenfeld weist dort mit einem von zwei Engeln gehaltenen Dokument das Geburtsdatum der Kirche aus: „1473 an sant matheus abēt".

Die Gesamtrenovierung und Neugestaltung der Wolfgangskirche unter der Leitung von

70 Ellwangen, Stiftskirche. Der vollständig erhaltene spätgotische Kreuzgang wurde 1985/86 renoviert.

Architekt Albert Hänle, Schwäbisch Gmünd, in den Jahren 1968–1972 zählt zu den glücklichsten im Kreis. Ihr Geschenk ist ein Bauwerk von äußerer und innerer Klarheit, in dessen hellem Raum die strukturelle Gliederung voll zur Geltung kommt und dessen Ausstattung neben wirkungsvoll aufgestellten spätgotischen, z. T. nachgeschnitzten Heiligengestalten einen ergreifenden Kruzifixus bewahren konnte.

Die Großbauhütte der Eseler

Es ist von Kennern immer als besonderer Vorzug geschätzt worden, daß die Wolfgangskirche „so ziemlich die Mitte zwischen dem derberen schwäbischen und dem zierlicheren fränkischen Geschmack der damaligen Zeit" halte. Als ihr Baumeister konnte in der Tat ein aus Franken stammender Mann ermittelt werden, der beim Bau der St.-Georgs-Kirche in Dinkelsbühl als Angehöriger der Großbauhütte von Niclaus Eseler d. Ä. und seines gleichnamigen Sohnes tätig gewesen ist: Hans Stiglitz von Miltenberg.

Es ist vornehmlich Elmar D. Schmid zu verdanken, aus der Wanderung der Meisterzeichen, aus Archivalien und Stilvergleichen die kräftigen Impulse erwiesen zu haben, die im letzten Drittel des 15. Jahrhunderts aus der Eseler-Hütte in den schwäbisch-fränkischen Grenzbereich einströmten. Durch Hans Stiglitz, „uff dem Stainmetzwerk ein kunstreicher Meister", wurde diese vor allem in Ellwangen fruchtbar. Seine Hand ist an St. Wolfgang, der Liebfrauenkapelle und Teilen des Kreuzgangs sowie an der Ummantelung der Stiftskirchenvorhalle zu entdecken. Offensichtlich hatte dort das rege Bauwesen des reichsunmittelbaren Chorherrnstifts eine eigene Bauhütte entstehen lassen, deren Leiter Stiglitz war. Neben ihm waren Werkleute tätig, die von den Großbaustellen in Nördlingen, Dinkelsbühl und Rothenburg o. d. T. kamen.

Einflüsse der Eseler-Bauhütte gewannen auch in den Pfarrkirchen von Kerkingen, Röttingen und Tannhausen bauliche Gestalt. Da die 1470–1490 erbaute Ottilienkirche von Kerkingen barockisiert wurde, kann nur der geschlossene Außenbau mit dem nach Nördlingen verweisenden Baumeisterzeichen für verwandtschaftliche Beziehungen einstehen. In Röttingen dagegen, dessen St.-Gangolf-Kirche im wesentlichen in den neunziger Jahren des 15. Jahrhunderts erbaut und später ebenfalls barockisiert wurde, bezeugen vor allem der Chor und der Glockenturm den Einfluß des „zierlicheren fränkischen Geschmacks" der Eseler-Hütte. „Sorgfältige Quaderung und prächtige Steinmetzarbeit" zeichnen beide aus. Der zweijochige Chor ist mit drei Achteln des Achtecks geschlossen. Er wird vertikal von Strebepfeilern und einfachen

Maßwerkfenstern gegliedert und unterhalb der Fenster von einem horizontal durchlaufenden Gesims gegürtet. Die Pfeiler tragen in Gesimshöhe Ornamente und figürlichen (jüngst erneuerten) Schmuck, ihre oberen Standfiguren sind verschollen.

Der nordseitig zwischen Chor und Schiff aufragende Turm verrät sich mit seinen drei unteren quadratischen Geschossen als Wehrbau. Ihm sitzt ein achteckiges Obergeschoß mit Strebepfeilern an den Schrägseiten und spitzbogigen Schallöffnungen auf. Unter jedem Stockwerkgurt befindet sich ein reich gefüllter Bogenfries mit Lilienenden und Wappenschildchen. Eine überaus reich gestaltete Galerie grenzt die quadratischen Geschosse gegen das eingezogene, plastisch gestaltete Oktogon ab. Eine barocke Zwiebelkuppel krönt den Turm, der als einer der schönsten im Ostalbkreis gilt. Die Pfarrkirche ist ein Werk von Mathis Rosenthaler d. J. von Nördlingen, Kenner schätzen sie als eines der Hauptwerke der Spätgotik im Ostalbkreis.

St. Lukas in Tannhausen

Daß unter den ländlichen Verwandten der Ellwanger Wolfgangskirche der Pfarrkirche St. Lukas in Tannhausen der erste Rang gebührt, steht außer Zweifel. Die Zusammenhänge mit den Großbaustellen in Nördlingen, Dinkelsbühl und Rothenburg o. d. T. gibt der Tannhausener Chorturm in besonderer Weise zu erkennen: „Hier erscheint ein Rippengewölbe mit derselben Steinfiguration wie im Chor der Wolfgangskirche" (E. D. Schmid).

Wie die Kirche St. Gangolf in Röttingen war auch die von 1479 an erbaute Pfarrkirche von Tannhausen Nachfolgerin einer Wehrkirche und steht darum erhöht im Dorf. Ihr 48 m hoher Ostturm, in dessen Erdgeschoß sich der Chorraum befindet, beherrscht Platz und Baukörper. Mit zwei quadratischen unteren Geschossen, einem hohen, von Wandpfeilern gestützten Glockengeschoß, dem eine Maßwerkbrüstung und ein behelmtes niedriges Uhrengeschoß aufsitzen, stellt er eine beeindruckende Arbeit aus Hausteinen dar. Er verrät die gut ausgestattete Kirchenpflege des eigentlichen Tannhausener Pfarrherrn, des Augsburger Domkapitels.

Der Turm wurde um 1459 begonnen. Dem von E. D. Schmid erarbeiteten Kirchenführer zufolge darf er als eine Schöpfung von Vater und Sohn Eseler angesehen werden. Besondere Beachtung verdient der von Maßwerkfenstern erhellte Turmchor, den reich gestufte Wände und ein Sterngewölbe über dem Altarraum auszeichnen.

Der künstlerischen Durchbildung des Chorturms gibt die erheblich jüngere Kirche nichts nach. Ihr über einem verhältnismäßig breiten Grundriß aufgebauter Baukörper überrascht im Innern durch seine im Ostalbkreis singuläre Zweischiffigkeit. Der kurze dreijochige Hallenraum wird der Länge nach von zwei Rundpfeilern geteilt, die Netzrippengewölbe tragen. Diese gehen vom mittleren Pfeilerschaft aus und breiten sich fächerförmig aus. Der westliche Pfeiler stützt zugleich die Empore, die mit einer schönen Maßwerkbrüstung geziert ist. Auf der Südseite schützt eine kleine Vorhalle den Eingang der Kirche, die 1958/60 stilvoll erneuert und nach Westen erweitert worden ist.

Die im schwäbisch-fränkischen Grenzraum ungewöhnliche Form der Durchbildung des Innenraums verweist nach heutiger Auffassung auf Stephan Weyrer d. Ae. von Burghausen, der bis 1505 Werkmeister der Nördlinger Georgskirche war.

Gotische Vielfalt im Überblick

Im 14. und 15. Jahrhundert der Zunftkämpfe, der Städte- und Ritterbünde, des Fehderechts und der blutigen Pogrome bildeten sich unter vielen Wehen die vielfältigen Formen sozialer Vorrechte und Abhängigkeiten aus, die das Leben der drei mittelalterlichen Geburtsstände bestimmten. Um so mehr erstaunt, überblickt man einen begrenzten Raum wie den Ostalbkreis, wie wenig sich diese Jahrhunderte davon abhalten ließen, den im allgemeinen kargen Lebensrahmen mit Kunstwerken auszustatten. Um 1520, als im Herbst des Mittelalters die letzten Farben der Spätgotik verglühten, läßt sich fast für jedes Dorf ein kunstwürdiges Objekt nennen, das die Zeitläufte überdauert hat, wenn auch oft in veränderter Gestalt. Hier eine Auswahl beredter Beispiele.

Da ist die Pfarrkirche St. Blasius in der ehem. freien Reichsstadt Bopfingen. Kurz vor 1300 durch die Vergrößerung der romanischen Vorgängerkirche entstanden und um 1460 im Schiff erweitert, besitzt sie einen kreuzrippengewölbten frühgotischen Chorraum mit einem spätgotischen Flügelaltar von Friedrich Herlin aus Nördlingen (1472), einer kunstreich gestalteten Sakramentspyramide von Hans Böblinger aus Esslingen (1510) und Wandmalereien zweier Generationen. Ein bedeutendes Ritterstandbild im flachgedeckten Saal entstammt der Mitte des 14. Jahrhunderts, ein Rotmarmorepitaph (1525) der Schlußphase der Gotik, und die Wandmalerei-Zyklen der nördlichen Schiffswand entstanden um 1460.

Rund ein Menschenalter nach dem frühgotischen Umbau in Bopfingen entstand am Rand der freien Reichsstadt Schwäbisch Gmünd die Kapelle St. Leonhard (1330/40). Die parallel zur Halle des Heiligkreuz-Münsters aufgeführte Kirche ist ebenfalls ein Parlerbau. Ihr Innenraum wurde 1776/77 in barocke Formen überführt und dient seit ihrer Entstehung als Friedhofkapelle.

Als Bauzeuge des 14. Jahrhunderts verdient auch die ebenfalls barock umgestaltete Pfarr- und Wallfahrtskirche St. Maria auf dem Kirchberg in Unterkochen Beachtung, die 1328 dem Kloster Ellwangen inkorporiert wurde. Ihr äußerer Choraspekt ist noch wohlerhalten. Ihm wurde 1429 eine freskengeschmückte Barbarakapelle beigegeben, die 1982 wiederhergestellt wurde und die Ostansicht des Ensembles um spätgotische Formen bereichert.

Die St.-Ulrichs-Kirche von Heubach, Nachfolgebau einer romanischen Basilika, deren Kirchensatz von 1352 an dem Kloster Königsbronn gehörte, besitzt neben romanischen Resten noch eine frühgotische Kapelle, die heute als Sakristei dient, ebenso ein hochgotisches Wandbild der Madonna. 1441 erhielt sie einen spätgotischen Choranbau, dessen originales Netzgewölbe 1634 einem Stadtbrand zum Opfer fiel.

Als Bauzeuge des 14. Jahrhunderts ist auch die Chorturmkirche von Ruppertshofen-Tonolzbronn anzusprechen, deren Kirchensatz 1357 an das Kloster Lorch kam. Hermann Kissling datiert den Bau des Turms auf die „Mitte oder Nachmitte" des Jahrhunderts. Um 1500 erhielt der Turmchor ein schönes Sterngewölbe und ein neues Schiff. Kissling entdeckte als ihren Meister einen Steinmetzen Veit, der 1510 die Erweiterung und Einwölbung der Kirche von Bartholomä übernahm und auch in Eschach tätig wurde.

Der mit seinen Schießscharten sich als Wehrturm ausweisende romanische Chorturm von Obergröningen hat eine Mauerstärke von anderthalb Metern. Das 14. Jahrhundert hat trotzdem ein gotisches Ostfenster in ihn eingebrochen, und die Renaissance tat es ihr nach. Der heute gotisch anmutende Chorraum der ehemaligen Nikolauskirche besitzt eine feingestaltete Sakramentsnische (1427) und einen vorzüglichen Apostelaltar (um 1520).

Die Spätgotik liebte den Zierat, den wirkungsvollen Schmuck. Konsolen und Baldachine, Pflanzenreliefs an Kapitellen und Stabwerk zur Rahmung von Türen zogen mit den Hütten und Werkstätten auch aufs Land. Da immer Sparsamkeit vonnöten war, beschränkte sich der Luxus vor allem auf die Altarräume. In den letzten 50 Jahren vor der 16. Jahrhundertwende scheint deren Ausstattung mit Gewölberippen auch im Ostalbkreis zur Ehrensache geworden zu sein. Fast überall treu gepflegt und in spätere Veränderungen einbezogen, erfreuen sie in Adelmannsfelden und Bartholomä, in Spraitbach, Leinzell und Täferrot, in Tanau und Göggingen, in der Pfarr- und in der Klosterkirche von Lorch, in der Alten Pfarrkirche von Schwäbisch Gmünd-Straßdorf, in Bopfingen-Oberdorf, in der ehemaligen Deutschordenskirche von Unterschneidheim und in bereits genannten Bauten. Selbst der Gmünder Renaissance-Baumeister Kaspar Vogt griff für seine originelle Herrgottsruhkapelle (1622) östlich der Leonhardskapelle „bewußt historisierend" für das Chorpolygon die Idee des Sterngewölbes mit Schlußstein wieder auf.

Mancher Bau erhielt Freskenschmuck; bei den Restaurationsarbeiten der jüngsten Nachkriegszeit wurden ansehnliche Beispiele vom Putz der Barockzeit befreit. Zu nennen sind u. a. die Blasiuskirche in Bopfingen, die Barbarakapelle in Lauchheim, und die Zyklen in den Kirchen von Eschach, Durlangen-Tanau und Zimmern.

Fast alle Kirchen aber nahmen Holzbildwerke aus schwäbischen und fränkischen Kunstzentren auf. Das überragende Beispiel der Gmünder Parler-Plastik am Langhaus und am Chor der Heilig-Kreuz-Kirche, die der spätgotischen Menschendarstellung den Weg zur Gefühlsstärke des Weichen Stils und zum Realismus wies, mag dabei fördernd mitgewirkt haben. Ihre Fülle ist nur anzudeuten. Daß sich darunter viel Unzulängliches befindet, ist nicht zu leugnen. Aber ebensowenig ist zu verkennen, daß sich mit dem Bedürfnis der spätgotischen Volksfrömmigkeit nach lebensnahen Kontakten mit der überirdischen Welt der allgemeine Kunstsinn in überraschender Weise entwickelte und daß dadurch eine beachtliche Zahl erstrangiger Kunstwerke aufs „flache Land" kam.

Neben ergreifenden Darstellungen des Gekreuzigten und der Pietá, ungezählten Muttergottesfiguren und heiligen Fürsprechern kommt der erste Rang den Flügelaltären zu. Die freie Reichsstadt Bopfingen bestellte ihren Hauptaltar für die Stadtkirche St. Blasius (1472) bei Friedrich Herlin in Nördlingen. In Eschach fand 1496 ein Altar des Ulmer Meisters Bartholomäus Zeitblom seine Heimat; seine Flügel befinden sich heute in der Staatsgalerie Stuttgart. Die Schreinfiguren aus dem sog. Heerberger Altar (1498) desselben Meisters kamen in die ehemalige Schloßkapelle von Untergröningen. Ein 1507/08 in Nürnberg ausgeführter Sebaldusaltar wurde von einem Nürnberger Patrizier in das Gmünder Heiligkreuz-Münster gestiftet, wo auch ein großer niederschwäbischer Schnitzaltar zu Ehren der Heiligen Sippe (heute ohne Flügel) Aufstellung fand. Als jüngstes Altarwerk ist der um 1530 von dem Ulmer Meister Martin Schaffner für die heutige Stephanuskapelle in Aalen-Wasseralfingen geschaffene Flügelaltar zu nennen; ein empfindungsstarkes Vesperbild des Weichen Stils (um 1430) bezeugt am gleichen Ort die Spannweite spätgotischer Ausdruckskraft.

Herausragende Steinbildwerke der figürlichen Grabmalkunst sind die Grabplatten eines Ritters von Ahelfingen (gest. 1339) in der

Vorhalle der Ellwanger Basilika, wo sich auch eine Hans Stiglitz zugeschriebene große Ölberggruppe erhalten hat, sowie eines Ritters von Bopfingen (um 1350) in der dortigen ev. Pfarrkirche. Den nürnbergischen Bronzeguß vertreten in der Ellwanger Basilika zwei Reliefs, die Peter Vischer bzw. seiner Werkstatt zugehören: ein Stifterrelief mit Hariolf und Erlolf (1488), die das Modell der Basilika über sich halten, und ein Gedenkrelief für die zwei ersten Fürstpröpste (um 1502). Als Sonderleistung der Goldschmiedekunst darf ein großes, um 1450/60 entstandenes Kreuzreliquiar aus dem Schatz des Gmünder Heiligkreuz-Münsters bezeichnet werden. Das heute im Städtischen Museum ausgestellte Meisterwerk kam aus einer unbekannten Werkstatt über das Kloster Lorch an die Pfarrkirche St. Maria. Es bewirkte nach Feststellungen von Hermann Kissling das Aufkommen des zweiten Patroziniums zum Heiligen Kreuz, das schließlich das Marienpatrozinium verdrängte.

Von gotischer Fensterkunst kamen nur geringe Beispiele auf unsere Zeit. Leider haben auch zwei der bedeutendsten Maler des frühen 16. Jahrhunderts, die aus Gmünd stammenden Meister Hans Baldung Grien (1484/5–1545) und Jerg Ratgeb (um 1480–1526) in ihrer Geburtsheimat kein Werk hinterlassen.

Die Burg wird zum Schloß

Die Stilperiode der Renaissance, mit der für unsere Kunstwissenschaften um 1520/30 die Neuzeit einsetzt, brachte in den früh reformierten großen Reichsstädten wie Ulm und Nördlingen eine Zeit reger bürgerlicher Bautätigkeit. Im herzoglichen Württemberg und damit auch in den benachbarten württembergischen Städten Heidenheim und Göppingen wurde Beachtliches geschaffen. Im Bereich des heutigen Ostalbkreises vermochte sie dagegen außer der Kapfenburg keine herausragenden Akzente zu setzen. Die Ursache dafür war weniger die Unruhe dieser intoleranten Zeit als die soziale Veränderung, die der Reformation und der Entmachtung der städtischen Mittelschicht durch die Reichsreform Karls V. folgte.

Daß es dennoch verheißungsvolle stadtbürgerliche Initiativen gab, dafür zeugt die Beschaffung des Chorgestühls für das Gmünder Münster. Das interessante Schnitzwerk mit seinen 24 Doppelfiguren auf dem Kranzgesims der Dorsale entstand bald nach 1550 in der Werkstatt von Adolf Daucher d. J., einem namhaften Augsburger Meister. Um dieselbe Zeit nahm ein Bautrupp die Gestaltung der prächtigen Steinempore mit Renaissance-Balustern in Angriff. An respektablen Gemeinschaftsbauten entstanden in Schwäbisch Gmünd das heutige Stadtarchiv (1578) und als wohl schönstes Renaissancegebäude das Schwörhaus (1589/91).

Drei reizvolle Kapellen verdankt Schwäbisch Gmünd der Volksfrömmigkeit der katholisch gebliebenen Bürgerschaft. Einzigartig im Land ist „der Salvator". Er wurde 1617/23 von Caspar Vogt d. J., Gmünds namhaftestem Renaissance-Baumeister, geschaffen, indem man die Aushöhlungen des Neppersteins in ein grottenartiges Kapellengebilde verwandelte. Eine originelle Schöpfung Vogts ist auch die bereits genannte Herrgottsruhkapelle (1622/24) mit einem vorzüglichen Renaissancealtar. Nach ihrem Vorbild entstand 1677/78 die Josefskapelle am Josefsbach.

Große Leistungen im Geist der Renaissance kann auch die kirchliche Kunst des restlichen Kreisgebietes nicht vorweisen. Das im Bauernkrieg hart mitgenommene, seit 1535 evangelische Kloster Lorch erhielt ein neues Abteigebäude in kraftvollen Fachwerkformen. In Ellwangen machte der Einsturz des südlichen Querschiffgiebels der Stiftskirche eine Neu-

Die Burg wird zum Schloß 247

gestaltung unter Leitung des Nördlinger Festungsbaumeisters Wolfgang Waldberger (1588) notwendig. Den Baumaßnahmen folgten die Anschaffung großer Spätrenaissance-Altäre. Einen städtebaulich glücklichen Griff tat die kleine evangelische Reichsstadt Bopfingen, als sie sich von Wolfgang Waldberger ein Rathaus mit Treppenturm und Gerichtserker (1586) erbauen ließ, dem sie später den Turm der Stadtkirche stilistisch anpaßte, als ein Einsturz seinen Neubau nötig machte.

Das nach Umfang und Bedeutung größte profane Baudenkmal, das trotz barocker Veränderungen seinen Renaissancecharakter bewahrte, ist die bereits genannte Kapfenburg über Lauchheim. Seit 1364 dem Deutschen Orden gehörend und bald danach zum Herrschaftssitz einer souveränen Kommende geworden, wurde sie von 1534 an zur Festung (Bastei) und nach den Plünderungen im Schmalkaldischen Krieg zum Schloß ausgebaut. Über gewaltigen Unterbauten entstand von 1591 an der gestaltbestimmende „Westernachbau", ein Repräsentationsbau mit östlicher Schaufassade, Prunkportal und reichem Giebel, einer Hauskapelle mit Sternrippengewölbe und einem prächtig stuckierten Rittersaal, dessen Kreuzgewölbe von vier kräftigen Säulen getragen wird.

Daß sich der landbesitzende Adel vom Erneuerungselan der Renaissance besonders angesprochen fühlte, bezeugt neben der wachsenden Zahl von Grabmälern und Gedächtnistafeln vor allem die Umwandlung alter Burgsitze in herrschaftliche Schloßanlagen. Von 1564 an entstand das limpurgische Schloß von Untergröningen, ursprünglich eine Vierflügelanlage. Die um 1575 erstellte Fugger-Burg Niederalfingen bediente sich in romantischer Weise altertümelnder Bauformen, ein Vorgang, der sich 1617/26 bei der Gestaltung des alten Turms der Neresheimer Klosterkirche wiederholte. Das malerisch gruppierte

71 Schwäbisch Gmünd-Straßdorf. Renaissancegrabmal für Graf Ulrich III. von Rechberg und seine Gemahlin in der Pfarrkirche

Schloß Laubach wurde 1599 von Hans Sigmund von Woellwarth in eine Nische des Leintals gepflanzt, vier Jahre zuvor war die mittelalterliche Burg Hohenstadt der Familie Adelmann von Adelmannsfelden durch einen (barock veränderten) Schloßbau ersetzt worden. Um 1650 wurde auch die kriegszerstörte staufische Wasserburg in Leinzell zur Schloßanlage umgestaltet. Am einprägsamsten veranschaulicht heute das Ellwanger Schloß, dessen Umwandlung 1603 begann, das damalige Ideal einer mit Ecktürmen bewehrten Vierflügelanlage mit repräsentativem Innenhof.

Bemerkenswerte bildhauerische Ranaissancearbeiten sind: die figürlichen Grabmale zweier Ritter Rennwart von Woellwarth in der „Totenhalle" der Klosterkirche Lorch, das Doppelgrabmal Ulrichs III. von Hohenrechberg in der alten Pfarrkirche von Straßdorf, das Rittergrabmal des Hans Wolf von Woellwarth in der evangelischen Pfarrkirche Böbingen und das Grabmal eines Ritters von Schwabsberg in der Westvorhalle der Ellwanger Stiftskirche. Ausgezeichnete heraldische Gedenksteine und Wappenschilde der Woellwarth verwahren die evangelischen Pfarrkirchen von Heubach und Essingen.

Schönenberg – Einstandsgeschenk des Barock

Rund 100 Jahre nach seinem Entstehen in Rom tastete sich der Barock auch in unser Gebiet. 1661/62 kam es zu ersten Barockisierungsversuchen in der Ellwanger Basilika. In Gmünd stiftete der Magistrat 1667 einen 18 m hohen Barockaltar in die Pfarrkirche, um Gott für die Erhaltung der Stadt während des Dreißigjährigen Krieges zu danken; er wurde 1801 abgebaut. Während jedoch der volle Durchbruch des neuen Stils in Gmünd auf sich warten ließ, öffnete ihm die Residenz der Fürstpröpste noch im 17. Jahrhundert die Tore, als sie den vorarlbergischen Baumeister Michael Thumb mit der Ausarbeitung von Plänen für den Bau einer Marienwallfahrtskirche auf dem Schönenberg beauftragte. Mit dem Tag der Grundsteinlegung, dem 16. Juni 1682, nahm die Barockperiode des Ostalbkreises ihren Anfang.

Die Schönenbergkirche ist in die Geschichte des oberdeutschen Barock als „die reinste Ausprägung des Vorarlberger Münsterschemas" (Ludwig Mangold) eingegangen. Gemeint ist das Schema eines langgestreckten Saalraums mit bühnenmäßig gefaßtem Chor, kurz gefaßtem Querschiff und zweitürmiger Westfassade; die stark nach innen gezogenen Wandpfeiler mit dazwischen eingebrachten Seitenschiffkapellen und lichterfüllten Emporen gaben dem Schema den Namen. Der Typus der Wandpfeilerkirche wurde in der Folge weithin zum Leitbild, vornehmlich in Schwaben.

Gleichzeitig mit der Schönenbergkirche, dem ersten großen barocken Kirchenbau auf später württembergischem Boden, wuchs auf dem Gipfel des Rechbergs die Wallfahrtskirche zur „Schönen Maria vom Hohenrechberg" auf. Der Vorarlberger Valerian Brenner gestaltete sie als heiter stimmenden Festraum mit dem Grundriß eines griechischen Kreuzes, ihren mit vier vollplastischen Evangelistenfiguren belebten Kanzelkorb schuf der Tessiner Stukkator Prospero Breno (1686/89).

Wenig später begann man in Hohenstadt für den Bau einer dritten Marienkirche Material zu sammeln. Der Gottesgebärerin geweiht (Deiparae dedicatum), entstand die Schloß- und Pfarrkirche „Mariä Opferung" 1707/11 nach vorarlbergischen Plänen als tonnengewölbter Saalbau mit eingezogenem Chor und Wandpfeilern ohne Seitenschiffkapellen. Zusammen mit dem später in barockem Sinn umgestalteten Schloß der Grafen Adelmann von Adelmannsfelden stellt sie eines der ein-

Schönenberg – Einstandsgeschenk des Barock

72 Die barocke Wallfahrtskirche auf dem Schönenberg in Ellwangen, erbaut 1683–1696

drucksvollsten Architekturbilder des Ostalbkreises dar. Ihre vorzügliche Ausstattung darf man als die Meisterschule des mit dem Bau der Schönenbergkirche aufblühenden ellwangischen Kunsthandwerks bezeichnen. Erstmals konnten sich hier, noch vor der Zweitausstattung der 1709 vom Blitz getroffenen Schönenbergkirche, Stukkatoren wie Melchior Pfitzer u. a. als Meister bewähren, die in der Folge mancher Bauherr zu gewinnen suchte.

Barocke Repräsentation

Es kann nicht verwundern, daß nach den Armutsjahrzehnten des 17. Jahrhunderts sowohl die geistlichen wie die weltlichen Herrschaften sich mit wachsendem Eifer den „modernen" Baugedanken der „itzigen manier" aufschlossen. Es galt vieles nachzuholen; absolutistischer Zeitgeist erforderte herrschaftliche Selbstdarstellung, und die starke Fluktuation der in- und ausländischen künstlerischen Talente förderte den Kunstsinn.

Den Anfang machte 1694 der Neresheimer Abt Simpert Niggl mit weitläufigen Wirtschaftsgebäuden, denen von 1699 an ein großer Konventbau folgte; die Pläne dazu lieferte Michael Wiedemann aus Unterelchingen. Im Gegensatz dazu wurde im Norden des Härtsfelds das Deutschordensschloß Kapfenburg nur barock „überholt". Von 1715 an widmete sich der Deutschordensbaumeister Franz Keller mit dem Stukkateur und Baumeister Franz Joseph Roth diesen Renovierungs-, Umbau- und Ausgestaltungsaufgaben.

Für sein Vorhaben, die hochgelegene Burg Baldern in eine Barockresidenz umzuwan-

73   Das Palais Adelmann in Ellwangen, erbaut 1688 von Michael Thumb, 1987 renoviert

deln, konnte Kraft Anton Wilhelm Graf zu Oettingen-Baldern den eichstättischen Baudirektor Gabriel von Gabrieli gewinnen. In einem von 1718 bis 1737 sich hinziehenden Gestaltungsprozeß entstand eine standesgemäße Anlage, deren Glanzpunkte ein phantasievoll stuckierter Festsaal und eine lebhaft rhythmisierte Schloßkapelle sind.

Durch einen Brand dazu gezwungen, entschloß sich 1720 Ellwangens bedeutendster Barockfürst, Fürstpropst Franz Ludwig von der Pfalz, zur Umwandlung des Renaissance-Schlosses in eine angemessene Residenz mit doppelläufigem Treppenhaus, Thronsaal und Schloßkapelle. Er beauftragte damit die Deutschordensbaumeister Franz Keller und Franz Joseph Roth. Die Malereien schuf Christoph Thomas Scheffler, ein Schüler von Cosmas Damian Asam.

Der Gedanke herrschaftlicher Repräsentation bestimmte am erkennbarsten das Bauwesen in Ellwangen, das dort vorwiegend Sache der Fürstpröpste war. Als reichsunmittelbare Regenten mit einer Fülle auswärtiger Ämter und Würden hatten sie vor den Augen der Zeit zu bestehen. Ihr Barockvermächtnis ist das Stadtbild, das bis heute eine beachtliche Zahl guter Bauwerke vorweisen kann. Seine Glanzstücke sind das Palais Adelmann (1688), die ehemalige Jesuitenkirche mit den hochrangigen Fresken von Christoph Thomas Scheffler und dem Jesuitenkolleg (1720/29), die geistvoll barockisierten Innenräume der Basilika (1737/40) und der Marienkirche (1752) und eine Reihe ehemaliger Stiftsherrenhäuser.

Als letzte Baumaßnahme herrschaftlicher Art erfolgte 1777 der Einbau einer Rokokokapelle in das Renaissanceschloß von Untergröningen. Anlaß dazu gab ein Herrschaftswechsel, der die evangelisch-limpurgische Tradition der katholischen Linie Waldenburg-Bartenstein überließ.

Kunst für Gott und alle Stände

Das Barockjahrhundert, das Ellwangen vornehmlich durch das Wirken des Jesuitenordens zum weit ausstrahlenden Mittelpunkt religiöser Kunst und Kultur gemacht hat, fand in den Klöstern aufnahmebereite Mittler. Der festliche Kirchenraum als Inbild künftiger himmlischer Freuden und die von Decke und Wänden sprechende „Predigt in Farbe" wurden für sie zu zeitgemäßen Medien geistlichen Lebens. Schon 1672 holte das Zisterzienserinnenkloster Kirchheim frühbarocke Altäre in seine Marienkirche; ein festlicher Torturm mit Heiligenfiguren grenzte von 1723 an das katholische Klosterareal gegen die evangelisch gewordene Umwelt ab, und 1756 leistete man sich für das barockisierte Kirchinnere einen prachtvollen Hauptaltar.

Auch an der barocken Verjüngung des mittelalterlichen Bildes der Reichsstadt Schwäbisch Gmünd haben die Klöster, allesamt Bettelorden, wesentlichen Anteil. Ihre großen Konventbauten setzten prägende Akzente. Als die Franziskaner 1749–1752 die Franziskuskirche barockisierten, erwarben sie einen herrlichen Hauptaltar von Dominikus Zimmermann und verpflichteten den Freskanten Joseph Wannenmacher von Tomerdingen für eine Folge vorzüglich komponierter Deckenbilder. Die Augustiner beauftragten mit der Barockisierung ihres Klosters (1732–1758) den Oberelchinger Baumeister Christian Wiedemann, mit der Umgestaltung der Augustinuskirche (1756) den Stadtbaumeister Johann Michael Keller, der damals seit drei Jahren in Gmünd ansässig war. Kellers glücklicher Zusammenarbeit mit dem wohl augsburgisch geschulten Maler Johann Anwander aus Lauingen verdankt Schwäbisch Gmünd sein Barockjuwel: Chor- und Langhausfresken, die sich in Komposition und Farbgebung als Meisterwerke einer Zeit ausweisen, die in der

Freskomalerei „die höchste Stufe der Kunst" (Martin Knoller) erblickte. Leider ist Anwanders zweite große Schöpfung der Stadt verloren gegangen: die Ausmalung der ebenfalls von Johann Michael Keller barockisierten Klosterkirche der Dominikaner (1762–1764). Als Keller 1775 mit der Umgestaltung der Friedhofkirche St. Leonhard beauftragt wurde, war Anwander bereits tot. Er konnte jedoch auf den Maler von St. Franziskus, Joseph Wannenmacher, zurückgreifen. Dessen großes Langhausfresko zeigt ihn „in Komposition, Zeichnung und Koloristik auf dem Höhepunkt seiner Fresko-Kunst" (Hartmut Müller).

Das geistliche Bauwesen „ad maiorem Dei gloriam" wurde in der zweiten Hälfte des Barockjahrhunderts von einer regen Auftragsvergabe reicher Kaufherren begleitet. Ihre in gediegenem Barock aufgeführten Bürgerhäuser sind „Kostbarkeiten des heutigen Stadtkerns" (Peter Spranger). Sie verwandelten, vornehmlich durch die Gestaltung des weiträumigen Marktplatzes zwischen dem gotischen Amtshaus des Heiliggeistspitals (1495), dem Marktbrunnen mit doppelseitiger Marienfigur (1700) und dem Neuen Rathaus, einem ehemaligen Privathaus (1783), Schwäbisch Gmünd zusehends in eine Barockstadt. Der Baueifer der Großen schaffte Arbeitsplätze, die Gewerbe blühten auf. In Schwäbisch Gmünd erfuhr das Edelmetallgewerbe eine starke Belebung; 1739 arbeiteten 250 Goldschmiede in der Stadt. Ellwangen wurde zu einem Mittelpunkt der baugebundenen Handwerkszweige. Den kunstvollen Modeln von Ellwanger Stukkateuren und Modelleuren verdankte der Wasseralfinger Eisenkunstguß Blüte und Verbreitung, ebenso die Schrezheimer Fayence, die im „Schrezheimer Altar" (1774) für die Schrezheimer Antoniuskapelle ein Kunstwerk von zierlichem Charme hinterließ. Es war vor allem die allen Ständen gemeinsame Verquickung von religiösem Eifer und Repräsentation, die in Stadt und Land eine Zeit schöpferischer Erneuerungslust heraufführte.

Pfeiler einer Kulturbrücke

Es wird immer ein Problem bleiben, der Fülle einer vom Barock geprägten Landschaft mit allen ihren großen und kleinen künstlerischen Höhenflügen gerecht zu werden. Kriterien musealer Auswahl dürfen jedenfalls die vielschichtige, vornehmlich religiöse geistig-seelische Dynamik nicht außer acht lassen, die diese Fülle ermöglicht hat und ihr als Gesamtleistung Größe gibt. Sie vermochte es, für eine geraume Weile fürstliche, geistliche, städtische, reichsritterschaftliche und privatbürgerliche Bauherren für einen einheitlichen Baueifer zu gewinnen, der vorab dem Bau von ländlichen Pfarrkirchen, Pfarrhäusern, Wallfahrtskirchen, Kapellen und Bildstöcken zugute kam.

Im Stiftsland Ellwangen mit seinen 16 heute innerhalb des Ostalbkreisgebietes gelegenen propsteilichen und kapitelischen Pfarreien brachte die Amtszeit des Fürstpropstes Franz Georg von Schönborn trotz des anfänglichen „chaos confusum" im Kammer- und Finanzwesen starken Aufwind. Sie führte 1737 zur Einrichtung eines fürstpröpstlichen Stadt- und Landbaumeisteramtes, dessen Besetzung mit Arnold Friedrich Prahl (1709–1758) für das ganze Territorium einen Glücksgriff bedeutete. Während die Abtei Neresheim in Ebnat und Elchingen baute, sorgten die Grafen von Oettingen in ihrer Nachbarschaft für zahlreiche Kirchen des Härtsfeldes, des Riesrandes und des Albvorlandes. Das dritte Jahrzehnt wurde geradezu zu einem Jahrzehnt der Härtsfeld-Dorfkirchen: einschiffiger Saalkirchen mit eingezogenem Chor und behelmtem Glockenturm, drei Altären, maßvoller Stukkierung und Freskenschmuck. Vier Bauten ihres weiten Abhängigkeitsbereichs verdienen besonders hervorgehoben zu werden: die Wallfahrtskirche zur „Maria im Roggenakker" in Flochberg, die 1741 von dem Wiener Baumeister Paul Ulrich Trientl als lichterfüllter Zentralbau aufgeführt wurde; die Marienkapelle von Zöbingen, ebenfalls eine Wallfahrtskirche mit Zentralbaugrundriß, die 1783 ein prachtvolles Hauptkuppelfresko des Wallersteiner Malers Anton Wintergerst erhielt; die 1769 barockisierte Pfarrkirche in Röttingen, deren Deckengemälde ebenfalls von Wintergerst stammen, und die 1761/66 unter dem Patronat des Deutschordens erbaute Martinskirche in Zipplingen, ein Bau mit reicher Ausstattung und Fresken von Joh. Georg Dieffenbrunner.

Von den zahlreichen Bauten, die außerhalb Gmünds die Handschrift Johann Michael Kellers tragen, verdient die 1765/66 nach Plänen von Johann Adam Groß d. J. und Keller als Predigtsaalkirche gestaltete ev. Stadtkirche von Aalen Beachtung; sie wurde von Anton Wintergerst freskiert. 1764–1768 leitete er die barocke Umgestaltung der Pfarr- und Wallfahrtskirche Unterkochen, in der Johann Anwander seine letzten Freskenzyklen schuf. Im gleichen Jahr 1780, als Keller vor den Toren Schwäbisch Gmünds das nachmals berühmt gewordene „Stahlsche Gartenhaus" erbaute, trug er im Auftrag der Deutschordenskommende Kapfenburg auch die Verantwortung für den Neubau der Pfarrkirche in Westhausen. 1783 begann er in Heubach-Lautern das ländliche Juwel der Pfarrkirche zu gestalten.

Die zwangsläufig lückenhafte Aufzählung möge genügen, um die Feststellung von Peter Spranger zu bestätigen, daß sich auch der heutige Ostalbkreis trotz mancher regionaler Unterschiede einfügt in eine von den ästhetischen Kategorien des Barock geprägte bunte und ausdrucksstarke Kulturlandschaft. „Unsere Gegend wurde damit zu einem Pfeiler jener weitgespannten Kulturbrücke, die damals die entferntesten Orte miteinander verband ... hinweg über territoriale Splitter im kleinen, hinweg über machtpolitische Differenzen im großen."

Vollendung und Abschied: Neresheim

Zur Krönung der Barockentwicklung im Ostalbkreis wurde die Abteikirche von Neresheim. 1750–1792 nach Plänen von Balthasar Neumann aufgeführt, gilt sie heute als einer der Höhepunkte europäischen Kirchenbaus. Schon die Maße des aus Längs- und Querovalen und einem fast runden Vierungsraum gebildeten kreuzförmigen Grundrisses sind eindrucksvoll. 83 m lang und 21 m breit ist das Langhaus mit dem auf 18 m reduzierten Chorraum, über 35 m mißt das Querhaus. Doch noch unmittelbarer als die Größe des Raums überrascht seine innere Dynamik. Neumann erzielte sie durch eine melodisch bewegte Wandarchitektur, die die Kurven des Grundrisses nachzeichnet, sie durch konkave und konvexe, geschlossene und geöffnete Partien belebt und zugleich die Gewölbe durch Korb-, Halbkreis- und Spitzbögen „zu dem geschmeidigsten geistigen Tanze" (Wilhelm Pinder) befähigt. Den Raumhöhepunkt bildet die Vierung, in der Langbau- und Zentralbaugedanken einander mit der vollkommensten Selbstverständlichkeit durchdringen. Neumann hat sie durch vier den Pfeilern vorgestellte Säulenpaare ausgezeichnet, ein schmaler Umgang erhöht den Eindruck vollendeter Leichtigkeit.

Diesem „erschütternd großartigen Bau" (Dehio) hat der Geschmackswandel das barocke Kleid vorenthalten; die klassizistische Ausstattung kommt gegen die Macht der Architektur nicht an, wenngleich sie der räumlichen

Wirkung zugute kommt. Kongenial aber sind die sieben Kuppelfresken von Martin Knoller aus Steinach in Tirol. Sie entstanden zwischen 1770 und 1775. Sie stellen einen Christus-Zyklus dar, der um das Hauptkuppelfresko mit dem Zentralmotiv der Anbetung der göttlichen Dreieinigkeit durch die triumphierende Kirche gruppiert ist.

Fast genau 100 Jahre vor der Vollendung der Neresheimer Abteikirche hatte der Barock auf dem Schönenberg bei Ellwangen seinen Einzug gehalten, mit einem Innenraum von würdevoller Klarheit. In Neresheim verabschiedete er sich mit einem Innenraum voll „fränkischer Melodik", so daß uns heute das noble Maß der einen und die hinreißende Raumbewegung der andern wie die beiden Pole erscheinen, zwischen denen sich die Entwicklung des Barock im östlichen Württemberg vollzogen hat.

Verlustreiche Neuordnung

Die territorialen Veränderungen, die an der Wende vom 18. zum 19. Jahrhundert durch das Vordringen Frankreichs zum Rhein ausgelöst wurden und auch im Raum der Ostalb zur Säkularisierung und Mediatisierung der geistlichen Herrschaften und der Reichsstädte führten, waren denkbar ungeeignet, die vom Barock geweckten schöpferischen Impulse auf einen neuen politischen Anfang zu übertragen. Vor allem die von Württemberg okkupierten Gebiete der Fürstpropstei Ellwangen und der Reichsstadt Schwäbisch Gmünd erlitten erhebliche Verluste an beweglichem Kulturgut. Die „Besitzergreifungsinstrumente" erfaßten nicht nur „Sammentliche ehemalig fürstlich und kapitelische Gebäude in der Stadt und auf dem Land in den nunmehrigen Herzoglich Württemberg Fürstentum Ellwangen". Sie beschlagnahmten ausdrücklich auch die kirchlichen Gold- und Silbergeräte und beauftragten im Februar 1804 den Direktor der kurfürstlichen Privatgalerie, „in den Kirchen von Gmünd, Comburg und Ellwangen und auf dem Schönenberg die schönsten Gemälde auszusuchen und nach Stuttgart zu schicken". Besonders schmerzlich wurde Gmünd durch die Konfiszierung der Wertgegenstände seiner sechs Klöster getroffen. Da sie eingeschmolzen wurden, ging sicherlich auch manches wertvolle Stück aus einheimischer Werkstatt verloren.

Die Unruhe, die mit den napoleonischen Kriegen und den Auswirkungen der territorialen „Flurbereinigung" die ersten Jahrzehnte des 19. Jahrhunderts plagte, erlaubte nirgendwo kostspielige Bauvorhaben. Man beschränkte sich auf notwendige Nutzbauten, begann mit der Abtragung alter Tore, Türme und Wälle und legte die Staatsstraße Aalen – Bopfingen (1815/17) an, die während des Notjahres 1817 einige Erleichterungen brachte.

So hat der späte romantische Klassizismus größere Bauvorhaben wie den Neubau des Schlosses der Freiherren von Koenig in Fachsenfeld, der 1829/30 auf den Grundmauern des altgewordnen Woellwarth-Schlosses Gestalt gewann, nur gestreift; kunsthistorische Bedeutung erhielt das Schloß erst 1904, als es der Stuttgarter Architekt André Lambert zu einem „der wenigen in ursprünglicher Gestalt erhalten gebliebenen Denkmäler der Einrichtungskunst des Jugendstils in seiner reinsten Verkörperung" (Werner R. Deusch) machte. Auch das 1836 „von Grund auf" neu erbaute, 1884 auf seine heutige Gestalt gebrachte Alte Rathaus in Aalen entsprach eher den Zweckmäßigkeitsgeboten des damals praktizierten „Kameralstils", als künstlerischen Ansprüchen.

Erst in der zweiten Jahrhunderthälfte begannen neue Tendenzen das überkommene Architekturbild der Städte zu verändern. Die Im-

Verlustreiche Neuordnung – Historismus

pulse kamen mit der gewerblichen Belebung nach Einführung der Gewerbefreiheit und nach dem Bau der Eisenbahnlinie Cannstatt – Wasseralfingen (1861). Die fortschreitende Öffnung der deutschen Länder durch Eisenbahnlinien, die rasch sich verdichtenden Informationsmöglichkeiten durch Tageszeitungen, Telegraf und Telefon, vermehrte Bildungschancen durch die Differenzierung des Schul- und Verlagswesens und nicht zuletzt die Anziehungskraft liberaler Fortschrittsgedanken belebten nun auch in der „Provinz" den Wunsch, mit den tonangebenden Entwicklungen Schritt zu halten. Dies um so mehr, als die wachsenden Einwohnerzahlen nach angemessener Zeitoffenheit verlangten. Da im Bauwesen die Stunde der „historistischen" Architektur gehörte, öffneten sich ihr von der Mitte des Jahrhunderts an auch Stadt und Land des heutigen Kreisgebietes.

Historismus

Der bis zum Ersten Weltkrieg dauernden Phase historistischer Architektur ist nur wenig Nachruhm zuteil geworden. Es ist jedoch fragwürdig, die Jahrzehnte zwischen 1840 und 1914 pauschal als Periode eines baren Eklektizismus abzutun, der mangels eigenen schöpferischen Künstlertums sich mit Rückgriffen auf Kunstformen historischer Stile begnügt habe. Auch der Historismus ist Frucht des romantischen Bewußtseins von der „geschichtlichen Bedingtheit aller Wirklichkeit", das im 19. Jahrhundert zu breiter Entfaltung kam und dem Vorherrschaftsanspruch des Klassizismus die Auffassung von der Gleichberechtigung aller historischen Epochen entgegensetzte. Während kreative Architekten darin eine Aufforderung erkannten, ererbte Stilformen, vornehmlich solche der Gotik, in die Architektursprache ihrer Zeit umzusetzen, wilderten andere in den zeitüblichen sog. Musterbüchern, erlagen formalistischer Kopie oder verfielen stilistischem Mischmasch. Den Höhepunkt der Stilnachahmung brachte der Bauboom der „Gründerzeit", als der Kreis der gotischen Nachahmung ausgetreten war und von der Neoromanik bis zum Neubarock jegliches dekorative Angebot genützt wurde. Vor allem in der Fassadengestaltung von Wohnbauten und öffentlichen Gebäuden, in der Raumausstattung mit „Schreinergotik" und im Kunstgewerbe stand die Stilmaskerade in hohem Kurs.

Es entspricht nicht der Natur der ostwürttembergischen Bevölkerung, in Fragen der Kunst gewagte Antworten zu geben. Wie im Rathausbau des frühen 19. Jahrhunderts gehörte darum auch im Kirchenbau die größere Liebe der maßvollen Lösung, wie sie sich im sog. Rundbogenstil anbot. Da diese Gestaltungsweise den gotischen Formenreichtum stark beschränkte und auf klassizistische Werksteinfassaden verzichtete, war sie billiger und fand in den dreißiger und vierziger Jahren weite Verbreitung. Ihr Hauptvertreter im Gmünder Raum war der Gmünder Baurat Gottlieb Wilhelm Wepfer (1805–1878). Seine Handschrift tragen die Pfarrkirchen St. Albanus (1835/36) in Herlikofen, St. Georg (1847/49) in Mutlangen, St. Cyriak (1851/53) in Zimmerbach, St. Martin (1856/59) in Iggingen und St. Blasius (1863/66) in Spraitbach.

Im Oberamt Aalen trat der historistische Kirchenbau erst im Zug der wirtschaftlichen Belebung in Erscheinung. Als sein Schrittmacher darf der Stuttgarter Bauingenieur Georg Morlok (1815–1896) gelten. Zuständig für den Bau der Remstalbahn, gestaltete er u. a. den Bahnhof Schwäbisch Gmünd. 1868 übernahm er den Bau der (heute nicht mehr bestehenden) neugotischen Marienkirche in Aalen, des ersten katholischen Gotteshauses in der Oberamtsstadt. Von 1869 an entstand nach seinen Plänen die Pfarrkirche St. Peter und Paul von Lauchheim im Stil der Neurenaissance. 1871 folgte, wiederum in neugotischen Formen, die Pfarrkirche St. Nikolaus von Dalkingen, während die vier Jahre später emporwachsende Pfarrkirche St. Maria in Pommertsweiler neuromanische Formen erhielt.

Als Kirchenbaumeister von Rang verdient Josef Cades (1855–1943) respektiert zu werden. Ihm verdankt Stödtlen die konsequent neugotisch gestaltete Pfarrkirche St. Leonhard (1893) und Rosenberg-Hohenberg die Restaurierung der romanischen Jakobuskirche von Hohenberg im modernen Sinn „erhaltender Erneuerung" (1896). 1905 entwarf Cades die Laurentiuskirche von Waldstetten und die Jakobuskirche von Bargau, 1912 die Pfarrkirche St. Bernhard in Heubach, alle in neuromanischen Formen. „Cades suchte ehrlich, eine vergangene Form des Kirchenbaus zu neuem Leben zu erwecken... Die geistesgeschichtlichen, liturgischen und bautechnischen Voraussetzungen für eine ganz neue Art von Kirchen waren um 1900 noch nicht gegeben", urteilt Gottlieb Merkle in seiner Dokumentation „Kirchenbau im Wandel" über diese letzte Phase des Historismus.

Im Architekturbild des Ostalbkreises nimmt der Kirchenbau des Historismus bis heute einen gewichtigen Platz ein. Ein Grund dafür liegt ganz allgemein in der Größe der Baukörper, wie sie das Bevölkerungswachstum erforderte, ein zweiter ist ihre ortsbildbestimmende Qualität. Die Beispiele finden sich im ganzen Kreis. Da ist die ev. Kirche von Gschwend, ein marktplatzbeherrschender neugotischer Bau von 1861/63. Kein Geringerer als Christian Fr. Leins, der Schöpfer des Stuttgarter Königsbaues und wegweisende Lehrer der nachklassizistischen Stuttgarter Architektenschule, hat ihn als Emporenhalle mit schmälerem Chor gestaltet. In Abtsgmünd präsentiert seit 1885 die Pfarrkirche St. Michael auf erhöhtem Standort selbstbewußt ihre neugotischen Formen, die noch 1902 den kunstsinnigen Bischof Paul Wilhelm von Keppler von einer „der herrlichsten Landkirchen der Diözese" sprechen ließen. Die neuromanische Wasseralfinger Stefanuskirche (1883), wie die neugotische, elf Jahre jüngere ev. Pfarrkirche ein Geschöpf des Stuttgarter Hofbaudirektors Felix von Berner, wurde als gemeindlicher Schwerpunkt konzipiert, und in Aalen wählte man 1910 für den Neurenaissancebau der Salvatorkirche, für die der Stuttgarter Architekt Hugo Schlösser die Entwürfe schuf, sogar einen stadtnahen Hügel, um die Säulenfront des Eingangs als stadtbildprägendes Element wirkungsvoll zur Geltung zu bringen.

Mit vergleichbarem Anspruch auf repräsentative Wirkung veränderten sich im letzten Drittel des Jahrhunderts auch drei historische Baukomplexe: Schloß Neubronn im Leintal schmückte sich mit verzierten Renaissancegiebeln, Kloster Lorch erhielt mit dem wieder aufgebauten Marsiliusturm und einer umgestalteten Dachlandschaft eine neue Silhouette, und das Höhenschloß Baldern wurde von August Bayer, dem Vollender des Ulmer Münsterturms, einer „Erneuerung" anheimgegeben, die ihm den barocken Innenhof nahm und durch Turmbauten seine Gesamterscheinung veränderte.

„Zur Bildung des Geschmacks"

Die Rückbesinnung der Baukunst auf eine eigene zeitgemäße Sprache ließ bis zur kurzen Periode des Jugendstils auf sich warten. Es erklärt sich aus der ungewöhnlichen wirtschaftlichen Bedeutung des Edelmetallgewerbes für die Stadt Gmünd, wenn die zukunftsträchtigsten Erneuerungsgedanken zur „Bildung des Geschmacks" an der Rems ihre aufgeschlossensten Förderer fanden. Wegweisendes lei-

Tafel 31   Der von dem Nördlinger Meister Friedrich Herlin 1472 geschaffene Flügelaltar in der ev. Stadtkirche in Bopfingen

Tafel 32 Pfarrkirche Mariä Opferung in Abtsgmünd-Hohenstadt. Der stattliche barocke Bau wurde 1988/89 gründlich renoviert.

„Zur Bildung des Geschmacks" – Realismus

steten in dieser Hinsicht zwei Fabrikanten, Hermann Bauer (1833–1919) und Julius Erhard (1820–1898): Bauer als Promotor einer öffentlichen „Vorbildersammlung", Erhard als ihr Leiter und Mäzen, der 1890 seine Sammlung von „Gmünder Altertümern" mit rund 1000 Zeichnungen, Aquarellen und Drucken dem damals eröffneten städtischen Museum stiftete. Der „allgemeinen Geschmacksbildung" wollte auch der 1890 gegründete Kunstgewerbeverein „Vorwärts", Vorläufer des heutigen Gmünder Kunstvereins, dienen.

Den für die Entwicklung Gmünds zum Vorort kunsthandwerklichen Gestaltens in Ostwürttemberg entscheidenden Vorgang stellte jedoch die Gründung einer selbständigen Kgl. Fachschule für die Edelmetallindustrie dar. Unter der Leitung von Prof. Walter Klein (1877–1952) nahm diese 1909 in einem neuen Gebäude an der Rektor-Klaus-Straße die Arbeit auf. Das Schulgebäude, ein Frühwerk von Martin Elsässer, kündigte eine neue Baugesinnung an, und mit Walter Klein kam Weltluft nach Schwäbisch Gmünd. Dank mehrjähriger Akademiestudien in Paris mit den Erneuerungsideen des Nachimpressionismus und des Jugendstils vertraut, führte er 40 Jahre lang die Fachschule mit dem Ziel einer engen Verknüpfung von Theorie und Praxis, um durch die gestaltgebende Auseinandersetzung mit der Eigengesetzlichkeit der Materialien den Formsinn des Schülers und sein Gespür für die Materialgemäßheit der Form zu entwickeln. Für die Überwindung historischer Kopie und serieller kunstgewerblicher Schablone durch eine kreative Werkkunst hat die Gmünder Fachschule, die 1924 zur Staatlichen Höheren Fachschule wurde, Wegweisendes geleistet. Weder in der historischen Kunststadt Ellwangen noch in der sich industrialisierenden Oberamtstadt Aalen zeigten sich um 1900 vergleichbare Erneuerungsenergien auf künstlerischem Gebiet. Die Fayence-Fabrik zu Schrezheim hörte 1872 auf, und der Eisenkunstguß des Hüttenwerks in Wasseralfingen verlor um die Mitte des Jahrhunderts seine schöpferischen Impulse. Er hatte nach der Annexion des Betriebs durch Württemberg durch den klassizistischen Bildhauer Konrad Weitbrecht (1796–1832) eine Neubelebung im Sinn eines maßvollen romantischen Realismus erfahren; Weitbrechts Nachfolger Christian Plock (1809–1882) hatte dann den Modelbestand um biedermeierliche Genre-Motive eines lebensnahen Realismus erweitert. Je weiter die Technisierung fortschritt, desto mehr versiegte jedoch der künstlerische Ehrgeiz.

Realismus

Das Städtische Museum im Gmünder „Prediger" besitzt einige Silberplastiken aus den Jahren um 1885 und 1905, deren mustergültige Durchbildung nach damaliger Meinung „für alle Zeiten" der lernenden Jugend als Vorbild dienen konnte: Tafelaufsätze des gebürtigen Gmünders Wilhelm Widemann (1856–1915). Die virtuosen Kompositgebilde, die figürliche und ornamentale Zitate aus verschiedensten Stilperioden zu technisch bewundernswert gebliebenen Meisterwerken kombinierten, haben dem als Professor an der Frankfurter Kunstgewerbeschule (1884/93) und danach als Mitgestalter am Berliner Reichstagsgebäude wirkenden Gmünder Ehrenbürger hohen Ruhm zugetragen. Doch eine maßstabbildende Wirkung war dieser Könnerschaft nicht beschieden, die junge Kunst drängte nach einfacherer, wirklichkeitswahrer Sprache. Am deutlichsten zeigt dies die Malerei.

Das Streben nach Wirklichkeitsnähe hat alle Phasen der bildenden Kunst des 19. Jahrhunderts begleitet; dem naturalistischen Blick auf den farbigen Formenreichtum der erfahrbaren

Welt und auf die sozialen Realitäten verdankte sie nicht nur mitreißende optische Entdeckungen, sondern auch eine stete Weitung ihrer Themenbereiche und ihrer Fähigkeit, „sich Wirklichkeit im Bild anzueignen". Bis über die Mitte des Jahrhunderts hinaus galt nur das „edle" Motiv als darstellungswürdig: das Historienbild, das beseelte Porträt, das intime Familienstück und die Landschaftsandacht. Im „Prediger" belegt dies vor allem der Gemäldekomplex des gebürtigen Gmünders Emanuel Leutze (1816–1868), der in Amerika aufwuchs und als Historienmaler der amerikanischen und englischen Geschichte wie „Washingtons Übergang über den Delaware" berühmt wurde. Nach seinem Studium in Düsseldorf ansässig, war er um 1848 „die Seele der Düsseldorfer Künstlerschaft"; 1859 kehrte er, mit dem preußischen Professorentitel geehrt, endgültig wieder nach Washington zurück. Leutzes Gemälde und Zeichnungen entsprechen in allem den Erwartungen nachklassischer romantischer Bildauffassung. Sie sind lebenswahr in der Gestaltung der Personen und taktvoll in der Formulierung des großen szenischen Augenblicks. Profane Alltäglichkeit ist ihnen fremd.

Diese wurde erst darstellungswürdig, als der aus Neckarweihingen stammende spätere Ehrenbürger von Abtsgmünd Friedrich von Keller (1840–1914) nach Jahren anekdotischer Genremalerei den hart arbeitenden Menschen im Freilicht der Steinbrüche und im gewittrigen Helldunkel der Schmieden des Kochertals entdeckte. Keller, in Schwaben „einer der ersten, der hier nach wirklichkeitsnaher Formgebung strebte" (Peter Beye), hat damit das Spektrum des malerischen Realismus in ungeahnter Weise geweitet. Wie dies auch der in Schwäbisch Gmünd geborene „Eisenbahnmaler" Hermann Pleuer (1863–1911) getan hat, der ein waches Auge hatte für den kleinen Mann, das einfache Leben, das Grau der Bretterbuden und die ernüchternde Leiblichkeit abgearbeiteter Menschen. Der „Prediger" kann auch von ihm eine achtbare Auswahl von Bildern zeigen.

Die umfangreichste Sammlung von Pleuer-Gemälden und Handzeichnungen trug jedoch sein Mäzen, Franz Freiherr von Koenig-Fachsenfeld (1866–1918), auf seinem Fachsenfelder Landsitz zusammen. Als Förderer fortschrittlichen Kunstschaffens richtete er 1904 für die noch unpopuläre Kunst einen eigenen Saal ein – erster Hinweis auf das Entstehen einer aktiven Kunstszene im Raum Aalen. Zu deren Bildung trugen zwei weitere Realisten bei: der Wasseralfinger „Maler im Rollstuhl" Hermann Plock (1858–1920), ein Sohn des Hüttenwerk-Modelleurs Christian Plock, dem das Heimatmuseum Wasseralfingen eine Reihe qualitätvoller Landschaften verdankt, und der aus Flensburg stammende, seit 1918 in Abtsgmünd wohnende Stuttgarter Akademieprofessor Alex Eckener (1870–1944), dessen graphische Motive aus dem Arbeitsleben des Kochertals weite Verbreitung fanden.

Aspekte und Tendenzen der Gegenwart

1913/14 erbaute Hans Herkommer (1887–1956), Sohn des Gmünder Stadtbaumeisters Johannes Herkommer und ehemaliger Schüler von Paul Bonatz, in Straßdorf die neue kath. Pfarrkirche St. Cyriakus. Der Bau „wirkte wie eine Fanfare", schrieb Walter Klein 1924 in „Gmünder Kunst der Gegenwart". Herkommers Begabung, große Baumassen rhythmisch zu gliedern, sein ausgeprägtes Raumgefühl und seine gestalterische Konsequenz, die jede Einzelheit kunsthandwerklich gemeistert wissen wollte, machten in der Folge Hans Herkommer zu einem „großen Bahnbrecher, der die geistigen und künstlerischen Impulse seiner Zeit aufgegriffen und den Kirchenbau nach dem Ersten Weltkrieg in und außerhalb der Diözese entscheidend mitgeformt hat" (Gottlieb Merkle). Zwei benachbarte Kirchenbauten in Wißgoldingen und Hüttlingen, wo es Altes mit Neuem zu verbinden galt, bestätigten diesen Ruf.

Die Neuorientierung der Baukunst geschah im Sinn der Vereinfachung und der Klärung des Baukörpers. Drei zur Gegenwart führende Gestaltungspostulate setzten sich damals durch: die Forderung nach der funktionell zweckmäßigen, von innen nach außen entwickelten und dem Gelände angepaßten Baugestalt; die Forderung nach der materialgemäßen individuellen Form in der angewandten Kunst; und die Forderung nach „Wahrhaftigkeit in den Mitteln", d. h. nach der abstrahierenden Umsetzung von Formen der Realität in flächengesetzliche Bildformen oder plastische Qualitäten.

Die Wende zu den Kunstauffassungen der Moderne vollzog sich bis zur Jahrhundertmitte nur langsam, da sie altgewohnten realismusorientierten Traditionen widersprach und der Nationalsozialismus ihr den Garaus zu machen suchte. Um so mehr erstaunt die Dynamik zweier Prozesse, die nach dem Zweiten Weltkrieg das Bild des Kunstschaffens und des allgemeinen Verhältnisses zur Kunst völlig veränderten: Nachholbedarf und Erneuerungselan der von 1933 bis 1945 von der internationalen Kunstentwicklung abgeschnürten deutschen Kunstszene leitete nun eine permanente kreative Auseinandersetzung mit allen Strömungen der Moderne ein, die sich in vielfacher Weise niederschlug und dem Kunstschaffen der Ostalb einen pluralistischen Charakter gab. Parallel dazu erfuhr das Publikumsinteresse an Kunst und Kultur eine intensive Belebung. Die Kunstinformation und das Kunsterlebnis wurden dadurch zu Faktoren sozialer Lebensqualität und damit auch der kulturellen Infrastruktur. Hatten vor 1945 Kunstausstellungen in der „Provinz" noch Seltenheitswert, so gehören sie heute als Angebote von Städten und Landkreis, von Galerien und Kunstvereinen, von Volkshochschulen und Bankinstituten zum täglichen Leben.

Rundblick in Stichworten

Wie stark sich seit der Währungsreform 1948 das Erscheinungsbild des Ostalbkreises verändert hat, kann jede Gemeinde demonstrieren, die sich das Motto „Unser Dorf soll schöner werden" zu eigen gemacht hat. Besondere Verdienste erwarb sich dabei die Rührigkeit der Denkmalpflege. Sanierung und formklärende Restaurierung haben die gesichtsprägende, Landschaftsräume akzentuierende Wirkung historischer Baudenkmale wie Schloß Baldern oder von Kirchen in exponierter Lage wie Zöbingen, Zipplingen, Schönenberg, Hohenstadt und Unterkochen gesteigert und gefährdeten Töchtern der Barockzeit stimmungsvolle Innenräume gegeben. Großleistungen der „erhaltenden Erneuerung" wie die Rettung der Abteikirche Neresheim (1966–1975) und die Innenraumgestaltung der Ellwanger Stiftskirche (1960–1964), vieljährige substanzerhaltende Bemühungen um Kulturgüter wie das Heiligkreuz-Münster zu Schwäbisch Gmünd oder die Kapfenburg, und stilvolle Restaurierungen von bedeutenden Einzelobjekten wie der ev. Pfarrkirche und des Palais Adelmann in Ellwangen wurden in Stadt und Land von vielen Maßnahmen begleitet, durch die historische Baugruppen gerettet, Plätze zu Ortsmittelpunkten gestaltet, Straßenzüge farbig belebt und Wohnviertel mit Brunnen oder plastischen Kunstwerken bereichert wurden.

Als das populärste Beispiel revitalisierender Denkmalpflege darf die Umgestaltung des als „Prediger" bezeichneten ehemaligen Dominikanerklosters in Schwäbisch Gmünd hervorgehoben werden. Sie erfolgte 1969/73 nach

Plänen des Stuttgarter Architekten Prof. Wilhelm Tiedje und verwandelte durch eine abwechslungsreiche Folge von Ausstellungs-, Arbeits- und Versammlungsräumen den heruntergekommenen Bau in das Kulturzentrum der Stadt. Eine vergleichbare Neugestaltung verwandelte 1986/89 in Ellwangen das in seiner äußeren Erscheinung barock gebliebene Spital zum Neuen Rathaus. Auch an die schonsame Umwandlung des Aalener Bürgerspitals, des größten Fachwerkgebäudes der Reichsstadtzeit, zur Altenbegegnungsstätte, sei erinnert, desgleichen an Rückgewinnung der spätgotischen Barbarakapelle von Lauchheim für den evangelischen Gottesdienst. Bei ihrer inneren Neugestaltung wurden 1951 umfangreiche Wandmalereien (um 1520) entdeckt.

Neue Baukunst

Wie überall in Baden-Württemberg, so veränderte auch in den alten Landkreisen Aalen und Schwäbisch Gmünd die nach der Kriegs- und Wirtschaftskatastrophe von 1945 forcierte Industrieansiedlung das allgemeine Architekturbild vornehmlich durch funktionsgerechte Zweckbauten und Wohnsiedlungen. Künstlerische Ansprüche wurden zunächst kleingeschrieben. Die frühesten Anstöße zu neuer Baukunst gab die kirchliche Architektur. Der Zustrom von über 350 000 katholischen Heimatvertriebenen im mehrheitlich evangelischen Nordwürttemberg, das Bevölkerungswachstum und die sich verändernde soziale Funktion kirchlicher Zentren ließen zwischen 1950 und 1970 allein in der Diözese Rottenburg rund 500 neue Kirchen und Kapellen entstehen. Der ungewöhnliche Bauboom weckte bei Architekten und Künstlern einen ebenso ungewöhnlichen Wetteifer in der Entwicklung neuer Bauformen und der „Kunst am Bau". Es kam die Stunde der Betonkirchen.

Das Gußmauerwerk mit Stahleinlagen und Schalungsmöglichkeiten, neue Trägersysteme und Binderkonstruktionen erlaubten neue Grundrisse, individuelle Dachformen und eine plastische Durchgestaltung des Baukörpers. Da das Dickglas mit Betonrippen zunehmend an Bedeutung gewann und für die sakrale Raumstimmung wichtig wurde, erlebte die Farbglaskunst eine besondere Blütezeit. Ihr gab der Ulmer Maler Prof. Wilhelm Geyer auch in unserem Gebiet wegweisende Anregungen.

Drei Beispiele aus der Vielzahl eigenständiger Bauschöpfungen, drei Betonkirchen mit individueller geistiger Sprache: 1957 entstand in Mögglingen die neue kath. Pfarrkirche: eine längsgerichtete, von einem Stahlprofilskelett gestützte Viereckhalle mit breitem Chorraum (Architekt Albert Hänle, Chorgestaltung Herbert Hajek). Eine monumentale abstrakte Farbfensterkomposition von Rudolf Haegele über der Eingangsseite mit der „Ausgießung des Heiligen Geistes" filtert das Licht, das in die Kirche drängt. Den Gegenpol bildet das ungebrochene Licht des weit geöffneten Altarraums. Es ist das Widerspiel beider Lichtquellen, das die Gestaltungsidee fühlbar macht: das Wirken des Geistes Gottes. Hänles Peter- und Paul-Kirche in Schwäbisch Gmünd-Hardt (1958) verkörpert die Idee der unter Gottes Schutz stehenden Gemeinde. Ihr stark durchhängendes Dach und ihr hochgeführter Mauermantel erinnern an ein Zelt, das Geborgenheit verspricht. Mit kraftvollen kubischen Formen wendet sich dagegen die zehn Jahre jüngere Kirche St. Michael in Schwäbisch Gmünd von dominierender Hanglage herab dem Remstal zu, ein weit in die Landschaft hineinsprechendes „Mahnmal" des Architekten Peter Schenk.

Der Kirchenbau als funktionell gegliederte Betonplastik aus Kuben und Scheiben wie die 1972 geweihte Aalener Marienkirche von

Neue Baukunst

W. Beck-Erlang, Stuttgart, als in sich geschlossener Einraum wie die ev. Markuskirche (1967) im Aalener Stadtteil Hüttfeld, als Schwerpunkt eines kirchlichen Gemeindezentrums wie die 1953 von Otto Linder, einem Bahnbrecher modernen Kirchenbaus, in Bopfingen erstellte Halle St. Josef, oder als Akzent im Bautenverbund eines Stadtzentrums wie die ev. Versöhnungskirche (1969) von Oberkochen – an individuellen Lösungen ist kein Mangel. Liturgieform, Erneuerungsgedanken des zweiten Vatikanischen Konzils und vor allem die gewandelte Rolle der Gemeinde im neuen Kirchenverständnis wirkten dabei auch im Ostalbkreis als Herausforderungen zu einer zeitgemäßen Formensprache.

Auch im kommunalen und gewerblichen Bauwesen wuchsen, nach mancherlei Fehlgriffen der „Wirtschaftswunder"-Euphorie, seit den sechziger Jahren die Ansprüche an formalästhetische Qualitäten. Diese hatten sich bisher auf die Ausstattung von Repräsentations- und Verteilerzonen beschränkt, nun erwartete man sie von der Gesamtheit des Baukörpers, seiner Erscheinung und Durchbildung und seiner landschaftlichen oder städtebaulichen Einbindung.

Als zeitlich erster Höhepunkt entstand

74   Haupteingangszone des „Stadtgarten Schwäbisch Gmünd", erbaut 1978–1984

1978–1984 am Rand der Altstadt der Neubau „Stadtgarten Schwäbisch Gmünd". Er wurde nach Plänen des Stuttgarter Architektenteams Heckmann, Kristel, Jung nahe dem Rokokoschlößchen als Baukörper von großer Ausdehnung schonsam in die Grünanlage eingefügt. Bei zurückhaltender Höhenentwicklung nahm die innere Gestaltung den Höhenunterschied im Gelände auf, indem sie große Teile des Raumprogramms unter die Halle legte und den Hauptzugang über breite Treppenanlagen zu den Foyers und zwei Sälen führen läßt. Da eine Projektgruppe von 15 Gmünder Kunstschaffenden an der Gestaltung beteiligt war, wurde dem Neubau eine permanente Kunstausstellung dokumentarischen Charakters integriert.

Als Baumasse mit vier Vollgeschossen gut in die stadträumliche Situation eingefügt, nach allen Seiten hin belebt durch einen differenzierten Wechsel von geschlossenen und stark geöffneten Teilen, bildet das 1980–1984 erbaute Ostalb-Kreishaus einen anziehenden Schwerpunkt im Baubild der Aalener Innenstadt. Das neue Landratsamt entstand nach Plänen der Architekten Meister und Wittich, Stuttgart und Heilbronn, in Zusammenarbeit mit dem Architekturbüro Schöne und Seeberger, Schwäbisch Gmünd. Sein Foyer beherbergt regelmäßige Kunstausstellungen, die mit den städtischen Kunstausstellungen im Foyer des Rathauses wetteifern.

Als attraktives Beispiel zeitgenössischer „Erlebnisarchitektur" fanden die „Limes-Thermen Aalen" internationale Beachtung. Die nach Plänen des Münchener Architekten Prof. R. Wienands 1983–1985 erstellte Anlage des Mineralbades schmiegt sich dem Höhenzug der Ostalb an. Von einem antikisierenden Vorhof geöffnet, entwickelt sie eine Folge von Warmbadebecken, Therapie- und Erholungsräumen, deren Architektur von römischen Reminiszenzen durchgespielt wird.

Neben diesen Neubauten verdient auch die ansprechende Neugestaltung der Aalener Stadthalle durch Architekt Keller, Süßen, Erwähnung (1988/89). Als zentraler Ort des städtischen Kulturlebens wurde sie mit einer Auswahl charakteristischer Gemälde und Plastiken einheimischer Künstler ausgestattet.

Lebendige Kunst

Auch für die bildenden Künste im östlichen Württemberg bedeutete das Jahrzehnt nach der Währungsreform eine Zäsur. Als den Erfordernissen der Zeit folgend das Selbstverständnis von Kreis- und Gemeindeverwaltungen sich veränderte und die Steuerungs- und Aufsichtsbehörden zu Leistungsverwaltungen der Daseinsvorsorge wurden, gerieten mehr und mehr auch Kultur und Kunst in ihren Gesichtskreis. Kunstförderung wurde zur kulturpolitischen Aufgabe der öffentlichen Hand. Die Wiederaufbaujahre verwiesen auf den dringlichsten Bereich: die Kunst am Bau; bei öffentlichen Neubauten sollte ein bestimmter Prozentsatz der Kunst verfügbar gemacht werden.

Da auch der neue Kirchenbau in besonderem Maße auf den Künstler angewiesen war, führte die Kunst am Bau zu einer kräftigen Belebung des Kunstschaffens. Neue Chancen aktivierten neue Talente. Dabei veränderte sich auch die regionale Kunstszene, die in der ersten Jahrhunderthälfte in Schwäbisch Gmünd ihren einzigen an der Kunstentwicklung aktiv beteiligten Schwerpunkt gehabt hatte. Mit der jüngeren Generation meldeten sich nun auch Aalen und Ellwangen zu Wort. Als Auftakt und ersten öffentlichen Niederschlag darf man die Ausstellung des Landratsamtes „Kunstschaffen im Kreis Aalen" (1955) bezeichnen, die mit Ankäufen für das neue Kreiskrankenhaus nicht geizte. Und um die Kontinuierlichkeit machte sich Herbert Bekker verdient, der in Zusammenarbeit mit der Volkshochschule Aalen und dem Volksbildungswerk Unterkochen das Belegschaftshaus von Gebr. Wöhr von 1957 an für weit über 100 Kunstausstellungen öffnete. In Ellwangen kamen die wichtigsten Anstöße vom „Stiftsbund"-Leiter Dr. Müller-Erb und den Ausstellungen des Geschichts- und Altertumsvereins, der im Ellwanger Schloß eine ständige Ausstellung für Ellwangens bedeutendsten Maler Karl Stirner (1882–1943) aus Rosenberg und den Ellwanger Bildhauer Josef Retzbach (1888–1960) eingerichtet hat.

Es ist selbstverständlich, daß dieser Zugewinn an kreativer Aktivität nicht nur lokal zu Buche schlug; die „Kunst gehet nach Brot", und der Kunstauftrag fragt zuerst nach Qualität. So sind die Arbeiten eines jeden im Ostalbkreis zugezogenen oder geborenen Kunstschaffenden von Rang weit gestreut. Werke von Bildhauern wie Prof. Jakob Wilhelm Fehrle (1884–1974), Prof. Fritz Nuss (1907) und Elsbeth Schönbohm-Keller (1901) sowie von jüngeren Meistern wie Sepp Baumhauer (1930), Max E. Seiz (1927), Eckart Dietz (1933), Karl-Ulrich Nuss (1943) oder Rudolf Kurz (1952) finden sich in vielen Gemeinden des Ostalbkreises und weit darüber hinaus. Dasselbe gilt für Glasfenster- und Wandgestaltungen namhafter einheimischer Maler wie Prof. Rudolf Walter Haegele (1928), Ernst Wanner (1917), Heinz Knödler (1926), Georg Sternbacher (1933) und Helmut Schuster (1939).

Ein zweites Merkmal heutigen Kunstschaffens im Ostalbkreis ist die herausragende Rolle religiöser Thematik, die für das Gmünder Kunsthandwerk schon immer gegeben war. In der bildenden Kunst hat sie seit langem ihr Schwergewicht in der Malerei des Pfarrers und Malers Sieger Köder (1925). Von seiner Hand stammen zwei Höhepunkte freier Gestaltung: ein Flügelaltar in der Pfarrkirche seiner Heimatgemeinde Wasseralfingen und ein Flügelaltar in der Pfarrkirche zu Rosenberg. Köders Fensterzyklen in der Pfarrkirche „Heilig Geist Ellwangen" verdienen Beachtung durch ihre farbliche Intensität und lokalhistorischen Bezüge. Nicht übersehen seien in diesem Zusammenhang die mutigen Tapisseriegestaltungen der Textilkünstlerin Gudrun Müsse Florin (1935), Göggingen.

Die Vielfalt der regionalen Kunstszene wurde bereits angesprochen. Sie verbürgt, nicht zuletzt für den Bereich der Graphik, einen auffälligen Reichtum an individuellen Facetten technischer und inhaltlicher Art. Sie weist experimentelle Produktionen auf wie die elektronischen Klangkörper des international bekannt gewordenen Wahlgmünders Walter Giers (1937). Sie überrascht mit Sonderwegen ästhetischer Erkundung, wie sie sich im metaphorischen Bildschaffen von Alfred Bast (1948) oder in der Computergraphik von Prof. Alfred Lutz (1919) zu erkennen geben. Und sie geizt auch nicht mit dem skurrilen Witz gesellschaftskritischer Naiver Malerei, als deren Vertreterin die auch im Ausland erfolgreiche Lorcher Malerin Maria Kloss (1940) genannt sei.

So darf zusammenfassend festgestellt werden, daß Kunst und Kunsthandwerk unserer Region sich nach vier Jahrzehnten freier Entwicklung durch ein beachtliches Niveau auszeichnen. Zu einem Gutteil ist dies der schulischen Kunsterziehung zu verdanken. Daß dabei der maßstabbildenden Breitenwirkung der Gmünder Fachschule, deren Leitung 1947 von Prof. Klein an Prof. Walter Lochmüller überging, besondere Bedeutung zukommt, steht außer Zweifel. Durch den kreativen Lehrkörper der späteren Staatlichen Werkkunstschule und heutigen Fachhochschule für Gestaltung setzten sich ihre künstlerischen Gestaltungsmaximen als gemeinverbindliche Richtlinien durch, so daß – auch dies ein Spezifikum der

Region – die alte Unterscheidung zwischen zweckfreier und zweckgebundener Kunst weithin unerheblich wurde. Denn die sinngebende Aufgabe bleibt, um ein Wort Lochmüllers zu zitieren, immer dieselbe: „den technischen Fortschritt durch formende Kräfte zu bewältigen, zu humanisieren".

Ein Hinweis auf eine kunstfördernde Stiftung großzügigster Art möge unsern Rückblick ergänzen. Am 2. Juli 1985 unterzeichneten Baron Reinhard Koenig-Fachsenfeld (1899–1992) und Oberbürgermeister Ulrich Pfeifle einen Stiftungsvertrag. Dieser legte fest, daß nach dem Tod des Freiherrn Schloß Fachsenfeld mit seinen Kunstsammlungen in eine gemeinnützige Stiftung unter der Oberhoheit der Stadt Aalen umgewandelt werden soll. Das ist inzwischen geschehen. Die Sammlungen sind von hohem Rang. Sie bestehen u. a. aus rund 1000 altitalienischen Handzeichnungen und 1700 Zeichnungen aus dem 15. bis 19. Jahrhundert. Weitere Blöcke bilden die Gemälde und Zeichnungen der schwäbischen Maler Hermann Pleuer, Otto Reiniger und Friedrich Keller, die Schrezheimer, Crailsheimer, Ansbacher und Ludwigsburger Fayencen und Porzellane, rund 650 Blatt Originalgraphik und eine Ex-libris-Sammlung mit rund 10 000 Stücken in 32 Bänden.

Tafel 33   Die Abteikirche in Neresheim, 1750–1792 nach Plänen von Balthasar Neumann erbaut, gilt als einer der Höhepunkte im europäischen Kirchenbau.

Tafel 34   Der barockisierte Innenraum der Basilika St. Veit in Ellwangen

Tafel 35   Stödtlen. Blick in das Innere der Pfarrkirche St. Leonhard, die J. Cades konsequent im neugotischen Stil erbaute.

Tafel 36   Schwäbisch Gmünd-Straßdorf. Neue Pfarrkirche St. Cyriakus, erbaut 1913–1915 von Hans Herkommer. Sie hat ihren Jugendstilcharakter rein erhalten.

Der Ostalbkreis heute

Der Ostalbkreis, Aufgaben, Leistungen für den Bürger

von Diethelm Winter

Die Kreiseinwohner wissen meistens gut Bescheid über die Aufgaben und Leistungen der Stadt oder Gemeinde, in der sie wohnen. Eine richtige und vor allem umfassende Antwort auf die Frage „Was tut der Landkreis für uns?" fällt vielen weitaus schwerer. Die großen Informationsdefizite, die bei vielen im Blick auf ihren Heimatkreis bestehen, sind mehr als bedauerlich. Eine aktive Teilhabe und Mitwirkung der Bürger an der Kreispolitik setzt eine umfassende Information über Wesen und Aufgaben unseres Ostalbkreises voraus. Deshalb möchte ich hier über die Aufgaben und Leistungen unseres Landkreises berichten.

Die rechtliche Grundlage für die Aufgaben des Landkreises entnehmen wir aus den §§ 1 und 2 der Landkreisordnung von Baden-Württemberg: „Der Landkreis fördert das Wohl seiner Einwohner, unterstützt die kreisangehörigen Gemeinden in der Erfüllung ihrer Aufgaben und trägt zu einem gerechten Ausgleich ihrer Lasten bei. . . . Der Landkreis verwaltet in seinem Gebiet unter eigener Verantwortung alle, die Leistungsfähigkeit der kreisangehörigen Gemeinden übersteigenden öffentlichen Aufgaben, soweit die Gesetze nicht anderes bestimmen. Er hat sich auf die Aufgaben zu beschränken, die der einheitlichen Versorgung und Betreuung der Einwohner des ganzen Landkreises oder eines größeren Teils desselben dienen."

Diese rechtlichen Grundlagen sind wichtig, aber im Blick auf die eingangs gestellte Frage: „Was leistet der Landkreis für uns?" doch ziemlich abstrakt. Ich möchte deshalb zunächst an einigen ganz konkreten Beispielen die Leistungen des Ostalbkreises aufzeigen. Dabei wird deutlich: Der Ostalbkreis begleitet seine Bürger „von der Wiege bis ins hohe Alter" mit wichtigen Leistungen und Einrichtungen.

Viele Kreiseinwohner erblicken in einer Einrichtung des Kreises das „Licht der Welt". In den Frauenkliniken des Ostalbkreises in Aalen und Schwäbisch Gmünd werden jährlich ca. 3950 kleine Erdenbürger des Ostalbkreises geboren. Groß ist natürlich auch die Freude der ca. 2300 Eltern, deren Kinder im Margaritenhospital in Schwäbisch Gmünd und in der St.-Anna-Klinik in Ellwangen das Licht der Welt erblicken.

Die 198 Kindergärten und Kindertagesstätten im Ostalbkreis befinden sich in der Trägerschaft der Kommunen und der Kirchen. Die Kindergartenaufsicht, die allerdings überwiegend betreuenden und beratenden Charakter hat, wird jedoch vom Landkreis wahrgenommen.

Eine besonders wichtige Aufgabe hat der Ostalbkreis für behinderte Kinder wahrzunehmen. Er ist Täger der Sonderschulen für geistigbehinderte und für sprachbehinderte Kinder, für die das Land Baden-Württemberg die erforderlichen Lehrkräfte bereitstellt.

Über 10 000 Jugendliche besuchen unsere gewerblichen, kaufmännischen und haus- und landwirtschaftlichen Schulen in Aalen, Schwäbisch Gmünd und Ellwangen. Für diese Schulen hat der Ostalbkreis seit seinem Bestehen über 200 Millionen DM investiert und sorgt laufend dafür, daß die Ausstattung der Schulen auf hohem Niveau ergänzt und weiterentwickelt wird.

Das Jugendamt ist eines der größten und wichtigsten Ämter des Landratsamts Ostalbkreis. Es sorgt für Kinder mit besonderen Problemen, die oft in den familiären Verhältnissen begründet sind. – Der Kreisjugendpfleger des Ostalbkreises, der zugleich Geschäftsführer des Kreisjugendrings ist, fördert die von Vereinen und Verbänden organisierte Jugendarbeit und fördert kreisweit eine ergänzende offene Jugendarbeit.

Wer im Ostalbkreis krank wird, muß in den meisten Fällen nicht in ein auswärtiges Krankenhaus. Er erhält in den fünf Kreiskrankenhäusern in Aalen, Schwäbisch Gmünd, Ellwangen, Bopfingen und Neresheim eine ausgezeichnete ärztliche Versorgung und individuelle pflegerische Betreuung, die sich wohltuend von der Betreuung in manchen Großkrankenhäusern unterscheidet.

Zu den wichtigsten Aufgaben des Ostalbkreises gehören die Leistungen, die der Kreis als örtlicher Träger der Sozialhilfe für Bürger erbringt, die auf diese Hilfe dringend angewiesen sind. Für Sozial- und Jugendhilfe ist im Jahr 1992 ein Betrag von 122 Millionen DM erforderlich. Der Behinderten- und Altenberater und die Frauenbeauftragte sind für viele Bürger wichtige und notwendige Ansprechpartner.

Eine andere wichtige Aufgabe des Ostalbkreises ist der Umweltschutz und die Abfallbewirtschaftung. Die Ausweisung von Landschafts- und Naturschutzgebieten sowie Naturdenkmalen, die Maßnahmen zur Reinhaltung des Wassers und der wichtige Bereich einer geordneten Abfallbewirtschaftung mit den Stufen Vermeiden – Verwerten – umweltfreundlich Entsorgen – ist vom Ostalbkreis zu bewältigen.

Auch im Verkehrsbereich hat der Ostalbkreis wichtige Aufgaben zu erfüllen. In den Ausbau des über 500 Kilometer großen Kreisstraßennetzes, einem der größten im Landes, wurden in den vergangenen Jahren 180 Millionen DM investiert. Das am 1. November 1991 eingeführte Umwelt-Ticket im Ostalbkreis, das eine preislich attraktive Beförderung im öffentlichen Personennahverkehr (ÖPNV) ermöglicht, wurde durch einen Zuschuß des Ostalbkreises ermöglicht, der jährlich ca. 1,6 Mio. DM beträgt.

Last not least sieht der Ostalbkreis eine seiner wichtigsten Aufgaben im Bereich der Hilfe für ältere Menschen. Ihnen soll es ermöglicht werden, auch im Alter möglichst lange selbständig leben zu können. Nicht nur Versorgung, sondern Bereitstellung von Hilfen für die Führung eines selbständigen Lebens im Alter, ist unser Ziel. Diesem Ziel dienen viele Maßnahmen des Ostalbkreises und der freien Träger, die dafür finanzielle Zuschüsse des Ostalbkreises erhalten. Zu nennen sind hierbei insbesondere die Sozialstationen. Der Bau von Altenpflegeheimen und Altenwohnungen wird vom Ostalbkreis mit Zuschüssen gefördert. Im Seniorenstift Schönbornhaus, von der Hospitalstiftung Zum Heiligen Geist und dem Ostalbkreis getragen, können alte Menschen ihren Lebensabend gestalten. Pflegebedürftige werden in dieser erst kürzlich großzügig erweiterten Einrichtung sorgfältig betreut.

Mit diesen Stichworten zu der Altenhilfe im Ostalbkreis schließt sich der eingangs erwähnte Kreis „von der Wiege bis zum Leben im Alter". Wir wollen nun den Ostalbkreis vorstellen und seine Aufgaben und Leistungen für den Bürger in einigen besonders wichtigen Einrichtungen erwähnen, die sich in staatlicher, kommunaler und freigemeinnütziger Trägerschaft befinden.

Lage, Größe und Struktur des Ostalbkreises

Der Ostalbkreis verdankt seine Entstehung dem am 1. Januar 1973 in Kraft getretenen Kreisreformgesetz von Baden-Württemberg. Er besteht aus den früheren Landkreisen Aalen und Schwäbisch Gmünd und der früher zum Altkreis Backnang gehörenden Gemeinde Gschwend.

Unser Landkreis ist mit über 1500 km^2 der weitaus flächengrößte des Regierungsbezirks Stuttgart. Er liegt zusammen mit dem südlich angrenzenden Landkreis Heidenheim, mit dem er in der Region Ostwürttemberg verbunden ist, im östlichsten Bereich des Bundeslandes Baden-Württemberg. Seine Ost-West-Ausdehnung beträgt etwa 60 km, die Nord-Süd-Breite etwa 39 km. Bezogen auf das gesamte Land Baden-Württemberg ist der Ostalbkreis hinsichtlich der Fläche der drittgrößte Landkreis Baden-Württembergs.

296 188 Menschen wohnen im Ostalbkreis. Die Tendenz der Bevölkerungsentwicklung ist steigend. Es ist zu erwarten, daß der Ostalbkreis in Bälde 300 000 Einwohner haben wird. In der Bevölkerungsdichte liegt er mit 195 Einwohnern pro km^2 erheblich unter dem Landesdurchschnitt mit 275 Einwohnern pro km^2.

Zum Ostalbkreis gehören die drei Großen Kreisstädte Aalen, Schwäbisch Gmünd und Ellwangen sowie sechs Städte und 33 Gemeinden, die der Rechtsaufsicht des Landratsamts unterstehen. Unter den 42 Städten und Gemeinden sind 13 mit weniger als 2000 Einwohnern (Stand 1. 1. 1991); in ihnen leben 6,5 Prozent der Bevölkerung (Landesdurchschnitt: 3%). 22 Gemeinden haben zwischen 2000 und 8000 Einwohner, in ihnen leben 29,6 Prozent der Einwohner (Landesdurchschnitt: 25,6%). In der Größenordnung zwischen 8000 und 20 000 Einwohner hat der Ostalbkreis vier Gemeinden mit zusammen 13,8 Prozent der Einwohner (Landesdurchschnitt: 23,7%). Die Stadt Ellwangen liegt in der Kategorie zwischen 20 000 und 50 000 Einwohner und hat 7,7 Prozent der Einwohner (Landesdurchschnitt: 19,7%), während die Städte Aalen und Schwäbisch Gmünd mehr als 50 000 Einwohner haben, mit insgesamt 42,4 Prozent der Bevölkerung des Ostalbkreises. Während in den sechziger Jahren ein besonderer Schwerpunkt der Gemeindeinvestitionen beim Schulhausbau, bei den Sportplätzen, Turnhallen und Hallenbädern lag, hat sich seit den siebziger Jahren als Kernpunkt der Investitionstätigkeit die Abwasserbeseitigung herauskristallisiert. In den achtziger Jahren war ebenfalls die Abwasserbeseitigung noch an erster Stelle bei den Investitionsaufgaben der Kommunen, wobei damals allerdings auch erhebliche Aufwendungen für die Dorfentwicklung, die Stadt- und Dorferneuerung, für Gemeinschaftseinrichtungen (Bürgerhäuser) gemacht wurden. Die Anstrengungen auf dem Gebiet der Abwasserbeseitigung haben bewirkt, daß 97 Prozent der Bevölkerung an eine mechanisch-biologische Sammelkläranlage angeschlossen sind.

Mit den genannten Investitionen haben die Städte und Gemeinden in den vergangenen Jahren und Jahrzehnten zum Teil die Grenze

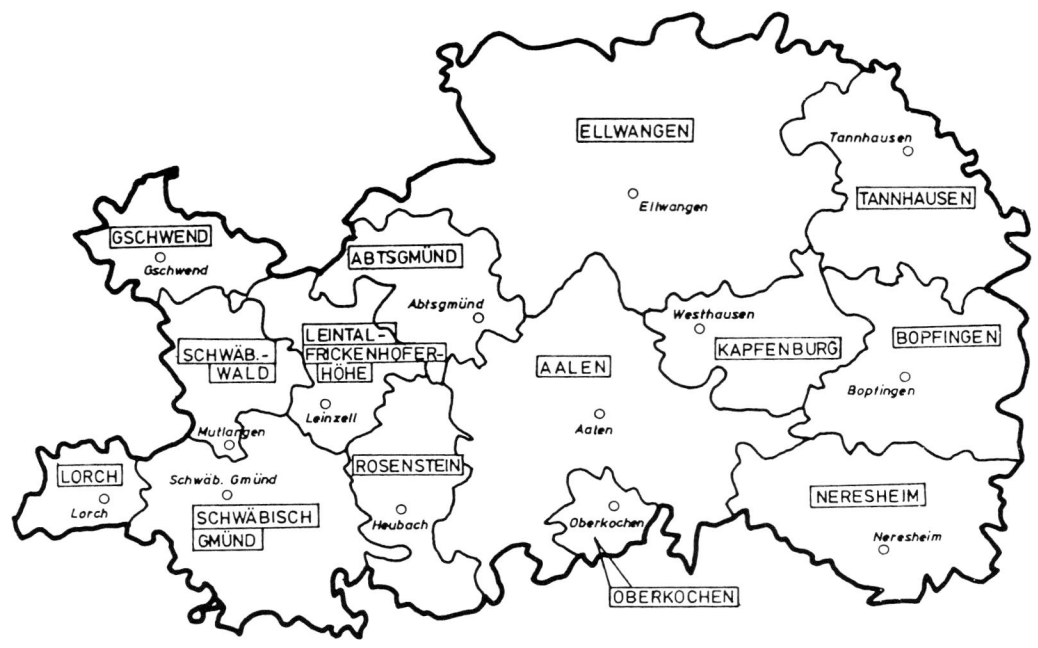

75 Verwaltungsräume des Ostalbkreises (Stand 1. 1. 1977)

ihrer finanziellen Belastbarkeit erreicht. Manche Gemeinde, insbesondere im ländlichen, strukturschwachen Raum, konnte selbst die dringendsten Maßnahmen nur mit beachtlichen Landeszuweisungen und stattlichen Investitionshilfen aus dem Ausgleichstock finanzieren. Wie sehr die Gemeinden des Ostalbkreises insgesamt auf die Hilfen des Landes angewiesen sind, zeigt ein Blick auf die Steuerkraftsumme. Sie lag im Jahre 1991 je Kopf der Bevölkerung bei 1381 DM und damit unter dem Durchschnitt des Landes mit 1447 DM. Der Schuldenstand unserer Gemeinden zum 1. Januar 1990 belief sich auf 1388 DM je Kopf der Bevölkerung, während der Landesdurchschnitt 1343 DM betrug.

Im Zuge der Gemeindereform wurde der Ostalbkreis in 14 Verwaltungsräume gegliedert, die aus Schaubild I ersichtlich sind. Nach den Kriterien des Landesentwicklungsplans gliedert sich der Landkreis in
- die Randzonen des Verdichtungsraums Stuttgart
- den Verdichtungsbereich Aalen-Heidenheim und
- den ländlichen Raum.

Zur Randzone des Verdichtungsraums Stuttgart gehören die Gemeinden Heubach, Lorch, Mögglingen, Mutlangen, Schwäbisch Gmünd und Waldstetten. Dem Verdichtungsbereich Aalen-Heidenheim sind aus dem Ostalbkreis die Städte Aalen und Oberkochen zugeordnet. Alle anderen Gebiete des Ostalbkreises gehören zum ländlichen Raum im Sinne des Landesentwicklungsplans.

Der Ostalbkreis ist entsprechend der eindeutigen Zielsetzung der Kreispolitik dezentral strukturiert und organisiert. Der vom jetzigen

Lage, Größe und Struktur des Ostalbkreises

76 Kreistagssitzung im Ostalbkreishaus in Aalen

Landrat formulierte Grundsatz: „So viel Dezentralisierung wie möglich und so viel Zentralität wie nötig", war und ist maßgebend für alle wichtigen Entscheidungen in der Kreispolitik. Das Bemühen aller politisch Verantwortlichen im Ostalbkreis war von Anfang an darauf gerichtet, eine ausgewogene Entwicklung in den Mittelbereichen Aalen, Schwäbisch Gmünd und Ellwangen nachhaltig zu fördern. Wichtige Früchte dieser Politik sind die dezentralen Kreiseinrichtungen, die in den vergangenen 17 Jahren in einer behutsamen, die Integration fördernden Kreispolitik in den Mittelbereichen Aalen, Schwäbisch Gmünd und Ellwangen errichtet wurden. Bei der nachfolgenden Beschreibung der Aufgabenbereiche werden die wichtigsten Einrichtungen genannt werden.
Bei Realisierung der dezentralen Kreispolitik hat der Ostalbkreis seit seiner Entstehung riesige Aufgaben bewältigt. Zwei Zahlen mögen dies verdeutlichen: In 20 Jahren hat der Landkreis ein Gesamthaushaltsvolumen von über 6,7 Milliarden DM abgewickelt und rund 900 Millionen DM investiert. Die Einnahmen des Ostalbkreises reichten für die erforderliche Verwirklichung wichtiger Investitionsvorhaben in den Raumschaften des Kreises nicht aus. Es entstand ein stattlicher Schuldenberg, der zur Zeit 140 Millionen DM beträgt. Die politisch Verantwortlichen im Kreis sind der Auffassung, daß die Politik einer dezentralen Kreisentwicklung und eines umfassenden Ausbaus der Infrastruktur sich für das Zusammenwachsen der früheren Landkreise und die Gesamtentwicklung des Ostalbkreises günstig ausgewirkt hat und diese Politik auch in Zukunft tatkräftig fortgesetzt werden muß.

77 Der Verwaltungshaushalt 1991 des Ostalbkreises

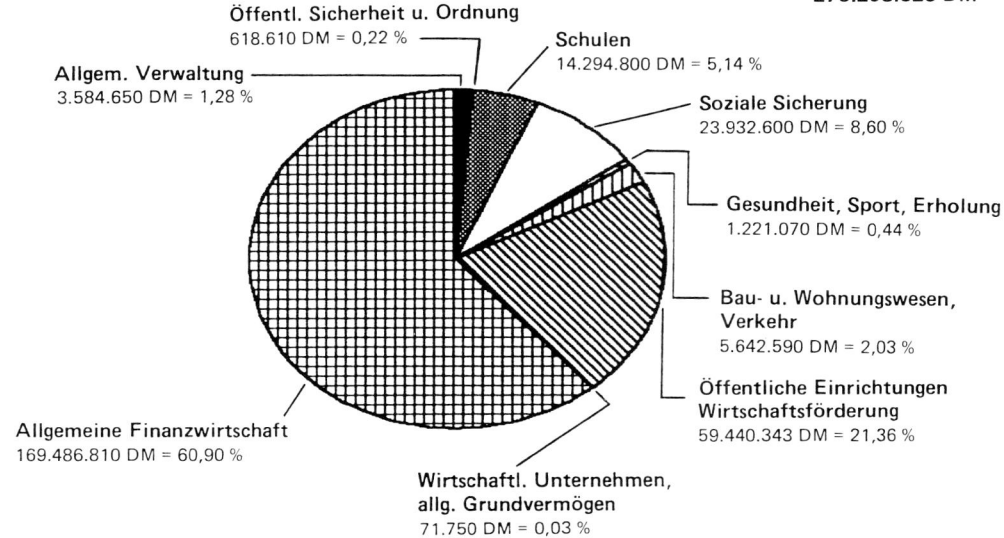

EINNAHMEN
278.293.823 DM

Öffentl. Sicherheit u. Ordnung
618.610 DM = 0,22 %

Allgem. Verwaltung
3.584.650 DM = 1,28 %

Schulen
14.294.800 DM = 5,14 %

Soziale Sicherung
23.932.600 DM = 8,60 %

Gesundheit, Sport, Erholung
1.221.070 DM = 0,44 %

Bau- u. Wohnungswesen, Verkehr
5.642.590 DM = 2,03 %

Öffentliche Einrichtungen Wirtschaftsförderung
59.440.343 DM = 21,36 %

Allgemeine Finanzwirtschaft
169.486.810 DM = 60,90 %

Wirtschaftl. Unternehmen, allg. Grundvermögen
71.750 DM = 0,03 %

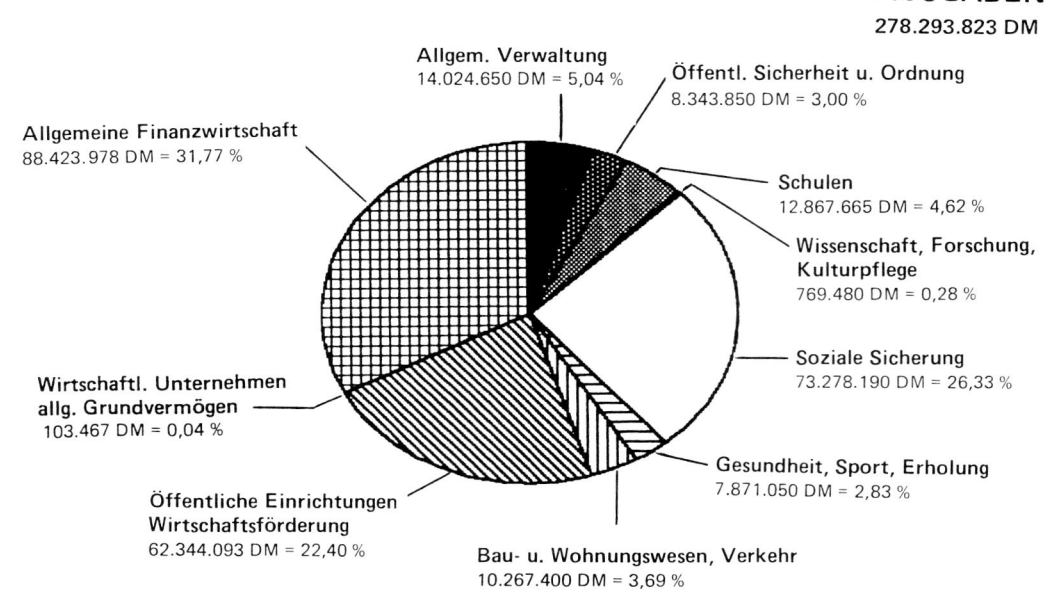

AUSGABEN
278.293.823 DM

Allgem. Verwaltung
14.024.650 DM = 5,04 %

Öffentl. Sicherheit u. Ordnung
8.343.850 DM = 3,00 %

Allgemeine Finanzwirtschaft
88.423.978 DM = 31,77 %

Schulen
12.867.665 DM = 4,62 %

Wissenschaft, Forschung, Kulturpflege
769.480 DM = 0,28 %

Wirtschaftl. Unternehmen allg. Grundvermögen
103.467 DM = 0,04 %

Soziale Sicherung
73.278.190 DM = 26,33 %

Öffentliche Einrichtungen Wirtschaftsförderung
62.344.093 DM = 22,40 %

Gesundheit, Sport, Erholung
7.871.050 DM = 2,83 %

Bau- u. Wohnungswesen, Verkehr
10.267.400 DM = 3,69 %

78   Der Vermögenshaushalt 1991 des Ostalbkreises

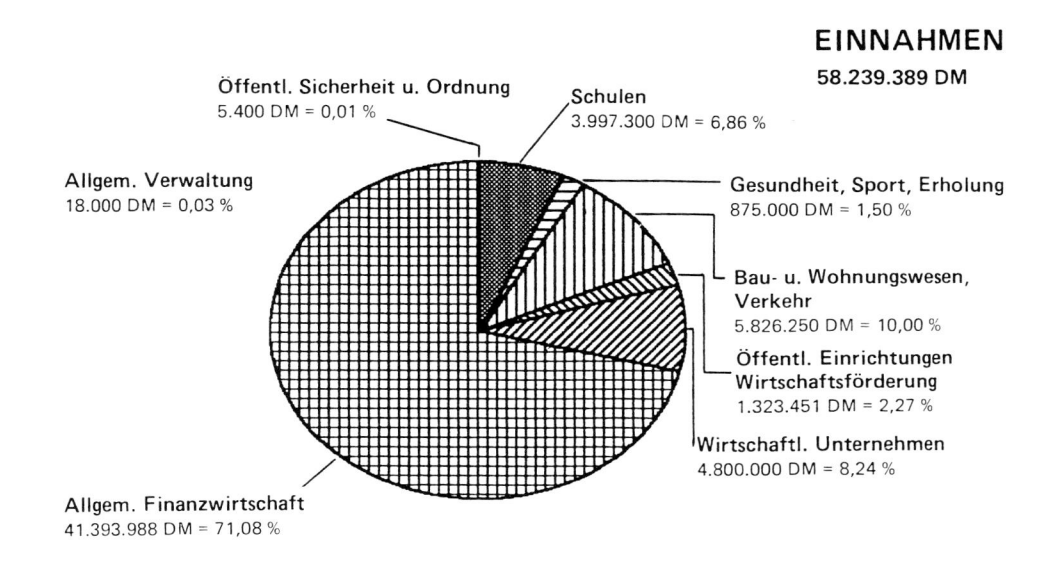

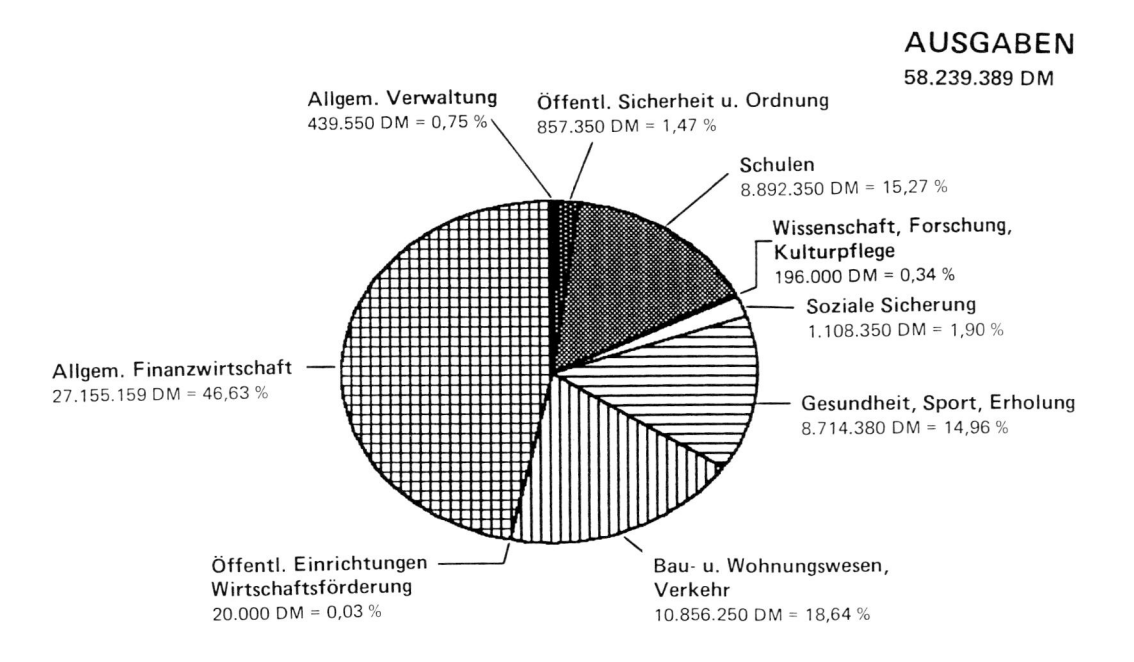

EINNAHMEN
58.239.389 DM

Öffentl. Sicherheit u. Ordnung
5.400 DM = 0,01 %

Schulen
3.997.300 DM = 6,86 %

Allgem. Verwaltung
18.000 DM = 0,03 %

Gesundheit, Sport, Erholung
875.000 DM = 1,50 %

Bau- u. Wohnungswesen, Verkehr
5.826.250 DM = 10,00 %

Öffentl. Einrichtungen Wirtschaftsförderung
1.323.451 DM = 2,27 %

Wirtschaftl. Unternehmen
4.800.000 DM = 8,24 %

Allgem. Finanzwirtschaft
41.393.988 DM = 71,08 %

AUSGABEN
58.239.389 DM

Allgem. Verwaltung
439.550 DM = 0,75 %

Öffentl. Sicherheit u. Ordnung
857.350 DM = 1,47 %

Schulen
8.892.350 DM = 15,27 %

Wissenschaft, Forschung, Kulturpflege
196.000 DM = 0,34 %

Soziale Sicherung
1.108.350 DM = 1,90 %

Allgem. Finanzwirtschaft
27.155.159 DM = 46,63 %

Gesundheit, Sport, Erholung
8.714.380 DM = 14,96 %

Öffentl. Einrichtungen Wirtschaftsförderung
20.000 DM = 0,03 %

Bau- u. Wohnungswesen, Verkehr
10.856.250 DM = 18,64 %

Der Ostalbkreis hat eine außerordentlich vielschichtige Wirtschaftsstruktur. Sie ist gekennzeichnet durch strukturelle Stärke und einen hohen Besatz an Industrie, Handwerk, Handel und Gewerbe an den Entwicklungsachsen Lorch – Schwäbisch Gmünd – Aalen und Ellwangen – Oberkochen und einen ausgedehnten strukturschwächeren ländlichen Raum. Während der Ostalbkreis beim Anteil der Industriebeschäftigten mit 55 587 über dem Landesdurchschnitt liegt, befindet er sich im sog. tertiären Bereich nach wie vor mit 15 033 Beschäftigten wesentlich darunter. Angesichts der Tatsache, daß in der Zukunft bundesweit der Dienstleistungssektor zu Lasten des industriellen Bereichs noch sehr stark an Bedeutung gewinnen wird, ist die Schaffung von Dienstleistungsarbeitsplätzen auch zukünftig eine besonders wichtige Aufgabe.

Der Ostalbkreis war früher mit ca. 14 000 Beschäftigten in der Landwirtschaft ein besonders stark landwirtschaftlich strukturierter Landkreis. In den letzten Jahren ist die Zahl der in der Landwirtschaft Beschäftigten auch hier stark zurückgegangen und beträgt jetzt noch 4530 Beschäftigte. Wir liegen auch damit noch etwas über dem Landesdurchschnitt und können nur hoffen, daß die rasante Talfahrt der Landwirtschaft in Auswirkung der drastischen Einkommensrückgänge nicht weitergeht. Ein Kahlschlag bei den landwirtschaftlichen Familienbetrieben im Ostalbkreis muß unbedingt verhindert werden. Mehr als seither muß die europäische Landwirtschaftspolitik auf die regionalen Bedürfnisse der Landwirtschaft abgestimmt werden. Auch die Förderungsprogramme der Landesregierung – die sich im Ostalbkreis sehr positiv auswirken – müssen weitergeführt und ausgebaut werden. Nicht zuletzt wird auch der Ostalbkreis – vor allem im Bildungsbereich – die Unterstützung der Landwirtschaft tatkräftig fortsetzen.

Der Ostalbkreis benötigt zur Erfüllung seiner vielschichtigen Aufgaben viel Geld. Das Gesamthaushaltsvolumen im Jahre 1992 beträgt 548 Millionen DM. Die Aufteilung der Einnahmen und Ausgaben des Verwaltungs- und Vermögenshaushalts ergibt sich aus den Schaubildern 2 und 3.

Der größte Posten im Gesamthaushalt sind die Personalkosten mit rund 161 Mio. DM. Bei der allgemeinen Verwaltung des Landratsamts betragen sie 1992 rund 40 Mio. DM, das sind 11,9 Prozent des Zentralhaushalts oder 14,3 Prozent des Verwaltungshaushalts. Noch größer ist das Gewicht der Personalkosten bei den Kreiskrankenhäusern. Dort belaufen sich die Personalkosten auf rund 188 Mio. DM bzw. auf 56 Prozent der Wirtschaftspläne oder auf 63,6 Prozent der Erfolgspläne.

Der Sozial- und Jugendbereich ist der zweitgrößte Ausgabenbereich des Haushaltsplans. 1992 sind dafür einschließlich der Umlage an den Landeswohlfahrtsverband rund 122 Mio. DM an Ausgaben veranschlagt. Das sind 36 Prozent des Zentralhaushalts. Die überdurchschnittlich steigenden Soziallasten verengen den dringend erforderlichen Finanzspielraum immer mehr. 1992 reicht zum ersten Mal die Kreisumlage, die der Landkreis von den Städten und Gemeinden erhebt und die seine Haupteinnahmequelle ist, nicht mehr aus, um die Aufwendungen im Bereich der Sozial- und Jugendhilfe zu decken.

Das Landratsamt Ostalbkreis

Die obersten Kreisorgane des Ostalbkreises sind der Kreistag und der Landrat. Der Kreistag ist die Vertretung der Kreiseinwohner und das Hauptorgan des Landkreises. Er legt die Grundsätze für die Verwaltung des Landkreises fest und entscheidet in allen Angelegenheiten, soweit nicht der Landrat kraft Gesetzes

Tafel 37   Rosenberg. Der Flügelaltar in der Pfarrkirche St. Franziskus, 1987 von dem im Ostalbkreis lebenden Künstler Sieger Köder geschaffen

Tafel 38 Das Kreisberufsschulzentrum in Aalen

Das Landratsamt Ostalbkreis

Organigramm der Kreisverwaltung:

- **LANDRAT / ERSTER LANDESBEAMTER**
  - Sekretariat und Pressestelle
  - Amt für Wirtschaft und Verkehr
  - Kreisrechnungsprüfungsamt
  - Frauenbeauftragte
  - Örtlicher Personalrat
  - Gesamt-Personalrat

- **DEZERNAT I** — Dezernat Allgemeine Verwaltung und Rechtsaufsicht
  - Hauptamt
  - Kommunalamt

- **DEZERNAT II** — Dezernat Finanzen und Schulen
  - Kreiskämmerei
  - Kreisschul- und Kulturamt
  - Hospitalverwaltung Ellwangen

- **DEZERNAT IV** — Dezernat für Baurecht und Umweltschutz
  - Kreisbauamt
  - Baurechtsamt
  - Umweltschutzamt

- **DEZERNAT V** — Dezernat für Sozialwesen
  - Schuldnerberatung
  - Psychol. Beratungsstelle
  - Kreisjugendpflege
  - Kreissozialamt
  - Kreisjugendamt
  - Ausgleichsamt

- **DEZERNAT VI** — Krankenhausdezernat
  - Krankenhausbuchhaltung
  - Kreiskrankenhäuser Aalen, Bopfingen und Neresheim
  - Kreiskrankenhäuser Ellwangen u. Rainau-Dalkingen
  - Kreiskrankenhaus Schwäbisch Gmünd in Mutlangen

- **DEZERNAT VII** — Rechts- und Ordnungsdezernat
  - Ordnungsamt Teil A
  - Ordnungsamt Teil B
  - Straßenverkehrsamt
  - Amt für Verteidigungslasten
  - Rechtsamt

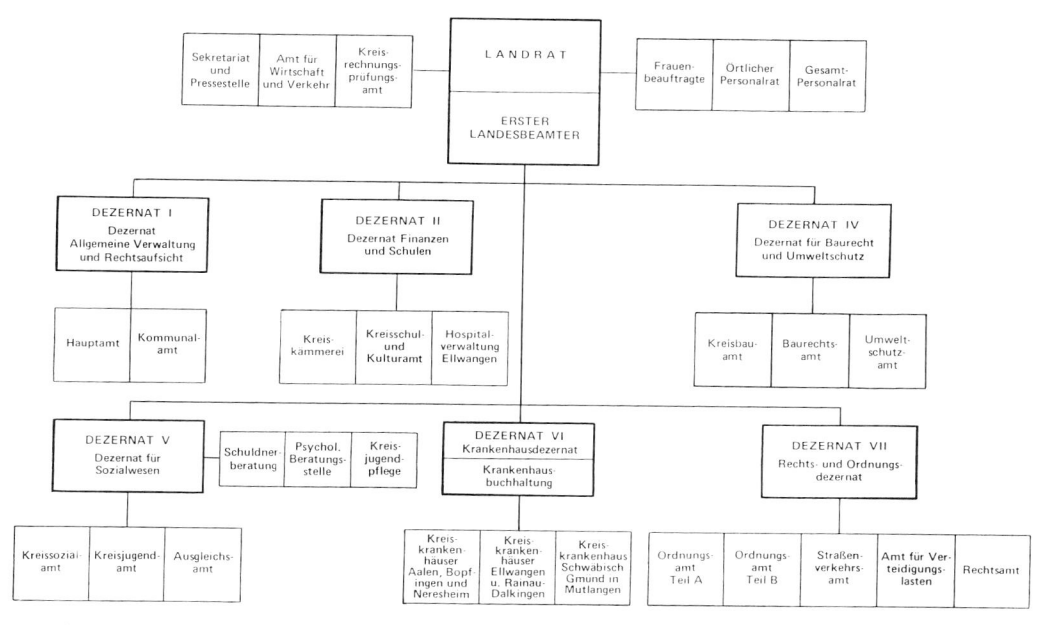

79 Organisationsplan der Kreisverwaltung

zuständig ist, oder ihm der Kreistag bestimmte Angelegenheiten überträgt.
Der Landrat ist gegenüber dem Kreistag und gegenüber der Bevölkerung verantwortlich für die ordnungsgemäße Erfüllung der Aufgaben, die der Ostalbkreis für seine Bürger wahrzunehmen hat. Er erledigt in eigener Zuständigkeit die Geschäfte der laufenden Verwaltung und die ihm sonst durch Gesetz oder vom Kreistag übertragenen Aufgaben. Bei der Fülle dieser Aufgaben benötigt er viele Mitarbeiter. Im Ostalbkreis sind insgesamt, einschließlich der Kreiskrankenhäuser, 3544 Mitarbeiterinnen und Mitarbeiter für den Ostalbkreis tätig. Darunter befinden sich 80 Prozent Frauen. Der Landrat ist Vorgesetzter und oberste Dienstbehörde aller Bediensteten des Landkreises.
Das Landratsamt ist die Verwaltungsbehörde der kommunalen Gebietskörperschaft Ostalbkreis und zugleich staatliche untere Verwaltungsbehörde des Landes Baden-Württemberg. Im Hause des Landrats, dem Landratsamt, sind 718 Mitarbeiterinnen und Mitarbeiter tätig. Das Landratsamt befindet sich in der Kreisstadt Aalen, eine große Außenstelle – es ist die größte ihrer Art in Baden-Württemberg – in Schwäbisch Gmünd. Weitere Dienststellen des Landratsamts befinden sich in Ellwangen und Bopfingen.
In den Außenstellen in Schwäbisch Gmünd, Ellwangen und Bopfingen befinden sich insbesondere die Bereiche der Kreisverwaltung, die großen Publikumskontakt haben, also die Kraftfahrzeugzulassungsstelle, die Kreisbaumeisterstelle und in Schwäbisch Gmünd außerdem die Führerscheinstelle, das Sozial- und Jugendamt, die Kreisbildstelle, das Baurechtsamt, das Ausgleichsamt, das Ordnungsamt und das Amt für Verteidigungslasten.

80 Landrat Dr. Winter im Kreise seiner Dezernenten und leitenden Mitarbeiter

Der Ostalbkreis ist der größte Lehrherr in Ostwürttemberg. Gegenwärtig werden mehr als 400 Nachwuchskräfte ausgebildet, wobei beim Landratsamt ständig im Durchschnitt ca. 50 Auszubildende die verschiedenen Ausbildungsstationen durchlaufen.

Das Landratsamt ist in sechs Dezernate und 22 Ämter gegliedert. Größere Ämter sind in Sachbereiche unterteilt. Die Bezeichnungen der Dezernate und Ämter ergeben sich aus Schaubild 4.

Wichtige Prinzipien in der Verwaltungsarbeit des Landratsamts Ostalbkreis sind Bürgernähe, unbürokratisches Verwaltungshandeln, Wirtschaftlichkeit und Sparsamkeit. Mit Bürgernähe und unbürokratischem Verwaltungshandeln versuchen wir, den Anliegen der Bürger zu entsprechen, wobei wir natürlich darauf achten müssen, daß wir dabei stets auch die Interessen anderer Bürger im Auge haben. Wir sind bei unserem Verwaltungshandeln an Gesetz und Recht gebunden. Dabei sind wir verpflichtet, Gesetze, Verordnungen und Verwaltungsvorschriften sehr sorgfältig auszulegen und anzuwenden. Wir bemühen uns, dem Bürger in einer für ihn verständlichen Weise unsere Entscheidungen zu erläutern. Dies gilt insbesondere dann, wenn wir einem Anliegen nicht entsprechen können.

Wirtschaftlichkeit und Sparsamkeit sind oberstes Gebot für alle Mitarbeiter des Landratsamts. Es ist viel Geld, das uns anvertraut wird. Wir achten darauf, daß diese finanziellen Mittel, die aus den Steuern unserer Bürger stammen, so sparsam und so wirtschaftlich wie möglich eingesetzt werden. Im Bemühen um Wirtschaftlichkeit, Sparsamkeit und hohe Effizienz bedienen wir uns ähnlicher Instrumentarien, wie sie in der freien Wirtschaft üblich sind. Wir überlegen uns auch, ob Aufgaben, die wir zu erfüllen haben, nicht besser und kostengünstiger im Rahmen eines Eigenbetriebs oder einer GmbH oder durch die Privatwirtschaft erfüllt werden können. Diese Überlegungen haben dazu geführt, daß die Aufgaben im Bereich der Abfallbeseitigung ab 1. Januar 1992 von der Abfallbewirtschaftungsgesellschaft des Ostalbkreises mbH wahrgenommen werden.

Die Gebäude des Landratsamts in Aalen und Schwäbisch Gmünd werden nicht nur zu Verwaltungszwecken genützt. Beide Landratsämter werden seit Jahren als vielseitige Kreis- und Bürgerhäuser genutzt. Dies gilt vor allem für das Landratsamt in Aalen, in dem Veranstaltungen der verschiedensten Art stattfinden. Zu nennen sind Konzerte und Vorträge und die Aufführungen, die vom neugegründeten Theater der Stadt Aalen im Großen Sitzungssaal des Landratsamts für Tausende von Schülern und Erwachsenen in der Adventszeit stattfinden.

Aus der Kunstszene des Ostalbkreises nicht mehr wegzudenken sind die Ausstellungen, die seit Jahren in den Landratsämtern in Aalen und in Schwäbisch Gmünd durchgeführt werden. Mit diesen Ausstellungen erreichen wir nicht nur Kunstfreunde von nah und fern, sondern auch viele Besucher der beiden Landratsämter, die zu ganz anderen Zwecken ins Haus gekommen sind und dabei oft ganz spontan zu einer Begegnung mit der Kunst kommen.

Durch diese Ausstellungen konnten wir Künstler aus den verschiedensten Kreisbereichen fördern. Wir konnten auch auswärtige Künstler im Ostalbkreis präsentieren und im Austausch unseren Künstlern den Weg in andere Bereiche unseres Landes ebnen.

Mit den künstlerischen und bürgerschaftlichen Aktivitäten in den Häusern des Ostalbkreises verfolgen wir auch das Ziel, die Behördenschwelle, die für viele Bürger nach wie vor vorhanden ist, abzubauen. Wenn die Bürger zu erfreulichen Veranstaltungen in unsere Häuser kommen, wirkt sich dies auch auf ihr Verhältnis zum Landratsamt aus.

Die Schulen und Hochschulen

Grundgesetz und Landesverfassung fordern, der heranwachsenden Generation Erziehung und Bildung zur Entfaltung ihrer individuellen Begabungen und Fähigkeiten zuteil werden zu lassen. Dies ist 25 Jahre nach Beginn der Schulreform im Ostalbkreis weitestgehend verwirklicht. Das Land Baden-Württemberg und die kommunalen und privaten Schulträger haben in unserem Landkreis eine Schullandschaft geschaffen, in der eine breite Palette von Schultypen und Schularten dafür sorgen, daß unsere Jugend eine Ausbildung nach ihren persönlichen Begabungen und Neigungen erhalten kann. Die Durchlässigkeit des Schulsystems eröffnet Bildungswege, die von der Grundschule auf vielfältige Weise bis zum Diplom einer Hochschule führen. Damit soll die Chancengleichheit unter den Jugendlichen und zwischen ländlichem Raum und Ballungsgebieten gefördert werden. Das hohe Bildungsniveau im Ostalbkreis ist für unsere Wirtschaft von größter Bedeutung und für unsere Betriebe eine wichtige Voraussetzung, um an den hart umkämpften Märkten des großen europäischen Markts trotz hoher Lohn- und Lohnnebenkosten auch zukünftig erfolgreich bestehen zu können.

51 Grundschulen (Klassen 1 bis 4) als gemeinsame Grundstufe unseres Schulwesens mit derzeit 13 696 Schülern bestehen in 29 Ge-

meinden und Städten. Nachdem im Rahmen der Schulreform die Zwergschulen in verschiedenen kleinen Orten aufgehoben worden waren, konnten die Grundschulen in Jahrgangsklassen geführt werden. In einigen Fällen überwogen jedoch die Nachteile einer langen Schülerbeförderung und einer zu frühzeitigen Trennung von der Heimatgemeinde die gewonnenen pädagogischen Vorteile. Deshalb wurden in Zöbingen, Weiler i. d. B. und Täferrot die Grundschulen in den letzten Jahren entsprechend dem Willen der Eltern und der Gemeinderäte wieder eingerichtet.

Der Übergang auf weiterführende Schulen erfolgt zur Zeit zu 40 Prozent auf die Hauptschule, zu 31 Prozent auf Realschulen und 29 Prozent auf die Gymnasien. Alle weiterführenden Schulen sind im Ostalbkreis in ausreichender Zahl vorhanden. Die Städte und Gemeinden als Schulträger sorgten bereits in den sechziger Jahren für die Erstellung von bedarfsgerechten Schulhausneubauten und Umbauten sowie für die Bereitstellung von Sportplätzen, Turnhallen und Hallenbädern. Auch in den letzten Jahren entstanden Neubauten, Umbauten und Erweiterungsbauten mit einem hohen Standard. Unsere Städte und Gemeinden betrachten den Schulhaus- und Sportstättenbau als eine ihrer wichtigsten Aufgaben. Was auf diesem Gebiet erreicht wurde, kann sich sehen lassen und ist insbesondere auch bei der Ausstattung mit Geräten und Unterrichtsmaterial im Bereich des Fachunterrichts vorbildlich.

Das Attribut „vorbildlich" gilt auch für die Leistungen des Ostalbkreises beim Auf- und Ausbau der beruflichen Schulen. Derzeit besuchen 3588 Vollzeitschüler und 7212 Teilzeitschüler die beruflichen Schulen des Ostalbkreises. Ihnen wird in den Berufsschulen, den Berufsfachschulen, den Berufskollegs, den Berufsaufbauschulen und den beruflichen Gymnasien eine breite Palette von Ausbildungsgängen angeboten. Nach erfolgreichem Abschluß haben sie beste Chancen für eine qualifizierte berufliche Tätigkeit oder eine Weiterbildung an einer Fachhochschule oder Universität.

Die Errichtung der Berufsschulzentren in Aalen, Schwäbisch Gmünd und Ellwangen einschließlich der dazugehörigen Sportstätten haben den Ostalbkreis rund 200 Millionen DM gekostet. Obwohl die Zentren noch relativ neu sind, bezahlt der Ostalbkreis Jahr für Jahr für bedarfsgerechte Einrichtungen und Geräte Millionenbeträge, um eine qualitativ erstklassige Ausbildung der Schülerinnen und Schüler zu ermöglichen. Unser Ziel ist es, dafür zu sorgen, daß die Firmen des Ostalbkreises hervorragend qualifizierte Nachwuchskräfte gewinnen. Dies ist eine wichtige Voraussetzung für die Weiterführung der weithin bekannten Ostalb-Qualität und Spezialität unserer Erzeugnisse und Leistungen. Die riesigen Investitionen, die der Ostalbkreis für seine beruflichen Schulen tätigte, sind bestens angelegt. Der Ostalbkreis wird trotz schwieriger finanzieller Situation die Förderung des beruflichen Schulwesens tatkräftig fortsetzen. Die gewerblichen Schulen in Aalen und Schwäbisch Gmünd sind seit längerer Zeit stark engagiert bei der Unterstützung der Gewerblichen Schule in Redeberg, der Ganz-Abraham-Schule in Budapest und der Gewerblichen Schule in Szekszárd/Ungarn sowie der Gewerblichen Schule Albe Steiner in Ravenna. Sie helfen diesen Schulen, einen den Bedürfnissen der Wirtschaft entsprechenden hohen Ausbildungsstand zu erreichen.

Die Bildungslandschaft im Ostalbkreis wird sehr stark geprägt von der Fachhochschule für Technik in Aalen, der Pädagogischen Hochschule in Schwäbisch Gmünd und der Fachhochschule für Gestaltung in Schwäbisch Gmünd (s. Beitrag Grupp S. 309 ff.).

Der Ostalbkreis hat weitere wichtige Bil-

Die Schulen und Hochschulen 277

81 Berufsschulzentrum Ellwangen

82 Berufsschulzentrum Schwäbisch Gmünd

dungseinrichtungen, die Schüler aus dem gesamten Bundesgebiet besuchen, errichtet bzw. in seine Trägerschaft übernommen. Es handelt sich dabei um die *Fachschulen für Leiterplattentechnik und für Galvanotechnik,* die ihr Domizil im seitherigen Landwirtschaftsschulgebäude an der Lindacher Straße in Schwäbisch Gmünd haben werden. Für die Ausbildung hochqualifizierter Galvanotechniker und Leiterplattentechniker besteht in der Industrie ein großer Bedarf.

Eine weitere Ausbildungsstätte mit weitem Einzugsbereich ist als Teil der Gewerblichen Schule Schwäbisch Gmünd *das Berufskolleg für Formgebung, Schwerpunkt Schmuck und Gerät* im Arenhaus in Schwäbisch Gmünd. In dieser Schule werden Gold- und Silberschmiede aus ganz Deutschland ausgebildet. Für handwerkliche Arbeiten in moderner künstlerischer Gestaltung wurden vielfach Auszeichnungen in bundesweiten Wettbewerben an Schülerinnen und Schüler aus dem Arenhaus in Schwäbisch Gmünd vergeben.

Die wichtigsten Weiterbildungseinrichtungen im Ostalbkreis sind die *Technische Akademie in Schwäbisch Gmünd,* deren Entstehung und erfolgreiche Arbeit vor allem der Zahnradfabrik Friedrichshafen zu verdanken ist. Das *Bildungszentrum der IHK* und das *Bildungswerk der DAG* führen in Aalen Qualifizierungsmaßnahmen in vielen technischen und kaufmännischen Berufen durch. Eine große Bedeutung im Bereich der Fortbildung kommt dem *Elektroausbildungszentrum Aalen* zu, in dem Fachkräfte im Elektrohandwerk eine hervorragende Aus- und Weiterbildung erfahren. Zu erwähnen ist auch die *Verwaltungsschule der Bundesanstalt für Arbeit (BA).* Die Lehrgangsteilnehmer kommen aus allen Gegenden Deutschlands.

Die Volkshochschulen in Aalen, Schwäbisch Gmünd, Ellwangen und Oberkochen und die Volkshochschule Ostalbkreis präsentieren mit zusammen 47 925 Unterrichtseinheiten ein breit gefächertes Spektrum in ihrem Bildungsangebot. Es reicht von allgemein interessierenden Themen über Sprachkurse bis zur Vorbereitung auf Bildungsabschlüsse. Jährlich nehmen 60 000 Kreiseinwohner an Kursen und Veranstaltungen der Volkshochschulen teil.

Die Schulen für behinderte Kinder

„Die Qualität eines Gemeinwesens bemißt sich nicht zuletzt danach, wie es sich zu seinen schwachen und behinderten Gliedern stellt." Dieses Zitat aus einer Rede des früheren Bundespräsidenten Gustav Heinemann trifft auf den Ostalbkreis in besonderer Weise zu. Die umfassende Arbeit für unsere Behinderten im Ostalbkreis, wie sie jetzt geschieht, ist mit dem, was in der ersten Hälfte dieses Jahrhunderts geschah, nicht zu vergleichen. Natürlich ist nichts so gut, daß es nicht noch besser werden könnte. Dies gilt auch für die Behindertenarbeit. Trotzdem können wir mit Befriedigung feststellen, daß im Ostalbkreis ein breites Spektrum von Hilfseinrichtungen und Hilfsmaßnahmen für behinderte Menschen besteht. Alle diese Einrichtungen und Maßnahmen haben das Ziel, Behinderungen zu vermeiden, vorhandene Behinderungen möglichst weitgehend abzubauen und – sofern dies nicht möglich ist – trotzdem eine weitgehende Integration der Behinderten in das gesellschaftliche Leben zu erreichen. Es ist gelungen, vielfältige Kontakte zwischen Nichtbehinderten und Behinderten zu knüpfen und bei den Behinderten das Bewußtsein zu stärken, daß sie nicht ein Objekt des Mitleids, sondern Persönlichkeiten sind, die trotz der Behinderung wichtige positive Eigenschaften für sich und andere entfalten können.

Die Behindertenarbeit im Ostalbkreis ist ohne den engagierten Einsatz vieler hilfsbereiter

Die Schulen für behinderte Kinder

Bürger nicht denkbar. Die Hilfen und Einrichtungen für Behinderte werden überwiegend von kirchlichen Einrichtungen getragen. Zu nennen sind insbesondere die Stiftung „Haus Lindenhof", eine Einrichtung für Behinderte mit Heim in Schwäbisch Gmünd und Werkstätten in Schwäbisch Gmünd und Ellwangen, Heubach und Lauchheim, die Samariterstiftung mit Heim in Neresheim und Werkstätten in Neresheim und Aalen, die Gehörloseneinrichtung der Genossenschaft der Barmherzigen Schwestern in Untermarchtal e. V. St. Josef und St. Vinzenz in Schwäbisch Gmünd, das stiftungseigene „Blindenheim Schwäbisch Gmünd", das große Behindertenheim des Landeswohlfahrtsverbands Rabenhof bei Ellwangen, die Kindergärten für Geistigbehinderte der Lebenshilfe in Aalen und Schwäbisch Gmünd, für Körperbehinderte des REHA-Zentrums Südwest in Aalen, für Gehörlose und Schwerhörige in St. Josef in Schwäbisch Gmünd und die Kindergärten für Erziehungshilfe der Stadt Aalen, der Marienpflege in Ellwangen und am Canisiushaus in Schwäbisch Gmünd sowie die familienentlastenden „offenen Hilfen" der Lebenshilfe in Aalen und Schwäbisch Gmünd.

Der Ostalbkreis hat die Trägerschaft für die Schulen für Sprachbehinderte in Aalen und Schwäbisch Gmünd sowie die Schulen für Geistigbehinderte in Westhausen und Schwäbisch Gmünd.

Die Schulen für Sprachbehinderte, die zur Zeit von 264 Schülern besucht werden, haben das Ziel, Sprachbehinderungen möglichst vollständig abzubauen, was in vielen Fällen nach durchschnittlich zwei bis vier Jahren gelingt. Bei den Kindern, bei denen eine völlige Beseitigung der sprachlichen Behinderungen nicht möglich ist, zielen die pädagogischen und betreuenden Maßnahmen in den Sprachheilschulen darauf ab, trotz der sprachlichen Behinderung eine möglichst weitgehende Integration in das berufliche und gesellschaftliche Leben zu erreichen.

Die Sprachheilschulen des Ostalbkreises in Aalen und Schwäbisch Gmünd befinden sich zur Zeit in räumlich beengten Verhältnissen. Der Kreistag hat daher beschlossen, für die Sprachheilschule Aalen das alte Wasseralfinger Schloß bedarfsgerecht umzubauen. Seit dem Jahr 1992 sind die Schüler und Lehrer der Sprachheilschule Aalen „Schloßbesitzer". Der Ostalbkreis erhält damit eine Sprachheilschule, die auch für den Ganztagesunterricht geeignet ist und zugleich in dem geschichtsträchtigen Gebäude eine besondere Atmosphäre hat.

Für den Raum Schwäbisch Gmünd wird in Mutlangen eine neue Sprachheilschule gebaut, die ebenfalls für den Ganztagesunterricht geeignet ist. Der besondere Vorteil dieser Schule wird im engen Kontakt mit den benachbarten Mutlanger Schulen liegen. Dieser Kontakt ist für eine möglichst weitgehende Integration der Sonderschüler förderlich.

Die Schule für geistigbehinderte Kinder in Westhausen wurde bereits im Jahre 1978 errichtet. Zur Zeit werden dort 124 Kinder unterrichtet und betreut. Die Klosterbergschule in Schwäbisch Gmünd besteht bereits seit 1968 und wurde in den Jahren 1972 und 1988 baulich erweitert. Sie wird zur Zeit von 83 Kindern besucht. Für Schulsport und Bewegungsübungen sind in den Sonderschulen für Geistigbehinderte ebenfalls gute räumliche Voraussetzungen vorhanden. In Westhausen befindet sich neben der Sporthalle ein Schwimmbad. In Schwäbisch Gmünd kann seit 1991 auf dem Dach eines Lagergebäudes der Zahnradfabrik Friedrichshafen eine große Spiel- und Bewegungsfläche von den geistigbehinderten Kindern genutzt werden. Diese Mehrfachnutzung des Firmengebäudes, die durch das Entgegenkommen der ZF ermöglicht wurde, dürfte bundesweit einmalig sein.

83 Schule für geistig behinderte Kinder in Westhausen

Der Ostalbkreis ist außerdem Träger der Schule am Kinderkrankenhaus in Aalen für Kinder, die sich in längerer stationärer Krankenhausbehandlung befinden.

In der Gemeinde Wört befindet sich eine weitere Schule für Behinderte, nämlich die Konrad-Biesalski-Schule für körper- und mehrfach behinderte Kinder, die zur Zeit von 183 Schülern besucht wird. Die Schule befindet sich in der Trägerschaft des Rehabilitationszentrums Südwest in Karlsruhe und wird von Schülern aus dem Ostalbkreis und aus einem weiten Einzugsbereich besucht.

Von überörtlicher Bedeutung ist aber auch die Schule für Gehörlose und Schwerhörige St. Josef Schwäbisch Gmünd in der Trägerschaft der Genossenschaft der Barmherzigen Schwestern von Untermarchtal. Die Stiftung „Haus Lindenhof" unterhält im Rahmen ihrer Behinderteneinrichtung ebenfalls eine Schule für geistig und mehrfach behinderte Kinder. Schulen für Erziehungshilfe unterhalten die Stadt Aalen, die Marienpflege Ellwangen und das Canisiushaus in Schwäbisch Gmünd.

Acht Städte und Gemeinden haben Förderschulen eingerichtet, an denen Kinder mit schwerwiegender Lernbeeinträchtigung eine sonderpädagogische Förderung erfahren und so auf eine berufliche Ausbildung oder Tätigkeit vorbereitet werden.

Alle Sonderschulen im Ostalbkreis profitieren nicht nur von der guten räumlichen Ausstattung, die entweder schon erreicht ist, oder in absehbarer Zeit vorhanden sein wird, sondern vor allem von den engagierten Lehrkräften, die mit großem pädagogischen Geschick und intensiver menschlicher Zuwendung zu jedem einzelnen Behinderten dafür sorgen, daß die Schulen für die behinderten Kinder menschlichen Halt vermitteln und mehr sind als nur Unterrichtsstätten. Alle Schulen sind nicht isoliert, sondern haben enge Kontakte, die weit über ihr direktes räumliches Umfeld hinausreichen. Besonders an den Tagen der offenen Tür wird deutlich, daß die Sonderschulen im Ostalbkreis viele Freunde haben. Dies gilt aber auch für alle anderen Einrichtungen für Behinderte.

Der Behindertenkoordinator des Ostalbkreises unterstützt die Träger der Behindertenarbeit sowie die Selbsthilfegruppen in ihrer Arbeit und sensibilisiert die Kommunen und die Öffentlichkeit für die Belange der Behinderten. Er fördert den behindertengerechten Bau von öffentlichen Gebäuden und Verkehrsflächen. Ein besonders wichtiges Angebot für Schwerstbehinderte stellt der vom Deutschen Roten Kreuz, Maltesern und Johannitern eingerichtete Schwerstbehindertenfahrdienst dar. Er wurde für Behinderte geschaffen, die nicht in der Lage sind, öffentliche Verkehrsmittel zu benützen. Jährlich legt dieser Fahrdienst mit finanzieller Unterstützung des Landkreises eine Fahrtstrecke von über 200 000 km zurück.

Die Sozialhilfe im Ostalbkreis

Der Landkreis erfüllt auf der Grundlage des Bundessozialhilfegesetzes und des Bundesversorgungsgesetzes die Aufgaben des örtlichen Trägers der Sozialhilfe und Kriegsopferfürsorge. Vor allem ist dies die persönliche Hilfe in sozialen Angelegenheiten, die Betreuung hilfebedürftiger Personen und die Gewährung von Geld oder Sachleistungen. Im Jahre 1989 erhielten 7075 Personen laufende Sozialhilfe für ihren Lebensunterhalt und 4262 Personen Sozialhilfe in besonderen Lebenslagen, vor allem Krankenhilfe, Hilfe zur Pflege oder Eingliederungshilfe für Behinderte. Das Kreissozialamt nimmt die Aufgaben nach dem Bundesausbildungsförderungsgesetz, dem Unterhaltssicherungsgesetz und dem Wohngeldgesetz wahr.

Das Beratungsspektrum, das das Kreissozialamt auf sozialem Gebiet anbietet, umfaßt neben der allgemeinen Sozialberatung die Altenhilfefachberatung, Behindertenberatung und die Schuldnerberatung. Daneben wird von den Kirchen und den Trägern der Verbände der freien Wohlfahrtspflege zum Teil mit erheblicher finanzieller Beteiligung des Landkreises eine außerordentlich wichtige Arbeit im Bereich „Beratung und Hilfe" geleistet. Erwähnt werden beispielhaft die Nichtseßhaftenfachberatung, die Suchtberatung sowie die Hilfen für psychisch Kranke und die Telefonseelsorge.

Im Ostalbkreis bestehen viele Selbsthilfegruppen als Zusammenschluß von Personen, die – in gleichen Notlagen – sich gegenseitig Hilfe und Rat geben. Erwähnt seien in diesem Zusammenhang insbesondere die Selbsthilfegruppen ehemaliger Alkoholiker.

Der **Altenhilfe** kommt im Hinblick auf die große Zunahme der Zahl alter Menschen besondere Bedeutung zu. Zum 1. Januar 1990 lebten im Ostalbkreis 41 099 Personen, die das 65. Lebensjahr überschritten hatten. Dies entsprach 14,3 Prozent der Gesamtbevölkerung. Im Jahr 2000 werden es 45 891 oder 15,7 Prozent sein. Diese Entwicklung wird sich weiter fortsetzen. Ziel der Altenhilfepolitik des Ostalbkreises ist es, den älteren Menschen möglichst lange die Möglichkeit zu geben, in ihrer vertrauten Umgebung zu bleiben. Der Ausbau der ambulanten Hilfen für ältere Menschen war in den vergangenen Jahren ein wichtiges Ziel der Kreispolitik. Dies wird auch in der Zukunft so sein. Besonders wichtig bei der Erbringung der ambulanten Dienste ist das flächendeckende Angebot von 13 Sozialstationen. Die Arbeit der Sozialstationen wird vom Landkreis und vom Land Baden-Württemberg mit hohen Zuschüssen un-

84 Altenheim Schönbornhaus in Ellwangen

terstützt. Die mobilen sozialen Hilfsdienste wurden in den vergangenen Jahren stark ausgebaut und werden jetzt von sechs Trägern angeboten. Das Angebot „Essen auf Rädern" reicht zwischenzeitlich 20 Jahre zurück.

Auch die Nachbarschaftshilfsdienste, die hauptsächlich von den Kirchen aufgebaut wurden, bestehen schon längere Zeit und sind heute unverzichtbar. Im Rahmen der Neukonzeption der ambulanten Dienste des Landes wird der Landkreis eine verstärkte Koordination und Kooperation anstreben.

Im Kreisgebiet gibt es zur Zeit in 25 Heimen 667 Altenheim- und 1063 Pflegeheimplätze. Durch geplante Bauvorhaben wird sich die Zahl in den nächsten Jahren auf 29 Heime mit 592 Altenheim- und 1333 Pflegeheimplätzen verändern. Daneben gibt es in zwei Psychiatrisch-Geriatrischen Pflegeheimen zusammen 264 Plätze und in vier Einrichtungen 172 Altenwohnheimplätze. Nach den derzeitigen Erkenntnissen kann der Heimplatzbedarf im Ostalbkreis nach Schaffung der geplanten Einrichtungen in Oberkochen, Abtsgmünd, Schwäbisch Gmünd, Heubach, Mutlangen und Waldstetten als gedeckt angesehen werden.

Ein besonderes Anliegen in der Sozialpolitik des Ostalbkreises ist die Vermeidung eines Pflegenotstands in unseren Krankenhäusern und Altenpflegeheimen. Der Bedarf an Pflegekräften wird durch die Zunahme der Heimplätze und der Zahl alter Menschen, die in Pflegeheimen untergebracht werden müssen, auch in Zukunft weiter ansteigen.

Es ist erfreulich, daß wichtige Maßnahmen zur Sicherung einer ausreichenden Zahl von Pflegekräften bereits getroffen wurden. Die Verbesserung der Vergütung der Pflegekräfte und die Verbesserung des Pflegeschlüssels ist zu begrüßen. Diese Maßnahmen waren richtig, auch wenn sie für den Ostalbkreis eine gewaltige Erhöhung der Sozialhilfekosten nach sich gezogen haben. Die Kosten für Sozial- und Jugendhilfe sind in diesem Jahr sprunghaft auf insgesamt 122 Mio. DM gestiegen. Die baldige Einführung einer Pflegeversicherung ist unabdingbar, nicht nur zur Entlastung der kommunalen Haushalte, sondern auch, um alten Menschen, die zeitlebens ihren Unterhalt durch harte Arbeit verdienten, den Gang zum Sozialamt zu ersparen.

Jugendhilfe im Ostalbkreis

Aufgabe der Jugendhilfe ist es vor allem, Familien und Alleinstehenden mit Kindern in schwieriger Lage durch stützende und begleitende Angebote zu helfen. Die sich wandelnden gesellschaftlichen Bedingungen und die neuen wissenschaftlichen Erkenntnisse haben die Neuordnung des Kinder- und Jugendhilferechts zum Januar 1991 erforderlich gemacht. Das neue Kinder- und Jugendhilferecht stellt eine zeitgemäße Rechtsgrundlage für die Tätigkeit der Jugendämter im Zusammenwirken mit den Trägern der Freien Jugendhilfe dar. Das seitherige eingriffs- und ordnungsrechtliche Instrumentarium wird durch ein modernes Leistungsgesetz im Rahmen des Sozialgesetzbuches abgelöst, das stärker als seither die „Vorbeugung" betont. Es soll die Eltern bei ihren Erziehungsaufgaben unterstützen und jungen Menschen das Hineinwachsen in die Gesellschaft erleichtern.

Die Angebote und Leistungen orientieren sich an den unterschiedlichen Lebenslagen von Familien und sehen beratende und unterstützende Leistungen vor. Besondere Berücksichtigung findet die Situation alleinerziehender Elternteile. Bei schwangeren Frauen in Konfliktsituationen soll der Wille zum Kind gestärkt werden.

Die Erfahrungen aus dem Programm „Mutter und Kind" sind im Ostalbkreis äußerst positiv. Sie zeigen, daß viele Mütter bereit sind, zugunsten ihres Kindes auf eine Erwerbstätigkeit zu verzichten, wenn eine Existenzgrundlage gesichert ist. Zur Zeit nehmen 190 Mütter an diesem Progamm teil.

Wir wissen, daß das Heranwachsen des Kindes in einem intakten familiären Umfeld nicht nur für die Kindheitsjahre, sondern für das ganze Leben eines Menschen von größter Bedeutung ist. Daher entwickelt das Jugendamt bei seiner Hilfe für Kinder, bei denen Störungen vorliegen, ein Handlungskonzept, das auch das familiäre Umfeld miteinbezieht. Dies ist notwendig, weil Störungen beim Kind oft durch das Verhalten der Eltern bedingt sind.

Der allgemeine Sozialdienst, der zusammen mit Familienhelfern diesen Dienst leistet, konnte in den letzten Jahren spürbar ausgebaut werden. 20 Sozialpädagogen führen in ihren Bezirken Familien- und Einzelberatung im Rahmen der Erziehungshilfe durch. Die Herausnahme eines Kindes aus der Familie kommt nur in Betracht, wenn die Maßnahmen zur Stärkung des familiären Umfelds nicht zum Erfolg führen. Die Fremdunterbringung von Kindern und Jugendlichen erfolgt – soweit nicht spezielle Defizite eine entsprechende Behandlung erforderlich machen und eine geeignete Pflegefamilie vorhanden ist – in der Pflegefamilie. Die Betreuung des Kindes durch Pflegeeltern erfolgt in Tages-, Wochen- oder Dauerpflege, wobei die Rückführung in die Familie der leiblichen Eltern angestrebt wird.

Trotz der großen Zahl von ca. 82 Pflegefamilien im Ostalbkreis ist die Arbeit der Kinderheime nach wie vor dringend erforderlich. Im Ostalbkreis sind es die Marienpflege in Ellwangen, das Canisiushaus, der Sonnenhof in Schwäbisch Gmünd, das Kinderdorf St. Josef in Bopfingen-Unterriffingen und das Kinderheim Graf in Ellwangen, die eine wichtige Arbeit für Kinder leisten, die aus sehr schwierigen Situationen ins Heim kommen. Auch die teilstationäre Arbeit in diesen Häusern gewinnt immer mehr an Bedeutung.

Die Arbeit des Jugendamtes wird durch Beratungsstellen des Ostalbkreises in Aalen und Schwäbisch Gmünd, die Beratungsstellen im Canisiushaus in Schwäbisch Gmünd, bei der Marienpflege und im Kinderheim Graf in Ellwangen sowie die Psychologischen Beratungsstellen der katholischen und evangelischen Kirche in Aalen wesentlich unterstützt. Diese Einrichtungen bieten Beratung und Hilfe bei Erziehungsschwierigkeiten, Familienproblemen, Ehe- und Partnerschaftskonflikten sowie in allen Lebensfragen und Lebenskrisen.

Die Jugendgerichtshilfe ist beim Jugendamt als sozialer Spezialdienst organisiert. Die erzieherisch angemessene Auswahl und Bemessung jugendgerichtlicher Erziehungsmaßregeln und Zuchtmittel setzt voraus, daß Staatsanwaltschaft und Gericht umfassend über die Persönlichkeit und Entwicklung und Umwelt des jungen Täters informiert sind. Die schriftliche Berichterstattung und die Teilnahme an der Hauptverhandlung, einschließlich nachgehender Betreuung der jungen Menschen, wird für derzeit 420 Anklagen jährlich von zwei Sozialarbeitern/Sozialpädagogen wahrgenommen. Der Täter-Opfer-Ausgleich gewinnt dabei immer mehr an Bedeutung.

Das Jugendamt unterhält eine Adoptionsvermittlungsstelle, durch die jährlich ca. sechs Kinder in adoptionswillige Familien vermittelt werden können. In diesem Zusammenhang ist anzumerken, daß die Zahl der Adoptionswilligen die Zahl der zur Adoption freigegebenen Kinder um das Siebenfache übersteigt. Eine wichtige Aufgabe des Jugendamts ist – gemeinsam mit Landesjugendamt, Caritasverband und Diakonie – die Aufsicht und Fachberatung für die Kindergärten im Bereich des Ostalbkreises.

Jugendarbeit im Ostalbkreis

Im Ostalbkreis gibt es für junge Menschen ein breites Angebot zu sinnvoller Freizeitgestaltung. Den größten Anteil an der Jugendarbeit haben die Vereine im Ostalbkreis. Insbesondere viele Sportvereine, Hilfsorganisationen und kirchliche Institutionen, Musikvereine und Chöre haben Jugendabteilungen mit einem außerordentlich interessanten und vielschichtigen Programm.

Daneben kommt der offenen Jugendarbeit eine immer größere Bedeutung zu. Die Angebote der offenen Jugendarbeit werden von den Jugendlichen nicht nur alternativ zu den Angeboten der Vereine genutzt, viele Jugendliche sind sowohl in einem oder mehreren Vereinen aktiv und nehmen außerdem Angebote der offenen Jugendarbeit wahr.

Der Kreisjugendring Ostalb ist einer der aktivsten im Lande Baden-Württemberg. Immer wieder tritt dieser Kreisjugendring mit Aktionen hervor, die landesweit einmalig sind. Zu erwähnen sind insbesondere die Aktionen gegen Jugendarbeitslosigkeit, Alkohol- und Drogenabhängigkeit und Videomißbrauch sowie die jährlichen Sternfahrten mit behinderten Kindern und Jugendlichen. Der Kreisjugendring ist die Dachorganisation der Jugendverbände, Jugendgruppen, Jugendhäuser und Jugendzentren sowie der Stadtjugendringe im Ostalbkreis. Ziel und Aufgabe des Kreisjugendringes ist es, den Kindern und Jugendlichen eine sinnvolle Freizeitgestaltung zu ermöglichen. Dazu gehört die Mitgestaltung der Jugendpolitik und die Gestaltung von Aus- und Fortbildungsprogrammen für die Mitarbeiter. Eine wichtige Aufgabe des Kreisjugendrings ist es auch, die Interessen der Jugend gegenüber dem Landkreis und der Öffentlichkeit zu vertreten.

Im internationalen Bereich unterhält der Kreisjugendring enge Beziehungen zu der Partner-Provinz Ravenna in Italien und ebenso zu der Partnerstadt Szekszárd in Ungarn. Jährlich gestaltet der Kreisjugendring mit zahlreichen Begegnungen auf beiden Seiten rege internationale Kontakte. Tradition ist bereits, daß Kinder aus den Partnerkreisen regelmäßig am Zeltlager in der Jugendfreizeitstätte Zimmerbergmühle teilnehmen, und umgekehrt Kinder aus dem Ostalbkreis im Ausland ihre Ferien verbringen können. Diese Kontakte wurden in den letzten beiden Jahren auf das Berufsschulwesen und auf die Kulturarbeit ausgedehnt.

Für die Zukunft ist besonders wichtig der weitere Ausbau einer flächendeckenden, betreuten offenen Jugendarbeit sowie die Sicherung und Weiterentwicklung eines breiten Freizeitangebots in den Vereinen. Ein immer größer werdendes Problem dabei ist allerdings die Gewinnung von ehrenamtlichen Leitungskräften. Die Jugendverbandsarbeit, die außerordentlich wichtig ist, kann in der seitherigen Breite nur fortgeführt werden, wenn auch zukünftig ehrenamtliche Kräfte bereit sind, sich für diese wichtige Aufgabe zur Verfügung zu stellen.

Die Krankenhäuser

Der Ostalbkreis ist nach dem Ortenaukreis in Baden-Württemberg der Landkreis mit den meisten Kreiskrankenhäusern. Nach der Schließung des Kreiskrankenhauses Spital zum Heiligen Geist in Schwäbisch Gmünd im Jahre 1984 und der Umstrukturierung des Waldkrankenhauses Dalkingen in ein Altenpflegeheim, werden die kranken Kreiseinwohner und auch Patienten von auswärts in den fünf Kreiskrankenhäusern in Aalen, Schwäbisch Gmünd-Mutlangen, Ellwangen, Bopfingen und Neresheim behandelt und betreut. Die Aufgabenstellung dieser Kreiskrankenhäuser reicht von der Grund- bzw. Ergänzungsversorgung im Kreiskrankenhaus Neresheim bis zur Zentralversorgung im Kreiskrankenhaus Aalen.

Das baden-württembergische Krankenhausgesetz vom 16. Dezember 1975 hat die bedarfsgerechte Versorgung der Bevölkerung mit leistungsfähigen Krankenhäusern zu einer Pflichtaufgabe der Land- und Stadtkreise gemacht. Im Ostalbkreis wurde bereits vor Inkrafttreten dieses Gesetzes die bedarfsgerechte Versorgung kranker Kreiseinwohner als eine der wichtigsten Aufgaben des neugebildeten Ostalbkreises angesehen. Eine damals getroffene Grundsatzentscheidung war außerordentlich wichtig. Es war die Entscheidung über eine patientennahe Krankenversorgung in einer *dezentralen Krankenhauslandschaft* im Ostalbkreis. Diese Entscheidung war auch aus heutiger Sicht richtig. Immer stärker wird erkannt, daß dem vertrauensvollen Kontakt zwischen Arzt und Patient, der individuellen pflegerischen Betreuung und dem intensiven Kontakt zwischen dem Patienten und seinen Angehörigen bei der Behandlung und Heilung von Krankheiten große Bedeutung zukommt. Dies läßt sich in einem Krankenhaus mittlerer Größe nahe dem Wohnort des Patienten leichter verwirklichen, als in einem zentralen Großkrankenhaus. Es war und ist der entschiedene Wille der Organe des Ostalbkreises – Kreistag und Landrat – diese dezentrale Krankenhausstruktur, die sich voll bewährt hat, auch in der Zukunft fortzuführen und bedarfsgerecht weiterzuentwickeln.

Neben den Kreiskrankenhäusern leisten zwei Krankenhäuser in freigemeinnütziger Trägerschaft einen wichtigen Beitrag zur Krankenversorgung im Ostalbkreis. Es sind dies das Margaritenhospital in Schwäbisch Gmünd

85 Eingangszone des Kreiskrankenhauses Aalen

und die St. Anna-Klinik in Ellwangen. Das gute partnerschaftliche Verhältnis hat eine Zusammenarbeit in wichtigen Bereichen ermöglicht. So ist die Geburtshilfe-Gynäkologie in Ellwangen nur in der St. Anna-Klinik angesiedelt, während im Margaritenhospital in Schwäbisch Gmünd die einzige pädiatrische Fachabteilung im Raum Schwäbisch Gmünd besteht. In den letzten Jahren wurde die Zusammenarbeit zwischen den Kreiskrankenhäusern und den freigemeinnützigen Häusern verstärkt. Die Arzneimittelversorgung aller Kreiskrankenhäuser im Ostalbkreis erfolgt durch die Kreis-Zentalapotheke in Schwäbisch Gmünd. Die in kommunaler Trägerschaft befindlichen Krankenhäuser in Abtsgmünd und Lauchheim wurden bereits vor Jahren einer anderen Nutzung zugeführt und sind heute Altenpflegeheime.

Die baulichen Erneuerungen und Verbesserungen der Kreiskrankenhäuser gehörten zu den wichtigsten Aufgaben, die der Ostalbkreis seit 1973 zu erfüllen hatte. Insgesamt wurden für den Aus- und Neubau der Kreiskrankenhäuser 241 Mio. DM bereitgestellt. Das Land Baden-Württemberg war an diesem großen Betrag mit 155 Mio. DM Fördermitteln beteiligt. Aus der Fülle von Baumaßnahmen seien hier nur die wichtigsten genannt:
Kreiskrankenhaus Aalen:
– Erweiterungsbau 1. Behandlungsabschnitt einschließlich Küche, 62 Mio. DM
– Erstellung eines Verbindungsbaus zur Frauenklinik, ca. 12 Mio. DM
– Erstellung eines 2. Bauabschnitts des Behandlungsbaus, ca. 63 Mio. DM
Kreiskrankenhaus Schwäbisch Gmünd in Mutlangen, Stauferklinik:

Die Krankenhäuser

86 Die St.-Anna-Klinik in Ellwangen

– Erweiterung und Umbau des Krankenhauses 1984, 50,6 Mio. DM
– Erweiterung und Sanierung der Heizzentrale, ca. 5 Mio. DM
– Erweiterung und Umbau Küche, ca. 4 Mio. DM

Kreiskrankenhaus Ellwangen:
– Einrichtung einer urologischen Hauptabteilung, ca. 2,4 Mio. DM
– Sanierung des aseptischen OP-Bereichs incl. Zentalsterilisation, ca. 4,8 Mio. DM
– Geplant: Erweiterungsbau Intensiv, Küche u. a. als 1. Bauabschnitt des Krankenhausausbaus, ca. 40 Mio. DM
Ausbaumaßnahmen in Bauabschnitt 2 und 3; insbesondere Modernisierung des Röntgenbetriebs, Neubau Psychiatrie mit 80 Betten und sanitäre Verbesserungen in den Bettenhäusern.

Kreiskrankenhaus Bopfingen:
– Behandlungsbau, ca. 5 Mio. DM
– Geplant: Altbausanierung, Bettentrakt, ca. 7 Mio. DM

Kreiskrankenhaus Neresheim:
– Ausbau und Erweiterung zum Sozialzentrum 1981 ca. 5,3 Mio. DM.
– Geplant: Umstrukturierung zu einem Rehabilitationszentrum für Schädel-Hirn-Verletzte.

In den vergangenen zehn Jahren wurden 92,8 Mio. DM Betriebskosten aus der Kreiskasse des Ostalbkreises finanziert. Dieser Betrag mußte vom Krankenhausträger aufgebracht werden, um die seit Anfang der achtziger Jahre auftretenden Defizite aus dem Betrieb unserer Kreiskrankenhäuser zu decken. Zu diesen Defiziten kam es vor allem, weil die durch die relativ niedrigen Pflegesätze be-

87 Das Kreiskrankenhaus Schwäbisch Gmünd in Mutlangen

stimmte Einnahmeentwicklung immer stärker hinter der durch die Entwicklung der medizinischen Wissenschaft und zahlreiche Leistungssteigerungen geprägten Ausgabenentwicklung zurückblieb. Mit ursächlich für die hohen Kosten war aber auch das in unseren Kreiskrankenhäusern noch nicht überall in der erforderlichen Weise vorhandene Kostenbewußtsein. Leistungssteigerungen und Ausweitungen erfolgten teilweise ohne Abstimmung mit den Kostenträgern. Eine weitere wichtige Ursache für die defizitäre Entwicklung lag im Fehlen bedarfsgerechter Anhaltszahlen für die Bereitstellung des Personals.
Der Abbau der in letzter Zeit erneut stark gestiegenen Zuschüsse des Ostalbkreises für den Betrieb unserer Kreiskrankenhäuser ist eines der vorrangigen Ziele in der Krankenhauspolitik des Ostalbkreises. Die Krankenversorgung auf hohem Niveau, mit der wir im Ostalbkreis dafür sorgen, daß die meisten Kreiseinwohner im Ostalbkreis eine bedarfsgerechte gute ärztliche Behandlung und pflegerische Betreuung erfahren, kann auf Dauer nur gesichert werden, wenn die Finanzierung dieser Leistungen durch die im Betrieb unserer Krankenhäuser erzielten Einnahmen sichergestellt werden kann. Bei dem immer enger werdenden finanziellen Rahmen des Ostalbkreises gibt es zu diesem Weg keine Alternative.

Tafel 39   Das Landratsamt des Ostalbkreises in Aalen

Tafel 40 Aalen. Die weit über die Region hinaus bekannten Limes-Thermen

Struktur der Krankenhäuser

Kreiskrankenhaus Aalen – Haus der Zentralversorgung

437 Betten – Akademisches Lehrkrankenhaus der Universität Ulm. Hauptabteilungen: Chirurgie (Allgemein- und Unfallchirurgie), Innere Medizin inklusive Intensivabteilung (Kardiologie und Gastroenterologie), Geburtshilfe/Gynäkologie, Pädiatrie, Radiologie mit Computertomograph und Digitalem Substraktions-Angiographiegerät (DSA), Kernspintomograph (in der Trägerschaft von Fachärzten), Anästhesie inklusive Intensivabteilung.
Belegabteilungen für Hals-Nasen-Ohren, Mund-Kiefer-Gesichts-Chirurgie.

Kreiskrankenhaus Schwäbisch Gmünd in Mutlangen – Haus der Regelversorgung.
448 Betten – Akademisches Lehrkrankenhaus der Universität Ulm. Hauptabteilungen für Allgemeinchirurgie und Unfallchirurgie, Innere Medizin inklusive Intensivabteilung mit Funktion der Zentral-Versorgung (Gastroenterologie und Hämatologie/Onkologie), Radiologie mit Computertomograph (CT) und Digitalem Subtraktions-Angiographiegerät (DSA), Gammakamera, Anästhesie inklusive Intensivabteilung, Geburtshilfe/Gynäkologie.
Belegabteilungen für Augen und Urologie.
Kreiskrankenhaus Ellwangen – Haus der Regelversorgung
253 Betten – Hauptabteilungen für Chirurgie

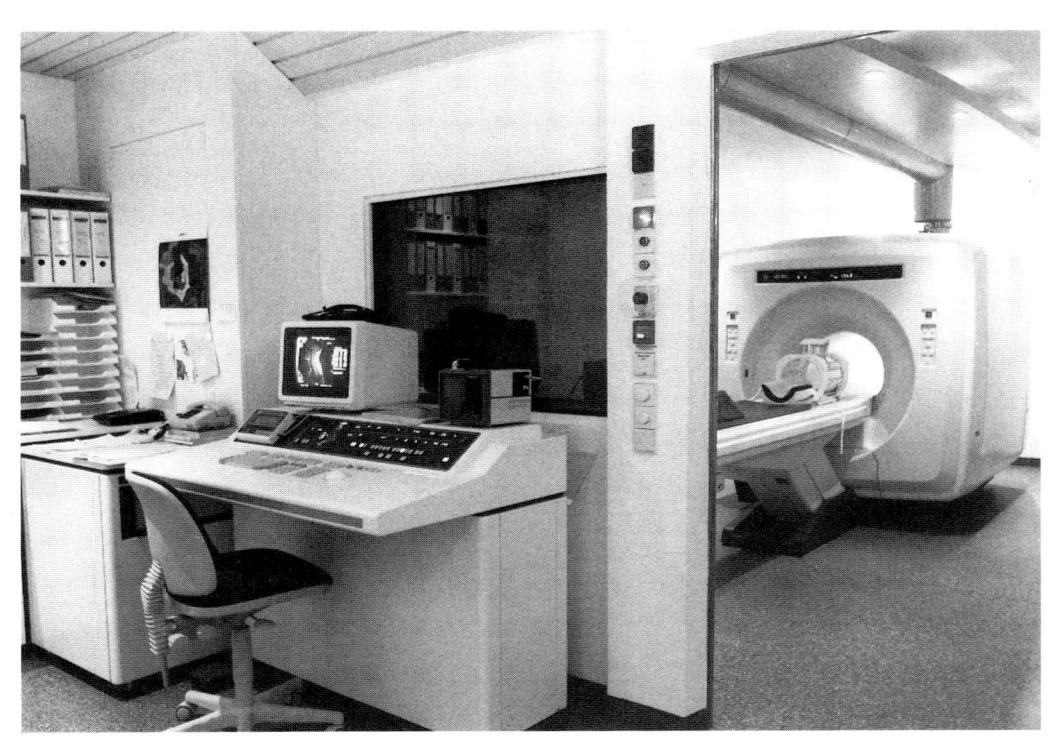

88 Kernspintomograph im Kreiskrankenhaus Aalen

(Allgemein- und Unfallchirurgie), Innere Medizin inklusive Intensivabteilung, Urologie, Anästhesie. Belegabteilung für Hals-Nasen-Ohren.
Kreiskrankenhaus Bopfingen – Haus der Grundversorgung und Spezialbehandlung im Bereich der Arthroskopie
54 Betten – Hauptabteilung für Chirurgie und Arthroskopie. Belegabteilung für Innere Medizin und Geburtshilfe/Gynäkologie.
Kreiskrankenhaus Neresheim – Haus der Ergänzungsversorgung
24 Betten – Belegabteilung für Innere Medizin, Chirurgie und Orthopädie.
St. Anna-Klinik Ellwangen – Haus der Regelversorgung – In der Trägerschaft der Gemeinschaft der St. Anna-Schwestern
55 Betten – Belegabteilungen Geburtshilfe/Gynäkologie.
Margaritenhospital Schwäbisch Gmünd – Haus der Regelversorgung – In der Trägerschaft der Genossenschaft der Barmherzigen Schwestern von Untermarchtal
130 Betten – Hauptabteilung für Pädiatrie, Geburtshilfe/Gynäkologie. Belegabteilung für Hals-Nasen-Ohren.
Krankenpflegeschulen. Bei den Kreiskrankenhäusern werden nachfolgende Ausbildungsstätten für Krankenpflege betrieben:
Kreiskrankenhaus Aalen: Krankenpflegeschule 90 Plätze; Kinderkrankenpflegeschule 36 Plätze.
Kreiskrankenhaus Schwäbisch Gmünd in Mutlangen: Krankenpflegeschule 90 Plätze.
Kreiskrankenhaus Ellwangen: Krankenpflegeschule 60 Plätze.
Insgesamt werden damit vom Ostalbkreis 276 Ausbildungsplätze bereitgestellt. Der Landkreis erbringt mit diesem Angebot seit vielen Jahren einen überdurchschnittlich großen Beitrag zur Ausbildung von qualifizierten Pflegekräften, der weit über den eigenen Bedarf hinausgeht.

Straßen

Das klassifizierte Straßennetz im Ostalbkreis umfaßt 38 km Autobahn, 185 km Bundesstraßen, 399 km Landesstraßen und 526 km Kreisstraßen. Mit diesem großen Kreisstraßennetz liegt der Ostalbkreis mit an der Spitze in Baden-Württemberg. Der Ausbau und Neubau von Kreisstraßen war seit Bestehen des Ostalbkreises eine der wichtigsten Aufgaben der Kreispolitik. Ziel dieser Ausbaupolitik war die Schaffung bedarfsgerechter Verkehrswege im Ostalbkreis und damit die Bereitstellung einer guten Infrastruktur für die Wirtschaft und die Kreiseinwohner. Der Kreisstraßenbau war und ist eines der wichtigsten Mittel, um den ländlichen Raum zu stärken.
Der Ostalbkreis hat trotz einer Fülle anderer wichtiger Aufgaben in den Jahren seines Bestehens insgesamt 180 Mio. DM in den Kreisstraßenausbau investiert. Viele Kreisstraßen konnten damit in einen Zustand versetzt werden, der teilweise besser ist, als der Zustand mancher Landesstraßen in unserem Kreis. Allerdings stehen noch immer gewaltige Aufgaben im Kreisstraßenausbau vor uns. Es handelt sich aus heutiger Sicht noch um über 100 Ausbaumaßnahmen. Jede dieser zukünftigen Maßnahmen wird allerdings so durchgeführt, wie es einem rücksichtsvollen Umgang mit unserer Umwelt und einem wirtschaftlichen Einsatz der immer knapper werdenden finanziellen Mittel des Landkreises entspricht. Grundsatz ist: Ausbau vor Neubau, eine möglichst geringe Beeinträchtigung der Landschaft und der gewachsenen Bausubstanz unserer Städte und Gemeinden. Ein wichtiger Gesichtspunkt bei der Festlegung von Ausbaumaßnahmen ist die Verkehrssicherheit und das Bemühen, der lebensgefährlichen Raserei mancher Verkehrsteilnehmer auf unseren Straßen Einhalt zu gebieten.
Im Kreisstraßenausbauprogramm wird vor-

Straßen

rangig berücksichtigt der Ausbau stark frequentierter Kreisstraßen, die Verbesserung wichtiger Verbindungen zu den Mittelzentren, der Ausbau der Ortsdurchfahrten und der Straßen innerhalb von Dorfentwicklungsprogrammen und Flurbereinigungen sowie der Straßen mit überörtlicher Bedeutung.

Im Hinblick auf den Umweltschutz und die Energieeinsparung ist es sehr erfreulich, daß immer mehr Bürger des Ostalbkreises regelmäßig ihr Fahrrad benutzen. Es ist unser Ziel, die vorhandenen Radwege zu verbinden und weiter auszubauen. Vor allem wollen wir abseits von stark befahrenen Hauptverkehrsstraßen geeignete Verbindungen zu Schulstandorten, Arbeitsstätten, Einkaufszentren, Erholungseinrichtungen und historischen Sehenswürdigkeiten schaffen. Das in Bearbeitung befindliche Radwegeprogramm der Landkreisverwaltung soll Grundlage des weiteren Ausbaus sein.

Obwohl der Landkreis nur für die Kreisstraßen zuständig ist, wird es auch zukünftig ein vorrangiges Ziel der Verkehrsstrukturpolitik des Ostalbkreises sein, den Landkreis durch den weiteren Ausbau der *Bundes- und Landesstraßen* vollständig aus dem Verkehrsschatten herauszuführen. Dem intensiven politischen Einsatz aller Verantwortlichen im Ostalbkreis und unserer Mandatsträger in Bonn und Stuttgart, gemeinsam mit unseren Nachbarn diesseits und jenseits der Landesgrenze, ist es zu verdanken, daß die Autobahn A 7 als wichtige Nord-Süd-Verbindung Ende 1987 in Betrieb genommen werden konnte. Die A 7 war für die Infrastruktur unseres Landkreises sowie für die gesamte Region Ostwürttemberg und die angrenzenden Räume ein Jahrhundertbauwerk. Durch diese Autobahn wurde unser Ostalbkreis ein großes Stück aus dem Verkehrsschatten herausgeführt. Die regionale Wirtschaftsstruktur konnte entscheidend verbessert werden. Dies zeigt sich im Ausbau und

89 Ortsdurchfahrt in Bopfingen-Baldern

in der Ansiedlung von Betrieben und in der Belebung des Fremdenverkehrs im Ostalbkreis.

Das Hauptziel der zukünftigen Verkehrspolitik muß der bedarfsgerechte Ausbau der West-Ost-Achse Bundesstraße B 29 sein. Nachdem der zweibahnige Ausbau zwischen Lorch und Schwäbisch Gmünd im Jahre 1985 fertiggestellt wurde, sind nun weitere wichtige Ziele: der Bau des Tunnels in Tallage in Schwäbisch Gmünd, der Ausbau in Böbingen, die Umgehung Mögglingen, die Westumgehung Aalen, die bereits im Bau befindliche Umgehung Lauchheim und die Umgehungen Trochtelfingen und Pflaumloch. Ein weiteres wichtiges Ziel ist der Ausbau der B 298 mit der Umfahrung von Mutlangen und der Anschluß der B 297 an die B 29 bei Lorch.

Im Landesstraßennetz des Ostalbkreises wurden in den vergangenen Jahren kräftige Verbesserungen durchgeführt. Allerdings sind noch eine ganze Anzahl wichtiger Ausbaumaßnahmen unerledigt. Einige der wichtigsten sind: Die L 1073 zwischen der B 19 bei Abtsgmünd-Schäufele und Pommertsweiler, die L 1080 Abtsgmünd-Dewangen, die L 1070 von Bopfingen auf das Härtsfeld, die L 1157 von der B 29 bis Brainkofen, die Ortsdurchfahrt Essingen L 1165, die L 1162 Heubach-Böbingen, die L 2220 bis zur Landesgrenze und die L 1158 zwischen Mögglingen und Heuchlingen.

Öffentlicher Personennahverkehr

Während in den Ballungsräumen fast alle Wohngebiete gut an den Öffentlichen Personennahverkehr angeschlossen sind, ist dies im Ostalbkreis nicht überall der Fall. Zwar wohnen knapp 99 Prozent der Bevölkerung im Einzugsbereich einer der ca. 1550 Bushaltestellen. Die geringe Bevölkerungsdichte und die sehr kleine Einwohnerzahl vieler Siedlungen und Ortsteile im ländlichen Raum lassen jedoch eine bedarfsgerechte Anbindung an den Öffentlichen Personennahverkehr wegen einer zu geringen Fahrgastzahl nicht zu. In verschiedenen Bereichen des ländlichen Raums ist – abgesehen vom Schülerverkehr – nur eine sehr dünne – am Abend und am Wochenende teilweise keine öffentliche Verkehrsverbindung vorhanden. Ein weiterer Ausbau der Straßen ist daher auch für die Bewohner dieser Gegend unverzichtbar.

Bereits seit Jahren ist es das erklärte Ziel der Verkehrspolitik im Ostalbkreis, den Öffentlichen Personennahverkehr (ÖPNV) so bedarfsgerecht und attraktiv zu gestalten, daß diejenigen Kreiseinwohner, die auf den Öffentlichen Pesonennahverkehr umsteigen können, dies auch tun. Als erster Schritt zur Erreichung dieses Zieles erfolgte die Bildung von Verkehrsgemeinschaften in Aalen und Schwäbisch Gmünd. Diese Verkehrsgemeinschaften, die als privatrechtliche Gesellschaften geführt werden, sind ein Zusammenschluß selbständiger Verkehrsunternehmen, die den ÖPNV mit finanzieller Unterstützung des Ostalbkreises attraktiver gestalten wollen. Eine wichtige und finanziell sehr aufwendige Zuschußmaßnahme des Ostalbkreises war und ist die Finanzierung von Fahrscheindruckern, die in die Omnibusse der Verkehrsbetriebe eingebaut werden und für die Realisierung eines differenzierten, bedarfsgerechten und attraktiven Verkehrsangebots unentbehrlich sind. Bereits vor längerer Zeit wurden rabattierte Umsteigefahrscheine und andere Maßnahmen zur Förderung des ÖPNV – Bezuschussung von Mehrfahrtenkarten, Einführung von Linientaxis, Ausstattung der Bushaltestellen mit neuen einheitlichen Haltestellenschildern, Regelungen zur gegenseitigen Anerkennung von Zeitkarten auf Parallelstrecken und Einführung von Disco- und Freizeitbussen – eingeführt. Am 1. November 1991 erfolgte nun ein wichtiger weiterer Schritt: Die Einführung der Umwelt-Tickets im gesamten Landkreis. Mit dieser vom Ostalbkreis und den Städten Aalen, Ellwangen und Schwäbisch Gmünd und den Gemeinden Mutlangen und Waldstetten finanzierten Tikkets können die Fahrgäste öffentliche Verkehrsmittel im jeweiligen Geltungsbereich uneingeschränkt zu besonders günstigen Tarifen benutzen. Der Start in diese neue und wichtige Periode des ÖPNV im Ostalbkreis ist erfreulich. Es ist zu hoffen, daß das Motto der begleitenden Öffentlichkeitskampagne „die Ostalb steigt um" von vielen Kreiseinwohnern beherzigt wird.

Naturschutz, Landschaftspflege und Wasserschutz

Naturschutz bedeutet Bewahrung des natürlichen Lebensraums insgesamt, aber auch den Schutz einzelner Pflanzen- oder Tierarten, von denen einige bereits vom Aussterben bedroht sind. Unter *Landschaftspflege* verstehen wir in unserem Raum vor allem den Erhalt der von Menschenhand in den vergangenen Jahrhunderten gestalteten Kulturlandschaft.

Zu den wichtigsten Aufgaben des Landratsamts als Untere Naturschutzbehörde gehören die Vertretung der Belange des Naturschutzes in Planfeststellungsverfahren für den Bau von Straßen, Deponien, Kläranlagen oder für Gewässerbaumaßnahmen sowie die Stellungnahmen zu Bauleitplanungen, Einzelvorhaben oder Veranstaltungen im sog. Außenbereich. Außerdem erfolgt durch das Landratsamt die Ausweisung von Landschaftsschutzgebieten und Naturdenkmälern sowie die Umsetzung des gesetzlichen Arten- und Biotopschutzes. Zur fachlichen Beratung bei diesen Aufgaben stehen dem Landratsamt die ehrenamtlich tätigen Kreisbeauftragten für Naturschutz sowie die Kreisökologin zur Seite. Die Festsetzung von Naturschutzgebieten ist das wirksamste Mittel, um besonders wertvolle Gebiete durch ein absolutes Veränderungsverbot in ihrer Ganzheit zu schützen. Beispielhaft erwähnt seien das Naturschutzgebiet für den Ipf, für den Blasienberg oder das Tal der Blinden Rot. Insgesamt sind derzeit 25 Naturschutzgebiete mit einer Fläche von 572 Hektar im Ostalbkreis ausgewiesen. Ein weiteres Instrumentarium besteht in der Ausweisung von Landschaftsschutzgebieten, in denen ein relatives Veränderungsverbot den besonderen Schutz der Natur und Landschaft gewährleisten soll. Im Ostalbkreis sind derzeit 51 Landschaftsschutzgebiete mit einer Fläche von insgesamt 19 078 Hektar ausgewiesen. Dies entspricht 12,62 Prozent der Kreisfläche.

Schützenswerte Einzelbildungen der Natur werden durch die Ausweisung eines Naturdenkmales geschützt. Hierzu gehören beispielsweise Feuchtgebiete, Heideflächen, geologische Besonderheiten, aber auch besonders schützenswerte Bäume oder Flurgehölze. Derzeit gibt es 728 Naturdenkmale im Ostalbkreis.

Wasserschutz. Der Wasserbedarf der öffentlichen Trinkwasserversorgung wird auch im Ostalbkreis überwiegend aus den Grundwasservorkommen gedeckt. Dem vorbeugenden Schutz der Grundwasser- und Quellfassungen vor Verunreinigungen kommt daher eine große Bedeutung zu. Eine wichtige Aufgabe ist die Festsetzung von Wasserschutzgebieten. Derzeit sind im Ostalbkreis bereits 70 Wasserschutzgebiete mit einer Gesamtfläche von 28 100 Hektar ausgewiesen, dies entspricht 18,6 Prozent der gesamten Kreisfläche. Weitere Ausweisungen sind vorgesehen.

Eine weitere wichtige Aufgabe ist die Verbesserung der Gewässergüte durch den Bau von kommunalen Kläranlagen, Abwassersammlern und Regenwasserbehandlungsanlagen. Das Landratsamt ist hierbei für die Durchführung der Planfeststellungs- und Genehmigungsverfahren zuständig. 97 Prozent der Bevölkerung sind derzeit an Kläranlagen angeschlossen. Bei den Einwohnern, die bislang noch nicht angeschlossen werden konnten, sorgt das Landratsamt für den notwendigen Bau von Kleinkläranlagen und leistet damit auch auf diesem Feld einen wichtigen Beitrag für die Gewässergüte.

Abfallbewirtschaftung

Die Vermeidung von Abfällen, die Wiederverwendung von Wertstoffen und die ökologisch einwandfreie Entsorgung der Reststoffe ist eine der schwierigsten und zugleich wichtigsten Aufgaben der Kreispolitik. Nach dem Landesabfallgesetz sind die Stadt- und Landkreise zuständig für die Abfallentsorgung.

Der Ostalbkreis hat sich mit der ökologisch einwandfreien Verwertung von Abfällen bereits zu einem Zeitpunkt befaßt, als in den meisten anderen Bereichen unseres Landes die Deponierung von Abfällen noch als langfristige Lösung des Abfallproblems betrachtet wurde. Mit Förderung durch den Bund und das Land Baden-Württemberg wurde in der Sandgrube auf Gemarkung Rainau eine Pyrolyse-Demonstrationsanlage erstellt, die den großtechnischen Einsatz des von Karl Kiener erfundenen Pyrolyseverfahrens im Bereich der Abfallverwertung vorbereiten sollte. Im Jahre 1980 wurde mit dem Bau dieser Anlage begonnen, und es war geplant, den in der Sandgrube erstellten Pyrolyse-Strang auf ein vom Landkreis erworbenes Gelände in der „Lederhose" in Aalen-Wasseralfingen umzusetzen. Diese Anlage sollte durch einen zweiten Pyrolyse-Strang ergänzt werden, um dann durch die komplette Pyrolyseanlage ca. 40 Prozent der im Ostalbkreis anfallenden Abfälle thermisch zu verwerten. Leider wurde dieses Ziel nicht erreicht. Trotz großem finanziellen Aufwand und langen Ertüchtigungsversuchen durch die Firma Siemens-KUT konnte die Erprobung des Pyrolyse-Verfahrens nicht erfolgreich abgeschlossen werden. Der Ostalbkreis will nun einen Versuch zur Ertüchtigung des andersartigen Pyrolyse-Verfahrens der Firma PKA auf dem bereits erwähnten Grundstück in Aalen-Wasseralfingen ermöglichen. Voraussetzung dafür ist allerdings der Nachweis, daß die Demonstrationsanlage in Wasseralfingen keine schädlichen Umwelteinwirkungen verursacht. Dies soll in einer Umweltverträglichkeitsprüfung festgestellt werden. Der Ostalbkreis hat durch Beschluß des Kreistags im April 1990 die Müllverbrennung jedweder Art abgelehnt. Es ist zu hoffen, daß das Pyrolyse-Verfahren der PKA, das jetzt erprobt werden soll, sich in seiner technischen Verfügbarkeit und in seinen ökologischen Auswirkungen so bewährt, daß es für den Einsatz der Reststoffe im Ostalbkreis in mehreren dezentralen Anlagen verwendet werden kann.

Zur Zeit sind jährlich ca. 360 000 Tonnen Abfälle im Ostalbkreis zu entsorgen. Die Entsorgung erfolgt auf den kreiseigenen Deponien Ellert und Reutehau. Bei einer Fortführung des Abfallaufkommens in der bisherigen Höhe reicht das Volumen der beiden Deponien noch für ca. neun Jahre. In Bälde sollen daher die Vorbereitungen für die Ausweisung einer weiteren Deponie anlaufen. Geplant ist auch die Verwertung des auf den Deponien entstehenden Deponiegases und der Einbau von Einrichtungen, um die Entsorgung des auf den Deponien entstehenden Sickerwassers in ökologisch einwandfreier Weise zu gewährleisten. Für diese und weitere Maßnahmen zur ökologischen Absicherung der Deponien ist mit einem Gesamtaufwand von ca. 180 Mio. DM zu rechnen.

Erklärtes Ziel des Ostalbkreises ist es, entsprechend den gesetzlichen Vorschriften des Bundes- und Landesabfallgesetzes die anfallenden Müllmengen drastisch zu reduzieren. Ziel ist es, die Müllmenge in einem überschaubaren Zeitraum von fünf Jahren auf etwa die Hälfte zu verringern.

Zur Erreichung dieses Ziels wurden die Maßnahmen zur Abfallvermeidung und zum Recycling von Wertstoffen in den vergangenen Jahren stark intensiviert. Erfreulich ist, daß die Sensibilisierung der Bevölkerung in Sachen „Umweltschutz und Abfallbeseitigung" in den vergangenen Jahren stark zugenommen hat. Die Möglichkeiten zum Recycling wurden ausgebaut. Auf den Kreismülldeponien wurden Recycling-Zentren eingerichtet, vierteljährlich wurden mobile Sonderabfallsammlungen durchgeführt und zusätzliche Sammelbehälter für Recycling-Stoffe in den Städten und Gemeinden aufgestellt.

Um die schwierigen Aufgaben der Abfallwirtschaft mit der nötigen Schlagkraft und Dynamik meistern zu können, hat der Ostalbkreis eine Abfallbewirtschaftungsgesellschaft mit dem Sitz in Schwäbisch Gmünd gegründet, die am 1. Januar 1992 ihre Arbeit aufgenommen hat. Die Abfallbewirtschaftungsgesellschaft GOA ist allein zuständig auch für das Einsammeln und Transportieren aller Abfälle im Kreisgebiet. Nur die Stadt Aalen führt diese Aufgabe zunächst in eigener Zuständigkeit weiter. Die Entsorgung der Abfälle übernimmt die Abfallbewirtschaftungsgesellschaft für den gesamten Ostalbkreis. Die Abfallbewirtschaftungsgesellschaft wird auch die Maßnahmen zum Recycling der Städte und Gemeinden, im gesamten Bereich des Ostalbkreises fortsetzen und weiter intensivieren. U. a. ist vorgesehen, im Ostalbkreis etwa 20 dezentrale Recycling-Einrichtungen zu schaffen.

Ein wichtiges Instrument der Umweltpolitik im Bereich Abfallbeseitigung wird zukünftig die Gebührenregelung sein. Grundsatz ist: Wer wenig Abfälle verursacht, soll belohnt werden. Dagegen sollen Bürger, bei denen viel Abfall anfällt, mit einer entsprechend hohen Abfallgebühr belegt werden. Die Einführung eines mengenbezogenen Tarifs in der neuen Abfallgebührensatzung soll diesem Ziel dienen. Durch intensive Öffentlichkeitsarbeit wollen wir die Bürger noch mehr sensibilisieren und zu einem umweltfreundlichen Verhalten beim Umgang mit Abfällen motivieren. Da wir Umweltbelastungen abbauen und unser sehr begrenztes Deponievolumen schonen müssen, ist zu hoffen, daß die Kreisbewohner unserer Abfall- und Umweltpolitik zum Erfolg verhelfen.

Zusammenfassung und Ausblick

Die erwähnte Leistungsbilanz macht deutlich, daß der Landkreis in der Daseinsvorsorge für seine Bürger – neben den Leistungen der Städte und Gemeinden und der freien Träger – viele wichtige Aufgaben und Leistungen erfüllt, auf die wir letztlich alle angewiesen sind. Die Darstellung einiger besonders wichtiger Aufgabenbereiche macht deutlich, daß die Aufgabenstellung unseres Landkreises kurz vor der Jahrtausendwende sich von der Aufgabenstellung der Vorgängerlandkreise und der früheren Oberämter grundsätzlich unterscheidet. Nicht die behördlichen Aufgaben als Staatsbehörde des Landes Baden-Württemberg sind das Wichtigste, sondern die Aufgaben der Daseinsvorsorge, die das Landratsamt als Verwaltungsbehörde der Selbstverwaltungskörperschaft Ostalbkreis zu erfüllen hat. Viele der heutigen Aufgaben sind dem Landkreis erst in den letzten Jahren und Jahrzehnten zugewachsen. Die Übertragung dieser Aufgaben auf die Landkreise und Stadtkreise war richtig, denn eine Aufgabenerledigung auf der kommunalen Ebene verspricht mehr Bürgernähe und bessere Effizienz, als die Aufgabenerfüllung auf einer höheren Verwaltungsebene. Die Landkreise haben – und dies gilt auch für unseren Ostalbkreis – die ihnen übertragenen Aufgaben mit großer Dynamik angepackt und zum Wohle der Bürger umgesetzt. Unser Ostalbkreis wird auch weiterhin alles tun, um seine Aufgaben im Bereich der Daseinsvorsorge auf hohem Niveau so zu bewältigen, wie es den jeweiligen Bedürfnissen der Bürger entspricht.

Probleme bereitet uns nicht die Aufgabenerfüllung, sondern ihre Finanzierung. Dies wird bei der aktuellen Entwicklung im Bereich der Sozial- und Jugendhilfe besonders deutlich. Zu Recht wurden die Vergütungen der Pflegekräfte in letzter Zeit erhöht. Zu Recht betont das neue Jugendhilfegesetz die vorbeugenden Aufgaben der Jugendhilfe. Aber leider werden die Landkreise bei der Finanzierung der sich hieraus ergebenden Aufgaben vom Bund und den Ländern nicht ausreichend unterstützt.

In Bälde muß eine wesentliche Verbesserung der Finanzausstattung der Landkreise und eine Entlastung insbesondere durch die baldige Einführung der Pflegeversicherung erfolgen. Dies ist dringend erforderlich, damit die Landkreise auch in den kommenden Jahren ihre Aufgaben in der Daseinsvorsorge so erfüllen können, wie dies im Interesse der Bürger dringend geboten ist. Die Beteiligung der Landkreise an einer Wachstumssteuer – lange gefordert und immer noch nicht realisiert – würde eine dauerhafte und überzeugende Lösung der finanziellen Probleme der Landkreise ermöglichen.

Insgesamt sind die Zukunftsaussichten für unseren Ostalbkreis günstig. Der Kreis, der im Jahr 1993 auf ein zwanzigjähriges Bestehen zurückblicken kann, hat seine Bewährungsprobe als modernes Dienstleistungsunternehmen für fast 300 000 Bürger längst bestanden. Der Ausbau einer bedarfsgerechten Infrastruktur ist weitgehend verwirklicht. In den Kreiseinrichtungen und im Landratsamt wird gute Arbeit geleistet. In enger Zusammenarbeit mit den 42 Städten und Gemeinden, mit der Unterstützung von Bund und Land und dem aktiven Einsatz vieler Bürger für ihren Heimatkreis werden wir mit Gottes Hilfe auch in den kommenden Jahren eine erfolgreiche Politik für unseren Ostalbkreis gestalten können.

Aalen – Kreisstadt mit vielen Gesichtern

von Ulrich Pfeifle

Gut 20 Jahre ist es her, da begann in Baden-Württemberg eine Phase, die in etwa fünf Jahren das Gesicht des Landes, seine kommunalpolitische Struktur total verwandelte. Es war die hektische Zeit der sog. Gebietsreform. Auch Aalen war davon stark betroffen. Zwischen 1970 und 1975 wuchs die Zahl der Einwohner von 35 000 auf 65 000. Die Fläche vervielfachte sich auf gut 14 000 ha. Sozusagen über Nacht war Aalen damit die größte Stadt der Region Ostwürttemberg geworden. Sieben neue Stadtbezirke waren freiwillig (Dewangen, Ebnat, Fachsenfeld, Hofen, Unterkochen, Waldhausen) bzw. per Gerichtsbeschluß (Wasseralfingen) zu Aalen dazugestoßen. Ein zunächst künstlich anmutendes Gebilde war entstanden, und mancher stellte sich die bange Frage: Kann daraus auch eine einheitliche Stadt Aalen werden? Die Frage beantwortet sich dem Fragesteller heute von selbst: Natürlich ist Aalen heute, nach über 20 Jahren, immer noch eine Stadt mit vielen Gesichtern. Aber die Integration ist geglückt. Die Menschen in allen Teilen der Stadt sind stolz darauf, „Aalener" zu sein, auch wenn sie sich gleichzeitig Gott sei Dank auch noch stark mit ihrem jeweiligen Stadtbezirk verbunden fühlen. Das Zusammengehen war von Vorteil für alle Beteiligten – jeder hat profitiert im Geben und im Nehmen. Die Stadt ist in mancherlei Beziehung attraktiver geworden, die Lebensqualität konnte gesteigert werden.

Die Stadt Aalen des Jahres 1992 soll nun in sechs verschiedenen Aspekten beleuchtet werden. Sechs verschiedene Gesichter einer Stadt, die aber doch zu einem Ganzen gehören: der liebenswerten Kreisstadt im Herzen der Region Ostwürttemberg.

Stadt der Industrie und des Handwerks
Was Aalen im letzten Jahrhundert geworden ist, ist es im Grunde auch heute noch: eine Stadt, in der eine bedeutende Industrie mit teilweise weltbekannten Namen beheimatet ist. Die Menschen der Stadt leben traditionsgemäß von der Metallindustrie, die ihren Ursprung im Erzabbau und in der Eisenverhüttung in den Schwäbischen Hüttenwerken hat. SHW, Alfing, Erlau, Mapal, RUD, GSA, Rieger seien stellvertretend genannt für viele Firmen der Metallbranche, in denen auf technologisch hohem Stand von vorzüglichen Fachkräften Produkte produziert werden, die in alle Welt gehen. Der Kreis der Autozulieferer wird ergänzt durch Görner und ROWA. Doch das Bild der Industrie ist breitgefächert. Zwei große Papierfirmen kommen ebenso dazu wie das Brillenwerk von Zeiss und mehrere Textilbetriebe. Alle Aalener Betriebe haben sich in den letzten zwei Jahrzehnten als relativ stabil und krisenunabhängig gezeigt. Es muß das Bemühen der Stadt sein, diesen Betrieben auch künftig weitere Entwicklungsmöglichkeiten zu geben durch neue Gewerbegebiete auf eigener Markung und in Zusam-

menarbeit mit dem Umland. Auch neue Betriebe sind willkommen. Besonders erfreulich ist es für die Stadt, wenn auch weiterhin neue junge technologieorientierte Betriebe aus dem Technologiezentrum hervorgehen und sich in der Stadt niederlassen. – Sehr stark ist in der Stadt auch das Handwerk vertreten. Dies geht zurück auf die reiche Handwerkstradition der ehemals freien Reichsstadt. Das Handwerk ist mit all seinen Zweigen präsent. Besonders stark haben sich einige Betriebe des Bauhandwerks entwickelt. Sie decken nicht nur den Bedarf der Großen Kreisstadt Aalen ab, sondern sind mit Baustellen in der ganzen Region tätig. Insgesamt kann man die Wirtschaftsstruktur der Großen Kreisstadt Aalen als gut bezeichnen. Dies eröffnet auch günstige Perspektiven für die Zukunft.

Aalen bietet viele Arbeitsplätze, nicht nur für Aalener, sondern auch für ein großes Einzugsgebiet. Es wird damit seiner Aufgabe als Wirtschaftszentrum des Kreises und der Region voll gerecht.

Stadt der Dienstleistungen Im Gefolge der Gebietsreform bot sich der Kreisstadt Aalen die Chance, den früher unterentwickelten Bereich der Dienstleistungen auszubauen. Diese Chance wurde kräftig genützt. Die Bedeutung des Dienstleistungsstandorts Aalen ist geradezu explodiert. Tausende zusätzlicher Arbeitsplätze sind in diesem Bereich entstanden. An erster Stelle steht der gestiegene Stellenwert des Behörden- und Bankenplatzes Aalen. Nahezu alle regional wichtigen Behörden haben in Aalen Neubauten erstellt; erinnert sei hier an Landratsamt, Arbeitsamt, Polizeidirektion. Eklatant war und ist auch immer noch das Bekenntnis der Banken zum Standort Aalen. Nahezu alle bedeutsamen Banken der Bundesrepublik haben hier Fuß gefaßt und zumeist auch ihre Kopfstellen für Ostwürttemberg in Aalen eingerichtet. Krönender Höhepunkt dieser Entwicklung wird der baldige Neubau einer Landeszentralbank für ganz Ostwürttemberg sein. – Zu den herausragenden Dienstleistungseinrichtungen in der Stadt gehört auch die Fachhochschule. Sie wird bis Ende dieses Jahrtausends weit über 3000 Studenten haben. Beachtliche Investitionen stehen im kommenden Jahrzehnt im neuen Gelände nördlich des Rohrwangs an. Bei Aalenern und Auswärtigen gleichermaßen geschätzt sind die ausgezeichneten Einkaufsmöglichkeiten. Die geglückte Innenstadtsanierung hat dazu ebenso günstige Rahmenbedingungen geschaffen wie ein guter Einzelhandel in den Stadtbezirken. Vor allem Wasseralfingen wird in den kommenden Jahren als Einkaufsstandort wieder Bedeutung gewinnen, wenn erst einmal der Verkehr aus der Innenstadt auf die neue bahnparallele Trasse verbannt ist.

Stadt des Tourismus Schon Karl Julius Weber hat in seinem Democritos festgestellt, Aalen „liege wie ein schönes Kind in einer schönen Wiege". Mit schöner Landschaft ist unser Ländle aber an vielen Stellen reich gesegnet. Es bedurfte und bedarf deshalb auch einiger Anstrengungen, um Aalen auch zu einer Stadt des Tourismus zu machen. Der richtige Weg ist eingeschlagen; er wird in den nächsten Jahren konsequent fortgesetzt.

Den Anfang setzten die Museen. Limesmuseum, Urweltmuseum, Schubart-Museum, Heimatmuseum Wasseralfingen und Schloß Fachsenfeld sind schon seit längerem Anziehungspunkt für Menschen aus nah und fern. Dazu kam die aufwendige Sanierung der Innenstadt, die durch Ausbau zur Fußgängerzone das mittelalterliche Stadtbild wieder hat aufleben lassen. Das Zentrum Aalens ist so auch zu einem Magnet für viele auswärtige Besucher geworden. Entscheidende Impulse bekam der Fremdenverkehr jedoch vor allem durch den Bau der Limes-Thermen, die Eröffnung des Besucherbergwerks Tiefer Stollen und den Umbau der Stadthalle zur modernen Kongreßhalle. Die Gastronomie und Hotellerie hat erfreulich mitgezogen. In diesem Bereich wird sich in den nächsten Jahren auch noch einiges tun. Jedenfalls kann man heute schon erfreut feststellen, daß sich Aalen durch seine attraktiven Fremdenverkehrseinrichtungen ein weiteres – auch wirtschaftliches – Standbein geschaffen hat, das noch große Entwicklungschancen bietet. Dabei ist auch die Zusammenarbeit mit den Nachbarn gefragt. Wir sind eine interessanter gewordene Fremdenverkehrsregion!

Stadt der Kultur Die wohl auffälligste Wandlung hat Aalen im letzten Jahrzehnt im Bereich des kulturellen Angebots vollzogen. Zur klassischen, sehr intensiv und erfolgreich gepflegten Vereinsarbeit ist ein sehr vielfältiges kulturelles Leben hinzugetreten. Einige spektakuläre Investitionen in kulturelle Bauten haben diese Entwicklung entscheidend geprägt. Da war zunächst der Bau des innerstädtischen Kulturzentrums Torhaus. Stadtbibliothek und Volkshochschule haben dort eine ideale Heimstätte gefunden. Die Besucherzahlen in beiden Einrichtungen haben sich vervielfältigt und steigen weiter. Dem wird Rechnung getragen durch immer neue Außenstellen in den Stadtbezirken. – Es folgte die bauliche Erweiterung der Musikschule. Wenn dort heute 2500 Schülerinnen und Schüler unterrichtet werden, dann zeigt dies, wie dankbar die Bevölkerung für solche kulturelle Einrichtungen ist. Symphonieorchester, Kammerorchester, Collegium musicum, zahlreiche Chöre und Blasorchester bereichern ständig unseren Alltag.

Ein eigenes Stadttheater wurde gegründet. Es ist dabei, ein kultureller Dreh- und Angelpunkt der ganzen Region zu werden. – Doch da man sich auch im kulturellen Bereich nicht auf seinen Lorbeeren ausruhen soll, ist die Stadt Aalen derzeit dabei, das Kulturangebot um zwei weitere Einrichtungen abzurunden. Im Alten Rathaus in Aalen entsteht ein innerstädtischer kultureller Mittelpunkt, in dem ein Kleinkunstcafé, das Stadttheater, der Kunstverein, die städtische Galerie und das Heimatmuseum untergebracht werden. Es ist unschwer festzustellen, wie sehr dieses Gebäude die Kulturszene Aalens bereichern wird. – Gleichzeitig entsteht in der Uhlandschule in Wasseralfingen ein innerstädtisches Kulturzentrum für den größten Stadtbezirk. Dieses Gebäude ist notwendig, um auch künftig die kulturelle und gesellschaftliche Identität Wasseralfingens zu bewahren und fortzuentwickeln.

Stadt des Wohnens Viele neue Wohngebiete prägen das Gesicht der Stadt Aalen – im Zentrum ebenso wie in den Stadtbezirken. Gerade in den äußeren Stadtbezirken konnten sich viele ihren Traum vom eigenen Häusle verwirklichen, die günstigen Baulandpreise machten es möglich. Dort draußen hat aber immer auch noch die Landwirtschaft ihren Platz – und das ist gut so. Wir sollten in Zukunft sorgsam mit ihr umgehen, eine Industrienation ohne eigene Landwirtschaft wäre arm dran. – Boden wird – auch bei uns – trotz einer riesigen Markung immer rarer. Deshalb müssen wir in Zukunft noch stärker als bisher auch über verdichtetes Wohnen und Bauen nachdenken, ohne dabei den humanen Maßstab zu verlieren. Es ist gerade das angenehme Wohnen, das viele Menschen an dieser Stadt Aalen besonders schätzen. Dazu beigetragen hat auch die Aufwertung der klassischen Wohnstandorte durch sog. Wohnumfeldprogramme. Verkehrsberuhigung, Begrünung sind Stichworte hierfür. Das wollen wir auch in den kommenden Jahren fortsetzen, sofern die finanziellen Mittel zur Verfügung stehen.

Aalen – Stadt der Menschen Wer eine Stadt beschreiben will, der kann dies unter den verschiedensten Gesichtspunkten tun. Bau-

werke prägen eine Stadt ebenso wie ihre Verkehrslage, ihre landschaftliche Einbindung oder ihre kommunale Infrastuktur. Entscheidend für das „Klima" in der Stadt sind jedoch die in ihr lebenden Menschen. Für Aalen, seine Entwicklung in den vergangenen Jahrzehnten, aber auch für seine Zukunft sind diese Menschen das größte Kapital. Drei Charakterzüge mögen dies bezeugen:
die Aalener sind bereit, sich für ihre Stadt zu engagieren;
die Aalener sind weltoffen;
die Aalener sind gesellig.
Die letzten Jahre haben gezeigt, daß die Bürger dieser Stadt bereit sind, sich für eine gute Sache einzusetzen, die letztlich dem Ganzen dient. Das großartige Engagement des Einzelhandels bei der Stadtsanierung mag ein Beispiel dafür sein, die Zeichnung von 1600 Bürgern für das Thermalbad ein anderes. 20 000 ehrenamtliche Stunden unter Tage im Bergwerk sprechen eine ebenso deutliche Sprache wie Spenden in Höhe von DM 250 000 für Kunst am Bau in der Stadthalle. – Die Weltoffenheit der Aalener stellt sich täglich erneut unter Beweis in den funktionierenden Städtepartnerschaften mit Frankreich, England und Ungarn, in der Patenschaft mit Wischau und einem Entwicklungshilfeprojekt in Guatemala. Daß die Jugend an diesem Austausch intensiv beteiligt ist, sei nur am Rande positiv bemerkt. – Wenn es in einer Stadt 350 Vereine gibt und wenn diese Stadt aus einem Wettbewerb als vereinsfreudigste Stadt Deutschlands hervorgegangen ist, dann bedarf es keiner Begründung mehr für die These, daß die Aalener in ihrer Stadt gerne leben. Daß dies auch im Jahr 2000 noch so ist, daran wollen wir gemeinsam in den nächsten Jahren arbeiten.

Große Kreisstadt Schwäbisch Gmünd

von Wolfgang Schuster

Schwäbisch Gmünd, eine Stadt mit über zwölfhundertjähriger europäischer Tradition, hat jetzt rund 62 000 Einwohner. Die ehemalige freie Reichsstadt war stets von bürgerschaftlichen Initiativen geprägt und ist heute lebendiger denn je mit ihren vielen Gesichtern: als Kultur- und Sportstadt, als überregionales Bildungszentrum, als wirtschaftsstärkste Stadt der Region, als vielseitige Einkaufsstadt, als Touristenziel mit hohem Freizeitwert.

Durch ein Kastell schon eingebunden in das römische Reich hatte Schwäbisch Gmünd Jahrhunderte später einen europäischen „Einstieg" in die Geschichte: Erstmals erwähnt wird Gmünd in einer Urkunde Karls des Großen 784, als es um des Klosters St. Denis (bei Paris) Besitzungen in Schwaben ging. Die enge Verbindung zur Kirche setzte sich in den folgenden Jahrhunderten fort, wie die sechs ehemaligen Klöster und bedeutende Kirchen heute noch bezeugen. Dank glücklicher Umstände weitgehend unzerstört geblieben, spiegeln vor allem die Kirchen acht Jahrhunderte europäischer Baukunst wider. Ihr kunsthistorischer Rang wird durch herausragende Baumeister und Künstler wie die Parler unterstrichen. Im Stammland der Staufer gelegen, wurde die Stadt von diesem Herrschergeschlecht gefördert. Sie gilt als älteste Stauferstadt auf deutschem Boden und wurde eine der frühen Reichsstädte.

Auch die Kirchenmusik hat hier eine jahrhundertealte Tradition. Durch das Fest „Europäische Kirchenmusik" erfährt sie eine neue Dimension. Dieses Fest, ausgangs der achtziger Jahre begründet, läßt zehn historische Kirchenräume durch Musik und Musiker aus allen europäischen Ländern neu erleben. Die Konzertreihe findet jeweils von Anfang Juli bis Anfang September mit ca. 35 Konzerten in Schwäbisch Gmünd und Umgebung statt und ist damit das größte kirchenmusikalische Fest in Europa.

Die kirchliche Tradition hat die wirtschaftliche Entwicklung Schwäbisch Gmünds erheblich beeinflußt. So arbeiten seit über 600 Jahren Gold- und Silberschmiede in unserer Stadt, die zunächst vor allem religiöse Gegenstände, Rosenkränze u. ä., hergestellt haben. Heute bemühen wir uns, diesen kleinen, aber schönen Wirtschaftszweig wiederum zu stärken durch die Gold- und Silberschmiedeschulen sowie durch internationale Wettbewerbe, Ausstellungen oder die „Stadtgoldschmiede", die für einige Wochen oder Monate in der Stadt leben und arbeiten. Durch die Stiftung Gold- und Silberschmiedekunst, vor zwei Jahren vom Land, der Stadt, dem Edelmetallgewerbe und den Schulen gegründet, wird dieser Bereich – kontinuierlich und langfristig angelegt – gefördert.

Ebenfalls aus der kirchlichen Tradition erwachsen, ist Schwäbisch Gmünd ein Zentrum der Bildung. Beginnend mit einer der ältesten Lateinschulen auf deutschem Boden vor rund 1000 Jahren, mit kirchlich betriebenen Sonderschulen und Fachschulen, verstand sich Schwäbisch Gmünd schon sehr früh als Bildungsstadt. So wurde z. B. vor über 200 Jahren durch die Stadt eine Zeichenschule eingerichtet, eine der ältesten beruflichen Schulen in Deutschland. Aus dieser Zeichenschule haben sich die Berufsfachschule, Berufskolleg und die Meisterschule für Schmuck und Gerät sowie die Fachhochschule für Gestaltung entwickelt. Unsere Fachhochschule lehrt neben dem Industrie- und Graphik-Design auch traditionell die Schmuckgestaltung und neuerdings Mediendesign. Eng verknüpft mit der Bildungs- und Kulturtradition unserer Stadt ist das Kunsthandwerk. Daher wurde 1989 die „Akademie des Kunsthandwerks Baden-Württemberg" in Schwäbisch Gmünd gegründet mit dem Ziel, neben den Ausstellungen und Wettbewerben auch durch Bildungsangebote das Kunsthandwerk zu fördern.

Kreativität und musische Fähigkeiten werden gleichfalls in unserer städtischen Musikschule gefördert, die inzwischen über 1000 Schüler hat. Daneben beleben viele Vereine mit ihren musikalischen Angeboten wie ihrem Theaterspiel die Kulturszene. Eine Theaterwerkstatt im neu sanierten Spital ist ein Treff für Freunde des Amateur- wie Profi-Theaters.

Aus dem Edelmetallgewerbe entwickelte sich ein weiterer Bildungs- und Forschungszweig: die Oberflächentechnik. Das Galvanisieren von Gegenständen, die Behandlung von Oberflächen geht heute allerdings weit über den Schmuck und Silberwarenbereich hinaus. Oberflächentechnik ist gefordert zum Beispiel bei der Herstellung von Leiterplatten, beim Korrosionsschutz für Pkw-Teile, bei der Beschichtung von Brillengestellen. Die Idee der Vernetzung und gegenseitigen Befruchtung einzelner Bildungseinrichtungen dieses Bereichs war Anlaß, das „Zentrum für Oberflächentechnik" in Schwäbisch Gmünd 1986 zu gründen.

Dieses Zentrum bietet praxisorientierte Aus- und Weiterbildung in Zusammenarbeit mit Forschungseinrichtungen, Firmen und galvanotechnischen Schulen an. Da es Defizite im Aus- und Weiterbildungsbereich in noch größerem Maße in anderen europäischen Ländern gibt, hat die Stadt mit Partnern aus zwölf europäischen Ländern 1989 die „Europäische Akademie für Oberflächentechnik (EAST)" gegründet. Auch dank der Unterstützung der EG werden Weiterbildungsprogramme entwickelt und europaweit angeboten, um den Technologietransfer zu fördern. Ein neuer Pfeiler dieses Zentrums wird die Leiterplattentechnikerschule sein, die im Herbst 1992 ihre Arbeit in Schwäbisch Gmünd aufnimmt, die erste Schule dieser Art in Europa.

Lebenslanges Lernen ist zu einer notwendigen Selbstverständlichkeit geworden. Mit der Einrichtung der Technischen Akademie für berufliche Bildung, einem Gemeinschaftswerk der ZF, Geschäftsbereich Schwäbisch Gmünd und der öffentlichen Hände, konnte das größte und modernste Weiterbildungszentrum in der Region geschaffen werden. Die Angebote dieses Bildungszentrums, die sowohl technische wie kaufmännische Bereiche umfassen, konnte 1990 um Universitätsstudiengänge erweitert werden: Das erste Studienzentrum der Fernuniversität Hagen für Baden-Württemberg wurde 1990 in Schwäbisch Gmünd eröffnet.

Eng verbunden mit diesen Weiterbildungsaktivitäten, zu denen auch das Computerbildungszentrum gehört, ist die Pädagogische Hochschule in Schwäbisch Gmünd. Die PH, die dank der starken Nachfrage nach Lehrern in den neunziger Jahren nun einen Studentenberg bewältigen muß, hat sich in den letzten Jahren vor allem mit der Erwachsenen- und

Ausländerpädagogik und nicht zuletzt durch die Errichtung einer Seniorenhochschule mit den besonderen pädagogischen Anforderungen älterer Mitbürger beschäftigt.

Die kontinuierliche Entwicklung des kreiseigenen Berufschulzentrums, das sich nach Abzug der US-Armee auf dem Hardt erweitern kann, gehört ebenso zu unserer Bildungsstadt Schwäbisch Gmünd wie die Wiedereinrichtung einer kleinen Grundschule in Weiler als wohnortnahe Schule und die neue Waldorf-Schule, die beim Strümpfelbach-Schulzentrum entstand.

Schwäbisch Gmünd, eingebettet zwischen Schwäbischem Wald und Schwäbischer Alb, ist ökologisch und landwirtschaftlich ein interessantes Gebiet. Das Ministerium für den ländlichen Raum hat sich deshalb entschlossen, die Teile der freigewordenen Hardtkaserne für ein Bildungszentrum für den ländlichen Raum zu nutzen. Die Zusammenfassung von Landwirtschaftsamt, landwirtschaftlicher Schule, der Landesanstalt für die Entwicklung des ländlichen Raumes und damit die Zusammenführung von Theorie und Praxis zu einem praxisorientierten Aus- und Weiterbildungszentrum, ist modellhaft für Baden-Württemberg. Darüber hinaus sollen die Räume des Aufbaugymnasiums Teile der Finanzschule Baden-Württembergs beherbergen.

Der Abzug der Pershing II-Einheiten 1991 mit rund 3500 amerikanischen Soldaten und ihren Familien ermöglicht noch weitere neue Entwicklungen. So werden Teile der Hardt-Kaserne der PH und ihren Studenten zur Verfügung gestellt. Die Bismarck-Kaserne, ehemals Hauptquartier des Pershing II-Kommandos und bestens mit Büro- und Seminarräumen ausgestattet, dient seit August 1992 als „Universitätspark" mehreren Bildungseinrichtungen. Die University of Maryland, eine der größten amerikanischen Universitäten, begann im August 1992 mit einem Universitäts-College. Der internationale Campus soll langfristig 800–1000 Studenten beherbergen.

Die Bereitschaft der Bürger, für den Beruf wie für den Alltag Neues zu lernen, spiegelt sich auch in der Entwicklung unserer Stadtbücherei und der Volkshochschule wider. Die Stadtbücherei, untergebracht im Kulturzentrum Prediger, hat inzwischen über 320 000 Entleihungen pro Jahr und platzt längst aus allen Nähten. Sie wird deshalb im Amtshaus, einem gotischen Bau am unteren Marktplatz, eine neue Bleibe finden. Auch die Volkshochschule, die zu den 15 größten in Baden-Württemberg gehört, expandiert Jahr für Jahr und soll in dem großen Schulgebäude am Münsterplatz ein neues Haus erhalten.

Regelmäßige Bildungsangebote zum Umweltschutz wie zur Gesundheitsvorsorge durch gemeinsame Aktivitäten von Kindergärten, Schulen, Krankenkassen und Weiterbildungseinrichtungen runden das Angebot ab.

Gesundheitsbildung ist auch ein wesentliches Element der Kursprogramme, die gemeinsam mit den Sportvereinen der Stadt entwickelt und angeboten werden. Unterstützt wird der „Gmünder Sport-Spaß" von drei hauptamtlichen Sportlehrern, die sich neben der Gesundheitserziehung um die Nachwuchsarbeit von Kindern und Jugendlichen kümmern. Jeder kann seine sportlichen Fähigkeiten und Interessen entdecken bei den Angeboten der rund 50 Sportvereine. Es gibt wohl keine Sportart, die es bei uns nicht gibt: ob Tauchen unter Wasser oder Segelfliegen in den Lüften, ob Kinderturnen oder Seniorengymnastik, ob Yoga oder Judo, alles ist angeboten vom Breiten- bis zum Spitzensport.

Die wachsenden Bildungsangebote sollen die Zukunftsfähigkeit des Gmünder Raumes entscheidend verbessern. Auch wenn die Stadt in den letzten Jahren eine gute wirtschaftliche Entwicklung hatte, so sollte trotzdem die starke Ausrichtung auf die Automobilzulieferindustrie durch die Stärkung anderer Bereiche verringert werden. Die Stadt hat zwar der ZF für die Errichtung eines Werkes auf dem Gügling große Flächen zur Verfügung gestellt. Wir haben dennoch ausreichende Flächenreserven, um andere Industriebereiche ansiedeln zu können. Ein besonderes Anliegen ist jedoch der Ausbau von neuen Dienstleistungen. Dazu gehört die Entwicklung des Tagungs- und Kulturtourismus, der dank des Stadtgarten und sich ständig verbessernder Hotelkapazitäten in den letzten Jahren sprunghaft zugenommen hat. Die Einkaufsmöglichkeiten werden Schritt für Schritt erweitert, zum einen außerhalb der historischen Innenstadt mit Bau- und Gartenmärkten und einem großen Möbelhaus, zum andern durch die Steigerung der Qualität der historischen Innenstadt. Die Sanierung der historischen Gebäude sowie die Umgestaltung von Straßenflächen in Fußgängerzonen geht Schritt für Schritt voran, verbunden mit der Schaffung neuer Parkplätze, z. B. im Parkhaus Bahnhof. Die Zunahme des Individualverkehrs um fast 50 Prozent in zehn Jahren erfordert einschränkende Maßnahmen, die im Rahmen eines integrierten Verkehrskonzeptes umgesetzt werden: Verkehrsberuhigungen, Ausbau des Radwegenetzes, Förderung des öffentlichen Nahverkehrs etc. Auch hier gilt es, durch die Umwelterziehung, beginnend im Kindergarten und in den Schulen, ein Bewußtsein zu vermitteln, daß wir für unsere Stadt qualitatives Wachstum anstreben, um die Attraktivität und die Lebensqualität für die Bürger langfristig zu steigern.

Daß die Lebensqualität hoch ist und die Zukunftsperspektiven positiv gesehen werden, beweist die wachsende Zahl von zuwandernden Bürgern, vor allem Aus- und Übersiedlern. Damit knüpfen wir an die nach dem Zweiten Weltkrieg begonnene Entwicklung an, Flüchtlinge aufzunehmen. So wurden auch die rund 900 Wohnungen, die durch den Abzug der Amerikaner in Schwäbisch Gmünd und im Umland frei wurden, überwiegend von Aus- und Übersiedlern belegt. Der anhaltende Zustrom ist zugleich wesentliche Ursache für die Engpässe beim Angebot von preisgünstigen Mietwohnungen. Die vom Gemeinderat und der städtischen Wohnungsgesellschaft VGW eingeleiteten Maßnahmen werden diese Mietprobleme bei weiterer Zuwanderung nur sehr bedingt lösen können. Auch insoweit ist unsere Stadt verflochten in vielfältige internationale Entwicklungen, die unser Leben mehr und mehr beeinflussen, die die Stadt aber nur sehr bedingt beeinflussen kann.

Die Große Kreisstadt Ellwangen

von Stefan Schultes

Karl Wöhr, der unvergessene, 1985 verstorbene Oberbürgermeister hat seinen Beitrag in dem 1978 erschienenen Band „Der Ostalbkreis" mit dem Untertitel ergänzt: „Mittelzentrum und Kunstwerk in heiler Landschaft". Nicht zufällig seien diese Prädikate hier wiederholt, denn die Stadt Ellwangen hat sich in diesen 14 zurückliegenden Jahren beachtlich entwickelt, in Struktur und Gesicht aber nicht verändert; im Gegenteil, sie hat sich in ihrer mittelzentralen Funktion behauptet und durch außerordentliche Sanierungsleistungen ihr traditionelles, unvergleichliches Bild erhalten und verschönert.

Die Einwohnerzahl hat sich, nach Rückgang auf 21 000 Einwohner in der Mitte der achtziger Jahre, auf fast 23 000 erhöht, somit den Höchststand von 1973 übertroffen und mit weiterem Bevölkerungswachstum ist zu rechnen.

Die geographische Situation ist natürlich unverändert: Die Stadt hat 12 740 ha Gemarkungsfläche, davon 4000 ha Wald. Die Eingemeindungen von vier bis dahin selbständigen Gemeinden liegen nunmehr 20 Jahre zurück. Man kann heute von einer integrierten Gesamtstadt insofern sprechen, als sich alle Bewohner in einem übergeordneten Sinne als Ellwanger verstehen und trotzdem ihr örtliches Selbstbewußtsein bewahrt haben. Ebenso gilt dies von den Gemeinden in der vereinbarten Verwaltungsgemeinschaft: Sie ist ein Musterbeispiel für eine funktionierende, auf dem Bewußtsein ihrer Repräsentanten beruhend, daß das Mittelzentrum Ellwangen und die es umgebenden Gemeinden aufeinander bezogen und angewiesen sind. Die Wirtschafts- und Erwerbsstruktur ist wie zuvor eine durchaus gemischte. Der produzierende Sektor steht aber wie im Jahre 1977 nicht mehr an erster Stelle. Von den derzeit ca. 11 000 (gegenüber 8500 im Jahr 1977) sozialversicherungspflichtigen Erwerbstätigen sind über 4400 in diesem Erwerbssektor tätig, wobei die Trockenbatteriefabrik VARTA AG der bedeutendste Arbeitgeber ist, gefolgt von der Ueberlandwerke Jagstkreis AG. Betriebe des Werkzeugmaschinen- und Anlagenbaues, des Baugewerbes, der Holzverarbeitung, Textil- und keramische Industrie und der Glasverarbeitung folgen in der Beschäftigungszahl. Zu überregionaler Bedeutung konnte sich ein erst im Jahre 1985 gegründetes Unternehmen auf dem CAD-Sektor entwickeln. Durch Neuansiedlung von mittelständischen Industriebetrieben im Industrie- und Gewerbegebiet Neunheim/Neunstadt ist mit einem weiteren Wachstum zu rechnen. Dieses Industrie- und Gewerbegebiet mit 70 ha Fläche ist nahezu überbaut, wobei die Nähe zur Autobahn ein unschätzbarer Standortvorteil ist. Die Stadt wird es in den nächsten Jahren um 40 ha erweitern. Prozentual und absolut erheblich stärker hat sich der tertiäre Sektor, der Dienstleistungsbereich entwickelt, womit ein Teil des traditionellen Dienstleistungsdefizits aufgeholt werden konnte. Heute sind es über 6000 Beschäftigte in diesem Bereich. Der Zuwachs betrifft sowohl die Bereiche Handel, Verkehrs- und Kreditwesen als auch den Verwaltungs-, Bildungs- und Sozialbereich. In den öffentlichen Dienstleistungen spiegelt sich natürlich der Behördensitz Ellwangen wider, der seine Zentralität mit dem Landgericht und weiteren Justizbehörden sowie den drei großen technischen Fachämtern, dem Straßenbau-, dem Wasserwirtschafts- und dem Flurbereinigungsamt, mit Einbußen in den Bereichen Bahn und Post behaupten konnte. Die Abrüstung bedeutet, daß der Garnisonsstandort Ellwangen Federn lassen muß: Zwar konnte der Stab der Panzergrenadierbrigade 30 gehalten werden, die Panzergrenadierbataillone 302 und 303 sowie die Brigadeeinheiten werden aber bis 1994 weitgehend verlegt oder aufgelöst. An deren Stelle wird in Ellwangen ein Transportbataillon mit 1200 Mann stationiert sein; auf die derzeitig 330 Beschäftigten der Standortverwaltung wird dies nicht ohne Auswirkungen bleiben. Erheblich verändert im Sinne einer Modernisierung hat sich die Lage der sozialen Einrichtungen. Die private gynäkologisch-geburtshilfliche Klinik St. Anna hat mit nunmehr 55 Betten 1984 einen völligen Neubau im Pflegebereich erstellt und erfreut sich nach wie vor besten Zuspruchs. Der Landeswohlfahrtsverband Württemberg-Hohenzollern hat in den Jahren 1979 bis 1982 das Behindertenheim Rabenhof ebenfalls völlig neu gestaltet. In ihm finden über 300 seelisch Behinderte Aufnahme in der aufgelockerten Weise von kleinen, familiären Pflegegruppen. Gleiches gilt von dem traditionsreichen Kinder- und Jugenddorf Marienpflege, das in zäher Konsequenz weitere Abschnitte in seinem Bauprogramm verwirklichen konnte, welches jetzt mit der Renovierung des alten Kapuzinerklosters vor dem Abschluß steht. Auch das Kinderheim Graf wurde nach einem Brand, unter Wahrung seiner denkmalgeschützten äußeren Gestalt, im Inneren völlig neu errichtet. Entsprechend der veränderten Situation im Bereich der Altenhilfe, hat sich die Hospitalstiftung zum Heiligen Geist von dem alten Spitalgebäude in der Spitalstraße 4–6 als Altenheim getrennt und im Bereich des Schönbornhauses 46 neuzeitliche Pflegeplätze errichtet, außerdem zwölf Altenwohnungen im Bereich der Pfarrgasse. Diesen werden sich ab 1992 weitere 30 Altenwohnungen im Bereich des Emer'schen Geländes hinzufügen, womit die Stadt Ellwangen ihrem hervorragenden Ruf als Stadt sozialer Einrichtungen weiterhin gerecht werden wird.

Bleibt noch das Kreiskrankenhaus, das mit seinen derzeit 253 Betten einer grundlegenden Erneuerung und Umgestaltung unterzogen werden soll: Die Zahl der Betten wird in den Disziplinen Innere, Chirurgische und Urologische Abteilung auf 218 reduziert, wozu in einem späteren Bauabschnitt 80 Betten für die klinische Psychiatrie als dem entsprechenden Schwerpunktkrankenhaus im Ostalbkreis hinzutreten. Dringender sind jedoch Funktionsräume für Intensivpflege und Anästhesiologie sowie eine grundlegende Sanitärsanierung der Bettentrakte. Der Landkreis hat die entsprechende Planung vergeben, 1994 soll mit den Bauarbeiten begonnen werden.

Überreich ist, wie eh und je, das Kulturleben der Stadt, in welchem sich das traditionelle Ellwanger Selbstbewußtsein widerspiegelt. Die Schulstadt hat trotz starker Konkurrenz ihre Anziehungskraft mit zwei Gymnasien, zwei Realschulen, dem Berufsschulzentrum, der Krankenpflegeschule und einem Erzieherinnenseminar glänzend erhalten und angesichts steigender Kinder- und Schülerzahlen muß entsprechend neuer Raum geschaffen werden: Kindergartenerweiterungen und -neubau sowie eine weitere Grundschule im Wohngebiet Klosterfeld sind zu erwähnen. Dem dürfen auch die Einrichtungen für Freizeit und Sport nicht nachstehen: Das 1982 seiner Bestimmung übergebene Hallen- und Wellenbad erfreut sich mit ca. 200 000 Besuchern pro Jahr größter Beliebtheit, die Sportvereine haben in Eigeninitiative und -leistung sowie Unterstützung der Stadt Sport- und Tennisplätze in großer Zahl geschaffen und das aus den fünfziger Jahren stammende Ellwanger Waldstadion wird z. Zt. praktisch völlig neu erbaut.

Ein Glanzpunkt für die kulturellen Ambitionen der Stadt ist das Palais Adelmann, das nach vierjähriger Bauzeit im Mai 1991 einer neuen Bestimmung als Kulturzentrum der Stadt der Öffentlichkeit übergeben werden konnte, nachdem bereits 1989 die Stadtbibliothek auf vierfach vergrößerter Nutzfläche in diesem wertvollsten Profanbau der Ellwanger Stadtgeschichte eine neue Heimat gefunden hat. Wie überhaupt die Jugendpflege mit dem neuen Jugendzentrum, mit der Wiedereröffnung der Jugendherberge auf dem Schloß 1987 sowie dem Einzug der Jugendmusikschule in das Alte Rathaus 1989 eine bemerkenswerte Förderung erfahren hat. Letzteres ist dadurch möglich geworden, daß das Gebäude des Hospitals zum Heiligen Geist in nur knapp zweijähriger Bauzeit zum neuen Rathaus der Stadt Ellwangen umgestaltet werden konnte, womit die Stadtverwaltung in einem Gebäude untergebracht ist, ein Kulturdenkmal von herausragendem Rang erhalten werden konnte und der Hospitalstiftung eine neuzeitliche Altenpflege ermöglicht wurde. Neben der Konzentration in einem gegenüber zuvor in sechs Gebäuden sind insbesondere die Funktionsbereiche und die technischen Einrichtungen der Stadtverwaltung nachhaltig verbessert worden.

Überhaupt das Thema Stadterneuerung: Man übertreibt nicht zu sagen, daß hier Beispielhaftes geleistet wurde. Die Quartiere des Sanierungsgebietes Ellwangen-West, das ist die Altstadt in der Umgebung Marienstraße, die Schmiedstraße, die Bahnlinie und die Kurze Straße sowie des Spitalviertels, haben durch die Sanierung deutlich an Lebensqualität und Ansehnlichkeit gewonnen. Es wurden neue Möglichkeiten für den Geschäfts-, Dienstleistungs- und Wohnungsbesatz geschaffen und genutzt. Ein vorläufiger Höhepunkt ist die Fußgängerzone in der Schmiedstraße (November 1991). Auch der gesamte Bereich um die Marienkirche ist im Rahmen eines „Programms einfache Stadterneuerung (PES)" neu und ansprechend gestaltet. Insgesamt wurden hierfür bis 1991 über 25 Millionen DM aufgebracht. Parallel dazu hat auch die Dorfsanierung Schritt gehalten. Diese wurde, zum Teil in Zusammenhang mit dem Flurbereinigungsverfahren Ellwangen-Ost und Ellwangen-Rainau, wo besonders die Erstellung von Dorfhäusern in Röhlingen (1991) und Rattstadt (1988) zu erwähnen ist, durchgeführt.

Karl Wöhr beklagt in seinem zitierten Aufsatz die Verkehrsverhältnisse als katastrophal. Gut können sie auch heute noch nicht bezeichnet werden, wiewohl sie sich nachhaltig verbessert haben. Von historischer Bedeutung ist die Inbetriebnahme der Autobahn A 7 Würzburg – Ulm im Dezember 1987 mit der die Stadt aus dem „Verkehrsschatten" herausgetreten ist, eine Magistrale, die ihre überregionale Verkehrsbedeutung in den vier Jahren ihres Betriebes eindrucksvoll bewiesen hat. In der Stadt selbst wurde durch den Bau der sog. Westtangente die so dringend benötigte innerörtliche Umgehung der Bundesstraße B 290 im Zuge der Marien- und der Schmiedstraße ersetzt, womit der Verkehr ohne Behinderung durch die Bahnschranken flüssig in Nord-Süd-Richtung die Innenstadt umfährt. Alle Bahnübergänge wurden durch Unterführungen ersetzt und die Erwartungen, die mit der Westtangente verbunden wurden, sind übertroffen. Wenn die Innenstadt im Ost-West-Verkehr über die Marien- und Spitalstraße weiterhin erheblich belastet ist, so ist dies auch eine Folge der Verkehrszunahme, die die Verkehrszählung im Jahre 1988 eindeutig ergeben hat. Mittlerweile sind wieder über drei Jahre ins Land gegangen und die südliche Stadtumfahrung ist notwendiger denn je. Nach langer Vorbereitung hat der Gemeinderat am 24. Oktober 1991 den Grundsatzbeschluß gefaßt, diese südliche Stadtumfahrung in der Weise zu realisieren, daß eine Südtangente von der Einmündung der Dalkinger Straße in die Westtangente, untertunnelt im Bereich der Mörikestraße in Richtung Rotochsenbrauerei die jetzige Landesstraße 1060 Richtung Röhlingen erreicht. Durch die erwähnte Untertunnelung und eine entsprechende Führung soll eine größtmögliche Schonung dieses in baulicher und ökologischer Hinsicht besonders sensiblen Bereichs der Stadt erreicht werden. Ergänzt werden soll diese Tangente um einen Querast zur sog. AOK-Kreuzung, um den Nord-Süd-Verkehr östlich der Bahnlinie so reibungslos wie möglich zu gestalten. Das Land Baden-Württemberg hat grundsätzlich in Aussicht gestellt, diese Maßnahme mit Mitteln nach dem Gemeindeverkehrsfinanzierungsgesetz zu unterstützen. Mit den Bauarbeiten soll 1994 begonnen werden. Ist diese Maßnahme einmal durchgeführt, so kann die Innenstadt erst richtig aufatmen: Wie schön und lebenswert sie sein kann, zeigen die Bereiche, die von Stadtsanierung und Fußgängerzonen bereits jetzt geprägt werden. Der Verbesserung der Verkehrsverhältnisse kamen auch Ausbau und Neutrassierung von Kreis- und Landesstraßen zugute. Notwendig ist noch der Neubau der Landesstraße 1075 über Schwenningen nach Neuler.

Vieles wäre noch zu ergänzen: Die Leistungen bei der Wasserversorgung und Abwasserbeseitigung sind enorm, die Einführung der Gasversorgung, 1979 noch als riskant betrachtet, hat sich glänzend gerechtfertigt. Die Stadt ist in den Jahren 1991 bis 1995 Wohnungsbauschwerpunkt des Landes mit 500 neuen Wohnungen und die Verbesserung der Infrastruktur auf allen Gebieten, auch in den Teilorten, schreitet voran. Dennoch bleiben gewaltige Aufgaben. Ein nach wie vor unerfüllter Traum bleibt der Neubau einer Stadthalle. Die früher gehegten Absichten einer Landesgartenschau sind weit nach hinten gerutscht, der Campingplatz müßte modernisiert werden, die Stadtmühle als letztes großes profanes Kulturdenkmal von Rang harrt ihrer Erhaltung und die Anforderungen, die von Wirtschaft, Verkehr, Umwelt, Freizeit, Erholung, Sport, Kultur und Soziales an ein Gemeinwesen gestellt werden, werden immer höher. Es ist zu hoffen, daß die Bürgerschaft auch weiterhin so leistungsbereit ist und dennoch das Leistungsvermögen des Gemeinwesens nicht überstrapaziert. Eines darf aber im Vergleich zu dem Zeitpunkt, als Karl Wöhr den zuvor erwähnten Artikel schrieb, festgestellt werden: Ellwangen hat aufgeholt, Ellwangen hat gewonnen. Weiterhin große Anstrengungen sind aber notwendig, um die mittelzentrale Funktion der Stadt im Gefüge der ostwürttembergischen Region unserer bayerischen Nachbarschaft zu erhalten. Die Voraussetzungen dafür, daß Ellwangen zwar das kleinste, aber in seiner Eigenart unverwechselbare Mittelzentrum in Ostwürttemberg, auch künftig bleiben wird, sind durchaus günstig.

Hochschulen und Forschung im Ostalbkreis

von Rudolf Grupp

In früheren Jahrhunderten waren es die Eisenindustrie im oberen Kochertal und das Handwerk der Gold- und Silberschmiede in Schwäbisch Gmünd, die den Namen und den Ruf unserer Landschaft in Ostwürttemberg weit über die eigentlichen Grenzen hinaustrugen. Im Zeitalter der Industrialisierung kamen die Markenzeichen bedeutender Firmen hinzu, welche die Stellung Ostwürttembergs in der Welt der Wirtschaft bis heute verstärken und unterstreichen. In der Welt der technischen Forschung, der Lehre und der Erziehung sind es vor allem vier Institute, die ihren Rang in Baden-Württemberg, aber auch weit darüber hinaus in ganz Deutschland und in der Welt behaupten und ausbauen: die Pädagogische Hochschule und die Fachhochschule für Gestaltung in Schwäbisch Gmünd, die Fachhochschule in Aalen und das Forschungsinstitut für Edelmetalle und Metallchemie in Schwäbisch Gmünd.

Vom Schullehrer-Seminar zur Pädagogischen Hochschule

Auf die längste Tradition kann die Pädagogische Hochschule Schwäbisch Gmünd zurückblicken, die als erstes katholisches Schullehrer-Seminar 1825 im alten „Franziskaner-Manneskloster" und als erstes württembergisches katholisches Lehrerinnen-Seminar 1860 im Waisenhaus begann. So bedeutende Männer wie der Afrika-Forscher Carl Mauch, der Zentrumspolitiker Matthias Erzberger, der zeitgenössische Komponist Hugo Hermann und der Landtagspräsident Erich Ganzenmüller sind aus der Gmünder PH hervorgegangen. Beim Umzug in das neue Seminargebäude an der Lessingstraße im Jahre 1905 lag die Zahl der „Zöglinge" schon über der Hundertergrenze. Die Nationalsozialisten schlossen das Seminar im Jahre 1934, doch schon im Jahre 1946 wurde der Lehrbetrieb wieder aufgenommen. Als die Umwandlung in eine Pädagogische Hochschule im Jahre 1962 erfolgte, zählte man in Schwäbisch Gmünd bereits 440 Studenten, bis schließlich im Jahre 1974/75 mit 1700 Studenten der bisherige Höchststand erreicht wurde.

Die schlechten Aussichten, in den Lehrerberuf übernommen zu werden, bewirkten aber einen enormen Rückgang bis zum Tiefststand von knapp 500 im Jahre 1988. Gegenwärtig steigen die Zahlen wieder stark an. Im Sommersemester 1991 waren 942 Studenten eingeschrieben. Bis zum Sommer 1992 werden weitere 500 Studenten erwartet, so daß Räume in der benachbarten ehemaligen Hardt-Kaserne benötigt werden.

Im ersten Jahrhundert des Lehrerseminars lag der Schwerpunkt der sehr breiten Ausbildung besonders auf den Fächern Religion und Musik, verbunden mit der Ausbildung in der schulpraktischen Tüchtigkeit. Später kam hinzu das Ringen um die akademische oder wissenschaftliche Lehrerbildung, zumal die Lehrer besoldungsmäßig zum Beispiel lange Jahre hinter dem Landjäger rangierten. Die Aufstufung zur Hochschule und die Verleihung des Promotionsrechtes im Jahre 1978 waren schließlich krönende Höhepunkte in der Verfolgung dieses Zieles. Die erste Promotion in Biologie und ihrer Didaktik im Jahre 1983 in Schwäbisch Gmünd war zugleich die erste Promotion an einer PH in Baden-Württemberg überhaupt.

Der ständig steigenden Zahl von Studierenden in den siebziger Jahren war das Seminargebäude an der Lessingstraße nicht mehr gewachsen, zumal inzwischen auch die Realschullehrer-Ausbildung (1968 - 1988) dazugekommen war. So entstand auf dem Hardt, Richtung Bettringen, ein moderner Neubau mit vorbildlicher Ausstattung auch für Wissenschaft und Forschung sowie mit den notwendigen Sportanlagen.

Die Pädagogische Hochschule hat seit 1978 den gesetzlichen Auftrag, Möglichkeiten der Weiterbildung anzubieten. Dazu gehört sowohl die staatliche Lehrerfortbildung als auch – vor allem in Zeiten eines zusammengebrochenen Lehrerarbeitsmarktes wie in den achtziger Jahren – die Weiterbildung für andere Berufe. Dabei entwickelte die PH „Bildungspartnerschaften" mit anderen Trägern der Stadt Gmünd, z.B. im sog. Computerbildungszentrum (CBZ), dem Zentrum für Oberflächentechnik (ZOG). Das Flaggschiff der eigenen Weiterbildung ist die Seniorenhochschule (seit 1982). Das Projekt ist populär (durchschnittlich 260 Senioren-Studenten regelmäßig!), weil es die geistigen, sozialen und kommunikativen Bedürfnisse der Senioren miteinander verbindet.

Die drastisch rückläufigen Studentenzahlen brachten auch eine verstärkte Hinwendung der engagierten Professoren und Mitarbeiter zur Forschung in Erziehungswissenschaft und den Unterrichtswissenschaften (Didaktiken). Eine Dokumentation der Veröffentlichungen wurde erstmals 1985, der erste Ergänzungsband 1990 der Öffentlichkeit übergeben.

Mit knapp 1000 Studenten, 90 hauptamtlichen Lehrkräften und 41 Lehrbeauftragten im Sommersemester 1991, ist die Pädagogische Hochschule Schwäbisch Gmünd sehr optimistisch in die Zukunft gegangen. Die individuelle Betreuung der Studenten, die ausgewogene praxisorientierte Ausbildung und die vielen Möglichkeiten interdisziplinärer Zusammenarbeit sichern ihren Rang in der Hochschullandschaft unseres Landes.

Die Fachhochschule für Gestaltung

Die Fachhochschule für Gestaltung in Schwäbisch Gmünd an der Rektor-Klaus-Straße wurde 1909 als Königliche Fachschule für das Edelmetallgewerbe gegründet mit dem Auftrag, Kunsthandwerker für örtliche Manufakturen und Handwerksbetriebe auszubilden. Später wurde sie zur höheren Fachschule, dann zur Werkkunstschule umgewandelt. Aus der 1971 erneut erfolgten Umwandlung zur heutigen Fachhochschule für Gestaltung wird auch die Veränderung eines Berufsbildes deutlich, das sich aus seinerzeit kunsthandwerklicher Abhängigkeit zu relevanter Gestaltungstätigkeit entwickelte.

Gegenwärtig werden rund 350 Studenten – bei steigender Tendenz – in den drei Studiengängen Visuelle Gestaltung, Produktgestaltung und Schmuckgestaltung von 13 Professoren und zahlreichen Lehrbeauftragten und Technikern unterrichtet. Vorgesehen ist ein vierter Studiengang „Mediengestaltung"; in unmittelbarer Nachbarschaft ist dem Land ein weiteres Gebäude zum Kauf angeboten wor-

Die Fachhochschule für Gestaltung – Die Fachhochschule Aalen

den. Knapp die Hälfte der Studenten hat den Studiengang Visuelle Gestaltung belegt. Das fünfte der acht Semester im Regelstudium ist ein Praxissemester in einem Atelier, in einem Büro oder in einer Agentur.

Gerade in der praxisorientierten Ausbildung, auch während aller anderen Semester, hat die Gmünder Fachhochschule in den letzten 15 Jahren ein besonderes Profil gewonnen. Nicht die klassisch-künstlerischen Fächer wie Malerei, Grafik und Bildhauerei stehen im Mittelpunkt der Ausbildung, sondern Entwurf und Gestaltung der Dinge unserer Welt und Umwelt, die wir täglich nutzen und benutzen. Das reicht von Schmuck und Accessoires über Gebrauchsgegenstände des Alltags bis zu Investitionsgütern der Industrie, Apparaten und Armaturen einschließlich der Mittel der Massenkommunikation wie etwa Fahrscheinen und wissenschaftlichen Lehrfilmen.

Die Fachhochschule arbeitet dabei mit den modernsten Produktionsmitteln, die ständig erneuert und ergänzt werden. Kein Wunder, daß der vorhandene Raum immer knapper wird und daß teilweise im Kellergeschoß gearbeitet werden muß. Allein 16 000 Bände umfaßt die Fachbücherei.

Durch den Abschluß als Diplom-Designer (FH) an dieser Schule hat die Stadt Schwäbisch Gmünd die höchste Designer-Dichte in Europa: Rund 60 Designerbüros sind in Schwäbisch Gmünd ansässig mit einem Wirkungskreis in ganz Deutschland.

Die Zusammenarbeit mit Industrie und Gewerbeförderung schlägt sich im Institut für Innovation und Transfer (IIT) nieder, beim Technologietransfer auch in der Kooperation mit der Steinbeis-Stiftung und mit der Universität Ulm, z. B. bei der Patientenversorgung auf der Intensiv-Station.

Die Studentinnen und Studenten kommen aus ganz Baden-Württemberg, aber auch aus den anderen Bundesländern und aus dem Ausland. Sie müssen sich einem Aufnahmeverfahren über ihre gestalterische Begabung unterziehen, da die Zahl der Bewerber die Zahl der Plätze übersteigt. Das Studium an der Gmünder Fachhochschule bedeutet neben der Vermittlung direkter berufsqualifizierender Fähigkeiten auch die Vermittlung von gestalterischer Kompetenz durch Erkenntnisse, die geeignet sind, Berufspraxis immer auch als Teil gesellschaftlicher Praxis zu begreifen.

Die Fachhochschule Aalen

Die jüngste Hochschule im Ostalbkreis ist die Fachhochschule Aalen, die im Jahre 1963 gegründet wurde, als der Bedarf an jungen Ingenieuren – in der ganzen Bundesrepublik – rapid anwuchs. Auch im Land Baden-Württemberg wurde die Notwendigkeit neuer Ausbildungsmöglichkeiten erkannt, doch zuvor machten Ulm und Heilbronn bei den Neugründungen das Rennen. Erst dem unermüdlichen „Bohren" des damaligen Landrats und Landtagsabgeordneten Dr. Anton Huber war es zu verdanken, daß die „Ingenieurschule" schließlich vom Land gegründet wurde und am 1. März 1963 zunächst in provisorischen Räumen der Gewerbeschule auf dem Galgenberg in Aalen sowie im Forschungsinstitut für Metallveredlung in Schwäbisch Gmünd den Betrieb aufnehmen konnte. Gründungsrektor wurde der Leiter des Gmünder Instituts Prof. Dr. Ernst Raub, der die Hauptlast des Aufbaus bis 1971 trug.

Begonnen wurde mit den Studiengängen Maschinenbau und Feinwerktechnik in Aalen sowie Metallveredlung in Schwäbisch Gmünd. Energisch wurde jedoch ein Neubau angestrebt, wofür die Stadt Aalen auf dem ehemaligen MTV-Sportplatz an der Rombacher Straße ein hervorragendes Gelände anbot. Doch erst 1969 waren alle Neubauten fertiggestellt, geplant von dem Stuttgarter Archi-

90 Die jüngste Hochschule im Ostalbkreis: die Fachhochschule Aalen

tekten Behnisch, der später u. a. auch das Olympia-Zeltdach in München entworfen hat. Da sich der Andrang von Studenten schon in den ersten Jahren ständig verstärkte, wurde die ursprüngliche Raumkapazität für 720 Studenten auf 945 Studenten angehoben. Trotzdem konnten durch Sparmaßnahmen die Baukosten auf 31 Mio. DM reduziert werden. Im Jahre 1972 folgte noch ein Studenten-Wohnheim.

Dank der weitsichtigen Raumpolitik und einem Gebäude in der Gartenstraße ist es gelungen, dem Ansturm von heute 2700 Studenten standzuhalten und das Leistungsangebot auf zehn Fachbereiche zu erweitern: Augenoptik, Chemie, Elektronik, Feinwerktechnik, Fertigungstechnik, Kunststofftechnik, Maschinenbau, Oberflächentechnik/ Werkstoffkunde, Wirtschaftsingenieurwesen und Optoelektronik. Inzwischen lehren und forschen nahezu 100 Professoren und 100 Lehrbeauftragte an der Aalener Fachhochschule.

Ein 8 Mio. Mark teurer Laborneubau für die Robotertechnik, Sensortechnik und Gießereitechnik schaffte 1991 den notwendigen Platz, um einerseits die Studenten des Fachbereichs Fertigungstechnik auf diesen Wissensgebieten praxisnah ausbilden zu können und um andererseits die Roboter-, Sensor- und Gießereiforschung noch weiter verstärken zu können. Mit diesen Laboratorien gehört Aalen auf dem Gebiet der Gießereitechnik und der Robotertechnik weltweit zu den führenden Forschungsinstitutionen.

Weit über die Landesgrenzen hinaus haben auch die großen Leistungen der angegliederten Steinbeis-Transferzentren den Namen der Fachhochschule getragen. Es gibt an der Fachhochschule Aalen sieben Steinbeis-Transferzentren: Technischer Beratungsdienst, ARGE-Metallguß, Automatisierungstechnik, Oberflächentechnik und Bauteilverhalten, Dentaltechnik, Kunststofftechnik und Institut für Augenoptik. Sie erbringen den Technologietransfer von der Hochschule zur Wirtschaft. Mit rund 30 wissenschaftlichen Mitarbeitern werden hier Forschungs- und Entwicklungsprojekte für die Industrie durchgeführt.

Hervorzuheben ist dabei auch die enge wissenschaftliche Kooperation mit der Partnerhochschule Teesside Polytechnic in Middlesbrough/England. Das mehrjährige große Forschungsprojekt ALEXSYS (Aluminium Expert System), gefördert von der Europäischen Gemeinschaft, verbindet unter der Federführung der Teesside Polytechnic die Fachhochschule, die Steinbeis-Stiftung und die Industrie im Ostalbkreis mit Partnern in England und Griechenland.

Im neu gegründeten Institut für Innovation und Tranfer (IIT) werden Forschungsprojekte zum Themenbereich Automatisierungstechnik/CIM und Lasertechnik bearbeitet.

So trägt die Aalener Hochschule nicht nur dazu bei, qualifizierte Ingenieure heranzuziehen, sondern auch durch Wissenschaft und Forschung die Wettbewerbsfähigkeit der heimischen Industrie zu stärken.

Das Forschungsinstitut für Edelmetalle und Metallchemie

Das Forschungsinstitut für Edelmetalle und Metallchemie in Schwäbisch Gmünd an der Katharinenstraße hat die Aufgabe, wissenschaftliche Forschung besonders auf dem Gebiet der Edelmetalle und anderer weniger gebräuchlicher Metalle sowie der Metallveredlung zu betreiben. Das Institut wurde bereits 1922 von der Industrie, vom damaligen Land Württemberg und von der Stadt Schwäbisch Gmünd gegründet. Über die Steinbeis-Stiftung wird das Institut auch heute noch vom Land Baden-Württemberg (Wirtschaftsministerium) stark gefördert, ebenso durch das Bundesforschungsministerium, durch die Deutsche Forschungsgemeinschaft, durch die Arbeitsgemeinschaft Industrieller Forschungsvereinigungen, durch verschiedene andere Bundesländer, durch die Stadt Schwäbisch Gmünd und durch die Aktivitäten der Abgeordneten auf politischer Ebene.

Das Institut hat gegenwärtig etwa 40 Mitarbeiter; davon sind 13 Chemiker, Physiker und Ingenieure. Hinzu kommen Gastwissenschaftler aus aller Welt.

Das Gmünder Forschungsinstitut ist eines der ältesten Technik-Transfer-Institute in Deutschland. Es arbeitet insbesondere für kleinere und mittlere Betriebe, von der Goldschmiede-Werkstatt mit zwei Mann bis zu Schmuckfirmen mit 500 Mitarbeitern und mittelständischen Zulieferern der Autoindustrie mit über 1200 Arbeitern. Es hat Kunden aus dem In- und Ausland. Auf internationaler Ebene nehmen auch Großfirmen aus ganz Europa die Dienste des Unternehmens auf bestimmten Spezialgebieten wie Oberflächentechnik und Elektronik in Anspruch. Die Tendenz steigt ständig, da sich für diese Firmen durch die Zusammenarbeit mit dem Gmünder Forschungsinstitut häufig Qualitätsverbesserungen und eine größere Fertigungssicherheit bei gleichzeitiger Senkung der Kosten erzielen läßt.

Die Arbeitsgebiete lassen sich in drei Bereiche aufgliedern: Metallkunde und Festkörperphysik der hochschmelzenden Metalle; angewandte Elektrochemie der Metalle mit Schwerpunkt Galvanotechnik und Korrosion; industrielle Forschungs- und Entwicklungsarbeiten sowie technische Untersuchungen. Das neueste Aufgabengebiet ist die Oberflächentechnik. Technische Problemlösungen des Umweltschutzes, z. B. bei Abwasser, schieben sich immer weiter in den Vordergrund der Arbeit.

Eine wichtige Voraussetzung, diese Probleme lösen zu helfen und dem steigenden Auftragsbestand gerecht zu werden, ist die Ausstattung des Instituts mit modernsten Geräten und Hilfsmitteln. Der Personalstand steigt, die Ausdehnung der Räumlichkeiten stellt aber die Leitung vor schwerwiegende Entscheidungen. Der Erfolg des Instituts ist nur dann gewährleistet, wenn seine Leistung der rasanten industriellen Entwicklung entspricht, und wenn die Ergebnisse der Forschung im geforderten zeitlichen Rahmen jenen der vergleichbaren firmeneigenen Labors entspricht, ja diese sogar übertrifft bei mindestens gleicher Wirtschaftlichkeit. Für eine solche Leistung ist das Schwäbisch Gmünder Forschungsinstitut für Edelmetalle und Metallchemie auch in der Zukunft bestens gerüstet.

Wissenswertes aus den Städten und Gemeinden

Nach amtlichen Unterlagen und unter Mitwirkung der Gemeinden zusammengestellt von Bernhard Hildebrand.

Vorbemerkung: Die Zugehörigkeit der Teilorte und Weiler sind aus dem Wohnplatzverzeichnis zu ersehen.

Aalen

65 409 Einwohner, 14 642 ha, 374–733 m NN. Große Kreisstadt, Mittelzentrum, Sitz des Landratsamtes Ostalbkreis. In der heutigen Form entstanden durch Zusammenschluß von Aalen, Waldhausen (1. 1. 1970), Ebnat (1. 7. 1972), Dewangen (1. 1. 1973), Fachsenfeld (1. 1. 1973), Unterkochen (1. 1. 1973), Wasseralfingen (21. 6. 1975) und Hofen (21. 6. 1975).
Aalen 34 710 Einwohner, 3046 ha, 430 m NN.
Die Stadt liegt verkehrsgünstig im Austritt des Kochertals aus der Schwäbischen Alb in der Aalener Bucht. Naturräumlich gehört die Gemarkung zu den Goldshöfer Terrassenplatten, einer Untereinheit des Härtsfeldvorlandes.
Schon die Römer erkannten die besondere Lage und erbauten hier vor dem Jahr 164 n. Chr. das größte Hilfstruppenlager am gesamten Limes für die Ala II Flavia, ein 1000 Mann starkes Reiterregiment. Gleichzeitig entstand eine Zivilsiedlung, die sich vor allem südlich und östlich des Kastells erstreckte. Nach dem Abzug der Römer 260 n. Chr. gehörte Aalen zwar zum alamannischen Gebiet, Reihengräberfunde gibt es bislang allerdings nur aus dem 7. Jh. und nur in bescheidenem Umfang: die Grablege eines Einzelhofes unmittelbar im Bereich der römischen Kastellgräben sowie weitere Grabfunde unterhalb des St.-Johann-Friedhofes. In einem Ellwanger Güterverzeichnis aus den Jahren um 1136 wird „Alon" erstmals urkundlich genannt. Die spätere Stadt (so 1339) ist wahrscheinlich eine staufische Gründung. Sie wird 1360 zur freien Reichsstadt und behält diesen Status bis zum Ende des alten Reiches, hat aber unter den schwäbischen Reichsstädten eine eher geringe Bedeutung. Die Festung auf dem Burgstall, von der heute noch Wälle und Gräben sichtbar sind, wurde wahrscheinlich schon 1388 im Krieg gegen Bayern zerstört. Wichtige Ereignisse aus der Stadtgeschichte sind 1575 die Einführung der Reformation und die Katastrophe im Dreißigjährigen Krieg, die im Stadtbild in bezug auf die historische Bausubstanz noch heute Nachwirkungen zeigt: Nach der Schlacht bei Nördlingen wurde fast die gesamte Stadt Opfer eines Großbrandes, ausgelöst durch explodierende Pulverkarren der Schweden. 1803 kam Aalen zu Württemberg und wurde bald darauf Sitz eines neugeschaffenen Oberamts innerhalb des Jagstkreises. Eine nennenswerte Industrialisierung setzte in Aalen erst nach dem Bau der Remsbahn im

91 Die Fußgängerzone in der Aalener Altstadt

Jahre 1861 ein. Die Fortsetzung nach Nördlingen 1863 sowie die Brenztalbahn 1864 und die Jagsttalbahn 1866 machten Aalen zu einem bedeutenden Eisenbahnknotenpunkt. Im Jahr 1939 hat Aalen noch 16 046 Einwohner, 1950 bereits 25 502. Dieser beträchtliche Anstieg ist begründet durch die Ansiedlung vieler Heimatvertriebener, die nach dem Krieg auch zahlreiche neue Industriebetriebe gründen. 1938 wird Aalen Sitz des gleichnamigen Landkreises, der im wesentlichen aus den alten Oberämtern Aalen, Ellwangen und Neresheim gebildet wurde.
Sehenswerte Baudenkmale sind: die St.-Johann-Kirche auf dem gleichnamigen Friedhof, die teilweise aus Steinen des römischen Kastells erbaut wurde und sicher zu den ältesten Kirchen in weitem Umkreis gehört sowie die Stadtkirche, 1765/67 als protestantische Quersaalanlage errichtet.
Bedeutendster Sohn der Stadt ist, obwohl nicht hier geboren, der in Aalen aufgewachsene Christian Friedrich Daniel Schubart, der hier nach eigenem Bekunden seine „ersten Eindrücke bekam".
Heute präsentiert sich Aalen als leistungsfähiges Mittelzentrum mit 21 398 Arbeitsplätzen in 1635 Betrieben, deren Schwerpunkt im Bereich der Metallverarbeitung, aber auch in der Optik und der Textilbranche liegt.
An der Spitze des breitgefächerten Bildungsangebotes steht die Fachhochschule für Technik, an besonderen Freizeiteinrichtungen sind die Limes-Thermen zu nennen. Besonders erwähnenswert ist die reiche Museumslandschaft der Stadt mit Urweltmuseum, Limesmuseum und Heimat- und Schubart-Museum und einem Freilichtmuseum im Bereich des ehemaligen Römerkastells.
Lit.: Karlheinz Bauer, Aalen. Geschichte und Kultur zwischen Welland und Härtsfeld, 1983. Aalener Jahrbücher, 1978 ff.

Stadtteil Dewangen 2898 Einwohner, 1654 ha, 374–476 m NN.
Dewangen liegt im Welland im Tal des Haldenbaches. Größere Ortsteile sind Reichenbach und Rodamsdörfle. Der Ortsname mit der Endung auf -wangen weist das Dorf als relativ späte Gründung im oder nach dem 8. Jh. aus. Urkundlich erwähnt wird der Ort im 12. Jh. als Tenwangen, das damals an Kloster Ellwangen vergabt wurde. Durch einen Tausch kommt Dewangen 1364 an das Spital der Reichsstadt Gmünd. Daneben bestand noch ein ellwangischer Lehensbesitz der von Adelmann. Dewangen kam 1802 zu Württemberg und gehörte fortan zum Oberamt und später zum Landkreis Aalen. Der Stadtteil von Aalen ist heute überwiegend Wohngemeinde im Nahbereich, verfügt allerdings mit insgesamt 97 bäuerlichen Betrieben und 1280 ha bewirtschafteter Fläche immer noch über eine starke landwirtschaftliche Komponente.

Stadtteil Ebnat 2720 Einwohner, 2102 ha, 620 m NN.

Der Ort liegt in einer Rodungsinsel auf dem nordwestlichen Härtsfeld. In den umfangreichen Wäldern der Gemarkung (943 ha) finden sich vorgeschichtliche Grabhügel. Die Namensform der ersten urkundlichen Erwähnung 1298, Ebenoet, wird mit „ebene Stelle" erklärt und kennzeichnet den Ort als Gründung der Ausbauzeit. Ebnat ist ein typisches Härtsfelddorf, das zu den ältesten Besitzungen des Klosters Neresheim gehört. Neben der Landwirtschaft hatte im 18. Jh. auch die Häfnerei große Bedeutung, und der Ort war zeitweise als „Häfner-Ebnat" bekannt. Seit 1810 gehörte Ebnat zum württembergischen Oberamt Neresheim, seit 1938 zum Landkreis Aalen.

Neben seiner Bedeutung als Wohngemeinde bietet der Ort heute 856 Arbeitsplätze im Handwerk und vor allem im Baugewerbe. Die Landwirtschaft ist noch mit 51 Betrieben vertreten.

Stadtteil Fachsenfeld 3524 Einwohner, 395 ha, 390–470 m NN.

Fachsenfeld liegt am Nordrand des Wellands über dem Kochertal. Es war altes Zubehör der Burg Waiblingen, deren mächtiger Burgstall am Südhang des Kochertals noch bestens erhalten ist. 1230 als Vachsenvelt erstmals erwähnt, kommt der Ort mit Waiblingen schon um 1400 in den Besitz der Herren von Woellwarth. Der baufreudige Hans Sigmund von Woellwarth läßt 1591 die ev. Pfarrkirche errichten, nachdem er im gleichen Jahr die Reformation eingeführt hatte. Das heutige Schloß mit seiner prächtigen Gartenanlage wurde 1829 an der Stelle eines älteren Vorgängerbaus von den Freiherrn von Koenig erbaut. Der Ort kam 1806 an Württemberg und gehörte bis 1938 zum Oberamt, danach zum Landkreis Aalen.

Fachsenfeld ist heute überwiegend Wohngemeinde mit 484 Arbeitsplätzen und 32 landwirtschaftlichen Betrieben.

Lit.: A. Schubert, Beiträge zum 400-Jahr-Jubiläum von Schule, evangelischer Pfarrgemeinde und Kirche in Aalen-Fachsenfeld im Jahre 1991. Fachsenfeld stellt sich vor, 1991.

Stadtteil Hofen 1992 Einwohner, 1260 ha, 450–720 m NN.

Hofen liegt im Naturraum der „Goldshöfer Terrassenplatten" östlich des Kochertals im Tal des Mühlbaches. Die Gemarkung erstreckt sich bis auf den Braunenberg am Rande des Härtsfelds. Hofen wird 1397 erstmals urkundlich erwähnt und war damals Zubehör der Burg Hohenalfingen. Seit 1404 gehörte das Dorf zur Herrschaft Wasseralfingen, einem ellwangischen Lehen, mit dem Hofen nach dem Aussterben der Ahelfinger zusammen wieder 1553 an das Stift Ellwangen zurückfiel. Hofen kam mit Wasseralfingen 1802 zu Württemberg und war seit 1845 selbständige Gemeinde im Oberamt und im späteren Landkreis Aalen.

Mit der kath. Pfarrkirche St. Georg und Laurentius steht in Hofen die ehemalige „Mutterkirche" auch für Wasseralfingen. Sie wurde 1762–1775 als Wehrkirche erbaut und bildet mit der Ottilienkapelle ein schönes Ensemble. Hofen ist heute überwiegend Wohngemeinde mit 306 Arbeitsplätzen in verschiedenen Handwerksbetrieben. Daneben gibt es noch 46 landwirtschaftliche Betriebe.

Lit.: siehe Stadtteil Wasseralfingen.

Stadtteil Unterkochen 5501 Einwohner, 2145 ha, 450–630 m NN.

Unterkochen liegt im oberen Kochertal am Zusammenfluß von „Schwarzem" und „Weißem" Kocher, der letztere entspringt auf der Gemarkung. Dem Fluß verdankt die Gemeinde auch ihren Namen, der wohl aus keltischer Zeit bis heute tradiert wurde. Auf einer vom Härtsfeld abgetrennten Hochfläche hinter der mittelalterlichen Kocherburg befindet sich auf dem „Schloßbaufeld" eine der größten vorgeschichtlichen Wallanlagen im Landkreis. Erste Befestigungen entstanden bereits in der frühen Bronzezeit, die heute sichtbaren Wälle stammen aus der frühen Latènezeit und wurden vielleicht noch einmal im Mittelalter erneuert. Unterkochen ist wahrscheinlich eine frühe alamannische Gründung, das Ortsgräberfeld wird im „Samental" vermutet. Das Dorf wird um 1136 als Cochon urkundlich erwähnt die Burg 1300 als Castrum. Auf der Burg saßen zunächst die Herren von Kochen. Dorf und Burg kommen aber schon 1317 an Ellwangen und sind seither Sitz des ellwangischen Amtes „Kochenburg". Die Burg wurde 1627 neu erbaut und schon 1645 von den Schweden zerstört. Unterkochen gehört seit 1802 zu Württemberg, zunächst zum Oberamt und dann zum Landkreis Aalen. Das Dorf ist einer der ältesten Industriestandorte im Landkreis. Schon 1518 wurden hier die Stuferze des Braunen Jura verhüttet, zunächst durch private Unternehmer, dann durch Württemberg und seit 1614 durch die Fürstpropstei Ellwangen bis ins Jahr 1803. Etwa genau so alt ist die Tradition der Papierherstellung, die heute noch zu den wichtigsten Branchen gehört.

Auch heute noch ist Unterkochen ein bedeutender Industriestandort mit insgesamt 3348 Arbeitsplätzen in den Bereichen Papierherstellung, Metallverarbeitung und Veredelung. Die Landwirtschaft hat mit 14 Betrieben eine eher untergeordnete Bedeutung. Die kath. Pfarrkirche St. Maria steht in beherrschender Lage auf dem Kirchberg und ist die Urkirche für die gesamte Umgebung.
Lit.: Unterkochen (Heimatbuch), hrsg. v. d. Kulturgemeinde, 1989.

Stadtteil Waldhausen 2184 Einwohner, 2428 ha, 610 m NN.

Der Ort liegt ähnlich Ebnat auf einer Rodungsinsel auf dem nordwestlichen Härtsfeld auf – wie zumindest vorgeschichtliche Grabhügel zeigen – altem Siedlungsland. Als -hausen-Ort ist das Dorf selbst wahrscheinlich in der älteren Ausbauzeit im 7. Jh. entstanden und wird 1239 als Walthusen erstmals urkundlich erwähnt. Bald darauf kam der größte Teil von Waldhausen zur Herrschaft Kapfenburg und mit dieser 1364 an den Deutschen Orden. Seit 1806 gehörte Waldhausen zum württembergischen Oberamt, seit 1938 zum Landkreis Aalen.

Waldhausen ist heute eine Pendlerwohngemeinde mit nur 235 Arbeitsplätzen in Handwerk und Dienstleistungsbereich. Mit 77 Betrieben und 1394 ha Wirtschaftsfläche spielt die Landwirtschaft noch eine große Rolle.
Museum: Heimatstüble Waldhausen.
Lit.: R. Saur u. a., Waldhausen auf dem Härtsfeld, 1988.

Stadtteil Wasseralfingen 11 886 Einwohner, 1612 ha, 440–660 m NN.

Wasseralfingen liegt im Kochertal und gehört naturräumlich zu den Goldshöfer Terrassenplatten. Von der Gemarkung gibt es bereits jungsteinzeitliche Funde, eine dichte Besiedlung ist für die Keltenzeit bezeugt. In der Nähe des Weilers Heisenberg ist eine spätkeltische Viereckschanze noch gut im Gelände erkennbar, die zugehörige Siedlung lag auf dem Katzenberg. Wann die spätere Ortschaft entstand, ist bisher noch nicht geklärt. Erwähnt wird der Ort erstmals um 1200 als Ahelfingen, 1337 als Wasserahelfingen. Dorf und Wasserschloß aus dem Jahre 1337 waren zunächst im Besitz der Herren von Ahelfingen (im 15. Jh. nur teilweise) und kamen nach dem Aussterben der Ahelfinger an Ellwangen. Seit 1553 war das Schloß der Sitz des ellwangischen Amtes Wasseralfingen. Mit der Fürstpropstei kam Wasseralfingen 1802 an Württemberg und gehörte seither zum Oberamt und dann zum Landkreis Aalen. Die frühe Industrialisierung bescherte dem ursprünglich kleinen Dorf ein schnelles Wachstum, das letztlich 1951 zur Stadterhebung führte. Seit 1635 wurde am

Aalen-Wasseralfingen

92 Das ehemalige Wasserschloß in Aalen-Wasseralfingen. Hier ist jetzt die Sprachheilschule Aalen untergebracht.

Braunenberg Eisenerz abgebaut und 1671 durch die Fürstpropstei Ellwangen der erste Hochofen errichtet. Die große Zeit der Wasseralfinger Hüttenwerke kam mit dem Übergang an Württemberg und mit dem berühmten Bergrat Faber du Faur, unter dem die Hüttenwerke einen ungeahnten Aufschwung nahmen. Seit 1911 gibt es noch einen zweiten, bedeutenden Industriebetrieb, die Maschinenfabrik Alfing. So kann Wasseralfingen heute mit 5685 Arbeitsplätzen, vorwiegend in der Metallverarbeitung, aufwarten. Die bergmännische Gewinnung von Eisenerz wurde jedoch bereits am Anfang unseres Jh. wegen zu geringen Eisengehaltes im Erz eingestellt und erlebte nur noch eine kurze Wiederbelebung während des letzten Weltkrieges.

Mit der hochgotischen Kapelle St. Stefan und dem berühmten Altaraufsatz von Martin Schaffner besitzt Wasseralfingen ein besonderes Kleinod.

Museen: Die Industriegeschichte ist darge-

stellt im Wasseralfinger Heimatmuseum. In der kunstgeschichtlich besonders wertvollen „Ofenplattensammlung der Schwäbischen Hüttenwerke" werden auch die berühmten Wasseralfinger Öfen gezeigt. Einen sehr guten Eindruck von den Arbeitsbedingungen der Bergleute vermittelt das „Besucherbergwerk Tiefer Stollen" am Braunenberg.
Lit.: A. Hegele, Heimatbuch der Gemeinden Wasseralfingen, Hofen und Hüttlingen, 1939/40. Manfred Thier, Geschichte der Schwäbischen Hüttenwerke 1365–1802, 1965. H. J. Bayer/G. Schuster, Besucherbergwerk Tiefer Stollen, 1988.

Abtsgmünd

6532 Einwohner, 7159 ha, 353–555 m NN. Kleinzentrum.
Die heutige Gemeinde entstand durch Zusammenschluß von Abtsgmünd, Hohenstadt (1972), Laubach mit Leinroden (1972), Neubronn (1971), Pommertsweiler (1972) und Untergröningen (1971).
Abtsgmünd 3051 Einwohner, 2052 ha, 375 m NN.
Abtsgmünd liegt im Sulzbacher Kochertal, das naturräumlich bereits zu den Schwäbisch-Fränkischen Waldbergen gehört. Seinen Namen hat der Ort von der Einmündung der Lein in den Kocher und seiner Zugehörigkeit zum Kloster Ellwangen. (Das „Gemunden" des Abtes, in Unterscheidung zu anderen „Gemunden"-Orten). Damit ist Abtsgmünd mit hoher Wahrscheinlichkeit eine ellwangische Gründung im oder nach dem 7. Jh.
Als Gemunden wird es 1136 erstmals urkundlich erwähnt, der Zusatz „Abt" taucht erst 1251 auf. Der Ort war Zubehör der Burg Wöllstein, von der heute noch die Burgkapelle erhalten ist. 1377 werden Burg und Ort an die von Hürnheim verkauft, nach dem Erlöschen der Linie 1585 kommt beides wieder zu Ellwangen und gehört bis zum Ende des alten Reiches zum ellwangischen Amt Heuchlingen, ab 1803 zum württembergischen Oberamt und später zum Landkreis Aalen.
Abtsgmünd ist ein alter Industriestandort. Bereits 1611 errichtete Ellwangen in der Altschmiede einen Hochofen, später eine Hammerschmiede, die 1699 kocheraufwärts in die Neuschmiede verlegt wurde. Im heutigen Industriegebiet im Kochertal befinden sich Betriebe der Bereiche Maschinenbau und Kunststoffherstellung. In Abtsgmünd gibt es 48 landwirtschaftliche Betriebe, von denen nur noch 12 im Vollerwerb betrieben werden.
Lit.: Abtsgmünd, junge Gemeinde – reich an Geschichte, Heimatbuch von 1986.
Ortsteil Hohenstadt 664 Einwohner, 1266 ha, 497 m NN.
Der Ort liegt malerisch am Rand der Liasplatten über Rems und Lein am Steilabfall zum Kochertal und ist wohl eine relativ späte Gründung der Ausbauzeit. Um 1140/50 als Hummstat, 1235 als Hohenstat erstmals genannt, war der Ort nach wechselnden Besitzern seit 1530 in der Hand der Adelmann von Adelmannsfelden. 1806 kam Hohenstadt zu Württemberg und gehörte zunächst zum Oberamt, dann zum Landkreis Aalen.
Das Ortsbild wird beherrscht von dem 1625 auf der Stelle einer älteren Burg erbauten Schloß der Grafen Adelmann und der daneben liegenden barocken Wallfahrtskirche zur Opferung Mariä von 1707/11, die nach dem Vorbild der Schönenbergkirche in Ellwangen errichtet wurde. Besonders sehenswert ist noch der zum Schloß gehörige Heckengarten, der als ältester seiner Art in Europa bezeichnet wird.
Hohenstadt ist noch heute ein rein landwirtschaftlich strukturierter Ort mit 35 Betrieben.
Lit.: M. Mangold, Heimatbuch Hohenstadt, 1953.

Ortsteil Laubach mit Leinroden 338 Einwohner, 479 ha, 378 m NN.

Laubach liegt im Leintal an der Mündung des gleichnamigen Baches und gehört zum Naturraum der Liasplatten über Rems und Lein. Nach dem Namen gehört der Ort in die jüngere Ausbauzeit seit dem 8. Jh., urkundlich erwähnt wird er erst im 12. Jh. als Lauben. Hans Sigmund von Woellwarth erbaute hier 1599 auf der Stelle einer mittelalterlichen Burg das Renaissance-Schloß, das bis vor wenigen Jahren noch im Besitz der Familie war. Hans Sigmund war auch der Bauherr der Kirche in Leinroden, zu deren Pfarrei auch Laubach gehörte. In Leinroden steht auf einem künstlich aufgeschütteten Hügel über der Lein das Paradebeispiel für eine mittelalterliche Turmhügelburg, die seit 1409 oettingisches Lehen der von Woellwarth war und heute in Privatbesitz ist. Laubach und Leinroden kamen 1806 zu Württemberg und gehörten seither zum Oberamt, später zum Landkreis Aalen.

In Laubach gibt es heute 29 landwirtschaftliche Betriebe, von denen nur noch 6 im Vollerwerb bewirtschaftet werden.

Ortsteil Neubronn 269 Einwohner, 473 ha, 471 m NN.

Der Ort liegt über dem Leintal auf den Liasplatten über Rems und Lein und entstand wohl in der jüngeren Ausbauzeit. Das 1266 genannte Neubronnen war zunächst ellwangischer Besitz und wurde mit der Burg 1385 an die Adelmann verkauft, kam aber 1638 durch eine Heirat an die Woellwarth, die 1732 anstelle der Burg das heute noch bestehende Schloß erbauten. Nach weiteren Besitzwechseln kam Neubronn 1806 zu Württemberg und gehörte bis 1820 zur Gemeinde Laubach. Seit 1820 war der Ort selbständige Gemeinde im Oberamt und im späteren Landkreis Aalen.

Neben einer Zimmerei gibt es heute in Neubronn noch 21 landwirtschaftliche Betriebe.

Lit.: A. Ramsperger, Die Chronik von Neubronn, 1984.

Ortsteil Pommertsweiler 863 Einwohner, 1762 ha, 555 m NN.

Pommertsweiler gehört zum Naturraum der Ellwanger Berge und liegt im alten Ellwanger Waldgebiet, dem Virngrund. Schon der Ortsname mit der Endung -weiler sowie die geschilderte Lage weist auf eine Gründung im jüngeren Landausbau hin. Im Ortsnamen der Nennung von 1361, Bonbrehtswiler, gibt sich zusätzlich der Gründer zu erkennen. Der Ort war im Besitz verschiedener Herrschaften (darunter Ellwangen und die Adelmann), auf einer Burg am Ort saß 1402 Ulrich von Schechingen. Der Burgstall wurde 1959 völlig eingeebnet. Seit 1806 gehörte Pommertsweiler zur Gemeinde Adelmannsfelden und mit ihr bis 1810 zum Oberamt Gaildorf. 1820 wurde der Ort selbständige Gemeinde im Oberamt und späteren Landkreis Aalen.

In Pommertsweiler gibt es heute noch 53 landwirtschaftliche Betriebe, davon werden 18 im Vollerwerb bewirtschaftet.

Ortsteil Untergröningen 1346 Einwohner, 1127 ha, 409 m NN.

Untergröningen liegt im Sulzbacher Kochertal und gehört wie der Hauptort Abtsgmünd naturräumlich zu den Schwäbisch-Fränkischen Waldbergen. Der Ortsnamen mit der Endung -ingen deutet zunächst auf eine frühe alamannische Gründung hin, für die es aber bislang keine Beweise gibt. Auch die Lage abseits des alamannischen Siedlungsraumes spricht gegen diese Annahme. 1108 war „Groningen" der Sitz einer gleichnamigen Adelsfamilie, die sich hier im 11. Jh. die später umgebaute Burg errichtete. Seit 1531 wechselte die Grundherrschaft sehr häufig, zeitweise war Untergröningen Sitz eines Amtes der Herrschaft Limpurg. Die Burg, die das Kochertal beherrscht, stammt in ihrer heutigen Form aus den Jahren vor 1780. Seit 1806 gehört der

93 Abtsgmünd-Untergröningen. Das Schloß thront in beherrschender Spornlage über dem Kochertal.

Ort zu Württemberg, die Burg erwarb der württembergische Staat 1827. Untergröningen gehörte bis 1938 zum Oberamt Gaildorf, dann zum Landkreis Schwäbisch Gmünd. Heute gibt es im Ort in kleinerem Umfang Industriebetriebe und daneben noch 33 landwirtschaftliche Betriebe.

In bezug auf Arbeitsplätze und Arbeitsstätten liegen nur Zahlen für die Gesamtgemeinde Abtsgmünd vor: Demnach waren 1991 insgesamt 1416 Arbeitsplätze in 167 Betrieben vorhanden.

Adelmannsfelden

1599 Einwohner, 2290 ha, 394 – 493 m NN. Adelmannsfelden gehört zum Naturraum der Ellwanger Berge und liegt auf der Hochfläche über dem Tal der Blinden Rot. Namengebend für den Ort ist die Familie Adelmann, die Namensendung -felden sowie die Lage des Dorfes im Virngrund sprechen für eine Entstehung erst in der Ausbauzeit. Der Ort wird 1113 erstmals als Adelmansvelden, die ellwangische Ministerialenfamilie der von Adelmann um 1136 urkundlich erwähnt. Schon im 13. Jh. gehörte die Herrschaft den Grafen von Oettingen, denen zahlreiche Grundherren folgten. 1806 kam der Ort zu Württemberg und gehörte zunächst nacheinander zu den Oberämtern Gaildorf, Ellwangen und schließlich 1810 zu Aalen, seit 1938 zum Landkreis Aalen. Das im 18. Jh. umgebaute Schloß ist seit 1882 wieder im Besitz der Familie von Adelmann.

Die Gemeinde gehört heute zum Verwaltungsraum Ellwangen und bietet 410 Arbeitsplätze in 89 Betrieben, hauptsächlich in den Bereichen Maschinen- und Fahrzeugbau, Textil- und Baugewerbe. Mit 88 landwirtschaftlichen Betrieben, von denen allerdings nur noch 5 im Vollerwerb bewirtschaftet werden, wandelt sich der Ort zur dörflichen Wohngemeinde.

Lit.: G. v. Franz, Zur Geschichte von Adelmannsfelden, 1948.

94 Adelmannsfelden. Blick auf Schloß und Pfarrkirche

Bartholomä

1882 Einwohner, 2070 ha, 650–755 m NN. Bartholomä liegt auf dem Nordalbuch in einem flachen Trockental. Der vergleichsweise junge Ort hieß bis ins 16. Jh. Laubenhart (erste urkundliche Erwähnung 1484), der heutige Name entstand durch das Patronat der Kirche St. Bartholomäus und vor allem durch den weitbekannten Bartholomäus-Markt. Ursprünglich gehörte der Ort zur Herrschaft Lauterburg und damit den Woellwarth, die das Dorf 1638 verkauften. Nach wechselnden Herrschaften kam Bartholomä 1806 zu Württemberg und gehörte zum Oberamt Gmünd, seit 1938 zum Landkreis Schwäbisch Gmünd. Das früher recht arme Dorf wurde von zahlreichen Schicksalsschlägen heimgesucht. 1704 plünderten die Franzosen das Dorf und zwischen 1754 und 1865 gab es 6 große Schadensfeuer, das letzte betraf auch die Kirche, deren Ursprünge bis in die Romanik zurückreichen. In der jüngsten Vergangenheit entwickelte sich die Gemeinde zum Wohnort (Auspendlerüberschuß von 200) mit einer bescheidenen Industrieansiedlung. Im Ort gibt es 228 Arbeitsplätze und nur 10 Betriebe haben mehr als 10 Beschäftigte. Auch von den 42 Landwirtschaften werden nur noch 10 im Vollerwerb bewirtschaftet. An Bedeutung gewinnt immer mehr der Fremdenverkehr und die Naherholung. Die reizvolle Landschaft bietet vor allem gute Wandermöglichkeiten und auch durch die hohe Lage sehr gute Voraussetzungen für den Wintersport.

Lit.: L. Wolf u.a., Bartholomä auf dem Albuch, 1987.

95 Winterliches Bartholomä

96 Die Römerhalle in Böbingen, im Vordergrund Reste des römischen Kastells

Böbingen

4082 Einwohner, 1223 ha, 356 – 410 m NN. Der Ort liegt im oberen Remstal und gehört naturräumlich zu den Liasplatten über Rems und Lein. Das Remstal ist ein seit der Vorgeschichte vielbegangener Verkehrsweg, und von der Gemarkung gibt es auch entsprechende Funde. Etwa 150 n. Chr. entstand auf dem südlichen Talrand ein römisches Kastell mit umfangreicher Zivilsiedlung, das von hier aus den nahen rätischen Limes überwachte. Eigentliche Gründer der beiden Ortsteile Unter- und Oberböbingen sind jedoch die Alamannen, die sich nach Aussage der gefundenen Reihengräber im 7. Jh. hier niedergelassen haben. Welcher der Ortsteile der ältere ist, läßt sich bis jetzt nicht beurteilen. Auf jeden Fall aber steckt auch in der Namensform der ersten urkundlichen Nennung als Bebingen um 1120 der Name des Ortsgründers Bebo. Beide Ortsteile haben eine lange und von vielen Besitzerwechseln gekennzeichnete Geschichte. Unterböbingen gehörte zuletzt zu Ellwangen, Oberböbingen zur Reichsstadt Gmünd und zu Württemberg, bis schließlich 1803 bzw. 1805 beide Teile zu Württemberg kamen. Bis 1939 waren Ober- und Unterbö-

bingen selbständige Gemeinden, zunächst im Oberamt und dann kurze Zeit im Landkreis Schwäbisch Gmünd. 1939 entstand die Gemeinde in ihrer heutigen Form.
Erwähnenswerte Baudenkmale sind das ellwangische Spätrenaissance-Schlößchen in Unterböbingen und die ev. Pfarrkirche in Oberböbingen, deren älteste Teile romanischen Ursprungs sind.
Freilichtmuseum: Konservierte Grundmauern des Römerlagers.
Böbingen ist heute eine typische Pendlerwohngemeinde mit 1629 Aus-, aber nur 171 Einpendlern. Der Ort bietet 647 Arbeitsplätze auf 130 Arbeitsstätten verteilt. Mit 73 ist die Zahl der landwirtschaftlichen Betriebe verhältnismäßig hoch, 24 davon werden als Vollerwerbsbetriebe geführt.
Lit.: A. Schuller, Böbingen an der Rems. Portrait einer Gemeinde, 1986.

Bopfingen

12 035 Einwohner, 7701 ha, 468 – 668 m NN. Stadt, Unterzentrum.
Die heutige Stadt entstand durch Zusammenschluß von Bopfingen mit Aufhausen (1975), Baldern (1973), Flochberg (1970), Kerkingen (1972), Oberdorf (1973), Schloßberg (1971), Trochtelfingen (1972) und Unterriffingen (1975).
Bopfingen 4441 Einwohner, 1103 ha, 468 m NN.
Die Stadt liegt im Egertal und gehört naturräumlich zu den Härtsfeldrandhöhen der Schwäbischen Alb, das Egertal bildet die Eingangspforte ins Nördlinger Ries. Die Gemarkung mit dem Zeugenberg Ipf ist die reichste archäologische Fundlandschaft im Ostalbkreis: Auf dem Ipf befinden sich mächtige vorgeschichtliche Befestigungsanlagen, in der Hallstattzeit war hier ein keltischer Fürstensitz von überregionaler Bedeutung. Auf den fruchtbaren Böden des Egertals lassen sich Siedlungen seit der ältesten Jungsteinzeit nachweisen. Die Stadt selbst ist nach Aussage des Gräberfeldes „An der Steig" eine frühe alamannische Gründung um 500 n. Chr. Erstmals urkundlich genannt wird „Pophingen" in den Fuldaer Schenkungsakten des 9. Jh., im 12. Jh. nennt sich eine Adelsfamilie, staufische Ministerialen, nach dem Ort. Bopfingen hatte im 13. Jh. bereits das Stadtrecht und wurde nach dem Aussterben der Staufer zur Reichsstadt. Diesen Status bewahrte es sich, bis es 1802 an Bayern fiel. Durch den Staatsvertrag von 1810 kam die Stadt zu Württemberg und gehörte bis 1938 zum Oberamt Neresheim, dann zum Landkreis Aalen.
Die frühgotische, ev. Stadtkirche geht auf eine romanische Vorgängeranlage zurück und ist vor allem durch den Marienaltar von Friedrich Herlin von 1472 bekannt. Das historische Rathaus von 1586 wurde 1969 restauriert.
Museum: Mit dem Museum im historischen Seelhaus besitzt die Stadt ein besonderes Kleinod. Seine Bedeutung und Ausstattung geht weit über das Übliche hinaus.
Ein Besuchermagnet ist die alljährlich stattfindende Ipfmesse, die seit 1812 auf dem Ipf, seit 1829 am Fuße des Berges abgehalten wird.
Vor allem in den letzten Jahrzehnten entwickelte sich Bopfingen zum Industriestandort mit 4011 Arbeitsplätzen in der Gesamtgemeinde, die sich auf 571 Arbeitsstätten verteilen, die hauptsächlichen Branchen sind die Lederverarbeitung und die Bereiche Chemie, Metall und Textil. Mit 350 Betten in 12 Gasthöfen gewinnt auch der Fremdenverkehr an Bedeutung.
Stadtteil Aufhausen 966 Einwohner, 912 ha, 491 m NN.
Aufhausen liegt unterhalb der Karstquelle im Egertal und gehört zum gleichen Naturraum wie Bopfingen. Name und Endung sprechen für eine Gründung von Bopfingen aus in der

Bopfingen-Aufhausen

97 Bopfingen. Rathaus und Stadtkirche

älteren Ausbauzeit des 7. Jh. Der Ort wird um 1136 als Ufhusen urkundlich erwähnt und gehörte zur 1525 zerstörten Burg Schenkenstein, von der noch Reste erhalten sind.

Im Ort waren seit 1560 Juden ansässig, aus dieser Zeit stammen auch die ältesten Bestattungen auf dem großen jüdischen Friedhof. Von 2 Synagogenbauten von 1730 und 1823 gibt es heute keine Reste mehr. In württembergischer Zeit erreichte die jüdische Gemeinde 1854 mit 378 Mitgliedern ihren größten Anteil an der Gesamtbevölkerung (über 42 %). Seit 1850 konnten die Juden im Zuge der Gleichstellungsgesetze ihren Wohnsitz frei wählen, und in Aufhausen setzt wie in den anderen kleinen Judendörfern eine starke Abwanderung in Richtung der größeren Städte ein. Mangels Mitglieder wurde die jüdische Gemeinde in Aufhausen 1925 aufgelöst.

Heute ist Aufhausen überwiegend Wohnort mit noch 10 landwirtschaftlichen Betrieben.

Stadtteil Baldern 505 Einwohner, 744 ha, 578 m NN.
Der Ort liegt im Hügelland von Baldern, das naturräumlich zum Härtsfeldvorland gehört, am Fuß des Schloßbergs. Das Schloß wird erstmals im 12. Jh., der Ort als „Weiler" 1450 urkundlich erwähnt. 1215 kam die Herrschaft zu Ellwangen, das die Grafen von Oettingen 1250 damit belehnte. Seither ist das Schloß im Besitz der Familie. Die heutige, barocke Residenz wurde 1718–1737 nach den Plänen von Gabriel Gabrieli auf mittelalterlichen Grundlagen errichtet.
Baldern ist heute Wohnort mit starker landwirtschaftlicher Komponente (24 Betriebe).
Museum: Die besondere Attraktion ist die umfangreiche Waffensammlung des Hauses Oettingen im Schloß Baldern.
Lit.: G. Rupp, Baldern. Ein Beitrag zur Oettingischen Geschichte, 1900.

Stadtteil Flochberg 877 Einwohner, 852 ha, 480 m NN.
Der Ort liegt am Südosthang des Schloßbergs über dem Egertal und gehört naturräumlich noch zu den Härtsfeldrandhöhen. Im neu erschlossenen Industriegebiet im Egertal kamen bei der archäologischen Untersuchung umfangreiche vorgeschichtliche Siedlungen sowie eine Viereckschanze aus der Keltenzeit zutage. Flochberg wird als Burgsiedlung um 1140 erwähnt und ist wohl im Anschluß an die Burg im 12. Jh. entstanden. Die Burg selbst ist eine staufische Gründung und wurde zweimal zerstört, zuletzt angeblich 1648 von den Schweden. Heute erinnert die imposante Ruine an ihre einstige Bedeutung.
Der Ort kam 1806 zunächst an Bayern und 1810 zu Württemberg. Bis 1938 gehörte er zum Oberamt Neresheim, dann zum Landkreis Aalen. Flochberg ist heute eine Wohngemeinde mit 25 landwirtschaftlichen Betrieben.

Stadtteil Kerkingen 849 Einwohner, 1176 ha, 475 m NN.
Kerkingen liegt im Hügelland von Baldern. Auf der Gemarkung befindet sich beim Hof Meisterstall das hallstattzeitliche Grabhügelfeld der Höhensiedlung auf dem Ipf. Neben vorgeschichtlichen Funden gibt es auch Hinweise auf 2 römische Gutshöfe. Kerkingen könnte der Namensendung nach eine frühe alamannische Gründung sein, Reihengräberfunde fehlen jedoch. Der Ort wird 1272 als Corkingen urkundlich erwähnt. Nordwestlich der Kirche stand ein heute eingeebneter Burgstall. Seit dem 14. Jh. gehörte der Großteil des Dorfes zur Herrschaft Oettingen. Kerkingen kam 1806 an Bayern, 1810 an Württemberg und war bis 1938 im Oberamt Neresheim, danach im Landkreis Aalen.
Der Ort ist mit 66 Betrieben heute noch stark landwirtschaftlich geprägt.

Stadtteil Oberdorf 1748 Einwohner, 623 ha, 480 m NN.
Oberdorf liegt am Fuß des Ipf und gehört naturräumlich zu den Härtsfeldrandhöhen. Vom Ende des 1. Jh. bis ins 2. Jh. hinein befand sich oberhalb des Dorfkerns ein römisches Kastell mit 1,7 ha Größe, das zum sog. Alblimes gehörte. Nach der Auflassung des Militärlagers blieb die Zivilsiedlung wahrscheinlich bis ins 3. Jh. bestehen. Grund dafür war die Lage an der Kreuzung zweier wichtiger Römerstraßen. Der heutige Ort wurde wahrscheinlich von Bopfingen aus gegründet, das „Obere Dorf" wird aber erst 1268 als Oberudorf genannt. Neben anderen Grundherren waren auch die Grafen von Oettingen im Ort begütert, die seit 1510 hier Juden ansiedelten. Im 17. und 18. Jh. nahm die Zahl der hier ansässigen Juden ständig zu und erreichte 1854 mit 548 Personen einen Anteil von 40 % an der Gesamtbevölkerung. Die jüdische Gemeinde unterhielt seit 1704 eine Synagoge und seit 1820 einen eigenen Friedhof. Die heute noch erhaltene Synagoge stammt aus dem Jahr 1812. Der Bau hat eine sehr wechselvolle

Geschichte: In der „Reichskristallnacht" wurde die Inneneinrichtung demoliert. Seit 1940 wurde die Synagoge als Turnhalle und später als Kriegsgefangenenlager genutzt. Von 1950 bis 1968 hatte die kath. Gemeinde hier ihr Gotteshaus. Danach wurde der Bau verkauft und als Lagerraum verwendet. 1989 bildete sich unter Beteiligung des Landkreises ein Trägerverein, der die ehemalige Synagoge erwarb. Nach den Renovierungsarbeiten soll hier eine Dokumentations- und Begegnungsstätte eingerichtet werden. Oberdorf war von 1832 bis 1930 der Sitz eines der 13 Rabbinate Württembergs.
Der Ort gehörte seit 1810 zum württembergischen Oberamt Neresheim, ab 1938 zum Landkreis Aalen. Heute ist Oberdorf überwiegend Wohngemeinde mit 22 landwirtschaftlichen Betrieben.
Stadtteil Schloßberg 1219 Einwohner, 26 ha, 531 m NN.
Der Ort liegt am Hang unterhalb der Ruine Flochberg. Seit 1689 siedelten die Grafen von Oettingen hier sog. „Freileute" an, die von Hausieren, Taglöhnerei und Abdeckerei lebten. Schloßberg ist heute Wohnsiedlung und mit Bopfingen und Flochberg zusammengewachsen. Der Ort gehörte bis 1820 zu Bopfingen und bis 1850 zu Flochberg. Danach war er selbständige Gemeinde im Oberamt Neresheim, später im Landkreis Aalen.
Stadtteil Trochtelfingen 946 Einwohner, 1269 ha, 448 m NN.
Trochtelfingen liegt im Egertal und gehört zum Naturraum der südlichen Riesrandberge. Die Namensendung -ingen und vor allem die gefundenen Reihengräber weisen den Ort der ältesten Siedlungsschicht zu. In den Urkunden taucht „Trohtelvingin" seit der Zeit um 1140 auf. 4 Burgställe mit Wassergräben, davon einer als Schloß noch erhalten, zeugen von der komplizierten Herrschaftsgeschichte mit zahllosen Streitigkeiten um die Verwaltung der Gemeinde. Deswegen erlangte Trochtelfingen durch einen Kompromiß schon Ende des 16. Jh. die Selbstverwaltung und wurde seither als Freidorf bezeichnet. Der Ort fiel 1806 an Bayern und kam 1810 zu Württemberg. Seither Oberamt Neresheim, später Landkreis Aalen.
Museum: Trochtelfinger Heimatstuben.
Trochtelfingen ist heute Wohnort mit 48 landwirtschaftlichen Betrieben.
Lit.: M. Zeller, Aus der Vergangenheit des Dorfes Trochtelfingen am Ries, 1984.
Stadtteil Unterriffingen 498 Einwohner, 996 ha, 621 m.
Der Ort liegt auf dem nordöstlichen Härtsfeld auf einer alten Rodungsinsel. Von der Gemarkung sind jungsteinzeitliche Funde sowie vorgeschichtliche Grabhügel bekannt. An der Römerstraße von Faimingen nach Oberdorf liegen mindestens 2 römische Gutshöfe. Die Namensendung -ingen, die Lage auf römischem Siedlungsgebiet sowie die frühe urkundliche Erwähnung (8. Jh.: Ruringen) sprechen für eine sehr frühe alamannische Gründung, obwohl bestätigende Reihengräber bisher nicht entdeckt wurden. Nach einer langen und wechselvollen Besitzgeschichte waren vor dem Übergang 1806 an Bayern und 1810 an Württemberg die Grafen von Oettingen die letzten Besitzer. Sowohl Unter- wie auch Oberriffingen gehörten bis 1833 zu Dorfmerkingen. Danach waren sie als selbständige Gemeinde Unterriffingen im Oberamt Neresheim, seit 1938 im Landkreis Aalen. Unterriffingen ist heute eine Wohngemeinde mit 32 landwirtschaftlichen Betrieben.

Durlangen

2627 Einwohner, 1043 ha, 492–500 m NN.
Durlangen liegt auf den Welzheim-Alfdorfer Liasplatten, die naturräumlich zum Welzheimer Wald gehören. Heute wird die Gegend als

"Schwäbischer Wald" bezeichnet, und nach ihm nennt sich auch der Verwaltungsraum mit dem Sitz in Mutlangen.

Der Ort wird 1362 als Durnungen erstmals erwähnt und ist wohl eine Gründung der Ausbauzeit. Mehrere Güter gehörten zur sog. Waibelhube, in der die Herren von Rechberg als württembergisches Lehen die Vogtei und die hohe Gerichtsbarkeit innehatten. Diese Rechte kamen 1377 und 1410 an die Schenken von Limpurg. Große Teile des Ortes gehörten Gmünder Patrizierfamilien, 1557 kamen auch die Güter der Waibelhube zu Gmünd. Durlangen kam 1803 zu Württemberg und gehörte bis 1808 zu Zimmerbach, von 1809 bis 1815 zu Spraitbach. Seither ist Durlangen eine selbständige Gemeinde, zunächst im Oberamt Gmünd, dann im Landkreis Schwäbisch Gmünd.

Im Ortsteil Tanau befindet sich die aus romanischer Zeit stammende Wallfahrtskirche St. Anna mit spätgotischem Chor und umfangreichem Freskenzyklus aus dem 15. Jh.

Durlangen ist heute eine Wohngemeinde mit hoher Auspendlerzahl. Der Ort selbst bietet 584 Arbeitsplätze, vorwiegend in der Möbel- und Bekleidungsbranche. Die Zahl der landwirtschaftlichen Betriebe ist stark zurückgegangen und beträgt heute nur noch 19, davon werden 8 im Vollerwerb bewirtschaftet.

Ellenberg

1635 Einwohner, 3018 ha, 520 – 579 m NN. Ellenberg liegt auf den Pfahlheim-Rattstädter Liasplatten im Härtsfeldvorland, ein Teil der Gemarkung gehört bereits zum Dinkelsbühler Hügelland. Name und Lage des Ortes

98 Blick auf Ellenberg

sprechen für eine Entstehung im oder nach dem 8. Jh., um 1300 taucht Elemberch erstmals in den Urkunden auf. Der Ort ist ein alter Besitz des Klosters Ellwangen und war Sitz eines Unteramtes im Oberamt Rötlen. Mit der Fürstpropstei kam Ellenberg 1802 an Württemberg und gehörte bis 1938 zum Oberamt Ellwangen, dann zum Landkreis Aalen.
Der Ort ist mit 49 Betrieben heute noch relativ stark landwirtschaftlich geprägt, allerdings werden nur 12 als Vollerwerbsbetriebe geführt. Ellenberg ist ein attraktives Naherholungsziel, vor allem durch seine Stauseen, an denen sich ca. 800 Campingstellplätze befinden.
Lit.: H. Pfeifer, Ellenberg im Wandel der Zeit, 1991.

Ellwangen

22 346 Einwohner, 12 745 ha, 418 – 587 m NN. Große Kreisstadt, Mittelzentrum.
Die Stadt entstand in ihrer heutigen Form durch Zusammenschluß von Ellwangen mit Rindelbach, Röhlingen und Schrezheim (1972) sowie mit Pfahlheim (1973).
Ellwangen 12 036 Einwohner, 1032 ha, 425 – 523 m NN.
Die Stadt liegt im oberen Jagsttal und gehört zum Naturraum der Ellwanger Berge. An einem alten und wichtigen Fernweg durch den spät besiedelten Virngrund wurde „Elehenfanc" um 764 von Hariolf und Erolf als Kloster gegründet. Das Datum der ersten urkundlichen Erwähnung 764 liegt hier sehr dicht an der tatsächlichen Entstehungszeit, ältere Bodenfunde fehlen bis jetzt jedenfalls. Auch der Ortsname mit der Endung -wangen scheint dies zu bestätigen. Das Kloster an der Ostgrenze des Frankenreiches erlangte schon bald eine große Bedeutung. Bereits 817 wird es Reichsabtei, 979 exemtes Kloster unter dem Schutz des Papstes. Als Zentrum des Virngrundes gehen von hier die entscheidenden Impulse zur Aufsiedlung dieses vorher geschlossenen Waldgebietes aus, einige Orte mit der Namensendung -zell geben sich als direkte Gründungen des Klosters zu erkennen. 1460 wird das Kloster in ein weltliches exemtes Chorherrenstift umgewandelt, an seiner Spitze stand nun ein Fürstpropst. In der Folgezeit wird die Fürstpropstei Ellwangen zum größten Grundbesitzer auf dem Gebiet des heutigen Ostalbkreises mit Streubesitz weit darüber hinaus und einer umfangreichen Verwaltungsorganisation. Durch die Säkularisation wird die Fürstpropstei aufgelöst und Württemberg zugeschlagen, das Ellwangen von 1802/03 bis 1805 zum Regierungssitz für Neuwürttemberg macht. 1812 bis 1817 war hier die kath.-theologische Friedrichsuniversität. Von 1817 bis 1924 war Ellwangen dann Sitz der Kreisregierung für den Jagstkreis, der in seiner Bedeutung am ehesten mit einem unserer heutigen Regierungspräsidien verglichen werden kann. Von 1803 bis 1938 gehörte die Stadt zum Oberamt Ellwangen, das 1938 im wesentlichen im Landkreis Aalen aufging. Ellwangen bietet heute noch das Stadtbild einer ehemaligen Residenzstadt, die vom Schloß der Fürstpröpste und von der Schönenbergkirche überragt wird. Die Stadt ist reich an sakralen und profanen Baudenkmälern: Die Stiftskirche ist in ihrem Kern romanisch und wurde 1737 – 1739 barockisiert. Aus der Spätgotik stammt die Wolfgangskirche, und die Wallfahrtskirche auf dem Schönenberg ist ein Beispiel des barocken „Vorarlberger Münsterbauschemas". An profanen Baudenkmälern seien neben dem Renaissanceschloß mit älteren Vorgängern vor allem der Marktplatz mit seinen Stiftsherrnhäusern und das Palais Adelmann, das heutige Kulturzentrum der Stadt, erwähnt.

Museum: Museum im Schloß Ellwangen.
Heute erfüllt die Stadt die Funktion eines Mittelzentrums und hat sich ihren, aus württembergischer Zeit stammenden Charakter als Behördenstadt weitgehend bewahrt. Die seit dem 19. Jh. bestehende Garnison, seit 1956 zunächst Standort eines Grenadierbataillons, dann auch noch anderer Einheiten, bleibt der Stadt trotz der Reduzierung der Bundeswehr erhalten.

In der Kernstadt gibt es 8297 Arbeitsplätze, hauptsächlich in den Branchen Batterieherstellung, Maschinen- und Werkzeugbau. Den 5216 Einpendlern stehen nur 1112 Auspendler gegenüber. Die lange Zeit nur durchschnittliche Verkehrsanbindung hat sich mit der neuen Autobahn schlagartig gebessert, und das von der Stadt in Neunheim ausgewiesene, 70 ha große Industriegebiet muß bereits erweitert werden. Neben einem guten Bildungs- und Freizeitangebot ist vor allem das rege kulturelle Leben in Ellwangen zu erwähnen. Besonders bekannt ist der seit dem frühen 16. Jh. abgehaltene „Kalte Markt".

Lit.: Ellwanger Jahrbücher I, 1910 ff. – Ellwangen 764–1964, Bd. 1-2, 1964.

Stadtteil Pfahlheim 1467 Einwohner, 2452 ha, 475–559 m NN.

Der Ort liegt im Tal der Röhlinger Sechta und gehört naturräumlich zu den Pfahlheim-Rattstädter Liasplatten. Die Gemarkung ist reich an Bodendenkmalen und Funden, von denen die ältesten aus der Mittelsteinzeit stammen. Vorgeschichtliche Grabhügel, eine spätkeltische Viereckschanze, der rätische Limes und vor allem das römische Numeruskastell beim Weiler Halheim sind die Zeugen einer langen Besiedlungsgeschichte. Der Ort selbst gehört zu den ältesten alamannischen Gründungen im heutigen Landkreis. Schon der Ortsname („Pfahl" vom römischen Limes) mit der Endung auf -heim deutet darauf hin. Seit 1876 sind Reihengräber in Pfahlheim bekannt und seit 1883 fanden im Ortsgräberfeld „Brühl" Ausgrabungen statt, weitere Alamannengräber befinden sich in den Fluren Rennweg und Letten. Nach Aussage des Ortsgräberfeldes wurde Pfahlheim spätestens um 600 n. Chr. gegründet. Bereits im 8. Jh. hatte Kloster Fulda Güter in „Pfalheim", die wahrscheinlich im 13. Jh. von Ellwangen erworben wurden. Neben Ellwangen waren zunächst auch die Herren von Pfahlheim (1218–1504 nachweisbar) begütert, die ihren Besitz im 13. Jh. an Ellwangen verkauften. Daneben gab es im Ort noch freie Bauern. Seit 1471 war Pfahlheim Unteramt des ellwangischen Oberamtes Rötlen. Mit Ellwangen kam der Ort 1802 an Württemberg und gehörte bis 1938 zum Oberamt Ellwangen, dann zum Landkreis Aalen.

Museen: Bauernstube Ellwangen-Pfahlheim und Naturkunde- und Jagdmuseum.

Heute ist Pfahlheim neben einer ländlichen Wohngemeinde (174 Aus-, bzw. 38 Einpendler) mit 113 Betrieben, davon 30 im Vollerwerb, noch stark landwirtschaftlich strukturiert. In den Bereichen Apparatebau, Holzverarbeitung und im Baugewerbe gibt es 219 Arbeitsplätze im Ort. Auf der Gemarkung befindet sich der Sonnenbach-Stausee mit 2 Campingplätzen.

Lit.: K. Fik, Zur Geschichte der Gemeinde Pfahlheim, Ellwanger Jahrbücher XXI, 1965-1966, 208 ff. W. Menghin, Das alamannische Gräberfeld von Ellwangen-Pfahlheim ..., Ellwanger Jahrbuch XXVI, 1975-1976, 7-41.

Stadtteil Rindelbach 2907 Einwohner, 3173 ha, 418–570 m NN.

Rindelbach liegt im Jagsttal nördlich von Ellwangen und gehört naturräumlich zu den Ellwanger Bergen. Der Ortsname mit der Endung -bach deutet auf eine Entstehung in der jüngeren Ausbauzeit des 8. und 9. Jh. hin. Rindelbach ist wahrscheinlich eine ellwangische Gründung, sicher ist, daß der Ort schon 1337 zu Ellwangen gehörte, und zwar zum sog. Kapitelamt. Mit der Fürstpropstei kam der Ort 1802 zu Württemberg und war bis 1938 selbständige Gemeinde im Oberamt Ellwangen, dann im Landkreis Aalen.

In Rindelbach gibt es heute 535 Arbeitsplätze, den 250 Auspendlern stehen 159 Einpendler gegenüber. Von den 103 landwirtschaftlichen Betrieben werden noch 27 im Vollerwerb bewirtschaftet.

Lit.: F. Singer, H.Hauber(Hrsg.), 650 Jahre Ortschaft Ellwangen-Rindelbach, 1987.

Stadtteil Röhlingen 3328 Einwohner, 4336 ha, 448 – 587 m NN.

Röhlingen liegt an der Sechta und gehört naturräumlich noch zu den Goldshöfer Terrassenplatten. Die Lage des Ortes dicht am Limes sowie die vielen vorgeschichtlichen Fundstellen und Grabhügel der Gemarkung (der älteste aus der Bronzezeit) bieten ein ähnliches Bild wie im Nachbarort Pfahlheim. Auch Röhlingen ist nicht nur vom Ortsnamen her, in dem die Sprachforschung den Gründernamen „Roliho" erkennt, eine frühe alamannische Gründung. An der Stelle der alten Kirche im Ort wurden 5 Gräber mit Totenbäumen entdeckt, die wahrscheinlich aus dem 6. Jh. stammen. In den Urkunden taucht der Ort im 9. Jh. als „Rehilingen" auf. Röhlingen gehörte wohl schon immer zu Ellwangen, das verschiedene Adelsfamilien hier belehnte, daher auch mehrere Burgställe im Ort (inzwischen abgegangen) und auf der Gemarkung. Mit Ellwangen kam der Ort 1802 zu Württemberg und gehörte bis 1938 zum Oberamt Ellwangen, dann zum Kreis Aalen.

Durch Industrieansiedlung (Industriegebiet Neunstadt) gab es 1987 bereits 929 Arbeitsplätze in Röhlingen, ihre Zahl dürfte inzwischen noch gestiegen sein. Von der sehr großen Gemarkung werden über 3000 ha landwirtschaftlich genutzt. Entsprechend hoch ist die Zahl der landwirtschaftlichen Betriebe (219), von denen noch 51 im Vollerwerb bewirtschaftet werden.

Stadtteil Schrezheim 2608 Einwohner, 1752 ha, 430 – 547 m NN.

Schrezheim liegt am Rande des Jagsttals und gehört naturräumlich noch zu den Ellwanger Bergen. Von der Namensendung -heim her könnte der Ort schon in der Landnahmezeit entstanden sein, und auch die Oberamtsbeschreibung erwähnt hier die Funde von „Reihengräbern mit Eisenwaffen", ohne allerdings genauere Angaben zu machen. Dieser Umstand und vor allem die Lage des Ortes außerhalb des Limes sprechen einstweilen gegen eine frühe Gründung. Um 1140 wird Schrezheim erstmals erwähnt. Ellwangen war sicher seit 1337 hier begütert und war später im Besitz des ganzen Ortes. Mit Ellwangen kam Schrezheim 1802 zu Württemberg und gehörte bis 1938 zum Oberamt Ellwangen, dann zum Landkreis Aalen.

In Schrezheim bestand von 1752 bis 1865 eine Fayencefabrik, die vor allem am Ende des 18. Jh. florierte. Dort wurde auch der bekannte Fayencealtar der St.-Antonius-Kapelle hergestellt.

Heute ist Schrezheim auf dem Weg zur Pendlerwohngemeinde mit 310 Aus-, aber nur 46 Einpendlern. Im Ort selbst gibt es 314 Arbeitsplätze. Von den 78 landwirtschaftlichen Betrieben (1971 waren es noch 110) werden nur noch 12 im Vollerwerb bewirtschaftet.

Lit.: H. Erdner, E.K.Nagel, Die Fayencefabrik zu Schrezheim 1752-1865, 1972.

Eschach

1446 Einwohner, 2027 ha, 431 – 542 m NN. Der Ort liegt auf der Frickenhofer Höhe, die naturräumlich zum Albvorland gehört. Der Nordteil der Gemarkung gehört bereits zu den Schwäbisch-Fränkischen Waldbergen.

Der Ortsname, in dem die „Esche" enthalten ist, sowie das Fehlen älterer Bodenfunde spricht für eine Gründung des Dorfes im 8. oder 9. Jh. In den Urkunden taucht „Aeschach" erstmals 1367 als Besitz der Grafen von Oettingen auf, die den Ort 1359 an die Herren von Rechberg verkaufen. Seit 1586 gehörte der Ort zur Herrschaft Limpurg und kommt 1806 mit dieser zu Württemberg. Eschach gehörte bis 1809 zu Untergröningen und wurde dann selbständige Gemeinde im Oberamt Gaildorf, bis der Ort 1938 zum Landkreis Schwäbisch Gmünd kam.

Aus dem Ortsteil Holzhausen stammt der Rottenburger Bischof Josef Lipp (1795–1861).

Museum: Schwäbisches Bauern- und Technikmuseum im Ortsteil Seifertshofen.

Eschach ist eine noch stark landwirtschaftlich geprägte Wohngemeinde mit 77 Betrieben, davon 33 Vollerwerbsbetriebe, und einem hohen Auspendlerüberschuß.

Lit.: A. Schymura, Ortsgeschichte der Gemeinde Eschach, 1964.

Essingen

5527 Einwohner, 5866 ha, 465–754 m NN. Die heutige Gemeinde entstand durch Zusammenschluß mit Lauterburg am 1. 12. 1971.

Essingen 4969 Einw., 4759 ha, 508 m NN. Der Ort liegt unterhalb der Remsquelle am Fuß des Albuchs und gehört naturräumlich zum Welland. Die große Gemarkung zieht sich weit auf die Alb hinauf. Von dort gibt es archäologische Funde seit der Urnenfelderzeit sowie bronze- und hallstattzeitliche Grabhügel. 1987 wurde auf den Weiherwiesen in ungewöhnlicher Lage ein römisches Kastell aus der Zeit des Alblimes entdeckt. Auch aus dem Ort gibt es römische Funde, wahrscheinlich von einem Gutshof. Essingen ist einer der alten -ingen Orte und damit eine frühe alamannische Gründung. An mindestens 5 Stellen im Ort wurden bereits Spuren von Reihengräbern entdeckt. In den Urkunden taucht Essingen erstmals um 1090 auf, damals schenkte Graf Werner von Grüningen Besitz an das Kloster Hirsau. 1241 wird der Ort im Reichssteuerverzeichnis aufgeführt, muß also wenigstens teilweise in Reichsbesitz gewesen sein. Im 14. Jh. gehörte Essingen mit der Herrschaft Lauterburg den Grafen von Oettingen, die den Ort an Württemberg verpfändeten. Von dort kam das Dorf im 15. Jh. an die Herren von Woellwarth, die im 16. Jh. weitere Güter auswärtiger Herrschaften aufkauften, später aber den Herren von Degenfeld ein Drittel des Ortes wieder verkauften. 1806 kommt Essingen zu Württemberg und gehört seither zum Oberamt, später zum Landkreis Aalen.

Im Ort befindet sich das Woellwarthsche Schloß, ein weiteres Schloß in Hohenroden gehört auch zum Besitz dieser Familie.

In der Wohngemeinde mit 2135 Auspendlern arbeiten heute noch 171 Personen in der Landwirtschaft, 62 davon in Vollerwerbsbetrieben. An Industrie sind ein Ziegelwerk sowie metallverarbeitende Betriebe zu nennen.

Lit.: G. Wiedmann, Alte Geschichten aus Essingen und Lauterburg, 1976. A. v. Woellwarth, Die Freiherren von Woellwarth, Stammtafeln 1949. N. Hofmann, Archiv der Freiherren von Woellwarth, Urkundenregesten 1359-1840, 1991.

Ortsteil Lauterburg 558 Einwohner, 1107 ha, 669 m NN.

Lauterburg liegt am Rand der Hochfläche des Nordalbuchs und entstand wohl in Zusammenhang mit der 1128 erstmals erwähnten gleichnamigen Burg. Sie war damals Sitz des schwäbischen Pfalzgrafen Adalbert, kam danach an die Hacken von Woellstein und war im 14. Jh. im Besitz der Grafen von Oettingen. 1479 kauften die Herren von Woellwarth

Burg und Ort. Die Burg brannte 1732 größtenteils ab.
Lauterburg gehörte bis 1820 zu Essingen und war danach selbständige Gemeinde im Oberamt und im späteren Landkreis Aalen. In der heutigen Gemeinde gewinnt die Naherholung – Wandern, Skilift – immer mehr an Bedeutung.

Göggingen

2022 Einwohner, 1138 ha, 390 – 490 m NN.
Die Gemeinde gehört naturräumlich zur Frickenhofer Höhe und liegt auf einer Hochfläche über dem Leintal. Nach der Namensendung müßte der Ort eigentlich zur ältesten Siedlungsschicht gehören, seine Lage außerhalb des Limes und das Fehlen entsprechender Funde spricht allerdings eher für eine spätere Entstehung. Im Jahre 1265 taucht der Ort erstmals in den Urkunden auf, als ein Sifridus von Geggingen seine Besitzungen dem Kloster Lorch stiftet. Lorch, und damit Württemberg, blieb größter Grundbesitzer, bis 1803/05 der Ort ganz an Württemberg kam. Göggingen gehörte zunächst zu Holzhausen, wurde aber schon 1807/08 selbständige Gemeinde im Oberamt Gmünd, seit 1938 im Landkreis Schwäbisch Gmünd.
Im Ortsteil Horn steht in exponierter Lage das auf älteren Vorgängern nach 1748 neu erbaute Schloß.
Der Ortsteil Mulfingen, ein Weiler im Leintal, wird bereits 782 erstmals urkundlich erwähnt und dem Drachgau zugeordnet, eine der wenigen Nennungen eines Gaunamens für unsere Gegend.
Göggingen ist auf dem Weg zur Pendlerwohngemeinde mit über 868 Auspendlern, denen nur 48 Einpendler gegenüberstehen. Durch die Ausweisung von Neubaugebieten erhöhte sich die Einwohnerzahl in den letzten 10 Jahren um 500 Personen. Die Zahl der landwirtschaftlichen Betriebe ist wie in vergleichbaren Gemeinden stark rückläufig: 1971 wurden noch 81, 1991 nur noch 27 Betriebe gezählt.
Lit.: G. Häberle, Gemeinde Göggingen 1990.

99 Der Wasserturm in Göggingen

Gschwend

4505 Einwohner, 5451 ha, 354 – 585 m NN. Kleinzentrum, staatlich anerkannter Erholungsort.
Die Gemeinde in ihrer heutigen Form entstand durch Zusammenschluß von Gschwend mit Frickenhofen (1971) und Altersberg (1972). Dazu kamen von der ehem. Gemeinde Unterrot die Wohnplätze Honkling und Wildgarten (1972) sowie Nardenheim von der früheren Gemeinde Vordersteinenberg (1977).
Gschwend 2772 Einwohner, 2529 ha, 396 – 564 m NN. (Zahlen einschließlich Honkling, Wildgarten, Nardenheim)

100 Das malerische Gschwend im Welzheimer Wald

Die Gemeinde gehört naturräumlich zum hinteren Welzheimer Wald und liegt dort auf einer relativ spät entstandenen Rodungsinsel. Der Ortsname, ein typischer Rodename, sowie das Fehlen früher Bodenfunde sprechen für eine Entstehung des Ortes in der sog. Rodezeit seit dem 8. Jh. Die großen Waldgebiete der Umgebung werden seit jüngster Zeit auch in der Fremdenverkehrswerbung als Schwäbischer Wald bezeichnet.
1374 gehörte der Ort zum limpurgischen Amt Gaildorf. Weiteren Besitz hatten das Kloster Adelberg und die Reichsstadt Gmünd. Im 16. Jh. wird Gschwend Sitz des sog. Seelacher Gerichts, zu dessen Bezirk der Ort schon 1474 gerechnet wurde. 1806 kam Gschwend zu Württemberg und gehörte bis 1938 zum Oberamt Gaildorf, dann zum Landkreis Backnang. Seit der Kreisreform zum 1.Januar 1973 gehört die Gemeinde zum Ostalbkreis. Erst seit 1758 hat Gschwend eine eigene Pfarrei, von 1777 bis 1827 hatte der berühmte Heinrich Prescher die Pfarrstelle inne. Prescher ist der Verfasser der „Geschichte und Beschreibung der Reichsgrafschaft Limpurg" von 1789/1790.
Der ursprünglich land- und forstwirtschaftlich (Waldbauern) strukturierte Ort bietet heute 982 Arbeitsplätze. Neben den Branchen Holz und Kunststoff hat der Fremdenverkehr

in der Nachkriegszeit eine überragende Bedeutung gewonnen. 1991 zählte der Erholungsort 42 155 Übernachtungen. Grund dafür ist die schöne Landschaft und das hervorragende Klima. Zusätzlich hat die Gemeinde große Anstrengungen unternommen, um für den Fremdenverkehr attraktiv zu werden. Dem Erholungsuchenden stehen heute neben Wanderwegen und Wintersportmöglichkeiten u. a. eine Schwimmhalle, ein Naturbadesee sowie Tennisplätze zur Verfügung.
Lit.: Beschreibung des Oberamts Gaildorf (1852). L. Schumacher, Chronik Gemeinde Gschwend, 1974.
Ortsteil Altersberg 748 Einwohner, 1088 ha, 430–585 m NN.
Altersberg liegt im gleichen Naturraum wie Gschwend und dürfte auch in etwa genau so alt sein. Genannt wird der Ort erstmals als Zubehör der Burg Untergröningen, als 1436 eine Hälfte der Burg an Limpurg verkauft wurde. Bei dieser Herrschaft blieb der Ort bis zum Verkauf an Württemberg 1780/90. Größter Grundbesitzer war bis dahin Kloster Lorch. Altersberg gehörte bis 1938 zum Oberamt Gaildorf, dann zum Landkreis Backnang. Der Ortsteil Horlachen wurde 1623 von Limpurg als Glasersiedlung gegründet, bis 1674 existierte dort eine Glaserei, wie auch in anderen Wohnplätzen der Gemarkung dieses für die großen Waldgebiete typische Gewerbe nachweisbar ist.
Museum: Heimatmuseum im ehem. Rathaus Horlachen.
Ortsteil Frickenhofen 985 Einwohner, 1834 ha, 354–565 m NN.
Der Ort ist namengebend für die Frickenhofer Höhe, auf deren nordwestlichem Ausläufer er liegt. Vom Namen her könnte Frickenhofen noch älter sein als der Hauptort Gschwend. Erstmals erwähnt wird „Frickenhoffen" im Jahre 1293, damals war Kloster Lorch im Ort begütert. Weitere Grundbesitzer waren Limpurg sowie die Reichsstadt Gmünd. Frickenhofen gehörte bis 1807 zum Lorcher Kloster-Oberamt, dann kurz zum Oberamt Gmünd, von 1808 bis 1938 zum Oberamt Gaildorf, danach zum Landkreis Backnang.
Im Ortsteil Mittelbronn eröffnete Württemberg 1596 ein Steinkohlebergwerk, das jedoch nicht lange Bestand hatte.
Aus Frickenhofen stammt der Erbauer des neuen Rathauses in Wien, der Wiener Dombaumeister Friedrich Schmitt (1825–1891).

Heubach

9625 Einwohner, 2580 ha, 460–766 m NN.
Stadt, Unterzentrum.
Die Stadt in ihrer heutigen Form entstand durch Zusammenschluß von Heubach mit Lautern (1971).
Heubach 8323 Einwohner, 1953 ha, 465–766 m NN.
Heubach liegt am Fuß der Schwäbischen Alb im Tal des Klotzbachs. Die Gemarkung hat Anteil an mehreren Naturräumen: Sie reicht vom Nordalbuch über die Rosenstein-Randhöhen bis ins Albuchvorland. Im Stadtgebiet verlaufen die Grenzen von Rehgebirge, Welland und Liasplatten über Rems und Lein.
Von der Gemarkung und besonders aus den Höhlen des Rosensteins sind Funde seit dem Jungpaläolithikum bekannt. Auf dem Hochplateau des Rosensteins finden sich hinter der mittelalterlichen Burg umfangreiche Befestigungsanlagen aus der frühen Bronzezeit, der Urnenfelder- und Hallstattzeit sowie der Latènezeit. Beeindruckend ist der etwa 650 m lange „Wall D", der quer über das Plateau läuft und dessen älteste Teile in die Bronzezeit gehören. Die Wälle auf dem benachbarten Hochberg stammen wohl aus der Hallstattzeit. Aus dem Stadtgebiet selbst gibt es bis jetzt noch keine frühen alamannischen Funde, wohl aber vom Rosenstein. Dieser Umstand

101 Der Marktbrunnen und das historische Rathaus in Heubach

sowie die Namensendung -bach deuten auf eine Entstehung des Ortes in der jüngeren Ausbauzeit seit dem 8. Jh. In den Urkunden wird ein Hainricus de Hobach erstmals 1234 erwähnt, seine Familie nannte sich bis 1423 nach dem Ort. Nach verschiedenen Besitzern – Heubach gehörte zur Herrschaft Lauterburg – kam der Ort 1579 zu Württemberg, das hier ein Amt, im 18. Jh. ein Oberamt einrichtet. Nach dessen Auflösung 1806 gehörte die Stadt zum Oberamt Gmünd, seit 1938 zum Landkreis Schwäbisch Gmünd. Heubach wird bereits 1332 als „Stetlin", 1480 als Stadt genannt. Mit dem ehem. Woellwarthschen Schloß im Stadtgebiet, das 1525 nach der Aufgabe der Burg Rosenstein errichtet wurde, besitzt Heubach ein Baudenkmal von überregionaler Bedeutung. Seit seiner Erbauung blieb das Schloß im Innern praktisch unverändert. Seine Erhaltung und Renovierung bildet eine große Aufgabe für die kleine Stadt.

In Heubach gibt es eine lange Tradition der Leinenweberei, und im 19. Jh. entstehen erste Industriebetriebe. Heute noch ist die Textilbranche wichtigster Arbeitgeber in Heubach, daneben gibt es metallverarbeitende und Baubetriebe. Die Stadt bietet 3116 Arbeitsplätze und verfügt über einen knappen Einpendlerüberschuß. Zahlreiche Freizeiteinrichtungen, ein Flugplatz mit Flugschule und ein Bildungsangebot bis zum Gymnasium machen die Stadt unterhalb des Rosensteins besonders attraktiv.

Museum: Miedermuseum im historischen Rathaus.
Lit.: F. Schenk (Hrsg.), Heubach und die Burg Rosenstein, Geschichte – Tradition – Landschaft, 1984. Franz Keller, Rosensteins Urgeschichte, 1921.

Ortsteil Lautern 1302 Einwohner, 627 ha, 460–520 m NN.
Der Ort liegt im Austritt des Lautertals aus der Schwäbischen Alb und gehört naturräumlich zum Welland. Seinen Namen verdankt er der Lauter, was auch die Form der ersten urkundlichen Erwähnung als „Lutrun", 1346, beweist. Die Ortschaft war wohl zunächst Zubehör der Burg Lauterburg und kam danach in verschiedene Hände, u. a. der von Woellwarth. Seit dem 15. Jh. war das Gmünder Spital der größte Grundherr. Seit 1806 gehört der Ort zu Württemberg, zunächst zum Oberamt Gmünd und bis 1821 zur Gemeinde Mögglingen, seit 1938 zum Landkreis Schwäbisch Gmünd. Der Ort mit einem hohen Auspendlerüberschuß ist heute noch stark landwirtschaftlich strukturiert und ist vor allem durch seine Gärtnereien bekannt.
Lit.: A. Dangelmaier, Köpfe und Käuze aus Lautern, 1957.

Heuchlingen

1646 Einwohner, 904 ha, 387–419 m NN.
Heuchlingen liegt im Tal der Lein und gehört naturräumlich zu den Liasplatten über Rems und Lein. Von der Gemarkung gibt es mittel-

102 Blick auf Heuchlingen

103 Burg Niederalfingen in beherrschender Lage von Hüttlingen

und jungsteinzeitliche Funde. Unmittelbar am Limes befindet sich ein hallstattzeitliches Grabhügelfeld. Der Ort selbst ist einer der verhältnismäßig jungen -ingen Orte, dafür spricht jedenfalls seine Lage außerhalb des Limes und das Fehlen entsprechender Bodenfunde. So wird Heuchlingen wohl eine Gründung der Ausbauzeit nach dem 7. Jh. sein. Um 1240 wird eine Adelsfamilie von „Huchelingen" genannt, die von den Herren von Rechberg beerbt wurden. Seit 1429 war der Ort ellwangisches Lehen der von Rechberg, deren Heuchlinger Linie 1585 erlosch. Ellwangen zog 1590 das Lehen ein und kaufte 1609 das Schloß. Seither war es Sitz eines Oberamtmanns für das Amt Heuchlingen. Der Ort kam 1802 an Württemberg und gehörte seither zum Oberamt Aalen, seit 1938 zum Landkreis Aalen.

Heute ist der Ort eine Pendlerwohngemeinde mit 241 Arbeitsplätzen und 544 Auspendlern. Noch 1977 wurden 82 landwirtschaftliche Betriebe gezählt, 1991 waren es noch 37, von denen 6 im Vollerwerb bewirtschaftet werden.

Von der mittelalterlichen Burg ist heute nur noch ein Steingebäude, die Ringmauer und der Burggraben erhalten.
Lit.: M. Pawlita (Hrsg.), Heuchlingen, ein Heimatbüchlein..., 1986.

Hüttlingen

5311 Einwohner, 1870 ha, 410–503 m NN. Das Dorf liegt im Kochertal und gehört naturräumlich zu den Goldshöfer Terrassenplatten. Am Übergang des rätischen Limes über das Kochertal haben sich schon früh alamannische Siedler niedergelassen. Nach Aussage von Reihengräbern bestand der Ort damals aus 2 oder 3 Gehöften und wurde um die Mitte des 7. Jh. gegründet. In der Namensform der ersten urkundlichen Erwähnung von 1024, Hutlinga, erkennt die Sprachforschung den Gründernamen Hutilo. Damals wird der Ort als Grenzpunkt des Virngrundes genannt. Hüttlingen war Zubehör der Herrschaft Niederalfingen und kam 1806 zu Württemberg, zunächst zum Oberamt Ellwangen, aber schon 1810 zum Aalener Oberamt. Seit 1938 gehörte der Ort zum Landkreis Aalen.
Im Teilort Niederalfingen erbaute Veit Mauser für die Grafen Fugger 1575–1577 auf älteren Grundlagen eine Ritterburg, die den romantischen Vorstellungen der Zeit von einer mittelalterlichen Burg entspricht. Die Burg wurde 1840 von Württemberg erworben und 1858 für den Bau eines neuen Walzwerkes und eines Gießereigebäudes im Hüttenwerk Wasseralfingen als Steinbruch genützt, dieser Aktion fielen die Wohngebäude der Anlage zum Opfer. Heute wird die „Marienburg" vom Bund Neudeutschland als Tagungsstätte und Schullandheim genutzt.
Museen: Heimatmuseum im historischen Vogteigebäude in Niederalfingen. Limesanlage an der B 19 in Hüttlingen.
Hüttlingen ist heute eine Pendlerwohngemeinde (2120 Auspendler) mit 733 Arbeitsplätzen im Ort und einer immer noch starken landwirtschaftlichen Komponente. Von den 83 landwirtschaftlichen Betrieben werden noch 43 im Vollerwerb geführt.
Lit.: A. Schenk, 950 Jahre Hüttlingen, 1974.

Iggingen

1999 Einwohner, 1143 ha, 428–490 m NN. Iggingen liegt auf der Hochfläche der Liasplatten über Rems und Lein oberhalb des Remstales. Für eine Zugehörigkeit zur ältesten Siedlungsschicht der -ingen Orte gibt es bisher keinen Beweis. Der Ort wird sehr früh urkundlich erwähnt. „Vcchinga" gehört damals, 855, zum Drachgau und war z. T im Besitz des Klosters Lorch. Der im 13. und 14. Jh. nachgewiesene Ortsadel hatte seine Burg, von der sich keine Spuren erhalten haben, wahrscheinlich in der Flur Schloßäcker. Außer dem Kloster Lorch war vor allem die Reichsstadt Gmünd begütert, die nach und nach zum größten Grundbesitzer in Iggingen wurde. Mit der Reformation kamen die Lorcher Güter an Württemberg, der württembergische Teil gehörte seither zum Klosteramt Lorch. 1803 kam die Gemeinde zu Württemberg und war bis 1938 im Oberamt, dann im Landkreis Schwäbisch Gmünd.
Iggingen ist heute eine Pendlerwohngemeinde mit starker landwirtschaftlicher Komponente. Von den 67 landwirtschaftlichen Betrieben werden aber nur noch 13 im Vollerwerb geführt. Der Ort bietet 334 Arbeitsplätze, wichtigste Branchen sind die Metall- und Holzverarbeitung.
Lit.: J. Breyer, Iggingen, Vergangenheit in Bildern, 1984.

Wissenswertes aus den Städten und Gemeinden

104 Pfarrkirche St. Martin in Iggingen

Jagstzell

2365 Einwohner, 3797 ha, 409–516 m NN. Der Ort liegt im Jagsttal und gehört zum Naturraum der Ellwanger Berge. Auf ellwangischem Gebiet, im alten Bannforst, dem Virngrund, gründete ein Ellwanger Abt die „cella sancti Viti", so jedenfalls wird das kleine Frauenkloster 1170 erstmals genannt. Als typischer -zell Ort liegt die Entstehung des Dorfes wohl im 10. Jh. Im 14. Jh. bestand eine ellwangische Propstei, die ab 1399 zum sog. Kelleramt gehörte. In einem Drittel des Ortes übte zunächst Brandenburg-Ansbach, dann ab 1796 sein Rechtsnachfolger Preußen die Landeshoheit aus. Der preußische Teil kam 1806 an Bayern und erst 1810 zu Württemberg, der größere ellwangische Teil zusammen mit der Fürstpropstei bereits 1802. Jagstzell ist heute überwiegend eine Pendler-

105 Blick auf Jagstzell mit der Pfarrkirche St. Veit

wohngemeinde mit 800 Auspendlern. Am Ort selbst gibt es 312 Arbeitsplätze in der Holz- und Metallverarbeitung. Von den 55 landwirtschaftlichen Betrieben werden noch 15 im Vollerwerb geführt. Auf der besonders waldreichen Gemarkung gibt es gute Wandermöglichkeiten. Bekannt sind vor allem die Badeseen der Gemeinde.
Lit.: W. Herrmann, Gemeinde Jagstzell. H. Häfele, 850 Jahre Dankoltsweiler, 1987.

Kirchheim am Ries

1819 Einwohner, 2105 ha, 440–619 m NN. Die Gemeinde in ihrer heutigen Form entstand durch Zusammenschluß von Kirchheim mit Benzenzimmern (1972) und Dirgenheim (1973).
Kirchheim 1298 Einwohner, 1379 ha, 450–619 m NN.
Kirchheim liegt im Naturraum der westlichen Riesvorhöhen, die zum Vorland der östlichen Schwäbischen Alb gehören. Das Ries und seine Randgebiete sind die fruchtbarsten und siedlungsgünstigsten Teilräume im Landkreis. So überrascht es nicht, daß von der Gemarkung Kirchheim Bodenfunde aus fast allen vorgeschichtlichen Epochen seit der Jungsteinzeit vorliegen. Besondere Erwähnung verdienen die spätkeltische Viereckschanze beim Weiler Jagstheim, die besterhaltene ihrer Art im Ostalbkreis, sowie mehrere römische Gutshöfe. Der Ort selbst ist eine frühe alamannische Gründung und entstand nach Aussage des großen Reihengräberfeldes in der ersten Hälfte des 6. Jh. Er muß damals noch einen anderen Namen getragen haben und später nach dem Bau einer frühen Kirche im 7. Jh. nach dieser umbenannt worden sein. Kirchheim hat zwei Siedlungskerne, die im Mittelalter zusammengewachsen sind. Einer der Ortsteile wird 1153 als Chirchein erstmals urkundlich erwähnt. Ortsadel ist für das 12. und 13. Jh. nachgewiesen. 1267 gründete Graf Ludwig VI. von Oettingen hier ein exemtes Zisterzienserinnenkloster, das bis 1805 bestand und zum größten Teil noch erhalten ist. Die Klosterkirche von 1358 ist ein hochgotischer Bau mit dem für die Zisterzienser typischen Dachreiter, die später barockisiert wurde. Das schon anfangs reich ausgestattete Kloster entwickelte sich zum größten Grundbesitzer der Umgebung.
Kirchheim kam 1806 zunächst an Bayern, 1810 an Württemberg und gehörte dann zum Oberamt Neresheim, seit 1938 zum Landkreis Aalen. Sehenswert ist auch die frühgotische St.-Martins-Kirche im unteren Dorf, hier bildet ein römischer Weihestein die Basis für den Altar.
Museum: Funde aus dem Reihengräberfeld im Museum in der Alamannenschule.
Kirchheim ist auch heute noch eine ländlich strukturierte Gemeinde mit 54 Bauernhöfen. 19 der landwirtschaftlichen Betriebe werden im Vollerwerb geführt. Daneben bietet der Ort 263 Arbeitsplätze (Gesamtgemeinde) in Gewerbebetrieben, 90 Einpendlern stehen 281 Auspendler gegenüber.
Lit.: K. Köhnlein (Hrsg.), Gemeinde Kirchheim am Ries. C. Neuffer-Müller, Der alamannische Adelsbestattungsplatz und die Reihengräberfriedhöfe von Kirchheim am Ries, Forschungen und Berichte zur Vor- und Frühgeschichte in Baden-Württemberg, 15, 1983.
Ortsteil Benzenzimmern 219 Einwohner, 384 ha, 440–494 m NN.
Benzenzimmern liegt auf den westlichen Riesrandhügeln. Für die Besiedlungsgeschichte der Gemarkung gilt das bei Kirchheim gesagte. Das kleine Dorf, dessen Entstehung wohl in der jüngeren Ausbauzeit zu suchen ist, taucht erstmals 1197 in den Urkunden auf. 1481 kaufte Kloster Kirchheim das ganze Dorf, das 1802 zu Oettingen, 1806 zu Bayern und 1810 zu Württemberg kam. Benzenzim-

mern gehörte zunächst bis 1820 zu Zipplingen und war dann selbständige Gemeinde im Oberamt Ellwangen, seit 1938 im Landkreis Aalen.

Von den 18 landwirtschaftlichen Betrieben im Ort werden noch 5 im Vollerwerb bewirtschaftet.

Ortsteil Dirgenheim 302 Einwohner, 341 ha, 462–520 m NN.

Der Ort gehört naturräumlich zu den westlichen Riesvorhöhen und ist eine alte alamannische Gründung, 2 Stellen der Gemarkung erbrachten Spuren von Reihengräberfeldern. 1270 wird „Durengenhain" erstmals urkundlich erwähnt, und für das 13. und 14. Jh. ist ein Ortsadel nachweisbar. Nach der Reformation und durch weitere Ankäufe besaß Oettingen den größten Teil des Ortes, die Reichsstadt Bopfingen den Rest. Dirgenheim kam zunächst 1806 zu Bayern und 1810 zu Württemberg. Der Ort gehörte bis 1842 zu Kerkingen und war danach selbständige Gemeinde im Oberamt Neresheim, seit 1938 im Landkreis Aalen.

Dirgenheim ist heute eine Pendlerwohngemeinde. Nur 6 der 22 landwirtschaftlichen Betriebe werden noch im Vollerwerb geführt.

Lauchheim

3806 Einwohner, 4096 ha, 490–670 m NN. Stadt, Kleinzentrum.

Die Stadt entstand in ihrer heutigen Form durch Zusammenschluß von Lauchheim mit Hülen (1974) und Röttingen (1975).

Lauchheim 2685 Einwohner, 1752 ha, 490–520 m NN.

Lauchheim liegt am Fuß der Schwäbischen Alb und gehört naturräumlich zum Hügelland von Baldern. Durch das Tal der oberen Jagst am Albtrauf entlang führt ein alter, von der Natur vorgezeichneter Verkehrsweg. Von der Gemarkung stammen Funde fast aller vorgeschichtlicher Epochen seit der Mittelsteinzeit. Die beiden bedeutendsten Fundstellen liegen westlich von Lauchheim: In der Flur Wasserfurche wird seit 1986 ein großes alamannisches Gräberfeld ausgegraben, bis 1990 konnte das Landesdenkmalamt 576 Gräber freilegen. Ihre Gesamtzahl wird auf 1500 Bestattungen geschätzt. Unterhalb des Gräberfeldes fand sich die zugehörige Siedlung in der Flur Mittelhofen, die wie der Friedhof im 6. Jh. beginnt. Die Gründe, warum die Siedlung Mittelhofen im Mittelalter aufgegeben wurde, sowie ihr Verhältnis zu dem wenig entfernten Lauchheim konnten bisher nicht erkannt werden. Der Ort Lauchheim taucht erstmals 1248 als „Lauchheim" in den Urkunden auf, der Ortsname ist wohl auf louch (= Grenze) zurückzuführen. Lauchheim war Besitz der Herren von Gromberg, von deren Burg noch die Erdwerke erhalten sind. Von den von Gromberg kam Lauchheim im 14. Jh. zum Deutschen Orden und war seither Hauptort der Kommende Kapfenburg. 1431 erhielt Lauchheim das Stadtrecht. Im Dreißigjährigen Krieg brannte die Stadt fast vollkommen ab.

Seit 1658 gab es eine jüdische Gemeinde in der Stadt, die seit 1668 auch eine Synagoge hatte, die 1743 abbrannte. Der Neubau von 1768 wurde 1965 abgebrochen. Im 19. Jh. erreichte die jüdische Gemeinde mit 143 Mitgliedern ihren höchsten Stand.

Lauchheim kam mit der Kapfenburg 1806 zu Württemberg und gehörte bis 1938 zum Oberamt Ellwangen und dann zum Landkreis Aalen.

Museen: Städtische Sammlung im Torturm. Schloßmuseum Kapfenburg.

Die Stadt Lauchheim bietet heute 790 Arbeitsplätze, die wichtigsten Branchen sind die Holzverarbeitung und der Metallbereich. Den 761 Auspendlern stehen nur 285 Einpendler gegenüber. Die Landwirtschaft hat mit 26 Be-

Lauchheim, -Hülen

106 Der Rathausplatz in Lauchheim

trieben, davon 6 Vollerwerbsbetriebe, nur noch eine geringe Bedeutung.
Lit.: A. Gerlach, Chronik von Lauchheim, 1907.
Stadtteil Hülen 449 Einwohner, 340 ha, 600 – 670 m NN.
Hülen liegt am Rand der Hochfläche des nordwestlichen Härtsfeldes und entstand wohl als Burgweiler der Kapfenburg, zu der Hülen auch bis zum Übergang an Württemberg 1806 gehörte. Erst 1823 wird die Gemeinde selbständig, vorher zählte sie zu Waldhausen. Zuständiges Oberamt war Neresheim. Seit 1938 gehörte Hülen zum Landkreis Aalen.
Kapfenburg: „Das großartige Schloß blickt schön und gebieterisch von einer am Nordrand des Herdtfeldes frei vortretenden waldigen, gegen Osten und Norden felsigen Bergkuppe in den gesegneten Jagstgrund hinab und beherrscht die Gegend bis ins Gaildorf'sche, Limpurg'sche und Ellwangen'sche hinein." Dieser Schilderung der Lage aus der Oberamtsbeschreibung Neresheim von 1872 ist nichts mehr hinzuzufügen.
An der Stelle der Kapfenburg wird bereits für das 7. Jh. aufgrund überaus reicher Bestattungen im Gräberfeld Wasserfurche ein fränkischer Adelssitz angenommen. Die Burg wird erstmals 1240 urkundlich genannt und kam von den Grafen von Oettingen 1364 an den Deutschen Ritterorden. Seither war hier der Mittelpunkt der Besitzungen des Ordens in der Umgebung, seit 1384 Sitz eines Komturs der Ballei Franken. 1806 kommt das Schloß zu

Württemberg und war eine Zeitlang Residenz des Prinzen Paul von Württemberg. Heute befindet sich das Schloß im Besitz des Landes und ist im Innern teilweise renoviert. Trotz vieler Vorschläge gelang es bisher nicht, für die eindrucksvolle Anlage eine entsprechende Nutzung zu finden.
Lit.: Oberfinanzdirektion Stuttgart (Hrsg.), Die Kapfenburg, Vom Adelssitz zum Deutschordensschloß, Ausstellungskatalog anläßlich des 800jährigen Bestehens des Deutschen Ordens.
Stadtteil Röttingen 672 Einwohner, 1332 ha, 550–600 m NN.
Der Ort liegt auf der Röttinger Höhe und gehört naturräumlich zum Hügelland von Baldern. Im Ortsnamen ist der Gründer namens Roto noch zu erkennen und die Endung auf -ingen spricht in dieser Lage für eine alte alamannische Gründung. So erwähnt auch schon die Oberamtsbeschreibung Neresheim von 1872 in Röttingen gefundene Reihengräber. Im 12. Jh. wird das Dorf als „Rodingen" erstmals genannt, ist aber sicher älter, was auch die Reste von 3 Burgställen bestätigen. Von mehreren Grundherren kam der Ort seit dem 16. Jh. an die Grafen von Oettingen und mit den Besitzungen der Oettingen-Wallerstein 1806 an Bayern. Seit 1810 gehört Röttingen als selbständige Gemeinde zum württembergischen Oberamt Neresheim, dann seit 1938 zum Landkreis Aalen. Heute ist Röttingen eine Pendlerwohngemeinde. Von den 44 landwirtschaftlichen Betrieben werden nur noch 2 im Vollerwerb bewirtschaftet.
Lit.: E. Hafner (Hrsg.), 750 Jahre Röttingen, 1989.

Leinzell

2305 Einwohner, 210 ha, 400–460 m NN. Kleinzentrum.
Der Ort liegt im Leintal und gehört natur-

107 Schloß Leinzell

räumlich zu den Liasplatten über Rems und Lein. Der Ortsname deutet auf eine Gründung von Ellwangen aus im 10. Jh. hin. In den Urkunden taucht der Ort erstmals 1259 als „Cella", später als Zell an der Lein, auf. Die Burg am Ort war ellwangisches Lehen und kam nach verschiedenen Besitzern 1634 an die Familie von Lang, der auch das Dorf gehörte. Die Familie erbaute im 17. Jh. anstelle der alten Burg ein Schloß im Spätrenaissancestil, das bis vor wenigen Jahren noch im Familienbesitz war und bis heute eindrucksvoll das Ortsbild beherrscht. Im 18. Jh. siedelte die Herrschaft sog. Freileute an, die sich mangels anderer Erwerbsmöglichkeiten vor allem als Hausierer und Kesselflicker betätigten. Die große Armut führte im 19. Jh. zu einer starken Auswanderung nach Amerika, die vom württembergischen Staat unterstützt wurde. Durch die Aufnahme von Heimatvertriebenen und die Förderung von Industrieansiedlung entwickelte sich der Ort seit der Nachkriegszeit sehr gut und bietet heute 566 Arbeitsplätze vor allem in den Bereichen Metall und Bekleidung. Mit 351 Einpendlern und 738 Auspendlern verzeichnet Leinzell trotzdem noch einen Auspendlerüberschuß. Auch das Bildungsangebot mit einer Realschule sowie die umfangreichen Freizeitmöglichkeiten sind für den als Kleinzentrum ausgewiesenen Ort als überdurchschnittlich zu bezeichnen. Die insgesamt noch 18 landwirtschaftlichen Betriebe werden alle im Nebenerwerb bewirtschaftet.

Lit.: O. Dreher, An der stillen Lein. Heimatbuch für Leinzell und Umgebung, 1960.

Lorch

10592 Einwohner, 3429 ha, 265 – 477 m NN. Stadt, Kleinzentrum.
Die heutige Stadt entstand 1972 durch den Zusammenschluß von Lorch und Waldhausen.
Lorch 6818 Einwohner, 2351 ha, 275 – 465 m NN.
Die Stadt liegt im oberen Remstal, das naturräumlich zum Welzheimer Wald gehört. Das Remstal ist seit jeher eine wichtige Ost-West-Verbindung. Aus diesem Grund erbauten hier bereits die Römer um das Jahr 150 n. Chr. ein 2,47 ha großes Kohortenkastell, das gleichzeitig die Remstalstraße und den obergermanischen Limes überwachte. Bis 260 n. Chr. bestand das Militärlager und eine sicher umfangreiche Zivilsiedlung an der Stelle des heutigen Stadtgebiets. Eine Siedlungskontinuität in die alamannische Zeit ist zwar anzunehmen, konnte aber bisher nicht bewiesen werden. Der wahrscheinlich aus dem Keltischen stammende Ortsname deutet aber ebenfalls auf eine Siedlungstradition hin. Als „Loricha" wird der Ort 1102 erstmals erwähnt, 1265 aber schon in seiner heutigen Form. Lorch ist seit dem frühen 11. Jh. staufischer Besitz. An der Stelle des heutigen Klosters wird eine alte Stauferburg vermutet. Schon vor 1102 wurde das Kloster von Herzog Friedrich von Schwaben gegründet und die Vogtei darüber blieb zunächst bei der Stifterfamilie. 1291 kam die Vogtei an die Grafen von Württemberg, die von 1373 bis zur Reformation diese Funktion ausübten. Von 1535 bis 1806 bestand ein sog. Kloster-Oberamt, das mit den Unterämtern Lorch, Pfahlbronn und Täferrot den Besitz der früheren Abtei verwaltete und zum württembergischen Kirchengut gehörte. 1807 kommen Kloster und Stadt zum Oberamt Welzheim, 1938 zum Landkreis Schwäbisch Gmünd. Lorch, das immer zum Kloster gehörte, wurde erst 1865 zur Stadt erhoben.
Das Kloster steht beherrschend über dem Remstal. Die Klosterkirche aus der ersten Hälfte des 12. Jh. ist „ein Hauptdenkmal der Stauferzeit in Schwaben" (H.Baumhauer).
Ebenfalls sehenswert sind die sehr alte Pfarrkirche St. Maria im ehem. römischen Kastellgelände sowie die Fachwerkhäuser der Altstadt.
Museen: Heimat- und Klostermuseum im Kloster. Rekonstruierter Limeswachturm beim Kloster.
Mit der Fertigstellung der Eisenbahn 1861 beginnt zunächst eine bescheidene Industrialisierung vor allem nach dem Jahr 1900. Heute bietet der Industriestandort Lorch 3255 Arbeitsplätze in 234 Arbeitsstätten in den verschiedensten Branchen. Die Zahl der Einpendler (Gesamtgemeinde) übersteigt sogar mit 1542 die Zahl der Auspendler mit 1249. Auch die Landwirtschaft ist noch mit 73 Betrieben, davon 25 Vollerwerbsbetrieben, vertreten. Lorch verfügt über ein gutes Bildungsangebot, das nach oben von einem Progymnasium abgerundet wird.
Lit.: Lorch, Beiträge zur Geschichte von Stadt und Kloster, 1990, hrsg. von der Stadt Lorch.
Stadtteil Waldhausen 3774 Einwohner, 1078 ha, 265 – 477 m NN.
Die Gemeinde liegt im mittleren Remstal und

108 Lorch, Ortsmitte

gehört naturräumlich wie der Hauptort zum Welzheimer Wald. Der Ortsname (= die Häuser im Wald) deutet auf eine Entstehung in der älteren Ausbauzeit seit der Mitte des 7. Jh. hin. 1150 wird „Walthusen" erstmals urkundlich erwähnt. Nach der abgegangenen Burg auf dem Elisabethenberg nannte sich eine staufische Ministerialenfamilie. Die Burg und Waldhausen als Zubehör kommen bereits 1246 zu Württemberg und gehörten fortan zum Unteramt Plüderhausen im Amt Schorndorf. 1807 wurde Waldhausen dem Oberamt Welzheim zugeteilt, seit 1819 als selbständige Gemeinde. Seit 1938 gehörte der Ort zum Landkreis Schwäbisch Gmünd.

Heute bietet Waldhausen 987 Arbeitsplätze in 111 Arbeitsstätten. Von den 59 landwirtschaftlichen Betrieben werden noch 6 im Vollerwerb bewirtschaftet.
Lit.: Lorch-Waldhausen, 800 Jahre Waldhausen, 1981.

Mögglingen

3523 Einwohner, 1027 ha, 409–420 m NN.
Mögglingen liegt im Remstal und gehört naturräumlich zu den Liasplatten über Rems und Lein. Seine Lage im Altsiedelland und seine Namensendung deuten auf eine frühe alamannische Gründung hin. Bestätigende Reihen-

109 Das stattliche Pfarrhaus in Mögglingen

gräberfunde fehlen allerdings bislang. Der Ort taucht erstmals um 1140/1150 als „Mekkelingin" in den Urkunden auf. Ortsadel ist für das 13. Jh. bezeugt. Als Sitz ist wohl der 1991 eingeebnete Burgstall südlich der Kirche anzunehmen. Der Ort war im wesentlichen im Besitz Gmünder Patrizierfamilien und Klöster, weiterer Grundherr war unter anderen Württemberg. Die Gmünder Anteile fielen 1802/03 an Württemberg und gehörten zum Oberamt Gmünd. Ein Teil des Ortes gehörte zum Kloster Anhausen und bis 1807 zum gleichnamigen Klosteramt. 1938 kam Mögglingen zum Landkreis Schwäbisch Gmünd.

Museum: Museum historischer und aerodynamischer Fahrzeuge.
Heute bietet der Ort 845 Arbeitsplätze, verteilt auf 132 Arbeitsstätten. Hauptsächliche Branchen sind die Metall-, Holz- und Kunststoffverarbeitung sowie der Lebensmittelgroßhandel. Die Zahl der Auspendler übersteigt mit 1373 weit die Zahl der 408 Einpendler. Im Ort gibt es einschließlich der Gärtnereien noch 47 landwirtschaftliche Betriebe. Im engeren landwirtschaftlichen Bereich werden noch 15 Betriebe im Vollerwerb geführt.

Mutlangen

5116 Einwohner, 878 ha, 342 – 504 m NN. Kleinzentrum.
Der Ort liegt am Rand der Welzheim-Alfdorfer Platten oberhalb des Remstales. Der Ortsname ist nicht mit Sicherheit einzuordnen, Mutlangen ist wohl eine Gründung der Ausbauzeit. 1293 taucht der Ort erstmals in den Urkunden auf. Zunächst war Mutlangen staufischer Besitz, der danach zu den Herren von Rechberg kam. Sie verpfändeten den Ort an die Reichsstadt Gmünd, die nach und nach die Alleinherrschaft erwarb. Mutlangen kam mit Gmünd 1802/03 zu Württemberg und gehörte von 1807 bis um 1820 zur Schultheißerei Lindach. Danach war der Ort selbständige Gemeinde im Oberamt Gmünd, seit 1938 im Landkreis Schwäbisch Gmünd.
Durch die „Mutlanger Heide" erlangte das Dorf in den achtziger Jahren bundesweite Bekanntheit. Der ehem. Feldflugplatz aus dem Zweiten Weltkrieg wurde 1953 von den Amerikanern befestigt und im Rahmen der Nachrüstung Anfang der achtziger Jahre zur Atomraketenbasis ausgebaut. Bis zum Abzug 1990 waren hier Pershing II Raketen stationiert und die Mutlanger Heide wurde damit zu einem der zentralen Schauplätze der Friedensbewegungen.

Die Gemeinde Mutlangen verfügt heute über eine gute Infrastruktur. Im Ort stehen 1962 Arbeitsplätze zur Verfügung, und die Zahl der Auspendler ist mit 1882 nur geringfügig höher als die der Einpendler mit 1769. Von den 54 landwirtschaftlichen Betrieben werden noch 7 im Vollerwerb geführt.
Lit.: M.Laduch u.a., Mutlanger Heide, ein Ort macht Geschichte, 1990.

Neresheim

7655 Einwohner, 11855 ha, 480-664 m NN. Stadt, Unterzentrum.
Die heutige Stadt entstand durch Zusammenschluß von Neresheim mit Dorfmerkingen (1972), Elchingen (1972), Kösingen (1971), Ohmenheim (1975) und Schweindorf (1971).
Lit.: O.Engelhardt, Neresheim und das Härtsfeld, 2. Aufl. 1988.
Neresheim 3311 Einwohner, 2397 ha, 503 m NN.
Neresheim liegt am Ursprung der Egau und gehört naturräumlich zum inneren Härtsfeld. Die Gemarkung ist altes Siedlungsland, was fast 40 vorgeschichtliche Grabhügel in den Wäldern beweisen. Der Ort selbst ist eine alamannische Gründung, nach Aussage des Reihengräberfeldes „Krautgärten" bereits aus der Mitte des 5. Jh. Damals bestand Neresheim aus wahrscheinlich 3 Gehöften, die sich im Laufe der Zeit zum Dorf entwickelten. In den Urkunden taucht „Noeresheim" im Jahr 1095 auf, bereits 1298 wird von einem „oppidum" (Stadt) gesprochen. Oberhalb der Stadt, an der Stelle des heutigen Klosters, war zunächst eine Burg der Grafen von Dillingen, die dort 1095 ein Kloster gründeten, das seit 1106 von Benediktinern geleitet wurde. Die Klostervogtei kam 1250 durch Verpfändung an die Grafen von Oettingen, denen auch die Grundherrschaft über die Stadt zustand. Neresheim kam 1806 zunächst zu Bayern und erst 1810 zu Württemberg. Von 1811 bis 1938 war die kleine Stadt Sitz des württembergischen Oberamtes Neresheim, aus dieser Zeit stammt auch die Bezeichnung „Schwäbisch Sibirien" für die Gegend um Neresheim. Seit 1938 gehörte die Stadt zum Landkreis Aalen. Die Stadt wird überragt von der beeindruckenden Silhouette des Klosters auf dem Ulrichsberg, das seit 1920 wieder von Benediktinern geleitet wird. Die Klosterkirche St. Ulrich und Afra ist eine der schönsten Barockkirchen in Europa. Sie wurde 1792 eingeweiht. Am Bau und Innenausstattung waren drei der damals berühmtesten Künstler beteiligt: Die spätbarocke Architektur ist das Hauptwerk des Würzburger Hofbaumeisters Balthasar Neumann. Vom Mailänder Akademiedirektor Martin Knoller stammen die überaus qualitätvollen Kuppelfresken. Die bereits klassizistische Innenausstattung, die der Kirche ein sehr eigenes Gepräge gibt, wurde von Thomas Schaithauf entworfen und ausgeführt.
Museen: Härtsfeld-Heimatmuseum und Härtsfeldbahn-Museum. Von 1900 bis 1972 war die Härtsfeldbahn von Aalen nach Neresheim und weiter nach Dillingen die Lebensader der vorher im Verkehrsschatten liegenden Landschaft. Das Museum läßt die Zeit der „Härtsfeldschättere", wie die Bahn im Volksmund hieß, wieder lebendig werden.
Heute ist die Stadt das Zentrum des Härtsfeldes und bietet 1825 Arbeitsplätze in 125 Arbeitsstätten. Sei 1950 wurde planmäßig Industrie angesiedelt, die heute auch von der Nähe zur neuen Autobahn profitiert. Die wichtigsten Branchen sind das Baugewerbe, verarbeitende Betriebe und der Handel. Trotzdem hat Neresheim immer noch einen hohen Auspendlerüberschuß (1554 Aus-, 441 Einpendler in der Gesamtstadt) zu verzeichnen. Die Landwirtschaft hat mit 53 Betrieben auch im Hauptort noch eine starke Bedeutung. Als

Neresheim 351

110 Der Kirchplatz in Neresheim

staatlich anerkannter Erholungsort setzt Neresheim heute vor allem auf den Fremdenverkehr, der mit 30 000 Übernachtungen als Wirtschaftsfaktor immer mehr an Bedeutung gewinnt.
Lit.: M. Kneer, E. Ebentheuer, Neresheim, 1350-1950, 1950. H. Tüchle, P. Weißenberger OSB (Hrsg.), Die Abteikirche Neresheim, 1975.
Stadtteil Dorfmerkingen 1056 Einwohner, 2345 ha, 577 m NN.
Der Ort liegt in einem Nebental des Dossinger Tales und gehört naturräumlich zum inneren Härtsfeld. Von der Gemarkung gibt es Funde von der Bronzezeit bis in die Römerzeit, an der Stelle des heutigen Schloßhofes war im 2./3. Jh. ein römischer Gutshof. Dorfmerkingen ist eine frühe Gründung der Landnahmezeit, das Ortsgräberfeld beginnt im 6. Jh. In der Namensform der ersten urkundlichen Erwähnung als „Merckingen" 1144 wird der Name des Ortsgründers erkannt: Marko. Von Weilermerkingen wird der größere Ort erst 1298 unterschieden. Im Ort waren verschiedene Herrschaften begütert, zunächst ist auch ein Ortsadel nachgewiesen. Die Landeshoheit lag aber immer bei Oettingen. Dorfmerkingen kam 1806 zunächst zu

Bayern, 1810 zu Württemberg und gehörte bis 1938 zum Oberamt Neresheim, dann zum Landkreis Aalen.

Heute ist der Ort mit 60 Betrieben noch stark landwirtschaftlich geprägt. Die 197 Arbeitsplätze in Dorfmerkingen verteilen sich auf das verarbeitende Gewerbe und die Gastronomie.

Stadtteil Elchingen 1393 Einwohner, 2256 ha, 612 m NN.

Elchingen gehört naturräumlich zum inneren Härtsfeld und liegt wie Neresheim auf sehr früh besiedeltem Land. Mehrere vorgeschichtliche Grabhügel, eine Römerstraße und mindestens 2 römische Gutshöfe sind von der Gemarkung bekannt. Vom Ortsnamen her könnte Elchingen zur ältesten Siedlungsschicht gehören, und tatsächlich wurde auch schon ein alamannischer Sax beim Ort gefunden. In den Urkunden taucht „Alchingen" 1144 auf. Der Ort kam mit der Zeit ganz zu Kloster Neresheim, mit dem es 1803 an die Herrschaft Thurn und Taxis fiel, 1806 aber zu Bayern kam. Seit 1810 gehört der Ort zu Württemberg und war bis 1938 im Oberamt Neresheim, dann im Landkreis Aalen.

Heute ist Elchingen vor allem für seinen Flugplatz bekannt.

Stadtteil Kösingen 567 Einwohner, 1335 ha, 584 m NN.

Kösingen liegt nahe der Landesgrenze und gehört naturräumlich zum nordöstlichen Härtsfeld. Auf der Gemarkung gibt es vorgeschichtliche Grabhügel und eine spätkeltische Viereckschanze. An der Römerstraße ist bis jetzt nur ein Gutshof bekannt, weitere sind aber zu vermuten. Nach dem Reihengräberfeld auf den „Schloßäckern" ist der Ort eine Gründung aus der Mitte des 6. Jh. und bestand damals aus 3 Einzelhöfen, die sich später zum Dorf entwickelt haben. Erstmals erwähnt wird „Kesingen" im 9. Jh. in Zusammenhang mit Besitzungen des Klosters Fulda, die später Lehen der von Oettingen waren. Die Dorfherrschaft lag immer bei den Herren von Oettingen, daneben war unter anderen Kloster Neresheim begütert. Kösingen kam 1806 zu Bayern und durch den Staatsvertrag 1810 zu Württemberg. Der Ort gehörte dann bis 1938 zum Oberamt Neresheim, seither zum Landkreis Aalen.

Heute gibt es in Kösingen noch 49 landwirtschaftliche Betriebe sowie 57 Arbeitsplätze. Größter Arbeitgeber ist das Baugewerbe.

Lit.: M. Knaut, Neresheim – Kösingen – Bopfingen, neue Forschungen zur alamannischen Besiedlung der Ostalb, Rieser Kulturtage VI/I, 1986, 130 ff.

Stadtteil Ohmenheim 1027 Einwohner, 2217 ha, 594 m NN.

Ohmenheim liegt auf dem inneren Härtsfeld auf alt besiedeltem Land. Entsprechend liegen auf der Gemarkung eine große Zahl vorgeschichtlicher Grabhügel. An der Römerstraße von Faimingen nach Oberdorf entstanden spätestens im 2. Jh. mindestens 5 römische Gutshöfe. Der Ortsname mit der Endung -heim, die Lage des Ortes und eine Nachricht aus der Oberamtsbeschreibung über Reihengräberfunde in der Flur „Raistenbühl" lassen eine alte alamannische Gründung vermuten. 1144 wird „Ummenheim" erstmals urkundlich erwähnt. Von verschiedenen Besitzern kam der Ort im Laufe der Zeit fast ganz zum Kloster Neresheim, dessen Besitz von Oettingen 1764 erworben wurde. Ohmenheim kam 1806 zunächst zu Bayern, 1810 zu Württemberg und gehörte bis 1938 zum Oberamt Neresheim, dann zum Landkreis Aalen.

In Dehlingen liegt der „heilspendende" Ulrichsbrunnen, angeblich von Bischof Ulrich von Augsburg (890–973) persönlich geweiht.

Heute gibt es in Ohmenheim noch 56 landwirtschaftliche Betriebe (1971: 75 Betriebe) und insgesamt 125 Arbeitsplätze im Ort, vorwiegend in den Bereichen verarbeitendes Gewerbe und Dienstleistungen.

Stadtteil Schweindorf 301 Einwohner, 1305 ha, 615 m NN.
Schweindorf liegt auf dem nordöstlichen Härtsfeld und ist vom Ortsnamen her etwas jünger als seine Nachbargemeinden. Orte mit der Namensendung -dorf werden allgemein der älteren Ausbauzeit zugerechnet, der Ortsname wird mit swein = junger Bursche erklärt. Im Jahr 1297 wird „Swaindorf" erstmals erwähnt. Es gehörte seit dem beginnenden 16. Jh. z. T. Nördlinger Bürgern, z. T. dem dortigen Spital. Schweindorf kam 1802 zu Bayern und 1810 zu Württemberg und gehörte bis 1938 zum Oberamt Neresheim, dann zum Landkreis Aalen.

Mit 49 Betrieben ist der kleine Ort auch heute noch stark landwirtschaftlich geprägt.
Lit.: G. Stöwer (Hrsg.), Schweindorfer Heimatbuch, 1984.

Neuler

2698 Einwohner, 3627 ha, 379–569 m NN.
Der Ort liegt auf der Liasplatte von Neuler, die naturräumlich zum Vorland der östlichen Schwäbischen Alb gehört. Von der Gemarkung gibt es zwar Funde der Mittel- und Jungsteinzeit, spätere Epochen sind jedoch nicht vertreten. Auch die Lage des Dorfes im ehem. Virngrund und der Ortsname sprechen für

111 Neuler. Ortsmitte mit Pfarrkirche

eine relativ späte Entstehung. Um 1113 taucht „Nueler" in den Urkunden auf. Einige wenige Güter waren im Besitz der Herren von Adelmann, der größte Teil Neulers gehörte dem Kapitel des Stifts Ellwangen. Neuler kam 1802 zu Württemberg und gehörte bis 1938 zum Oberamt Ellwangen, dann zum Landkreis Aalen.

Trotz insgesamt 791 Auspendlern und nur 72 Einpendlern kann man Neuler heute nicht nur als Pendlerwohngemeinde bezeichnen. Am Ort stehen 400 Arbeitsplätze zur Verfügung, die sich auf 94 Arbeitsstätten vor allem im gewerblichen Bereich verteilen. Mehr als die Hälfte der großen Gemarkung, 2000 ha, werden heute noch landwirtschaftlich genutzt. Mit 142 Betrieben, davon 36 im Vollerwerb geführt, hat Neuler eine noch sehr starke landwirtschaftliche Komponente.

Lit.: 875 Jahre Neuler, Festschrift, hrsg. vom Bürgermeisteramt Neuler, 1988.

Obergröningen

423 Einwohner, 586 ha, 350–500 m NN.
Der Ort liegt am Rand der Frickenhofer Höhe, einem nach den Bodenfunden recht spät besiedelten Gebiet. Der Ortsname mit der Endung auf -ingen deutet zwar auf eine frühe alamannische Gründung, bestätigende Funde fehlen allerdings. Auch spricht die Lage des Ortes dagegen. Im Jahr 1248 wird ein Ort namens „Gruningen" erwähnt, in dem das Kloster Comburg Güter hatte. Nicht sicher ist, welcher der beiden Gröningen-Orte damit gemeint ist, genau so wenig ist bekannt, ob Unter- oder Obergröningen der ältere Ortsteil ist. Obergröningen war Zubehör der Burg Untergröningen und kam mit dieser 1486 von den von Rechberg an die Herrschaft Limpurg. Von 1774 bis 1804 gehörte der Ort zur Herrschaft Hohenlohe-Bartenstein, von 1804 bis 1806 den Fürsten von Colloredo-Mansfeld.

112 Die Pfarrkirche in Obergröningen

Obergröningen kam 1806 zu Württemberg und war bis 1938 im Oberamt Gaildorf, danach im Landkreis Schwäbisch Gmünd. Heute ist der von der Einwohnerzahl kleinste selbständige Ort im Ostalbkreis eine Pendlerwohngemeinde mit noch relativ starker landwirtschaftlicher Komponente. Von den 37 landwirtschaftlichen Betrieben werden noch 11 im Vollerwerb geführt. Besonders stolz ist das kleine Dorf auf seine neue Gemeindehalle.

Lit.: A. Schymura, Obergröningen in Vergangenheit und Gegenwart, 1990.

Oberkochen

8365 Einwohner, 2357 ha, 496–743 m NN.
Stadt, Kleinzentrum.
Die Stadt liegt im oberen Kochertal, die große Gemarkung reicht sowohl auf das Härtsfeld wie auf den Albuch. Die Täler von Kocher und Brenz bilden den wichtigsten natürlichen Übergang durch das Massiv der Schwäbi-

113 Oberkochen. Der „Brunnenbohrer"

schen Alb. So verwundert es auch nicht, daß von der Gemarkung bereits Funde aus der Jungsteinzeit vorliegen. Der Ort selbst ist eine alte alamannische Gründung mit mehreren Reihengräberfriedhöfen. Die bisherigen Funde sprechen für eine Entstehung der Siedlung noch im 6. Jh. Um 1140/50 wird ein „Kochen" urkundlich erwähnt, sicher von Unterkochen zu unterscheiden ist der Ort jedoch erst seit dem 14. Jh. Seit dem 15. Jh. gehörten fast zwei Drittel des Ortes dem Kloster Ellwangen, ein Drittel dem Kloster Königsbronn. Der Königsbronner Anteil kam durch die Reformation an Württemberg, das auch seinen Anteil in Oberkochen reformierte. Dadurch wurde Oberkochen endgültig zum gespaltenen Dorf, da Ellwangen katholisch geblieben war. Die deswegen auftretenden Pro-

bleme lösten sich erst mit der Säkularisation und dem Übergang Ellwangens an Württemberg. Seit 1802 gehörte Oberkochen zum Oberamt Aalen, seit 1938 zum Landkreis Aalen. Oberkochen wurde 1968 zur Stadt erhoben.
Museen: Optisches Museum der Firma Carl Zeiss, Römerkeller Oberkochen.
Oberkochen ist zwar ein alter Industriestandort, im 18. Jh. gab es einen Hochofen, im 19. Jh. entstanden Bohrermacherbetriebe, ihre heutige Bedeutung bekam die Stadt jedoch erst nach dem Zweiten Weltkrieg durch die Ansiedlung der Firma Carl Zeiss, die mit der Aufnahme vieler Heimatvertriebener verbunden war. Im Jahr 1939 hatte der Ort noch 2002 Einwohner, 1950 wurden bereits 3681 gezählt. Heute gibt es in Oberkochen 8400 Arbeitsplätze, neben der Firma Zeiss als größtem Arbeitgeber vor allem in der Holzbearbeitungsindustrie. Für eine Stadt dieser Größe verfügt Oberkochen über eine vorbildliche Infrastruktur, ein breites Sport- und Freizeitangebot und ein genau so gut entwickeltes Schulwesen mit einem Gymnasium an der Spitze.
Lit.: H.Gentsch (Hrsg.), Oberkochen, Geschichte – Landschaft – Alltag, o. J.(1986).

Rainau

2846 Einwohner, 2545 ha, 434 – 505 m NN.
Die Gemeinde in ihrer heutigen Form entstand durch Zusammenschluß von Dalkingen und Schwabsberg (1975). Der Ortsname ist eine Neuschöpfung aus dieser Zeit und bezieht sich auf den Wald „Rain" im Jagsttal. Weit über die Region hinaus bekannt ist der Ort durch das „Freilichtmuseum am rätischen Limes", das in Zusammenarbeit von Landkreis, Landesdenkmalamt und Gemeinde geschaffen wurde. Das Freilichtmuseum bietet eine ideale Verbindung von Erholung und Information, es liegt teilweise am größten Stausee der Region, der ein stark frequentiertes Naherholungsgebiet ist. Die Bestandteile des Freilichtmuseums sind: Im Wald Mahdholz beim Teilort Buch die konservierten Reste eines Limeswachturms, die hölzerne Rekonstruktion im Maßstab 1 : 1 eines solchen Turmes sowie die in Originalhöhe wiederaufgebaute Limesmauer. Beim Stausee ist die Südfront des Kohortenkastells Buch ausgegraben und konserviert, sowie seine ehem. Umrisse im Gelände durch Erdwälle markiert. Unmittelbar am See liegen das ausgegrabene und konservierte Bad des Römerlagers sowie 2 weitere Steinbauten des römischen Lagerdorfes. Glanzstück des Museums ist die Ruine des Limestores in Dalkingen: Hier stand von 213 bis 233 n. Chr. ein etwa 12 m hoher römischer Triumphbogen direkt am Limes, der mit dem Sieg des Kaisers Caracalla über die Alamannen 213 n. Chr. in Verbindung gebracht wird.
Lit.: D.Planck, Das Freilichtmuseum am rätischen Limes im Ostalbkreis, Führer zu arch. Denkmälern in Baden-Württemberg 9, 1983.
Ortsteil Dalkingen 1034 Einwohner, 1105 ha, 440 – 483 m NN.
Der Ort liegt an der Röhlinger Sechta und gehört naturräumlich zu den Goldshöfer Terrassenplatten des östlichen Albvorlandes. Die Gemarkung ist reich an archäologischen Fundstellen, abgesehen von der stark vertretenen Römerzeit mit dem Limes betrifft das vor allem die vorgeschichtlichen Epochen seit der Mittelsteinzeit. Der Ortsname mit der Endung -ingen deutet auf eine alte alamannische Gründung hin, die allerdings bisher noch nicht durch Funde bestätigt wurde. Im Ellwanger Güterverzeichnis um 1136 wird Dalkingen erstmals urkundlich erwähnt. Der Ort war alter ellwangischer Besitz, und seit dem 14. Jh. war auch das Spital Dinkelsbühl begütert. Mit der Fürstpropstei kam Dalkingen

1803 an Württemberg (der Dinkelsbühler Anteil erst 1810) und gehörte bis 1938 zum Oberamt Ellwangen, dann zum Landkreis Aalen. Im Teilort Weiler befindet sich der gut erhaltene Burgstall der im 13. und 14. Jh. nachgewiesenen Adelsfamilie.
Heute ist Dalkingen eine ländliche Wohngemeinde mit 465 Auspendlern. Von den 53 landwirtschaftlichen Betrieben werden noch 8 im Vollerwerb bewirtschaftet.
Lit.: Festschrift 850 Jahre Dalkingen, 1986.
Ortsteil Schwabsberg 1812 Einwohner, 1440 ha, 434–505 m NN.
Der Ort liegt auf einer Anhöhe oberhalb der Jagst und gehört naturräumlich zu den Goldshöfer Terrassenplatten, einer Untereinheit des Albvorlandes. Durch die Gemarkung zieht der Limes, und beim Weiler Buch liegt ein römisches Kohortenkastell mit umfangreicher Zivilsiedlung. Der Ortsname (Zusammensetzung aus „Schwaben" und „Berg") spricht zwar für eine Entstehung in der Ausbauzeit, doch berichtet bereits die Oberamtsbeschreibung von Reihengräberfunden. Das könnte vor allem auch in Zusammenhang mit dem alten Martinspatrozinium auf ein höheres Alter des Ortes hindeuten. In den Urkunden taucht „Swabesberch" erst 1147 auf in Zusammenhang mit dem bis ins 16. Jh. nachgewiesenen Ortsadel, der auf einem der beiden Burgställe seinen Sitz hatte. Ein weiterer, sehr großer Burghügel liegt beim Teilort Buch. Schwabsberg war alter ellwangischer Besitz, der mit der Fürstpropstei 1802/03 an Württemberg kam und bis 1938 zum Oberamt Ellwangen, dann zum Landkreis Aalen gehörte.
Der Ort ist heute eine Pendlerwohngemeinde (625 Auspendler) mit nur 286 Arbeitsplätzen am Ort. Von den 42 landwirtschaftlichen Betrieben werden noch 7 im Vollerwerb geführt.

Riesbürg

2023 Einwohner, 1796 ha, 450–650 m NN.
Der Ortsname ist eine Neuschöpfung von 1973. In ihrer heutigen Form entstand die Gemeinde durch Zusammenschluß von Pflaumloch mit Goldburghausen (1972) und mit Utzmemmingen (1973).
Ortsteil Goldburghausen 233 Einwohner, 497 ha, 450–650 m NN.
Der kleine Ort gehört naturräumlich zu den westlichen Riesrandhügeln, einer Untereinheit des Albvorlandes. Der fruchtbare Boden hat schon immer Siedler angezogen und so verwundert es nicht, daß die Gemarkung besonders reich ist an archäologischen Fundstellen. Über die Grenzen der Region hinaus bekannt ist der Goldberg (früher Goldburg) mit seinen mindestens 6 vorgeschichtlichen Siedlungshorizonten von der Jungsteinzeit bis in die Latènezeit. Der Ort selbst ist wohl eine Gründung der Ausbauzeit und wird um 1200 erstmals urkundlich erwähnt. Damals ist auch ein Ortsadel nachgewiesen, von dem Güter in Goldburghausen und die Kirche an das Kloster Neresheim kamen. Vor 1324 kam der Ort zunächst teilweise an das Spital Nördlingen, das in der Folgezeit den ganzen Ort erwarb. Goldburghausen kam 1802 zunächst zu Bayern, 1810 zu Württemberg und gehörte bis 1938 zum Oberamt Neresheim, dann zum Landkreis Aalen.
Museum: Goldbergmuseum.
Heute ist der Ort immer noch stark landwirtschaftlich geprägt. Von den 27 Betrieben werden noch 21 im Vollerwerb bewirtschaftet.
Lit.: H. Pfletschinger (Hrsg.), Der Goldberg in der Vorzeit, 1985.
Ortsteil Pflaumloch 800 Einwohner, 340 ha, 450–650 m NN.
Pflaumloch liegt als einzige Gemeinde des Ostalbkreises im Ries und gehört naturräumlich zum sog. Westries. Auf der Gemarkung

finden sich Siedlungsspuren seit der ältesten Jungsteinzeit, der Ort selbst ist wohl eine relativ späte Gründung der Ausbauzeit. In den Urkunden taucht „Pflunloch" erst 1246 auf. Pflaumloch gehörte zur Herrschaft Oettingen, begütert waren aber auch noch zahlreiche andere. Die Grafen von Oettingen waren es auch, die schon vor 1487 hier Juden aufnahmen. Im 19. Jh. entwickelte sich daraus eine große jüdische Gemeinde mit Synagoge und eigenem Friedhof. Im Jahre 1854 betrug der Anteil der 255 Juden an der Gesamtbevölkerung 46 %. Wie in Aufhausen setzte auch hier im Zuge der Gleichstellungsgesetze in der zweiten Hälfte des 19. Jh. eine rege Abwanderung ein, die schließlich 1907 zum Erlöschen der Gemeinde führte. Damals schenkte der letzte jüdische Bürger die Synagoge (erbaut 1846) der Gemeinde, die das Gebäude seit 1963 als Rathaus nutzt.

Heute bietet der Ort 590 Arbeitsplätze in den Bereichen Metall und Lebensmittel und verfügt sogar über einen Einpendlerüberschuß. (429 Einpendler, 229 Auspendler) Von den 18 landwirtschaftlichen Betrieben werden noch 11 im Vollerwerb geführt.

Ortsteil Utzmemmingen 990 Einwohner, 959 ha, 450 – 650 m NN.

Utzmemmingen liegt im Tal des Röhrbachs und gehört naturräumlich zu den südlichen Riesrandbergen. Oberhalb des Ortes, schon im Bundesland Bayern, liegt die berühmte Ofnethöhle, die u. a. Schädelbestattungen aus der Mittelsteinzeit erbracht hat. Der Ort selbst könnte nach seiner Namensform eine alte alamannische Gründung sein, für die auch das Martinspatrozinium der Kirche (St. Martin und St. Sebastian) spricht. Zudem gibt es Spuren von 2 römischen Gutshöfen, auf deren Land sich die Alamannen gerne niedergelassen haben. Ebenfalls ungewöhnlich früh wird der Ort im 8. Jh. als „Uzmaningen" erstmals urkundlich erwähnt. Damals erhielt Kloster Fulda im Ort Besitz. Die weiteren Besitzverhältnisse sind durch viele Wechsel geprägt, Hauptbesitzer wurden im Laufe der Zeit die Herren von Oettingen und der Deutsche Orden. Utzmemmingen kam 1806 zunächst an Bayern und erst 1810 zu Württemberg. Der Ort gehörte bis 1938 zum Oberamt Neresheim, dann zum Landkreis Aalen.

Freilichtmuseum: Konservierte Ruinen des römischen Gutshofes unterhalb der Ofnethöhle.

Utzmemmingen ist heute eine ländliche Wohngemeinde mit nur 60 Arbeitsplätzen im Ort aber 373 Auspendlern. Von den 19 landwirtschaftlichen Betrieben werden noch 9 im Vollerwerb bewirtschaftet.

Rosenberg

2431 Einwohner, 4102 ha, 503 – 569 m NN.

Der Ort liegt an einer alten und wichtigen Fernstraße von Ellwangen nach Schwäbisch Hall im ehem. Virngrund. Heute wird das Gebiet um Rosenberg als Ellwanger Berge bezeichnet. Der Ortsname sowie die Lage im Virngrund sprechen für eine Gründung von Ellwangen nicht vor dem 8. oder 9. Jh. In den Urkunden taucht der Ort erst 1344 als Ellwanger Besitz auf. Obwohl Rosenberg zum Ellwanger Amannamt gehörte, übte Ansbach und seit 1796 sein Rechtsnachfolger Preußen die hohe Obrigkeit aus. Mit Ellwangen kam Rosenberg 1802 zu Württemberg und gehörte bis 1938 zum Oberamt Ellwangen, danach zum Landkreis Aalen.

Die für große Waldgebiete typischen Sägemühlen und Glashütten sind auch auf der Gemarkung Rosenberg zu finden. Im Ort selbst existierte von 1337 bis 1876 eine Glashütte. Zwischen Rosenberg und seinem Ortsteil Hummelsweiler ist heute noch die schwäbisch-fränkische Sprachgrenze feststellbar. Sie ist das letzte Relikt der seit dem 6. Jh. existierenden Stammesgrenze und hat sich bis heute als Konfessionsgrenze gehalten: Der fränkische Teil gehörte zu Ansbach und Schwäbisch Hall und war seit der Reformation evangelisch, die Fürstpropstei und damit auch Rosenberg blieb katholisch.

Die älteste Kirche befindet sich im Ortsteil Hohenberg auf einem Bergkegel. Sie wurde in letzter Zeit wie die jüngere Pfarrkirche in Rosenberg vor allem durch die künstlerische Ausgestaltung von S. Köder bekannt.

Heute ist Rosenberg staatlich anerkannter Erholungsort mit einem breiten Freizeitangebot. Im Ort gibt es 500 Arbeitsplätze vor allem im holzverarbeitenden Bereich. Mit 95 landwirtschaftlichen Betrieben, davon 30 im Vollerwerb bewirtschaftet, ist Rosenberg immer noch stark landwirtschaftlich geprägt.

Lit.: H. Hauber, Karl Stirner, Der schwäbische Malerpoet, o. J. (1982).

114 Dorfsanierung in Ruppertshofen

Ruppertshofen

1373 Einwohner, 1715 ha, 418 – 557 m NN. Der Ort gehört naturräumlich zur Frickenhofer Höhe und ist wohl eine Gründung der älteren Ausbauzeit in oder nach der Mitte des 7. Jh. In der Form der ersten urkundlichen Erwähnung von 1344 als „Ruprehtzhoven" gibt sich der Gründer des Ortes zu erkennen. Ruppertshofen war der Haupt- und Gerichtsort der sog. Waibelhube, die aus freien Bauern bestand und zu der etwa 70 weitverstreute Güter gehörten. Die Waibelhube war 1344 württembergisches Lehen der von Rechberg, seit 1410 der Schenken von Limpurg, die alle Güter der Waibelhube in einem Amt zusammenfaßten. Nach ihrem Aussterben im Mannesstamm 1713 fiel das Lehen an Württemberg heim. Ruppertshofen gehörte zunächst für ein Jahr zum Oberamt Gmünd, dann seit 1810 zum Oberamt Gaildorf. Seit 1938 gehörte der Ort dann zum Landkreis Schwäbisch Gmünd.

115 Ruppertshofen. Die Kirche in Tonolzbronn

Die Hauptkirche des Ortes befindet sich im Teilort Tonolzbronn, ihre ältesten Bauteile sollen aus dem 14. Jh. stammen.

Heute ist Ruppertshofen eine typische Pendlerwohngemeinde, in der nur noch 6,8 % der Erwerbstätigen in der Land- und Forstwirtschaft im Vollerwerb tätig sind.

Lit.: T.Dörr, Gemeinde Ruppertshofen, 1989. H.Kissling, Die Kirche in Tonolzbronn und die Kapelle in Ruppertshofen/Ostalbkreis, 1988.

Schechingen

1791 Einwohner, 1186 ha, 481 m NN.
Schechingen liegt auf einer Hochfläche der Liasplatten über Rems und Lein an der Naturraumgrenze zur Frickenhofer Höhe. Die Namensendung auf -ingen deutet zunächst auf eine frühe alamannische Gründung. In sämtlichen -ingen Orten der Umgebung außerhalb des Limes fehlen aber bisher bestätigende Funde, so daß auch Schechingen wohl eine spätere Gründung der Ausbauzeit im oder nach dem 8. Jh. ist. Erstmals urkundlich erwähnt wird Schechingen um 1140/50, und zwischen 1289 und 1530 nannte sich eine Adelsfamilie nach dem Ort. Sie hatte ihre Burg in der Nähe des heutigen Freibads (früher Schloßweiher). Seit 1322 war der Ort teilweise, seit 1339 ganz ellwangisches Lehen. Nach häufig wechselnden Besitzern kam der Ort nach 1435 an die Herren von Adelmann, die sich 1759 aus den Steinen der abgebroche-

116 Schechingen. Marktplatz mit Marktbrunnen und dem ehem. Schloß, heute Rathaus

nen Burg am Marktplatz ein Schlößchen erbauten (heute Rathaus). Schechingen kam 1806 zu Württemberg und gehörte bis 1938 zum Oberamt Aalen, dann zum Landkreis Schwäbisch Gmünd.

Auf der Gemarkung gibt es den Flurnamen „Judenkirchhof", dessen Bedeutung noch nicht geklärt ist. Tatsächlich sind für 1559 zwei Juden in Schechingen nachgewiesen, für eine größere jüdische Gemeinde gibt es bis jetzt keine Anhaltspunkte.

Heute ist Schechingen auf dem Weg zur Pendlerwohngemeinde mit 517 Auspendlern und nur 138 Einpendlern. Am Ort selbst stehen 168 Arbeitsplätze zur Verfügung. Von den 28 landwirtschaftlichen Betrieben werden noch 11 im Vollerwerb geführt.

Schwäbisch Gmünd

60 314 Einwohner, 11 377 ha, 315 – 780 m NN. Große Kreisstadt, Mittelzentrum.

Die Stadt in ihrer heutigen Form entstand durch Zusammenschluß von Schwäbisch Gmünd mit Bettringen (1959), Herlikofen (1969), Weiler in den Bergen (1971), Degenfeld (1971), Bargau (1971), Lindach (1971), Großdeinbach (1972), Straßdorf (1972) und Rechberg (1975). Das mit Herlikofen 1969 eingemeindete Hussenhofen gilt seit 1991 ebenfalls als eigener Stadtteil.

Schwäbisch Gmünd 30 064 Einwohner, 2106 ha, 321 m NN.

Die Stadt liegt im oberen Remstal, das naturräumlich zum Welzheimer Wald gehört. Das Remstal ist eine alter und wichtiger Verkehrsweg, und so gibt es von der Gemarkung bereits mittel- und jungsteinzeitliche Funde. Die strategische Bedeutung des Platzes erkannten als erste die Römer. Im Rotenbachtal liegt die Grenze zwischen der Provinz Obergermanien und der Provinz Rätien, hier treffen die in ihrem Aufbau verschiedenen Limesabschnitte aufeinander. Bewacht wurde die Provinzgrenze von 2 Kleinkastellen in der Nähe des Limes (Kleindeinbach und Freimühle) und vor allem durch ein Kohortenkastell auf rätischer Seite beim Schirenhof. Zum Kastell gehörte in römischer Zeit eine ausgedehnte Zivilsiedlung mit Bad (ausgegraben und konserviert) und Friedhof (1977 zum größten Teil ausgegraben). Für die Zeit zwischen dem Abzug der Römer (260 n. Chr.) und der ersten urkundlichen Erwähnung gibt es bisher keine Siedlungsspuren. Eine frühe alamannische Besiedlung wäre jedoch angesichts der besonderen Lage durchaus denkbar. Als Besitz des Abtes Fulrad von St. Denis wird die Zelle „Gamundias" 782 erstmals genannt. Der Stadtname bezieht sich wie in den vergleichbaren Gemunden-Orten auf die Einmündung zahlreicher Bäche in die Rems. Bereits 1162 werden „Cives" in Gmünd erwähnt, die Stadtrechtsverleihung muß also noch vor diesem Datum liegen. Damit ist Schwäbisch Gmünd wohl die älteste Stadtgründung der Staufer im Herzogtum Schwaben. Seit der zweiten Hälfte des 13. Jh. war Gmünd freie Reichsstadt und bewahrte sich diesen Status trotz des Appetits der umliegenden Adelsherrschaften. Vom späten Mittelalter bis in die Neuzeit war Gmünd die größte und auch reichste Stadt auf dem Gebiet des heutigen Ostalbkreises. Die erste Stadtmauer wurde Mitte des 13. Jh. errichtet, von der zweiten, gut 100 Jahre jüngeren Stadtumwehrung sind heute noch 6 der ursprünglich 24 Türme erhalten. Die ursprüngliche Stadt der Sensenmacher entwickelte sich nach dem Dreißigjährigen Krieg zur „Gold- und Silberstadt", in der die Tradition der Goldschmiede noch heute weiterlebt. Durch den Reichsdeputationshauptschluß kam Gmünd zu Württemberg und wurde Sitz eines Oberamtes. Seit 1934 trägt die Stadt wieder ihren alten Namen

117 Fachwerk in Schwäbisch Gmünd

Schwäbisch Gmünd. 1938 entstand der gleichnamige Landkreis und die Stadt wurde 1956 zur Großen Kreisstadt erhoben.
Schwäbisch Gmünd ist reich an sakralen und profanen Baudenkmalen. In einem der ehemals 7 Klöster, im Prediger, ist heute das Kulturzentrum untergebracht. Die spätromanische Johanniskirche und das gotische Heiligkreuz-Münster sind die wichtigsten und bekanntesten Kirchenbauten der Stadt.

In der langen Liste der bedeutenden Persönlichkeiten, die Schwäbisch Gmünd hervorgebracht hat, nimmt die Baumeisterfamilie der Parler eine besondere Stellung ein. Die Familie war im 14. Jh. in Schwäbisch Gmünd ansässig und wurde danach in ganz Europa tätig. Museen: Museum für Natur & Stadtkultur im Prediger. Silberwaren- und Bijouteriemuseum in der ehem. Ott-Pauserschen Fabrik. Lapidarium in der Johanniskirche. Musterschau der Edelmetallindustrie. Konservierte Ruinen des römischen Badegebäudes beim Schirenhof. Limesmauer (Beginn der rätischen Mauer) im Rotenbachtal.

Heute ist Schwäbisch Gmünd kulturelles und wirtschaftliches Zentrum der westlichen Kreishälfte. In der Gesamtstadt gibt es fast 20 000 Arbeitsplätze, die größten Arbeitgeber gehören zu den Branchen Edelmetall und Stahlbau und vor allem zur Zulieferindustrie für den Automobilbau. Auch das Bildungsangebot ist überdurchschnittlich, an der Spitze stehen die Pädagogische Hochschule und die Fachhochschule für Gestaltung. Vielfältige Freizeiteinrichtungen und ein modernes Kongreß- und Tagungszentrum im Stadtgarten runden das Bild ab.

Lit.: Geschichte der Stadt Schwäbisch Gmünd, hrsg. vom Stadtarchiv, 1984. Einhorn Jahrbücher, 1974 ff.

Stadtteil Bargau 2510 Einwohner, 850 ha, 380–750 m NN.

Bargau liegt zwischen Remstal und Schwäbischer Alb auf einer Liasplatte und gehört naturräumlich zu den Liasplatten über Rems und Lein. Von der Gemarkung gibt es mittel- und jungsteinzeitliche Funde, aus der Frühgeschichte des Ortes gibt es bis heute keine Spuren. Auch der Ortsname bietet keinen sicheren Anhaltspunkt, so daß man mit der Entstehung des Dorfes wohl in der Ausbauzeit zu rechnen hat. 1340 taucht der Ort als „Bargen" in den Urkunden auf. Bargau war Zubehör der abgegangenen Burg auf dem Scheuelberg und kam durch Verkauf vom Haus Rechberg 1544 in den Besitz der Reichsstadt Gmünd, mit der es 1802 zu Württemberg kam. Seither gehörte der Ort zum Oberamt, seit 1938 zum Landkreis Schwäbisch Gmünd.

Heute ist Bargau überwiegend Wohngemeinde mit 737 Arbeitsplätzen am Ort. Von den 34 landwirtschaftlichen Betrieben werden nur noch 9 im Vollerwerb geführt.

Lit.: J. Seehofer, Bargau in Vergangenheit und Gegenwart, 2. Aufl., o. J. (1977).

Stadtteil Bettringen 9490 Einwohner, 1087 ha, 340–550 m NN.

Der heutige Stadtteil liegt im Rehgebirgsvorland und besteht aus dem „Pfarrdorf Ober-Bettringen" und dem „Weiler Unter-Bettringen" (Beschreibung des Oberamts Gmünd, 1870). In württembergischer Zeit war Oberbettringen selbständige Gemeinde im Oberamt Gmünd. Seit 1934 führt die Gemeinde den heutigen Namen.

Von der Namensendung und auch von seiner Lage her könnte der Ort zur ältesten Siedlungsschicht gehören, bestätigende Befunde fehlen allerdings. 1218 taucht ein „Beteringen" in der Überlieferung auf, die beiden Ortsteile werden aber erst seit 1307 voneinander unterschieden (1307 Baeteringen superior, 1339 Unterbettringen). Nach den Staufern, den von Rechberg und anderen kam Oberbettringen in der zweiten Hälfte des 15. Jh. in den Besitz der Reichsstadt Gmünd und mit ihr 1802/03 zu Württemberg.

Heute ist Bettringen der größte Stadtteil von Schwäbisch Gmünd und nicht nur Wohngemeinde. Die 3437 Arbeitsplätze gehören hauptsächlich in den Bereich Maschinenbau. Von den 35 landwirtschaftlichen Betrieben werden noch 12 im Vollerwerb bewirtschaftet.

Lit.: siehe Schwäbisch Gmünd

Stadtteil Degenfeld 494 Einwohner, 926 ha, 500–780 m NN.

Degenfeld liegt im Lautertal und gehört naturräumlich zum Kalten Feld, einer Untereinheit der Schwäbischen Alb. Im Jahre 1275 wird der Ort erstmals als „Tegenuelt" urkundlich erwähnt. Seit 1281 ist ein Ortsadel bezeugt, dessen Sitz auf der 1811 abgebrochenen Burg auf dem Kuhberg war. Degenfeld war zur Hälfte im Besitz dieses Ortsadels und gehörte zur anderen Hälfte zur Herrschaft

Rechberg. Durch Verkauf kam der Anteil der Herren von Degenfeld 1597 an Württemberg und gehörte seit 1605 dem Kloster Königsbronn. Die andere Hälfte des Ortes kam 1791 zu Württemberg. Seit 1809 gehörte Degenfeld als selbständige Gemeinde zum Oberamt Gmünd, seit 1938 zum Landkreis Schwäbisch Gmünd.

Heute ist der Ort eine Pendlerwohngemeinde. Von 24 landwirtschaftlichen Betrieben werden noch 11 im Vollerwerb bewirtschaftet.

Lit.: J. Seehofer, Degenfeld in Vergangenheit und Gegenwart, 1978.

Stadtteil Großdeinbach 3246 Einwohner, 1430 ha, 315–460 m NN.

Der Ort gehört naturräumlich zu den Welzheim-Alfdorfer Platten und damit zum Welzheimer Wald. 1271 wird ein „Tainbuoch" erstmals genannt, es ist aber nicht sicher, welcher der 3 Deinbach-Orte damit gemeint ist. (Groß-, Klein-, oder Hangendeinbach). Erst 1323 mit der Erwähnung als „major Thainbuch" ist die Unterscheidung gegeben. Ältester Grundbesitzer war das Kloster Lorch, später kamen auch die Reichsstadt Gmünd und die Herren von Rechberg dazu. Seit 1811 war Großdeinbach selbständige Gemeinde im Oberamt Welzheim, seit 1938 im Landkreis Schwäbisch Gmünd.

Heute ist Großdeinbach eine Wohnsiedlung von Schwäbisch Gmünd, bietet aber am Ort 587 Arbeitsplätze. Von den 29 landwirtschaftlichen Betrieben werden noch 15 im Vollerwerb bewirtschaftet.

Lit.: Beschreibung des Oberamts Welzheim, 1845, 151–160.

Stadtteil Herlikofen 3084 Einwohner, 534 ha, 338–481 m NN.

Herlikofen liegt oberhalb des Remstales und gehört naturräumlich zu den Liasplatten über Rems und Lein. Während der Hauptort erst 1225 urkundlich erwähnt wird, taucht der Ortsteil Zimmern bereits 839 in den Urkunden auf. Von dort gibt es auch Nachrichten über alamannische Reihengräber.

Herlikofen selbst ist wahrscheinlich eine spätere Gründung der Ausbauzeit und war vermutlich alter staufischer Besitz, der von einer am Ort ansässigen Ministerialenfamilie verwaltet wurde. Später waren verschiedene Gmünder Bürger die Hauptgrundbesitzer, die viele Stiftungen an die Gmünder Klöster vornahmen. Bis 1803 gehörte der Ort zum Gmünder Amt Iggingen und wurde mit dem Übergang an Württemberg der dortigen Schultheißerei zugeschlagen. Erst um 1820 wurde Herlikofen selbständige Gemeinde im Oberamt Gmünd, seit 1938 im Landkreis Schwäbisch Gmünd.

Heute ist Herlikofen überwiegend eine Pendlerwohngemeinde mit 366 Arbeitsplätzen am Ort. Von den 33 landwirtschaftlichen Betrieben werden nur noch 2 im Vollerwerb geführt.

Lit.: J. Seehofer, Herlikofen, Hussenhofen, Zimmern, Burgholz und Hirschmühle in Vergangenheit und Gegenwart, 1977. W. Ritzer (Hrsg.), Zimmern, Die Geschichte eines Dorfes in Wort und Bild, 1989.

Stadtteil Hussenhofen 2211 Einwohner, 709 ha, 338–445 m NN.

Hussenhofen liegt im Remstal und gehört zum gleichen Naturraum wie Herlikofen. Der Ort war nie selbständige Gemeinde, sondern gehörte zunächst zum Gmünder Amt Bettringen, dann zu Iggingen und schließlich von 1819 bis zur Eingemeindung nach Schwäbisch Gmünd zu Herlikofen. Wird seit 1991 als Stadtteil geführt.

Lit.: siehe Herlikofen.

Stadtteil Lindach 2892 Einwohner, 477 ha, 345–478 m NN.

Der Ort liegt auf den Welzheim-Alfdorfer Platten und gehört naturräumlich zum Welzheimer Wald. Lindach ist alter staufischer Besitz, und aus dieser Zeit stammen auch die ältesten Teile des Schlosses, das 1150 im Besitz eines Ortsadligen war. Das Dorf und vor allem die Burg, die 1583 und 1624 zum Renaissance-Schloß umgebaut wurde, haben eine lange und wechselvolle Besitzgeschichte. Seit 1751 war Lindach württembergisch und gehörte zum Amt Heubach, danach zum Oberamt Gmünd, seit 1938 zum Landkreis Schwäbisch Gmünd. Heute ist im Schloß ein Sanatorium für Naturheilverfahren.

Der heutige Stadtteil von Schwäbisch Gmünd entwickelte sich seit 1945 (780 Einwohner) vom kleinen Dorf zur Wohngemeinde und vor allem zum Industriestandort mit 2507 Arbeitsplätzen, hauptsächlich in den Bereichen Kunststoffverarbeitung, Werkzeug- und Formenbau. Wie in vergleichbaren Gemeinden ist auch hier der Strukturwandel besonders gut sichtbar. Noch 1945 gab es 82 landwirtschaftliche Betriebe, heute sind es noch 18 und davon werden nur noch 4 im Vollerwerb betrieben.

Stadtteil Rechberg 1417 Einwohner, 708 ha, 530–700 m NN.

Der Ort liegt am Fuße des Rechbergs und gehört naturräumlich zum Rehgebirge. Rechberg entstand wohl als Burgweiler im Anschluß an die gleichnamige Burg. Aus der Vorgeschichte der Gegend war lange Zeit nichts bekannt, erst in letzter Zeit wurden Funde aus der späten Hallstattzeit (ca. 600–450 v. Chr.) vom Hochplateau des Rechbergs gemeldet.

Die Höhenburg auf dem Rechberg entstand schon in staufischer Zeit, der überwiegende Teil der heute noch erhaltenen Bausubstanz ist aber aus dem 15. Jh. Seit 1194 saß auf dem Berg die staufische Ministerialenfamilie von Rechberg, die sich nach dem Untergang der Staufer zum großen Grundbesitzer auch im Gebiet des heutigen Ostalbkreises entwickelte. Die Familie spaltete sich recht früh in mehrere Linien auf.

Auf dem Hochplateau des Rechbergs steht die barocke Wallfahrtskirche, die 1865 durch Blitzschlag abgebrannte Burg liegt auf einem Bergsporn. Die Burg befindet sich heute in Privatbesitz, ist aber der Öffentlichkeit zugänglich. Seit einigen Jahren laufen zudem umfangreiche Renovierungsarbeiten.

Der Burgweiler Rechberg ist heute eine Pendlerwohngemeinde. Von den 23 landwirtschaftlichen Betrieben werden noch 9 im Vollerwerb bewirtschaftet.

Lit.: M. Akermann, Bauzeugen der Stauferzeit, 1977.

Stadtteil Straßdorf 3789 Einwohner, 1370 ha, 325–445 m NN.

Straßdorf liegt im Rehgebirgsvorland, das naturräumlich zum Vorland der östlichen Schwäbischen Alb gehört. Der Name des Ortes wird immer mit einer alten Straße in Verbindung gebracht, und tatsächlich ist hier die Römerstraße vom Kastell Schirenhof ins römische Hinterland zu vermuten. Die Endung des Ortsnamens auf -dorf macht eine Entstehung in der Ausbauzeit wahrscheinlich. Erstmals erwähnt wird der Ort 1269 als „Strasdorf". Nach einer wechselvollen Besitzgeschichte, zunächst waren die Staufer hier begütert, dann die von Rechberg und die Reichsstadt Gmünd, kam der Ort 1806 an Württemberg und gehörte seither zum Oberamt Gmünd, seit 1938 zum Landkreis Schwäbisch Gmünd.

Heute ist der Ort eine Wohngemeinde mit immerhin 767 Arbeitsplätzen. Von den 45 landwirtschaftlichen Betrieben werden noch 22 im Vollerwerb bewirtschaftet.

Stadtteil Weiler in den Bergen 1117 Einwohner, 1175 ha, 380–770 m NN.

Weiler liegt im Rehgebirge im Tal des Strümpfelbaches. Erst relativ spät taucht „Wiler" 1345 in den Urkunden auf, was die Annahme rechtfertigt, den Ort als Gründung der Rodezeit einzuordnen. Im 15. Jh. gehörte

Weiler den Herren von Rechberg und der Reichsstadt Gmünd, die durch weitere Ankäufe 1587 den ganzen Ort in Besitz nahm. Mit der Reichsstadt kam Weiler 1802/03 zu Württemberg und gehörte bis 1938 zum Oberamt, dann zum Landkreis Schwäbisch Gmünd. Weiler gehörte zunächst bis 1819 zu Oberbettringen und war dann selbständige Gemeinde.

Heute ist Weiler eine noch stark landwirtschaftlich geprägte Pendlerwohngemeinde mit 46 Landwirtschaften, von denen noch 12 im Vollerwerb betrieben werden.

Spraitbach

3264 Einwohner, 1248 ha, 420–550 m NN. Das Dorf liegt auf den Welzheim-Alfdorfer Platten die naturräumlich zum Welzheimer Wald gehören. Der nach seiner Namensendung relativ junge Ort (Gründung im oder nach dem 8. Jh.) wird 1296 als „Spraippach" erstmals urkundlich erwähnt. Nach den von Rechberg wurden die Reichsstadt Gmünd und ihr Spital größte Grundbesitzer im Ort, der 1802/03 mit der Reichsstadt zu Württemberg kam. Spraitbach gehörte zunächst zum Oberamt Gmünd, 1807/08 kurz zum Oberamt Welzheim, dann wieder zum Oberamt Gmünd, seit 1938 zum Kreis Schwäbisch Gmünd.

Heute ist Spraitbach – in der Oberamtsbeschreibung noch als Spreitbach aufgeführt – überwiegend eine Pendlerwohngemeinde mit 1285 Auspendlern und 306 Einpendlern. Am Ort gibt es 776 Arbeitsplätze, vorwiegend in den Bereichen Maschinenbau und Werbeartikelherstellung. Der Strukturwandel der letzten Jahrzehnte zeichnet sich in Spraitbach besonders deutlich ab: Von den immerhin noch 99 landwirtschaftlichen Betrieben werden nur noch 7 im Vollerwerb geführt.

Lit.: W. Zepf, Spraitbach im Wandel der Zeit, 1986.

118 Kirchen in Spraitbach

Stödtlen

1757 Einwohner, 3118 ha, 438–552 m NN. Der Ort gehört naturräumlich bereits zum Dinkelsbühler Hügelland, einer Untereinheit des Mittelfränkischen Beckens, die Gemarkung hat aber auch noch Anteil am östlichen Albvorland. In einer Urkunde vom Jahr 1024 wird „Stedilinum" als Grenzpunkt des Ellwanger Bannforstes erstmals genannt. Wohl schon damals war Kloster Ellwangen hier Grundherr. Später kamen noch Dinkelsbühl und Oettingen dazu, seit dem 16. Jh. gehörte aber Ellwangen auch die hohe Obrigkeit. Mit Ellwangen kam Stödtlen 1803 an Württemberg und gehörte seither zum Oberamt Ellwangen, seit 1938 zum Landkreis Aalen.

Heute ist Stödtlen eine Pendlerwohngemeinde mit nur 180 Arbeitsplätzen am Ort. Von der großen Gemarkung werden 2226 ha landwirtschaftlich genutzt. Im Jahre 1971 gab es noch 196 landwirtschaftliche Betriebe, heute sind es nur noch 125. Davon werden 33 als Vollerwerbsbetriebe geführt.

Lit.: 950 Jahre Gemeinde Stödtlen, 1974.

Täferrot

936 Einwohner, 1200 ha, 406–514 m NN. Der Ort liegt am Zusammenfluß von Lein und Rot, von der letzteren hat er auch seinen Namen. Naturräumlich gehört Täferrot zu den Welzheim-Alfdorfer Platten und damit zum Welzheimer Wald. Der Ort hieß zunächst nur „Roth" (1293), wird dann 1298 als Afrenrot (nach der hl. Afra) genannt, der heutige Name taucht erstmals 1525 als Tefferrot auf. Der Ort war vermutlich alter staufischer Besitz, der sehr bald an Kloster Lorch kam. Nach und nach wurde Täferrot mit Ausnahme eines Gmündischen Gutes ganz lorchisch und war Sitz eines Amtes des Klosters. Der Ort kam durch die Reformation an Württemberg und gehörte nach der Aufhebung des Kloster-Oberamts Lorch seit 1807 zum Oberamt Gmünd und seit 1938 zum Landkreis Schwäbisch Gmünd.

119 Blick in das Innere der Pfarrkirche von Täferrot

Die ev. Pfarrkirche, ursprünglich St. Afra, ist eine Chorturmkirche mit romanischem Turm.

Heute ist Täferrot eine Pendlerwohngemeinde mit 373 Auspendlern und nur 76 Arbeitsplätzen im Ort. Von den 44 landwirtschaftlichen Betrieben werden noch 12 im Vollerwerb bewirtschaftet.

Tannhausen

1716 Einwohner, 1773 ha, 486 – 549 m NN. Tannhausen gehört naturräumlich zu den Pfahlheim-Rattstädter Liasplatten des östlichen Albvorlandes. Von der Gemarkung gibt es zwar mittel- und jungsteinzeitliche Funde sowie vorgeschichtliche Grabhügel, der Ort selbst dürfte jedoch aufgrund des Ortsnamens mit der Endung -hausen und dem Bezug zum Tannenwald eine Gründung der älteren Ausbauzeit seit der Mitte des 7. Jh. sein. Im Jahre 1215 taucht der Ort als „Tanhusen" in den Urkunden auf, seit 1228 ist Ortsadel nachgewiesen, der sich auf dem mittelalterlichen Burgstall im 18. Jh. das noch heute bestehende Schloß erbaute. Die Herren von Tannhausen waren vermutlich die wichtigsten Grundbesitzer im Ort, daneben war vor allem Oettingen begütert.

Tannhausen kam zunächst 1806 an Bayern, aber schon 1810 zu Württemberg und gehörte bis 1938 zum Oberamt Ellwangen, dann zum Landkreis Aalen.

Das Ortsbild ist geprägt von der eindrucks-

120 Tannhausen, überragt von der Pfarrkirche St. Lukas

vollen Silhouette des Turmes der Pfarrkirche St. Lukas, die nach H. Baumhauer ein „spätgotisches Meisterwerk der Eseler Schule" ist. Tannhausen ist heute eine Pendlerwohngemeinde mit 620 Auspendlern und nur 270 Arbeitsplätzen im Ort. Im Jahre 1960 wurden 147 land- und forstwirtschaftliche Betriebe gezählt, 1977 waren es 125, heute sind es noch 93, davon werden nur noch 29 als Vollerwerbsbetriebe geführt.

Lit.: E.D. Schmid, Die Pfarrkirche St. Lukas in Tannhausen, 1974.

Unterschneidheim

4150 Einwohner, 6804 ha, 440 – 590 m NN. Kleinzentrum.

Die heutige Gemeinde entstand durch Zusammenschluß von Unterschneidheim mit Geislingen, Nordhausen, Unterwilflingen, Walxheim (1974), Zöbingen und Zipplingen (1975).

Unterschneidheim 1382 Einwohner, 1335 ha, 479 m NN.

Der Ort liegt an der Schneidheimer Sechta auf den Pfahlheim-Rattstädter Liasplatten. Der Ortsname in der Form seiner ersten urkundlichen Erwähnung von 760 als „Sneite" deutet zwar auf eine rodezeitliche Entstehung des Ortes hin, die beiden erst in den letzten Jahren gefundenen frühalamannischen Gräber aus dem 6. Jh. machen aber eine frühere Entstehung des Dorfes wahrscheinlich. Ursprünglich war Kloster Fulda hier begütert, und seit dem 13. Jh. ist auch Ortsadel nachgewiesen. Danach war der Ort im Besitz der Herren von Geislingen und von Pfahlheim, deren Besitz 1379 bzw. 1419 von der Deutschordenskommende Mergentheim erworben wurde, der Ordensbesitz gehörte ab 1466 zur Kommende Nürnberg. Daneben waren noch unter anderen die Grafen von Oettingen im Ort begütert. Der Vogt des Deutschen Ordens residierte im Schloß, das in der Spätrenaissancezeit auf einem mittelalterlichen Burgstall errichtet wurde und in dem heute das Rathaus untergebracht ist. Daneben gibt es im Ort noch weitere 2 Burgställe.

121 Im ehem. Schloß Unterschneidheim ist heute das Rathaus untergebracht.

Unterschneidheim kam 1806 zunächst zu Bayern und 1810 durch den Staatsvertrag zu Württemberg. Bis 1938 war Unterschneidheim als selbständige Gemeinde im Oberamt Ellwangen, danach im Landkreis Aalen.

Aus Unterschneidheim stammt der Bozener Stiftsorganist und spätere Augsburger Domkapellmeister Franz Bühler (1760 – 1823).

Die heutige Gemeinde bietet 616 Arbeitsplätze und ist mit nur 338 Auspendlern keine reine Pendlerwohngemeinde. Die Zahl der landwirtschaftlichen Betriebe ist mit 92 noch verhältnismäßig hoch, allerdings werden davon 76 im Nebenerwerb bewirtschaftet, 16 im Voll- oder Zuerwerb.

Lit.: H. Rettenmaier, Unterschneidheim in

Vergangenheit und Gegenwart, 1958. G.Schenk (Hrsg.), Gemeinde Unterschneidheim, 1989.

Ortsteil Geislingen 326 Einwohner, 771 ha, 478 m NN.

Geislingen liegt im Tal des Riedbachs und gehört naturräumlich zu den Pfalheim-Rattstädter Liasplatten. Die Gemarkung gehört zu den früh besiedelten Landstrichen des Ostalbkreises, zahlreiche vorgeschichtliche Grabhügel sowie eine spätkeltische Viereckschanze beweisen dies. Der Ortsname, in dem der Name des Gründers Gisilo erkannt wird, deutet zudem auf eine frühe alamannische Gründung. Erstmals erwähnt wird „Giselingen" im Jahre 1153, seit damals ist Ortsadel nachgewiesen (bis 1501). Nach anderen Besitzern kam der Ort schließlich 1509 zu der Herrschaft Oettingen. Von 1806 bis 1810 gehörte der Ort kurzfristig zu Bayern, danach zum württembergischen Oberamt Ellwangen, seit 1938 zum Landkreis Aalen.

Heute ist Geislingen auf dem Weg zur Wohngemeinde. Von den 32 landwirtschaftlichen Betrieben werden bereits 22 im Nebenerwerb bewirtschaftet.

Ortsteil Nordhausen 310 Einwohner, 727 ha, 449 m NN.

Nordhausen liegt im gleichen Naturraum wie der Hauptort. Von der Gemarkung gibt es ebenfalls vorgeschichtliche Funde, außerdem wird hier eine Viereckschanze und ein römischer Gutshof vermutet. Der Ortsname (das Hausen im Norden) spricht für eine Gründung in der älteren Ausbauzeit vielleicht von Zipplingen aus. In den Urkunden taucht der Ort erstmals 1153 auf, als ein Vertreter des Ortsadels genannt wird. Der Sitz dieses Burkhard von Nordhausen war sicher der noch gut erhaltene Burgstall westlich vom Ort, auf dem heute eine Kapelle steht. Der Ort war in der Hand mehrerer Grundherren, unter anderen waren der Deutsche Orden, die Klöster Ellwangen und Kirchheim sowie die Grafen von Oettingen begütert. Nordhausen kam 1805 zu Bayern, 1810 zu Württemberg und gehörte dann zum Oberamt Ellwangen, seit 1938 zum Landkreis Aalen.

Der Ort ist mit 57 Betrieben noch relativ stark landwirtschaftlich geprägt. Allerdings werden 43 davon nur noch im Nebenerwerb geführt.

Lit.: B. Uhl u.a., Nordhausen, Dorfchronik, o. J.

Ortsteil Unterwilflingen 346 Einwohner, 613 ha, 449 m NN.

Der Ort liegt im Tal des Riedbachs und gehört naturräumlich zu den westlichen Riesvorhöhen. Neben einem bronzezeitlichen Hortfund gibt es von der Gemarkung vor allem römische Funde und Befunde: Mindestens ein römischer Gutshof sowie die alte Römerstraße von Oberdorf nach Munningen sind nachgewiesen. Alamannische Funde, die eine Zugehörigkeit zur ältesten Siedlungsschicht der -ingen Orte beweisen würden, fehlen bis jetzt. Erstmals erwähnt wird „Wulvelingen" 1153 in Zusammenhang mit dem Ortsadel, einer oettingischen Ministerialenfamilie. Unter- und Oberwilflingen sind alter oettingischer Besitz und kamen zunächst 1806 an Bayern. Von 1810 an gehörte Unterwilflingen zu Württemberg und war bis 1820 Bestandteil der Gemeinde Geislingen. Danach war die selbständige Gemeinde im Oberamt Ellwangen, seit 1938 im Landkreis Aalen.

Heute ist Unterwilflingen eine Pendlerwohngemeinde (99 Auspendler) mit noch 57 landwirtschaftlichen Betrieben, von denen allerdings nur noch 18 im Voll- bzw. Zuerwerb bewirtschaftet werden.

Ortsteil Walxheim 213 Einwohner, 619 ha, 527 m NN.

Walxheim liegt in der Nähe des Jagstursprungs auf den Pfalheim-Rattstädter Liasplatten. Der sicherlich wesentlich ältere Ort taucht 1314 als „Walchshain" erstmals in den Urkunden auf. Von Kloster Hirsau kam der Ort an Kloster Mönchsrot und mit diesem durch die Reformation an Oettingen. Von 1806 bis 1810 gehörte Walxheim zu Bayern, danach zum württembergischen Oberamt Ellwangen und zwar erst ab 1820 als selbständige Gemeinde (vorher Gemeinde Zöbingen). Die heutige Pendlerwohngemeinde mit immer noch starker landwirtschaftlicher Prägung (48 Betriebe, 36 Nebenerwerbsbetriebe) ist durch zwei Besonderheiten bekannt: Walxheim ist fast ganz evangelisch geblieben, während die umliegenden Orte rein katholisch sind. Politisch ist der Ort bis heute eine Domäne der F.D.P.

Ortsteil Zipplingen 767 Einwohner, 1229 ha, 517 m NN.

Zipplingen liegt auf den Pfahlheim-Rattstädter Liasplatten. Die Gemarkung ist reich an archäologischen Fundstellen, die ältesten davon gehören in die Urnenfelderzeit. An der Römerstraße aus der Zeit des Alblimes ist ein Gutshof nachgewiesen. F. Hertlein vermutete auf der Gemarkung das römische Septemiacum der sog. Peutingertafel. Der Ort selbst könnte von der Namensendung und auch von der Lage her eine frühe alamannische Gründung sein. Urkundlich erwähnt wird „Zuppelingen" erstmals 1153 in Zusammenhang mit dem dort ansässigen Ortsadel, dessen Burg an der Stelle der heutigen Kirche vermutet wird. Die Füchse von Zipplingen waren oettingische Ministerialen, daneben war vor allem der Deutsche Orden in Zipplingen begütert. Der Ort kam 1805 zunächst zu Bayern, 1810 zu Württemberg und gehörte bis 1812 zum Oberamt Neresheim, danach bis 1938 zum Oberamt Ellwangen, dann zum Landkreis Aalen.

Die Ansicht des Ortes wird beherrscht von der frühklassizistischen St.-Martins-Kirche auf dem ehem. Burghügel.

Heute gibt es in Zipplingen 88 landwirtschaftliche Betriebe, davon werden noch 27 im Voll- bzw. Zuerwerb bewirtschaftet. Mit 178 Auspendlern ist auch dieser Ort auf dem Weg zur Pendlerwohngemeinde.

Lit.: A. Dangel, Zipplinger Heimatbuch, 1953.

Ortsteil Zöbingen 806 Einwohner, 1506 ha, 502 m NN.

Das auf den Pfahlheim-Rattstätter Liasplatten gelegene Dorf ist schon früh durch seine Alamannengräber bekannt geworden. Im Jahre 1261 brach der Pfleger von Hohenbaldern mit seinem Pferd im Kapellenfeld in ein Erdloch ein, das sich bei der Ausgrabung als Grab mit einem Baumsarg (Totenbaum) entpuppte. Die Auffindung führte recht bald zum Bau einer Kapelle und zu einer Wallfahrt. In der 1718/23 als Nachfolgerin der Kapelle aus dem 13. Jh. errichteten Marienkapelle wird das Ereignis ausführlich dargestellt. Nach Aussage der bisherigen Funde – das Gräberfeld ist bis jetzt noch nicht ausgegraben – ist Zöbingen eine Gründung spätestens des 6. Jh. Im Jahre 1239 taucht „Zebingen" in Zusammenhang mit Ortsadel in den Urkunden auf. Der Ort war im Besitz der Herren von Oettingen-Baldern und kam nach deren Aussterben an die Linie Wallerstein. Zöbingen kam 1806 zu Bayern und durch den Staatsvertrag 1810 zu Württemberg. Der Ort gehörte bis 1938 zum Oberamt Ellwangen, dann zum Landkreis Aalen.

Heute ist Zöbingen eine ländliche Wohngemeinde mit 228 Auspendlern. Von den 62 landwirtschaftlichen Betrieben werden noch 13 im Voll- bzw. Zuerwerb bewirtschaftet.

Lit.: O. Paret, Die Totenbäume von Zöbingen, Ellwanger Jahrbuch XIV, 1947-1949, 9 ff.

122 Die Reiterleskapelle bei Waldstetten

Waldstetten

6842 Einwohner, 2095 ha, 370–781 m NN.
Die Gemeinde in ihrer heutigen Form entstand durch Zusammenschluß von Waldstetten mit Wißgoldingen (1972).
Waldstetten 5340 Einwohner, 1419 ha, 370–781 m NN.
Der Ort liegt im Talkessel des Waldstetter Baches im Rehgebirgsvorland. Von der Gemarkung gibt es zwar mittel- und jungsteinzeitliche Funde, jüngere Epochen sind aber nicht vertreten. Auch die Namensendung spricht für eine Entstehung des Ortes in der Ausbauzeit. Erstmals genannt wird „Walhstetten" 1275, der Ort war alter Besitz der Herren von Rechberg, deren Ministerialen auf einer Burg oberhalb des Dorfes saßen. Die Burg wurde bereits 1449 zerstört, ein ähnliches Schicksal hatte auch das spätere rechbergische Schlößchen im Ort, das 1605/11 erbaut wurde und im Dreißigjährigen Krieg von kaiserlichen Truppen niedergebrannt wurde. Durch Verkauf kam der Ort 1672 an die Herren von Grafeneck und 1699 an Ellwangen, mit dem Waldstetten 1802/03 an Württemberg fiel. Der Ort gehörte bis 1938 zum Oberamt Gmünd, danach zum Landkreis Schwäbisch Gmünd.
Waldstetten hat seit dem ausgehenden 19. Jh. eine Tradition als Gewerbestandort, die sich vor allem nach 1945 intensivierte. Heute bietet die Gesamtgemeinde rund 2100 Arbeitsplätze, größter Arbeitgeber ist die Möbelindustrie. Trotzdem gibt es 2372 Auspendler, denen 1047 Einpendler gegenüberstehen. Von den 94 landwirtschaftlichen Betrieben werden noch 20 im Vollerwerb geführt.
Lit.: Heimatbuch Zeitzeichen, 1991.
Ortsteil Wißgoldingen 1350 Einwohner, 676 ha, 460–757 m NN.
Wißgoldingen liegt südlich des Stuifen im Rehgebirge. Von der Namensendung -ingen her könnte der Ort eine sehr alte Gründung sein, die Lage und vor allem das Fehlen reihengräberzeitlicher Funde sprechen allerdings bislang dagegen. In den Urkunden taucht der Ort 1275 als „Wisgoltingen" auf, in der Namensform von 1426, „Wißbaltingen" wird der Name des Ortsgründers erkannt.
Wißgoldingen war alter rechbergischer Besitz, der 1735 an Württemberg verkauft wurde. Nach Einspruch gegen die Veräußerung kam der Ort 1742 an die Herren von Holtz zu Alfdorf. Seit 1806 gehört Wißgoldingen zu Württemberg, zunächst zum Oberamt, dann zum Landkreis Schwäbisch Gmünd.
Heute gibt es in Wißgoldingen noch 46 landwirtschaftliche Betriebe, von denen nur 5 im Haupterwerb bewirtschaftet werden.

Westhausen

5331 Einwohner, 3887 ha, 453–723 m NN. Kleinzentrum.

Die Gemeinde entstand in ihrer heutigen Form durch Zusammenschluß von Westhausen mit Lippach (1972).

Westhausen 4402 Einwohner, 3653 ha (Zahl von 1961), 453–723 m NN.

Der Ort liegt am Fuß der Schwäbischen Alb und gehört naturräumlich zum Hügelland von Baldern. Von der Gemarkung gibt es mittel- und jungsteinzeitliche Funde sowie hallstattzeitliche Grabhügel. Nach dem Ortsnamen (das Hausen im Westen) dürfte der Ort in älterer Landausbau nach der Mitte des 7. Jh. von Lauchheim aus gegründet worden sein. Um 1136 wird „Westhusen" erstmals urkundlich erwähnt. 4 mittelalterliche Burgställe im Ort zeugen vom Besitz von genau so vielen Herrschaften. Seit dem 14. Jh. war jedoch Ellwangen wichtigster Grundbesitzer, daneben war noch der Deutsche Orden begütert. Seit 1805/06 gehört der ganze Ort zu Württemberg und war bis 1938 im Oberamt Ellwangen, danach im Landkreis Aalen.

In Westhausen gibt es heute noch 148 landwirtschaftliche Betriebe (Gesamtgemeinde). Nach der Volkszählung 1987 sind am Ort in 167 Arbeitsstätten insgesamt 2333 Personen beschäftigt. Die wichtigsten Branchen sind die Metall- und Holzverarbeitung.

Lit.: H. Brüstle, Beiträge zur Ortschronik von Westhausen, o. J. (1986).

Ortsteil Lippach 929 Einwohner, 1193 ha (Zahl von 1961), 498 m NN.

Lippach liegt im Hügelland von Baldern. Von der Namensendung her gehört der Ort in die jüngere Ausbauzeit des 8. und 9. Jh. In den Urkunden taucht „Litebach" aber erst 1153

123 Rathaus und Kirche in Westhausen

auf, in Zusammenhang mit einer dort ansässigen Adelsfamilie, die bis ins 14. Jh. bezeugt ist. Von den ursprünglich 2 Burgställen wurde einer bereits um 1900 abgetragen. Zunächst war der Ort im Besitz der Herren von Gromberg (bei Lauchheim) und der Herren von Pfahlheim. Später war Lippach oettingisch als Lehen von Ellwangen. Der Ort kam 1806 zunächst an Bayern, 1810 zu Württemberg und gehörte bis 1938 zum Oberamt Ellwangen, dann zum Landkreis Aalen.

Wört

1245 Einwohner, 1817 ha, 450–550 m NN. Wört liegt im ehem. Ellwanger Bannforst, dem Virngrund, und gehört naturräumlich bereits zum Dinkelsbühler Hügelland, einer Untereinheit des Mittelfränkischen Beckens. Wie in vergleichbaren Gemeinden fehlen auch hier die archäologischen Funde, so daß mit einer Besiedlung der Gegend erst im Landausbau oder gar in der Rodezeit zu rechnen ist. Erstmals urkundlich genannt wird „Werde" 1221 in Zusammenhang mit dem dort ansässigen Ortsadel, Ellwanger Ministerialen. Ort und Burg kamen 1395 an das Spital Dinkelsbühl, das im 17. Jh. ganz Wört im Besitz hatte. 1802 kam der Ort zunächst an Bayern, 1805 an Preußen, 1806 wieder an Bayern und dann 1810 zu Württemberg. Seit damals gehörte Wört zum Oberamt Ellwangen, seit 1938 zum Landkreis Aalen.

Heute bietet der Ort 814 Arbeitsplätze in 8 Arbeitsstätten. Die hauptsächliche Branche ist die Elektrotechnik und Elektronik. Mit 650 Einpendlern und nur 190 Auspendlern hat der Ort sogar in diesem Bereich einen Überschuß. Von den 33 landwirtschaftlichen Betrieben werden noch 10 im Vollerwerb betrieben.

124 Das früher ganz von Wasser umgebene „Schlößle" in Wört

Kreis und Gemeinden im Zahlenspiegel
und Wohnplatzverzeichnis

OZ	Gemeinde	Fläche am 1. 1. 1990 in km²	Bevölkerung (Gebietsstand 25. 5. 1987)						Religionszugehörigkeit am 25. 5. 1987		Ausländer am 25. 5. 1987
			17. 5. 1939	13. 9. 1950	27. 5. 1970	30. 9. 1991 insgesamt	davon männlich	weiblich	röm.-kath.	evang.	
1	Aalen	146,42	30921	46751	65370	65404	32123	33281	39336	17193	5043
2	Abtsgmünd	71,59	3997	5708	6010	6690	3306	3384	3692	2151	106
3	Adelmannsfelden	22,90	1172	1659	1596	1608	777	831	487	914	11
4	Bartholomä	20,75	1160	1522	1572	1933	949	984	1133	580	19
5	Böbingen a. d. Rems	12,23	1436	1954	2749	4121	2012	2109	2432	1067	147
6	Bopfingen	77,00	7196	10658	12089	12052	5932	6120	7168	3413	541
7	Durlangen	10,42	788	1070	2098	2686	1335	1351	1812	480	202
8	Ellenberg	30,17	1064	1367	1373	1600	806	794	1348	167	8
9	Ellwangen	127,45	12516	18385	22316	22894	11267	11627	16653	3685	754
10	Eschach	20,27	878	1371	1317	1467	731	736	438	889	40
11	Essingen	58,50	2146	3071	3742	5602	2775	2827	2030	2827	173
12	Göggingen	11,39	749	1096	1310	2113	1049	1064	983	599	93
13	Gschwend	54,51	3205	4569	4313	4554	2271	2283	736	3266	133
14	Heubach	25,81	3384	4605	7182	9913	4873	5040	4669	3057	938
15	Heuchlingen	9,04	738	962	1391	1797	914	883	1299	194	70
16	Hüttlingen	18,70	2002	2886	4591	5388	2652	2736	4136	806	142
17	Iggingen	11,44	952	1331	1634	2064	1059	1005	1535	307	62
18	Jagstzell	37,97	1325	2011	2219	2429	1213	1216	1937	216	16
19	Kirchheim a. Ries	21,05	1095	1727	1678	1880	925	955	1061	626	38
20	Lauchheim	40,97	1780	2785	3239	3796	1865	1931	2918	484	87
21	Leinzell	2,10	969	1275	1991	2338	1142	1196	1397	517	185
22	Lorch	34,25	5064	7271	9050	10652	5218	5434	2885	5488	989
23	Mögglingen	10,27	1509	2150	2933	3576	1775	1801	2505	530	154
24	Mutlangen	8,78	1196	1706	3472	5295	2578	2717	3322	1111	304
25	Neresheim	118,55	3717	5735	6617	7672	3886	3786	5548	1285	242
26	Neuler	36,27	1413	2104	2182	2755	1416	1339	2330	202	12
27	Obergröningen	5,86	303	456	359	422	207	215	93	286	9
28	Oberkochen	23,56	2002	2681	8648	8569	4210	4359	4526	2842	511
29	Rainau	25,44	1401	1884	2353	2827	1416	1411	2314	265	51
30	Riesbürg	17,96	1228	1904	2043	2085	1014	1071	1284	663	6
31	Rosenberg	41,02	1664	2202	2186	2385	1211	1174	1730	501	53
32	Ruppertshofen	14,22	927	1142	1087	1462	709	753	253	879	45
33	Schechingen	11,86	763	1042	1240	1743	865	878	1311	210	32
34	Schwäb. Gmünd	113,82	31326	46527	56740	60641	28897	31744	34367	14373	6493
35	Spraitbach	12,39	678	1158	1713	3414	1691	1723	1609	1051	92
36	Stödtlen	31,19	1388	1839	1617	1762	863	899	1093	582	6
37	Täferrot	12,01	581	814	836	942	461	481	245	586	67
38	Tannhausen	17,73	1080	1428	1487	1740	873	867	1497	144	1
39	Unterschneidheim	68,05	3591	4791	3816	4163	2119	2044	3713	333	12
40	Waldstetten	20,95	2879	4016	5615	6924	3403	3521	5313	943	287
41	Westhausen	38,46	2287	3298	4390	5351	2626	2725	4096	843	137
42	Wört	18,18	891	1232	1051	1307	667	640	711	342	26
	Ostalbkreis	1511,50	145361	213143	269215	298016	146081	151935	177945	76897	18337
	Region Ostwürtt.	2138,69	207843	305066	396384	430476	210652	219824	226937	138075	28889
	Land Baden-Württ.	35751,39	5476396	6430140	8894921	9944885	4854542	5090343	4203133	3782142	849677
	Reg.-Bez. Stuttgart	10557,63	1870228	2371481	3367048	3729004	1831507	1897587	1205698	1700510	392103

Erwerbstätige am 25. 5. 1987					Land- u. forstwirtschaftliche Betriebe			Landwirtschaftlich genutzte Fläche insgesamt	Arbeitsstätten	OZ
	davon									
	Land- u. Forstwirtschaft, Fischerei	Produzierendes Gewerbe	Handel, Verkehr u. Nachrichtenübermittlung	übrige Wirtschaftsbereiche	ab 0,5 ha	ab 1 ha		in ha		
insgesamt	in %	in %	in %	in %	1949	1971	1987	1990	25. 5. 1987	
27 414	1,9	55,0	13,9	29,2	995	620	456	5 855	2 619	1
2 757	5,9	54,8	13,2	26,0	536	362	266	2 803	298	2
709	7,9	52,5	12,8	26,8	198	159	101	744	89	3
894	3,1	58,6	14,4	23,8	99	64	48	592	79	4
1 803	3,5	52,6	14,5	29,4	142	96	73	944	130	5
4 672	3,8	56,1	16,1	24,0	561	357	247	3 551	571	6
1 234	2,4	63,4	12,6	21,7	132	102	81	511	100	7
684	6,3	55,0	6,9	31,9	160	134	93	963	63	8
9 318	3,3	41,5	11,0	44,1	869	702	542	6 571	989	9
662	15,1	50,0	10,1	24,8	153	143	107	1 184	63	10
2 466	6,9	54,0	12,5	26,5	264	190	145	2 351	211	11
837	3,9	61,3	10,3	24,5	124	83	65	815	63	12
2 012	6,8	58,6	12,0	22,6	504	398	326	2 344	212	13
4 125	2,4	60,6	9,8	27,2	199	106	85	960	349	14
762	5,1	58,4	13,9	22,6	98	69	50	620	58	15
2 329	3,6	56,5	14,8	25,1	183	114	80	1 038	114	16
913	5,6	56,7	12,4	25,3	125	77	61	829	75	17
990	7,5	51,2	11,9	29,4	183	167	120	1 223	63	18
744	12,5	51,5	13,4	22,6	168	137	111	1 453	68	19
1 533	5,0	53,4	11,8	29,8	205	130	104	1 598	162	20
1 014	0,7	63,0	12,2	24,1	41	21	17	97	94	21
4 711	2,3	55,8	15,0	26,8	415	194	110	1 014	345	22
1 536	2,9	53,8	16,1	27,2	129	66	54	637	132	23
2 411	1,4	51,6	11,6	35,3	74	38	55	428	199	24
3 204	7,7	53,7	9,2	29,3	485	390	306	6 304	253	25
1 220	14,8	49,8	8,6	26,8	217	183	178	1 844	94	26
194	16,5	53,6	6,7	23,2	52	42	35	536	17	27
3 734	1,2	72,0	8,1	18,7	93	29	22	165	313	28
1 241	9,3	48,8	12,6	29,3	189	161	119	1 394	91	29
917	10,0	56,9	15,5	17,6	167	101	71	1 071	64	30
1 003	7,8	47,8	11,6	32,9	248	157	112	1 302	96	31
570	6,8	64,6	10,5	18,1	163	142	95	821	62	32
757	3,4	59,0	13,1	24,4	106	73	57	553	61	33
25 268	1,4	54,5	12,7	31,3	1 106	648	427	4 205	2 932	34
1 461	1,4	61,6	13,1	23,9	111	94	81	430	101	35
709	16,2	51,9	9,0	22,8	232	208	184	1 758	77	36
443	6,1	58,9	10,4	24,6	111	99	80	549	30	37
718	13,1	52,8	9,6	24,5	163	121	85	1 256	62	38
1 826	15,0	56,5	9,4	19,1	572	501	409	4 700	129	39
3 136	2,4	54,8	12,9	29,9	227	145	115	1 139	255	40
2 369	4,8	58,5	13,3	23,5	253	193	144	1 911	167	41
495	9,3	54,3	8,7	27,7	140	109	78	704	50	42
125 795	3,6	54,8	12,6	29,0	11 192	7 925	5 995	69 767	12 000	
182 279	3,4	56,3	12,4	27,9	15 197	10 268	7 540	96 244	17 397	
4 354 735	2,6	48,1	15,3	33,8	411 391	202 584	141 063	1 465 526	425 030	
1 676 401	2,7	50,3	15,3	31,8	130 449	63 377	44 490	483 572	160 527	

Wohnplatzverzeichnis

Wohnplatz	Gemeinde-Teilort
Aalen	Große Kreisstadt Aalen
Abtsgmünd	Abtsgmünd
Adelmannsfelden	Adelmannsfelden
Adlersteige	Neuler
Affalterried	Aalen-Wasseralfingen
Affalterwang	Aalen-Ebnat
Albanuskling	Hüttlingen
Algishofen	Obergröningen
Altenbürg	Riesbürg-Utzmemmingen
Altersberg	Gschwend-Altersberg
Althueb	Ellenberg
Altmannsrot	Ellwangen-Schrezheim
Altmannsweiler	Ellwangen-Schrezheim
Altschmiede	Abtsgmünd
Altweiher	Abtsgmünd-Pommertsweiler
Amalienhof	Bartholomä
Amandusmühle	Durlangen
Amselhöfe	Abtsgmünd-Untergröningen
Arlesberg	Aalen-Waldhausen
Attenhofen	Aalen-Hofen
Aufhausen	Bopfingen-Aufhausen
Aumühle	Wört
Ausägmühle	Abtsgmünd
Aushof	Aalen-Dewangen
Äußerer Kitzinghof	Bartholomä
Bach	Abtsgmünd-Untergröningen
Bahnmühle	Ellwangen-Schrezheim
Baiershofen	Westhausen
Baldern	Bopfingen-Baldern
Banzenmühle	Lauchheim
Bärenhöfle	Schwäbisch Gmünd-Rechberg
Bargau	Schwäbisch Gmünd-Bargau
Bartholomä	Bartholomä
Batschenhof	Eschach
Bautzenhof	Ellenberg
Bayermühle	Bopfingen-Aufhausen
Beerhalden	Westhausen-Lippach
Beersbach	Ellwangen-Pfahlheim
Beiswang	Böbingen
Benzenzimmern	Kirchheim-Benzenzimmern
Berg	Abtsgmünd-Laubach
Berg	Westhausen-Lippach
Berghaus	Spraitbach
Bergheim	Tannhausen
Berlismühle	Stödtlen
Bernhardsdorf	Aalen-Dewangen
Bernhardshof	Abtsgmünd-Hohenstadt
Bernlohe	Aalen-Waldhausen
Betzenhof	Rosenberg
Beuren	Heubach
Beuren	Aalen-Waldhausen
Beutenhof	Spraitbach
Beutenhof	Schwäbisch Gmünd-Großdeinbach
Beutenmühle	Spraitbach
Billingshalden	Abtsgmünd-Untergröningen
Bilsenhof	Schwäbisch Gmünd-Weiler in den Bergen
Binderhof	Neuler
Birkenlohe	Ruppertshofen
Birkenteich	Essingen
Birkenzell	Stödtlen
Birkhäusle	Schwäbisch Gmünd-Rechberg
Birkhof	Aalen-Unterkochen
Birkhof	Böbingen
Birkhof	Essingen
Birkhof	Gschwend
Birkhof	Rosenberg
Birkhof	Schwäbisch Gmünd-Bargau
Birkhof	Schwäbisch Gmünd-Herlikofen
Birkholz	Abtsgmünd
Birnhäusle	Ellenberg
Bittelhof	Ruppertshofen
Blankenhöfe	Bopfingen-Baldern
Bläsishof	Waldstetten
Bleichroden	Tannhausen
Blumenhof	Abtsgmünd-Laubach
Blümle	Essingen
Böbingen	Böbingen
Bodenbach	Aalen-Fachsenfeld
Bödnis	Waldstetten-Wißgoldingen
Bopfingen	Stadt Bopfingen
Börrat	Abtsgmünd-Hohenstadt
Borsthof	Ellwangen-Rindelbach
Boschenhof	Ruppertshofen
Bösenlustnau	Wört
Brackwang	Heuchlingen
Brainkofen	Iggingen
Brandhof	Obergröningen
Brandhof	Gschwend-Altersberg
Brastelburg	Aalen-Waldhausen
Brastelhof	Abtsgmünd-Hohenstadt
Braune Hardt	Ellwangen
Braunhäusle	Schwäbisch Gmünd-Rechberg
Braunhof	Böbingen
Braunhof	Waldstetten
Bräunlesrain	Obergröningen
Brausenried	Aalen-Wasseralfingen
Brechtenhalden	Gschwend-Frickenhofen
Breitenbach	Ellenberg
Brombach	Wört

Wohnplatzverzeichnis

Bronnen	Neuler
Bronnenhäusle	Aalen-Dewangen
Bronnforst	Waldstetten
Bruck	Lorch
Bruckacker	Durlangen
Bruckenhaus	Gschwend-Frickenhofen
Brucker Sägmühle	Lorch
Bubenrain	Aalen-Dewangen
Buch	Heubach
Buch	Rainau-Schwabsberg
Buchhaus	Gschwend
Buchhausen	Ellwangen-Pfahlheim
Buchhof	Obergröningen
Buchhof	Täferrot
Buchmühle	Jagstzell
Bühler	Adelmannsfelden
Bühlhof	Jagstzell
Burghardsmühle	Neuler
Burgholz	Schwäbisch Gmünd-Herlikofen
Burgstall	Neuler
Burren	Abtsgmünd-Untergröningen
Butzenberg	Abtsgmünd-Hohenstadt
Christenhof	Mögglingen
Christhäuser	Abtsgmünd-Hohenstadt
Dalkingen	Rainau-Dalkingen
Dambach	Stödtlen
Dankoltsweiler Sägmühle	Jagstzell
Dankoltsweiler	Jagstzell
Dauerwang	Essingen
Degenfeld	Schwäbisch Gmünd-Degenfeld
Degenhof	Aalen-Dewangen
Dehlingen	Neresheim-Ohmenheim
Dettenroden	Ellwangen-Röhlingen
Dewangen	Aalen-Dewangen
Diepertsbuch	Aalen-Ebnat
Dieselhof	Rosenberg
Dietenhalden	Eschach
Dietenhof	Gschwend-Frickenhofen
Dietlesmühle	Ellenberg
Dietrichsweiler	Jagstzell
Dinglesmad	Gschwend
Dinkbühl	Abtsgmünd-Untergröningen
Dirgenheim	Kirchheim-Dirgenheim
Dollishäusle	Adelmannsfelden
Dorfen	Bopfingen-Flochberg
Dorfmerkingen	Neresheim-Dorfmerkingen
Dossingen	Neresheim-Dorfmerkingen
Dreherhof	Aalen-Dewangen
Durlangen	Durlangen
Durlanger Mühle	Durlangen
Dürrenstetten	Wört
Ebnat	Aalen-Ebnat
Ebnat	Neuler
Eck am Berg	Stödtlen
Edelmühle	Bopfingen-Kerkingen
Edenhof	Lorch
Eggenrot	Ellwangen-Schrezheim
Eiberg	Ellenberg
Eiberger Sägmühle	Ellenberg
Eichenkirnberg	Gschwend-Altersberg
Eichenrain	Jagstzell
Eichhölzle	Waldstetten
Eichhorn	Adelmannsfelden
Eichhornhof	Abtsgmünd-Laubach
Eichplatte	Neresheim
Eiderhalden	Abtsgmünd-Neubronn
Eigenhof	Spraitbach
Eigenzell	Ellwangen-Rindelbach
Eisenhammerwerk	Aalen-Unterkochen
Elberschwenden	Ellwangen-Röhlingen
Elchingen	Neresheim-Elchingen
Elisabethenberg	Lorch-Waldhausen
Ellenberg	Ellenberg
Ellrichsbronn	Tannhausen
Ellwangen	Große Kreisstadt Ellwangen
Engelhardsweiler	Ellwangen-Schrezheim
Erlenhof	Lorch-Waldhausen
Ernst	Gschwend
Erpfental	Ellwangen-Röhlingen
Erzhäusle	Aalen-Wasseralfingen
Eschach	Eschach
Espachweiler	Ellwangen-Schrezheim
Essingen	Essingen
Eulenmühle	Jagstzell
Fach	Obergröningen
Fachsenfeld	Aalen-Fachsenfeld
Farbhäusle	Rosenberg
Faulenmühle	Westhausen
Faulherrnhof	Aalen-Dewangen
Felgenhof	Gschwend-Altersberg
Finkenberg	Jagstzell
Finkenhaus	Jagstzell
Finkenweiler	Westhausen-Lippach
Fischbach	Abtsgmünd
Fischhaus	Abtsgmünd-Hohenstadt
Flochberg	Bopfingen-Flochberg
Fluertshäuserhof	Neresheim-Kösingen
Fohlenhof	Ruppertshofen
Forst	Essingen
Forst	Westhausen-Lippach

Forsthaus	Bopfingen-Baldern
Frankeneich	Aalen-Fachsenfeld
Frankenreute	Westhausen
Frauenhof	Abtsgmünd-Hohenstadt
Frauenholz	Waldstetten-Wißgoldingen
Freihof	Stödtlen
Freudenhöfe	Westhausen-Lippach
Freudenhöfle	Aalen-Dewangen
Frickenhofen	Gschwend-Frickenhofen
Fuchshäusle	Hüttlingen
Fuchshof	Schwäbisch Gmünd-Rechberg
Fuchsmühle	Lauchheim
Fuchsreute	Ruppertshofen
Fürsitz	Aalen-Hofen
Gaishardt	Neuler
Gallusmühle	Neresheim
Ganshershof	Rosenberg
Gaugenmühle	Wört
Gaxhardt	Stödtlen
Gehau	Durlangen
Gehrenhof	Eschach
Gehrensägmühle	Ellwangen-Rindelbach
Geiselrot	Rosenberg
Geiselwang	Aalen-Waldhausen
Geislingen	Unterschneidheim-Geislingen
Georgenstadt	Ellenberg
Gerau	Stödtlen
Gerhof	Ellenberg
Giengerhof	Schwäbisch Gmünd-Weiler in den Bergen
Gläserhof	Gschwend-Altersberg
Glashütte	Aalen-Unterkochen
Glassägmühle	Ellwangen-Schrezheim
Gobühl	Aalen-Dewangen
Göggingen	Göggingen
Goldburghausen	Riesbürg-Goldburghausen
Goldhöfe	Aalen-Hofen
Gollenhof	Mögglingen
Götzenmühle	Eschach
Götzenmühle	Lorch
Gratwohlhöfe	Böbingen
Greuthof	Unterschneidheim-Zöbingen
Griesweiler	Ellwangen-Schrezheim
Grobenhof	Wört
Gromberg	Lauchheim
Großdeinbach	Schwäbisch Gmünd-Großdeinbach
Großdölzer Hof	Aalen-Dewangen
Grünberg	Jagstzell
Grünhalde	Schwäbisch Gmünd-Lindach
Grünstädt	Wört
Gschwend	Gschwend
Gschwender Mühle	Gschwend
Gschwendhof	Abtsgmünd-Untergröningen
Haag	Abtsgmünd-Laubach
Häge	Schwäbisch Gmünd-Rechberg
Hagenbucherhof	Tannhausen
Haghof	Schechingen
Haghof	Gschwend-Altersberg
Haghöfle	Gschwend-Altersberg
Hagkling	Gschwend-Altersberg
Hahnenberg	Aalen
Hahnenmühle	Jagstzell
Haid	Adelmannsfelden
Haidmühle	Unterschneidheim-Zöbingen
Haldenhaus	Aalen-Dewangen
Haldenhaus	Schechingen
Haldenhaus	Ruppertshofen
Haldenhäusle	Gschwend
Haldenhof	Neuler
Haldenhof	Schwäbisch Gmünd-Großdeinbach
Haldenschafhaus	Hüttlingen
Halheim	Ellwangen-Pfahlheim
Haltepunkt Deinbach	Schwäbisch Gmünd-Großdeinbach
Haltepunkt Röttingen	Lauchheim
Hammermühle	Ellwangen-Pfahlheim
Hammerschmiede	Abtsgmünd-Pommertsweiler
Hammerstadt	Aalen
Hangendeinbach	Schwäbisch Gmünd-Großdeinbach
Hangendenbuch	Abtsgmünd
Hardt	Ellwangen-Pfahlheim
Häringssägmühle	Wört
Harthausen	Unterschneidheim-Nordhausen
Härtsfeldhausen	Bopfingen-Flochberg
Härtsfeldwerke	Neresheim
Haselbach	Ellenberg
Haselbach-Söldhaus	Schwäbisch Gmünd-Großdeinbach
Hasenhöfle	Gschwend
Häsle	Ellenberg
Heckenhof	Waldstetten
Heerhof	Kirchheim am Ries
Hegenberg	Jagstzell
Hegenreute	Spraitbach
Heide	Oberkochen
Heidmühle	Bopfingen-Flochberg
Heiligenbruck	Spraitbach
Heimatsmühle	Aalen-Hofen
Heisenberg	Aalen-Wasseralfingen
Heisterhofen	Ellwangen-Röhlingen
Helpertshofen	Eschach
Hengstberg	Gschwend-Altersberg
Herdtlinsweiler	Schwäbisch Gmünd-Weiler i. d. B.

Wohnplatzverzeichnis

Herlikofen	Schwäbisch Gmünd-Herlikofen
Herlingshof	Rosenberg
Herlingssägmühle	Rosenberg
Hermannsfeld	Essingen
Hermannsfeld	Mögglingen
Herrenfeld	Abtsgmünd-Untergröningen
Herrenwald	Abtsgmünd-Pommertsweiler
Hertighofen	Spraitbach
Herzenklingen	Waldstetten
Herzensbühl	Schwäbisch Gmünd
Hesselschwang	Bartholomä
Hetschenhof	Gschwend
Hettelsberg	Lauchheim
Hetzenhof	Gschwend
Hetzenhof	Lorch
Heubach	Stadt Heubach
Heuchlingen	Heuchlingen
Heustaig	Schwäbisch Gmünd-Rechberg
Himmelreich	Heubach
Himmelreich	Neuler
Himmlingen	Aalen
Himmlingsweiler	Aalen-Fachsenfeld
Hinterbrand	Rosenberg
Hinterbüchelberg	Abtsgmünd-Pommertsweiler
Hinteres Breitenfeld	Gschwend-Altersberg
Hinterhochstett	Schwäbisch Gmünd-Straßdorf
Hinterlengenberg	Ellwangen-Schrezheim
Hinterlintal	Spraitbach
Hintersteinbach	Ellenberg
Hintersteinbühl	Ellwangen-Schrezheim
Hirlbach	Ellwangen-Pfahlheim
Hirnbuschhöfe	Eschach
Hirschbach	Gschwend
Hirschhof	Aalen
Hirschhof	Wört
Hirschmühle	Schwäbisch Gmünd-Herlikofen
Hirschrain	Bartholomä
Hochgreut	Ellwangen-Pfahlheim
Hochtänn	Rosenberg
Hofen	Aalen-Hofen
Höfenhölzle	Abtsgmünd-Pommertsweiler
Hofherrnweiler	Aalen
Hofstetten	Ellwangen-Pfahlheim
Hohenberg	Aalen-Waldhausen
Hohenberg	Bopfingen
Hohenberg	Rosenberg
Hohenhöfen	Abtsgmünd-Pommertsweiler
Hohenlinde	Lorch
Hohenlohe	Neresheim-Dorfmerkingen
Hohenohl	Gschwend-Frickenhofen
Hohenrechberg	Schwäbisch Gmünd-Rechberg
Hohenreusch	Gschwend-Frickenhofen
Hohenreut	Gschwend
Hohenreute	Waldstetten
Hohenroden	Essingen
Hohenstadt	Abtsgmünd-Hohenstadt
Hohlenstein	Neresheim-Kösingen
Hokenschue	Schwäbisch Gmünd-Straßdorf
Holbach	Ellwangen-Rindelbach
Hollenhof	Gschwend
Hollenhof	Lorch
Hollenhöfle	Gschwend
Höllhof	Ruppertshofen
Holzhausen	Eschach
Hölzleshof	Neresheim-Dorfmerkingen
Holzleuten	Heuchlingen
Holzmühle	Bopfingen
Holzmühle	Rosenberg
Hönig	Ruppertshofen
Honkling	Gschwend
Horlachen	Gschwend-Altersberg
Horn	Göggingen
Hornberg	Schwäbisch Gmünd-Degenfeld
Hugenbeckenreute	Gschwend-Altersberg
Hülen	Lauchheim-Hülen
Humbach	Gschwend
Hummelbühl	Durlangen
Hummelhalden	Schwäbisch Gmünd-Straßdorf
Hummelsweiler	Rosenberg
Hundsberg	Gschwend-Altersberg
Hundslohe	Unterschneidheim-Walxheim
Hundslohe	Westhausen-Lippach
Hussenhofen	Schwäbisch Gmünd-Herlikofen
Hütten	Rosenberg
Hüttenhof	Rosenberg
Hüttenhöfe	Aalen-Dewangen
Hüttlingen	Hüttlingen
Iggingen	Iggingen
Immenhofen	Westhausen
Innerer Kitzinghof	Bartholomä
Itzlingen	Bopfingen-Kerkingen
Jägerhaus	Heubach
Jägerhaus	Rainau-Schwabsberg
Jägerhaus	Unterschneidheim-Zöbingen
Jagsthausen	Westhausen
Jagstheim	Kirchheim am Ries
Jagstzell	Jagstzell
Jakobsberg	Ruppertshofen
Jammermühle	Wört
Joosenhof	Gschwend-Frickenhofen
Joosenhofer Sägmühle	Gschwend-Frickenhofen

Kahlhöfe	Lauchheim-Röttingen
Kalkhöfe	Ellwangen-Rindelbach
Kalkofen	Bopfingen
Kalkofen	Kirchheim am Ries
Kaltenwag	Stödtlen
Kapellhaus	Waldstetten-Wißgoldingen
Kapfenburg	Lauchheim-Hülen
Karrenstrietle	Durlangen
Käshöfle	Gschwend-Frickenhofen
Kauhof	Abtsgmünd-Laubach
Kellerhaus	Abtsgmünd-Neubronn
Kellerhaus	Ellwangen-Rindelbach
Kellerhaus	Schwäbisch Gmünd
Kellerhof	Jagstzell
Kellershof	Gschwend-Frickenhofen
Kemnaten	Eschach
Kerkingen	Bopfingen-Kerkingen
Keuerstadt	Jagstzell
Kiart	Heuchlingen
Killingen	Ellwangen-Röhlingen
Kirchheim	Kirchheim am Ries
Klause	Aalen-Unterkochen
Kleemeisterei	Göggingen
Kleindeinbach	Schwäbisch Gmünd-Großdeinbach
Kleindölzer Hof	Aalen-Dewangen
Kleinishof	Schwäbisch Gmünd-Rechberg
Klossenhölzle	Waldstetten
Kloster Lorch	Lorch
Klotzenhof	Lorch
Klotzhöfe	Schechingen
Kocherhof	Abtsgmünd-Hohenstadt
Kohlgehau	Spraitbach
Kohlhöfle	Aalen-Dewangen
Kohlwasen	Neuler
Köhrhof	Abtsgmünd-Hohenstadt
Königsroter Mühle	Wört
Konradsbronn	Wört
Koppenkreut	Täferrot
Kösingen	Neresheim-Kösingen
Kräherger Hof	Waldstetten-Wißgoldingen
Krämersberg	Gschwend-Altersberg
Kraßbronn	Ellenberg
Kratzerhöfle	Schwäbisch Gmünd-Rechberg
Krausenhof	Böbingen
Krebenhaus	Ruppertshofen
Krempelhaus	Schwäbisch Gmünd-Rechberg
Kreuthof	Jagstzell
Kreuthof	Kirchheim-Dirgenheim
Kreuthof	Stödtlen
Kreuzmühle	Oberkochen
Krieghof	Schwäbisch Gmünd-Weiler in den Bergen
Kriegshäusle	Schwäbisch Gmünd-Straßdorf
Kuderberg	Adelmannsfelden
Lachenschafhaus	Hüttlingen
Lämmershof	Gschwend-Altersberg
Langenhalde	Aalen-Dewangen
Laubach	Abtsgmünd-Laubach
Lauchheim	Stadt Lauchheim
Lauchhof	Aalen
Lauchkling	Essingen
Lauterburg	Essingen-Lauterburg
Läuterhäusle	Aalen-Unterkochen
Lautern	Heubach-Lautern
Leinenfirst	Neuler
Leinhaus	Durlangen
Leinhäusle	Spraitbach
Leinmühle	Durlangen
Leinroden	Abtsgmünd-Laubach
Leinweiler	Schechingen
Leinzell	Leinzell
Letten	Abtsgmünd-Untergröningen
Lettenhäusle	Ruppertshofen
Lichshöfe	Neresheim
Lindach	Schwäbisch Gmünd-Lindach
Lindenhäusle	Ellwangen-Schrezheim
Lindenhof	Ellwangen-Schrezheim
Lindenhof	Rosenberg
Lindenhof	Ruppertshofen
Lindenhof	Schwäbisch Gmünd
Lindenkeller	Ellwangen-Schrezheim
Lindenreute	Gschwend-Frickenhofen
Lindorf	Westhausen-Lippach
Linsenhof	Gschwend-Frickenhofen
Lippach	Westhausen-Lippach
Lix	Essingen
Lorch	Stadt Lorch
Ludwigsmühle	Rosenberg
Lustenau	Abtsgmünd-Laubach
Lusthof	Aalen-Dewangen
Lutstrut	Abtsgmünd-Pommertsweiler
Mäder	Adelmannsfelden
Mäderhof	Aalen-Wasseralfingen
Mäderhöfe	Heuchlingen
Mädle	Aalen
Maierhof im Remstal	Lorch
Maisenhäuser	Abtsgmünd-Hohenstadt
Mantelhof	Aalen
Marzellenhof	Gschwend
Märzenhäusle	Abtsgmünd-Untergröningen
Matzengehren	Rosenberg
Maxenhof	Stödtlen
Mehlhof	Rosenberg

Wohnplatzverzeichnis

Meisterstall ....Bopfingen-Kerkingen
Merzenhof ....Stödtlen
Metlangen ....Schwäbisch Gmünd-Straßdorf
Metzelgehren ....Adelmannsfelden
Metzelhof ....Lorch
Metzlenshof ....Gschwend-Frickenhofen
Michelfeld ....Bopfingen-Aufhausen
Mittelbronn ....Gschwend-Frickenhofen
Mittelhohlenbach ....Abtsgmünd-Pommertsweiler
Mittelhohlenbach ....Abtsgmünd-Untergröningen
Mittellengenfeld ....Hüttlingen
Mittelmeizen ....Wört
Mittelwald ....Adelmannsfelden
Mögglingen ....Mögglingen
Möhnhof ....Bartholomä
Mohrenstetten ....Lauchheim
Mooswiese ....Durlangen
Mörtingen ....Neresheim-Schweindorf
Muckensee ....Lorch
Muckental ....Ellenberg
Mühläckerle ....Gschwend
Mühle ....Göggingen
Mühlhäusle ....Aalen-Fachsenfeld
Mühlholz ....Schechingen
Mühlhölzle ....Göggingen
Mulfingen ....Göggingen
Mutlangen ....Mutlangen

Nagelmühle ....Bopfingen-Oberdorf
Nardenheim ....Gschwend
Neresheim ....Stadt Neresheim
Neßlau ....Aalen
Neubau ....Aalen-Waldhausen
Neubronn ....Abtsgmünd-Neubronn
Neuhof ....Aalen-Dewangen
Neuhüb ....Ellenberg
Neukochen ....Aalen-Unterkochen
Neuler ....Neuler
Neumühle ....Aalen-Unterkochen
Neumühle ....Abtsgmünd-Pommertsweiler
Neumühle........................Gschwend-Altersberg
Neumühle..Jagstzell
Neunheim ....Ellwangen-Röhlingen
Neunstadt ....Ellwangen-Röhlingen
Neuschmiede ....Abtsgmünd
Neuziegelhütte ....Aalen-Unterkochen
Niederalfingen ....Hüttlingen
Niederroden...Stödtlen
Niesitz ....Aalen-Ebnat
Nordhausen ....Unterschneidheim-Nordhausen

Oberalfingen ....Aalen-Hofen

Oberbettringen ....Schwäbisch Gmünd
Oberböbingen ....Böbingen
Oberbronnen ....Stödtlen
Oberdorf ....Bopfingen-Oberdorf
Obere Röhrbachmühle .....Bopfingen-Trochtelfingen
Oberer Haldenhof..................Schwäbisch Gmünd-
 Weiler in den Bergen
Oberer Hangendenbuch ....Aalen-Fachsenfeld
Oberer Hugenhof ....Gschwend
Oberer Lauchhof...........Schwäbisch Gmünd-Bargau
Oberer Zusenhof ....Waldstetten
Obergröningen........................Obergröningen
Oberhohlenbach ....Abtsgmünd-Pommertsweiler
Oberhohlenbach ....Abtsgmünd-Untergröningen
Oberkirneck ....Lorch
Oberkochen ....Stadt Oberkochen
Oberkolbenhof ....Essingen
Oberlengenfeld................................Hüttlingen
Oberriffingen ....Bopfingen-Unterriffingen
Oberrombach ....Aalen
Oberschneidheim ....Unterschneidheim
Obersiegenbühl ....Hüttlingen
Oberwilfingen ...Unterschneidheim-Unterwilfingen
Oberzell ....Stödtlen
Öchsenhof ....Abtsgmünd-Untergröningen
Ödengehren.............Schwäbisch Gmünd-Rechberg
Ohmenheim................Neresheim-Ohmenheim
Ohrmühle ....Rosenberg
Öl und Sägmühle ....Abtsgmünd
Ölhäuser ....Leinzell
Ölmühle ....Adelmannsfelden
Ölmühle ....Ellwangen-Schrezheim
Ölmühle ....Essingen
Ölmühle............................Heubach-Lautern
Ölmühle..Ruppertshofen
Ölmühle ...Schwäbisch Gmünd- Weiler in den Bergen
Ölmühle...Spraitbach
Onatsfeld ....Aalen-Wasseralfingen
Oppenland ....Gschwend
Orrot..Jagstzell
Osterholz ....Kirchheim am Ries
Ottenhof ....Adelmannsfelden
Ottenried ....Gschwend-Frickenhofen

Papiermühle ....Adelmannsfelden
Parkhaus ....Bopfingen-Baldern
Patrizenhaus ....Adelmannsfelden
Pfaffenhäusle ....Göggingen
Pfaffenhölzle ....Neuler
Pfahlheim ....Ellwangen-Pfahlheim
Pfeiferhof...........................Gschwend-Altersberg
Pfeifhäusle ....Ellwangen-Pfahlheim

Pfeilhalden	Waldstetten
Pfersbach	Mutlangen
Pfladermühle	Wört
Pflaumloch	Riesbürg-Pflaumloch
Pommertsweiler	Abtsgmünd-Pommertsweiler
Pompelhof	Aalen
Prinzeck	Essingen
Pritschenhof	Gschwend-Altersberg
Pulvermühle	Abtsgmünd
Pulvermühle	Aalen-Unterkochen
Pulzhof	Lorch-Waldhausen
Rabenhof	Ellwangen-Rindelbach
Radelstetten	Schwäbisch Gmünd-Großdeinbach
Rainau	Rainau
Ramsenstrut	Neuler
Rappenbühl	Gschwend-Frickenhofen
Rappenhof	Gschwend-Frickenhofen
Rattenharz	Lorch-Waldhausen
Rattstadt	Ellwangen-Rindelbach
Ratzensägmühle	Jagstzell
Rauburr	Aalen-Dewangen
Rauental	Aalen
Rechberg	Schwäbisch Gmünd-Rechberg
Regelsweiler	Stödtlen
Rehnenmühle	Täferrot
Reichenbach	Westhausen
Reichenbach	Aalen-Dewangen
Reichenhof	Lorch
Reichertshofen	Abtsgmünd-Hohenstadt
Reißenhöfle	Gschwend
Reitprechts	Schwäbisch Gmünd-Straßdorf
Rennecker Mühle	Jagstzell
Reute	Obergröningen
Riedhaus	Spraitbach
Riedhof	Heuchlingen
Riegelhof	Aalen-Dewangen
Riegelhof	Jagstzell
Riegersheim	Jagstzell
Riepach	Tannhausen
Riesbürg	Riesbürg
Rindelbach	Ellwangen-Rindelbach
Ringlesmühle	Riesbürg-Utzmemmingen
Rodamsdörfle	Aalen-Dewangen
Röhlingen	Ellwangen-Röhlingen
Ropfershof	Jagstzell
Rosenberg	Rosenberg
Roßnagel	Abtsgmünd-Laubach
Roßsumpf	Gschwend
Rot	Jagstzell
Rotbachsägmühle	Jagstzell
Rötenbach	Abtsgmünd-Hohenstadt
Rötenbach	Abtsgmünd-Untergröningen
Rötenbach	Bartholomä
Rötenbach	Ellwangen-Schrezheim
Rötenbach	Obergröningen
Rötenberg	Aalen-Wasseralfingen
Rötenberg	Abtsgmünd-Untergröningen
Rotenhar	Gschwend-Frickenhofen
Röthardt	Aalen-Wasseralfingen
Rothof	Ellenberg
Rothof	Jagstzell
Rotkreuz	Ellwangen-Rindelbach
Rötlen	Ellwangen-Röhlingen
Rotsold	Aalen-Dewangen
Röttingen	Lauchheim-Röttingen
Ruital	Westhausen
Ruppertshofen	Ruppertshofen
Sachsenhof	Schwäbisch Gmünd-Großdeinbach
Sägmühle	Adelmannsfelden
Sägmühle	Neresheim
Sägrainhof	Lorch
Salchenhaus	Aalen-Wasseralfingen
Sandberg	Aalen
Sandhof	Abtsgmünd-Hohenstadt
Sanzenbach	Aalen-Fachsenfeld
Sauerbach	Aalen
Saurenhof	Waldstetten
Saverwang	Rainau-Schwabsberg
Schafhaus	Lorch
Schafhäuser	Abtsgmünd-Hohenstadt
Schafhäusle	Iggingen
Schafhof	Aalen-Dewangen
Schafhof	Ellwangen-Röhlingen
Schechingen	Schechingen
Schelhoppen	Essingen
Scherrenmühle	Aalen-Fachsenfeld
Scheubenhof	Rosenberg
Scheuenhof	Ellwangen-Rindelbach
Scheuensägmühle	Ellwangen-Rindelbach
Scheufele	Abtsgmünd
Schierhof	Gschwend-Altersberg
Schilpenbühl	Spraitbach
Schimmelhof	Rosenberg
Schimmelsägmühle	Rosenberg
Schirenhof	Schwäbisch Gmünd-Straßdorf
Schlägweidmühle	Bopfingen-Aufhausen
Schlangeleshalden	Waldstetten
Schlatthof	Waldstetten
Schlatthölzle	Waldstetten
Schlauchhof	Obergröningen
Schlechtbach	Gschwend
Schlechtbacher Sägmühle	Gschwend

Wohnplatzverzeichnis

Schleifhäusle	Adelmannsfelden
Schleifhäusle	Ellwangen-Schrezheim
Schloß Baldern	Bopfingen-Baldern
Schloß Lindach	Schwäbisch Gmünd-Lindach
Schloß Neresheim	Neresheim
Schloß ob Ellwangen	Ellwangen
Schloßberg	Bopfingen-Schloßberg
Schloßberg	Schwäbisch Gmünd-Rechberg
Schloßhof	Neresheim-Dorfmerkingen
Schlößle	Schwäbisch Gmünd-Bargau
Schloßreute	Aalen-Fachsenfeld
Schmalenbach	Ellenberg
Schmidbügel	Gschwend
Schnaitberg	Essingen
Schneiderhaus	Abtsgmünd-Laubach
Schnellhöfle	Lorch
Schnepfenmühle	Stödtlen
Schöllhof	Gschwend-Frickenhofen
Schönau	Ellwangen-Rindelbach
Schönberg	Lauchheim
Schönberger Hof	Neuler
Schönbronn	Schwäbisch Gmünd-Straßdorf
Schönbronn	Wört
Schönenberg	Ellwangen
Schönenberg	Ellwangen-Rindelbach
Schönhardt	Iggingen
Schrezheim	Ellwangen-Schrezheim
Schultheißenhöfle	Aalen-Dewangen
Schurrenhof	Schwäbisch Gmünd-Rechberg
Schüsselhof	Rosenberg
Schwäbisch Gmünd	Große Kreisstadt Schwäbisch Gmünd
Schwabsberg	Rainau-Schwabsberg
Schwalbenhof	Aalen
Schwefelhütte	Lorch
Schweighausen	Jagstzell
Schweindorf	Neresheim-Schweindorf
Schweizerhof	Ellenberg
Schwenningen	Neuler
Sebastiansweiler	Schechingen
Sechtenhausen	Unterschneidheim-Zipplingen
Sederndorf	Tannhausen
Seehöfle	Gschwend-Altersberg
Seelach	Abtsgmünd-Pommertsweiler
Seelach	Gschwend
Seemühle	Lorch
Seifertshofen	Eschach
Seitsberg	Hüttlingen
Simmisweiler	Aalen-Waldhausen
Sixenhof	Essingen
Sofienhof	Aalen
Sonnenhof	Ellwangen-Pfahlheim
Spatzenmühle	Abtsgmünd-Neubronn
Spielegert	Jagstzell
Spitalhof	Wört
Spittelhof	Gschwend-Frickenhofen
Spitz	Aalen-Fachsenfeld
Spitzensägmühle	Rosenberg
Spraitbach	Spraitbach
Springhof	Wört
Starrenhof	Schwäbisch Gmünd-Rechberg
Stefansweiler Mühle	Aalen-Unterkochen
Steigberg	Ellwangen-Röhlingen
Stein	Abtsgmünd-Untergröningen
Steinbacher Höfe	Schwäbisch Gmünd-Weiler in den Bergen
Steinenbach	Ruppertshofen
Steinenforst	Gschwend
Steinfurt	Aalen-Fachsenfeld
Steinhöfle	Gschwend-Frickenhofen
Steinmühle	Bopfingen-Oberdorf
Steinmühle	Neresheim
Steinreute	Abtsgmünd-Hohenstadt
Steinreute	Gschwend-Frickenhofen
Sternhof	Mögglingen
Stetten	Lauchheim
Stetten	Neresheim
Stillau	Stödtlen
Stöcken	Adelmannsfelden
Stocken	Ellwangen-Rindelbach
Stockensägmühle	Ellwangen-Rindelbach
Stockmühle	Westhausen-Lippach
Stödtlen	Stödtlen
Stollenhäusle	Schwäbisch Gmünd-Rechberg
Stollenhof	Schwäbisch Gmünd-Rechberg
Strambach	Stödtlen
Straßdorf	Abtsgmünd-Pommertsweiler
Straßdorf	Schwäbisch Gmünd-Straßdorf
Straßenhaus	Gschwend
Strauben	Lorch
Straubenmühle	Hüttlingen
Streithöfle	Aalen-Dewangen
Striethof	Ruppertshofen
Sturmhof	Gschwend-Altersberg
Stutzenklinge	Durlangen
Suhhaus	Obergröningen
Sulzdorf	Hüttlingen
Süßhof	Ellwangen-Röhlingen
Täferrot	Täferrot
Talacker	Schwäbisch Gmünd
Talmühle	Waldstetten-Wißgoldingen
Tanau	Durlangen
Tannenbühl	Rosenberg

Tannenhof	Aalen-Dewangen
Tannenhöfle	Bartholomä
Tannhausen	Tannhausen
Tannhof	Waldstetten
Tannweiler	Waldstetten
Tauchenweiler	Essingen
Teußenberg	Essingen
Tiergarten	Waldstetten
Tierhaupten	Täferrot
Tonolzbronn	Ruppertshofen
Tragenroden	Stödtlen
Treppach	Aalen-Wasseralfingen
Treppelmühle	Ellwangen-Rindelbach
Trochtelfingen	Bopfingen-Trochtelfingen
Trübenreute	Aalen-Dewangen
Trudelhöfle	Lorch
Tyrol	Abtsgmünd-Untergröningen
Uhlenhof	Rosenberg
Ulrichsmühle	Ruppertshofen
Ungnad	Bopfingen-Unterriffingen
Unterbettringen	Schwäbisch Gmünd
Unterböbingen	Böbingen
Unterbronnen	Stödtlen
Untere Röhrbachmühle	Bopfingen-Trochtelfingen
Unterer Haldenhof	Schwäbisch Gmünd-Weiler in den Bergen
Unterer Hugenhof	Gschwend
Unterer Kleinishof	Schwäbisch Gmünd-Rechberg
Unterer Lauchhof	Schwäbisch Gmünd
Unterer Zusenhof	Waldstetten
Untergröningen	Abtsgmünd-Untergröningen
Unterkirneck	Lorch
Unterknausen	Rosenberg
Unterkochen	Aalen-Unterkochen
Unterkolbenhof	Essingen
Unterlengenfeld	Hüttlingen
Unterriffingen	Bopfingen-Unterriffingen
Unterrombach	Aalen
Unterschneidheim	Unterschneidheim
Untersiegenbühl	Hüttlingen
Unterwilflingen	Unterschneidheim-Unterwilflingen
Utzmemmingen	Riesbürg-Utzmemmingen
Utzstetten	Täferrot
Vellbach	Eschach
Vogel	Westhausen-Lippach
Vogelhof	Lorch-Waldhausen
Vogelsang	Aalen
Vorderbüchelberg	Abtsgmünd
Vorderes Breitenfeld	Gschwend-Altersberg
Vorderhochstett	Schwäbisch Gmünd-Straßdorf
Vorderlengenberg	Ellwangen-Schrezheim
Vorderlintal	Spraitbach
Vorderwald	Adelmannsfelden
Wachthaus	Lorch
Wagenhofen	Westhausen
Wagenrain	Aalen-Hofen
Wagnershof	Ellwangen-Röhlingen
Wahlenhalden	Obergröningen
Waiblingen	Aalen-Fachsenfeld
Waldau	Schwäbisch Gmünd-Großdeinbach
Waldhaus	Gschwend
Waldhausen	Aalen-Waldhausen
Waldhausen	Lorch-Waldhausen
Waldhäuser Mühle	Lorch-Waldhausen
Waldmannshofen	Eschach
Waldstetten	Waldstetten
Walkersbacher Tal	Lorch
Walkersmühle	Lorch-Waldhausen
Walkmühle	Bopfingen-Aufhausen
Walser	Jagstzell
Walxheim	Unterschneidheim-Walxheim
Wasseralfingen	Aalen-Wasseralfingen
Wasserhof	Gschwend-Altersberg
Webershof	Rosenberg
Weggen	Ziegelhütte-Spraitbach
Wegstetten	Abtsgmünd-Untergröningen
Weidach	Westhausen
Weidenfeld	Aalen-Wasseralfingen
Weihermühle	Kirchheim am Ries
Weiler an der Eck	Stödtlen
Weiler in den Bergen	Schwäbisch Gmünd-Weiler in den Bergen
Weiler	Gschwend-Frickenhofen
Weiler	Rainau-Dalkingen
Weilermerkingen	Neresheim-Dorfmerkingen
Weilerstoffel	Waldstetten
Weinschenkenhof	Essingen
Weitmars	Lorch-Waldhausen
Weitmarser Sägmühle	Lorch-Waldhausen
Wendenhof	Adelmannsfelden
Westerhofen	Westhausen
Westhausen	Westhausen
Wildenhäusle	Abtsgmünd-Pommertsweiler
Wildenhof	Abtsgmünd-Pommertsweiler
Wildenhöfle	Gschwend-Frickenhofen
Wildgarten	Gschwend
Wilflingen	Abtsgmünd
Willa	Rosenberg
Wimberg	Gschwend-Frickenhofen
Windhof	Böbingen
Winterberg	Jagstzell

Wohnplatzverzeichnis

Winterhof	Stödtlen
Wißgoldingen	Waldstetten-Wißgoldingen
Wöhrsberg	Unterschneidheim-Zöbingen
Wolfsmühle	Gschwend-Frickenhofen
Wöllstein	Abtsgmünd
Wört	Wört
Wössingen	Unterschneidheim-Zipplingen
Wüstenried	Schwäbisch Gmünd-Großdeinbach
Zanken	Hüttlingen
Zeirenhof	Schechingen
Ziegelhütte	Abtsgmünd-Pommertsweiler
Ziegelhütte	Bartholomä
Ziegelhütte	Gschwend-Altersberg
Ziegelhütte	Lorch
Ziegelhütte	Schwäbisch Gmünd-Rechberg
Ziegerhof	Schwäbisch Gmünd-Großdeinbach
Zimmerbach	Durlangen
Zimmerberg	Abtsgmünd-Pommertsweiler
Zimmern	Schwäbisch Gmünd-Herlikofen
Zimmerstetten	Bopfingen-Baldern
Zipplingen	Unterschneidheim-Zipplingen
Zöbingen	Unterschneidheim-Zöbingen
Zollhaus	Essingen
Zollhof	Essingen
Zollhof	Rosenberg
Zwiebelshof	Ellenberg
Zwieklinge	Schwäbisch Gmünd-Rechberg

Die Wirtschaft

Industrie – Handel – Gewerbe

von Walter L. Werner

Der Ostalbkreis ist einer der wirtschaftsstarken Kreise in Baden-Württemberg. Ein Raum mit eigenem Profil, mit selbständigen Schwerpunkten gegenüber dem fast übermächtig erscheinenden Nachbarn „Mittlerer Neckar" und seinem Zentrum, der Landeshauptstadt Stuttgart. Mutige Unternehmer und geschickte Mitarbeiter, Spezialisten und Tüftler – all dies gehört zur Vergangenheit und zur Gegenwart dieses Wirtschaftsraumes. Hinter allem Technischen und Ökonomischen stehen die Menschen, die diesen Wirtschaftsraum gestalten. Nur der höchste Standard wird auch in Zukunft Wettbewerbsfähigkeit und Arbeitsplätze sichern.

Stark veränderte Beschäftigtenstruktur

Ein Blick auf die Beschäftigtenstatistik zeigt die erheblichen Veränderungen, die in den letzten Jahrzehnten mit der Wirtschaftsentwicklung einhergingen. Relativ konstant war hierbei nur der Bereich des produzierenden Gewerbes, in dem immer um die 60 Prozent aller Menschen tätig waren und sind. Der Gewinner der letzten Jahre und damit auch der Garant für ein gutes Arbeitsplatzangebot und niedrige Arbeitslosenquoten ist der Dienstleistungsbereich. Über bescheidene 20 Prozent Anteil an den Beschäftigten zu Beginn der fünfziger Jahre haben sich die Dienstleistungen nunmehr auf einen Anteil von deutlich über 40 Prozent entwickelt. Dabei sind die klassischen Dienstleistungsbereiche – der Handel und der Verkehr – in ihrem Beschäftigtenanteil mehr oder weniger gleich geblieben. Stark expansiv waren dagegen die sog. „sonstigen Dienstleistungen". Gleichzeitig ging die Zahl der Menschen, die in Land- und Forstwirtschaft ihr Brot verdienen, drastisch zurück.

Die Beschäftigtenzahlen und ihre Veränderungen spiegeln die erheblichen strukturellen Veränderungen in der wirtschaftlichen Entwicklung wider. Der viel zitierte Trend zur Dienstleistungsgesellschaft findet tatsächlich statt, wenn auch im Ostalbkreis noch nicht mit der Schnelligkeit und Intensität wie in einigen Bundesländern oder gar anderen westlichen Industrieländern. So sind in Baden-Württemberg bereits 50 Prozent in einem Dienstleistungsberuf tätig, in der Bundesrepublik Deutschland 55 Prozent, in den USA jedoch über 70 Prozent. Es wäre aber sicherlich falsch, davon auszugehen, daß mehr Dienstleistungen eine bessere Gegenwart oder auch bessere Zukunft verheißen. Es gibt weder theoretisch noch praktisch „richtige" Sektoranteile für die einzelnen Wirtschaftsbereiche. Wie sich die Sektoren, Branchen und Unternehmen entwickeln, wird durch den Markt bestimmt. Die wesentlichen Impulse für Entstehung und Wachstum im Dienstleistungsbereich, in der tertiären Infrastruktur kommen aus der materiellen Produktion. Die produktionsorientierten Dienstleistungen, beispielsweise im beratenden Bereich, sind hierfür stellvertretend zu nennen.

Die Dynamik gehörte also in der jüngsten Vergangenheit den Dienstleistungen, großes Gewicht und große Bedeutung hat jedoch nach wie vor der Industriesektor.

Die Industrie – das Rückgrat der Wirtschaft

Die Entwicklung der Industrie wird auch in Zukunft ausschlaggebend für die Zukunft des Ostalbkreises bleiben. In Baden-Württemberg, dem am stärksten industrialisierten Flächenstaat in der Bundesrepublik Deutschland, nimmt der Ostalbkreis, gemessen an der Zahl der Industriebeschäftigten auf 1000 Einwohner, der sog. Industriedichte, einen Spitzenplatz ein. Kommen in Baden-Württemberg 153 Industriebeschäftigte auf 1000 Einwohner, so sind es im Ostalbkreis 168. Daher machen sich Rückschläge wie Erfolge in der industriellen Entwicklung hier besonders schnell bemerkbar. Sie spiegeln sich in den Wirtschaftsdaten des Kreises noch stärker als in den übrigen Landesteilen wider.

Die wichtigsten Branchen haben alle mit dem Werkstoff Metall zu tun. Sowohl nach Beschäftigtenzahl als auch nach Umsatz sind der Maschinen- und Fahrzeugbau Spitzenreiter, gefolgt von der Feinmechanik und Optik sowie der Elektrotechnik. All diese großen Branchen im Ostalbkreis zählen somit zu den Investitionsgüterindustrien. Aus dem Bereich der Verbrauchsgüterindustrie sind zum einen die holzverarbeitende Industrie und zum anderen die Textil- und Bekleidungsindustrie zu nennen.

Die Nennung der Branchen kann mit klangvollen Firmennamen verknüpft werden. Unter den größten Unternehmen des Ostalbkreises sind allein acht mit mehr als 1000 Beschäftigten, darunter wiederum zwei mit mehr als 5000. Die großen sind: die Maschinenfabrik Alfing Keßler GmbH, Aalen; RUD-Kettenfabrik Rieger & Dietz GmbH & Co., Aalen; Schwäbische Hüttenwerke GmbH, Aalen; Varta Batterie AG, Ellwangen; Triumph International AG, Heubach, sowie Leicht Einbauküchen GmbH, Schwäbisch Gmünd. Die beiden größten Unternehmen des Ostalbkreises sind die Firma Carl Zeiss, Oberkochen sowie die Zahnradfabrik Friedrichshafen AG, Geschäftsbereich Schwäbisch Gmünd.

Die Aufzählung wäre jedoch nur vollständig, wenn ausschließlich die Zahl der Beschäftigten oder die Höhe des Umsatzes als Kriterium herangezogen würde. Tradition und Bedeutung auf teilweise kleineren Märkten prägen nämlich einen weiteren, ebenso beachtenswerten Ausschnitt der Wirtschaft des Ostalbkreises. So ist beispielsweise die enge Verbindung von Schwäbisch Gmünd zu Silber- und Schmuckwaren zu erwähnen wie auch der Ruf Aalens als Stadt der Kettenfirmen. Gerade Spezialisten sind es, die den Ruf dieses industriellen Gebietes auf so typische und unverwechselbare Weise abrunden und ergänzen.

Verdreifachter Industrieumsatz seit der Kreisreform

Seit 1973, dem Jahr der Kreisreform, als auch der Ostalbkreis in seiner heutigen Form gebildet wurde, erwirtschaftete die Industrie des Ostalbkreises einen Umsatz von etwas mehr

Verdreifachter Industrieumsatz seit der Kreisreform

Branchenentwicklung der Industrie – Ostalbkreis

Bergbau und Verarbeitendes Gewerbe (einschl. Handwerk)
Betriebe von Unternehmen mit im allgemeinen 20 und mehr Beschäftigten

Industriegruppe Wirtschaftszweig	Betriebe 1990	Beschäftigte 1990	Beschäftigte 1989	Umsatz in 1000 DM insgesamt 1990	insgesamt 1989	davon Export 1990	davon Export 1989
I Grundstoff- und Produktionsgüterindustrien							
Bergbau, Steine und Erden; Feinkeramische und Glasindustrie	16	550	275	120 532	80 773	.	.
Eisenschaffende-, NE-Metall- und Gießereiindustrie	5	.	.	.	.	.	.
Ziehereien und Kaltwalzwerke, Stahlverformung	15	2 407	2 119	408 798	299 108	69 801	73 165
Mineralölverarbeitung; Chemische Industrie	5	.	.	.	.	.	.
Sägewerke und holzbearbeitende Industrie	22	.	.	.	.	.	.
II Investitionsgüterindustrien							
Stahlbau	5	.	122	.	24 143	.	.
Maschinenbau	53	10 868	10 432	1 710 549	1 502 718	586 714	577 302
Fahrzeugbau, Schiffbau, Luftfahrzeugbau	22	.	.	.	.	.	.
Elektrotechnische Industrie	15	3 592	3 496	.	.	.	.
Feinmechanische- und optische sowie Uhrenindustrie	8	.	.	.	.	.	.
Eisen-, Blech- und Metallwarenindustrie	32	2 778	2 840	375 981	342 677	.	.
III Verbrauchsgüterindustrien							
Holzverarbeitende Industrie	20	2 587	2 412	.	457 128	.	.
Papier- und pappeverarb. Industrie	6	.	.	.	.	.	.
Druckerei- und Vervielfältigungsindustrie	6	636	570	88 994	80 724	.	.
Musikinstrumente, Spiel-, Schmuckwaren und Sportgeräteindustrie	14	.	.	.	.	.	.
Kunststoff-, gummi- und asbestverarbeitende Industrie	18	1 332	1 267	198 161	183 068	.	.
Ledererzeug. u. -verarbeitung	3	.	.	.	.	.	.
Textilindustrie	9	1 302	1 330	163 824	147 317	.	13 958
Bekleidungsindustrie	11	.	1 967	.	.	.	.
IV Nahrungs- und Genußmittelindustrien							
Ernährungsindustrie	16	722	690	181 959	189 983	.	.
Tabakverarbeitende Industrie	–	–	–	–	–	–	–
Sonstige	–	23 354	20 713	6 195 890	5 485 055	2 148 199	2 229 272
Insgesamt	301	50 128	48 233	9 444 688	8 792 694	2 804 714	2 893 697

Quelle: Statistische Berichte E I 1–j
Statistisches Landesamt

. = aus rechtlichen Gründen keine Einzelangaben

als 3 Milliarden DM. 1990, also 17 Jahre später, hat sich der Umfang mehr als verdreifacht – auf 9,5 Milliarden DM. Das Umsatzwachstum verlief dabei nicht immer kontinuierlich. So war 1975 gar ein Umsatzrückgang zu verzeichnen, 1987 ein „Nullwachstum", dem gegenüber steht das Jahr 1977 mit einem Umsatzsprung von 20 Prozent Zunahme. Diese unstetige Entwicklung ist für den Ostalbkreis gleichermaßen typisch wie für das gesamte Land Baden-Württemberg. Überall dort, wo Investitionsgüterindustrien dominieren, sind mehr oder weniger starke Umsatztäler, aber auch Umsatzspitzen zu verzeichnen. Die Abhängigkeit von der Investitionsgüternachfrage im In- und Ausland ist gleichermaßen stark und intensiv, so daß sich dies nicht nur in den Auftragsbüchern niederschlägt, sondern auch in Produktion und Umsatz. Eine Verstetigung und gleichmäßigere Entwicklung wird wohl auch in Zukunft ein Wunsch bleiben.

Die Umsatzentwicklung ist jedoch nur eine Seite der Medaille, die andere ist die Frage nach den Erträgen. Die Bundesrepublik im allgemeinen und Baden-Württemberg im speziellen haben ein außerordentlich hohes Lohnniveau, verbunden mit den weltweit kürzesten Arbeitszeiten und großen sozialen Leistungen. Das Hauptproblem der Betriebe liegt auch im Ostalbkreis in der Frage wie insbesondere ausländischen Konkurrenten, die diese betrieblichen Belastungen nicht haben, begegnet werden kann. Die Chance liegt in immer besseren und intelligenteren Produkten und in den Menschen, die diese Produkte herstellen. Die Aus- und Weiterbildung der Mitarbeiter ist für die Industrieunternehmen eine Existenznotwendigkeit. Bessere Produkte und Produktionstechniken können auch in Zukunft den Standard sichern, auch den Arbeitsplatz der 50 000 Menschen, die in den Industriebetrieben des Ostalbkreises arbeiten. Zwar ist keine Statistik verfügbar, die Auskunft darüber gibt, wie sich die Erträge in den Unternehmen letztendlich entwickeln, aber unter den vorgenannten Bedingungen läßt sich feststellen, daß sich Umsatz und Ertrag immer weiter auseinanderentwickeln, die Umsatzrendite immer kleiner wird.

Produkte weltweit gefragt

Es gibt keine „weiße Flecken" auf der Weltkarte der Außenhandelsfirmen des Ostalbkreises. Produkte von hier sind weltweit gefragt. Mit einer Exportquote von 30 Prozent – dies bedeutet 30,– DM von 100,– DM werden direkt im Ausland umgesetzt – hat der Export einen Spitzenwert erreicht. Zu Beginn der siebziger Jahre pendelte die Exportquote noch um 25 Prozent, zwischenzeitlich überschreitet sie nicht selten deutlich die 30-Prozent-Marke. In absoluten Zahlen ausgedrückt bedeutet dies, daß 1990 2,8 Milliarden DM aus dem direkten Export erwirtschaftet wurden, 1973 waren dies gerade 0,7 Milliarden DM. Der Vergleich mit dem Umsatzwachstum zeigt auch die steigende Bedeutung des Exports. Hat sich zwischen 1973 und 1990 der Umsatz verdreifacht, so hat sich der Export im gleichen Zeitraum gar vervierfacht. Der Erfolg auf den Auslandsmärkten ist augenscheinlich.

Wurde die Stellung am Auslandsmarkt früher eher auf „klassischen" Vertriebswegen erkämpft, so wagt man sich jetzt immer häufiger auf neue Geleise. Verfeinerte Marketingmethoden gehören ebenso zu den neuen Wegen wie eine ausgeklügelte Verkaufsförderung oder die Qualitätssicherung. Unterstützt wird dies durch zahlreiche Messen und Ausstellungen, die weltweit beschickt werden. Neue Vertriebswege gehen die Firmen auch, indem sie alle Möglichkeiten zu Kooperationen und Joint Ventures ausschöpfen und sich so neue Märkte erschließen. Zudem wird auf

Langfristige Entwicklung von Beschäftigten, Umsatz und Export im Verarbeitenden Gewerbe: Ostalbkreis

Jahr	Beschäftigte	Umsatz in 1000 DM	Export in 1000 DM	Veränderungen gegenüber Vorjahr in Prozent		Exportquote
				Umsatz	Export	
1973	52 932	3 023 294	687 024	11,2%	25,2%	22,7%
1974	51 274	3 256 375	857 384	7,7%	24,8%	26,3%
1975	47 625	3 204 858	805 266	−1,6%	−6,1%	25,1%
1976	46 230	3 495 712	886 303	9,1%	10,1%	25,4%
1977	46 412	4 175 805	1 088 438	19,5%	22,8%	26,1%
1978	47 337	4 507 802	1 191 555	8,0%	9,5%	26,4%
1979	48 309	5 021 968	1 352 331	11,4%	13,5%	26,9%
1980	49 206	5 521 785	1 531 001	10,0%	13,2%	27,7%
1981	48 743	5 610 249	1 629 509	1,6%	6,4%	29,0%
1982	47 490	5 957 802	1 791 160	6,2%	9,9%	30,1%
1983	45 728	6 260 191	1 823 465	5,1%	1,8%	29,1%
1984	45 259	6 481 932	1 992 354	3,5%	9,3%	30,7%
1985	46 100	7 142 792	2 263 203	10,2%	13,6%	31,7%
1986	47 479	7 513 411	2 415 145	5,2%	6,7%	32,1%
1987	47 513	7 568 378	2 359 574	0,7%	−2,3%	31,2%
1988	47 225	8 023 968	2 501 733	6,0%	6,0%	31,2%
1989	48 233	8 792 694	2 893 697	9,6%	15,7%	32,9%
1990	50 128	9 444 688	2 804 714	7,4%	−3,1%	29,7%

1973–1976 Betriebe mit 10 und mehr Beschäftigten, ohne Versorgungsbetriebe und Baugewerbe
1977–1983 Betriebe von Unternehmen mit im allgemeinen 20 und mehr tätigen Personen im Bergbau und Verarbeitenden Gewerbe (einschl. Handwerk)
Quelle: Statistischer Bericht E I 1-j, Statistisches Landesamt

diese Weise versucht, die bekannten Nachteile von Rationalisierung und Automatisierung wenigstens in etwa in einen Vorteil umzukehren: Anlagen, die im Inland dem Rotstift zum Opfer gefallen sind, können auf Drittmärkten mit Erfolg eingesetzt werden und schaffen dort vermehrt Arbeitsplätze. Die Bereitschaft, eigene Produkte auf Drittmärkten durch dort lokal hergestellte Komponenten ergänzen zu lassen und von ausländischen Lizenznehmern preisgünstige Teile zurückzukaufen, sind weitere Anzeichen dafür, daß Möglichkeiten der internationalen Arbeitsteilung zielstrebig genutzt werden.

Die Hinweise auf die ausgeprägte Bereitschaft, im Ostalbkreis bei der Zukunftssicherung neue Wege zu gehen, lassen sich problemlos fortsetzen. Ist nicht auch die Tatsache symptomatisch, daß sich die Zahl der Außenhandelsfirmen im Ostalbkreis in einem Zeitraum von nur zehn Jahren fast verdoppelt hat? Ist es nicht auch kennzeichnend, daß drei Viertel dieser Außenhandelsfirmen weniger als 100 Beschäftigte zählen? Und weiter ist in diesem Zusammenhang bemerkenswert, wie ausgeprägt die Intensität des Auslandsengagements der Außenhändler ist: Auslandsvertretungen, Vertriebsniederlassungen und Produktionsstätten im Ausland sind so selbstverständlich wie Beteiligungen an ausländischen Firmen und Lizenz- und Kooperationsverträgen.

Das Auf und Ab der Beschäftigung

Stark industrialisierte Wirtschaftsräume wie der Ostalbkreis reagieren auf konjunkturelle und strukturelle Veränderungen sehr viel heftiger als die Gebiete mit höherem Anteil an Dienstleistungsbetrieben. Die weltweite Rezession der siebziger Jahre hinterließ im Ostalbkreis kräftige Narben. Allein infolge der ersten Ölkrise reduzierte sich die Zahl der Industriebeschäftigten im Ostalbkreis zwischen 1973 und 1977 um 6500. Dies sind mehr als zwölf Prozent. Der Beschäftigungstiefstand wurde jedoch erst im Jahr 1984 erreicht. Von da an verlief die Beschäftigtenkurve zunächst langsam, dann immer steiler nach oben. 1990 schließlich wurde der dritthöchste Beschäftigtenstand erreicht, seitdem es den Ostalbkreis gibt.

Die Hauptursachen der Beschäftigungsprobleme in den siebziger und achtziger Jahren waren erhebliche Kostensteigerungen und starker internationaler Wettbewerbsdruck. Die Unternehmen reagierten zunächst mit erhöhten Rationalisierungsinvestitionen. Da sich solche Prozesse jedoch nicht unbegrenzt fortsetzen lassen, ergab sich rasch der Zwang zur Neuorientierung. Dazu gehörte die Suche nach neuen Vertriebswegen, nach neuen Zulieferern und nach neuen Produkten ebenso wie das Orientieren an neuen Fertigungsmethoden. Viele kleine Schritte führen schließlich zum Erfolg.

Investitionen steigen konstant

Die Voraussetzungen für eine höhere Leistungsfähigkeit haben die Unternehmen in den zurückliegenden Jahren über die Investitionen geschaffen. Die Investitionen sind mehr als ein Fingerzeig dafür, wie es den Unternehmen in der Zukunft gehen wird. Und im Ostalbkreis wurde konsequent und konstant investiert. Allein in den letzten drei Jahren wurde weit über eine Milliarde DM in Grundstücke und Gebäude, in neue Anlagen und Maschinen angelegt. Umsatz und Investitionswachstum liefen parallel. Beide verdreifachten sich im Betrachtungszeitraum zwischen 1973 und 1990. Pro Arbeitsplatz und Jahr beträgt das Investitionsvolumen derzeit 9000 DM. Dabei flossen die Investitionen natürlich nicht nur in die Modernisierung der

Sozialversicherungspflichtig beschäftigte Arbeitnehmer nach Wirtschaftsabteilungen

Gebiet insgesamt	Davon in der Wirtschaftsabteilung									
	Land- u. Forstwirtschaft	Energie- und Wasserwirtschaft	Verarbeitendes Gewerbe	Baugewerbe	Handel	Verkehr und Nachrichtenüberm.	Kredit- und Versich.-gewerbe	Dienstleistungen s.a.n.g.	Organis. o. Erwerbscharakter Priv.-Haush.	Gebietskörpers. u. Sozialversicher.
Ostalbkreis										
1980 94 769	1 271	748	56 282	7 222	8 852	2 234	1 948	9 884	849	5 479
1989 98 266	1 262	841	56 085	6 650	8 720	2 190	2 669	12 964	907	5 978
1990 102 276	1 266	840	58 254	6 931	9 089	2 341	2 756	13 736	946	6 117

Quelle: Statistische Berichte A VI – vj 1/80, 1/89 und 1/90, Statistisches Landesamt

Anlagen, sondern immer stärker auch in Umweltschutzinvestitionen – zum Schutz von Gewässer und Luft wie vor Lärm oder zur Beseitigung von Abfall.

Leistungsfähige Bauindustrie

Die Bauindustrie im Ostalbkreis ist typisch mittelständisch strukturiert. Baugiganten mit vielen tausend Beschäftigten sind hier fremd, dafür sind kleine und mittlere Betriebe mit hoher Flexibilität und großer Leistungsfähigkeit beheimatet. Sämtliche Sparten der Bauindustrie – vom Wohnungs- und Wirtschaftsbau über den Hoch- und Tiefbau bis zum öffentlichen Bau – sind vertreten. Die Unternehmen im Baugewerbe sind besonders starken Schwankungen ausgesetzt. Zum einen ist hierfür die Unstetigkeit der Nachfrage verantwortlich, zum anderen eine Struktur- und Niveauanpassungskrise im Bausektor selbst. Die Zahl der Unternehmen im Bauhauptgewerbe reduzierte sich zwischen 1973 und 1990 um 15 Prozent auf nunmehr 315. Die Zahl der Beschäftigten im selben Zeitraum ging um 30 Prozent zurück. Rein rechnerisch sind heute in einem Bauunternehmen durchschnittlich gerade 15 Menschen tätig. Die Umsätze im Bauhauptgewerbe des Ostalbkreises haben sich ebenfalls in diesem Zeitraum verdoppelt, sind also wesentlich langsamer gestiegen als beispielsweise in der Industrie. Einer der Hauptgründe dafür liegt selbstverständlich in dem sehr viel stärkeren Rückgang der Beschäftigtenzahlen. Das Bauvolumen, das von den 315 Unternehmen im Bauhauptgewerbe bewältigt wurde, belief sich zuletzt auf rund 600 Millionen DM im Jahr.

In den Städten und Dörfern Ostwürttembergs wird in den Kernen weitersaniert. Die verkehrliche Infrastruktur erfordert weitere Erhaltungs- und Erweiterungsmaßnahmen. Die guten Standortvoraussetzungen des Ostalbkreises werden dem Wirtschaftsbau weiterhin eine entsprechende Bedeutung zukommen lassen. Darüber hinaus ist der Ostalbkreis auch als Wohnraum attraktiv, auch dies wird sich positiv für die Bauunternehmen auswirken. So ist der Aufschwung der letzten Jahre im Bausektor mehr als eine konjunkturelle Wende. Dies ist auch unter arbeitsmarktpolitischen Gesichtspunkten wichtig, denn nach wie vor liegt das Baugewerbe nach der Industrie, dem Handel und den sonstigen Dienstleistungen auf dem vierten Platz aller Wirtschaftsabteilungen. Knapp fünf Prozent aller versicherungspflichtig Beschäftigten verdienen ihr Geld auf dem Bau.

Expansive Dienstleistungen

Nicht nur in ihrer Bedeutung für die Arbeitsplätze, sondern auch in ihrem Beitrag zur Wirtschaftsleistung sind die Dienstleistungen der klare Strukturgewinner. In den letzten Jahren und Jahrzehnten hat sich die Bruttowertschöpfung in Handel und Verkehr um zehn Prozent eingependelt, ist jedoch in den übrigen Dienstleistungen von zwölf Prozent, 1973, über 16 Prozent, 1980, auf zwischenzeitlich 23 Prozent, 1988, angewachsen. Die Bruttowertschöpfung ergibt sich aus den Produktionswerten, abzüglich Material und Vorleistungen. Trotz dieser beeindruckenden Zunahme im Bereich der übrigen Dienstleistungen verbleibt nach wie vor eine Lücke gegenüber den Landes- oder Bundeswerten. Zu den Dienstleistungen, auch tertiärer Sektor genannt, zählen Handel, Verkehr und Nachrichtenübermittlung, Kredit- und Versicherungsgewerbe, sonstige Dienstleistungsunternehmen und freie Berufe sowie Gebietskörperschaften.

Die wesentlichen Impulse für Entstehung und Wachstum dieser tertiären Infrastruktur gehen von der materiellen Produktion aus.

Bruttowertschöpfung

		Ostalbkreis	Baden-Württemberg
Bruttowertschöpfung in Mill. DM	1988	8 210	331 950
Anteil der Bereiche an der Bruttowertschöpfung in Prozent			
Landwirtschaft	1970	5,1	3,1
	1980	3,5	1,8
	1988	2,6	1,4
Warenproduzierendes Gewerbe	1970	55,1	47,5
	1980	48,2	41,9
	1988	43,8	38,8
Handel und Verkehr	1970	10,6	13,5
	1980	11,2	13,0
	1988	10,4	12,9
Übrige Dienstleistungen	1970	11,7	16,2
	1980	15,8	21,2
	1988	23,3	26,9
Anteil der Bereiche an der Bruttowertschöpfung des Landes in Prozent			
Landwirtschaft	1970	4,5	100,0
	1980	4,8	100,0
	1988	4,5	100,0
Warenproduzierendes Gewerbe	1970	3,2	100,0
	1980	2,9	100,0
	1988	2,8	100,0
Handel und Verkehr	1970	2,1	100,0
	1980	2,2	100,0
	1988	2,0	100,0
Übrige Dienstleistungen	1970	2,0	100,0
	1980	1,9	100,0
	1988	2,1	100,0

Quelle: Statistische Berichte P II 1–1988, Statistisches Landesamt
Anmerkung: Die Bruttowertschöpfung ergibt sich für jeden Wirtschaftsbereich aus dem Bruttoproduktionswert (= Bruttoumsatz + selbsterstellte Anlagen + Vorratsveränderungen) durch Abzug des Materialverbrauches und der sonstigen Vorleistungen einschließlich der hierauf lastenden Einfuhrabgaben.

Dienstleistungen sind wichtig und unverzichtbar. Erst sie ermöglichen einen reibungslosen Ablauf des Wirtschaftslebens, erst sie machen im Konsumbereich das Leben „lebenswert", so beispielsweise im Reisebüro, in der Boutique oder in der Anlageberatung. Konzentriert sind die Dienstleistungen insbesondere in den zentralen Orten des Kreises.
Es gibt also keinen Gegensatz zwischen Industrie und Dienstleistungssektor, auch wenn sich die Gewichte zwischen beiden verschieben. Die Entwicklung zeigt, daß beide Sektoren einander bedingen und sich wechselseitig durchdringen. Und die starke Industrie in Ostwürttemberg bietet in diesem Wechselspiel gute Chancen. So bedeutend die traditionellen Dienstleistungen im Handel und Verkehr auch weiterhin sein mögen, über die Zukunft des Dienstleistungssektors und damit weite Teile der Gesamtwirtschaft wird vornehmlich außerhalb dieser Branchen entschieden. Im Handel und Verkehr wird es insbesondere zu qualitativem Wachstum kommen. Es ist nicht zu erwarten, daß mittel- und langfristig erheblich mehr Betriebe oder auch Beschäftigte in diesen Bereich eintreten werden. Gute Chancen liegen in den übrigen Dienstleistungen. Die Bereiche Wissenschaft, Bildung, Kunst und Publizistik werden die Wachstumshoffnungen erfüllen. Der Ostalbkreis muß hier eine gewisse Lücke schließen, hat hierfür noch bemerkenswerte Voraussetzungen, nicht zuletzt in den Teilen des Kreises, die dem Ballungszentrum um Stuttgart besonders nahe liegen.

Handel mit einem kompletten Angebot

Der Kunde kann sich im Ostalbkreis alle Wünsche erfüllen. Von der Edeluhr über das Nobelparfüm bis zum fangfrischen Fisch oder den exotischen Früchten, von der Anlage für den Hi-Fi-Freak über den Autonarren bis zum sportlich Interessierten – der Handel im Ostalbkreis bietet ein beeindruckendes Angebot. Zwar dient der Handel in den kleineren Gemeinden des Kreises heute überwiegend der Versorgung mit Waren des täglichen Bedarfs, aber die weit fortgeschrittene Konzentration der Großbetriebsform des Handels in den Mittelzentren sowie die gute Erreichbarkeit dieser Standorte, sei es mit dem Auto, dem öffentlichen Verkehr, kommen den Kaufgewohnheiten der Kunden weit entgegen.
Der Einzelhandelsumsatz im Ostalbkreis erreichte 1990 1,4 Milliarden DM. Nach den Nahrungsmitteln folgt der Fahrzeug- und Textilhandel sowie der Handel mit Einrichtungsgegenständen, als die wichtigsten Umsatzträger. Leider liegen detaillierte Zahlen für den Handel nur relativ weit zurückliegend vor, so daß eine tiefergehende Analyse anhand von aktuellem Zahlenmaterial leider nicht möglich ist. Generell kann jedoch vermutet werden, daß der Umsatz je Einwohner auch derzeit noch unter dem Landesdurchschnitt liegt. Wichtigster Grund hierfür ist zweifelsfrei die Nähe der Landeshauptstadt für viele Bürger im westlichen Ostalbkreis, ihre Anziehungskraft als Einkaufszentrum.
Zwischenzeitlich erfreuen sich die Mittelzentren steigender Beliebtheit bei den Verbrauchern. Für den Einkauf dort sprechen neben einem günstigen Verhältnis von Zeit/Aufwand/Länge der Verkehrswege und Einkaufserlebnis vor allem die steigende Attraktivität des Warenangebots, der Branchenmix sowie die unterschiedlichen Betriebsformen des Handels. Dies gilt besonders für Aalen, Ellwangen und Schwäbisch Gmünd, die ihre Funktion als Versorgungszentren mit Waren des gehobenen Bedarfs in überdurchschnittlicher Weise gerecht werden. Generell kann gesagt werden, daß die Innenstadtsanierungen mit Fußgängerzonen und verkehrsberuhigten Bereichen dem Handel und dem Einkaufser-

Ostwürttembergs Einzelhandel in Zahlen:

	Arbeitsstätten		Beschäftigte		Geschäftsfläche in 1000 m²		Umsatz in Mio.		Umsatz je Einwohner		
	1985	Veränd. in % '79/'85	1985	Veränd. in % '79/'85	1985	Veränd. in % '79/'85	1984	Veränd. in % '78/'84	1984	Veränd. in % '78/'84	Abweichg. v. Landes- durchschn.
Ostalbkreis (277 440)											
Nahrungsmittel	500	–9,4	2282	6,8	105	22,1	510	42,6	1836	39,8	–8,8
Textilien	351	6,7	1584	8,0	67	36,7	230	35,7	828	33,1	–29,7
Einrichtungsgegenstände	113	25,5	729	58,1	98	48,5	159	104,9	573	101,1	10,0
Elektrotechn. Erzeugnisse	93	–11,4	372	–17,3	15	–16,7	56,2	–14,7	203	–16,1	–24,3
Papierwaren, Büromaschinen	54	–1,8	517	11,7	7	–12,5	112	40,6	405	37,8	87,5
Pharmaz. Erzeugnisse	117	20,6	627	15	19	5,6	123	49,3	444	46,5	–16,9
Kraft- und Schmierstoffe	19	5,5	84	6,3	11	10,0	30	104,7	109	102,0	25,3
Fahrzeuge und Teile	107	28,9	1013	3,7	123	–9,6	285	43,5	1025	40,6	3,3
Sonstige Waren	213	10,4	1200	8,0	73	1,3	235	64,0	847	61,0	–39,0
Einzelhandel	1567	3,0	8408	9,4	518	11,4	1740	46,3	6270	43,5	–13,7

Quelle: Statistisches Landesamt und eigene Berechnungen

lebnis zugute gekommen sind. So findet sich in allen Städten im Kern ein konzentriertes Angebot von Fachgeschäften und Warenhäusern. Am Rande der Innenstädte, zum Teil auf der grünen Wiese, bieten Verbrauchermärkte und SB-Warenhäuser ihre Waren an. Im Ostalbkreis gab es im Jahre 1991 außerhalb der Innenstädte 16 Verbrauchermärkte und Einkaufszentren mit einer Verkaufsfläche von ca. 77 800 Quadratmetern. Gegen eine Ausweitung der Kapazitäten dieser Verbrauchermärkte und Einkaufszentren spricht nicht nur die Gefährdung der innerstädtischen Einzelhandelsstruktur, sondern auch das Infragestellen der mit hohen Geldmitteln restaurierten innerstädtischen Kernzonen. Das urbane Leben findet in den Kernen statt und nicht auf der grünen Wiese.

Der Facheinzelhandel, der innerstädtische Handel, hat sich der Herausforderung von der grünen Wiese gestellt. Alle Bemühungen des Handels allein werden jedoch nicht ausreichen, die Kundschaft dauerhaft zu binden, wenn nicht die Verkehrsprobleme gelöst werden. Für den Handel ist ein funktionierender Individualverkehr gleichermaßen bedeutsam wie ein bedarfsgerechter öffentlicher Verkehr. Für die Stadtplaner verbleiben hier eine ganze Reihe von Aufgaben, die leider immer auch mit hohen finanziellen Aufwendungen verbunden sind.

Die 300 Großhandelsbetriebe im Ostalbkreis haben 1990 rund 2,4 Milliarden umgesetzt, damit eine Milliarde mehr als der gesamte Einzelhandel im Kreis. Der Großhandel, Auftraggeber, Lieferant und Lagerhalter für Industrie und Handwerk, Landwirtschaft und Einzelhandel, unterstreicht damit eindrucksvoll seine wichtige Rolle innerhalb der Wirtschaft des Ostalbkreises. Leider sind auch hier detaillierte statistische Informationen nur so zeitfern verfügbar, daß eine eingehendere Analyse sich verbietet.

Personen und Güter gut befördert

245 Verkehrsbetriebe besorgen im Ostalbkreis die Beförderung von Personen und Gütern. 153 Frachtführer sowie 20 Spediteure fuhren dabei einen Jahresumsatz (1988) von 180 Millionen DM ein. Auch die Güterbeförderer sind typisch mittelständische Betriebe;

Niederlassungen von Großbetrieben im Ostalbkreis sind die Ausnahme. Die Spediteure und Transporteure zeichnet eine enge Bindung an ihre Auftraggeber aus. Häufig bestehen schon jahrzehntelange Kontakte zu den Verladern. Dies ist auch mit Blickrichtung auf den europäischen Binnenmarkt wichtig, denn für das Verkehrsgewerbe kommen mit der Öffnung der europäischen Grenzen, 1993, völlig neue Zeiten. Der bislang stark reglementierte Markt mit Konzessionen und Tarifen wird nach und nach liberalisiert. Neben dem „Just in time"-Transport übernimmt die Spedition immer weitgehendere logistische Aufgaben von ihren Auftraggebern. Auch hier haben sich im Ostalbkreis echte Spezialisten herausgebildet, die für die neuen Anforderungen im europäischen Binnenmarkt gut gerüstet sind. 65 Unternehmen beschäftigen sich hier mit der Beförderung von Personen, sei es mit Omnibussen oder Taxen bzw. Mietwagen. Was heute in größeren Städten bereits zu beobachten ist, daß in den Spitzenzeiten der Individualverkehr zum Erliegen kommt, dies zeigt die Bedeutung der Verkehrsunternehmen, die den öffentlichen Verkehr bewältigen. Weit überwiegend sind dies im Omnibusverkehr, sei es nun im Linien- oder Gelegenheitsverkehr, im Berufs- oder Schülerverkehr, private Unternehmen. Der Stellenwert der Personenbeförderer in den Städten steigt weiter. Dies unterstreicht die Bereitschaft vieler Gemeinderäte, nunmehr auch dem Bus eine verbesserte Infrastruktur durch zentrale Omnibusbahnhöfe, eigene Busspuren, verbesserte Haltestellen usw. bereitzustellen.

Die Kreditwirtschaft –
Partner von privaten Unternehmen

2800 Menschen arbeiten im Kredit- und Versicherungsgewerbe des Ostalbkreises. Dies sind 50 Prozent mehr als noch vor zehn Jahren. Dieses beeindruckende Wachstum zeigt die weiter steigende Bedeutung dieses Bereiches der Dienstleistungen. Tätig sind diese qualifizierten Mitarbeiter in 101 Kreditinstituten und 33 Versicherungsunternehmen, die in einem der Handels- und Genossenschaftsregister des Ostalbkreises eingetragen sind.

Bei den Kreditinstituten dominieren nach Zahl und Geschäftsvolumen die Genossenschaftsbanken und Sparkassen. In den größeren Städten sind selbstverständlich auch die Großbanken und Regionalbanken vertreten. Die Dienstleistungspalette der Kreditwirtschaft hat sich in den letzten Jahren immer mehr erweitert. So geht es nicht mehr ausschließlich um Kredite oder Einlagen oder die Abwicklung des Zahlungsverkehrs, vielmehr hat das Wertpapiergeschäft oder die Abwicklung von Auslandsgeschäften immer größere Bedeutung. Wurde bislang von der Universalbank gesprochen, so kann man heute bereits von der Allfinanz-Dienstleistung der Kreditinstitute reden. Neben dem klassischen Bankgeschäft umfaßt dies das Bausparen oder Versicherungen. Im Gegenzug haben auch die Unternehmen des Versicherungsgewerbes oder aus dem Bausparbereich ihre Dienstleistungen auf bislang den Kreditinstituten vorbehaltene Gebiete ausgeweitet. Ziel dieser zusätzlichen Produkte ist es, den Kunden mit einer umfassenden Palette an das jeweilige Haus zu binden.

Mit Aus- und Weiterbildung
die Zukunft sichern

Die ständig steigenden und sich verändernden Anforderungen in den Unternehmen können nur durch eine qualifizierte Ausbildung bewältigt werden. Wie der berufliche Nachwuchs vorbereitet und wie eine bedarfsgerechte Weiterbildung den Berufstätigen vermittelt wird, dies ist für die Firmen des Ostalbkreises der entscheidende Wettbewerbsfaktor. Die Grundlage der beruflichen Bildung ist ein gutes Allgemeinwissen. Die allgemeinbildenden Schulen vermitteln über ein dichtes Netz – von der Grundschule bis zum Gymnasium – eine solide Grundlage für die anschließende Berufsausbildung.

Betriebe, als Träger der Lehrlingsausbildung, und Berufsschulen sorgen in partnerschaftlicher Zusammenarbeit für den beruflichen Nachwuchs. Dieses Duale System hat sich auch im Ostalbkreis bestens bewährt.

Mit rund 12 000 Ausbildungsplätzen bieten Industrie, Handel, Banken, Versicherungen, Hotel- und Gaststättengewerbe, Verkehrs- und Transportgewerbe, Handwerk, freie Berufe, öffentlicher Dienst, Land- und Hauswirtschaft in Ostwürttemberg eine große und breite Palette an Ausbildungsmöglichkeiten. Die wichtigsten Ausbildungsbereiche sind Industrie und Handel mit mehr als 6000 und das Handwerk mit 3000 Auszubildenden. Von der Industrie- und Handelskammer Ostwürttemberg sind über 1000 Betriebe als Ausbildungsstätten anerkannt. Im Handwerk gibt es weitere 1650 Ausbildungsbetriebe.

Die Ausbildung ist von hoher Qualität: Mehr als 15 Prozent der Auszubildenden, die ihre Abschlußprüfung ablegen, schließen ihre „Kaufmannsgehilfenprüfung" oder „Facharbeiterprüfung" mit gutem oder sehr gutem Gesamtergebnis ab. Daß die Unternehmen der Ausbildung einen hohen Stellenwert einräumen, zeigt einerseits der hohe finanzielle Aufwand für die berufliche Ausbildung, zeigt andererseits auch die Qualifizierung des Ausbildungspersonals. Ausbilder müssen, neben ihrer fachlichen Qualifikation, auch berufs- und arbeitspädagogisch geeignet sein.

Zur Ausbildungspalette gehört neben der betrieblichen Ausbildung auch die Möglichkeit des Studiums an einer Hoch- oder Fachhochschule im Ostalbkreis.

Eine wirtschaftsnahe Weiterbildung bereitet Arbeiter und Angestellte auf neue Aufgaben vor. Die Wirtschaft gibt heute pro Mitarbeiter und Jahr bereits 2000 DM für Weiterbildungszwecke aus. Im Ostalbkreis bieten zahlreiche Weiterbildungsträger ein vielfältiges Angebot an Möglichkeiten an. In Seminaren haben Weiterbildungsinteressierte die Möglichkeit, vorhandenes Wissen zu aktualisieren, Lehrgänge der beruflichen Aufstiegsbildung bereiten darüber hinaus auf Weiterbildungsprüfungen der Industrie- und Handelskammer oder der Handwerkskammer vor. Hierbei seien nur die Lehrgänge zum Fachkaufmann (Außenwirtschaft, Bilanzbuchhalter, Einkauf/Materialwirtschaft, Marketing, Personal) und Fachwirte (Bank, Handel, Industrie) genannt. Die Nachfrage nach Meisterprüfungen ist permanent hoch, ebenso bei Lehrgängen im EDV-Bereich.

Zwischenzeitlich ist das Weiterbildungsangebot so vielfältig und groß, daß es für den einzelnen immer schwieriger wird, das genau für ihn richtige herauszufinden. Aus diesem Grund bieten die Industrie- und Handelskammer und die Organisation des Handwerks ein Weiterbildungsinformationssystem (WIS) an, das schnell und kostenlos Auskunft gibt über Themen, Veranstalter, Termine, Gebühren, Inhalte und weitere Informationen zur beruflichen Weiterbildung.

Auf dem Weg in eine gute Zukunft

Die Suche nach neuen Produkten und effizienteren Verfahren, die Fähigkeit, sich anzupassen, den Mut, Innovationen zu verwirklichen, all dies sind Eigenschaften, die in den Unternehmen des Ostalbkreises reichlich vorhanden sind. Sie sind auch notwendig, denn den Betrieben wird weiterhin nichts in den Schoß fallen. Zahllose Erfolge in der Vergangenheit sind noch lange kein Garant für eine sichere

Zukunft. Aber Mitarbeiter und Unternehmen haben in der Vergangenheit die Voraussetzungen geschaffen, daß die Tugenden zum Tragen kommen können.

Die Erfolge auf den Auslandsmärkten, die Entwicklung der Investitionen sind ein Gradmesser dafür, wie die Wettbewerbsfähigkeit zu beurteilen ist. Demnach steht einer guten Entwicklung nichts im Wege. Aber – und hier seien Städte, Kreise, Bund und Land an ihre Aufgaben erinnert – nicht alles ist von den Unternehmen selbst zu erbringen oder gar zu lösen. Eine kontinuierliche und vernünftige Weiterentwicklung der wirtschaftsnahen Infrastruktur gehört hier ebenso zu den Forderungen wie die Notwendigkeit, genügend Gewerbe- und Industrieflächen zur Verfügung zu stellen oder bei der Lösung von Müll- und Umweltfragen mit den Unternehmen gemeinsame Lösungen zu suchen. Aber auch dies ist ein Vorteil. Der Ostalbkreis ist groß, aber nicht zu groß, um nicht mit kurzen Wegen zumindest die Chance zu bieten, bessere Standortbedingungen zu gewährleisten als anderswo.

Handwerk zwischen Tradition und Fortschritt

von Erich Dittus

Mit mehr als 750 000 Betrieben und rund 5 Millionen Beschäftigten sowie einem Umsatz von fast 600 Milliarden DM ist das Handwerk in der Bundesrepublik Deutschland der zweitgrößte und vielseitigste Wirtschaftsbereich. Die Unternehmen des wirtschaftlich so bedeutsamen Handwerks stellen Waren her und bieten Dienstleistungen in einem breiten Spektrum an, wobei sie durch einen schnell voranschreitenden strukturellen und technologischen Wandel zu einer ständigen Anpassung gezwungen werden.

Auch in Ostwürttemberg ist das Handwerk ein bestimmender Faktor des Wirtschaftslebens geworden und hat entscheidend die Entwicklung und das Gesicht der Städte dieses Raumes mit geprägt. Zünfte und Organisationen des Handwerks haben sich dabei immer auch der kommunalpolitischen Verantwortung gestellt. Von der frühen Schaffenskraft des Handwerks in Ostwürttemberg künden die zahlreichen historischen Bauten und Kunstdenkmäler, in denen sich das Handwerk verewigt hat.

Trotz gewaltiger wirtschaftlicher Umwälzungen und Strukturkrisen in den zurückliegenden Jahrhunderten, nicht zuletzt aber auch trotz der Industrialisierungswelle bis in unsere Tage hinein, hat sich das Handwerk als dynamischer Wirtschaftsbereich nicht nur behauptet, sondern es konnte seine Position festigen und ausbauen.

Nach dem Zweiten Weltkrieg waren in Ostwürttemberg noch nahezu alle der ursprünglich rund 230 Handwerksberufe anzutreffen. 125 Handwerksberufe, gegliedert in sieben Handwerksgruppen (wie in den nachstehenden Statistiken) wurden schließlich in der 1953 für das Bundesgebiet einheitlich in Kraft getretenen Handwerksordnung festgelegt. Ein Kernstück dieser Handwerksordnung bildet der die Erhaltung des Leistungsstandes des Handwerks gewährleistende „Große Befähigungsnachweis", nämlich die Meisterprüfung.

Betrachtet man die Entwicklung des Handwerks in Ostwürttemberg mit seinen 4492 Betrieben, in denen ca. 36000 Personen beschäftigt sind, die insgesamt einen Umsatz von fast 4,5 Milliarden DM im Jahr 1989 erzielten, so kann man auch hier feststellen, daß das ostwürttembergische Handwerk neben der Industrie der zweitstärkste Wirtschaftsbereich ist.

Die Handwerksstatistiken weisen wohl eine rückläufige Entwicklung der Betriebszahlen aus, jedoch haben die Beschäftigtenzahlen beachtlich zugenommen, und geradezu in einer Steilkurve konnten die Umsätze gesteigert werden (Tab. 1).

Aufschlußreich ist auch eine Aufgliederung der heutigen Handwerksbetriebe auf die einzelnen Handwerksgruppen, wobei auch hier der Leitsatz galt: „wachsen statt weichen".

Tabelle 1: Entwicklung der Handwerksbetriebe in Ostwürttemberg 1960–1990

	1960	1970	1975	1980	1985	1990
Aalen	2343	2051	–	–	–	–
Schwäbisch Gmünd	1913	1682	–	–	–	–
Ostalbkreis	4256	3733	3335	3224	3138	3142
Kreis Heidenheim	1841	1619	1481	1425	1409	1342
Ostwürttemberg	6097	5352	4816	4649	4547	4484

Am stärksten gingen die Betriebe des Bekleidungs-, Textil- und Ledergewerbes zurück. Fast drei Viertel der Betriebe mußten in diesem Zweig aufgeben oder fielen dem Konzentrationsprozeß zum Opfer. Auch im Bau- und Ausbau- sowie im Holzhandwerk gab es starke Betriebseinbußen, während sich das Nahrungsmittelhandwerk wie auch das Gesundheits- und Körperpflegegewerbe einigermaßen halten konnten.

Demgegenüber entwickelte sich das Metallhandwerk von Jahr zu Jahr weiter nach oben und konnte sogar einen beträchtlichen Unternehmenszuwachs aufweisen, wobei auch die Beschäftigtenzahlen kräftig anstiegen (Tab. 2).

Handwerk und Qualitätsarbeit sind untrennbare Begriffe geworden, wobei die Grundvoraussetzung dafür ist, daß das Handwerk über entsprechend qualifizierte Fachkräfte verfügt. Es ist überwiegend dem Handwerk zu verdanken, daß in den Jahren des Lehrlingsbooms ausreichend Lehrstellen angeboten werden konnten.

Aber auch hier haben sich die Zeiten geändert. Zahlreiche Lehrstellen im Handwerk sind in-

Tabelle 2: Handwerksbetriebe nach Gewerbegruppen und Berufen in Ostwürttemberg 1990

Handwerksgruppe		Kreis Heidenheim Anzahl	Prozent	Ostalbkreis Anzahl	Prozent	Ostwürttemberg Anzahl	Prozent
I	– Bau- und Ausbaugewerbe	277	20,6	634	20,2	911	20,3
II	– Metallgewerbe	539	40,2	1231	39,2	1770	39,5
III	– Holzgewerbe	98	7,3	267	8,5	365	8,1
IV	– Bekleidungs-, Textil- und Ledergewerbe	91	6,8	225	7,2	316	7,1
II	– Nahrungsmittelgewerbe	167	12,4	382	12,1	549	12,2
II	– Gewerbe für Gesundheits- und Körperpflege sowie chem. und Reinigungsgewerbe	130	9,7	309	9,8	439	9,8
II	– Glas-, Papier-, keramische und sonstige Gewerbe	40	3,0	94	3,0	134	3,0
		1342	100,0	3142	100,0	4484	100,0

Tabelle 3: Lehrlingszahlen in Ostwürttemberg

Jahr	Heidenheim Anzahl	Ostalbkreis Anzahl	Ostwürttemberg Anzahl
1960	649	1498	2147
1970	767	1902	2669
1975	942	2359	3301
1980	1353	3021	4374
1985	1224	3158	4382
1990	884	2147	3031

zwischen unbesetzt. Zu den größten Herausforderungen des Handwerks zählt daher die Überwindung des Nachwuchs- und Facharbeitermangels, der sich auch in fast allen Branchen des ostwürttembergischen Handwerks zeigt, denn nicht nur im Baubereich und im Baunebengewerbe, sondern auch in den Bereichen Nahrung und Holz nahmen die Lehrlingszahlen ab (Tab. 3).

Die Handwerkskammer Ulm mit ihren Kreishandwerkerschaften und Innungen sieht heute neben ihren gesetzlich vorgeschriebenen Hoheitsaufgaben die Notwendigkeit, den Handwerkern ihres Kammerbezirkes auf dem Weg in das technologische Zeitalter zur Seite zu stehen. Zwar ist es Aufgabe des Unternehmers, selbst zu entscheiden, welche neuen Verfahrens- und Produktionstechniken er einführen möchte. Diese Entscheidung kann ihm nicht abgenommen werden. Ihn bei dieser Entscheidung jedoch zu beraten, ist eine wichtige Aufgabe der modernen Handwerksorganisation.

Alle Maßnahmen der Handwerksorganisation im Bereich der Aus- und Weiterbildung, der betriebswirtschaftlichen und technischen Beratung dienen dem Ziel der Bewältigung des Strukturwandels im Handwerk. Auch in der Region Ostwürttemberg bieten die Handwerksorganisationen durch ihre modern eingerichteten Berufsbildungszentren wie das Metall-Ausbildungszentrum (MAZ) in Heidenheim, das Elektro-Ausbildungszentrum (EAZ) in Aalen und das Bau-Ausbildungszentrum in Aalen ein breit gefächertes Programm handwerklicher und technologischer Kurse. Ihr Qualifizierungs- und Weiterbildungsangebot reicht von Meistervorbereitungskursen über betriebswirtschaftliche Lehrgänge bis hin zum Seminar „Betriebswirt des Handwerks".

Wie sehr sich das Handwerk dem Fortschritt öffnet, zeigen die hohen Teilnehmerzahlen der Kurse, Lehrgänge und Seminare. Seine Bereitschaft, sich in allen Berufen der neuen Zeit anzupassen, spiegelt sich in den zahlreichen Beratungen durch die Handwerkskammer Ulm wider, die dazu beitragen, die Leistungs- und Wettbewerbsfähigkeit der Handwerksunternehmen zu steigern und somit dem Handwerk den Weg in das nächste Jahrtausend zu ebnen.

Landwirtschaft

von Christoph Frhr. von Woellwarth

Natürliche Verhältnisse

Vier Landschaftstypen prägen den Ostalbkreis:
- Härtsfeld und Albuch als Teil der Albhochfläche mit einer Höhenlage von 500 bis 750 m. Hier überwiegen meist durchlässige Weißjura-Verwitterungsböden, die bei landwirtschaftlichen Flächen den Ackerbau begünstigen. Die Niederschläge erreichen auf dem westlichen Albuch 1050 mm (Kaltes Feld – Lauterburg), während im Regenschattengebiet auf dem östlichen Härtsfeld nur noch durchschnittlich 600 mm Regen fällt. Das Klima ist insgesamt rauh – wie man sagt „Einen Kittel kälter als im Albvorland" –; die Jahresdurchschnittstemperatur liegt unter 7 °C. Trotzdem wächst auf dem Härtsfeld wegen des kontinental geprägten, sommerheißen Klimas und den meist nach Süden geneigten Flächen noch der wärmeliebende Silomais. Die Albhochfläche hat einen Anteil von 15% an der Kreisfläche.
- Im Albvorland überwiegen Braun- und Schwarzjura-Verwitterungsböden. Das Gebiet ist waldarm, und wegen der schweren Tonböden tritt das Ackerland vielfach gegenüber den Wiesen zurück. Es liegt 380–580 m hoch; die Jahrestemperatur erreicht durchschnittlich 7,5 °C, der Niederschlag 700–900 mm. 56% des Kreisgebietes gehören zu diesem Bereich.
- Im Keupergebiet, im Norden des Kreises, fehlen größere ebene Flächen. Dies und die stark wechselnden, überwiegend aber armen Sandböden, haben größere Waldrodungen verhindert. Das Klima ist ähnlich wie im Albvorland, die Höhe 420–560 m. Der Anteil an der Kreisfläche beträgt 27%.
- Im Osten hat der Landkreis noch einen kleineren Anteil am überwiegend bayerischen Ries. Auf Löß-Verwitterungsböden wird hier bei durchschnittlichen Jahresniederschlägen von 600 mm und einer Höhenlage von 440–500 m ein intensiver Ackerbau betrieben.

Bodennutzung

Mit einer Wirtschaftsfläche von 151 142 ha ist der Ostalbkreis der drittgrößte Flächenkreis unter den 35 Land- und 9 Stadtkreisen in Baden-Württemberg. Er umfaßt 4,2% der Landesfläche und ist fast dreimal so groß wie der Bodensee. Die Wirtschaftsfläche gliederte sich 1989 in

landwirtschaftliche Nutzfläche	74 518 ha
Waldfläche	56 161 ha
nicht genutzte Fläche, Ödland, Hutung	3 956 ha
Gewässer	907 ha
Siedlungen und Verkehrsflächen	15 600 ha
Gesamte Wirtschaftsfläche	151 142 ha

Die landwirtschaftlich genutzte Fläche hat sich seit 1974 um 4811 ha vermindert. Der größte Teil wurde zu Siedlungen und Verkehrsflächen (Zunahme 2781 ha) benötigt; ca. 800 ha wurden aufgeforstet und weitere 670 ha waren 1989 stillgelegt. Ein Teil der landwirtschaftlichen Fläche ist zwischenzeitlich Schafweide, Hutung etc. geworden oder wurde statistisch zu nicht genutzter Fläche (Zunahme seit 1974 878 ha) umgebucht.

Von der landwirtschaftlich genutzten Fläche sind 37 517 ha (50,3%) Wiesen und Weiden. Im Regierungsbezirk Stuttgart weist nur der Landkreis Göppingen einen höheren Grünlandanteil auf; landesweit liegt dieser bei ca. 40%.

Tabelle 1: Die Nutzung des Ackerlandes und die Erträge

Art	Ostalbkreis ha Anbaufläche		Durchschnittsertrag 1989 dt/ha	
	1987	1974	Ostalbkreis	BW
Weizen	7 275	9 885	59,0	60,6
Roggen	599	684	45,1	45,9
Wintergerste	4 299	383	45,1	45,9
Sommergerste	2 487	3 337	41,5	44,2
Hafer	4 866	4 036	42,6	45,2
Menggetreide	1 948	4 985	–	–
Getreide insges.	21 474	23 310	50,4	53,7
Körnermais	93	135	64,8	77,4
Erbsen, Bohnen etc.	351	174	36,0	30,0
Zuckerrüben	113	106	506,9	540,8
Futterrüben	699	1 890	1 101,4	1 169,6
Kartoffeln	604	2 938	331,2	312,7
Raps	1 799	ca. 400	35,2	31,1
Silomais	6 745	4185	497,2	493,9
Klee/Kleegras, Feldfutter	2 450	3 962	–	–
Sonstige Flächen Gartenland	314	keine Angaben		
Ackerland insges.	34 642	37 100		

Die Flächenangaben von 1987 (Tabelle 1) – neuere Zahlen aus der Zählung von 1990/91 liegen leider noch nicht vor – zeigen, daß sich der Getreideanteil an der Ackerfläche mit 62% bzw. 63% (1974) kaum verändert hat. Der durchschnittliche Ertrag ist von 40,9 dt (Dezitonne = $1/10$ Tonnen) pro ha auf 50,4 dt pro ha gestiegen.

Mehr als verzehnfacht hat sich die Wintergerstenfläche. Dies ist aus ökologischer Sicht zu begrüßen, weil nach Wintergerste der bodenschonende Zwischenfruchtanbau fast immer möglich ist und gelingt.

Von den übrigen Kulturen des Ackerlandes hat der arbeitsintensive Kartoffel- und Futterrübenanbau an Fläche verloren, zugelegt haben Silomais (19,5% der Ackerfläche) und Raps, dessen Anbaufläche sich bis 1991 auf fast 3000 ha erhöht hat. Nach Getreide und Kartoffeln rangiert Raps unter unseren Klimabedingungen als möglicher Rohstofflieferant. Aus einer Durchschnittsernte von 30 dt/ha werden ca. 1200 l Öl gepreßt, das sich zur Herstellung von Nahrungsfetten ebenso eignet wie als umweltfreundliches Schmier- und Hydrauliköl oder als Kraftstoff.

Sonderkulturen mit wirtschaftlich großer Bedeutung gibt es im Kreis nicht; Pflanzkartoffeln, Beeren und Obst bringen nur für wenige Betriebe wirtschaftlich bedeutende Erträge. Gärtnereien haben mit Schwerpunkten in Lautern und Essingen ihre Flächen ausgedehnt und decken einen erheblichen Teil des örtlichen Bedarfs an Frischgemüse. Eine positive Entwicklung verzeichnen auch einige leistungsfähige Baumschulen.

Betriebsstruktur

Im Jahr 1990 lag die Zahl der land- und forstwirtschaftlichen Betriebe im Kreis bei 4816. Davon wurden ca. 1450 oder 30% im Haupt-, der Rest im Nebenerwerb bewirtschaftet. Die durchschnittliche Betriebsgröße liegt bei 15,4 ha (1974 noch 10,3 ha). Das Gros der

Betriebsstruktur – Viehhaltung

Vollerwerbsbetriebe bewirtschaftet jedoch 30–50 ha; häufig ist mehr als die Hälfte der Fläche zugepachtet.

Tabelle 2: Betriebsgrößenstruktur

ca. landw. Fläche	Betriebe 1990	Betriebe 1974
< 10 ha	2357	4361
10–20 ha	1290	2231
20–30 ha	606	718
> 30 ha	563	200
	4816	7510

Wachstumsschritte in Vollerwerbsbetrieben waren schon in der Vergangenheit nicht leicht und werden in Zukunft noch schwieriger sein. So stehen in der Milchviehhaltung, dem wichtigsten landwirtschaftlichen Betriebszweig im Kreis, erst ca. ein Drittel der Kühe in arbeitswirtschaftlich und hygienisch günstigen und tiergerechten Boxenlaufställen. Will nun ein Landwirt mit beispielsweise 100 000 kg Milchreferenzmenge neu bauen, so muß er neben den Baukosten (ca. 12 000 DM pro Kuhplatz) und der Viehaufstockung noch zusätzlich den Erwerb von 100 000 kg zusätzlicher Referenzmenge finanzieren, um auf eine technisierungswürdige Bestandsgröße von ca. 40 Kühen zu kommen.

Ein weiteres strukturelles Problem ist die Flurzersplitterung in den Markungen um die Städte Schwäbisch Gmünd, Aalen und Ellwangen sowie vor allem im Nordosten des Kreises. Es gibt hier Höfe mit 50 ha Fläche, die über 100 Einzelgrundstücke bewirtschaften müssen! Zwar lassen sich in manchen Fällen durch Nutzungstausch Verbesserungen erzielen, dauerhafte Lösungen sind aber ohne Flurbereinigung selten zu erreichen. Deren Verfahren dauern wegen Überlastung des Flurbereinigungsamtes Ellwangen, das eine Reihe von Verfahren entlang der Autobahn A 7 vordringlich zu erledigen hat, und neuer zusätzlicher Maßnahmen wie Renaturierung und Dorfentwicklung jedoch inzwischen zwölf Jahre – eine wenig motivierende Perspektive für einen jungen Landwirt.

Viehhaltung

Mit 1,5 Großvieheinheiten (Landesdurchschnitt 0,95 Großvieheinheiten) pro Hektar gehört der Ostalbkreis zu einem Gürtel mit verstärkter Viehhaltung, der sich im Osten Baden-Württembergs von Mergentheim bis nach Ravensburg erstreckt. Dabei steht die Rindviehhaltung im Vordergrund. Die in den letzten Jahren expandierende Zuchtschweinehaltung hat ihren Schwerpunkt im Osten des Kreises (Tabelle 3).

Tabelle 3: Entwicklung der Viehbestände

Viehart	Bestand 1990	Bestand 1974
Pferde	2 656	1 176
Milchkühe	38 483	43 400
Jungvieh, Mastvieh, Mutterkühe	74 237	74 195
Zuchtschweine	16 116	9 810
Mastschweine, Ferkel	90 048	92 617
Schafe	11 548	6 150
Geflügel	199 828	226 000

Die Zahl der Rinder scheint sich auf hohem Niveau zu stabilisieren. Allerdings verbirgt sich hinter dieser vermeintlichen Stagnation eine vehemente einzelbetriebliche Dynamik mit dem Ergebnis, daß sich die Kuhzahl pro Betrieb von durchschnittlich 7,6 im Jahr 1974 auf 13,6 im Jahr 1990 erhöhte.

Man kann davon ausgehen, daß dieser Konzentrationsprozeß ohne die Milchreferenzmengenregelung, nach der seit 1. April 1984 jeder Betrieb seine feste Lieferquote hat, noch wesentlich stärker gewesen wäre, obwohl inzwischen auch diese Quoten ohne größere Komplikationen durch Verpachtung und Verleasen auf andere Höfe übertragen werden können.

Von den Kühen stand 1990 fast die Hälfte, nämlich 18 862, in 856 Betrieben unter Milchleistungsprüfung. Diese Tiere gaben im Durchschnitt 5117 kg Milch. Am stärksten unter den Kontrollkühen vertreten war Fleckvieh mit 58%, es folgten Schwarzbunte mit 24% und Rotbunte mit 10% Anteil. Die 360 Fleckviehzüchter sind in fünf Zuchtvereinen zusammengeschlossen; in ihren Betrieben stehen fast 8000 Herdbuchkühe. Dem Schwarz- und Rotbuntzuchtverein gehören 89 Landwirte mit 2961 Herdbuchkühen an.

Auch in der Zuchtschweinehaltung ist der Konzentrationsprozeß unverkennbar. Spezialisten halten heute bis 100 und mehr Zuchtsauen, die in klimatisierten Abferkelställen ihre Ferkel zur Welt bringen und säugen. Durchschnittlich werden 20 Zuchtsauen pro Betrieb gehalten; 1974 waren es erst vier Tiere. Die meisten Schweinezüchter kreuzen das Deutsche Landschwein mit fleischbetonten Pietraineebern. Alternativ davon steht das Baden-Württembergische Hybridschwein, das als besonders gesund und robust gilt. In dieses Hybridzuchtprogramm sind einige Basiszuchtbetriebe im Kreis integriert. Ein Teil der Züchter ist in den Schweinezüchtervereinigungen Aalen/Ellwangen (104 Mitglieder) und Schwäbisch Gmünd (59 Mitglieder) organisiert.

Der Pferdebestand hat sich in den vergangenen 15 Jahren mehr als verdoppelt. Unter den 2656 gezählten Tieren sind ca. 300 Zuchtstuten. Der Ostalbkreis ist zu einem respektablen Pferdenachzuchtgebiet geworden.

Der Zuwachs an Schafen verteilt sich auf viele kleine Hobbyhaltungen. Trotz miserabler Woll- und Schaffleischpreise – der Wollerlös deckt nicht einmal den Schurlohn – halten sich noch elf Profi-Schäfer mit ca. 3500 Muttertieren.

Einkommenssituation

In den Vergleichsgebieten bessere Alb (Ries), schlechtere Alb (Härtsfeld und Albuch), Albvorland und Schwäbischer Wald hat ein landwirtschaftlicher Vollerwerbsbetrieb nach Buchführungsergebnissen in den letzten drei Jahren einen durchschnittlichen Gewinn von DM 45 750,– erzielt; pro Familienarbeitskraft waren dies DM 29 098,–. Der Vergleichslohn einer gewerblichen Arbeitskraft lag im Jahr 1989/90 bei DM 40 914,–.

Im laufenden Wirtschaftsjahr 1990/91 wird nach Schätzung der Bundesregierung im Agrarbericht wegen der gesunkenen Milch-, Rindfleisch- und Getreidepreise das bäuerliche Einkommen gegenüber dem Vorjahr sogar noch um 20% sinken. Diese Einkommensdisparität, verbunden mit viel höherer Arbeitsbelastung, ist der Grund dafür, daß im Ostalbkreis in den vergangenen 15 Jahren im Schnitt 180 Betriebe pro Jahr (2,4%) aufgegeben haben.

Noch stärker wäre die Einkommensdisparität ohne die Hilfsprogramme von Bund und Land. Nachdem der Ostalbkreis außer den Ortschaften Pflaumloch, Goldburghausen, Benzenzimmern und Unterwilflingen zur benachteiligten Agrarzone gehört, erhalten die Landwirte hier je nach Bonität ihrer Böden und der Hanglage zwischen DM 70,– und DM 286,– pro ha als Ausgleichszulage. Für die besonders unter Preisdruck stehenden Betriebszweige Schafhaltung, Mutterkuhhaltung und Bullenmast gibt es wie in der ganzen EG auf die Tierzahl bezogene Prämien.

Mit seinem Existenzstützungsprogramm versucht das Land Baden-Württemberg kleinere Haupterwerbslandwirte über Wasser zu halten. Bei diesem Programm wird nicht nur der Betrieb sondern auch die Größe der Familie mit berücksichtigt.

Für das bäuerliche Selbstverständnis sind diese Hilfen und die damit verbundene Antragstellung ein Graus. Doch ist stolzer Verzicht (der vereinzelt geübt wird) keine Alternative, wenn die Existenz des ererbten Hofes auf dem Spiel steht!

Schule, Fortbildung und Beratung

Der Ostalbkreis unterhält eine landwirtschaftliche Berufsschule in Aalen, die im Schuljahr 1990/91 von 50 Schülern in drei Klassen besucht wurde. Das 1. Schuljahr mit 16 Schülern wurde im Rahmen des Berufsgrundschuljahres als Vollzeitschule geführt.

Nominell bestehen in Aalen, Ellwangen und Schwäbisch Gmünd landwirtschaftliche Fachschulen. Sie sind in erster Linie Betriebsleiterschulen und vermitteln das Grundwissen für die Meisterprüfung und den Besuch der landwirtschaftlichen Akademien in Nürtingen oder Triesdorf. Durch die Reform der Landwirtschaftsverwaltung in Baden-Württemberg wird die landwirtschaftliche Fachschule in Aalen voraussichtlich am 30. Juni 1992 geschlossen.

Produktionstechnische und unternehmerische Beratung der Landwirte erfolgt durch die Landwirtschaftsämter Aalen (bis 1992), Schwäbisch Gmünd und Ellwangen, durch das Tierzuchtamt Hall mit seinen Zuchtbera-

125 Praktische Ausbildung der landwirtschaftlichen Fachschüler im Sommer 1991 – auf dem Versuchsfeld in Neuler

tungsstellen und mit Schwerpunkt Produktionstechnik durch Genossenschaften und Landhandel.

Für spezialisierte Michviehbetriebe wurde 1989 ein privatrechtlich organisierter Beratungsdienst gegründet, dem 67 Betriebe angehören. Die Kosten werden teils vom Land, teils von den Landwirten selbst getragen.

In der Fortbildung engagieren sich Zusammenschlüsse der Fachschulabsolventen (2000 Mitglieder), der Landwirtschaftsmeister und der Landfrauen, letztere auch mit vielen nicht aus der Landwirtschaft kommenden Mitgliedern.

Landwirtschaftliche Organisationen

Der Bauernverband ist in zwei Kreisverbänden Aalen (3150 Mitglieder) und Schwäbisch Gmünd (1560 Mitglieder) organisiert, die eine gemeinsame Geschäftsstelle unterhalten. Er bildet die berufsständische Vertretung der Landwirte und berät in Sozial-, Rechts-, Versicherungs- und Steuerangelegenheiten.

Als Lieferanten von Betriebsmitteln wie Kraftfutter, Mineraldünger und Landmaschinen und als Abnehmer von Getreide, Raps und Kartoffeln haben die landwirtschaftlichen Bezugs- und Absatzgenossenschaften in Bopfingen mit 1582 Mitgliedern und in Ellwangen mit 532 Mitgliedern sowie die WLZ in Schwäbisch Gmünd traditionell eine starke Stellung. Sie arbeiten eng mit den örtlichen Raiffeisenbanken zusammen, die zum Teil noch ein Warengeschäft unterhalten.

Die beiden im Kreis ansässigen Molkereigenossenschaften gaben 1991 ihre Selbständigkeit wegen Einbrüchen in dem vormals lukrativen Italien-Export auf. Das Ipf-Milchwerk in Pflaumloch fusionierte mit fast einstimmigem Mitgliedervotum mit dem Milchwerk Heidenheim, das Ostalb-Milchwerk verband sich nach einer Kampfabstimmung mit dem Hohenloher Milchwerk Schwäbisch Hall. Eine Minderheit, darunter der ganze Vorstand, war für einen Zusammenschluß mit der Südmilch-Landgold-Gruppe eingetreten.

In drei Maschinenringen – Ellwangen, Aalen und Schwäbisch Gmünd – haben sich 912 Bauern zusammengeschlossen. Die Ringe vermitteln Spezialmaschinen, die auf einem einzelnen Betrieb nicht ausgelastet wären und helfen bei der Koordination überbetrieblicher Arbeitsketten, z. B. in der Silagebereitung. Ein Schwerpunkt des Ellwanger Maschinenringes ist die Vermittlung von Bauhilfe unter den Landwirten.

Die Trocknungsgenossenschaft in Bopfingen zählt 1200 Mitglieder. Die ursprüngliche Aufgabe, Kartoffeln zu trocknen, ist zugunsten der Gras-, Klee- und Luzernetrocknung in den Hintergrund getreten.

Vermarktung der Produkte

Bei den pflanzlichen Produkten steht Getreide mit einem durchschnittlichen Ernteaufkommen von 110 000 t an der Spitze. Davon werden 33 000 t vermarktet; 30 000 t gehen an die Genossenschaften und ca. 3000 t an Mühlen und private Landhändler. Wichtigstes Handelsgetreide ist seit einigen Jahren Braugerste. Die im Kreis vermarkteten 12 000 t reichen für 540 000 hl Bier.

Bei Raps (ca. 10 000 t) sind die Genossenschaften über Anbauverträge bisher fast alleiniger Marktpartner. Ein größeres Kartoffellager wurde in der Bezugs- und Absatzgenossenschaft in Aalen eingerichtet. 1200 t werden hier jährlich in Tüten oder 25-kg-Säcke verpackt. Die Direktvermarktung von Kartoffeln ist weiter rückläufig.

1990 verkauften die Milcherzeuger im Kreis 151 874 758 kg Milch an neun genossenschaftliche Molkereien, davon gingen 61,6 Mio. kg an das Ostalb-Milchwerk in Ellwan-

Vermarktung der Produkte

126/127 Nur 90 Jahre liegen zwischen diesen beiden Ernteverfahren.
Oben: Heuernte beim Schwägelhof (Gde. Essingen um 1900)
Unten: Einbringen und Walzen von Grassilage auf dem Scheuenhof bei Ellwangen, Mai 1991 durch den Maschinenring Ellwangen

gen und 48,5 Mio. kg an das Milchwerk Ries in Pflaumloch. Der Bedarf der Kreisbevölkerung an Milch und Milchprodukten beträgt ca. 100 Mio. kg Milch jährlich.

Von 38 000 Kälbern, die jährlich zur Welt kommen, werden ca. 30 000 im Kreis aufgezogen und gemästet, der Rest geht über Händler, die genossenschaftliche Viehzentrale oder direkt an Mastbetriebe, meist in Ackerbaugebieten.

Zuchttiere der Rasse Fleckvieh werden hauptsächlich auf den Märkten in Gaildorf und Blaufelden, der Rasse Schwarz- und Rotbunt auf dem Markt in Crailsheim versteigert. Auch hier dürfte die Außenhandelsbilanz des Kreises positiv sein, d. h. es werden mehr Tiere verkauft als zugekauft.

Schlachtvieh wird überwiegend an Händler und zum geringeren Teil an örtliche Metzger vermarktet. Das Aufkommen an Rindfleisch erreicht 9500 t; verbraucht werden im Kreis ca. 6500 t.

Von den im Kreis erzeugten 260 000 Ferkeln werden ca. 200 000 über Händler, vor allem nach Norddeutschland verkauft, nur 60 000 bleiben zur Mast vielfach noch in Kleinhaltungen in den einheimischen Betrieben. Deshalb wird bei Schweinefleisch (Erzeugung ca. 7000 t) nur die Hälfte des Bedarfs gedeckt. Ähnlich steht es um die Versorgung mit Eiern. Nachdem ein Huhn statistisch so viele Eier legt wie ein Mensch an Eiern verzehrt, stammt von den 150 000 Legehennen im Kreis nur die Hälfte des Eierbedarfes. In der Aufzucht von Masthähnchen in Freiluftställen für eine Schlachterei in Weilheim sehen einige Landwirte im Ellwanger Raum eine zukünftige Einkommensalternative.

Stark in der Selbstvermarktung engagieren sich die 30 alternativen Betriebe im Kreis. Nachdem ihre Erzeugnisse bisher auf leere Märkte stießen und gute Preise erzielten, führte die starke Zunahme der Zahl dieser Betriebe 1991 zu geringeren Preisen bei Getreide. Umstritten ist bei den Biobauern auch ihr zukünftiges Marktkonzept. Eine Richtung tendiert dazu, auch Supermärkte und Handelsketten zu beliefern, die andere möchte sich aus Kontroll- und Transportgründen auf örtliche Mühlen und Geschäfte und auf die Direktvermarktung beschränken.

Auch eine Reihe von herkömmlich wirtschaftenden Betrieben versucht insbesondere in der Direktvermarktung von Fleisch und Wurst neue Absatzwege zu erschließen. Voraussetzung dafür sind hohe Investitionen in hygienisch einwandfreie Schlaträume und die Erfüllung der sonstigen, auch gewerberechtlichen Auflagen, deren Einhaltung streng vom Wirtschaftskontrolldienst überprüft wird.

Die gesamten Verkaufserlöse der Landwirtschaft ohne Gartenbau und Forst lagen 1990 bei 230 Mio. DM. Davon kamen 10% aus Bodenprodukten und 90% aus der Tierhaltung. Milch ist an den Verkaufserlösen mit 44%, Rindfleisch mit 23% und Schweinefleisch mit 10% beteiligt.

Landwirtschaft und Umwelt

Nach Jahren der öffentlichen Konfrontation haben Bauern und Umweltschützer Burgfrieden geschlossen. Mißtrauen erregt bei den Bauern allerdings immer noch die eigentumskritische Haltung vieler Naturschützer und ihre einseitige Fixierung auf den alternativen Landbau. Trotzdem konnten in Einzelgesprächen viele Biotope zum Schutz seltener Pflanzen und Tiere erhalten und die erforderlichen Bewirtschaftungsregeln festgelegt werden; wobei die Bauern bei weitem nicht in allen Fällen einen finanziellen Ausgleich erhalten. Für größere Maßnahmen der Biotopvernetzung werden allerdings Ausgleichszahlungen angeboten. So betreut das Landratsamt Ostalbkreis ein Ackerrandstreifen-Programm zum Schutz seltener Unkräuter und ihrer Begleitfauna in den Riesrand-Gemeinden Kirchheim und Riesbürg. In einem weiteren Projekt zum Schutz von Feuchtwiesen werden in den Gemeinden Wört, Stödtlen und Gschwend Bewirtschaftungsverträge mit Landwirten abgeschlossen.

Demselben Zweck dienen Biotopvernetzungsmaßnahmen, wie sie in Lorch, Schwäbisch Gmünd, Heubauch und Bartholomä sowie in Dirgenheim, Neuler, Adelmannsfelden und Rosenberg angelaufen oder geplant sind. Diese Maßnahmen werden aus Mitteln der Landwirtschaftsverwaltung finanziert. Auch in allen laufenden Flurbereinigungsverfahren werden ökologisch wertvolle Flächen ausgewiesen und teilweise in Gemeindeeigentum überführt. Hier bestehen günstige Möglichkeiten diese Flächen durch Pflanzen, Graswege etc. zu vernetzen.

Nach der Schutzgebiets- und Ausgleichsverordnung von 1987 erhalten Landwirte mit Flächen im Wasserschutzgebiet für Auflagen bei Düngung, Bodenbearbeitung und im Pflanzenschutz eine Pauschalentschädigung von DM 310,– pro ha aus der Erhebung des Wasserpfennigs, den alle Verbraucher bezahlen. Jährlich im Herbst wird auf diesen Flächen eine Beprobung auf Nitratgehalt im Boden durchgeführt und stichprobenartig der Pflanzenschutzmitteleinsatz kontrolliert. Im Ostalbkreis wurden bis März 1991 27 668 ha Wasserschutzgebiete rechtskräftig ausgewiesen, davon waren 13 127 ha landwirtschaftlich genutzte Fläche und 13 798 ha Wald. Bei der Landwirtschaftsfläche entfielen auf die engere Schutzzone II 403 ha, auf die weitere Schutzzone III 12 724 ha. Das größte Gebiet umfaßt praktisch das gesamte Härtsfeld und mißt allein 9349 ha Landwirtschaftsfläche und 8613 ha Wald.

Nach den bisherigen Erfahrungen deckt die Ausgleichszulage, die es nur in Baden-Württemberg gibt, die Mindererträge in der weiteren Schutzzone III ab. Weniger zufrieden sind Landwirte mit Flächen in der engeren Schutzzone, in der ein ganzjähriges Ausbringungsverbot für Gülle und Jauche besteht.

Zu Landschaftsschutzgebieten sind 18 874 ha im Kreis erklärt worden. Hier werden im Hinblick auf die bisher geringen Auflagen keine Ausgleichszahlungen gewährt. 528 ha Naturschutzgebiete befinden sich überwiegend in öffentlichem Eigentum. Die landwirtschaftliche Bewirtschaftung ruht hier oder ist nur in extensiver Form als Schafweide möglich.

Von der Möglichkeit Ackerflächen stillzulegen haben 1989/90 200 Landwirte mit 674 ha Fläche Gebrauch gemacht. Ökologischen Nutzen aus dieser Maßnahme, die in erster Linie die Getreideerzeugung in der EG reduzieren soll, ziehen Bienen und andere blütenbesuchende Insekten und das Niederwild. Für den Erhalt seltener Unkrautarten bringt die Flächenstillegung wenig, da in der Regel vor der Samenreife gemäht wird.

Zukunftsperspektiven

Mancher fragt sich, ob solche überhaupt vorhanden sind, oder ob in absehbarer Zeit statt eines gewachsenen Bauernstands Großbetriebe im Stil amerikanischer Farmer unsere Flächen bewirtschaften.

Angesichts des landwirtschaftlichen Nachwuchses sind solche Vorstellungen nicht so abwegig; auf vielen, auch gut geführten Betrieben hört man dazu die Meinung: Uns reicht es hinaus und unsere Kinder haben einen ordentlichen Beruf außerhalb der Landwirtschaft.

Solche Symptome einer Agrarkrise, mit der praktisch alle Industrieländer zu kämpfen haben, dürfen der Landwirtschaft nicht den

Blick für Chancen und Möglichkeiten unseres Raumes verstellen. Der Ostalbkreis
- besitzt selbst eine große kaufkräftige Bevölkerung und liegt nahe an den Verbrauchszentren im mittleren Neckarraum;
- weist auch im EG-Vergleich günstige natürliche Bedingungen für die Milcherzeugung auf;
- bietet gute Möglichkeiten für einen Zuerwerb, wenn beispielsweise das landwirtschaftliche Einkommen für zwei Generationen auf einem Hof nicht ausreicht.

Auch bei Getreide und Raps ereichen spezialisierte Betriebe EG-Durchschnittserträge und in der Ferkelaufzucht wurde eine beachtliche Marktstellung erkämpft.

Natürlich läßt sich diese relative Standortgunst nur nutzen wenn die Agrarpolitik Rahmenbedingungen schafft, die wenigstens leistungsfähigen Betrieben ein Überleben ermöglichen. Ohne produktionsbeschränkende Maßnahmen, Extensivierung und Anreize für die Umstellung auf neue Produkte wie nachwachsende Rohstoffe wird es dabei nicht gehen.

Im Einzelbetrieb werden Faktoren, die auch schon in der Vergangenheit Bedeutung hatten, noch wichtiger werden. Dazu gehört das Streben nach hoher Qualität bei der Erzeugung, vermarkten statt abliefern, und ein hohes Kostenbewußtsein bei allen Investitionen, insbesondere im Maschinenbereich.

Der wichtigste Punkt für die Landwirtschaft scheint jedoch zu sein, dem gegenwärtigen Agrarpessimismus entgegenzutreten, Möglichkeiten zur Aus- und Weiterbildung zu nützen und mit etwas Vertrauen in die Zukunft zu schauen.

Wald und Forstwirtschaft

von Axel von Detten

Waldfläche

Der Ostalbkreis gehört mit seiner absoluten Waldfläche von rund 59 000 ha zu den waldreichsten Kreisen Baden-Württembergs. Sein Anteil an der Gesamtkreisfläche von 38 Prozent entspricht allerdings – der Größe des Landkreises wegen – exakt dem Landesdurchschnitt. Aufgrund der geringen Siedlungsdichte liegt die Waldfläche je Einwohner mit 0,20 ha deutlich über dem Landesmittel (0,15 ha). Aus diesen Zahlen geht hervor, daß der Wald sowohl im Landschaftsbild als auch im Landschaftshaushalt eine wesentliche und örtlich sogar bestimmende Rolle spielt. Seine Verteilung bzw. seine Schwerpunkte stehen dabei in klarer Beziehung zu den verschiedenen Landschaftsräumen bzw. -formen des Kreises und spiegeln die geologischen Verhältnisse wider.

Ausgedehnte Wälder finden sich im Süden des Landkreises im Bereich der Ostalb am Albtrauf, auf dem Albuch und im westlichen Teil des Härtsfelds. Vom Wald geprägt ist ferner der nördliche im Keuperbergland liegende Teil mit dem Kirnberger und Sulzbacher Wald sowie den Ellwanger Bergen. Waldreich ist schließlich auch der zum Welzheimer Wald zählende, ebenfalls im Keuperbergland liegende nordwestliche und westliche Teil des Kreises.

Im Gegensatz dazu sind die weiten Lias-Hochflächen ausgesprochen waldarm. Dies gilt auch für das Hügelland von Baldern und den zum Landkreis gehörenden Teil des Nördlinger Rieses im Osten.

Klima

Die klimatischen Bedingungen im Ostalbkreis sind für das Waldwachstum allgemein günstig. Nach den Naturräumen sind jedoch deutliche Unterschiede festzustellen: Die nördliche zum Schwäbisch-Fränkischen Wald gehörende Region hat mittlere Jahresniederschläge die zwischen 750 und 1000 mm liegen, wobei sie von West nach Ost abnehmende Tendenz aufweisen. Ca. 60 Prozent dieser Niederschläge fallen in der Vegetationsperiode von Mai bis September, was für das Waldwachstum von großer Bedeutung ist.

Die mittlere Jahrestemperatur liegt zwischen 7,2° C und 8,5° C ebenfalls mit abnehmender Tendenz von West nach Ost, so daß der westliche Teil insgesamt dem submontanen Klimabereich zuzuordnen ist, während das Klima im Bereich des Virngrunds um Ellwangen schon kontinentalen Charakter hat.

Kontinental getönt ist auch das Klima im südlichen Bereich des Kreises auf der Ostalb. Die durchschnittlichen Jahresniederschläge liegen im Bereich des Albtraufs bei 1100 mm (Spitzenwerte sogar bei 1200 mm) und fallen nach Südosten dann aber auf Werte um 800 mm zurück. Auch hier gehen die Hauptniederschläge in der Vegetationsperiode nieder. Die mittlere Jahrestemperatur weist mit Werten von 7 bis 7,5° C eine geringere Amplitude auf als im Keuperbergland oder im Albvorland. Die Winter sind in der Regel kalt und trocken, doch kommt es in unregelmäßigen Jahresabständen immer wieder zu Naßschneefällen, die starke Schneebruch- und Druckschäden in den Wäldern hinterlassen. Ähnlich verhält es sich mit Rauhreifbildungen, die wiederholt zu Schäden in den Waldbeständen führen. Ein klimatisches Problem auf der Alb stellt schließlich der Spätfrost dar, der insbesondere das junge Laubholz gefährden kann.

Böden

Das Bodenspektrum ist entsprechend der geologischen Vielfalt im Gebiet des Landkreises äußerst breit. Selbst in den geologischen Einheiten sind die Bodenverhältnisse sehr abwechslungsreich. Dies gilt in erster Linie für das Keuperbergland wo der Schichtenwechsel des Ausgangsmaterials die Regel ist. Von sandigen Böden reicht die Palette über zweischichtige im Untergrund von Tonen geprägte Böden bis zu Mergel- und reinen Tonböden. Entsprechend unterschiedlich sind diese Böden einzuschätzen hinsichtlich des Wachstums und der Risiken der Waldbestände. Beispielsweise äußerst rutschgefährdet sind die Böden über dem Knollenmergel. Das Albvorland im Bereich des Braunen Jura weist besonders schwere Böden auf. In den kalkreichen Zonen sind dies Mergelböden, in den kalkärmeren Tonlehme und Tone. Besonders letztere sind stark rutschgefährdet. Nur an wenigen Stellen auf sandigen Ausgangsgesteinen haben sich durchlässige sandige Böden bzw. lehmige Sande gebildet. Die tiefergelegenen Verebnungen des Schwarzen Juras werden weitgehend von Decklehmen überzogen. Es handelt sich dabei um sehr nährstoffreiche und gut mit Wasser versorgte Böden, die örtlich jedoch zu Vernässung bzw. zur Wechselfeuchtigkeit neigen und deshalb für manche Baumarten (z. B. Fichte) nicht unproblematisch sind.

Im Albbereich in Zonen steter Kalknachlieferung (Felsköpfe, Schutthalden, Albsteilhang) herrschen Böden mit schwarzer Feinerde (Rendzinen) vor. Sie sind in der Regel flach ausgebildet und haben eine nur geringe Wasserspeicherkraft. Wurde der Boden durch die tiefergreifende Verwitterung oberflächlich entkalkt, so entstanden die Kalkverwitterungslehme, die wohl die verbreitetsten Bodentypen der Hochalb sind. Sie weisen eine gegenüber den Rendzinen deutlich höhere Wasserspeicherkapazität auf und sind ansonsten dennoch auch gut mit Nährstoffen versorgt. In der Bodenentwicklungsreihe haben sich als dritte große Gruppe auf der Alb die Schicht-, Fein- und Feuersteinlehme gebildet. Sie gehören aufgrund ihrer Mächtigkeit, der guten Nährstoff- und Wasserkapazität, zu den besseren Standorten.

Besitzverhältnisse

Die Waldbesitzstruktur im Ostalbkreis unterscheidet sich von den mittleren Verhältnissen im Land Baden-Württemberg, wo der Körperschaftswald (Gemeinden, Kirchen, sonstige Körperschaften) mit 41 Prozent das größte Gewicht hat, gefolgt vom Privatwald mit 35 Prozent und dem Staatswald mit nur 24 Prozent Anteil, deutlich.

Der Körperschaftswald macht nur 8500 ha oder 14 Prozent der Fläche aus und spielt damit nur eine untergeordnete Rolle. Mit rund 28 000 ha oder einem Anteil von 48 Prozent an der Waldfläche im Kreis dominiert der Privatwald eindeutig. Dabei entfallen 5 Prozent auf Gemeinschafts-, 15 Prozent auf Großprivat- und 28 Prozent auf Kleinprivatwälder. Auch der Staatswald hat mit 22 500 ha oder 38 Prozent Anteil ein wesentlich höheres Gewicht als im Land. In der Regel handelt es sich hier um Landeswald, der Bundeswald macht lediglich 200 ha aus.

Die Gründe für diese Struktur liegen in der Geschichte des Raumes: Größere Körperschaftswälder haben lediglich die ehemaligen Reichsstädte Aalen, Bopfingen, Dinkelsbühl, Nördlingen und Schwäbisch Gmünd. Die Wälder wurden diesen in der Regel zur Zeit der Stadterhebung durch Schenkung übertragen bzw. nach und nach im Mittelalter erworben. Ein großer Teil – vor allem die kleineren Gemeindewälder – ist im letzten Jahrhundert aus Allmendland hervorgegangen, sei es, daß dieses schon bewaldet war oder erst später aufgeforstet wurde. Ablösungen von sog. Gerechtigkeiten (Holz-, Streunutzungs- und Weiderecht) sowie Schenkungen und Ankäufe vor allem in diesem Jahrhundert vervollständigen den heutigen Anteil.

Auf den gemeinsamen Besitz am Allmendwald ist auch der überwiegende Teil des Kleinprivatwaldes zurückzuführen. Die Aufteilung dieses Gemeineigentums auf die vielen Berechtigten einer Gemeinde führte allerdings zu sehr kleinen Flächeneinheiten und zu Zerstreutlage und damit zu für die Bewirtschaftung dieser Waldparzellen äußerst problematischen Verhältnissen. Verschärft wurde diese Situation in der Folgezeit noch durch die Realteilung, die diese schon ohnehin kleinen Flächeneinheiten noch weiter unterteilte. So liegt heute die mittlere Flächengröße bei ca. 0,75 ha. Auch die Aufforstungen, die vor allem nach dem Zweiten Weltkrieg zunächst auf den landwirtschaftlichen Grenzertragsböden vorgenommen wurden, änderten an dieser Situation nichts, zumal die landwirtschaftlichen Flächenverhältnisse denen im Wald entsprachen. Durch die Gründung von Forstbetriebsgemeinschaften in den letzten zehn Jahren konnte diese strukturelle Problematik allerdings leicht entschärft werden.

Der Großprivatwald, der seine Schwerpunkte im südöstlichen und östlichen Kreisgebiet hat, ist aus dem Herrschaftswald hervorgegangen. Dazu kamen in der Säkularisation Klosterwaldungen als Ersatz für Besitz- und Rechtsverluste an anderer Stelle. Mehr als in allen anderen Landkreisen des Landes Baden-Württemberg sind als dritte Form des Privatwaldes Gemeinschaftswaldungen verbreitet. Immerhin umfassen sie rund 2850 ha. Sie existieren bereits seit dem Mittelalter und treten uns in der Rechtsform der Realgenossenschaften gegenüber. Ihre ursprüngliche Waldfläche haben sie bis in die Gegenwart durch Aufforstungen von in ihrem Besitz stehendem Allmendland stetig vergrößert.

Der hohe Staatswaldanteil ist Folge des Reichsdeputationshauptschlusses bzw. der Säkularisation, die die Wälder der ehemals im Kreisgebiet reich begüterten Klöster, der Fürstpropstei Ellwangen sowie der Deutschordenskommende Kapfenburg in den Besitz Württembergs brachten. Arrondierende Ankäufe angrenzender Privatwälder und Erwerb ganzer landwirtschaftlicher Betriebe mit nachfolgenden Aufforstungen in der Krisenzeit der Landwirtschaft zwischen 1840 und 1870 brachten einen weiteren bedeutenden Zuwachs der Staatswaldfläche. Weiteren Ankäufen nach dem Zweiten Weltkrieg stehen Verluste durch Siedlungserweiterungen und Verkehrseinrichtungen (Bundesautobahn Ulm – Würzburg!) gegenüber, so daß sich in diesem Jahrhundert die Staatswaldfläche kaum mehr veränderte.

Waldverhältnisse

Wie die Eigentumsverhältnisse die Folge geschichtlicher und gesellschaftlicher Vorgänge sind, so sind auch Zusammensetzung, Form und Aussehen unserer heutigen Wälder im Landkreis nicht allein ein Ergebnis der geologischen, bodenbedingten und klimatischen Verhältnisse sondern zu einem sehr großen Teil Ausdruck der menschlichen Bedürfnisse und Bewirtschaftung in der Geschichte. Insofern unterscheidet sich das augenblickliche Erscheinungsbild der Wälder im Ostalbkreis von dem in der Vergangenheit und erst recht vom Naturwald deutlich. Dennoch sind die ursprünglichen Unterschiede zwischen den Naturräumen Keuperbergland und Albvorland auf der einen Seite und Ostalb auf der anderen Seite noch heute signifikant.

Im *Keuperbergland-Albvorland* dominiert das Nadelholz eindeutig. Einem Anteil von 88 Prozent steht nur 12 Prozent Laubholz gegenüber. Die Fichte ist mit 68 Prozent Anteil dabei die vorherrschende Baumart. In der ursprünglich natürlichen Waldgesellschaft war sie nur im Nordosten im Bereich des Virngrunds vertreten. Ihre Dominanz verdankt sie der bevorzugten Pflanzung anstelle von Tanne und Buche seit Beginn des 19. Jahrhunderts. Ihre Begründung ist wenig aufwendig, ihre weitere Erziehung unproblematisch. Sie ist imstande, auf einem sehr breiten Standortsspektrum gute Wuchsleistungen zu bringen. Ihr Zuwachs liegt je nach Standort zwischen 10 und 14 Festmeter (Fm) je Jahr und Hektar. Auf den weit verbreiteten Mergel- und Tonstandorten des Keupers und des Braunen Juras sowie auf den wechselfeuchten Standorten des Schwarzen Juras bildet sie allerdings ein extrem flaches Wurzelsystem aus, was sie sehr sturmanfällig macht. Nicht zuletzt deshalb war das Ausmaß der gewaltigen Sturmschäden im Frühjahr 1990 besonders im Raum Rosenberg – Ellwangen so groß.

Nach der Fichte hat die Tanne mit 12 Prozent den zweithöchsten Flächenanteil. Damit hat sie nur noch einen Bruchteil ihrer ursprünglichen Verbreitung in der natürlichen Waldgesellschaft, in der sie mit rund 50 Prozent noch vor der Buche die prägende Baumart war. Sie ist eine Baumart, die sehr aufwendig in der Erziehung ist und vor allem natürlich und langfristig verjüngt werden muß. Sie ist auf eine gute Wasserversorgung angewiesen und erbringt im Beschreibungsgebiet Wuchsleistungen, die etwa dem Rahmen der Fichte entsprechen. In der Regel bildet sie ein Pfahlwurzelsystem aus, das den Boden tief durchdringt.

128 Fichten-Tannen-Femelwald im Keuperbergland

Deshalb ist sie gerade auf den rutschgefährdeten Mergel- und Tonstandorten eine sehr wichtige stabilisierende Baumart.

Zu den ursprünglichen Nadelbaumarten im Keuperbergland zählt auch die Forche. Mit insgesamt 6 Prozent Anteil spielt sie allerdings heute nur noch eine Rolle auf den Sandstandorten. Ihre Zuwachsleistung liegt zwischen 5 und 8 Fm je Jahr und Hektar. Die übrigen Nadelhölzer wurden erst in den letzten 200 Jahren künstlich eingebracht. Nach der Europäischen und Japanischen Lärche sind vor allem die Douglasie und die Weymouthskiefer zu nennen. Dabei hat die Douglasie ein sehr breites Standortsspektrum und zeigt auch auf den trockenen und schlecht mit Nährstoffen versorgten Böden noch sehr beachtenswerte Zuwachsleistungen, letztere liegen zwischen 11 und 16 Fm je Hektar und Jahr und heben sie im Beschreibungsgebiet als zuwachskräftigste Baumart mit einer Flächenbedeutung heraus. Insgesamt machen die zuletzt genannten Nadelhölzer jedoch nur ein Prozent der Fläche aus.

Wichtigste Laubholzart ist wie schon in der natürlichen Waldgesellschaft die Buche. War sie ursprünglich jedoch mit Anteilen von 20–40 Prozent vertreten und wie oben dargestellt neben der Tanne die bedeutendste Baumart, so hält sie heute im Bereich des Keuperberg- und Albvorlandes nurmehr einen Anteil von knapp 10 Prozent. Sie tritt kaum mehr bestandesbildend in Erscheinung, ist vielmehr einzeln bis horstweise in die Nadelbestände eingemischt. Die Buche ist eine sehr betriebssichere Baumart und wichtig für die Stabilisierung und Erhaltung der Standorte. Ihr Zuwachs liegt zwischen 3 und 8 Fm je Jahr und Hektar.

Die Eiche hat sogar noch mehr an Bedeutung verloren, sie ist gegenüber 5–10 Prozent im Naturwald heute nur noch zu einem Prozent beteiligt. Sie kommt im Beschreibungsgebiet in der Regel als Stieleiche vor. Aufgrund ihrer hohen Wurzelenergie vermag sie auch die schweren Böden des Keupers und Braunen Juras zu erschließen und ist verhältnismäßig unempfindlich gegenüber Wechselfeuchtigkeit oder Staunässe der Böden.

Der Anteil der sonstigen mit der Buche vergesellschafteten Laubhölzer wie Bergahorn, Spitzahorn, Esche, Linde und Ulme, der in der ursprünglichen Waldbestockung einmal bei 10–15 Prozent gelegen hatte, ist bis heute auf ebenfalls niedrige 2 Prozent gesunken. Als ausgesprochene Mischholzarten mit sehr unterschiedlichen, aber standortsspezifischen Ansprüchen sind sie gerade auf dem Bodenmosaik im Beschreibungsgebiet sehr wichtig. Leider ist die Ulme durch den Ulmensplintkäfer bzw. einen durch ihn übertragenen Pilz etwa in den letzten zehn Jahren weitgehend ausgefallen. Der Zuwachs dieser Baumarten bewegt sich je nach Standort zwischen 4 und 6 Fm je Jahr und Hektar.

Wenngleich der Blick von Nordwesten auf den Albaufstieg immer noch wie eh und je auf ausgedehnte Buchenwälder fällt, so hat sich vor allem auf der *Hochfläche der Ostalb* das Waldbild doch sehr stark verändert. Fichtenwälder dominieren heute und verschaffen der Fichte einen gegenwärtigen Anteil von rund 55 Prozent. Die Fichte, die auf der Ostalb nicht zu den heimischen Baumarten zählt, wurde erst zu Beginn des 19. Jahrhunderts durch Saat, später durch Pflanzung großflächig eingebracht, so daß sie auf der Hochfläche sogar die prägende Baumart geworden ist. Neben der Sturmgefährdung vor allem der Fichtenreinbestände, die die Orkane des Frühjahrs 1990 im Bereich Oberkochen – Ebnat, in Erinnerung gerufen haben, ist sie auf der Alb auch stark schnee- und duftbruchgefährdet. Auf Standorten mit freiem Kalk wird sie zudem leicht rotfaul, was in der Regel zur vorzeitigen Nutzung führt. Ihre Zuwachsleistung

129 Naturnaher stufiger Buchenwald auf der Albhochfläche

ist mit 9–12 Fm je Jahr und Hektar auch auf der Ostalb sehr hoch.
Alle übrigen Nadelhölzer wie die örtlich zur natürlichen Waldgesellschaft gehörenden Tanne und Forche oder die erst im letzten Jahrhundert eingeführten Nadelholzarten Lärche, Omorika-Fichte und Douglasie spielen bis heute eine untergeordnete Rolle und machen zusammen 3 Prozent der Waldfläche aus. Die von Natur aus charakteristische und bis zum Vormarsch der Fichte deutlich vorherrschende Baumart war die Rotbuche. Sie nimmt heute noch knapp 40 Prozent der Waldfläche ein und ist am Albtrauf (s.o.) sowie auf den Kalkstandorten nach wie vor die prägende Baumart. Gerade im Hinblick auf die bei der Fichte genannten Risiken hat sie sowohl als bestandbildende als auch als Mischholzart eine herausragende Bedeutung. Ihr Zuwachs liegt zwischen 4 und 7 (8) Fm je Jahr und Hektar. Die sie schon im Naturwald begleitenden Laubhölzer Bergahorn, Esche und Linde haben ebenfalls an Bedeutung verloren und sind heute zusammen nur noch zu 2 Prozent beteiligt und in Einzel- bis Horstform beigemischt. Die Eiche schließlich, die des kontinentalen Klimacharakters der Ostalb wegen nie eine größere Bedeutung hatte, hält heute noch ein Prozent der Waldfläche.
Nimmt man beide Landschaftsbereiche zusammen und blickt auf die Baumartenzusammensetzung des Gesamtkreises, so stellt sich die gegenwärtige Verteilung wie folgt dar: Fichte 65 Prozent, Tanne 8 Prozent, Forche 4 Prozent, Buche 20 Prozent, Eiche 1 Prozent und sonstige Laubhölzer 2 Prozent.

Waldbewirtschaftung

Die Art der Waldbewirtschaftung im Ostalbkreis ist sehr vielfältig. Sie ist einmal abhängig von der Waldbesitzart (s.o.), die die Zielsetzung festlegt, zum anderen von den vorgegebenen Waldstrukturen und den Geländeverhältnissen.
Im Wald der öffentlichen Hand (Staats- und Körperschaftswälder) kommt neben der Nutzfunktion des Waldes den Sozialfunktionen wie Erholungs-, Boden-, Wasser-, Klimaschutz sowie der Erhaltung des Landschaftsbildes und des Naturpotentials eine wachsende Bedeutung zu. Angesichts der weit verbreiteten rutschgefährdeten Standorte im Bereich des Keupers (Knollenmergel) und des Braunen Juras (Opalinuston), aber auch der Steilhänge des Albaufstiegs hat der Bodenschutz eine herausragende Bedeutung. Langfristige Verjüngungsverfahren, die den

Waldbewirtschaftung

Dauerwaldcharakter der Bestände stützen, und absoluter Verzicht auf größere Kahlhiebe sind hier eine Selbstverständlichkeit. Der Wasserschutz gehört auf der Alb (Verkarstung!) ebenfalls zu den bedeutenden Aufgaben der Wälder. Das gesamte Kreisgebiet ist schließlich zur Wochenenderholungszone des Ballungsraumes Stuttgart zu zählen, so daß die Erholungsfunktion der Wälder stetig an Bedeutung zunimmt. Ausgehend von diesen Zielvorgaben orientiert sich der Waldbau im öffentlichen Wald im übrigen an den natürlichen Waldgesellschaften bzw. an den Standorten. Für alle Waldstandorte liegen Kartierungen vor, die, ausgehend vom Naturwald, dem Klima und der Geländeform bzw. Bodenart, baumartenweise die waldbaulichen Möglichkeiten und Risiken aufzeigen. Dies bedeutet für das Keuperberg- und Albvorland eine schwerpunktmäßige Förderung von Tanne, Buche und den übrigen heimischen Laubholzarten einerseits und Reduzierung des Fichtenanteils andererseits. Die zu fördernden Baumarten Tanne und Buche werden dabei im Wege des Vor- und Unterbaus in die anzureichernden Bestände (Fichten- und Fichten-Tannen-Bestände) künstlich eingebracht, die übrigen Laubhölzer auf natürlich entstandenen Lücken und Freiflächen unter Beachtung des jeweiligen Standorts gepflanzt. Auf der Alb richtet sich das Augenmerk auf die Förderung der Buche und der sie begleitenden Laubhölzer Bergahorn, Esche und Linde.

Die übliche Betriebsform ist der schlagweise Hochwald. Grundsätzlich stehen bei der Verjüngung der Waldbestände – sofern es sich nicht um einen Bestockungsumbau handelt – Naturverjüngungsverfahren im Vordergrund. Im Fichten-Tannen-Buchen-Gebiet des Keuperberglands sind dies vor allem der Blendersaum-, der Saumfemel- und der Femelschlag, auf der Alb der auf die Buche zugeschnittene Schirmschlag. Der Kahlschlag tritt mehr und mehr in den Hintergrund bzw. beschränkt sich auf kleine Flächen.

In jüngster Zeit findet auch die Betriebsform der sog. naturgemäßen Waldwirtschaft, die sich dem Einzelbaum zuwendet und auf der Waldfläche arbeitet, Beachtung.

Naturgemäß steht die Einkommens- und damit die Nutzfunktion des Waldes vor allem bei größerem Privatbesitz deutlich im Vordergrund, während sie beim Kleinprivatwald entsprechend der geringen Größe der Betriebseinheiten wenig Bedeutung hat. Im letzten Falle übernimmt der kleine Wald die Funktion einer Sparkasse oder ist einfach Objekt der Liebhaberei.

130 Zurück zur Natur: Buchen-Vorbau im Fichtenreinbestand

Während im Großprivatwald und im Kleinprivatwald auf der Alb der schlagweise Hochwald die ausschließliche Betriebsform ist, spielt im Keuperberg- und Albvorland traditionell der Plenterwald noch eine bedeutende Rolle, zumal diese Betriebsform auf die Tannen-Fichten-Buchen-Bestände und die kleinen Flächeneinheiten besonders gut zugeschnitten ist. Bei der Verjüngung der Waldbestände finden auch im Privatwald die genannten Naturverjüngungsverfahren zunehmend Anwendung. Das Kahlschlagverfahren mit anschließender Pflanzung ist jedoch nach wie vor verbreitet. Die Bemühungen um den Aufbau stabiler Mischbestände über die Einbringung von Tanne und Buche in Fichtenbestände werden mehr und mehr sichtbar.

Betriebswirtschaftliche Situation

131 Seilkraneinsatz bei der Holzernte am Steilhang im Bereich des Albtraufs

Der normale Holzeinschlag über alle Besitzarten beträgt im Ostalkreis 440 000–460 000 Fm. Dies entspricht 7,5–7,8 Fm je Hektar Holzfläche und liegt deutlich über dem Landesdurchschnitt von 5,8–6,0 Fm. Ca. 90 Prozent des Einschlags entfallen auf das Nadelholz, wobei 85 Prozent Stammholz, 10 Prozent Industrieholz und 5 Prozent Brennholz sind. Der Laubholzeinschlag gliedert sich auf in 34 Prozent Stammholz, 35 Prozent Industrieholz und 31 Prozent Brennholz.

Der Gesamtwert des Einschlags beläuft sich auf ca. 58–62 Mio. DM. Ihm stehen Kosten von rund 37–40 Mio. DM gegenüber. Sowohl im öffentlichen als auch im Großprivatwald wird versucht, über eine stärkere Mechanisierung, neue Arbeitsverfahren und den Einsatz von Holzerntesystemen vor allem in den kostenaufwendigen Pflegebeständen die steigenden Lohnkosten aufzufangen. Auf diese Weise konnte der produktive Arbeitsaufwand in den letzten zehn Jahren um 30 Prozent auf 10–11 Stunden je Hektar Holzboden gesenkt werden. Die weiteren Spielräume sind jedoch sehr eng, zumal die Boden- und Geländebedingungen nur einen begrenzten Einsatz von Großmaschinen zulassen. Die Zahl der ganzjährig beschäftigten Waldarbeiter nimmt weiterhin ab und dürfte inzwischen die Zahl von 400 unterschritten haben. Nach wie vor ist ein Großteil von ihnen im Nebenerwerb Landwirt.

Mit diesem Stand ist jedoch bald die vertretbare Untergrenze erreicht, ab der sich ein weiterer Abbau auf die Waldpflege negativ auswirken dürfte. Noch kann bei den gegebenen günstigen natürlichen und wirtschaftlichen Verhältnissen im Ostalbkreis – sieht man einmal von Jahren mit Naturkatastrophen oder Wirtschaftsdepressionen ab – ein positives Wirtschaftsergebnis erzielt werden. Das Verhältnis zwischen Aufwand und Ertrag wird jedoch immer enger.

Die Arbeitswelt

Die vorgestellten Firmen im Ostalbkreis

Severin Abt GmbH & Co. KG, Schwäb. Gmünd 425
Baden-Württembergische Bank AG, Aalen 429
Bäuerle Maschinenfabrik GmbH & Co., Böbingen 430
Bahnmayer GmbH, Schwäbisch Gmünd 440 f.
Berisia Nudelwerk GmbH, Riesbürg-Pflaumloch 438 f.
Martin Böttigheimer, Schwäbisch Gmünd 526
Bortolazzi Straßenbau GmbH, Bopfingen 431
Christliches Erholungsheim Schönblick GmbH, Schwäbisch Gmünd 432
Commerzbank AG, Filialen Aalen und Schwäbisch Gmünd 427 f.
Deusch & Co. KG, Lorch-Waldhausen 523
Deutsche Gardner-Denver GmbH & Co., Westhausen 433
Deutsche Ivoclar Dental GmbH, Ellwangen-Neunheim 490 f.
Dieterle & Marquardt GmbH + Co., Lorch 434 f.
Dinkelacker Brauerei AG, Niederlassung Schwäbisch Gmünd 538
Dresdner Bank, Filiale Aalen 436
ELWEMA GmbH, Ellwangen 443
Engel-Brauerei L. Lang GmbH + Co. KG, Schwäbisch Gmünd 529 f.
Erlau AG, Aalen 472 f.
Estrich-Wagner GmbH, Aalen 437 f.
C. & E. FEIN GmbH & Co., Stuttgart 444
Gaiser Offsetdruck & Informations-GmbH, Schwäbisch Gmünd 445
Gmünder Freibad → Stadtwerke Schwäbisch Gmünd
Grau GmbH & Co., Schwäb. Gmünd-Lindach 456 ff.
Grünbaum-Brauerei, Aalen 496 f.
GSA, Gesenkschmiede Schneider GmbH, Aalen 446 f.
Günther + Schramm GmbH, Oberkochen 519 ff.
Gummi-Pfütze GmbH, Oberkochen 525
F. & G. Hachtel GmbH & Co., Aalen 449
Nikolaus Hau, Neuler 524
Franz Heilig GmbH + Co. KG, Schwäbisch Gmünd-Hussenhofen 515
Heffmann GmbH, Schwäbisch Gmünd-Lindach 450
Holzland Grimmeisen OHG, Neresheim-Elchingen 448
JELONNEK Transformatoren und Wickelgut GmbH, Oberkochen 451
JELU-Werk, Ludwigsmühle, Rosenberg 452
Paul Kemmer GmbH & Co. KG, Schwäbisch Gmünd-Kleindeinbach 453
Alfing Keßler GmbH, Aalen 426 f.
Karl Kiener GmbH & Co. KG, Rainau-Goldshöfe 454
Kreisbaugenossenschaft Aalen eG 455
Kreissparkasse Ostalb, Aalen und Schwäbisch Gmünd 460 f.
Manfred Krieger, Heubach-Lautern 536
Kübler GmbH, Abtsgmünd-Untergröningen 539
Max Ladenburger Söhne, Heimatsmühle GmbH & Co., Aalen und Schorndorf 510 f.
Gebr. Leitz GmbH & Co., Oberkochen 504
LEKKERLAND SÜD GmbH & Co. KG, Mögglingen 489
Leugger GmbH, Schwäbisch Gmünd 463
Linse GmbH + Co. KG, Schwäbisch Gmünd 464

Josef Lipp GmbH & Co., Aalen 462
Mercedes-Benz AG, Niederlassung Schwäb. Gmünd 528 f.
Montogema GmbH & Co. KG, Lorch 465
Albert Mürdter, Mutlangen 466
Nagel-Sonderaufbauten GmbH, Waldstetten 467
Papierfabrik Palm GmbH & Co., Aalen 468
Radio 7 Ostalb, Aalen 487
Werkstatt Raymann-Nowak, Schwäbisch Gmünd 533
Friedrich Reber KG, Bopfingen-Oberdorf 469
J. Rettenmaier & Söhne GmbH + Co., Ellwangen-Holzmühle 534 f.
Josef Rettenmeier GmbH & Co. KG, Wört 502
Otto Rockinger jr., Lauchheim 522
RUD-Kettenfabrik, Rieger & Dietz GmbH u. Co., Aalen-Unterkochen 470 f.
Sanatorium Schloß Lindach GmbH, Schwäbisch Gmünd-Lindach 475
Jakob Schmid GmbH & Co., Oberkochen 537
Walter Schmid, Hüttlingen 441 f.
Emil Schneider GmbH, Essingen 476
Schönhut Feintechnik GmbH, Schwäbisch Gmünd 477
Julius Schüle GmbH, Schwäbisch Gmünd 478
Schwäbische Hüttenwerke GmbH, Aalen-Wasseralfingen 518 f.
Schwäpo-Shop, Aalen 488
SMT-Sondermaschinen Roger Lex, Ellwangen-Neunheim 541
Stadelmaier GmbH, Mögglingen 479
Stadtwerke Aalen 480
Stadtwerke Ellwangen 481
Stadtwerke Schwäbisch Gmünd 482
Stegmaier, Schwäbisch Gmünd-Straßdorf 532
Süddeutscher Zeitungsdienst, Aalen 484 ff.
Kunstschmiede Otto Suhr, Aalen 474
Reiner Timm, Schwäbisch Gmünd 483
Fanz Traub GmbH & Co., Aalen-Ebnat 506 f.
Ueberlandwerk Jagstkreis AG (UJAG), Ellwangen (Jagst) 458 f.
VARTA Batterie AG, Werk Ellwangen 514 f.
Hans Vetter, Schwäbisch Gmünd 493
Volksbanken und Raiffeisenbanken im Ostalbkreis 516 f.
Wahl-Druck GmbH, Aalen 512 f.
Waiko Möbelwerke GmbH & Co. KG, Durlangen 497 f.
Waldraff Formenbau, Schwäb. Gmünd-Bettringen 527
WELEDA AG, Schwäbisch Gmünd 495
Werner Weber GmbH & Co. KG, Aalen 499
Autohaus Bruno Widmann GmbH & Co. KG, Aalen und Ellwangen 494
WIGO Werkzeug GmbH, Neresheim 503
Autohaus Alfred Wörner GmbH & Co. KG, Schwäbisch Gmünd 531
Carl Zeiss, Oberkochen 508 f.
ZF Friedrichshafen AG, Schwäbisch Gmünd 491 f.
Bernhard Ziegelbaur, Lippach 540
Zweckverband Landeswasserversorgung, Stuttgart 500 f.

Omnibusbetriebshof Schwäbisch Gmünd der Severin Abt GmbH & Co. KG in der Lorcher Straße

Severin Abt GmbH & Co. KG, Omnibusverkehr, Spedition, Reisebüro, Schwäbisch Gmünd

Nachdem der Firmengründer Severin Abt jahrelang mit Pferdegespannen Milch zu den Sammelstellen nach Straßdorf und Schwäbisch Gmünd gefahren hatte, legte er 1930 mit nur einem Lkw den Grundstein zu dem heute weithin bekannten Fuhr- und Omnibusunternehmen.

Die kontinuierliche Motorisierung des gesamten Fuhrbetriebs bewirkte einen raschen Aufschwung, so daß man bereits vor dem Zweiten Weltkrieg auch Ferntransporte durchführen konnte. Nach 1945 nahm Abt den Omnibusverkehr zwischen Rechberg und Schwäbisch Gmünd auf und begann 1953 mit dem Ausbau des Busverkehrs im Stadtbereich von Schwäbisch Gmünd. 1972 erfolgte die Übernahme der Omnibusgesellschaft Schwäbisch Gmünd, 1977 eröffnete die Abt GmbH ein Reisebüro.

In den achtziger Jahren setzte die Firmenleitung den Schwerpunkt auf Erweiterung des Liniennetzes und den Ausbau des Reise- und Touristikbereiches.

Heute ist die Severin Abt GmbH beteiligt an der Verkehrsgemeinschaft Schwäbisch Gmünd und betreibt außerdem das Reisebüro Heubach.

80 Mitarbeiter gewährleisten in dem kundenorientierten, traditionsreichen Dienstleistungsbetrieb den hohen Standard der Severin Abt GmbH.

Maschinenfabrik Alfing Keßler GmbH, Aalen-Wasseralfingen

Maschinenfabrik Alfing Keßler GmbH, Alfing Keßler Sondermaschinen GmbH, Alfing Montagetechnik GmbH, Aalen

Die Maschinenfabrik Alfing Keßler GmbH wurde im Jahre 1911 von Karl Keßler gegründet. Angeregt durch seine Kontakte zu führenden Männern des damaligen Motorenbaus wie Maybach, Graf Zeppelin, Daimler und Bosch, spezialisierte sich der Firmengründer bereits sehr früh auf die Fertigung von Kurbelwellen für Verbrennungsmotoren.

Das Produktionsprogramm umfaßt heute einbaufertige Kurbelwellen bis zu über 11 m Länge und einem Fertiggewicht bis zu 25 t für alle Anwendungsbereiche. Im eigenen Schmiedewerk werden im Gesenk- und im Hub-für-Hub-Schmiedeverfahren Schmiedestücke bis zu 8,5 m Länge und 10 t Fertiggewicht geschmiedet.

Die Alfing Keßler Sondermaschinen GmbH – gegründet 1938 – fertigt hauptsächlich für die Automobilindustrie Transferstraßen, CNC-Fertigungseinheiten, flexibel automatisch arbeitende Fertigungssysteme, komplette Fertigungsanlagen, Feinstbohrwerke und Sondermaschinen zum Vor-, Nach-, Fertig- und Komplettbearbeiten von Werkstücken verschiedenster Art.

Das 1981 von der Alfing Keßler Sondermaschinen GmbH gegründete Tochterunternehmen, die Alfing Montagetechnik GmbH, befaßt sich mit der Fertigung von Montagemaschinen und Montageanlagen für das halb- und vollautomatische Montieren von Serienteilen. Ferner ist dieses Unternehmen mit einem eigenen Elektroschrauberprogramm auf dem Gebiete der Verschraubungstechnik tätig.

Die Alfing-Firmen beliefern alle Industrieländer der Erde und beschäftigen 2300 Mitarbeiter.

COMMERZBANK AG, Filialen Aalen und Schwäbisch Gmünd

Die Commerzbank wurde 1870 von hanseatischen Kaufleuten in Hamburg gegründet und entwickelte sich schon bald zu einem der führenden Kreditinstitute Deutschlands.

Die Commerzbank ist heute eine der drei deutschen Filial-Großbanken. Als „Universalbank" betreibt sie neben dem kommerziellen Bankgeschäft auch das Emissions- und Börsengeschäft. Über verbundene Institute ist sie auch im Investmentsparen und im Leasing tätig. In den letzten Jahren haben sowohl langfristige Kreditengagements als auch das Geschäft mit der Privatkundschaft ständig an Bedeutung gewonnen.

Der Commerzbank-Konzern hat in Deutschland mehr als 970 Geschäftsstellen, in denen über 29 000 Mitarbeiter tätig sind. Wesentliche Beteiligungen im Finanzbereich sind die Berliner Commerzbank, die Rheinische Hypothekenbank, die Leonberger Bausparkasse und die DBV Holding AG.

Der Bedeutung ihres Auslandsgeschäfts hat die Commerzbank durch Gründung von Filialen und Tochtergesellschaften an allen wichtigen Finanzplätzen der Welt Rechnung getragen. In der Europartners-Gruppe arbeitet die Commerzbank seit langem mit dem Crédit Lyonnais, Frankreich, dem Banco di Roma, Italien, sowie dem Banco Hispano Americano, Spanien, zusammen.

Die Filialen Schwäbisch Gmünd und Aalen wurden in den Jahren 1968 und 1969 gegründet und haben seither ihre Position im Privatkunden- und Firmenkundengeschäft festigen können.

In zentraler Lage:
Commerzbank
Schwäbisch Gmünd (oben)
und Aalen (unten)

Die Filiale der Baden-Württembergischen Bank AG in Aalen in dem denkmalgeschützten Haus in der Schubartstraße 2

Die Baden-Württembergische Bank AG

Die Baden-Württembergische Bank AG hat als größte Regionalbank des Landes im Geschäftsleben Aalens ihren festen Platz. Seit 1988 dient der Bank das denkmalgeschützte Gebäude in der Schubartstraße 2 als Filiale. Die Baden-Württembergische Bank steht mit ihrem Angebot an Finanzdienstleistungen Unternehmen ebenso zur Verfügung wie der privaten Kundschaft und den öffentlichen Stellen. Sie wurde 1871 gegründet. Ihre heutige Form erhielt sie 1977 durch den Zusammenschluß der Badischen Bank, der Handelsbank Heilbronn und der Württembergischen Bank.

Das Land Baden-Württemberg ist mit 36,1 Prozent am Kapital der Bank beteiligt. Mehr als 25 Prozent des Aktienkapitals befinden sich im Besitz der Rhein-Neckar-Bankbeteiligung GmbH, Stuttgart. Ebenfalls mehr als der vierte Teil der Aktien gehört der Württembergischen Feuerversicherung AG, Stuttgart, zusammen mit der Württembergischen Lebensversicherung AG, Stuttgart. Der Rest der Aktien liegt breit gestreut bei zahlreichen privaten und institutionellen Anlegern. Die Bank ist ihrerseits an diesen Versicherungsgesellschaften beteiligt. Gemeinsam bilden sie die Baden-Württembergische Unternehmensgruppe für Finanzdienstleistungen.

Am 31. Dezember 1990 standen der Bank Eigenmittel von 623 Mio. DM zur Verfügung. Bei einer Bilanzsumme von 15,5 Mrd. DM erreichte das Geschäftsvolumen 17 Mrd. DM. Die Baden-Württembergische Bank AG ist mit über 100 Niederlassungen flächendeckend in Baden-Württemberg sowie mit Filialen in Frankfurt/Main, Leipzig und Dresden vertreten. Sie beschäftigt rund 2200 Mitarbeiter.

Produktionshallen der Bäuerle Maschinenfabrik GmbH & Co., Böbingen

Bäuerle Maschinenfabrik GmbH & Co., Maschinenbau, Böbingen

Die Maschinenfabrik wurde 1855 von Jakob Bäuerle in Oberkochen gegründet. Im Werk Oberkochen wurden damals Werkzeuge für die Holzbearbeitung gefertigt. In den zwanziger Jahren dieses Jahrhunderts wurde zur Produktion von Maschinen übergegangen, und Bäuerle entwickelte sich im Laufe der Jahrzehnte zu einem der Marktführer in der Branche Holzbearbeitungsmaschinen.

Im heutigen Werk Böbingen/Rems werden Holzbearbeitungsmaschinen mit Schwerpunkt Fräsmaschinen konstruiert und produziert.
Bäuerle exportiert seine Produkte weltweit. Die Gründung der Dresdner Maschinenhandel GmbH 1990 öffnet die Märkte nach Osten und sorgt für Verbreitung der Bäuerle-Produkte auch bei Rußland-Projekten. Insgesamt werden 65 Mitarbeiter beschäftigt.

Verwaltungsgebäude der Bortolazzi Straßenbau GmbH in Bopfingen

Bortolazzi Straßenbau GmbH, Bopfingen

Das Unternehmen wurde im Jahr 1906 in Nürtingen am Neckar gegründet. Ausgeführt wurden hauptsächlich Kanal- und Wasserleitungsarbeiten für verschiedene Städte und Gemeinden im damaligen Land Württemberg. Bis 1910 wurde der Betrieb zu einem leistungsfähigen Tiefbauunternehmen ausgebaut, das außerdem noch Wasser-, Bahn- und Betonbauarbeiten durchführte. Ein großer Gerätepark in Nürtingen a. N. ermöglichte 1912 den Bau der ersten Straßen. Der Egerausbau im Jahr 1929 brachte eine Verlagerung des Firmensitzes nach Bopfingen mit sich.

Folgende Bauleistungen werden heute angeboten: Straßenbau mit Schwarzdeckenbau und Oberflächenbehandlungen, Kabelbau für die Deutsche Bundespost und Energieversorgungsunternehmen, Kanalbau und Betonbau, z. B. Regenrückhaltebecken. Pflasterbau und die Anlage von Sportstätten gehören ebenso dazu. Ein angegliederter Steinbruch ergänzt die Baustoffpalette.

160 Mitarbeiter sind bestrebt, die Auftraggeber mit guter Leistung zufriedenzustellen. Sie werden dabei unterstützt von einem umfangreichen und modern ausgerüsteten Maschinen- und Fahrzeugpark.

Haus Schönblick im Taubental in Schwäbisch Gmünd

Christliches Erholungsheim Schönblick GmbH, Schwäbisch Gmünd

Mutige Männer kauften genau am Tag, als der Erste Weltkrieg ausbrach, ein 9 ha großes Wald- und Feldstück auf der nördlichen Anhöhe von Schwäbisch Gmünd, um dort ein christliches Erholungsheim zu errichten.

Seit über 75 Jahren ist das mittlerweile denkmalgeschützte Haus „Schönblick" ein idealer Ort, um Leib und Seele aufzutanken. Es ist ausgestattet mit gemütlichen, modernen Zimmern (fast alle mit WC), urgemütlichen Gemeinschaftsräumen, z. B. die gewölbte „Stauferstube", mit einem warmen Bewegungsbad, Caféteria und eigener Gärtnerei, die frische Salate und Obst für die Küche liefert.

Direkt vor dem Haus liegt das Gmünder Naherholungsgebiet Taubental mit vielen ebenen Spazierwegen. Wer in der weiteren Umgebung etwas unternehmen möchte, dem stehen alle Ausflugsmöglichkeiten des Stauferlandes, der Schwäbischen Alb und des Schwäbischen Waldes offen.

Zu der Einrichtung gehört auch das Haus „Lindenfirst" – ein Erholungsheim für Gäste, die auf Pflege angewiesen sind. Wenn Angehörige zu Hause selbst einmal neue Kräfte schöpfen müssen, dann sind hier ihre pflegebedürftigen Lieben für bis zu acht Wochen in guten Händen.

Das „Jugend-Bibelhaus", eine Freizeit- und Tagungsstätte, gehört ebenfalls zum Schönblick. Dort gibt es Angebote für alle Generationen: Urlaubstage, Rüstzeiten und Seminare. Die modernen Zimmer mit Dusche und WC lassen keine Wünsche offen: Sportplatz, Grillstelle und Spielgeräte für Kinder eröffnen weitere Möglichkeiten.

Herzstück in allen Häusern sind die täglichen Gottesdienste und Andachten. Träger des Werkes ist der Altpietistische Gemeinschaftsverband, ein freies Werk innerhalb der Evangelischen Landeskirche in Württemberg.

Werksgelände der Deutschen Gardner-Denver GmbH & Co., direkt an der A 7 am Albtrauf gelegen

Deutsche Gardner-Denver GmbH & Co., Maschinenbau, Westhausen

Die 1959 gegründete Deutsche Gardner-Denver GmbH & Co. produziert Sondermaschinen, Schraubwerkzeuge, komplette Schraubsysteme bis hin zur automatischen Montageanlage und einfache Druckluftmotoren.

Eine umfangreiche Palette von handgehaltenen Druckluft- und Elektroschraubern ist weltweit überall dort im Einsatz, wo große Anforderungen an die Schraubverbindung gestellt werden. Dazu gehören vor allem die Autoindustrie, die Flugzeugindustrie und der Maschinen- und Apparatebau. Planung, Entwurf, Konstruktion und Bau von Mehrfachschraubern und Schraubstationen bis zu automatischen Montagestraßen einschließlich Meß- und Steuerungselektroniken gehören zum Lieferumfang.

Etwa 40 Prozent der Produktion gehen ins Ausland. Absatzgebiete sind alle Länder der EG, einige süd- und mittelamerikanische Länder und vor allem die USA und Länder der ehemaligen Sowjetunion. Ein geschultes Team von Spezialisten bemüht sich, den ständigen Herausforderungen des Weltmarktes gerecht zu werden. Insgesamt 550 Mitarbeiter tragen zum Erfolg der Produkte der Deutschen Gardner-Denver bei.

Dieterle & Marquardt GmbH + Co. Stock- und Möbelfabrik, Lorch

Die Firma DIMALO – Dieterle & Marquardt GmbH + Co. in Lorch – ist eine der ältesten Stockfabriken in Deutschland, wenn nicht gar in Europa. 1756 zum erstenmal erwähnt, ist sie aus einer Beindrechslerei hervorgegangen und von Anfang an in Familienbesitz, mittlerweile in der achten Generation. Um die Jahrhundertwende erlebte die Stockfabrik ihre Blütezeit, bis zu 180 Personen waren im alten Betrieb in der Lorcher Innenstadt beschäftigt. Wahre Raritäten, die aus dieser Zeit erhalten

Die Arbeitswelt

blieben, lassen auch heute noch erkennen, daß damals der Stock zum modischen Auftreten gehörte.

Zwei Weltkriege, Weltwirtschaftskrise und der Geldverfall beutelten auch die Firma Dieterle & Marquardt schwer. Hinzu kam, daß Stock und Schirm als modische Accessoires nicht mehr gefragt waren. Nach dem Zweiten Weltkrieg lief die Produktion zunächst in bescheidenem Rahmen wieder an. An die Stelle des modischen Stockes trat der Krankenstock. Damit war die neue Marktrichtung des Unternehmens eingeleitet. Die Produktion konzentrierte sich immer mehr auf die Sparte Gehhilfen.

Mit dem Umzug in das neue Betriebsgebäude im Lorcher Industriegebiet Ost konnte auch das Fertigungsprogramm ausgeweitet werden. Vielfältige Hilfsmittel für Kranke und Behinderte kamen hinzu. So ist aus der Stockfabrik längst ein Unternehmen geworden, dessen Produkte heute im Bereich der Kranken-, Heim- und Altenpflege sehr gefragt sind. Exporte in nahezu alle europäischen Länder, wie auch nach Übersee und in den Nahen und Fernen Osten zeugen vom Erfolg und der Zuverlässigkeit der DIMALO-Produkte. Ständig wird an Verbesserungen und Neuentwicklungen gearbeitet, oft in Zusammenarbeit mit den Institutionen, die sich um die Belange der Behinderten kümmern. Heute hat das Unternehmen ca. 50 Beschäftigte.

Moderne Fertigungstechniken, wie sie beispielsweise in der Metallindustrie schon längst bekannt sind, haben auch in dem überwiegend holzverarbeitenden Betrieb Einzug gehalten. So ist die Firma auch für die Zukunft und den gemeinsamen Markt gerüstet.

Dieterle & Marquardt GmbH + Co. Links oben: Die alte Stockfabrik im Zentrum von Lorch, um 1920. Links unten: Um die Jahrhundertwende war der Stock ein unentbehrliches Accessoire. Holzschnitzer schufen Kunstwerke wie diese aus der Firmensammlung, die in ganz Europa gefragt waren. Oben: Der heutige Betrieb im Lorcher Industriegebiet Ost

Dresdner Bank AG, Filiale Aalen im neuen Haus in der Bahnhofstraße 20

Dresdner Bank, Filiale Aalen

1964 wurde die Dresdner Bank Aalen als erste Filiale in Ostwürttemberg eröffnet. 1966 folgten mit Oberkochen, 1979 mit Schwäbisch Gmünd und 1984 mit Heidenheim weitere Geschäftsstellen, so daß die gesamte Region Ostwürttemberg mit Filialen der Dresdner Bank AG abgedeckt ist.

Bedingt durch die stetige wirtschaftliche Expansion der Filiale Aalen, einhergehend mit der ständigen Erhöhung des Personalbestandes – zwischenzeitlich über 40 Mitarbeiter – wuchsen die Platzprobleme.

Seit Mai 1990 befinden sich nun die Geschäftsräume der Dresdner Bank AG Filiale Aalen im ehemaligen „Hotel Olga". Mit der Wiederherstellung des einst ersten Hotels am Platze wurde ein beispielhafter Beitrag zur Rettung und Erhaltung historischer Bausubstanz in Aalen geleistet.

Dieses herrliche, in neoklassizistischem Stil errichtete Bauwerk, stellt nunmehr eine der schönsten und modernsten Filialen der Dresdner Bank in Baden-Württemberg dar.

Die Arbeitswelt

Estrich-Wagner GmbH, Aalen.
Fuhrpark (rechts), Betriebshof
und Verkaufsräume in der
Kochertalstraße in Aalen
(unten)

Estrich-Wagner GmbH, Fußbodentechnik, Aalen

Die Firma Estrich-Wagner wurde 1958 aus kleinsten Anfängen gegründet. Ursprünglich war es ein Baustoff- und Estrichlegergeschäft. In dieser Zeit vollzog sich im Fußbodenbau der Wandel vom Rahmenschenkel- und Holzdielenboden zum schwimmenden Estrich mit entsprechender Wärme- und Schallisolierung. 1959 nahm die Firma das Bodenbelagsprogramm im Handel und in der Verlegung auf. Aufgrund der regen Bautätigkeit in der Ostalbregion expandierte der Betrieb von Jahr zu Jahr. 1964 wurde im Kreis Heidenheim, wo bis dahin noch keine Estrichfirma ansässig war, eine Filiale eröffnet.

Inzwischen breitete sich auf dem deutschen Markt immer mehr der Teppichboden aus. Die Firma entschloß sich, obwohl es gerade die Zeit der Rezession war (1966/67), einen eigenen Betriebsneubau zu erstellen, der am 19. April 1968 im Industriegebiet Erlau eröffnet wurde.

Das zweite Neubauvorhaben mit einer Verkaufsfläche von ca. 2000 m^2 wurde 1976 eröffnet. Die Gesamtverkaufsfläche beträgt jetzt 2700 m^2. Von außen her weist eine großzügige Schaufensterfront, mit den größten Schaufensterscheiben, die bisher in Deutschland hergestellt wurden, auf das neue Teppich- und Fußbodencenter hin.

Neben der Hochkonjunktur im Baugewerbe wurde stets jedoch auch den Klein- und Kleinstaufträgen Aufmerksamkeit geschenkt. Auch heute ist es das Bestreben des Betriebes, die Kunden fachkundig zu beraten und die Arbeiten auch nach fachlichem Können auszuführen. Dabei spielt die termingemäße Abwicklung eine große Rolle.

Das Unternehmen beschäftigt z. Z. 48 Mitarbeiter, die im Durchschnitt alle über zwanzig Jahre im Betrieb tätig sind.

Berisia Nudelwerk GmbH, Riesbürg-Pflaumloch

Die Berisia Nudelwerk GmbH wurde 1951 von Ludwig Beer gegründet und nach dessen frühem Tod von seinem Bruder Hermann weitergeführt.

In der 40jährigen Firmengeschichte hat sich Berisia unter den namhaften Teigwarenfabriken der Bundesrepublik einen festen Platz gesichert. Der Erfolg wurde und wird durch ein eigenwilliges Management bestimmt: mit Konsequenz und Sorgfalt setzt man auf Qualität und Preiswürdigkeit der Ware. Ein kontinuierlicher wachsender Kundenkreis bestätigt zunehmend die gehobene Anspruchshaltung des Endverbrauchers, der Berisia mit einem vielseitigen Angebot von Spitzenprodukten entspricht. Hergestellt aus dem Spezialgrieß des nordamerikanischen Hartweizens mit einem sehr hohen Anteil von Frisch-Vollei nach spezieller Rezeptur, gehören „Berisia-Feinschmeckernudeln" zu den hochwertigen und beliebten Grundnahrungsmitteln. Die hygienischen Verhältnisse in den Produktionsräumen sind anerkannt vorbildlich.

Eine besondere Spezialität des Hauses sind die echt schwäbischen Spätzle, die nicht nur getrocknet, sondern auch vorgekocht werden.

Im Berisia-Nudelwerk sind heute ca. 70 qualifizierte Mitarbeiter beschäftigt. Das große Berisia-Sortiment wird rund um die Uhr auf modernsten Produktionsanlagen hergestellt, die eine gleichmäßige Qualität garantieren.

Ein gut organisiertes Vertriebsnetz sichert die prompte, termingerechte Lieferung der Ware. Der Tradition des Hauses folgend, wird Berisia auch in Zukunft der zuverlässige Partner sein, wenn es darum geht, mit Ideen, Innovationen und hochwertiger Ware den Markt mitzubestimmen und Impulse zu geben.

Die Arbeitswelt

Berisia Nudelwerk GmbH. Die Erweiterung der Kapazitäten im neuen Werk in Nördlingen signalisiert dynamische Unternehmensentwicklung. Hier wurden umfangreiche Erfahrungen eingebracht und moderne Produktionsanlagen geschaffen, die richtungweisend sind.

Auf automatischen Verpackungsanlagen werden die Produkte über Abfüllwaagen exakt gewogen und in dekorative Beutelpackungen abgefüllt und verschlossen. Die Nudel bleibt voll sichtbar.

Die Arbeitswelt

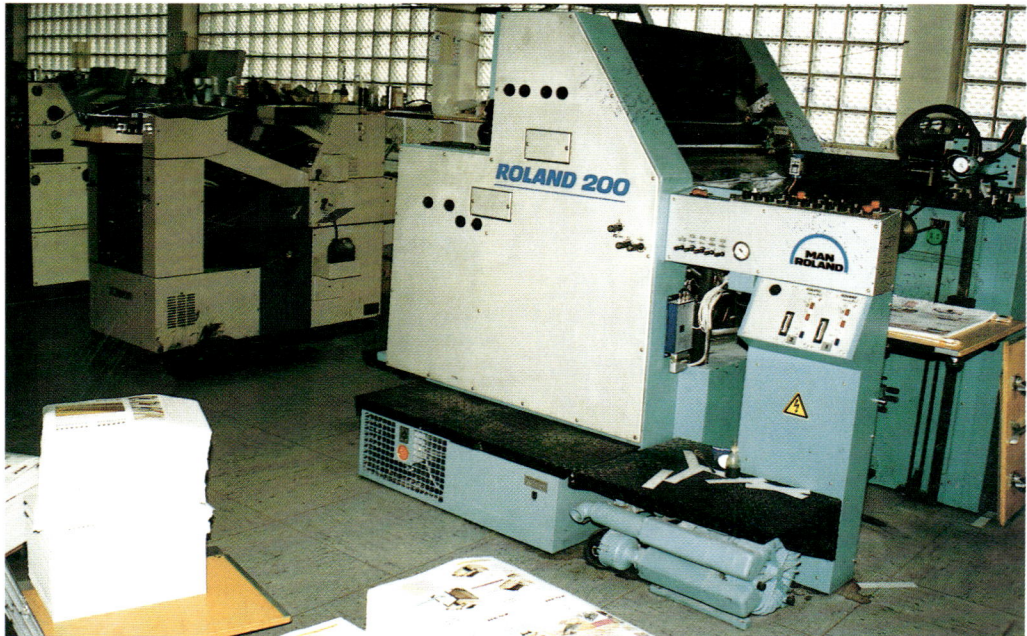

Bahnmayer GmbH Druck + Repro, Schwäbisch Gmünd

Im Januar 1961 eröffnete Siegfried Bahnmayer als Buchdrucker, mit Unterstützung seines Vaters, eine Lichtpaus- und Fotokopieranstalt, die alsbald durch eine Kleinoffsetdruckmaschine erweitert wurde. Das Unternehmen entwickelte sich durch stetige Neuerungen auf dem Gebiet des Offsetdruckverfahrens zu einem Familienbetrieb in Form einer KG, indem sein Bruder Hans als Teilhaber eintrat. Im Jahre 1969 wurde das Areal in der Weißensteiner Straße 58 käuflich erworben. Umbau und Erweiterung erfolgten nach den betrieblichen Erfordernissen. 1977 erfolgte die Umwandlung in eine GmbH.

Das heutige Fertigungsprogramm umfaßt alle Arten von Drucksachen nebst Buchbinderei sowie sonstige Erzeugnisse eines reprografischen Fachbetriebes, in dem 20 Personen beschäftigt werden.

Bahnmayer GmbH Druck + Repro. Betriebs- und Verwaltungsgebäude (oben) und Blick in den Druckmaschinensaal

Walter Schmid, Garten- und Landschaftsbau, Hüttlingen

Direkt an der B 19, am Ortsausgang von Hüttlingen, begann Walter Schmid 1958 seinen Garten- und Landschaftsbaubetrieb mit einer kleinen Baumschule. Eine Handvoll Mitarbeiter unterstützte ihn.

Im Laufe der Jahre kamen zu der ehemals kleinen Baumschule weitere Flächen und die eigene Staudenvermehrung hinzu. Seit 1965 werden die Waren über das eigene Garten-Center verkauft. Es bietet ein sehr umfangreiches Sortiment an Gehölzen, Koniferen, Stauden und Blumenzwiebeln, kurz gesagt winterharte Pflanzen für alle Lebensbereiche von der Trockenmauer bis zum Teich, von der Hecke bis zum Dachgarten und von der Containerpflanze bis zum Großbaum.

Die Pflanze spielt auch im Garten- und Landschaftsbau eine große Rolle, denn artenreiche Pflanzungen waren von Anfang an ein typisches Kennzeichen der Gartenanlagen. Weitere Schwerpunkte in diesem Bereich sind fachgerechte Verarbeitung von Natursteinen sowie das Anlegen von Teichen und Dachgärten (seit 1978 optima-Fachbetrieb). Neben Neuanlagen werden auch Umgestaltungen und Pflegearbeiten ausgeführt.

Aufgrund des vielfältigen Sortiments hält der Verband Garten-, Landschafts- und Sportplatzbau seit vier Jahren jährlich Seminare zur Weiterbildung der Gärtner in diesem Betrieb ab. Schon 1966 wurde die Firma als 1. Ausbildungsbetrieb in der Region Ostwürttemberg anerkannt und seit 1986 auch als Ausbildungsbetrieb für Staudengärtner. Über 50 junge Leute haben in den Jahren ihre Ausbildung abgeschlossen und die besonderen Verdienste um die Ausbildung im Beruf Gärtner wurden 1983 mit der Staatsmedaille in Silber belohnt. Heute stehen 40 qualifizierte Mitarbeiter für die verschiedenen Aufgaben bereit.

Pflanzung, angelegt von Walter Schmid, Garten- und Landschaftsbau, Hüttlingen

Die Arbeitswelt

Blick in die Fertigungshalle der ELWEMA GmbH, Ellwangen

ELWEMA GmbH,
Werkzeug- und Maschinenbau, Ellwangen

Die Firma wurde im Jahre 1979 gegründet. Der Inhaber des seit dem Jahre 1973 bestehenden Konstruktionsbüros Manz, Adolf K. Manz, sah sich mit der Gründung dieser Produktionsstätte in der Lage, die im Konstruktionsbüro entwickelten Sondermaschinen nun selbst herzustellen. Da das Konstruktionsbüro Manz mit seinem erfahrenen Team von Konstrukteuren bei seinen Kunden einen ausgezeichneten Ruf besitzt, hatte die Neugründung der Firma ELWEMA einen guten Start. Begonnen wurde mit der Produktion in gemieteten Räumen im Industriegebiet Ellwangen-Neunstadt. Doch schon bald reichte die Fläche nicht mehr aus und man mietete weiter dazu, bis letztendlich der Vermieter auch noch seine Garagenplätze freundlicherweise zur Verfügung stellte. Bedingt durch die ständige Expansion entschloß sich die Firmenleitung im Jahre 1988 zum Neubau einer Produktionshalle auf eigenem Grund und Boden in Ellwangen-Neunheim. Nach nur ca. sechsmonatiger Bauzeit konnte die neue Halle Mitte 1989 bezogen werden. Hier ist nun auf ca. 2600 m^2 Nutzfläche die Produktion mit sämtlichen sozialen Einrichtungen wie Dusch-, WC-, Umkleide- und Aufenthaltsräume für die gewerblichen Arbeitnehmer untergebracht.

Das Fertigungsprogramm von ELWEMA umfaßt die Herstellung von Sondermontagelinien, Montagemaschinen, Automationsanlagen, Kaltdehnmaschinen, spanabhebende Sondermaschinen, Tiefbohrsondermaschinen, Spannvorrichtungen für Bearbeitungszentren sowie Sonderwerkzeuge. Da nur Produkte, die auf dem neuesten Stand der Technologie und von höchster Präzision sind, das Werk verlassen, konnte sich die ELWEMA bei ihren anspruchsvollen Kunden einen hervorragenden Namen schaffen. So zählen heute zum Hauptkundenkreis sämtliche namhafte Automobilhersteller und Zulieferer im In- und Ausland.

FEIN Werk II in Schwäbisch Gmünd-Bargau

C. & E. FEIN GmbH & Co., Elektrowerkzeuge, Stuttgart

Das Unternehmen Fein wurde 1867 in Stuttgart von den Brüdern Wilhelm Emil und Carl Fein als „Mechanische Werkstatt" gegründet. Nach zahlreichen Erfindungen auf den verschiedensten Gebieten baute Wilhelm Emil Fein 1895 die erste elektrische Handbohrmaschine und damit das erste Elektrowerkzeug überhaupt. Damit begann eine Entwicklung, die über viele Meilensteine in der Geschichte des Elektrowerkzeugs bis zu einem Programm von über 200 verschiedenen Hochleistungs-Elektrowerkzeugen, zu Hochfrequenz-Elektrowerkzeugen, Roboter-Werkzeugen und elektronisch gesteuerten Wechselvorrichtungen für Roboter-Werkzeuge führte. FEIN Hochleistungs-Elektrowerkzeuge sind heute in über 100 Ländern der Erde ein Begriff. In drei Werken (Stuttgart, Schwäbisch Gmünd-Bargau, Sonnenbühl-Genkingen) wird geforscht, entwickelt und produziert. Über 1000 Mitarbeiter sind allein im Inland beschäftigt. Sechs Verkaufsniederlassungen und ein weit verzweigtes Netz von Fachhändlern und FEIN Vertragswerkstätten sorgen für fachmännische Beratung und vorbildlichen Service. In den europäischen Nachbarländern und auf den bedeutenden Überseemärkten besitzt FEIN eigene Auslandsgesellschaften.

Unter der Leitung von Herrn Dipl.-Ing. H. W. Fein wird die Erfinder-Tradition in der vierten Generation fortgesetzt. Ohne den Status als Familienunternehmen und zugleich den Gedanken der Unternehmensfamilie aufzugeben, hat sich FEIN von der „Erfinder-Werkstatt" zu einem Spezialunternehmen von Weltruf entwickelt. Erste Voraussetzung dafür ist die Qualität, die sich tagtäglich unter den härtesten Bedingungen des professionellen Dauereinsatzes bewähren muß. Dies wird auch in Zukunft so bleiben. Um jederzeit das Motto rechtfertigen zu können: „Präzision ist FEIN."

Gaiser Offsetdruck & Informations-GmbH, Schwäbisch Gmünd

Die Gaiser Offsetdruck & Informations-GmbH wurde im Jahre 1946 als Buchdruckerei Gaiser von Paul und Rolf Gaiser gegründet. Heute ist das Familienunternehmen mit 30 Mitarbeitern ein moderner, mittelständischer Betrieb der Druckindustrie, dessen technische Ausstattung hauptsächlich auf die Herstellung hochwertiger, mehrfarbiger Kataloge, Broschüren, Prospekte und Kalender ausgerichtet ist. Die Qualitäts- und Terminwünsche der Kunden erfordern den Einsatz neuester Technologien in allen Produktionsstufen. In den Bereichen Texterfassung, Lasersatz, DTP und Datenkonvertierung reicht das Angebot von der Beratung der Kunden bei der Manuskripterstellung bis zur Ganzseitenbelichtung von Text und Bild.

Für die Übernahme von Kundendaten und deren Aufbereitung für den Fotosatz wird eine im Hause erstellte Software eingesetzt, die flexibel an kundenspezifische Anforderungen angepaßt werden kann. Der für DTP-Anwender eingerichtete Belichtungsservice ermöglicht die hochauflösende Filmbelichtung von DTP-Arbeiten auf dem Laserbelichter.

Im Bereich Offsetdruck werden alle Aufträge auf elektronisch gesteuerten Heidelberger Zwei- und Fünffarben-Maschinen gedruckt mit einem Druckbogenformat von 32 × 56 cm bis zu 72 × 102 cm.

Die Abteilung Druckverarbeitung ist mit einem Sammelhefter, Schneideanlagen, Falzmaschinen sowie Bohr-, Registerstanz- und Eckenrundmaschinen so ausgelegt, daß der größte Teil der Drucksachen bis zum Endprodukt im eigenen Hause verarbeitet werden kann.

Gaiser Offsetdruck & Informations-GmbH, Schwäbisch Gmünd

GSA, Werkzeugbau, Hochregallager und Schmiede

GSA, Gesenkschmiede Schneider GmbH Aalen

Das Unternehmen wurde 1891 in Stuttgart-Wangen von Karl Schneider als „Stuttgarter Hammerwerk Karl Schneider" gegründet. Die Verlagerung des Betriebs nach Aalen erfolgte 1913. Nach dem Tode von Carl Schneider (1891–1965), dem Sohn des Firmengründers, wurde der Familienbesitz 1966 in eine gemeinnützige Stiftung, die Carl-Schneider-Stiftung, umgewandelt und das Werk als GmbH weitergeführt.

1970 wurde der Name von Gesenkschmiede

Die Arbeitswelt

und Hammerwerk Aalen (GHA) in Gesenkschmiede Schneider GmbH Aalen (GSA) umgewandelt.

Nach beachtlichen Erweiterungen des Werksareals in den siebziger Jahren wurden 1982 das neue Bürogebäude bezogen, 1984 die Pressenschmiede zum zweiten Mal erweitert, 1987 ein neuer Betriebsmittelbau und 1988 die neue Schmiedehalle für Hämmer und das Hochregallager fertiggestellt.

In vielen Verfahrensbereichen der Umformtechnik wurde erfolgreiche Pionierarbeit geleistet. Die Fertigungsverfahren umfassen heute ein breites Produktionsprogramm von rohen und bearbeiteten Schmiedeerzeugnissen von 0,2 bis 120 kg. Dazu stehen modernste Fertigungsverfahren zur Verfügung wie Gesenkschmieden mit Hämmern oder Pressen, Warmfließpressen, Stauchen, Feinschmieden sowie Reibschweißen.

Seit 1987 werden mit dem Innenhochdruck-Verfahren (IHV) auch hohle Formteile in Leichtbauweise hergestellt. Diese haben den Vorteil, daß die mechanische Bearbeitung reduziert werden kann. 1990 wurde die erste Serienanlage in Betrieb genommen und Formteile für die Automobilindustrie, für Abgasanlagen und für die Armaturenindustrie geliefert.

Das Produktionsvolumen der GSA beträgt im Jahr insgesamt ca. 30 000 t Stahl aller Qualitäten, mehr als 4000 verschiedene Teile werden dabei hergestellt. Die Beschäftigtenzahl liegt bei 530 Mitarbeitern.

Zu den Kunden des Unternehmens im In- und Ausland zählen die Fahrzeugindustrie mit ihren Zulieferfirmen, der Maschinenbau, Berg- und Schiffsbau, die Luftfahrt, die Armaturenindustrie und andere Abnehmerbranchen.

Das Tochterunternehmen GSA tec, GSA Metallbearbeitung GmbH & Co. mit Sitz in Kirchheim/Teck übernimmt mit 160 Beschäftigten die Vor- und Fertigungsbearbeitung von Schmiederohlingen, Guß- und Aluminiumteilen.

GSA, Blick in die Pressenhalle

Holzland Grimmeisen OHG, Neresheim-Elchingen

Die Firma Holzland Grimmeisen in Elchingen befindet sich am Ortseingang von Neresheim kommend. In den verschiedenen Produktionsbereichen Zimmerei, Formbalkone, Schreinerei, Sägewerk, Gartenhaus sowie im Handel sind derzeit ca. 50 Mitarbeiter beschäftigt. Bei der Firma handelt es sich um einen Familienbetrieb in der Gesellschaftsform einer OHG.

Die Gründung der Firma erfolgte im Jahre 1860 durch Michael Grimmeisen als Zimmererbetrieb. Um die Jahrhundertwende kam der Bau eines Sägewerkes hinzu. Kurz vor Ausbruch des Zweiten Weltkrieges expandierte der Betrieb und verlegte seinen Standort aus Platz- und auch aus verkehrstechnischen Gründen von der Ortsmitte in die Nähe des Bahnhofes.

In den Jahren nach dem Krieg bis Ende der sechziger Jahre florierte das Geschäft mit dem Sägewerk, so daß man bis in den Neckarraum, ins Ruhrgebiet und auch ins Ausland Holz lieferte. Im Jahre 1970 kam der Holzhandel mit Profilbrettern und Paneelen dazu. Die Nachfrage nach „Holz für den Innenausbau" stieg in den folgenden Jahren sprunghaft. Investitionen auf diesem Gebiet waren unumgänglich.

Mitte der siebziger Jahre gesellte sich ein weiteres Standbein hinzu. Mit der Produktion von Balkonformbrettern, die selbst entworfen wurden, stieß man in eine Marktlücke. Die Stückzahlen stiegen von Jahr zu Jahr, so daß bald die gesamte Bundesrepublik sowie Teile der Alpenländer beliefert werden konnten. Der Bau neuer Produktionshallen und Lagerhallen wurde zwingend erforderlich.

1990 begann Grimmeisen mit der Produktion von Gartenhäusern aus kanadischer „Red Cedar" verbunden mit dem bundesweiten Handel von Red-Cedar-Rohware und Fertigprodukten. Zwischenzeitlich schloß sich die Firma der „Holzland"-Gruppe, einem Verbund führender deutscher Holzhändler, an, um die Chancen auf dem Markt nochmals zu verbessern.

Holzland Grimmeisen OHG, Neresheim-Elchingen

Die Arbeitswelt

F. & G. Hachtel GmbH & Co., Aalen. Die Kunststoff-Spritzerei

F. & G. Hachtel GmbH & Co., Kunststoff-Spritzguß, Aalen

Die Firma wurde 1934 als Handwerksbetrieb zur Herstellung von Automatendreh-, Schnitt- und Stanzteilen gegründet. Ab 1945 erfolgte der Wiederaufbau der Produktion, wobei vorwiegend Stanzteile für Haushaltsgeräte gefertigt wurden. Ab 1949 war sie Zulieferbetrieb für die wiedergegründete MHZ Hachtel & Co. Vorhangschienenfabrik, produziert wurden Zubehörteile für Gardinenschienen.

Die Entwicklung und Herstellung von Kunststoff-Spritzgußteilen führten nach 1962 zum Aufbau eines leistungsfähigen Kunststoff-Formenbaus. Die Entwicklung und der Ausbau eigener Befestigungstechnik (Kunststoffdübel) seit 1978 ergänzen die Produktion. Aus dieser Entwicklungstätigkeit resultieren inzwischen mehrere Patente.

Die F. & G. Hachtel GmbH & Co. konstruiert und produziert heute Kunststoff-Spritzgußformen und Kunststoff-Spritzgußteile von 10 bis 700 g Spritzgewicht. Sie ist damit Zulieferer für die Haushaltsgeräte-, die Möbel-, Draht-, Elektro-, Flugzeugbau- und die medizinisch-technische Industrie. Die Produkte werden auch ins europäische Ausland exportiert.

Jährlich werden 200–400 t thermoplastische Kunststoffe verarbeitet. Die 15 Mitarbeiter gewährleisten den erreichten Standard der F. & G. Hachtel GmbH & Co.

Hoffmann GmbH. Produktionsgebäude mit Verwaltungsneubau

Hoffmann GmbH, Kunststoff-Präzisionsteile, Schwäbisch Gmünd-Lindach

Die Firma Hoffmann wurde 1968 in Schwäbisch Gmünd-Lindach gegründet. Mit zunehmendem Aufkommen von Kunststoffmaterialien entwickelte sich schnell aus einem reinem Montagebetrieb für Kleinteile eine Kunststoffkleinteileproduktion im Spritzgießverfahren. Die dazu benötigten Formen wurden damals wie auch heute selbst gefertigt.

1980 entstanden im neu erschlossenen Industriegebiet von Lindach moderne Produktionsräume, ausgestattet mit zukunftsweisender Maschinentechnologie. Die schnelle Anpassung an neue moderne fertigungstechnische Bedürfnisse und Qualitätsrichtlinien, Dynamik und zukunftsweisende Investitionen sind Grundlagen der Firmenphilosophie. Namhafte Automobilzulieferbetriebe gehören ebenso zum Kundenkreis wie Firmen aus den Bereichen Optik, Dental-, Licht-, Einrichtungs- und Medizintechnik sowie Spielwaren und Anlagenbau im In- und Ausland. Dabei kommen sowohl Standardkunststoffe wie auch „High-Tech"-Materialien zum Einsatz.

Es wird weiterhin Bestreben der Firma sein, ihre Auftraggeber mit qualitativ sehr guter Leistung zufriedenzustellen und dabei die umfangreichen technischen Anforderungen zu erfüllen. Dies ist auch das Bestreben der nachwachsenden Generation, die seit 1978 durch Herrn Dipl.-Ing. R. Hoffmann als Geschäftsführer in der Firma vertreten ist.

JELONNEK Transformatoren und Wickelgut GmbH, Oberkochen

Im Jahr 1966 gründeten Gunter und Lotte Jelonnek die Firma mit anfänglich nur vier Mitarbeiterinnen. Bald schon wurden größere Produktionsräume gebraucht, und ein Umzug in die Dreißentalstraße 41 wurde notwendig. Nachdem die Mitarbeiterzahl auf zehn Frauen angewachsen war, wurde die Produktion in einen 50 m² großen Anbau in der Heidenheimer Straße 29 verlegt. 1970 wurde dann das Elternhaus von Lotte Jelonnek für Fertigungszwecke erworben.

1976 verunglückte Gunter Jelonnek tödlich, und seine Frau Lotte übernahm mit ihrem Sohn Klaus die Leitung der Firma. 1978 trat der Schwiegersohn Rudolf Hurler in die Firma ein.

Aufgrund der guten Geschäftsentwicklung wurde 1985 ein Fabrikationsgebäude mit 800 m² Nutzfläche in der „Schwörz" erstellt und bezogen. 20 Mitarbeiter fanden hier neue, moderne Produktionsräume vor. Gleichzeitig änderte sich die Rechtsform der Firma in die einer GmbH. Geschäftsführer sind Klaus Jelonnek und Rudolf Hurler. 1990 scheidet Klaus Jelonnek aus der Firma aus, und Frau Krista Hurler, geb. Jelonnek, tritt in die Firma ein.

Die Produktpalette umfaßt Transformatoren und Wickelgüter im Standardbereich. Außerdem werden die Produkte auch nach individuellen Kundenwünschen entwickelt und gefertigt; auch dies ist ein Beweis der Flexibilität des Unternehmens. Zu den Kunden gehören Großfirmen wie ANT, CARL ZEISS, Picker, SEL, J. M. Voith und SIEMENS.

Firmengebäude der JELONNEK Transformatoren und Wickelgut GmbH in Oberkochen

JELU-Werk, J. Ehrler Füll- und Zusatzstoffe auf Holz- und Cellulosebasis, Ludwigsmühle, Rosenberg

Die „Ludwigsmühle" wurde bereits 1339 urkundlich erwähnt. 1908 wurde die mit Wasserkraft betriebene Mahl- und Sägmühle von Josef Ehrler übernommen. Der unrentable Sägebetrieb wurde dabei eingestellt. Als Folge der Konzentration im Mühlengewerbe wurde auch die Getreidemühle in den fünfziger Jahren stillgelegt und die Produktion von Holzmehl aufgenommen. Basierend auf der langjährigen Erfahrung wird der Betrieb heute in dritter Generation von Josef Ehrler jun. geführt.

Den gestiegenen Qualitätsansprüchen nachkommend werden heute hochwertige Füll- und Zusatzstoffe auf Holz- und Cellulosebasis für die unterschiedlichsten Anwendungsbereiche hergestellt (z. B. Papierindustrie, Chemische Industrie, Kunststoffindustrie). Derzeit werden 20 Mitarbeiter beschäftigt. Ca. 40 Prozent der Produkte werden exportiert.

JELU-Werk, Ludwigsmühle, Rosenberg

Paul Kemmer GmbH & Co. KG, Hartmetall-Feinwerkzeuge, Schwäbisch Gmünd-Kleindeinbach

Aus dem 1954 von Paul Kemmer gegründeten Einmannbetrieb ist in den Jahren bis heute der führende Hersteller von Hartmetall-Feinwerkzeugen geworden. Nahezu 500 Mitarbeiter in Schwäbisch Gmünd, Romanshorn (Schweiz), Los Angeles (USA) und Tokyo (Japan) produzieren hochpräzise Hartmetall-Werkzeuge für alle modernen Industriezweige. Der Exportanteil von über 50 Prozent bestätigt die Qualität und den Bekanntheitsgrad der Produkte.

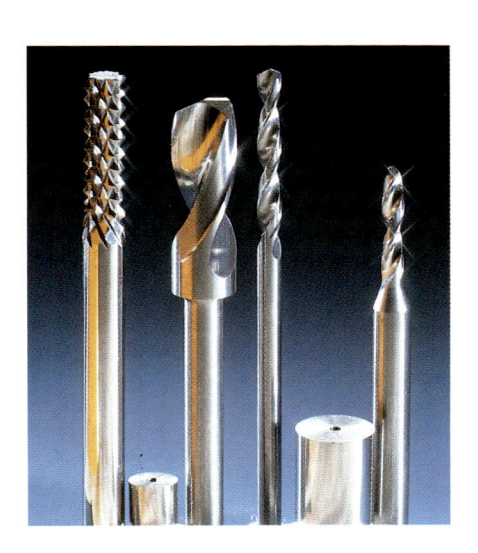

Vollhartmetall-Spiralbohrer und Fräser zur Bearbeitung von Leiterplatten von Kemmer-Präzision sind ein Begriff bei allen namhaften Firmen der Elektronikindustrie rund um die Erde.

Kaum ein Radio, Fernseher, CD-Player, Computer oder Videogerät, dessen Bauteile nicht mit diesen Werkzeugen bearbeitet wurden.

Den höchsten Anforderungen gerecht zu werden und das Annehmen von Problemlösungen sowie die enge Zusammenarbeit mit den Kunden ist eine der Hauptbestrebungen des Unternehmens.

Oben: Produktionsgebäude der Paul Kemmer GmbH & Co. KG in Schwäbisch Gmünd.
Links: Beispiele für die millimetergroßen Feinwerkzeuge

Im Bildvordergrund die Maschinenfabrik Karl Kiener GmbH & Co. KG

Karl Kiener GmbH & Co. KG, Maschinen- und Vorrichtungsbau, Rainau-Goldshöfe

1955 begann Karl Kiener mit der Herstellung von Einzelteilen im Lohnauftrag für Betriebe im Umkreis. Daraus ergaben sich Aufträge zur Herstellung von Sondermaschinen und Werkzeugen nach Plänen der Kunden.

Kiener entwickelte außerdem ein umweltfreundliches thermisches Verfahren der Müllentsorgung in Verbindung mit einem Verbrennungsmotor mit sehr hohem Wirkungsgrad. Diese vielbeachtete Erfindung von Karl Kiener, des „Ostalbdaimlers" konnte aufgrund der politischen Vorgaben für die Abfallwirtschaft leider nicht verwirklicht werden.

Die Stärke des Betriebes – die Flexibilität des Maschinenparks – ist bis heute die Durchführung von eiligen Reparatur- und Verbesserungsarbeiten. Von Anfang an wurde großer Wert auf die individuelle Bedienung der Kunden gelegt. Alle Faktoren, die zur sofortigen Erledigung eiliger Reparaturarbeiten notwendig sind, finden Beachtung.

Nach dem Tod des Firmengründers Karl Kiener im Jahr 1989 übernahm sein Sohn Knut Kiener die Leitung der Firma, die zehn Mitarbeiter beschäftigt.

Kreisbaugenossenschaft Aalen eG

Die Kreisbau Aalen wurde am 10. 10. 1935 in der Rechtsform der Genossenschaft gegründet. Heute sind gut 3800 Mitglieder an diesem Unternehmen beteiligt.

Mit einer Gesamtbauleistung von über 7000 Häusern und Wohnungen ist die Kreisbau Aalen mit der größte und leistungsfähigste Bauträger im Ostalbkreis. Traditionell ist die Kreisbau Aalen stark mit Eigentumsmaßnahmen für private Bauherren engagiert. Neben gut 400 Eigentumswohnungen verwaltet die Kreisbau Aalen außerdem rund 900 eigene Mietwohnungen, die überwiegend in Oberkochen, Bopfingen und Wasseralfingen liegen.

Die Kreisbau Aalen bietet ein komplettes Serviceprogramm „Rund um die Immobilie". Das Leistungsspektrum umfaßt neben dem Neubau von freistehenden Einfamilienhäusern, Doppelhaushälften und Reihenhäusern auch den Bau von Eigentumswohnanlagen und Wohn- und Geschäftshäusern für private Bauherren und Erwerber. Die Kreisbau Aalen erwirbt und vermittelt Grundstücke und Gebäude für eigene und fremde Zwecke. Sie übernimmt als Bauträger oder Baubetreuer die gesamte Abwicklung einer Bauaufgabe, einschließlich der Planung, Bauleitung, technische und wirtschaftliche Betreuung bis hin zur Finanzierungsberatung und Finanzierungsbearbeitung im Rahmen einer Kooperation mit der Landeskreditanstalt und der L-Bank Baden-Württemberg.

Den Kunden steht ein Stamm von rund 20 qualifizierten Mitarbeitern zur Verfügung. Neben der Geschäftsstelle in Aalen-Wasseralfingen ist die Kreisbau Aalen mit einem Beratungszentrum mitten in der Fußgängerzone von Aalen, Gmünder Straße 2, präsent.

Komfortable Stadtwohnungen in Aalen – ein Bauvorhaben der Kreisbaugenossenschaft Aalen eG.

Werk Schwäbisch Gmünd-Lindach der Grau GmbH & Co., Werkzeug- und Formenbau. Mit zwei- bzw. dreifach wirkenden mechanischen und hydraulischen Karosseriepressen werden neue Werkzeuge eingearbeitet und ihre Funktion getestet sowie Vor- und Serienteile für die Automobilindustrie abgepreßt.

Die Arbeitswelt

Im Grau Kunststoffwerk (oben) werden auf über 40 modernen Spritzgießmaschinen kleinste Präzisionsteile vom Bruchteil eines Grammes für die elektronische Industrie und bis zu 6,5 kg schwere technische Kunststoffteile für die Automobilindustrie hergestellt.
Im Werk Grau Automation in Böhmenkirch werden Roboteranlagen für große Datenarchive in Rechenzentren entwickelt und gebaut. Hier das automatische Bandkassetten-Bedienungsarchiv ABBA, Doppel-ABBA-System auf zwei Schienen mit Quadroturm

Grau GmbH & Co., Werkzeug- und Formenbau, Schwäbisch Gmünd-Lindach

Das Werk Lindach der Grau GmbH & Co. wurde 1954 von Hermann Grau gegründet. Im Bereich Werkzeugbau werden Großwerkzeuge für Karosserieteile, im Bereich Formenbau Druck- und Spritzgießformen für die Metall- und Kunststoffverarbeitung hergestellt. In der Planung und Konstruktion werden dreidimensionale CAD/CAM-Systeme eingesetzt. Diese Systeme sind Voraussetzung für einen direkten Datenaustausch mit der Automobilindustrie.
Die Bearbeitung der Werkstücke, die ein Stückgewicht bis zu 50 t haben können, erfolgt auf modernsten CNC-Fräs- und Bohrwerken. Erfahrene Einarbeitungsteams begleiten die Werkzeuge und Formen von der ersten Ausprobe bis zur Übergabe an den Kunden. Die optimale Einarbeitung auf den Karosseriepressen im eigenen Werk ist die Voraussetzung für einen termingerechten Produktionsanlauf.
Die Produkte des mit neuester Technik ausgestatteten Unternehmens werden zu 75 Prozent im Inland, zu 20 Prozent in den EG-Ländern und zu fünf Prozent im sonstigen Ausland abgesetzt. Hauptabnehmer ist die Automobilindustrie.
1985 wurde in Schwäbisch Gmünd-Straßdorf ein weiteres Werk erworben, so daß mittlerweile mehr als 550 Beschäftigte im Grau Werkzeug- und Formenbau tätig sind.

Ueberlandwerk Jagstkreis AG (UJAG), Ellwangen (Jagst)

Die UJAG ist seit über 75 Jahren mit der wirtschaftlichen Entwicklung des ostwürttembergischen Raumes eng verknüpft. Sie wurde 1913 für die Stromversorgung der Oberämter des Jagstkreises gegründet. Das Versorgungsgebiet erstreckt sich heute auf den Ostalbkreis sowie auf Teile der Landkreise Schwäbisch Hall und Donau-Ries. Bereits 1920 lagen 50 Prozent des Grundkapitals der UJAG beim Bezirksverband „Stromverband Jagstkreis". Er hat seine Aufgabe 1940 auf die Energie-Versorgung Schwaben AG (EVS), deren Grundkapital sich ebenfalls in öffentlichem Besitz befindet, übertragen. Bis 1950 hat die EVS die restlichen 50 Prozent übernommen. Noch in den späten zwanziger Jahren erzeugte die UJAG den größten Teil des Strombedarfs in ihrem Steinkohlekraftwerk in Ellwangen. Heute beschafft die UJAG nahezu 100 Prozent ihres Stromes von der EVS, die ihn in großen Kraftwerken preisgünstig herstellen kann. In 15 Umspannwerken wird die elektrische Energie aus dem Netz der EVS übernommen, über das die Kunden Anteil an den Vorteilen des europäischen Stromverbunds haben.
Die UJAG beliefert auf einer Fläche von ca. 3300 km^2 rund 460 000 Einwohner mit Strom, davon zwei Drittel unmittelbar und ein Drittel mittelbar über Verteilerwerke. Im Jahr 1990 wurden 2,4 Mrd. kWh abgegeben. Das Leitungsnetz hat eine Gesamtlänge von nahezu 7500 km. Seit 1986 bietet das Unternehmen auch Erdgas an.
Die UJAG ist mit einem Umsatz von über 425 Mio. DM ein bedeutender Wirtschaftsfaktor in Ostwürttemberg. Sie beschäftigt 400 Mitarbeiter und investierte 1991 rund 25 Mio. DM. Sie versteht sich als Dienstleistungsunternehmen für eine preiswerte, sichere und ausreichende Versorgung mit Strom und Gas.

Die Arbeitswelt 459

Ueberlandwerk Jagstkreis AG, Ellwangen. Netzleitstelle in Ellwangen.
Das 110/220-kV-Umspannwerk der UJAG in Ellwangen

Kreissparkasse Ostalb, Hauptstelle Aalen

Kreissparkasse Ostalb, Aalen und Schwäbisch Gmünd

Die Kreissparkasse Ostalb entstand am 1. Januar 1974 aus der Vereinigung der beiden Kreissparkassen Aalen und Schwäbisch Gmünd. Grundlage dieser Fusion war das baden-württembergische Kreisreformgesetz und der Beschluß des Kreistages des Ostalbkreises in seiner Eigenschaft als Hauptorgan des Gewährträgers der Kreissparkasse Aalen (gegründet 1848, wiedereröffnet 1882) und der Kreissparkasse Schwäbisch Gmünd (gegründet 1852). Damit wurde das mit Abstand größte Kreditinstitut im Ostalbkreis geschaffen, 125 Geschäftsstellen stehen im Kreisgebiet den Kunden zur Verfügung. Außer den beiden Hauptstellen in Aalen und Schwäbisch Gmünd werden Hauptzweigstellen in Bopfingen, Ellwangen, Heubach, Lorch und Neresheim sowie 71 hauptamtlich besetzte Zweigstellen und 45 Nebenzweigstellen geführt.

Mehr als 1140 Bedienstete sind bei der Gesamtanstalt beschäftigt.
Die Bilanzsumme der Kreissparkasse Ostalb beläuft sich auf 4,4 Mrd. DM. Die gesamten Verbindlichkeiten gegenüber Kunden betragen 3,2 Mrd. DM. Der größte Teil der Kundeneinlagen entfällt auf Spareinlagen, insgesamt 1,5 Mrd. DM, dazu kommen 545 Mio. DM täglich fällige Gelder und 1,2 Mrd. DM mit einer vereinbarten Laufzeit oder Kündigungsfrist, insbesondere Sparkassenbriefe.
Von diesen Geldern ist der größte Teil, rund 2,8 Mrd. DM, als Kredite und Darlehen im heimischen Wirtschaftsgebiet ausgeliehen in Form von Baudarlehen, Hypotheken, Dispokrediten, Industriekrediten, Kommunalkrediten, Anschaffungsdarlehen sowie als Finanzierungen aller Art. Auch herkunftsmäßig sind die Mittel breit gestreut: 324 000 Sparkonten und 121 000 Girokonten werden bei der Kreissparkasse Ostalb geführt. Daneben verwaltet die Kreissparkasse Ostalb rund

Die Arbeitswelt

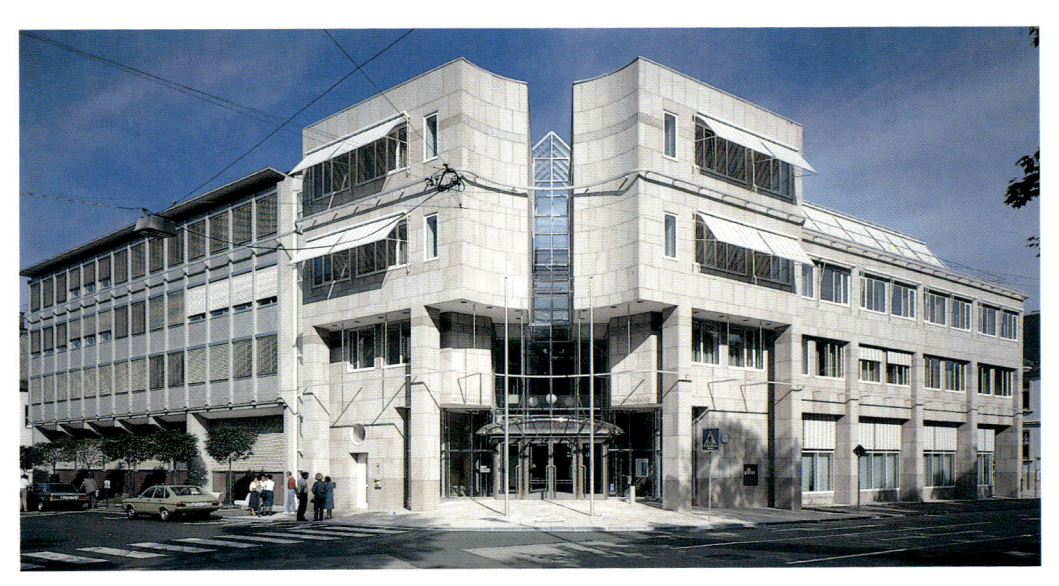

Kreissparkasse Ostalb, Hauptstelle Schwäbisch Gmünd

18 500 Wertpapierdepots für ihre Kunden mit einem Anlagevolumen von über 342 Mio. DM (alle Angaben beziehen sich auf das Jahresende 1991). Als Mitglied der S-Finanzgruppe bietet die Kreissparkasse Ostalb neben dem eigentlichen Bankgeschäft sämtliche Finanzdienstleistungen wie z. B. das Bausparen, Lebens- und Sachversicherungen, Investmentfonds sowie alle Arten des internationalen Zahlungsverkehrs.

Die Rechtsvorgängerinnen der Kreissparkasse Ostalb wurden aus den gleichen sozialen Motiven wie alle Sparkassen geschaffen: allgemein den Sparsinn zu fördern und durch Vergabe von Darlehen und Krediten zu günstigen Bedingungen den wirtschaftlich schwächeren Kreisen der Bevölkerung zu helfen. Etwa erzielte Überschüsse sollten dem gemeinen Nutzen dienen. Durch das Sparkassengesetz vom 24. 3. 1932 wurden die Sparkassen, die bis dahin rechtlich unselbständige Einrichtungen der Amtskörperschaft waren, in selbständige Anstalten des öffentlichen Rechts mit eigener Rechtspersönlichkeit umgestaltet. An der unbeschränkten Haftung des Gewährträgers sowie am gemeinnützigen Charakter des Instituts hat sich bis heute nichts geändert.

Die Kreissparkasse Ostalb kann sich als ein gesundes, leistungsstarkes öffentlich-rechtliches Kreditinstitut im Ostalbkreis präsentieren. Aus der einstigen „Arme-Leute-Sparkasse" ist eine moderne und fortschrittliche große Kreissparkasse geworden, die in allen Bevölkerungskreisen hohes Ansehen und Vertrauen genießt.

Die Palette der Dienstleistungen und Anlagemöglichkeiten ist ebenso wie das Kreditangebot immer weiter ausgebaut und der Zeit angepaßt worden. Die Kreissparkasse Ostalb ist weiterhin bemüht, ihren guten Kontakt zur ganzen Bevölkerung auszubauen und zu pflegen.

Josef Lipp GmbH & Co., Bosch-Dienst in Aalen

Josef Lipp GmbH & Co., Bosch-Dienst, Aalen

Josef Lipp sen. gründete 1946 den Bosch-Dienst in Aalen, damals in gemieteten Räumen in der Remonte. 1951 erfolgte der Umzug in eigene Räume in der Bahnhofstraße 119. Dort wurden aufgrund stetiger Aufwärtsentwicklung des Unternehmens bis heute etwa 5000 m² Nutzfläche geschaffen, die im wesentlichen von der Firma Lipp selbst, aber auch von sechs weiteren gewerblichen Mietern genutzt werden und insgesamt etwa 100 Arbeitsplätze bieten.

Die vollkommen selbständige Firma Lipp ist als Bosch-Dienst Vetragspartner der Robert Bosch GmbH in Stuttgart. Befaßte man sich anfangs im wesentlichen mit Verkauf und Instandsetzung der Kraftfahrzeugelektrik, so nahm man immer wieder neue Erzeugnissse mit den dazugehörigen Dienstleistungen auf: Autoradios, Werkstattgeräte, Elektrowerkzeuge, Stromerzeuger, Garagentorantriebe, professionelle Funksysteme für Gewerbe, Industrie und Behörden mit Sicherheitsaufgaben sowie Autotelefone und neueste Geräte in dem sich schnell entwickelnden Bereich der Telekommunikation. Im großzügig gestalteten Küchenstudio werden Bosch-Küchen und elektrische Hausgeräte angeboten.

Als Spezialist für diese hochwertigen Erzeugnisse bietet die Firma Lipp kompetente Fachberatung, Projektierung, Einbau sowie Instandsetzungs- und Wartungsservice an. Im Kundendienstbereich wie auch im Verkauf wird der Trend zu High-Tech-Erzeugnissen und den entsprechenden Dienstleistungen immer stärker. Laufend wird in die Fachausbildung der Mitarbeiter sowie in die modernsten Prüf- und Testgeräte investiert. Ausbildungsplätze werden in kaufmännischen und technischen Berufen angeboten.

Außer in Aalen ist die Firma Lipp mit eigenen Betrieben auch in Heidenheim, Memmingen und Kempten tätig.

Die Arbeitswelt

Leugger GmbH, Möbelfabrik, Schwäbisch Gmünd

Die Möbelfabrik Leugger Basel hat im Jahr 1970 die damalige Firma Schürle in Schwäbisch Gmünd-Bettringen übernommen. Aus dieser Fa. Leugger + Co. ist 1980 die Leugger GmbH hervorgegangen, die heute knapp 30 Mitarbeiter beschäftigt. Geschäftsführender Gesellschafter ist Alfred Schurr.

Das Produktionsprogramm der Firma ruht auf drei Säulen:
– dem Leugger-Systemschrankprogramm, mit sechs verschiedenen Breiten endlos kombinierbar als Vorwandschrank oder Raumteiler. Elemente mit drei Höhen und zwei Tiefen lassen sich jeder räumlichen Gegebenheit und Anforderung im Büro und Wohnbereich anpassen. Serienmäßig sieben verschiedene Kunststoffoberflächen sowie alle gängigen Holzarten ermöglichen eine harmonische Gesamtabstimmung, eine Kombination von Funktionalität und Ästhetik.
– maßgeschneiderten Sonderanfertigungen für speziellen Bedarf bei Objekten im privaten und öffentlichen Bereich wie Schulen, Krankenhäuser, Bürogebäude, Wohnheime usw.
– Zulieferteilen für namhafte Spezialmöbelhersteller.

So beliefert die Möbelfabrik Leugger nicht nur eine Vielzahl von Kunden in Handel, Industrie und Verwaltung, sie ist auch Partner von namhaften weltweit tätigen Unternehmen, die auf Spitzenqualität bei Zulieferteilen bauen. Durch ständiges Anpassen des Betriebes an modernste Technologie ist die Firma Leugger auch zukünftig in der Lage, ihre Kunden schnell und effektiv zu bedienen.

Das Leugger-Systemschrankprogramm

Linse GmbH + Co. KG, Kunstpflanzen und Springbrunnen, Schwäbisch Gmünd

Linse-dekoflor ist eine der bedeutendsten Firmen auf dem Gebiet von Textilblumen und künstlichen Pflanzen. Objektdekorationen mit Linse-Produkten finden sich in Büros, Hotels, Kaufhäusern, Schwimmbädern, Autohäusern usw.

Ein weiteres Herstellungsprogramm ist Linse-Aqua-Air-Light. Das sind Acrylbrunnen mit Lichteffekten, die vielerorts in der Kombination mit Pflanzendekorationen verwendet werden.

Linse-Produkte werden international verbreitet. Der Vertrieb erfolgt über Laden- und Messebauer, Gaststätten- und Hoteleinrichter, Gartencenter und Baumärkte sowie über Objekteinrichter und Architekten. Ein Werksverkauf schließt auch den Verkauf an jedermann ein.

Die Firma Linse wurde vor über 25 Jahren gegründet und beschäftigt 20 Mitarbeiter.

Linse GmbH + Co. KG, Kunstpflanzen und Springbrunnen, Schwäbisch Gmünd

Die Arbeitswelt

Motogema GmbH & Co. KG, Fahrzeugbauteile, Lorch

Motogema GmbH & Co. KG, Fahrzeugbauteile, Lorch

Motogema wurde als Fertigungsbetrieb im Januar 1978 gegründet. Produziert wurde zunächst in Gebäuden in Urbach, bis nach Fertigstellung der neuen Produktionshalle mit Bürogebäude am 2. Januar 1979 der Betrieb nach Lorch-Weitmars verlegt werden konnte. Beträchtliche Zuwachsraten machten bereits 1987 eine Erweiterung notwendig. Dem Fertigungsbetrieb steht heute eine Gesamtfläche von 2700 m^2 zur Verfügung.

Der Schwerpunkt des Fertigungsprogramms ist die Weiterentwicklung und Herstellung von Verbrennungsmotoren und anderen Fahrzeugbauteilen. Im einzelnen waren dies: 4-Ventil-Zylinderkopf für Polo und Golf, Untersuchungen und praktische Versuche in der 5-Ventil-Technik, Weiterentwicklung des 4-Zylinder wassergekühlten VW-Boxermotors zu einem 6-Zylinder-Boxermotor.

Motogema beschäftigt heute 35 Mitarbeiter. Dabei handelt es sich um Fachkräfte, die teilweise im Zweischichtbetrieb tätig sind.

Ein moderner Maschinenpark mit hauptsächlich CNC-gesteuerten Bearbeitungszentren, Dreh- und Schleifzentren, ermöglicht es, anspruchsvolle Komplettbearbeitungen durchzuführen. Unterstützt wird dies durch die Möglichkeit, an drei Bildschirmarbeitsplätzen die NC-Programme für die Bearbeitungszentren zu erstellen. Die Produktpalette umfaßt wesentliche Teile wie Motorblöcke, Kurbelgehäuse, Zylinderköpfe, Pleuel und Getriebeteile, aber auch Spindel- und Getriebeteile für den Maschinenbau. Entwicklung, Berechnung und Fertigung von Nockenwellen ist ein eigener Zweig der Fertigung. Für die Qualitätssicherung steht in einem klimatisierten Raum eine Universal-Meßmaschine der Firma Zeiss zur Verfügung.

Die Firma Albert Mürdter in Mutlangen fertigt Werkzeuge und Formen selbst größter Dimension und höchsten Schwierigkeitsgrades, technische Kunststoffteile sowie Stanz- und Ziehteile aus korrosionsgeschützten Blechen.

Albert Mürdter, Werkzeug- und Formenbau, Mutlangen

Die Firma wurde 1965 von Albert Mürdter in Schwäbisch Gmünd gegründet. Im Jahr 1969 wurde der Firmensitz nach Mutlangen verlegt, wo heute sowohl Schnitt-, Stanz- und Ziehwerkzeuge als auch Spritzgießwerkzeuge hergestellt werden.

Konstruktion, Modellbau, CAD/CAM-Systeme und ein moderner Maschinenpark ermöglichen die Herstellung auch hochkomplexer Werkzeuge bis zu Abmessungen von 5000 × 2500 × 2000 mm und einem Gewicht von 60 t.

1979 wurde als eigenständige Firma die Kunststoffverarbeitung Albert Mürdter gegründet, die technische Spritzgießteile bis zu einem Gewicht von 6000 g auf Maschinen mit Schließkräften bis 35 000 kN fertigt.

Die Herstellung von Stanz- und Ziehteilen aus korrosionsgeschützten Blechen wurde 1984 ausgegliedert und der Firma Albert Mürdter, Metallbearbeitung übertragen. Vom Kleinteil bis zum Großteil wird auf Pressen bis zu 15 000 kN Preßkraft und einer Tischfläche von 5000 × 2500 mm produziert.

Insgesamt beschäftigt die Firmengruppe heute 265 Mitarbeiter in Mutlangen und liefert an Kunden im In- und Ausland.

Nagel-Sonderaufbauten GmbH, Waldstetten

1954 wurde die Firma Nagel-Sonderaufbauten in Waldstetten gegründet. Bis 1968 war der Handel mit Landmaschinen sowie deren Reparatur Grundlage der Firma. Bedingt durch eine Rezession im Landmaschinenbereich änderte sich die Ausrichtung, alle Aktivitäten im Landmaschinenhandel wurden aufgegeben. Seit 1968 konzentriert sich die Firma auf die Produktion von Forstmaschinen, Forstgeräten und Zubehör.

Die Nagel-Sonderaufbauten GmbH beschäftigt heute elf Mitarbeiter und hält, bezogen auf das gesamte Bundesgebiet, einen Marktanteil von 15 Prozent an Forstausrüstungen. Der Export erfolgt hauptsächlich in die Schweiz, nach Frankreich, dort ins Elsaß, und nach Österreich. Infolge geänderter forstwirtschaftlicher Rahmenbedingungen und gestiegenen ökologischen Bewußtseins beabsichtigt die Firma, ihre Aktivitäten in diesem Bereich zu erweitern.

Nagel-Sonderaufbauten GmbH, Waldstetten

Papierfabrik Palm GmbH & Co., Aalen

Die Papierfabrik Palm in Aalen-Neukochen wurde 1872 von Adolf Palm gegründet, in der zweiten Generation von Otto und Hermann Palm fortgeführt. Die heutigen alleinigen Gesellschafter der Firma sind Dr. Wilfried Palm und Dr. Wolfgang Palm.

Auf drei Hochleistungspapiermaschinen werden Wellpappenpapiere, Verpackungspapiere und Zeitungsdruckpapier hergestellt. Als Rohstoff wird ausschließlich Altpapier eingesetzt, womit das Unternehmen einen erheblichen Beitrag zum sinnvollen Recycling leistet. Im Jahre 1990 wurden über 250 000 t Altpapier einer Wiederverwertung zugeführt, was zu einer starken Entlastung des wertvoll gewordenen Deponieraumes im Land geführt hat.

Entsprechend der Fortentwicklung der Abwasserklärtechnik wurde im Werk Aalen-Neukochen stufenweise ein hochmodernes Abwasserklärwerk errichtet, das zu den größten in Baden-Württemberg zählt.

Seit 1978 geht die strategische Unternehmensentwicklung vorwiegend auf den Ausbau eines mehrstufigen Verpackungsunternehmens, dessen Werke flächendeckend über das ganze Bundesgebiet gestreut sind. Die Unternehmensgruppe Papierfabrik Palm GmbH & Co. umfaßt 1991 folgende Werke: Papierfabrik Palm GmbH & Co. in Aalen-Neukochen, Papierfabrik Malsch GmbH & Co., Wellpappenwerk Bruchsal GmbH & Co., Wellpappe Sinsheim, Faltschachtelwerk Neuthardt, Wellpappe Forchheim GmbH & Co., Wellpappe Höchstädt und Wellpappe Gelsenkirchen GmbH & Co.

Mit den beiden Produktgruppen graphische Papiere auf Recyclingbasis und mehrstufige umweltfreundliche Verpackungen nimmt das Unternehmen einen guten Platz im internationalen Wettbewerb ein.

Papierfabrik Palm GmbH & Co., Aalen. Das Werk in Aalen-Neukochen

Friedrich Reber KG, Spezialfabrik für Metallkreissägeblätter, Bopfingen-Oberdorf

Im Jahr 1956 wurde die Firma Friedrich Reber KG in Bopfingen-Oberdorf ansässig. Die gemieteten Räumlichkeiten in der Lehenstraße wurden jedoch bald zu eng, und so wurde schon nach wenigen Jahren am Ortsrand eine eigene Fertigungshalle mit Bürogebäude erstellt. Die neuen, größeren Räumlichkeiten konnten im März 1962 bezogen werden.
Durch die Spezialisierung im Fertigungsprogramm und das hohe Qualitätsniveau der hergestellten Werkzeuge blühte das Unternehmen rasch weiter auf. So blieb es nicht aus, daß schon bald eine weitere Ausdehnung erforderlich war. Um der stürmischen Aufwärtsentwicklung Rechnung zu tragen, wurde deshalb in den Jahren 1968/69 eine erhebliche Erweiterung der bestehenden Räumlichkeiten für Fertigung und Verwaltung vorgenommen. Der Bau weiterer Fertigungshallen in den Jahren 1976 und 1986 schloß sich an. Der Seniorchef der Firma, Friedrich Reber, verstarb im Oktober 1975. Seit dieser Zeit wird das Unternehmen von seinem Sohn Rolf Reber, der ebenfalls für den Aufbau verantwortlich zeichnete, allein weitergeführt. Mit

Friedrich Reber KG, Bopfingen-Oberdorf. Gesamtansicht der Fertigungshallen und des Verwaltungsgebäudes

Rolf Reber jun. ist bereits die dritte Generation im Unternehmen tätig.
Die Firma Friedrich Reber KG gilt heute allgemein als führender Hersteller ihrer Branche und verfügt über modernste Fertigungsanlagen. Ein Großteil der Produktion geht in den Export, wobei in Japan seit einigen Jahren eine eigene Vertriebs-Niederlassung besteht. Insgesamt werden Kunden in über 50 Ländern der Erde beliefert.

RUD-Kettenfabrik, Rieger & Dietz GmbH u. Co., Aalen-Unterkochen

Gegründet 1875 – befindet sich das Werk seit mehr als 100 Jahren in Familienbesitz. Geschäftsführer heute sind Dr.-Ing. Hansjörg Rieger und Dipl.-Wi.-Ing. Otto Eberhard Rieger. Das Stammwerk in Unterkochen gilt als eine der weltweit modernsten Kettenproduktionsstätten. Mehr als 1000 Mitarbeiter fertigen RUD-Ketten, die in mehr als 100 Ländern der Erde im Einsatz sind.

Das Produktions-Programm umfaßt:

1. Gleitschutz- und Reifenschutzketten für luftbereifte Fahrzeuge. Als Erfinder der Spurkette fertigt RUD Gleitschutzketten für Pkw, Lkw und Nutzfahrzeuge in allen gängigen Abmessungen und in jeder Preisklasse. Ebenso stellt RUD Reifenschutzketten für Radlader sowohl für den Übertage- als auch für den Untertageeinsatz her. Traditionsgemäß liefert RUD auch Ketten für die Landwirtschaft und vertreibt Kunststoffketten als Handelsware.

2. RUD-Güteketten und Bauteile zum Heben, Ziehen und Fördern als Rundstahlketten höchster Güte im Abmessungsbereich 2–36 mm. Wichtige Umsatzträger sind dabei das verwechslungsfreie RUD-Baukasten-System für den Vielzweck-Einsatz von Güteketten, hochverschleißfeste Sondergüten für Hebezeuge, RUD-Systeme für Förderanlagen im Baukastenprinzip für Industrieförderanlagen und Becherwerke sowie rost-, säure- und hitzebeständige Ketten.

RUD entwickelt und installiert Handhabungssysteme mit Steuerungen modernster Art, maßgeschneidert auf den speziellen Anwendungsfall. Aufeinander abgestimmte Komponenten im Baukasten-Prinzip ermöglichen variablen Einsatz, präzise, schnell und zuverlässig. Ebenso sind Hydraulik- und Pneumatik-Anlagen Umfang des Angebots. Auch zur Automatisierung bestehender Anlagen und Maschinen ist RUD der kompetente Partner.

Das technische Know-how der RUD-Kettenfabrik dokumentiert sich in nahezu 500 Schutzrechten im In- und Ausland. Zahlreiche Lizenzvergaben im In- und Ausland zeugen von besonders erfolgreichen Anstrengungen im wissenschaftlichen und konstruktiven Bereich. In den anspruchsvollen Qualitätsbereichen der Rundstahlkette gilt RUD als einer der führenden Hersteller. Als offiziell anerkannte Entwicklungsfirma für hochverschleißfeste Rundstahlketten ist RUD aktiv an der Entwicklung und ständigen Vervollkommnung der internationalen ISO-Normung beteiligt. Gleichrangig mit der durch ein ausgefeiltes System mehrfacher Kontrollen garantierten Qualitätsverwirklichung sorgt RUD dafür, daß Produktion und Umweltschutz, nicht zuletzt durch die hochmoderne Neutralisations- und Entgiftungsanlage, auf einen Nenner gebracht werden.

Als Werk im Grünen wird die RUD-Kettenfabrik oft und gern bezeichnet. Das kommt nicht von ungefähr. Das Werkareal von insgesamt 150 000 m² befindet sich in Insellage am Flußlauf des Kochers und ist somit seit der Gründung harmonisch eingebunden in die umgebende Landschaft. RUD ist Träger der Goldmedaille des Bundes-Wettbewerbs „Industrie in der Landschaft" und gilt mit seinen Betriebsanlagen als bundesweit beachtetes „Modell für Versöhnung von Technik und Natur".

Die internationale Präsenz von RUD hat im wahrsten Sinne des Wortes olympischen Rang. Mit besonderem Einsatzteam war RUD bei fünf Winterolympiaden, zahlreichen FIS-Skiweltmeisterschaften, mehreren Demonstrations-Schneeräumaktionen von Gebirgspässen „offizieller und alleiniger Ausrüster" für Gleitschutzketten.

Die Arbeitswelt

Die RUD-Kettenfabrik in Unterkochen gilt als eine der weltweit modernsten Kettenproduktionsstätten. Seit der Gründung im Jahr 1875 befindet sich das Werk in Familienbesitz.

Erlau AG, Aalen

Die Erlau AG wurde bereits im Jahre 1828, damals als Personengesellschaft, gegründet. Am Anfang stand die Produktion von Drähten und Drahtstiften. Bereits ab 1851 erfolgte die Herstellung von Ketten, die bis heute das Haupterzeugnis des Unternehmens sind. Durch die Umwandlung in eine Aktiengesellschaft im Jahr 1870 ist die Erlau AG heute eine der ältesten deutschen Aktiengesellschaften der Metallindustrie. Engagiertes unternehmerisches Handeln ließ die Erlau AG schnell über die Region hinauswachsen. Heute hat sie Weltgeltung. Sie fertigt Produkte höchster Qualität und bietet einen umfassenden After-Sales-Service.

Das Produktionsprogramm wird durch Qualität bestimmt. Markenartikel mit hohem Bekanntheitsgrad sind die Erlau-Schneeketten. Daß hier die Entwicklung nicht stehengeblieben ist, verdeutlichen z. B. die modernen Schnellmontageketten im Steg-Ring-System oder die „Spike-Ketten", eine Kombination von traktionsstarker Schneekette und den bewährten Spikes-Greifern mit dem Vorteil der „echten Standmontage".

Überall, wo rund um die Welt – übertage oder untertage – in Steinbrüchen, Bergwerken oder auf Baustellen Erdbewegung oder Rohstoffgewinnung mit luftbereiften Baumaschinen vorgenommen wird, sind Erlau-Reifenschutzketten im Steg-Ring-System im Einsatz. Auf diesem Spezialgebiet zählt die Erlau AG weltweit zu den größten Herstellern. Das Erlau-Steg-Ring-System ist durch zahlreiche Schutzrechte weltweit gesichert.

Rundstahlketten und Kettensysteme haben ihren festen Einsatz in allen Bereichen der Land- und Forstwirtschaft, im Güterverkehr und Transportwesen.

Parkmöbel sowie Freizeit- und Gartenmöbel, die sich durch eine hochwertige und absolut wetterbeständige Kunststoffbeschichtung auszeichnen, sind ein erfolgreiches Diversifikationsprodukt der Erlau AG. Durch exklusives Design und hohe Fertigungsqualität wurde ein repräsentatives Programm entwickelt und variantenreiche Kombinationen ermöglicht. Erlau-Möbel sind weltweit auf den schönsten und bekanntesten Plätzen vertreten.

Die neue Produktlinie „Erlau-Humantechnik" wurde speziell für den Einsatz im Sanitärbereich für Rehabilitanden, Behinderte und Senioren entwickelt. Sicherheit, die man – im wahrsten Sinne des Wortes – greifen kann, bietet dieses neue Griff-System. Mittelpunkt der Erlau-Humantechnik ist das neuartige Baukasten-Prinzip, mit dem sich alle Griff- und Handlaufformen individuell zusammensetzen lassen. Die ebenfalls neu entwickelten Klappsitze und Duschhocker erhöhen die Sicherheit im Naßbereich und erleichtern das Hinsetzen und Aufstehen.

Das richtige unternehmerische Konzept führt zu einer ständigen Aufwärtsentwicklung. Die Erlau AG zählt mit ca. 400 Mitarbeitern und einem Konzernumsatz von 45 Mio. DM zu den großen Industriebetrieben in Ostwürttemberg.

Die Exportmärkte sind wichtig für das Unternehmen. Mehr als 90 Vertretungen in aller Welt vertreiben Erlau-Produkte in über 110 Ländern. Auf allen wichtigen In- und Auslandsmessen ist das Unternehmen vertreten. Innovation und marktgerechte Konzepte bestimmen den Erfolg der Erlau AG auf den nationalen und internationalen Märkten.

Die Arbeitswelt

Erlau AG, Aalen

Kunstschmiede Otto Suhr, Aalen

Kunstschmiede Otto Suhr, Bauschlosserei, Aalen

Die Schmiede Suhr entstand im Jahr 1885 in Pobethen, Ostpreußen. Es war eine Huf- und Wagenbauschmiede. 1904 übernahm der Schmiedemeister Adolf Suhr die Dorfschmiede der Schwiegereltern.

Sein Sohn Otto Suhr, geb. 1912, erlernte das Kunstschmiedehandwerk und legte die Meisterprüfung ab. Beabsichtigt war eine Umgestaltung des Betriebes. Der Beginn des Zweiten Weltkriegs verhinderte dies. Nach 1945 war Otto Suhr dann in verschiedenen Betrieben als Kunstschmiedemeister tätig, bis er 1950 schließlich seine Pläne verwirklichen konnte und er die Kunstschmiede in Aalen gründete. Angefertigt wurden kunstgeschmiedete Artikel aller Art: Geräte, Hocker, Kacheltische, Lampen, Leuchten usw. Später kamen dann Geländer, Tore und Stahlkonstruktionen hinzu.

Nach seinem Tod übernahmen seine Söhne Guntbert und Hilmar, die ebenfalls das Kunstschmiedehandwerk erlernt haben, die Leitung des Betriebes.

Sanatorium Schloß Lindach GmbH, Schwäbisch Gmünd-Lindach

Schloß Lindach, 6 km nördlich von Schwäbisch Gmünd, war ursprünglich ein Wohnturm aus staufischer Zeit. Heute noch erkennbar an dem mächtigen, aus Buckelquadern bestehenden Sockel mit einer Wandstärke bis zu 6 m. Der heute bestehende Renaissancebau auf den ehemaligen Grundmauern wurde zwischen 1580–1690 erstellt.

Das Schloß wechselte laufend den Besitzer, war im Mittelalter Raubritterburg des Hans Diemar, zwischen 1880 und 1910 Wirtschaft mit Bierausschank und von 1928 bis 1958 Sitz des Herzogs Albrecht von Württemberg und seiner Frau Prinzessin Nadejda von Bulgarien. 1958 wurde das Schloß an Dr. med. Ulrich Abele und seine Frau Ilse Abele verkauft, die das Gebäude seiner jetzigen Bestimmung zuführten: Schloß Lindach, Sanatorium für natürliche Heilweisen, besteht seit über 30 Jahren und hat aufgrund seiner speziellen Heilmethoden einen Ruf erreicht, der weit über die Grenzen Deutschlands geht. Medizinisch geleitet wird das Sanatorium inzwischen von den beiden Naturheilärzten Dr. med. Johann und Dr. med. Kaspar Abele sowie kaufmännisch von Herrn Till Abele. In dem Familienbetrieb ist zusätzlich noch die Schwester der Betriebsleiter, Frau Godric Norris, tätig.

Behandelt werden fast alle Erkrankungen der inneren und äußeren Organe schulmedizinisch, besonderer Schwerpunkt liegt jedoch in der Naturheilkunde.

Das Haus bietet nach einer völligen Renovierung 1959 und 1990/91 inzwischen 50 Patienten Platz, die hauptsächlich in modernen Einbettzimmern untergebracht sind. Aufgrund der familiären Leitung mit ca. 25 Angestellten konnte ein Haus erhalten bleiben, das sowohl modernste Naturmedizin als auch ein außergewöhnliches Ambiente bietet.

Sanatorium Schloß Lindach GmbH, Schwäbisch Gmünd-Lindach

Emil Schneider GmbH. Die Werkstatt in Essingen

Emil Schneider GmbH, Schmiedekunst und Metallgestaltung, Essingen

Am 1. September 1949 gründete Emil Schneider in Essingen eine Kunst- und Bauschlosserei. Der aus Karlsbad im Egerland stammende Kunstschlosser legte 1948 die Meisterprüfung ab und begann mit zwei Lehrlingen unter einfachsten Verhältnissen in einem Schafstall.
Alle klassischen und modernen Metalle – Eisen, Messing, Kupfer, Bronze, Aluminium und Edelstahl – wurden geschmiedet, geschweißt, getrieben und ziseliert. 1955 konnte die neue Werkstatt in der Fuchswasenstraße 1 bezogen werden. 1973 wurde der Betrieb in eine GmbH umgewandelt, und 1979 übernahm Schwiegersohn Wilfried Ribnitzky den Betrieb. Er begann 1951 bei Emil Schneider seine Ausbildung und hatte 1965 die Meisterprüfung abgelegt.
Die Arbeiten aus dem Betrieb – Entwürfe von Architekten, Künstlern oder Eigenentwürfe – sind weit über den Ostalbkreis hinaus von Hamburg bis Garmisch und auch im Ausland verbreitet. Markante Beispiele sind in Aalen der Stadtbrunnen, auffliegende Vögel vor dem Hallenbad, Lichterbäume und Wasserspeier im Thermalbad, die Rathaustür in Wasseralfingen oder die Kirchentür in Hüttlingen. Ausgeführt wurden u. a. alle Kunstschmiedearbeiten bei der Restaurierung der Klosterkirche Neresheim, das Treppengeländer an der historischen Haupttreppe im Neuen Schloß in Stuttgart, die Jugendstilleuchten in der Stadtkirche in Wildbad, Brunnen in Gerlingen und Wendlingen und nicht zu vergessen die vielen Arbeiten in Privathäusern und auf Friedhöfen. Beschäftigt werden acht Facharbeiter und bis zu fünf Lehrlinge werden im Jahr ausgebildet. Der Enkel des Firmengründers bereitet sich momentan auf die Meisterprüfung vor, so daß die Weiterführung der Emil Schneider GmbH gesichert ist.

Die Arbeitswelt

Schönhut Feintechnik GmbH, Schwäbisch Gmünd

Die Firma wurde 1987 von Kurt Schönhut gegründet. Nach 30 Jahren Erfahrung auf allen Gebieten der Herstellung von Brillenfassungen wurde nun im eigenen Unternehmen die Produktion der Brillenfassung aus dem Metall Titan entwickelt.

Die Schönhut Feintechnik GmbH, als einziger deutscher Hersteller von Titan-Brillenfassungen, hat sich mit modernster Technologie in der Verbindungs- und Oberflächentechnik von Titan einen Namen gemacht. Um eine sichere Basis zu gewährleisten, wurde gleichzeitig eine Abteilung zur Oberflächenbeschichtung und Farbdekoration gegründet, in der mit vielen verschiedenen Technologien Brillenfassungen und Kleinteile in Lohnarbeit beschichtet werden. Seit 1. Juli 1991 arbeitet diese Abteilung unter neuem Namen: Colortechnics GmbH.

Das neu gegründete Unternehmen entwickelte sich gut. Schnell benötigte man größere Kapazitäten und weiteres Personal, so daß die beiden Firmen heute mit knapp 30 Mitarbeitern einen immer größer werdenden Kundenstamm bedienen.

Im Jahr 1991 wurde zusätzlich ein 4achsig gesteuertes 100-Watt-Laser-Gerät angeschafft, einerseits zur Weiterentwicklung der Technologien bei der Titan-Brillen-Herstellung, andererseits aber auch zur Expansion in andere Bereiche; es werden Lohnarbeiten zum Schneiden, Schweißen und Bohren angenommen.

Schönhut Feintechnik GmbH, Schwäbisch Gmünd.
4achsig gesteuerter 100-Watt-Laser

Julius Schüle GmbH, Schwäbisch Gmünd

Julius Schüle GmbH, Aluminiumdruckguß, Schwäbisch Gmünd

Die Firma wurde 1951 von Julius Schüle gegründet. Mit zwei Mitarbeitern und einer selbst zusammengebauten Druckgießmaschine wurde in zwei gemieteten Garagen begonnen, Druckgußteile aus Aluminium und Zink zu produzieren.
Bereits 1955 entstand auf dem heutigen Betriebsgelände der erste Bauabschnitt, dem in den folgenden Jahren weitere folgten bis zur heutigen Betriebsgröße von 13 500 m² überbauter Fläche.

Heute werden von 260 Mitarbeitern auf 21 Druckgießmaschinen monatlich bis zu 150 t Aluminiumdruckgußteile gegossen. Aus allen gängigen Aluminiumlegierungen entstehen Teile von 1 g bis 2 kg Stückgewicht. Druckdichte Gußteile mit hoher Maßgenauigkeit, engen Toleranzen und hervorragender Oberflächengüte gehören zum Fertigungsprogramm.
Der eigene Formen- und Vorrichtungsbau ermöglicht eine hohe Flexibilität, und die Lieferung von entgrateten Rohteilen und einbaufertig bearbeiteten Gußteilen sowohl in Klein- als auch in Großserien beweist die Leistungsfähigkeit des Unternehmens.

Die Arbeitswelt

Stadelmaier GmbH, Mögglingen. Die modernen Büroräume

Werk- und Lagerhalle

Stadelmaier GmbH, Bauflaschnerei – Sanitäre Installation, Mögglingen

1898 richtete Flaschnermeister Josef Stadelmaier in der Schulstraße in Mögglingen eine Flaschnerwerkstätte und einen Laden für Haushaltsartikel ein. Bereits ein Jahrzehnt nach der Eröffnung wurden Flaschnereibetrieb und Laden in einen Neubau in der Lauterstraße 6 verlegt. 1936 übernahm der Sohn August Stadelmaier mit seiner Frau Pauline den elterlichen Betrieb. Ein erster Abschnitt der Werkstatterweiterung einschließlich Laden- und Wohnhausumbau wurde zwischen 1964 und 1966 fertiggestellt.

1964 legte Albert Stadelmaier die Meisterprüfung ab und führte ab 1972 zusammen mit seiner Frau Helga das Geschäft weiter. Im gleichen Jahr zerstörte ein Feuer die gesamte Ladeneinrichtung einschließlich Warenbestand sowie einen großen Teil der darüberliegenden Wohnräume. Mit viel Einsatz der Familie und der Belegschaft wurden Laden und Wohnhaus erneuert. Albert Stadelmaier erweiterte den Betrieb um eine neue Werk- und Lagerhalle im Anschluß an die bestehende Werkstatt, um mehr Arbeitsplätze und Stellflächen für Maschinen zu gewinnen.

Die Geschäftsentwicklung erforderte eine Erweiterung der Büroräume, und so wurde 1989 der Haushaltswarenladen aufgelöst und zu modernen Büroräumen umgestaltet.

Die Angebotspalette umfaßt heute Planung und Ausführung von sanitären Installations- und Heizungsanlagen sowie die Montage von Blitzschutzanlagen, die Fertigung von sämtlichen Flaschnereiarbeiten, Metalldacheindeckungen und Fassadenverkleidungen.

Die Belegschaft einschließlich der im Betrieb mitarbeitenden Familienangehörigen umfaßt ca. 20 Beschäftigte. Albert Stadelmaier selbst bildet die Lehrlinge im Flaschnerei- und Sanitärbereich aus.

Das Kundeninformationszentrum der Stadtwerke Aalen

Stadtwerke Aalen

Die Stadtwerke Aalen sind ein kommunales Versorgungsunternehmen und betreiben traditionell die Strom-, Gas- und Wasserversorgung sowie das Aalener Hallenbad. Als weiterer Betriebszweig ist die Wärmeversorgung im Aufbau. Mit der Übernahme der Aalener Limesthermen am 1. Januar 1992 erhöht sich die Anzahl der Mitarbeiter auf ca. 165.

Vor über 100 Jahren übernahmen die Stadtwerke als Eigenbetrieb der Stadt Aalen die Energieversorgung. Die komfortable und sichere Energieversorgung war vor nicht allzu langer Zeit eine Wunschvorstellung.

Die Versorgung mit Wasser beschränkte sich bis 1870 auf die natürlichen Wasservorkommen. Erst durch den Bau von Wasserbehältern, den Erwerb eines Wasserbezugsrechtes bei der Landeswasserversorgung sowie den Ausbau des Rohrnetzes stellten die Stadtwerke die Wasserversorgung sicher.

Der erste Versorgungsbereich in kommunaler Hand war die Bereitstellung von Stadtgas als Lichtquelle. Der Schritt weg von der Gaserzeugung wurde 1980 mit der Umstellung auf den Gasbezug vorgenommen. Heute wird der gesamte Erdgasbedarf von der Gasversorgung Süddeutschland bezogen.

Die Stromversorgung entwickelte sich ab 1911. Der Gemeinderat beschloß, die Stadt an das Kreiselektrizitätswerk anzuschließen. 1912 erreichte der erste mit Dampfturbinen erzeugte Strom Aalen.

Die Stadtwerke Aalen verstehen sich heute als modernes Dienstleistungsunternehmen mit einem breiten Verantwortungsbereich. Neben einem attraktiven Bäderangebot stehen den Aalener Bürgern mit dem Kundeninformationszentrum und dem Energieberatungsbus zwei wichtige Anlaufstationen für alle Fragen der Energieversorgung und -einsparung zur Verfügung. Um dem Ziel der „Bürgernähe" gerecht zu werden, sind die Stadtwerke außerdem Werbeträger und Sponsor für verschiedene Vereine.

Die Arbeitswelt 481

Stadtwerke Ellwangen

Am 1. August 1894 erwarb die Stadt Ellwangen ein seit 1873 betriebenes Gaswerk. Das Gas wurde zunächst aus Kokskohle, später dann aus Propan hergestellt, heute wird Erdgas verteilt.

Ein weiterer Betriebszweig der Stadtwerke ist die Wasserversorgung, die etwa vor rund 100 Jahre in Ellwangen als „zentrale" Versorgung aufgebaut wurde. Neben Eigenwasser aus den Tiefbrunnen Sixenbach, Ölmühle und Rötlen wird zur sicheren Versorgung auf Fremdwasser der Zweckverbände Landeswasser- und Rieswasserversorgung zurückgegriffen.

Mit Inbetriebnahme des Ellwanger Wellenbades im Januar 1982 übernahmen die Stadtwerke auch die Betriebsführung dieses Bades. Dieses attraktive Freizeitbad lockt jährlich rd. 200 000 Besucher an. Zu den Einrichtungen des Wellenbades gehören Sauna, Solarium, Außen- und Kinderplanschbecken, große Liegewiese, Restaurant und Kegelbahnen.

Im Versorgungsbereich beschäftigen die Stadtwerke 24 und im Wellenbad 14 Mitarbeiter.

Das Ellwanger Wellenbad, betrieben von den Stadtwerken Ellwangen

Stadtwerke Schwäbisch Gmünd. Das Freibad im Schießtal

Einer der Verbrennungsmotoren im Blockheizkraftwerk

Gmünder Freibad

Seit 1988 hat man in Schwäbisch Gmünd Gelegenheit, sich in einem der modernsten und schönsten Freibäder Süddeutschlands zu erfrischen und zu vergnügen. Dies bei familienfreundlichen Eintrittspreisen.

Das großzügig angelegte Badegelände im Schießtal mit einer Liegefläche von 27 420 m^2, fünf beheizten Becken, Riesenrutsche, großem Badesee, Caféteria, Spielfeldern für Ballspiele und Tischtennisplatten bietet auch dem anspruchsvollen Badegast ein reichhaltiges Programm. Eine besondere Attraktion ist die Wärmehalle. Von hier aus kann der Badende direkt hinaus ins Erlebnisbecken schwimmen. Dort gibt es neben Unterwasserliegebänken mit Sprudeldüsen einen geräumigen Whirlpool, Massagedüsen sorgen für Entspannung und Wohlbefinden. Für das leibliche Wohl empfiehlt sich die Cafeteria mit einem reichhaltigen Sortiment an Speisen und Getränken. Es wurde also alles getan, um den Badegästen den Aufenthalt so angenehm wie möglich zu machen. Die Besucherzahlen verdeutlichen, daß dies gelungen und Schwäbisch Gmünd um eine Attraktion reicher ist.

Stadtwerke Schwäbisch Gmünd, Blockheizkraftwerk (BHKW)

Ein modernes Bad erfordert auch eine moderne Energieversorgung. Sie wurde mit einem BHKW zukunftssicher gelöst: Das BHKW erzeugt mit Hilfe von drei Verbrennungsmotoren mit je 330 Kilowatt thermischer bzw. je 180 Kilowatt elektrischer Leistung Wärme und Strom. Die Motoren werden mit Erdgas betrieben. Der Strom, der das ganze Jahr über erzeugt wird und mithilft, die Lastspitze im Strombezug zu senken, wird in das Netz der Stadtwerke eingespeist.

Die Wärme wird im Sommer für die Badewassererwärmung und für die Duschen verwendet. Im Winter wird sie für die Beheizung des nahegelegenen Staatl. Aufbaugymnasiums genutzt. So ist eine hohe Auslastung der Anlagen des BHKW gewährleistet, Voraussetzung für den wirtschaftlichen Betrieb einer Kraft-Wärme-Kopplungsanlage und den hohen Wirkungsgrad von etwa 80 Prozent.

Die Arbeitswelt

Reiner Timm, Stukkateurbetrieb, Schwäbisch Gmünd

1983 machte sich der Stukkateurmeister Reiner Timm selbständig. Im Industriegebiet Wetzgau von Schwäbisch Gmünd begann er mit vier Mitarbeitern. Werkstatt und Lager befinden sich im 1978 erbauten Gebäude Im Spagen 27, das inzwischen mehrmals vergrößert wurde. Den ständig zunehmenden Aufträgen paßte Reiner Timm die Kapazitäten seiner Firma an. Inzwischen beschäftigt er elf Mitarbeiter und der Fahrzeugpark mit drei Lkw und einem Bus ist ebenfalls gewachsen. Ausgeführt werden sämtliche, den Stukkateur betreffenden Arbeiten, wobei momentan hauptsächlich Aufträge rund um den Wohnungsneubau erledigt werden. Darüber hinaus übernimmt die Firma auch alle spezifischen Arbeiten bei der Altbausanierung, und zwar außen wie innen. Außerdem gehört der Gerüstbau zum Angebot. Zum Kundenkreis gehören sowohl öffentliche als auch private Auftraggeber.

Werkstätten des Stukkateurbetriebs Reiner Timm in Schwäbisch Gmünd

Medien-Unternehmen
Süddeutscher Zeitungsdienst, Aalen

Nachrichten aus aller Welt ebenso wie aus der engeren Heimat zu sammeln und an die Bürger weiterzugeben, ist seit alters her die Aufgabe der Zeitung: Informieren über die Geschehnisse im großen und im kleinen, Aufhellen von Zusammenhängen, sei es in der Politik oder der Wirtschaft, im kulturellen Leben oder im Sport, in der weiten Welt oder im kommunalen Geschehen. Eine zweite Aufgabe steht diesen nicht nach: Stellungnahmen zu Entwicklungen und Entscheidungen durch Kommentar und Glosse, Teilnahme an der Meinungsbildung in Staat und Gesellschaft, Wahrnehmen der Rolle als „vierte Gewalt" im Staate.

Und nicht zuletzt: Hilfe für den Bürger in allen Alltagsfragen, wo es der umfassenden Information bedarf, sei es die zuverlässige Information über Termine, sei es die Information über die Angebote der Geschäftswelt, sei es Lebenshilfe in jedweder Form, und dies alles garniert mit Beiträgen zur Unterhaltung.

Heute ist eine moderne Gesellschaft ohne Zeitung überhaupt nicht mehr denkbar. Aber: Die Zeitung steht als Informationsmedium schon lange nicht mehr alleine, auch andere Medien widmen sich auf ihre Weise den oben beschriebenen Aufgaben: Zeitschriften und Bücher, Rundfunk und Fernsehen.

Der Süddeutsche Zeitungsdienst als zukunftsorientiertes Unternehmen versteht sich nicht nur als Zeitungsverlag mit seinen im Ostalbkreis führenden Zeitungen „Schwäbische Post" und „Gmünder Tagespost" (zusammen 40 000 verkaufte Auflage).

Er ist eine der modernsten Druckereien für Kataloge, Prospekte, Zeitschriften usw. Auf allen Gebieten der „Schwarzen Kunst" war der Süddeutsche Zeitungsdienst stets Pionier und hat mit innovativen Techniken und Produktionsverfahren „Druckgeschichte" geschrieben.

Mit seinem umfassenden Angebot, das auch

Die Arbeitswelt 485

zwei Anzeigenblätter, „Wochenpost" und „Gmünder Anzeiger", und mehrere Amtsblätter von Kreisgemeinden enthält, sowie mit seinen Beteiligungen am Konrad Theiss Verlag (Bücher und Zeitschriften), der Buchhandlung im Schwäpo-Shop sowie am privaten Regionalsender Radio 7 Ostalb sieht sich der Süddeutsche Zeitungsdienst als das Medienhaus in Ostwürttemberg.

Im Drucksaal laufen Druckmaschinen der neuesten Generation. Sie schaffen es, innerhalb eines Tages über 400 000 ein- oder mehrfarbige, 16seitige Prospekte im DIN-A4-Format zu drucken. Spezialgebiete: Zeitschriften, Broschüren, Kataloge.

„Schwäbische Post" und „Gmünder Tagespost" werden auf dieser Rollen-Offsetmaschine gedruckt. Diese neue „Öko-Rolle" macht absolute Spitzenqualität für Zeitungen und ähnliche Produkte möglich.

Die „Copythek" im Hause
Grafische Betriebe
Süddeutscher Zeitungsdienst

Erst im Herbst 1991 wurde die „Copythek" im Hause Süddeutscher Zeitungsdienst eröffnet. Sie bietet kompletten Druck- und Kopierservice mit vielen Extra-Leistungen und empfiehlt sich als Kommunikationspartner für Handel, Gewerbe, Industrie, Freischaffende, Behörden, Privatpersonen.

Mit modernsten Einrichtungen kopiert und druckt die Copythek Text und Bild ein- und mehrfarbig. Spezialgebiete sind Farbkopien und Overheadfolien vierfarbig und schwarzweiß. Der Kunde kann über eine umfangreiche Grafikdatenbank sowie über ein riesiges Motiv- und Vignettenarchiv mit Illustrationen und schmückenden Bildelementen verfügen.

Neben der ansprechenden Gestaltung von Drucksachen bringt die Copythek auch Papier buchbinderisch in Form: stanzen, perforieren, binden zu Broschüren, kuvertieren, adressieren, versenden im Kundenauftrag – kein Problem für die Copythek! Selbst die DTP-Beratung und -Schulung gehört zum Angebot der Copythek!

Copythek im Hause SDZ – die „kleine" leistungsstarke Druckerei mit dem umfassenden Druck- und Kopierservice von A – Z. Für Geschäfts- und Privatdrucksachen in kleinen und mittleren Auflagen. Kostengünstig und schnell: morgens gebracht – abends gemacht!

Mit der Postscript-IPU der Copythek können elektronische Text- und Bilddaten direkt vom PC für den Farbkopierer umgesetzt werden. Damit ist es möglich, Farben direkt vom Bildschirm in den Formaten DIN A4 und DIN A3 zu Papier zu bringen.

Radio 7 Ostalb. Aus modernen Tonstudios werden Hörer im Ostalbkreis und im Kreis Heidenheim zuverlässig und aktuell informiert.

Radio 7 Ostalb, Aalen

Der private Regionalsender Radio 7 Ostalb konnte seit seinem Sendestart im Dezember 1988 seine Position als eigenständiges Informations- und Unterhaltungsmedium ausbauen, das aus der Region nicht mehr wegzudenken ist. Mit über 27 Prozent „Hörer Gestern" im Kernsendegebiet (Kreise Ostalb und Heidenheim) ist er heute (1991) der meist gehörte Rundfunksender in der Region.

Durch die Zusammenarbeit mit der Radio 7 Programm- und Werbegesellschaft in Ulm wird gewährleistet, daß die Hörer des Regionalradios zuverlässig und aktuell vom Weltgeschehen und von den Ereignissen im Land informiert werden.

Das Programm von Radio 7 Ostalb ist das einzige Medium, das aus den Gebieten der Altkreise Aalen und Schwäbisch Gmünd sowie des Kreises Heidenheim gleichwertig berichtet und auch angrenzende Nachbargebiete in die Berichterstattung mit einbezieht. Damit wird eine wichtige integrative Funktion erfüllt, die von den Hörern anerkannt wird.

Die vom Gesetz geforderte Meinungsvielfalt wird gewährleistet durch einen Programmbeirat, in dem 15 Persönlichkeiten aus Politik, Wirtschaft, Kultur, Bildung und Vereinsleben mitarbeiten, um die Programm-Macher zu beraten.

Radio 7 Ostalb bietet besonders dem Mittelstand neue Werbemöglichkeiten in der Region.

Schwäpo-Shop, Aalen. Fachgeschäft für Papierwaren und Buchhandlung

Schwäpo-Shop, Aalen

Mitten in Aalens vielgerühmter Fußgängerzone steht in der Reichsstädter Straße das denkmalgeschützte Gebäudeensemble „Haus Bären". Es zählt zu den ältesten Häusern der Stadt Aalen. Hier befand sich der alte Gasthof „Zum Bären", der schon 1578 erwähnt wird. Seit 1953 Verlagshaus der „Schwäbischen Post", wurde das Gebäude 1988 zu einem modernen Geschäftshaus umgebaut. Hier laden das Fachgeschäft „Schwäpo-Shop" sowie die Buchhandlung im „Schwäpo-Shop" auf vier Geschossen und über 600 m^2 Verkaufsfläche zum Schauen und zum Einkaufsbummel ein. Angeboten wird ein breitgefächertes Sortiment im Bereich Schreiben – Lesen – Schenken. In der „Galeria" finden regelmäßig Ausstellungen und Kurse statt.

LEKKERLAND SÜD mit erweiterter Verwaltung (1992 fertiggestellt)

LEKKERLAND SÜD GmbH & Co KG, Mögglingen

Firmensitz von LEKKERLAND SÜD GmbH & Co KG, einem der bedeutendsten Unternehmen des Süßwaren- und Spirituosengroßhandels in Deutschland, ist Mögglingen. Die Gründung des Betriebs geht in die frühen zwanziger Jahre zurück; die entscheidende Weichenstellung für einen überregionalen Markt erfolgte 1960, als die damalige Firma Wilhelm Kohleisen zusammen mit gleichstrukturierten Fachgroßhändlern die LEKKERLAND-Organisation bildete. Die LEKKERLAND-Gruppe arbeitet flächendeckend im Bundesgebiet und ist in vielen Ländern Europas mit Schwesterorganisationen vertreten.

Seit 1973 ist LEKKERLAND SCHWABEN GmbH & Co. KG in Mögglingen angesiedelt, als die Betriebsfläche in Schwäbisch Gmünd zu klein wurde. LEKKERLAND-Betriebe aus Reutlingen und Stuttgart wurden 1978 und 1981 integriert, was mit baulichen Erweiterungen verbunden war. Am 1. 7. 1991 haben sich die drei in Baden-Württemberg ansässigen LEKKERLAND-Betriebe SCHWABEN, SCHWARZWALD und DONAU-BODENSEE zur LEKKERLAND SÜD GmbH & Co KG, Mögglingen, zusammengeschlossen, wobei die Standorte Riegel und Dettingen zur Betreuung und Belieferung von 8000 Einzelhandelskunden in Baden-Württemberg und in Teilen Bayerns beibehalten wurden. LEKKERLAND SÜD hat ein hohes Nachfragepotential zur Industrie hin und verfügt über alle Voraussetzungen für die Betreuung der Einzelhandelskunden des Nahversorgungsbereiches.

Das Leistungsbewußtsein der Mitarbeiter und Unternehmer ist auf einen umkämpften Markt ausgerichtet – der 1992 fertiggestellte Neubau in Mögglingen dokumentiert Zuversicht und den Willen zum weiteren Ausbau der Marktposition im Vertriebsgebiet.

Deutsche Ivoclar Dental GmbH, Ellwangen-Neunheim

Im Jahre 1954 wurde die Keramoplast GmbH in Ellwangen gegründet, die sich mit der Herstellung und dem Vertrieb von künstlichen Zähnen, zahnärztlichen und zahntechnischen Materialien und Geräten sowie zahnärztlichen Präparaten für die konservierende Zahnheilkunde befaßte.

Das schnelle Wachstum erforderte aber bald einen großzügigen, funktionalen Industriebau. Er wurde 1968 im Ellwanger Stadtteil Neunheim bezogen. Das ständig prosperierende Produkt-Programm verlangte eine zielgruppengerechte Umstrukturierung. So erfolgte schrittweise die Umwandlung der „Keramoplast" in die „Deutsche Ivoclar Dental GmbH" (Bereich: Zahnprothetik) sowie „Vivadent Dental GmbH" (Bereich: präventive, konservierende und ästhetische Zahnbehandlung).

Von Ellwangen aus wird vor allem der deutsche Markt versorgt. Er ist nach Bevölkerungszahl und Zahnärzte-Dichte der größte in Europa. Seit 1975 wird auch der aufstrebende Markt der UdSSR mit Produkten aus dem Hause Ivoclar/Vivadent beliefert.

Die Vertriebsorganisationen von Ivoclar und Vivadent stützen sich auf die Partnerschaft mit

dem leistungsfähigen Dental-Fachhandel. Eine selektive Belieferungspolitik soll dabei den Ansprüchen aus Beratung und Schulung gerecht werden. Diese wesentliche Aufgabenstellung wird auch verdeutlicht durch einen Stab von rund 50 Fachberatern (Zahntechnikern und Zahnarzthelferinnen). Ihre ständige Aufgabe ist die Vermittlung von Produkt- und Fachwissen in der Praxis und im Labor. Das neue hochmoderne „Dentale Bildungs- und Informations-Center" von Ivoclar/Vivadent in Ellwangen-Neunheim, 1987 offiziell eröffnet, entspricht der Stärke des Unternehmens. Zugleich unterstreicht es die Bedeutung des deutschen Dentalmarktes auf internationaler Ebene.
Geschäftsführer der Deutschen Ivoclar Dental GmbH ist seit 1981 Peter Hug, Geschäftsführer der Vivadent Dental GmbH ist seit 1981 Harald-Eckhard Große. Die Mitarbeiterzahl beträgt insgesamt derzeit 210 Personen.

Firmengebäude und Dentales Bildungs- und Informations-Center der Deutschen Ivoclar Dental GmbH und Vivadent Dental GmbH in Ellwangen-Neunheim

ZF Friedrichshafen AG, Geschäftsbereich Lenkungstechnik, Schwäbisch Gmünd

Der ZF-Geschäftsbereich Lenkungstechnik mit Sitz in Schwäbisch Gmünd ist Europas größter Spezialhersteller von Servolenksystemen für Fahrzeuge aller Art. 1937 als Unternehmen der Zahnradfabrik Friedrichshafen, Friedrichshafen, gegründet, begann er ab Mitte der vierziger Jahre mit dem Fertigen und Entwickeln von Kfz-Lenkungen. Den Ruf als Entwicklungsstätte für moderne Lenkungstechnik erwarb sich die ZF Schwäbisch Gmünd bereits Anfang der fünfziger Jahre, als sie als erstes Unternehmen eine Servolenkung auf den europäischen Markt brachte. Seitdem zählen marktführende Automobilhersteller aus aller Welt zum Abnehmerkreis.
Jährlich werden 2,2 Mio. Lenkaggregate ausgeliefert. Neben Servolenksystemen zählen elektronisch gesteuerte Lenkanlagen zum Programm. Auch die Elektrolenkung befindet sich bereits in der Weiterentwicklung für Serienbetrieb.
Derzeit entsteht eine neue Fabrik für Zahnstangen-Hydrolenkungen. Sie wird 1992 ihre Fertigung mit modernster Technologie, hohem Automatisierungsgrad und entsprechend neuen Arbeitsabläufen aufnehmen.
In den Schwäbisch Gmünder ZF-Werken sind rund 6500 Mitarbeiterinnen und Mitarbeiter beschäftigt. Der Umsatz betrug 1990 knapp 1,4 Mrd. DM. Der Exportanteil lag bei 35,5 Prozent.
Nahezu alle in der ZF Schwäbisch Gmünd entwickelten mechanischen und hydraulisch unterstützten Lenksysteme, einschließlich der Lenkhilfpumpen, werden weltweit in Lizenz vergeben.
Zum ZF-Geschäftsbereich Lenkungstechnik, Schwäbisch Gmünd, zählen Werke in Bietigheim, Berlin, Frankreich, USA und Malaysia.

ZF Friedrichshafen AG, Geschäftsbereich Lenkungstechnik, Schwäbisch Gmünd. In der ZF-Entwicklung wird ständig versucht in neue Dimensionen für das Sicherheitsaggregat „Lenksystem" vorzustoßen und den Kunden bereits beim Entwickeln von neuen Fahrzeugtypen realisierbare Lösungsvorschläge zu unterbreiten.

Die Arbeitswelt

Arbeitsplatz und Arbeitsprobe eines Goldschmieds

Hans Vetter,
Gold- und Silberschmiedewerkstätte, Schwäbisch Gmünd

Hans Vetter gründete 1969 seine eigene Werkstätte in Schwäbisch Gmünd. Nach einer 1961 begonnenen Lehre, dem Fachstudium und dem 1966 erfolgten Abschluß mit der höheren Fach- und Meisterprüfung ergab sich aus seiner Erfahrung heraus 1973 ein Lehrauftrag an der Gewerblichen Berufs- und Fachschule Schwäbisch Gmünd, an der er bis heute unterrichtet.

Spezialität des 1944 in Schwäbisch Gmünd, der traditionsreichen Schmuckstadt, geborenen Meisters ist die Anfertigung von handgearbeitetem individuellem Schmuck und Gerät in Gold und Silber. Es sind alles Unikate, die sein Haus verlassen.

Daneben versteht sich die Werkstatt auf die Restaurierung und Rekonstruktion von antikem Schmuck und Geräten für Museen, z. B. wurde in seinem Atelier der gesamte Goldschmuck für das Keltenmuseum in Eberdingen-Hochdorf nach den Originalen reproduziert.

Schließlich werden sakrale Kunstgegenstände restauriert und neu angefertigt.

Autohaus Bruno Widmann GmbH & Co. KG. Die Vertretung der Mercedes-Benz AG in Aalen

Autohaus Bruno Widmann GmbH & Co. KG, Vertretung der Mercedes-Benz AG in Aalen und Ellwangen

Bruno Widmann gründete 1956 die Firma, damals eine Autowerkstatt in Schwäbisch Gmünd-Hussenhofen. Nach stetiger Aufwärtsentwicklung konnte die Firma 1967 für die Mercedes-Benz AG das Verkaufsgebiet Aalen übernehmen. Dazu kam dann nur ein Jahr später, 1968, die zusätzliche Übernahme des Gebietes Ellwangen. Aufgrund der Zunahme des Kundenstammes wurden die Werkstatträume bald zu klein, und im Industriegebiet Aalen wurde ein großzügiger Neubau erstellt, der 1973 bezogen wurde.

Zu den technisch modernst ausgestatteten Werkstätten für Pkw- und Lkw-Reparaturen gehören Verkaufs- und Ausstellungsräume und die Verwaltung der mittlerweile 150 Mitarbeiter umfassenden Firma.

Dem Firmenverbund der Autohaus Bruno Widmann GmbH in Aalen und Ellwangen ist auch noch ein Gebrauchtwagenmarkt in Aalen angeschlossen, die Solid-Auto-Markt GmbH mit 20 Mitarbeitern.

WELEDA AG, Naturheilmittel, Schwäbisch Gmünd

Seit siebzig Jahren gibt es Weleda Heilmittel und Körperpflegeprodukte. In diesem Bereich der Erzeugnisse aus natürlichen Substanzen nimmt die Weleda seit 1921 eine führende Position ein.

die mehr als 8000 verschiedenen Fertigarzneimittel der Weleda; hinzu kommen täglich noch etwa 200 individuelle, vom Hausarzt speziell für einen Patienten zusammengestellte Rezepturen.

Die 70jährige Erfahrung im Bereich der Heilmittelforschung und -anwendung sowie die strengen Kontrollen eines pharmazeutischen

Produktionsgebäude der WELEDA AG in Schwäbisch Gmünd

Alle Weleda-Produkte entstehen auf der Grundlage reiner Natursubstanzen, die zum Teil aus dem eigenen biologisch-dynamischen Heilpflanzenanbau stammen. Nach der Ernte werden die Ausgangsstoffe in zum Teil aufwendigen Verarbeitungsprozessen schonend weiterbehandelt: gepreßt, getrocknet, zu Extrakten verarbeitet.

Aus solchen Zubereitungen entstehen dann Unternehmens kommen auch der Qualität der Weleda Körperpflegepräparate zugute. Inzwischen umfaßt das Sortiment mehr als 70 Körperpflegeartikel „Vom Scheitel bis zur Sohle" in allen marktüblichen Größen und Gebinden.

Vertrieben werden die Produkte in Apotheken, Reformhäusern, Drogerien und Naturkostläden.

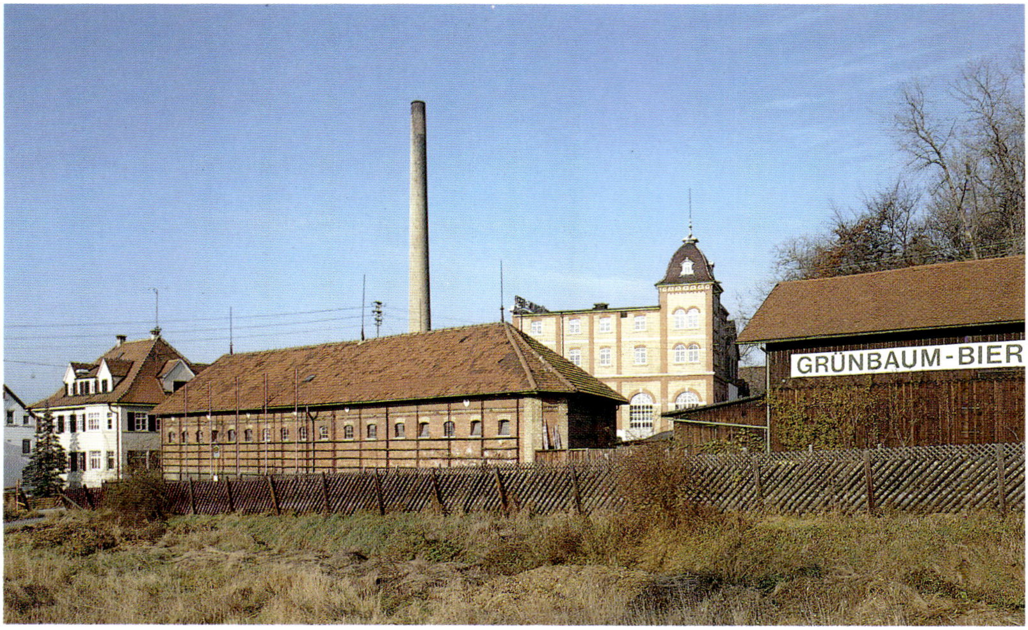
GRÜNBAUM-BIER

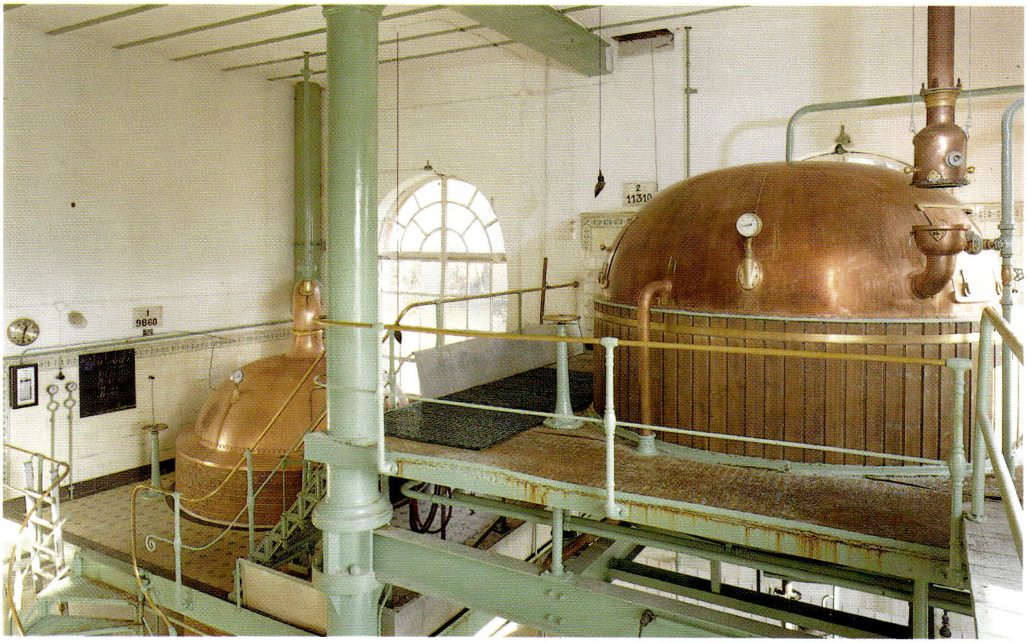
1
9860
2
11310

Die Arbeitswelt

Grünbaum-Brauerei, Aalen

In der Geschichte der Stadt Aalen erscheint die Gastwirtschaft und Bierbrauerei „Zum Grünen-Baum" seit 1686. Sie blieb bis 1851 im Familienbesitz der Simon und lag im Stadtzentrum, wo sich heute das Gasthaus „Bierhalle" an der Stadtkirche befindet. Um 1816 verlegte Johann Georg Simon seine Brauerei vor das Ellwanger-Tor. Dort wurde 1901 noch gemälzt und gebraut, bis die Brauerei am Fuß des Galgenberges neben dem alten Kellergebäude neu errichtet wurde. Diesen Betrieb kaufte 1916 der Brauereibesitzer Christian Schmid (1868–1945). Sein Vater, der Pfauenwirt Chr. Schmid (1840–1899), hatte 1876 eine Brauerei auf dem Sofienhof, Aalen, gegründet, die wegen ihres ausgezeichneten Quellwassers einen guten Ruf genoß.

1945 übernahm in der dritten Generation der Sohn Chr. Schmid (1896–1979) die Grünbaum-Brauerei. Die vierte Generation, Prof. Christian Schmid (geb. 1932), besitzt heute die Brauerei. Seit 1979 wird sie von Brauerei-Direktor Karl Kolb geleitet. 1986 konnte die Brauerei ihr 300jähriges Firmenjubiläum feiern. Die Brauerei besitzt heute über 25 eigene Gaststätten. Sie bietet ihren zwölf Mitarbeitern einen sicheren Arbeitsplatz. Der Grüne-Baum wird weiterhin blühen und gedeihen.

Grünbaum-Brauerei, Aalen. Die traditionsreiche Brauerei am Fuß des Galgenbergs.
Unten: Blick in das Sudhaus

Waiko Möbelwerke GmbH & Co. KG, Möbelindustrie, Durlangen

Die Waiko Möbelwerke wurden 1955 von Egon Waibel in Durlangen gegründet. Von der Idee, bessere Büromöbel zu bauen, war er fasziniert. An dieser Faszination hat sich in über 35 Jahren nichts geändert. Dieser Idealismus und der persönliche Einsatz, der Mut zum Risiko und die Fähigkeit vorauszudenken, sich oft auch gegen herrschende Strömungen durchzusetzen, haben nicht nur zum Erfolg der Idee und des Unternehmens Waiko beigetragen – sie prägen auch heute das unternehmerische Denken und Handeln.

Mit der fortschreitenden Entwicklung und zunehmendem Erfolg wurde neben dem Stammwerk in Durlangen ein zweites Werk im benachbarten Bröckingen errichtet. In Durlangen werden Büromöbelsysteme sowie Schrank- und Trennwände hergestellt. In Bröckingen produziert Waiko Metallteile sowie Melaminharzfolien. Insgesamt werden 750 Mitarbeiter beschäftigt.

Mittlerweile befindet sich der Büromöbelmarkt in einer Phase der Neuorientierung. Neben neuen Ideen und neuen Bürolösungen für Kombibüros, Raumgliederungssysteme, Schrank- und Trennwandsysteme sowie neue Systemmöbel werden in Zukunft vor allem im Objektbereich verstärkt Planung und Beratung durch die Waiko-Systembüros und die Waiko-Fachhändler nötig sein.

Systembüros sind dabei das Waiko-Werk „vor Ort". Es gibt sie bereits in Frankfurt, München, Durlangen und Mülheim. Dazu kommen Waiko-Vertretungen in Belgien, Frankreich, England, der Schweiz, den Niederlanden und in Österreich. Zum Beispiel stattete Waiko die zentrale Verwaltung der Panalpina/Air Broker Ltd. in Zürich-Kloten komplett mit dem System „Okto" aus.

Die Arbeitswelt

Waiko Möbelwerke GmbH & Co. KG, Durlangen. Auf ca. 40 000 m² Produktionsfläche entstehen mit modernsten Maschinen Büromöbelsysteme sowie Schrank- und Trennwände.

Waiko setzt den Rahmen für internationale Aktivitäten. Die zentrale Verwaltung der Panalpina/Air Broker Ltd. in Zürich wählte für die Ausstattung von 150 Arbeitsplätzen das Büromöbelsystem „Okto".

Werner Weber GmbH & Co. KG, Aalen. Das 1989 errichtete Weber Baucenter

Werner Weber GmbH & Co. KG, Baustoffe – Fliesen, Aalen

Werner Weber gründete die Firma 1934. Durch seinen Tod 1949 ergaben sich neue Situationen. 1950 stiegen Heinz und Erwin Löffelhardt in die Firma Werner Weber als neue Gesellschafter ein. Nach dem Tod von Frau Weber 1974 verblieb der traditionelle, in weiten Kundenkreisen bestens eingeführte Firmenname erhalten.

Mit dem Neubau der jetzigen Lagerhalle, wodurch die bestehende Fliesenausstellung um weitere 200 m² auf nun 600 m² ausgedehnt wurde, sowie einer völligen Neukonzipierung des umfangreichen Angebotes und der Einrichtung des Bau-Centers 1989 ist ein deutlicher Höhepunkt der Firmenentwicklung erreicht. Die Neufirmierung „Weber Baucenter" ist von allen Seiten deutlich sichtbar. Die neuen Anlagen und die übersichtlich angeordneten Lagerbereiche verdeutlichen die hohe Leistungskapazität des neuen „Weber Baucenters", dessen 45 Mitarbeiter auf einer Fläche von 12 000 m² optimale fachgerechte Beratung bei großer Auswahl bieten.

Zweckverband Landeswasserversorgung, Stuttgart

Durch Landesgesetz vom 8. Juli 1912 ist in Württemberg die Landeswasserversorgung als erste übergebietliche Fernwasserversorgung in Deutschland geschaffen worden. Für den wirtschaftlich aufstrebenden Raum am mittleren Neckar und ebenso für die wasserarmen Gebiete im Nordosten des Landes mußte damals schon dringend zusätzliches Wasser beschafft werden. Im Jahr 1965 übernahmen die angeschlossenen Städte und Gemeinden das bis dahin vom Staat treuhänderisch verwaltete Unternehmen und gründeten den Zweckverband Landeswasserversorgung.

Seit dem Jahr 1917 gewinnt die Landeswasserversorgung aus dem Donauried nordöstlich von Ulm Grundwasser, das aus dem Karst der Schwäbischen Alb den 220 Rohrbrunnen zuströmt. Auf dem Härtsfeld im Osten der Schwäbischen Alb fließt aus einem ergiebigen Aufbruch im Egautal frisches Quellwasser in die Fernleitungen. Zwei Tiefbrunnen im Wasserwerk Burgberg ergänzen dieses einmalige Angebot an klarem Grundwasser. Mehr als 70 Mio. m^3 naturreines Trinkwasser von der Ostalb und aus dem Donauried haben durch Jahrzehnte die Wasserversorgung in weiten Teilen des Landes sichergestellt.

Der Bedarf der 2,5 Mio. Menschen in dem ausgedehnten Versorgungsgebiet des Zweckverbands Landeswasserversorgung steigt ständig an. Der Zweckverband muß daher seit dem Jahr 1973 auf Oberflächenwasser zurückgreifen. Im Wasserwerk Langenau, das weltweit zu den modernsten Wasserwerken gehört, wird das aus der Donau entnommene Wasser aufbereitet: mit Chlor und Ozon entkeimt, durch Flockung und Filterung von den Schwebstoffen befreit, werden dem Wasser schließlich in Aktivkohlefiltern die noch gelösten Fremdstoffe, besonders Geruchs- und Geschmacksstoffe, entzogen. Das so gewonnene Trinkwasser entspricht in seiner Qualität voll und ganz dem Grundwasser.

Sowohl das Rohwasser als auch das abgegebene Trinkwasser werden ständig auf ihre Güte überwacht. Das dem Wasserwerk Langenau zugeordnete Betriebs- und Forschungslabor ist dazu mit den modernsten elektronischen Analysegeräten ausgestattet. Neben der reinen Kontrolltätigkeit führt das Labor der Landeswasserversorgung auch Forschungsaufträge durch.

Aus seinen vier Wasserwerken kann der Zweckverband über ein mehr als 500 km langes Fernleitungsnetz mit Rohrdurchmessern bis zu 1,50 m täglich 550 000 m^3 (6500 l/s) oder im Jahr bis zu 165 Mio. m^3 Wasser abgeben. Neben der Landeshauptstadt Stuttgart sind damit 250 weitere Städte und Gemeinden in Mittel- und Ostwürttemberg zuverlässig und ausreichend mit Trinkwasser versorgt. Die Landeswasserversorgung schafft so eine der wichtigsten Grundlagen für die Entwicklung moderner Gemeinwesen und eine leistungsfähige Wirtschaft.

Zweckverband Landeswasserversorgung. Das Egauwasserwerk bei Dischingen (Kr. Heidenheim), das auch den Ostalbkreis versorgt

Blick in die Quellfassung im Egauwasserwerk

Die Arbeitswelt

Betriebsstätte in Wilburgstetten/Mittelfranken der Josef Rettenmeier GmbH & Co. KG, Wört

Josef Rettenmeier GmbH & Co. KG, Holzindustrie, Wört

1948 wurde die Firma von Josef Rettenmeier sen. als Rundholzhandlung gegründet. Mit der Errichtung eines Sägewerkes im Jahr 1969 wurde die Eigenproduktion aufgenommen. 1974 folgte der Bau eines Hobelwerkes. Dank einer konstanten Weiterentwicklung gehört die Firma heute zu den bedeutendsten Unternehmen der Säge- und Hobelindustrie Deutschlands.

300 000 Festmeter Holz in verschiedenen Holzarten werden jährlich verarbeitet. Das Lieferprogramm beinhaltet sägerauhes und gehobeltes Weißholz, Profilbretter und imprägniertes Gartenholz. Seit 1987 werden in der Schwesterfirma Rettenmeier & Klein als weitere Stufen der Veredlung verleimte Möbelplatten aus Massivholz sowie daraus gefertigte Mitnahmemöbel und Regalsysteme produziert.

Überschritt die Firma schon in den fünfziger Jahren im Handel mit Österreich und Italien die Ländergrenzen, bestehen heute Handelsverbindungen zu nahezu allen europäischen Ländern, und sie ist somit fest im Europäischen Markt integriert.

Das Unternehmen beschäftigt ca. 250 Mitarbeiter.

Die Arbeitswelt

WIGO Werkzeug GmbH, Holzbearbeitungswerkzeuge, Neresheim

Seit mehr als 100 Jahren bedeutet WIGO Innovation und Qualität für die Holzbearbeitung. Das breite Maschinenwerkzeugprogramm wird wegen seiner Zuverlässigkeit und Wirtschaftlichkeit geschätzt. Basis hierfür sind Entwicklungen und neueste Erkenntnisse aus Forschung und Praxis sowie modernste Fertigungstechnologie und umfassende Qualitätskontrollen.

100 Mitarbeiter nehmen sich der vielfältigen Bearbeitungsprobleme und der individuellen Kundenwünsche ständig an und können schnell und flexibel auf die Marktanforderungen reagieren.

Oben: Firmengelände der WIGO Werkzeug GmbH, Neresheim.
Produktion und Lager von Werkzeugen für die Holzbearbeitung

Stammhaus (unten) und Zentrale der Leitz-Firmengruppe in Oberkochen

Gebr. Leitz GmbH & Co., Werkzeugfabrik, Oberkochen

Leitz nimmt heute eine internationale Spitzenstellung bei der Herstellung von Präzisionswerkzeugen für die Holz- und Kunststoffbearbeitung ein.

Aus dem 1876 gegründeten Handwerksbetrieb entwikkelte sich inzwischen die Leitz-Firmengruppe, die im Bereich ihrer Aktivitäten in der Holzbearbeitung heute mit mehr als 2800 Mitarbeitern weltweit präsent ist. In sieben Produktionsstätten entstehen modernste Hochleistungswerkzeuge und -werkzeugsysteme. Mit 16 werkseigenen Verkaufszentralen und über 160 Servicestationen ist die Leitz-Gruppe in über 100 Ländern vertreten.

Ob in der Möbel- und Fensterfertigung, im Innenausbau, ingenieurmäßigen Holzbau oder in der Spiel- und Sportgeräteherstellung – Leitz-Präzisionswerkzeuge lösen die vielfältigsten Zerspanungsaufgaben in

Die Arbeitswelt

den verschiedensten Anwendungsbereichen.
Forschung und Entwicklung haben einen hohen Stellenwert im Leitz-Unternehmenskonzept. Sie garantieren Qualität, Wirtschaftlichkeit und Umweltfreundlichkeit der Leitz-Hochleistungswerkzeuge.
Über 250 Anwendungstechniker und Ingenieure sind täglich unterwegs, um die Fertigungsprobleme der Kunden in Industrie und Handwerk optimal zu lösen und die Leistungsfähigkeit der Werkzeuge und Werkzeugsysteme zu gewährleisten.
Die über 100jährige Tradition – dem Holz Form zu geben – ist der Leitz-Firmengruppe Aufgabe und Verpflichtung für die Zukunft.

Werk Unterschneidheim

Die Produktionsanlagen der Franz Traub GmbH & Co. in Aalen-Ebnat

Franz Traub GmbH & Co., Fertigteil- und Spannbetonwerke, Aalen-Ebnat

Franz Traub sen. gründete 1953 ein Bauunternehmen für den Tief- und Hochbau, das er in den fünfziger Jahren ausbaute und um einen Baustoffhandel erweiterte. Bei den Auftraggebern der öffentlichen Hand, Industrie- und Privatunternehmen war und ist die zu einer führenden Unternehmung herangewachsene Traub GmbH als Auftragnehmer gern gesehener Geschäftspartner und ein Garant für anspruchsvolle und zuverlässige Bauleistungen. Der Umsichtigkeit und dem unternehmerischen Weitblick des Gründers ist es zu verdanken, daß die Produktionspalette auf den heutigen Stand mit entsprechenden Gebäudeanlagen und einem modern eingerichteten Fuhr- und Maschinenpark gebracht wurde. Die kontinuierlichen Erweiterungen und Rationalisierungen verbesserten die Leistungsfähigkeit, so daß größere Bauvorhaben wie Schulen, Sporthallen, Krankenhäuser, Warenhäuser, Kläranlagen sowie Industrieanlagen und Verkehrsbauten ausgeführt werden konnten.

Die Arbeitswelt

Ein Beweis der Leistungsfähigkeit der Firma Traub. Das Werk Amstetten der Heidelberger Druckmaschinen AG mit einer Gesamtfläche von 118 200 m². Traub lieferte Fertigteile von 20 000 t.

Um den Anforderungen nachzukommen, waren Beteiligungen und Kooperationen mit anderen Schotterwerken und Transportbeton-Gesellschaften unumgänglich. Die industrielle Vorfertigung von großformatigen Fertigteilen bis zu 90 t Einzelgewicht, die unter Einsatz von modernen Technologien in Hallen mit einer Fläche von ca. 50 000 m² produziert werden, ermöglicht termingerechte Ausführung und eine wettbewerbsfähige Kalkulation.

In der Region Ostwürttemberg und im gesamten süddeutschen Raum ist die Firma Traub im besonderen mit der Produktion aus dem Fertigteil- und Spannbetonwerk ein zuverlässiger und leistungsstarker Partner für Bauten mit überdurchschnittlichen Ansprüchen sowie für einfache Gebäudeanlagen.

Durch ständige Innovationen von Bauleitung und Ingenieurbüro sowie Motivation der derzeit ca. 480 Mitarbeiter mit sozialgerechter Lohnpolitik ist Traub in der Branche führend, so daß jedem potentiellen Auftraggeber versprochen werden kann, daß es sein Vorteil ist, wenn er mit Traub baut.

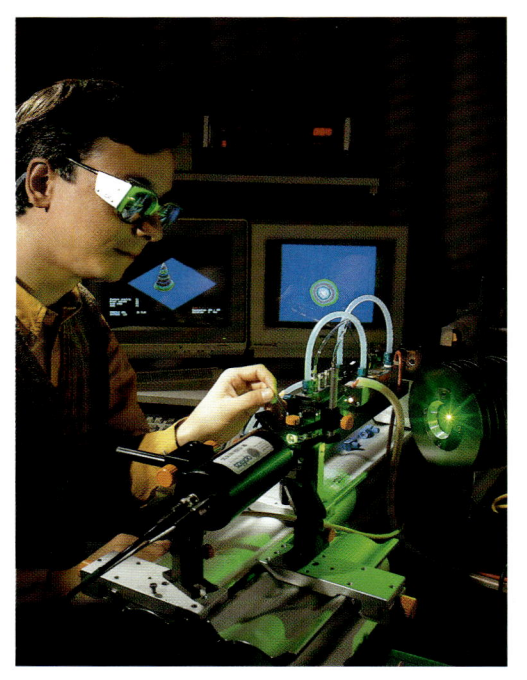

Festkörperlaser können sowohl mit Bogenlampen als auch mit leistungsstarken Laserdioden angeregt werden. Über nicht lineare Prozesse wird die infrarote Wellenlänge in den sichtbaren Spektralbereich (Grün: 532 nm) transferiert.

Endjustierung eines Objektivs für die Mikrolithographie zur Erzeugung von 0,5-µm-Strukturen

Carl Zeiss, Oberkochen
Optik, Feinmechanik, Elektronik

Im Jahre 1846 gründete Carl Zeiss eine feinmechanisch-optische Werkstätte in Jena. In seinem Auftrag schuf Ernst Abbe die theoretischen Grundlagen für den Bau von Mikroskopen höherer Leistung und damit eine der Voraussetzungen für bedeutende wissenschaftliche Fortschritte. 1889 gründete Abbe die Carl-Zeiss-Stiftung, die 1891 alleinige Eigentümerin des Unternehmens Carl Zeiss wurde. Die im Stiftungsstatut verankerten sozialen Ideen – von der persönlichen Freiheit der Mitarbeiter über den bezahlten Urlaub bis zur betrieblichen Altersversorgung – eilten der Sozialgesetzgebung um Jahrzehnte voraus.

Bevor Jena im Jahre 1945 in die russische Besatzungszone eingegliedert wurde, brachten US-Truppen die Führungskräfte der beiden Unternehmen der Carl-Zeiss-Stiftung nach Heidenheim. Dort ist heute der Rechtssitz der Stiftung. Die Schott Glaswerke wurden in Mainz, die Zeiss-Werke in Oberkochen neu errichtet.

Carl Zeiss hat rund 8000 Mitarbeiter in Oberkochen, Aalen, Nattheim, Bopfingen und Göttingen und einen Jahresumsatz von über

Die Arbeitswelt

Montageabteilung des neuen Produktbereichs Optische Meßtechnik: Optikmontage des Laser-Interferometers DIRECT 100 und der Interferometer Objektive F-APLANAR

Für das Weltraumprojekt XMM der ESA (European Space Agency) wird Carl Zeiss drei Röntgenteleskope mit je 58 konzentrischen Leichtgewichtsspiegeln fertigen. Hier wird die Spiegelschale 40 zur Vermessung auf einer Koordinatenmeßmaschine vorbereitet.

1,4 Mrd. DM bei einem Exportanteil von rund 50 Prozent. Die Carl-Zeiss-Gruppe (einschl. des weltweiten Vertriebs sowie der Produktionstöchter in Deutschland und USA) zählt ca. 14 500 Mitarbeiter.

Mit einem Forschungs- und Entwicklungsaufwand von über 10 Prozent und hochqualifizierten Mitarbeitern ist Carl Zeiss ein High-Tech-Zentrum, das maßgeblich zum Ruf der deutschen Industrie beiträgt.

Forschung und Entwicklung in der Lasertechnik und bei lasergestützten Systemen nehmen einen breiten Raum ein. Erst ein tiefes Verständnis der physikalisch-technischen Grundlagen ermöglicht die Entwicklung optimaler Systeme. Im zentralen Laserforschungslabor werden Voruntersuchungen zur Entwicklung von Lasersystemen, abgestimmt auf die Produkte des Hauses Carl Zeiss, durchgeführt.

Zum Lieferprogramm gehören u. a. Geräte für Augenärzte und Mikrochirurgen, Licht- und Elektronenmikroskope, Meßinstrumente für Industrie und Landvermessung, astronomische Instrumente und Planetarien, Photo-Objektive, Laseroptik, Ferngläser, Brillen und Brillengläser.

Alte und moderne Gebäude der traditionsreichen Heimatsmühle GmbH & Co. in Aalen

Max Ladenburger Söhne, Heimatsmühle GmbH & Co., Aalen, und Zweigniederlassung Schorndorf

1808 erwarb Clemens Anton Ladenburger die geschichtsträchtige Mühle von der Familie Rathgeb. Sein Sohn Maximilian Peter Ladenburger übernahm 1853 die Mühle und verbesserte die Wasserkraftnutzung, stellte 1880 bis 1892 die ersten Walzenstühle auf und vollzog damit den Wandel von einer reinen Bauern- zur Handelsmühle. Der Enkel Otto Ladenburger war ab 1899 bemüht, die Mehlqualität zu verbessern, ließ modernste Einrichtungen einbauen und ersetzte das alte Mühlrad durch zwei Voith-Turbinen.

Der Erste Weltkrieg machte ihre intensiven Bemühungen zunichte. Max Ladenburger, der 1924 die von seiner verwitweten Mutter Josefine Ladenburger geführte Mühle übernahm, baute die Firma weiter aus und machte den Namen Heimatsmühle zu dem, was er heute ist. Auch er war bestrebt, durch Einbau weiterer moderner Müllereimaschinen und den Ausbau des Getreidesilos vor allem die Qualität zu verbessern. Ab 1963 hatte Max

Die Arbeitswelt 511

Die Belegschaft und ein Mitarbeiter der Kleinpackungsanlage

Ladenburger die Firmenleitung inne und beendete die noch von seinem Vater projektierten umfangreichen Bauvorhaben.

Was fünf Generationen geschaffen hatten, schien in der Nacht vom 13. August 1969 dahin zu sein. Ein Feuer zerstörte die gesamte Mühlenanlage. Mit einer zukunftsorientierten Planung wurde sofort begonnen, und im Juli 1971 konnte die nach neuesten Erkenntnissen der Mühlentechnik gebaute Turmmühle in Betrieb gehen. Die in ihrer Art als ideal anzusehende Mühlenanlage wurde für die gesamte Mühlenwirtschaft richtungweisend. Dies zeigt sich auch an den vielen Fachbesuchern aus dem In- und Ausland.

Die Heimatsmühle hat die Aufgabe der Getreideerfassung und der Mehlversorgung für den württembergischen Raum. Der Standort befähigt sie, die Vermarktung von mehr als 25 000 Tonnen inländischem Getreide im Nahverkehr frachtgünstig und problemlos für die im strukturschwachen Ostwürttemberg befindliche Landwirtschaft durchzuführen. Ebenso gewährleistet der Betrieb – vor allem in Krisenzeiten – die Versorgung des im Verkehrsschatten liegenden Ostwürttemberg mit dem Grundnahrungsmittel Mehl. Hierzu gehört, daß die Mühle nicht nur Backbetriebe mit allen Mehlsorten, sondern auch den Endverbraucher mittels einer leistungsfähigen Kleinpackungsanlage mit Haushaltsmehl bedienen kann.

Seit 1990 ist wiederum der älteste Sohn Max-Otto Ladenburger Gesellschafter und Geschäftsführer der Firma. Die Mühle expandiert nun auch sehr stark im Handel und konnte viele große Handelsunternehmen – z. B. Tengelmann, Edeka, Nanz, Spar usw. – als Kunden für Spezialhaushaltsmehle gewinnen. Qualitätsprodukte aus der Heimatsmühle werden in über 250 Bäckereien verarbeitet und verkauft.

Die heutige Firmenphilosophie, Qualität aus der Heimat, beinhaltet u. a. den Heimatsmühle Umweltschutzpreis, der jährlich an engagierte Umweltschützer aus der Region vergeben wird. Die Qualität der Produkte kommt nicht nur durch die Verarbeitung bester Rohstoffe zustande, sondern vielmehr durch die Sorgfalt und den täglichen Einsatz der über 20 Mitarbeiter. Die Heimatsmühle orientiert sich mit allen ihren Mitarbeitern aktiv an einer ökologischen Unternehmensstrategie. Dazu gehört, Maßnahmen im Betrieb zu ergreifen, die auf Rohstoff- und Energieeinsparung sowie auf Abfallminderung abzielen, und Maßnahmen außerhalb des Betriebs zu unterstützen, die einen Beitrag zur Erhaltung der Schwäbischen Alb leisten.

Wahl-Druck GmbH, Aalen

Eine Überzeugung wurzelt in diesem Hause tief: Eine leistungsfähige Druckerei erkennt man nicht am Ausstoß bedruckten Papiers! Wahl-Druck hat sich bei einem Kundenkreis großer und bedeutender Namen als modernes Dienstleistungsunternehmen etabliert. Nicht zu groß, nicht zu klein. Genau richtig, daß der enge Kontakt zum Kunden und seinen Vorstellungen stets im Vordergrund der Arbeit bleibt.

Daß „dahinter" zeitgemäße Technik steht, ist für Wahl-Druck nur selbstverständlich. Wer einmal einen Blick in die Produktionsräume warf, erkennt dies sofort.

In einem Schritt verdoppelte Wahl-Druck 1989 die Betriebsfläche und erhöhte die Druckkapazität um 50 Prozent. Heute bietet Wahl-Druck 60 attraktive Arbeitsplätze. Der ganz bescheidene Start war im Jahre 1895, als der Großvater der heutigen beiden geschäftsführenden Gesellschafter Adolf und Eberhard Wahl die Druckerei gründete. In der dritten Generation hat das Unternehmen nun auch seinen dritten, flächenmäßig heute gerade noch ausreichenden Standort gefunden.

Das Wachstum geht weiter. Stabil und gesund von innen nach außen. Weil aus der besonderen Einstellung des Unternehmens zu seiner Aufgabe auch besonderes Engagement wächst: Drucksachen müssen informieren, repräsentieren, verkaufen, organisieren helfen. Sie sollen motivieren, anregen, reizen, ankündigen, Erscheinungsbilder transportieren, Persönlichkeiten darstellen, Bilder vermitteln, Ideen präsentieren. Und: daß sie es tun, ist wichtig, wie sie es tun, ist entscheidend, macht den feinen Unterschied.

Hierfür ist für Wahl-Druck die enge Zusammenarbeit – über viele Jahre – mit den Kunden und seinen Kreativen unerläßlich. Sonst würden im Sinne des Wortes wirklich nur Druck-„Sachen" entstehen.

In diesem Selbstverständnis und Anspruch produziert Wahl-Druck heute Fotosatz, Prospekte, Kataloge, Zeitschriften, Verpackungsteile, Montage- und Betriebsanleitungen, Durchschreibesätze, Geschäftspapiere, Formulare usw. auch mit Komplettkonfektionierung und Versand.

1 Besprechungszimmer
2 Fotosatz
3 Druckformherstellung
4 6-Farbendruckmaschine
5 Buchbinderei
6 Gesamtansicht
7 4- und 5-Farbendruckmaschinen

Die Arbeitswelt

513

Wahl-Druck GmbH, Aalen

VARTA Batterie AG, Werk Ellwangen. Die größte Gerätebatteriefabrik Europas

VARTA Batterie AG, Werk Ellwangen

Das Gerätebatteriewerk der VARTA Batterie AG gehört zu den jungen Industrieansiedlungen der Stadt Ellwangen. 1946, als das 1917 in Hamburg gegründete Werk sich hier ansiedelte, vertrieb VARTA seine Batterien noch unter dem Namen Pertrix. Heute ist das Ellwanger Werk die größte Gerätebatteriefabrik des Kontinents. Von hier aus gehen Gerätebatterien in alle Welt.

In den letzten 40 Jahren hat sich das Werk von Grund auf verändert. Nicht nur die Belegschaft hat sich während dieser Zeit vervielfacht, sondern es ist ein Werk entstanden, das mit seinen Baulichkeiten und technischen Einrichtungen allen Erfordernissen modernster Fertigungsabläufe entspricht. Das gesamte Werksgelände umfaßt ca. 100 000 m^2, davon sind rund 41 000 m^2 Nutzfläche, zu der beispielsweise auch die Produktionsflächen in der zweiten Ebene gehören. Zu dem 10 000 m^2 großen Hauptfertigungsbereich gehören die Zinkbecherfertigung, Blechmantelfertigung, Zellenfertigung, Batteriemontage und Verpackung. Daneben besteht eine Leuchtenfertigung. Den Fertigungsbereichen gliedern sich mehrere Lager in einer Größe von rund 8200 m^2 an.

Die im Jahr 1974/75 eingerichtete neue Fertigungshalle gehört zum Herzstück des Werkes. Die Planer ließen sich bei der Konzeption und Einrichtung von modernsten produktionswirtschaftlichen und arbeitshygienischen Erkenntnissen leiten. Dies sind die wesentlichsten Merkmale. Den Fertigungsfluß för-

dert erheblich die konsequente Zuordnung von Montage, Verpackung und Lager. Die Bereiche, die notwendigerweise Schmutz und Lärm erzeugen – wie die Puppenpressen, die Mischerei, das Masselager usw. –, sind vom Großfertigungsbereich abgetrennt.
Die Arbeitsplätze in der neuen Fertigungshalle sind sauberer und luftiger. 1981 wurde auf dem Grundstück Süd eine moderne Knopfzellenfabrik gebaut.
Die Fertigung der alkalischen Rundzellen wurde nach Dischingen verlegt. Aufgrund der ständig steigenden Nachfrage wurde das Dischinger Werk in mehreren Schritten (1982–1988) auf seinen heutigen Stand von ca. 11 000 m² Nutzfläche ausgebaut.
In den Werken Ellwangen und Dischingen arbeiten rund 1770 Belegschaftsmitglieder, davon ca. 45 Prozent Frauen.
Die Mehrzahl des „Stoffes, aus dem Batterien hergestellt" werden, ist Zink, Braunstein, dann Ruß, weiter Salmiak und Zinkchlorid. Wer von einer Höhe rings um Ellwangen unten im Tal das Gerätebatteriewerk liegen sieht, wird den großen Siloturm nicht übersehen können. Er besteht aus acht Silos, in denen die wichtigsten Materialien untergebracht sind.
Das Herstellen der Massemischungen erfolgt computergesteuert nach wissenschaftlich erstellten Rezepturen. Nach mehrjährigen Probeläufen hat die VARTA Batterie AG in ihrem Gerätebatteriewerk Ellwangen ein neues Fertigungsverfahren eingeführt, durch das die Produktionsleistung wesentlich erhöht werden konnte. Die Gerätebatteriefertigung in Ellwangen gehört damit zu den modernsten in der Welt. Gerätebatterien gehören zu den Konsumgütern, die das Leben angenehmer gestalten. Sie werden z. B. eingesetzt auf dem Gebiet der Unterhaltungselektronik, in Taschenrechnern, in Hörgeräten, in Kameras, Uhren und Taschenlampen.

Franz Heilig GmbH + Co. KG, Möbelwerkstätte, Innenausbau, Schwäbisch Gmünd-Hussenhofen

Franz Heilig sen. gründete 1919 in Iggingen die Firma. Sein Sohn, Franz Heilig jun., verlegte 1953 die Werkstätten in einen Neubau in Schwäbisch Gmünd-Hussenhofen. 1966 wurde dann aufgrund der steigenden Aufträge eine Betriebserweiterung notwendig. Seit 1973 ist Hans M. Heilig, Innenarchitekt (Des. grad.), Mitinhaber in dem Familienunternehmen. Eine nochmalige Erweiterung 1987 bestätigte den geschäftlichen Erfolg der Franz Heilig GmbH.
Die Produktion umfaßt mittlerweile Serienmöbel für die Industrie und den Objektbereich. Dazu gehören u. a. die Ausstattung von Praxen, Büros und Verwaltungsbauten, der Laden- und Gaststättenbau und der Messebau. Die Franz Heilig GmbH garantiert hochwertigen Innenausbau mit Möbeln, Türen, Decken u. a. Ein Möbelhandel ergänzt die eigene Produktpalette.
Zum Erfolg tragen zur Zeit 16 Mitarbeiter, u. a. der eigenen Planungsgruppe bei.

Der Ostalbkreis und seine heimischen Banken – die Volksbanken und Raiffeisenbanken

Die Volksbanken und Raiffeisenbanken sind mit 150 Bankstellen überall im Ostalbkreis vertreten. Durch ihre Kundennähe fördern sie tatkräftig das Wirtschaftsleben des Ostalbkreises im gewerblichen wie privaten Bereich. Ihre Ortsverbundenheit kommt auch dadurch zum Ausdruck, daß mehr als jeder vierte Einwohner des Ostalbkreises Mitglied und damit Bankteilhaber bei einer der Volksbanken und Raiffeisenbanken im Kreis ist. In Zusammenarbeit mit führenden Unternehmen des Finanzverbundes bieten die Volksbanken und Raiffeisenbanken umfassende Finanzleistungen aus einer Hand. Mit rund 900 Bankmitarbeitern stellt die Gruppe der Volksbanken und Raiffeisenbanken überdies einen bedeutsamen Wirtschaftsfaktor im Ostalbkreis dar.

Bankstellen der Volksbanken und Raiffeisenbanken im Ostalbkreis

Die Arbeitswelt

- Jagstzell
- Wört
- Regelsweiler
- Rosenberg
- Dankoltsweiler
- Ellenberg
- Hohenberg
- Stödtlen
- Rindelbach
- Tannhausen
- Gaishardt
- Ellwangen
- Pfahlheim
- Nordhausen
- Geislingen
- Adelmannsfelden
- Röhlingen
- Unterschneidheim
- Neuler
- Schwabsberg
- Zöbingen
- Zipplingen
- Unterwilflingen
- Dalkingen
- Baldern
- Kerkingen
- Abtsgmünd
- Hüttlingen
- Lippach
- Dirgenheim
- Benzenzimmern
- Fachsenfeld
- Westhausen
- Röttingen
- Leinroden
- Hofen
- Westerhofen
- Kirchheim
- Dewangen
- Lauchheim
- Oberdorf
- Wasseralfingen
- Hülen
- Bopfingen
- Goldburghausen
- Interrombach
- Aalen
- Pflaumloch
- Hofherrnweiler
- Trochtelfingen
- Waldhausen
- Unterriffingen
- Unterkochen
- Essingen
- Ebnat
- Dorfmerkingen
- Elchingen
- Schweindorf
- Oberkochen
- Ohmenheim
- Neresheim
- Kösingen
- Auernheim

Die Arbeitswelt

Schwäbische Hüttenwerke GmbH, Aalen. Fertigung innenbelüfteter Bremsscheiben (links).
Bearbeitung großer Teile für Universal-Fräsmaschinen

Die Arbeitswelt

Schwäbische Hüttenwerke GmbH, Aalen-Wasseralfingen

Neueste Werkstofftechnik, aber auch fertige Maschinen und Anlagen, damit ist das breite Erzeugungsprogramm der SHW GmbH umschrieben. Es umfaßt hochwertige einbaufertige Komponenten für den Fahrzeugbau und universelle, flexible Werkzeugmaschinen größter Genauigkeit. In Aalen-Wasseralfingen, Königsbronn und drei weiteren Werken im Land entstehen Guß-, Sinter- und Schmiedeformteile, Blankstahl, Präzisionswellen und Linearführungssysteme, Werkzeugmaschinen und Betriebsmittel, Bunkeranlagen für Schüttgüter, Hartgußwalzen, Brückenlager und Fahrbahnübergänge, Hydraulikpumpen, Auto-Bremsscheiben sowie Handgeräte und Handwerkzeuge. Mit 2200 Mitarbeitern wurden 1990/91 rd. 440 Mio. DM Umsatz erzielt. SHW-Markenerzeugnisse gehen in alle Welt. In USA und Italien sind Tochterunternehmen tätig, in vielen Ländern hat SHW Lizenz- oder Kooperationspartner.

Im Werk Königsbronn wird seit 625 Jahren gearbeitet, im Werk Wasseralfingen seit über 300. SHW kann damit für sich den Titel des ältesten Industrieunternehmens Deutschlands beanspruchen. Den Fortbestand über historische Zeiträume verdankt das Unternehmen in erster Linie der steten Fähigkeit zur Innovation und der Bereitschaft zur laufenden Neustrukturierung und Anpassung an Märkte und Technologien. Dazu bedarf es aufgeschlossener und fähiger Menschen, deren Aus- und Fortbildung große Bemühungen gelten.

Günther + Schramm GmbH, Eisengroßhandlung – Blankstahl, Oberkochen

1930 gründeten Erich Günther und Emil Schramm die Günther & Schramm OHG. Nach drei Jahren in gemieteten Räumen wurde dann auf dem Güterbahnhof in Oberkochen ein erster Lagerschuppen erstellt. 1950 schließlich erfolgte der Umzug in eine neue Lagerhalle mit Kran und Bahnanschluß auf eigenem Gelände. Die gute Geschäftsentwicklung hielt an und 1952 konnte der Neubau eines Bürogebäudes bezogen werden. Zu diesem Zeitpunkt begann auch der Verkauf von Walzstählen, hauptsächlich Qualitätsstählen, die heute lagermäßig in großem Umfang geführt werden. 1957 treten die Junioren in die Firma ein.

1960 gründet die Firma Günther & Schramm aus Wettbewerbsgründen eine Zweigniederlassung in Mannheim, die 1974 weiter ausgebaut wurde.

Auch in Oberkochen wurde weiter investiert. 1966 wurde das Walzstahllager errichtet und 1977 nochmals erweitert und mit moderner Technik ausgestattet. Das 1980 in Königsbronn gebaute Zentrallager übernahm inzwischen dessen Platz.

Mit insgesamt 170 Mitarbeitern ist das Unternehmen ein bedeutender Handelspartner der süddeutschen Industrie. Das Lieferprogramm umfaßt Blank- und Walzstahl, Schmiedematerial sowie Qualitätsstahl. Insgesamt 23 firmeneigene Lastzüge bringen die Ware schnell und zuverlässig an ihren Bestimmungsort.

Die Arbeitswelt

Die Arbeitswelt

Günther + Schramm GmbH, Oberkochen. Das Zentrallager Königsbronn (links oben), Hochregallager für Blankstahl (links unten), Großlager für Qualitätsstahl (oben) und die leistungsstarke Sägenabteilung (rechts)

Otto Rockinger jr. Die beiden Fertigungshallen in Lauchheim

Otto Rockinger jr., Oberflächentechnik, Industrielackierungen, Pulverbeschichtungen, Lauchheim

Die Firma Otto Rockinger jun., Oberflächentechnik, beschäftigt sich seit ihrer Gründung im Jahr 1983 mit der Veredelung und dem Schutz von Oberflächen verschiedenster Werkstoffträger. Die Arbeiten umfassen Industrielackierungen und Kunststoffbeschichtungen nebst Vorbehandlung für die Industrie von Hamburg bis Ingolstadt.

Im Jahr 1988 wurde eine neue Fertigungshalle im Industriegebiet „Wasserfurche" mit modernsten Oberflächen- und Umwelttechnikanlagen erstellt. Dies war eine Anpassung an die Entwicklung der Aufträge und den Fortgang der Technik. Die Firma beschäftigt 20 Mitarbeiter.

Die Arbeitswelt

Deusch & Co. KG, Metallporzellanfabrik, Lorch-Waldhausen

Bereits im Jahr 1898 entwickelte Friedrich Deusch nach vielen Versuchen eine Technik, Edelmetall mit Glas und Porzellan dauerhaft zu verbinden. Schon zu Anfang dieses Jahrhunderts wurde Deusch Silberporzellan in vielen Ländern der Erde geschätzt und gekauft.
Die qualitativ und künstlerisch hochwertigen Artikel erlangten Weltruf.

Die Erfindung des Firmengründers wurde in den vergangenen Jahrzehnten ständig weiterentwickelt und auf den heutigen Stand gebracht. Die geschmackvollen Feinsilberdekore, in Verbindung mit farbig handgemalten Blumenmotiven, geben Servicen und Vasen eine besondere reizvolle Note. Ornamente (Silber) in feinster Ausführung auf edlem Bleikristall ergänzen das Programm.
Handgemalte Deusch Silberporzellane sind Schmuckstücke – nicht Luxus, sondern Spiegel gepflegten Geschmacks.

Deusch & Co. KG, Lorch-Waldhausen. Porzellanmalerin

Nikolaus Hau, Maschinen- und Stalleinrichtungsbau, Neuler

1974 machte sich der Maschinenbaumeister Nikolaus Hau selbständig und begann mit der mechanischen Fertigung. 1976 übernahm er einen metallverarbeitenden Betrieb im Unterallgäu, dessen Schwerpunkt die Produktion von Stalleinrichtungen war.
1981 verlegte Nikolaus Hau das ständig wachsende Unternehmen nach Neuler in die Benzstraße. 1988 bereits wurden die Produktionsflächen vergrößert, und inzwischen sind rund 40 Mitarbeiter beschäftigt.

Gleichzeitig hatte sich auch die Produktionsausrichtung geändert. Neben der Herstellung und dem Vertrieb von Stalleinrichtungen und -zubehör im süddeutschen Raum, vornehmlich über den Fachhandel, befaßt sich die Firma Nikolaus Hau mit der Herstellung von Schweißkonstruktionen für den Anlagenbau und Schweißteilen auf einer Schweißroboteranlage in Serienfertigung.
Ein weiterer Zweig ist die spanabhebende Bearbeitung im Bereich Drehen, Fräsen, Bohren auf CNC-gesteuerten Maschinen als Zulieferer für den Maschinen- und Sondermaschinenbau.

Nikolaus Hau, Maschinen- und Stalleinrichtungsbau, Neuler

Die Arbeitswelt

Gummi-Pfütze GmbH, Oberkochen. Maschine zur Serienproduktion

Gummi-Pfütze GmbH, Technische Gummiartikel, Oberkochen

Die Firma wurde 1953 in Oberkochen in der Katzenbachstraße gegründet. 1968 erfolgte ein Umzug in die Sperberstraße in größere Firmengebäude und 1978 wurde der Betrieb von Helmut Pfütze übernommen, der die Firma 1980 in eine GmbH umwandelte.

Die Gummi-Pfütze GmbH produziert mit elf Mitarbeitern Gummi-Formartikel für die optische, medizinische, technische und die Armaturenindustrie.

Spezialität ist die Gummi-Metall-Verbindung. Hergestellt werden mit Vulkanisiertechnik saubere Formteile, die nicht geklebt und nicht geschweißt sind. Verwendet werden dabei für jedes Einsatzgebiet die entsprechenden Werkstoffe, z. B. Perbunan, Viton, lebensmittelechtes Silikon, chemisch beständige Chloroprene, EPDM usw.

Ein Plus ist die Flexibilität der Firma, die nach den Fertigteilzeichnungen der Auftraggeber schnell und in jeder gewünschten Stückzahl die geforderten Teile produziert und liefert.

Malerwerkstätte der Firma Martin Böttigheimer in Schwäbisch Gmünd

Denkmalgeschützte Fassade, die von M. Böttigheimer renoviert wurde

Martin Böttigheimer, Malerwerkstätte mit Heimtex-Studio, Schwäbisch Gmünd

Am 2. Mai 1949 eröffnete der Malermeister Josef Böttigheimer ein Malergeschäft in der Rosenstraße 1 in Schwäbisch Gmünd. Zusammen mit einem Gesellen und einem Lehrling wurden die anfallenden Malerarbeiten zur Zufriedenheit der Kundschaft ausgeführt. Ständiger Zuwachs der Aufträge von Neubauten führte zur Einstellung weiterer Mitarbeiter und zwang den Betrieb zu vergrößern. 1959 konnte dies mit dem Kauf des Hauses Romangäßle 4 in Schwäbisch Gmünd realisiert werden.

1973 entschloß sich sein Sohn Martin, eine Lehre im Maler- und Lackiererhandwerk im elterlichen Betrieb zu beginnen, die er 1976 mit einer sehr guten Gesellenprüfung abschloß. Er wurde Landessieger und 2. Bundessieger im Leistungswettbewerb der Handwerksjugend im Maler- und Lackiererhandwerk. 1978 legte er mit gutem Erfolg seine Meisterprüfung ab.

Steigende Nachfrage machte eine Vergrößerung der Werkstatt im vorhandenen Gebäude nötig, und es konnte zusätzlich ein Ausstellungsraum für Gardinen, Rollos, Teppichböden und Bodenbeläge eingerichtet werden.

1983 übergab Josef Böttigheimer seinen Betrieb an seinen Sohn Martin. Dieser erweiterte sein Dienstleistungsangebot. Mit zur Zeit neun Mitarbeitern werden Fassadenanstriche, Wärmedämmarbeiten im Außenbereich sowie Lackier-, Tapezier-, und Bodenbelagsarbeiten im Innenbereich ausgeführt.

Die Malerwerkstätte Martin Böttigheimer ist Fachbetrieb für die Innenraumgestaltung sowie für Fassadenarbeiten.

Unter dem Motto „Schönes gestalten und erhalten" werden sämtliche Aufträge sorgfältig und zuverlässig ausgeführt.

Waldraff Formenbau, Schwäbisch Gmünd-Bettringen

1956 gründete der Mechanikermeister Karl Waldraff (1925–1979) in Schwäbisch Gmünd in der Ledergasse 42 den Betrieb. Aufgrund stetig wachsender Aufträge wurde ein Werkstattneubau erforderlich, der 1969 in der Gutenbergstraße bezogen werden konnte. Sein Sohn Horst Waldraff (geb. 1951) legte 1975 ebenfalls die Meisterprüfung ab und übernahm nach dem Tod des Firmengründers 1979 die Geschäftsleitung.
1982 wurde zur Vergrößerung des Betriebs Gelände auf dem Gügling erworben und 1983 erfolgte der Umzug in die größeren Betriebsräume, die nun auch zusätzliche Arbeitsplätze boten. Die Betriebshalle mit 300 m² Nutzfläche und der Bürotrakt mit Sozialräumen (140 m²) wurden 1990 um einen Anbau erweitert, um zusätzliche Maschinen anschaffen zu können.

Firmengebäude der Firma Waldraff Formenbau in Schwäbisch Gmünd, rechts der 1990 erstellte Anbau

Waldraff Formenbau stellt Stahlformen hauptsächlich für den Druckguß her. Zu den Kunden in Baden-Württemberg zählen die Automobil-, die Elektro- und die Pneumatikindustrie. Zur Zeit beschäftigt die Firma 15 Mitarbeiter in der Fertigung und im Büro.

Die Arbeitswelt

Die Arbeitswelt

Mercedes-Benz AG, Niederlassung Schwäbisch Gmünd

Die Mercedes-Benz AG unterhält in 43 Städten der Bundesrepublik werkseigene Niederlassungen für den Vertrieb von Fahrzeugen und die Betreuung der Kunden. Schon seit 1965 befindet sich eine dieser Niederlassungen in Schwäbisch Gmünd. Von dort aus werden Pkw, Lkw, Transporter und Gebrauchtfahrzeuge verkauft.

Das Leistungsangebot umfaßt außer dem allgemeinen technischen Service auch Reparaturleistungen für Aufbauten sowie Lackierungen und Beschriftungen, dazu kommt der Vertrieb von Mercedes-Benz Original-Ersatz- und Zubehörteilen.

Das Niederlassungsgelände in der Lorcher Straße ist 43 000 m² groß, davon sind 9000 m² überbaut. Mehr als 200 Mitarbeiter in Verkauf, Service und Verwaltung sorgen sich um die Betreuung der Kunden und Vertragspartner.

Das Niederlassungsgebiet reicht von Göppingen bis Aalen und über Nördlingen, Dinkelsbühl und Crailsheim bis nach Künzelsau. Zehn Vertragspartner sind in diesem Gebiet für die Kundenbetreuung aktiv. Sie werden von der Niederlassung Schwäbisch Gmünd bei der Erfüllung ihrer Vertriebsaufgaben betreut.

Engel-Brauerei L. Lang GmbH + Co. KG, Schwäbisch Gmünd

Die Kunst des Bierbrauens hat in Schwäbisch Gmünd Tradition. Zusammen mit dem blühenden Handwerk des Mittelalters gedieh auch das Brauwesen besonders im süddeutschen Raum prächtig. Überall entstanden kleine Hausbrauereien. Noch zu Beginn des 20. Jahrhunderts zählte man allein in Schwäbisch Gmünd 30 Brauereien, von denen heute lediglich die seit 1783 bestehende Engel-Brauerei übriggeblieben ist. Seit der Gründung wird hier ununterbrochen Bier nach dem alten deutschen Reinheitsgebot gebraut. Heute werden außer Bieren mit dem Markennamen „Alois Braumeister Biere" auch Erfrischungsgetränke unter dem Namen „Quirlix Limonaden" sorgfältigst hergestellt und im Umkreis vertrieben.

Mercedes-Benz AG. Die werkseigene Niederlassung in Schwäbisch Gmünd. Blick in die Ausstellungsräume (unten)

Engel-Brauerei L. Lang GmbH + Co. KG, Schwäbisch Gmünd. Der Gärkeller

Autohaus Alfred Wörner GmbH & Co. KG, Schwäbisch Gmünd

Autohaus Alfred Wörner GmbH & Co. KG, Kraftfahrzeughandel und -handwerk, Schwäbisch Gmünd

Am 1. Mai 1919 gründete der Vater des jetzigen Firmeninhabers, Alfred Wörner, die GMW – Gmünder Maschinenwerke. Die Firma befaßte sich mit der Herstellung und dem Vertrieb von landwirtschaftlichen Geräten (ehemalige Fa. Groß, Baumaschinen). 1927 erfolgte der Umzug in die Uferstraße 54. Zu diesem Zeitpunkt wurde erstmals mit dem Handel von Kraftfahrzeugen begonnen (Hanomag und Renault). 1936 wurde ein Neubau in der Lorcher Straße 13 erstellt und bezogen (heute Fahrrad-Schmidt). Durch die Vertretungen für Auto-Union (Horch, Audi und DKW) konnte sich das Unternehmen bis zum Ausbruch des Krieges sehr gut entwickeln. Über die Kriegsjahre hinweg wurde die Firma von der Ehefrau, Pia Wörner, weitergeführt. Mit der Übernahme der BMW-Vertretung im September 1954 begann der eigentliche Aufschwung nach dem Krieg. Dies machte im Jahre 1972 den Neubau in der Krähe durch den jetzigen Inhaber, Hans Wörner, notwendig. Der Einzug erfolgte im Januar 1973.

Durch die laufenden technischen Verbesserungen, Neueinstellungen und Schulungen von Mitarbeitern wurde der Betrieb zum Leistungsträger des BMW-Vertriebs Südwest und betreut über die Grenzen von Schwäbisch Gmünd hinaus Großabnehmer im gesamten Ostalbkreis. Auch wurden in den vergangenen Jahren die Angehörigen der US-Streitkräfte sowohl verkaufs- als auch kundendienstmäßig überregional betreut. Das gesamte Leistungsspektrum der Firma umfaßt heute neben dem Verkauf, Kunden- und Teiledienst auch eine Karosserieinstandsetzung und einen Lackierbetrieb. Mietwagenangebot, Mobilfunk und Klimaanlagen-Service runden das Gesamtangebot ab.

Insgesamt sind im Betrieb ca. 80 Mitarbeiter beschäftigt. Die Auszubildenden im kaufmännischen und technischen Bereich zählten in den vergangenen Jahren immer wieder zu den Preisträgern der Berufsfachschulen.

Die Malerwerkstätte Stegmaier mit Heimtexstudio in Schwäbisch Gmünd-Straßdorf

Stegmaier, Malerwerkstätte, Heimtexstudio, Schwäbisch Gmünd-Straßdorf

1929 gründete Bernhard Stegmaier den Malerbetrieb in der Bachstraße in Schwäbisch Gmünd. Sein Sohn, Eugen Stegmaier, der 1947 die Malermeisterprüfung in Stuttgart abgelegt hatte, führte den Betrieb weiter. Er vergrößerte in den fünfziger und sechziger Jahren kontinuierlich die Firma, so daß eigene Werkstatträume in der Stadtmitte (Türlensteg 16) erbaut werden konnten und mußten.

1976 übernahm Eugen Stegmaier jun. den elterlichen Betrieb und gliederte 1980 der Gmünder Werkstatt eine Filiale in Straßdorf im Öschweg an. Hier ist angeschlossen ein Farben- und Tapetenfachgeschäft mit Heimtexartikeln.

Die Dienstleistungen werden von 15 Mitarbeitern und Mitarbeiterinnen erbracht und umfassen den gesamten Innenrenovierungsbereich samt Gestaltung und Beratung mit Heimtextilien. Fachkundige Ausführung von Fassadenarbeiten einschließlich Gerüstbau gehören genauso dazu wie Wärmedämm- und Isolierarbeiten.

Zur Verfügung steht ein besonderer Service. Der Kunde hat die Wahl zwischen einer Teildienstleistung, die darin besteht, daß seine Eigenleistung ergänzt wird durch den Handwerker, dem Vollservice – hier führt Stegmaier den Auftrag von Anfang an aus – oder dem Komplettservice für umfassende Sanierungs- oder Umbaumaßnahmen, wobei Stegmaier erfahrene Partnerbetriebe organisiert und mit ihnen dann Hand-in-Hand und termingerecht sämtliche Arbeiten ausführt.

Die Arbeitswelt

Werkstatt Raymann-Nowak, Schmuck und Gerät, Schwäbisch Gmünd

Die Werkstatt Raymann-Nowak wurde von der Gold- und Silberschmiedemeisterin Doris Raymann-Nowak und ihrem Mann Diether Raymann – er ist Grafiker und Bildhauer aus Wien – 1975 gegründet. Die Arbeit in der Werkstatt findet im Spannungsfeld zwischen Unikat und Serienstück statt. Die Übergänge sind fließend, die Serienstücke schaffen die finanzielle Basis der Werkstatt für die Herstellung der Unikate.

Auf der Fachmesse werden Muster vorgelegt, Aufträge eingeholt, danach die Serien ausgeführt nach den vorgestellten Mustern. Meisterin, Gesellin, Lehrlinge und künstlerischer Außenseiter – eine günstige Konstellation, die zum wirtschaftlichen Erfolg in dem Betätigungsfeld zwischen Kunst, Industrie, Design und Handwerk beiträgt.

Der Anspruch, den die Werkstatt zu erfüllen sucht, heißt: künstlerische und handwerkliche Qualität. Die Mitarbeiter greifen bei Entwurf und Ausführung auf in der Werkstatt entwickelte Techniken zurück und wenden sie auf ihre Weise an. Diether Raymann greift ein, indem er dem Handwerk Änderungen abverlangt, bereits gemachtes korrigiert, gemeinsam mit Doris Raymann-Nowak steuert.

Traditionell und doch von den Vorstellungen des 20. Jahrhunderts geprägt sind die Strukturen, die in der Werkstatt angestrebt werden. Das Miteinander der insgesamt fünf Mitglieder des Teams bestimmt die tägliche Arbeit.

Links: Blick in die Goldschmiedewerkstatt Raymann-Nowak. Oben: Armreif aus Silber, Gold, verschiedenen Legierungen und Palladium

J. Rettenmaier & Söhne GmbH + Co, Ellwangen-Holzmühle

J. Rettenmaier & Söhne GmbH + Co, Faserstoffwerke, Ellwangen-Holzmühle

J. Rettenmaier & Söhne (JRS) ist ein führendes Unternehmen der Faserstoff- und Polymertechnik. Dank der besonderen Anstrengungen in der Forschungs- und Entwicklungsarbeit konnte sich das Unternehmen in Spezialbereichen der Zerkleinerung, Fraktionierung und Weiterveredelung von organischen Fasern Weltgeltung verschaffen.

Der Hauptproduktionsbetrieb mit der Verwaltung ist in Holzmühle bei Rosenberg angesiedelt. Zweigbetriebe sind in Heilbronn/Neckar und in Kronsburg bei Kiel. Insgesamt sind bei JRS mehr als 500 Mitarbeiter beschäftigt.

Der Ort Holzmühle liegt wenige Kilometer von Ellwangen entfernt im Orrottal und gehört zur Gemeinde Rosenberg. Bereits 1468 wird der Ort namentlich erwähnt.

Vor über 100 Jahren erwarb die Familie Rettenmaier die damalige Getreidemühle. In den zwanziger und dreißiger Jahren wurden hauptsächlich Getreide und Ölfrüchte gemahlen. 1938 wurde die Holzfaser-Produktion aufgenommen, und seit dem Jahre 1956 wird nach einem selbst entwickelten Verfahren pulverisierte Cellulose hergestellt. Diese beiden Produktionszweige sind auch heute noch die wichtigsten Umsatzträger. Bis Mitte der achtziger Jahre war Holz der dominierende Rohstoff. Durch die kontinuierliche Verfeinerung der Cellulosepulverherstellung nahm die Cellulose, die weltweit eingekauft wird, ständig an Bedeutung zu.

In Zusammenarbeit mit Hochschulen, Forschungs- und Versuchsanstalten sowie mit der Industrie werden, unterstützt durch eigene Laborarbeiten, immer neue Anwendungsbereiche erforscht.

In der Zwischenzeit sind es diverse Branchen, in welchen JRS-Produkte verarbeitet werden. Die breite Anwendungspalette beginnt bei Produkten für die Tierhaltung und geht über Räucherspäne, umweltfreundliche Produkte für die Bauchemie, die Naßfiltration und die Elektrodenfertigung bis hin zur Pharma-, Kosmetik- und Lebensmittelindustrie.

Über 50 Prozent der Produktion wird exportiert. Dies ist nur möglich durch eine gut funktionierende, weltweite Vertriebsorganisation. In über 80 Länder der Welt liefert die Firma Rettenmaier & Söhne regelmäßig ihre Erzeugnisse.

Philosophie des Unternehmens ist es, hochwertige organische Faserstoffe umweltverträglich aus in der Natur nachwachsenden Rohstoffen zu erzeugen. Die Fertigung ist in den ökologischen Kreislauf bestens eingeordnet. Fasern aus dem Hause JRS sind in vielen Produkten des täglichen Lebens als wichtiger Zusatzstoff enthalten und tragen so zur Steigerung der Lebensqualität bei.

Aufgrund dieser Tatsachen gibt es auf den Weltmärkten weiterhin gute Wachstumschancen. JRS wird auch in Zukunft an dieser positiven Entwicklung teilhaben und sieht sich für die Zukunft gut gewappnet.

Die von der Malerwerkstätte Manfred Krieger, Heubach-Lautern, im Jahr 1989 renovierte Turmuhr und Wetterfahne (einschl. Vergoldung) der Kirche von Leinweiler

Manfred Krieger, Malerwerkstätte, Heubach-Lautern

Der Malermeister Josef Krieger gründete 1946 in Heubach-Lautern einen Fachbetrieb für sämtliche Maler- und Tapezierarbeiten. Seit 1974 führt sein Sohn Manfred Krieger den eingeführten Fachbetrieb in der Bergstraße 12 weiter. Derzeit werden drei Facharbeiter und Aushilfskräfte beschäftigt. An Werkstatt-, Lager- und Büroflächen stehen ca. 200 m² zur Verfügung.

Zur Ausführung kommen neben den Maler- und Tapezierarbeiten das Verlegen von Bodenbelägen, Fassadenanstriche, Vollwärmeschutz und Betonsanierungen bei Neubauten und bei der Altbausanierung. Ein eigener Gerüstbau gehört ebenfalls zu den angebotenen Leistungen sowie Beschriftungen von Schildern und Fahrzeugen.

Die Kunden des Malerbetriebes kommen aus dem gesamten Ostalbkreis, überwiegend aus dem privaten Bereich.

Jakob Schmid GmbH & Co., Holzbearbeitungswerkzeuge, Oberkochen

Die Firma Jakob Schmid in Oberkochen wurde 1882 gegründet; sie hat sich seitdem als solides schwäbisches Familienunternehmen zu einem bedeutenden Hersteller von Bohr- und Fräswerkzeugen für die maschinelle Holzbearbeitung entwickelt.

wo heute mit ca. 80 Mitarbeitern vorwiegend Serienwerkzeuge im Bohr- und Oberfräsbereich hergestellt werden. Das Unternehmen beschäftigt heute insgesamt über 200 Mitarbeiter. Mit zunehmender Entwicklung der Mechanisierung und Automatisierung der Holzbearbeitung erfolgte die Erweiterung auf Fräswerkzeuge und Messerköpfe zum heutigen umfassenden Programm.

Schmid-Werkzeuge – unter dem Markenzei-

Ansicht von Zweigwerk Elchingen der Jakob Schmid GmbH & Co.

Während lange Zeit die Fertigung von Hand- und Maschinenbohrern vorherrschte, gesellte sich durch die enge Zusammenarbeit mit den Maschinenherstellern ein vielfältiges Programm in Oberfräs-Werkzeugen hinzu. Auch heute ist dieser Bereich noch wesentlicher Inhalt des Fertigungsprogramms, dem in den siebziger Jahren ein umfangreiches Sortiment von Werkzeugen für Handoberfräsen angegliedert wurde.

Dem Stammhaus in Oberkochen wurde 1973 ein Zweigbetrieb in Elchingen angegliedert,

chen JSO geführt – werden vornehmlich im industriellen Bereich der modernen Bearbeitung von Massivholz, Plattenwerkstoffen, Bauelementen etc. und im Handwerk eingesetzt, ca. 30 Prozent werden in alle Welt exportiert. Traditionell wird dem Qualitätsbegriff größte Bedeutung zugemessen. Modernste Fertigungsanlagen, fortschrittliche Produktionsmethoden und die Spezialisierung auf Maschinenwerkzeuge sichern einen hervorragenden Platz unter den namhaften Werkzeugherstellern.

Die Niederlassung Schwäbisch Gmünd der Dinkelacker Brauerei AG.

Dinkelacker Brauerei AG, Niederlassung Schwäbisch Gmünd

Die Brauerei Dinkelacker wurde 1889 in Stuttgart gegründet. Firmengründer war Commerzienrat Carl Dinkelacker, nach dessen Originalrezept auch heute noch das beliebte CD-Pils gebraut wird.
Heute beschäftigt die Brauerei über 600 Mitarbeiter und hat einen Jahresausstoß, der weit über einer Million Hektoliter liegt. Obwohl Dinkelacker Bier in vielen Ländern der Welt, wie z. B. den USA, getrunken wird, ist das Kernabsatzgebiet der Brauerei Baden-Württemberg. Dort ist Dinkelacker mit einem Netz von zehn Niederlassungen in allen wichtigen Regionen vertreten.
Der Ostalbkreis wird von der Niederlassung Schwäbisch Gmünd beliefert, welche dort seit fast 70 Jahren ansässig ist. Täglich werden von dort aus ca. 200 Hektoliter Bier ausgeliefert (das sind ca. 2000 Kisten). Dazu stehen den 13 Mitarbeitern der Niederlassung derzeit fünf Lkws zur Verfügung.

Kübler GmbH, Metallwarenfabrik, Abtsgmünd-Untergröningen

Kübler GmbH, Metallwarenfabrik, Abtsgmünd-Untergröningen

Im Jahr 1868 kaufte Anton Kübler in Untergröningen ein Haus am Schloßberg und betrieb dort eine Flaschnerei. Nach seinem Tod eröffnete sein Sohn Eduard 1914 wiederum die Flaschnerei. 1948 übernahmen dessen Söhne, Eduard und Bruno, das Geschäft.
1959 bauten sie im Kochertal an der Bundesstraße 19 eine Fertigungshalle, um landwirtschaftliche Maschinenteile herzustellen. Die Flaschnerei und Installation wurde nach und nach zugunsten der industriellen Fertigung aufgegeben. Erweiterungsbauten wurden 1964, 1986 und 1988 erstellt.

Die Produktionspalette umfaßt heute Zulieferteile und Sonderanfertigungen für Firmen der Bau-, Landwirtschafts-, Fahrzeug-, Apparate- und Haushaltsindustrie im In- und Ausland.

Aus dem ehemaligen Handwerksbetrieb wurde in dritter Generation ein vielschichtiger Fertigungs- und Zulieferbetrieb mit 40 Beschäftigten. Nach dem Tod von Eduard Kübler ist Bruno Kübler Inhaber der Firma und Geschäftsführer der im Jahr 1978 gegründeten GmbH.

Außenansicht des neuen Betriebs- und Verkaufsgebäudes der Firma Bernhard Ziegelbaur in Lippach

Bernhard Ziegelbaur, Installation, Flaschnerei, Lippach

1952 gründete der Schmiedemeister Stefan Ziegelbaur den Handwerksbetrieb. Er führte sämtliche im ländlichen Raum in seinem Bereich anfallenden Aufträge aus, vom Pferdebeschlagen bis hin zum Verlegen von Wasserleitungen.

In den siebziger Jahren handelte er verstärkt mit Landmaschinen und bot auch deren Reparatur an. Der im ländlichen Raum einsetzende Strukturwandel wirkte sich allerdings auch auf die Firma aus und ein Ausweichen auf andere Gewerke ergab sich zwangsläufig.

Nachdem sein Sohn, der jetzige Betriebsinhaber Bernhard Ziegelbaur, die Meisterprüfung für Gas-Wasser-Installation abgelegt hatte, wurde der Betrieb besonders auf die Gewerke Gas-Wasser-Installation, Rohrleitungsbau und Flaschnerei erweitert. Mittlerweile ist aus den Anfängen eines Ein-Mann-Betriebs eine Firma mit fünf Beschäftigten geworden. Die Werkstätten befinden sich in der Röttinger Straße.

SMT-Sondermaschinen Roger Lex, Ellwangen-Neunheim

Ende 1989 gründete Roger Lex aus Tannhausen eine Maschinenfabrik in Ellwangen-Neunheim. In den ersten Monaten wurden nur Einzelteile im Auftrag gefertigt, dann neben der Einzelteilefertigung auch Montagetätigkeiten ausgeführt. Nur kurze Zeit später war SMT auch in der Lage, Konstruktionen auszuführen. Somit waren alle notwendigen Arbeitsbereiche für eine Sondermaschinenfabrik geschaffen.

Es dauerte auch nicht lange, bis die ersten Komplettaufgaben gestellt wurden. SMT konstruiert und baut seither Vorrichtungen und Halbautomaten u. a. für die Elektroindustrie. Daneben stehen Entwicklungs- und Konstruktionsaufgaben für eigene Produkte. In der zweiten Jahreshälfte 1991 war es soweit. Der erste Bunkerförderer, entwickelt von SMT, konnte vorgestellt werden. Vorratsbunker und Förderband bilden hierbei eine Einheit. Mit dieser – beim Patentamt angemeldeten – Neuheit expandiert SMT in den Bereich von Zuführen, Sortieren und Ordnen.

Ein allen Anforderungen gerecht werdender Maschinenpark, eine große Montagefläche und ein Büro für die Konstruktion und die kaufmännische Abteilung schaffen heute für zehn Mitarbeiter Arbeitsplätze.

Blick in die Montagehalle

Namen- und Sachregister

Aalen, Hans von 132
Aalenium 29 f
Abelein, Manfred 217
Abfallbewirtschaftung 293 f
Abfallbewirtschaftungsgesetz 295
Severin Abt GmbH & Co. KG,
　Schwäbisch Gmünd 425
Adalbert I., Abt von Ellwangen
　135
Adalbert II., Abt von Ellwangen
　135
Adalbert, Pfalzgraf von
　Schwaben 127
Adelmann, Heinrich Graf 192
Adelmannsfelden, Familie
　Adelmann von 248
Agnes von Schwaben 133
Akademie, philosophisch-
　theologische 159
Ala II Flavia 98, 108
Alamannen 109, 110 ff
Alamannien 119 f
Albertus Magnus 138
Alblimes 98 ff
Alblimesstraße 99
Albrecht II., Propst 147
Albuch 53 ff
Albvorland 60 f
Albwasserversorgung 193 f
Alfing Keßler GmbH, Aalen 390,
　426 f
Alon, Cunradus de 131, 132
Altenheime 282
Altenhilfe 281 f
Althamer, Andreas 145, 146
Altlasten 51
Altsteinzeit 78 f
Ammoniten 28
Andre, Josef 217, 225
Andreä, Jakob 150
Anton Ignaz Graf Fugger von
　Kirchberg und Weißenhorn,
　Fürstpropst 168
Antretter, Robert 217
Anwander, Johann 251, 253
Arbeiterorganisationen 186 f
Arbeiterräte 198

Arbeiterschaft 186 f
Arbeitervereine, kath. 187
Arberg, Nikolaus Schenk von
　231
Asam, Cosmas Damian 251
Asthmatherapie 45
Asylbewerber 22
Aufforstungen 417
Aufrüstung 208 ff
Augsburger Interim 152
Aurignacien 78
Ausbildungsplätze 400
Ausgleichsverordnung 413
Aussiedler 222
Auswanderung 176, 200

Bachversickerung 38, 40
Baden-Württembergische Bank
　AG, Aalen 429
Bahnmayer GmbH, Schwäbisch
　Gmünd 440 f
Baldung Grien, Hans 246
Balluff, Otto 226
Barock 166 ff, 228, 248 ff
Barth, Karl 202, 226
Bast, Alfred 263
Bauer, Hermann 256
Bäuerle, Christoph Jakob 181
Bäuerle Maschinenfabrik GmbH
　& Co., Böbingen 430
Bauern 174 ff
Bauern, erste 82 ff
Bauernhaufe 145
Bauernkrieg 144 ff
Bauernverband 410
Bauindustrie 395
Baukunst, neue 260 ff
Baumhauer, Sepp 263
Baumwollindustrie 163
Bausande 43 f
Bayer, August 256
Bayern, König Ludwig von 139
Bayrhammer, Stadtschultheiß 192
Becher, Apotheker 183
Becher, August 183
Beck-Erlang, Wilfried 260
Becker, Herbert 262

Behindertenschulen 278 ff
Behindertenwerkstätten 279
Behnisch, Günther 312
Berisia Nudelwerk GmbH,
　Riesbürg-Pflaumloch 438 f
Berner, Felix von 256
Bersu, Gerhard 83
Berufsschulzentren 274
Besatzungszeit 214 ff
Beschäftigtenentwicklung 393
Beschäftigtenstruktur 389
Beschäftigtenzahlen 389 f
Beschäftigungsprobleme 394
Besucherbergwerk „Tiefer
　Stollen" 42, 45
Betriebsstruktur,
　landwirtschaftliche 406 f
Bevölkerungsdichte 267
Beye, Peter 258
Beyerle, Josef 203
Bildungseinrichtungen 274 ff
Binder, Wilhelm 181
Binkowski, Johannes 210
Biotopvernetzung 413
Blasienberg 36
Blutritte 68
Böblinger, Hans 245
Böden 46 ff, 416
Bodendenkmale,
　vorgeschichtliche 95 f
Bodennutzung 405 f
Bohnerz 41
Bohnerzgewinnung 42
Böll, Heinrich 197
Bolz, Eugen 202, 203
Bonatz, Paul 258
Bortolazzi Straßenbau GmbH,
　Bopfingen 431
Böttigheimer, Martin,
　Schwäbisch Gmünd 526
Brandenburg, Albrecht von 152
Bräuche 66 ff
Braun, Michael 180
Braunenberg 31, 40
Braunerden 47
Braunjura 26 f, 31
Braunschweig, Otto von 136

Brekzie, Bunte 35
Brenner, Valerian 248
Breno, Prospero 248
Bronzezeit 85 ff
Bruchstrukturen 36 f
Brüning, Heinrich 202
Brunnenhöhle 39
Brunnhuber, Georg 217
Bruttowertschöpfung 396
Buchberg 35
Bucher, Ewald 217
Buntmetallvorkommen 42
Büren, Agnes von 128
Büren, Friedrich von 134
Burg (Schloß) Baldern 139, 234, 250, 256
– Flochberg 129 f, 138, 139, 157, 234, 235
– Hohenalfingen 139 f
– Hohenstadt 140
– Kapfenburg 128, 140, 174, 246
– Lauterburg 127, 140, 234
– Leinroden 130, 140
– Lindach 234
– Niederalfingen 247
– Rechberg 126 f, 234, 235
– Rosenstein 128, 140, 234
– Schenkenstein 234
– Waldhausen 234
Burgau, Markgraf von 138
Burgen 234 f
Bürgermeister 226
Burkhard, Konrad 223

Cades, Josef 256
Caracalla, römischer Kaiser 108
Chorturmkirchen 235 ff
Christlein, Rainer 110, 113
Christliches Erholungsheim Schönblick GmbH, Schwäbisch Gmünd 432
Christmann, Helmut 185
Clemens Wenzeslaus von Sachsen, Fürstpropst 168, 169
Clemenshöhle 39
Closs, Apotheker 191
Commerzbank AG, Filialen Aalen und Schwäbisch Gmünd 427 f
Conrads, Karl E. 210
Cramer, Johann Bernhard 155
Czisch, Franz 226

Dahlmann, Stadtkommandant von Aalen 212
Dampfloch 39
Däubler-Gmelin, Herta 217
Daucher d. J., Adolf 246
Debler, Dominikus 170

Degenfeld, Christoph Martin von 155
Demokratische Volkspartei 192
Denkmalpflege 259 f
Deponien 294 f
Deusch, Werner R. 254
Deusch & Co. KG, Lorch-Waldhausen 523
Deutsche Gardner-Denver GmbH & Co., Westhausen 433
Deutsche Ivoclar Dental GmbH, Ellwangen-Neunheim 490 f
Deutscher Orden 140, 157
Deyhle, Gebrüder 181
Diakonissen 187 f
Dieffenbrunner, Joh. Georg 253
Dienstleistungen 389, 395 f
Dieterle & Marquardt GmbH + Co., Lorch 434 f.
Dietz, Eckart 263
Dillingen, Adelheid von 138
–, Graf Hartmann von 138
–, Grafen von 139
Dinkelacker Brauerei AG, Niederlassung Schwäbisch Gmünd 538
Dogger → Braunjura
Dolomitsand 45
Dreieingangshöhle 39
Dresdner Bank, Filiale Aalen 436
Drey, Johann Sebastian von 170
Dreyer, Johann Melchior 167
Drittes Reich 203 ff
Durst, Bernhard 194

Eckener, Alex 258
Edelmetallindustrie 199 f
Ehrbacher, Wilhelm 226
Einzelhandel 398
Einzelhandelsumsatz 397
Eisenbahnbau 176 ff
Eisenerzbergbau 40 ff
Eisenerzflöze 31, 40 f
Eisenproduktion 165
Eisensandstein 30
Eisenverarbeitung 40
Eisenwerke 165
Eiszeiten 36
Eiszeitjäger 78
Ekkehard, Abt von Ellwangen 131
Ellwanger Berge 62 ff
Ellwanger Haufe 149
Elsässer, Martin 256
ELWEMA GmbH, Ellwangen 443
Energierohstoffe 42 f
Engel-Brauerei L. Lang GmbH + Co. KG, Schw. Gmünd 529 f

Enges Loch 39
Entnazifizierung 215 f
Erhard und Söhne, Metallwarenfabrik 181
Erhard, Julius 256 f
–, Karl 181
Erlau AG, Aalen 472 f
Erlenbau, Papierfabrik 181
Erlolf, Bischof von Langres 121
Ermenrich, Mönch 121, 124
Erzberger, Matthias 202
Erzgrube Wilhelm 31, 45
Eseler d. Ä., Niclaus 242
Estrich-Wagner GmbH, Aalen 437 f
Ettensperger, Karl 204, 206, 226
Exportquote 392

Faber du Faur, Bergrat 182
Fachhochschulen 275 ff, 310 ff
Fachschulen, landwirtschaftl. 409
Falkenhöhle 39
Fasnachtshöhle 39
Fastnacht 69
Fayencemanufaktur 162 f, 166
Fehrle, Jakob Wilhelm 263
C. & E. FEIN GmbH & Co., Stuttgart 444
Fernweg 77
Feste 66 f
–, Kirchliche 68 f
Feuerknochenschacht 39
Feuersteinlehmböden 46 f
Feuersteinrotlehme 34
Finkh, Johann 153
Finsterloch 39
Flochberg, Cuno von 129
–, Gumbert von 129
–, Herren von 132
Flurzersplitterung 407
Flußgeschichte 35 f
Formsande 45
Forschung 309 ff
Forschungsinstitut 313 f
Forster, Eduard 183
Forstwirtschaft 415 ff
Frank, Richard 204
Franken 119 ff
Franz Georg von Schönborn, Fürstpropst 168, 169, 252
Franz Ludwig Pfalzgraf bei Rhein, Fürstpropst 165, 168, 251
Franziskanerkloster 141 f
Freising, Otto von 126, 133
Freyberg und Eisenberg, Johann Christoph II. von, Abt 153
Friedrich I. (Barbarossa), dt. Kaiser 126, 132 f, 135

Namen- und Sachregister

Friedrich I., Herzog von
  Schwaben 126, 133, 134
Friedrich I., Herzog von
  Württemberg 42
Friedrich I., König von
  Württemberg 173, 174
Friedrich II., dt. König 136
Friedrich (V.), Herzog von
  Schwaben 135
Frölich, Joseph Alois von 169
Frontkämpferbund, Roter 199
Frühgeschichte 110 ff
Frühmittelalter 119 ff
Fuchsloch 39
Fulrad, Abt 122
Fürstpröpste von Ellwangen 165

Gaiser Offsetdruck &
  Informations-GmbH,
  Schwäbisch Gmünd 445
Ganzenmüller, Erich 218, 225,
  309
Garnisonen 196 f
Geiger, Hans 217, 218, 225
Geisel, Alfred 218, 225
Geisterloch 39
Gemeindeinvestitionen 267 f
Gemeinden 267
Gemeinderäte 204, 206
Genußmittelindustrie 391
Geperth, Franz 225
Gerlach, August 193
Gerlacher, Siegfried, Abt 144
Gerstenmaier, Eugen 217
Gesellenverein, kath. 187
Gesteineinheiten 25 ff
Gewerkschaften 198, 201
Gewerkverein, Hirsch-
  Dunckerscher 187
Geyer, Wilhelm 260
Giers, Walter 263
Glasrohstoffe 45 f
Glassande 45 f
Glauner, Dr. 202
Gmünder Freibad → Stadtwerke
  Schwäbisch Gmünd
Goebbels, Joseph 209
Goldberg 35, 83 ff, 91
Goldschmiedehandwerk 163, 252
Goldshöfer Sande 35 f, 43
Gotik 237 ff
Grau GmbH & Co., Schwäbisch
  Gmünd-Lindach 456 ff
Gregor, Papst 139
Griegensteinhöhle 39
Griesbuckel 35
Gromberg, Herren von 128
Groß, Johann Adam d. J. 253
Große Scheuer 39

Großes Wollenloch 39
Großmann, Dekan 208
Grünbaum-Brauerei, Aalen 496 f.
Grunberg, Eberhard von 128
Grundschulen 275 f
Grundstoffindustrie 391
Grüninger, Pfarrer 214
Grupp, Wilhelm 181
GSA, Gesenkschmiede Schneider
  GmbH, Aalen 446 f
Gültlingen, Johann von 147 f,
  149, 1150
Gummi-Pfütze GmbH,
  Oberkochen 525
Günther + Schramm GmbH,
  Oberkochen 519 ff.
Güterbeförderung 398 f
Gutmann, Hermann 188

Haag, Stadtrat 203
F. & G. Hachtel GmbH & Co.,
  Aalen 449
Haegele, Rudolf Walter 260, 263
Haenschke, Frank 217
Hajek, Herbert 260
Hallstattzeit 88 ff
Handel 162 ff, 397
Handwerk 402 ff
Handwerksgruppen 403
Hänle, Albert 242, 260
Häring, Hans 218, 225
Hariolf, Klostergründer 121
Harsch, Georg 225
Härtsfeld 58 ff
Hasenöhrl, Adolf 225
Hau, Nikolaus, Neuler 524
Hauptschulen 274
Haus (Höhle) 39
Heckmann, Kristel, Jung,
  Architektenteam 262
Heibel, Wilhelm 218, 225
Franz Heilig GmbH + Co. KG,
  Schwäbisch Gmünd-
  Hussenhofen 515
Heimatvertriebene 214 f
Heinrich, dt. König 134
Helfenstein, Graf Ulrich von 40
Helmerich, Abt von Ellwangen
  134
Herkommer, Hans 258
–, Johannes 258
Herlin, Friedrich 228, 244, 245
Hermann, Hugo 309
–, Stadtpfarrer 207
Hertlein, Friedrich 91, 98
Herzogtum, alamannisches 119 f
–, bayerisches 119 f
Hesperg, Wilhelm von 148, 149,
  150

Heß, Isaak 189
Heuss, Theodor 203
Hexenverfolgungen 153 ff
Historismus 255 ff
Hochschule, Pädagogische 309 f
Hochschulen 309 ff
Hoffmann GmbH, Schwäbisch
  Gmünd-Lindach 450
Hofkirchen, Generalmajor von
  157
Hofmann, Bonifaz 149
Hohenlohe-Neuenstein, Graf
  Kraft von 156
Höhensiedlungen, befestigte 90 f
Höhlen 38 ff
Hohler Stein 39
Holzeinschlag 422
Holzland Grimmeisen OHG,
  Neresheim-Elchingen 448
Honold, SA-Führer 205
Hössle, Kampfkommandant 213
Huber, Anton 22, 218, 225, 311
Hügelgräberbronzezeit 86 f
Humpf, Josef 218, 225
Hungerbrunnen 38
Hüttenwerke 165, 182
Hydrogeologie 48 ff

Ils, Matthias 183
Industrialisierung 181 ff
Industrie 389 ff
Industriebeschäftigte 390
Industriebranchenentwicklung
  391
Industrieumsatz 390 f
Inflation 199
Innozenz, Papst 136
Investitionsgüterindustrie 391,
  392
Investitionen 394 f
Ipf 36, 59 f, 85, 87, 91
Irene von Byzanz 134, 229

Jagst 36
Jahresniederschläge 415 f
Jahrestemperatur, mittlere 415
Jakobshöhle 39
Janota, Josef 218, 225
JELONNEK Transformatoren
  und Wickelgut GmbH,
  Oberkochen 451
JELU-Werk, Ludwigsmühle,
  Rosenberg 452
Jenningen, Philipp 158
Jesuiten 157 ff
Johann Christoph I. von Wester-
  stetten, Fürstpropst 153, 165
Johann Jakob Blarer von
  Wartensee, Füstpropst 155

Johannes II., Abt 152
Juden 188 ff
Jugendamt 284
Jugendarbeit 284 f
Jugendgerichtshilfe 284
Jugendhilfe 283 ff
Jugendstil 256 f
Jungsteinzeit 82 ff
Jura 28 ff

Kager, Leonhard 154
Kah, Hermann 226
Kahlenbühlhöhle 39
Kaiserberge 36
Kalke 43
Kalksteinbrüche 43
Kapuziner 169
Kargstein 35
Karl IV., dt. Kaiser 40, 141
Karl Martell, Hausmeier 119
Karl V., dt. Kaiser 151 f
Karlmann, ostfränk. König 119
Karstquellen 38 ff
Karstwannen 38, 39
Käsbühl 35
Kastelle, römische 98 ff
Kastilien, Beringia von 137, 138
Kauffmann, Gustav 218
Kegelberge 36
Keil, Wilhelm 203
Keller, Franz 251
–, Friedrich 258, 264
–, Johann Michael 251, 252, 253
Kellner, Herbert 225
Kelten 88 ff
Paul Kemmer GmbH & Co. KG, Schwäbisch Gmünd-Kleindeinbach 453
Keppler, Paul Wilhelm von 256
Keramikrohstoffe 43
Keßler, Karl 209, 211, 214
Keuper 25 ff
Kiener, Karl 294
Karl Kiener GmbH & Co. KG, Rainau-Goldshöfe 454
Kindergärten 265 f
Kirchweih 70
Kissling, Hermann 231, 245
Klassizismus 254 f
Klaus, Julius 226
Klein, Walter 257, 258, 263
Kleine Scheuer 39, 78
Kleines Wollenloch 39
Klima 415 f
Kling, Adolf 201 f
Kloss, Maria 263
Kloster Ellwangen 120, 121 f, 123 ff, 132, 134 f, 139, 140, 144, 232 ff

– Gotteszell 142, 144
– Kirchheim 139, 251
– Königsbronn 40
– Lorch 133 f, 140, 144, 229 ff, 246 f, 256
– Neresheim 40, 138, 152, 194 f. 252
Klostergründungen 121 ff
Klöster (Schwäb. Gmünd) 141 f
Klüfte 36 f
Knollenmergel 26 f
Knoller, Martin 252, 254
Knödler, Heinz 263
Kochenburg 140
Kocher 36
–, Schwarzer 57
–, Weißer 57
Kocher-Brenz-Tal 77
Köder, Sieger 263
Koelle, Adolf 206, 208, 216, 219, 226
Koenig, Freiherren von 254
Koenig-Fachsenfeld, Franz Freiherr von 258
–, Baron Reinhard vom 264
Koepf, Hans 227, 238
Kohlhauschacht 39
Kohortenkastell 100
Kolb, Gerhard M. 180
Kolping, Adolph 187
Königtum, fränkisches 119 ff
Konrad III. dt. König 131, 132, 134, 231
Konrad IV., dt. König 138
Konrad, Franz 209, 226
Konsumverein 186
Körperbehinderte 279
Körperschaftswald 416
Korsettmanufaktur 180
Krankenhäuser 285 ff
Krankenhausstruktur 289 f
Kratzer, Thomas 172
Krauss, Johannes, Abt 194
Kreditunternehmen 399
Kreditwirtschaft 399
Kreisbaugenossenschaft Aalen eG 455
Kreisjugendring 284
Kreiskrankenhaus 285 ff
Kreisreform (1934) 219
Kreissparkasse Ostalb, Aalen und Schwäbisch Gmünd 460 f
Kreisstädte, Große 267
Kreistag 272
Kreisverwaltungsorganisation 273
Kreß, Johann 148, 149, 150
Krieg, Dreißigjähriger 154 ff
Krieger, Manfred, Heubach-Lautern 536

Kriegsgefangene 211
Kübler GmbH, Abtsgmünd-Untergröningen 539
Kübler, Carl 153
Küenberg, Franz Joseph Graf von 166
Kühn, Gebr. 181
Kuno I., Abt von Ellwangen 136 f
Kunst 227 ff
Kurz, Rudolf 263
KZ-Häftlinge 212

Max Ladenburger Söhne, Heimatsmühle GmbH & Co., Aalen und Schorndorf 510 f
Lambert, André 254
Lämmle, Ernst 188, 191
Landesentwicklungsplan 268
Landesstraßennetz 292
Landleben 174 f
Landrat, Funktion 273
Landräte 223
Landratsamt 267, 272 ff
Landschaftsgeschichte 35 f
Landschaftspflege 53 ff, 293
Landschaftsschutzgebiete 53 ff
Landtagsabgeordnete 217 f
Landtagswahlen 192
Landwirtschaft 272, 405 ff
Landwirtschaftsämter 409
Landwirtschaftsfläche 405 f
Landwirtschaftsorganisation 410
Lang, Louis 191
Latènezeit 92 ff
Laubhölzer 418 f
Lehm 43
Lehrerinnenseminar 185
Lehrerseminar 185 f, 309
Lehrlingsausbildung 399 f
Lehrlingszahlen 404
Leibeigenschaft 174
Leicht Einbauküchen GmbH 390
Leins, Christian Fr. 256
Leinwandfabrik 166
Leitz, Albert 181
Gebr. Leitz GmbH & Co., Oberkochen 504
LEKKERLAND SÜD GmbH & Co. KG, Mögglingen 489
Lémal, Paul 213
Leonhard, Gymnasialdirektor 192
Letten → Bunte Mergel
Leugger GmbH, Schwäbisch Gmünd 463
Leutze, Emanuel 258
Lias → Schwarzjura
Limes, rätischer 100 ff
Limestor 107 ff

Namen- und Sachregister

Limesverlauf 104 f
Limpurg, Schenken von 157
Linder, Otto 261
Linse GmbH + Co. KG,
    Schwäbisch Gmünd 464
Lipp GmbH & Co., Aalen 462
Lochmüller, Walter 263
Ludwig Anton Pfalzgraf bei
    Rhein, Fürstpropst 168
Ludwig, Herzog von Wirtemberg
    150
Ludwig d. Fromme, dt. König
    124
Lüllig, Carl 204, 226
Lunéville, Friede von 172
Lütgendorff, Max von 223
Lutz, Alfred 263

Machtergreifung 204
Magdalénien 78
Maier, Reinhold 203
Malm → Weißjura
Mangold, Ludwig 248
Märkte 69
Marquard der Zollner,
    Deutschordenskomtur 128
Maschinenringe 410
Marswegschacht 39
Martinsritte 70
Massenkalke 34
Mauch, Carl 309
Mayer, R. J. 188
Mediatisierung 170
Meister und Wittich, Architekten
    262
Mercedes-Benz AG,
    Niederlassung
    Schwäbisch Gmünd 528 f
Mergel 43
Mergel, Bunte 26
Merkantilismus 162
Merkle, Gottlieb 259
Merowingerzeit 111 ff
Metallgewinnung 40 ff
Methodius, Slawenapostel 124
Mittelsteinzeit 80 ff
Mocker, Karl 217, 225
Mohl, Moritz 190 f
Möhler, Paul 195, 226
Molkereigenossenschaften 410
Montogema GmbH & Co. KG,
    Lorch 465
Morlok, Georg 255
Moser, Johann Jacob 161
Mumpach, Georg 148, 149, 150
Münch, Friedrich Jakob 183
Mürdter, Albert, Mutlangen 466
Müsse Florin, Gudrun 263
Mutschler, Karl 201

Nachkriegswahlen 216
Nadelhölzer 418 ff
Nagel-Sonderaufbauten GmbH,
    Waldstetten 467
Nagler, Theresia 212
Nahrungsmittelindustrie 391
Naturdenkmale 53 ff
Naturschutz 53 ff, 293
Naturschutzgebiete 54 ff
Naturwerksteine 46
Niederadel 144
Niggl, Simpert 250
NSDAP 201 ff
Numeruskastell 100
Nuss, Fritz 263
–, Karl-Ulrich 263
Nutzfläche, landwirtschaftliche
    405 f

Oberbürgermeister 226
Oechsle, Hugo 226
Oettingen, Grafen von 128, 132,
    139, 240, 252
–, Kraft Anton Wilhelm Graf zu
    251
Ofnetberg 35
Ofnethöhle 81
Ohnewald, Helmut 218, 225
Ölschiefer 28
Oolithbänke 31
Opalinuston → Aalenium
Opie 98
Oppenländer, Kreisleiter 213
Oppold, August 181
Ortsneckereien 71 f

Papierfabrik Palm GmbH & Co.,
    Aalen 468
Parabraunerden 47
Parler, Heinrich 238
–, Peter, 238
Parteien, demokratische 217
Passionsspiele, Gmünder 166, 172
Pelosole 47
Pershing-Raketen 196 f
Personatensandstein 30 f, 43
Personennahverkehr, öffentlicher
    292
Peutingen, Ignatius Desiderius
    von 159
Pfalz, Graf Heinrich von der 147
Pfeiffer, Eduard 187
Pfeifle, Ulrich 226, 264
Pferdehaltung 408
Pfitzer, Melchior 249
Pflegeheime 282
Philipp von Schwaben, dt. König
    136, 229
Pinder, Wilhelm 253

Pippin, fränk. König 119
Planck, Dieter 100, 241
Pleuer, Hermann 254, 258
Plock, Christian 257, 258
–, Hermann 258
Porzellanmanufaktur 162 f
Posidonienschiefer 28
Prahl, Arnold Friedrich 166, 252
Presse 209
Privatwald 417
Produktionsgüterindustrie 391
Produktvermarktung,
    landwirtschaftliche 410 ff
Pyrolyseverfahren 294

Quaderkalke → Weißjura
Quellen 38, 40, 48 ff

Radio 7 Ostalb, Aalen 487
Ratgeb, Jerg 246
Raub, Ernst 311
Raymann-Nowak,
    Schwäbisch Gmünd 533
Realschulen 274
Reber KG, Bopfingen-Oberdorf
    469
Rechberg, Albrecht von 241
–, Grafen von 142, 157, 191
–, Hildebrand von
–, Siegfried von, Bischof von
    Augsburg 127
–, Ulrich von, Marschall 126
Recycling 294 f
Reformation 144 ff
Reichsdeputationshauptschluß 170
Reichsklöster 133 ff
Reichskristallnacht 190
Reichssteuerverzeichnis 133
Reichstagswahlen 191 f, 203
Reiniger, Otto 264
Remsbahn 176 f
Renaissance 246 ff
Renz, Rudolf 208
Rettenmaier & Söhne GmbH +
    Co., Ellwangen-Holzmühle
    534 f
Rettenmeier GmbH & Co. KG,
    Wört 502
Retzbach, Josef 263
Revolution (1848) 183
Revolution (1918) 198
Ries 34 f
Riesgrafen 126
Rieskessel 34 f
Riesmeteorit 34
Rieswasserversorgung 193 f
Rinderhaltung 407 f
Rockinger jr., Otto, Lauchheim
    522

Romanik 229 ff
Römerzeit 96 ff
Rosenstein 54 f, 78, 87, 91
Rosenthaler, Mathis 243
Roth, Franz Joseph 250, 251
Rothenburg, Herzog Konrad von 137
Röther, Friedrich 223
Rothmaier, Alois 226
RUD-Kettenfabrik Rieger & Dietz GmbH & Co. 181, 390, 470 f
Rudolf von Habsburg, dt. König 139, 140, 240
Rudolph, Emil 226
Ruß, Stadtpfarrer 206 f

Säkularisierung 170
Sanatorium Schloß Lindach GmbH, Schwäbisch Gmünd-Lindach 475
Sannwald, Stadtrat 203
Satellitenbild 21 ff
Schaffner, Martin 245
Scheffler, Christoph Thomas 251
Scheffold, Hansludwig 226
Schenk, Peter 260
–, Willy 209, 211
Schenkenstein, Schenken von 128
Schichtlagerung (Gesteine) 37 f
Schilfsandstein 26
Schlösser 247 f
Schlösser, Hugo 256
Schloß Ellwangen 248
– Laubach 248
Schmid, Elmar D. 243
–, Eugen 208
–, Fridolin 201, 202
–, Jakob 181
–, Sturmbannführer 207
Schmid GmbH & Co, Oberkochen 537
Schmid, Walter, Hüttlingen 441 f
Schmuckgewerbe 163
Schneider, Carl 209
Schneider GmbH, Essingen 476
Schneider, Gottfried 180
Schoch, Norbert 226
Schönbohm-Keller, Elsbeth 263
Franz Georg von Schönborn, Fürstpropst 165, 167, 168
Schöne und Seeberger, Architekten 262
Schöngut Feintechnik GmbH, Schwäbisch Gmünd 477
Schreiner, Otto 226
Schröppel, Karl 218, 225
Schübel, Karl 226
Julius Schüle GmbH,

Schwäbisch Gmünd 478
Schulen 275 ff
–, berufliche 274
–, weiterführende 274
Schulte, Dieter 217
Schultes, Stefan 226
Schumacher, Kurt 202
Schuster, Helmut 263
–, Wolfgang 226
Schutzgebietsverordnung 413
Schwäbische Hüttenwerke GmbH 390, 518 f
Schwäbischer Bund 146
Schwäbisches Lineament 36 f
Schwäpo-Shop, Aalen 488
Schwarz, Friedrich 226
Schwarzjura 28
Schwarzweilerschacht 39
Schweinehaltung 408
Schwestern, Barmherzige 187 f
Seibold, Alois 226
Seifriz, Adalbert 201
Selbstverwaltung, städt. 141 ff
Seydelmann, Maschinenfabrik 181
Siedlungsvereine 199
Silberschmiedehandwerk 163
SMT-Sondermaschinen Roger Lex, Ellwangen-Neunheim 541
Soldatenräte 198
Sonderkulturen 406
Sozialdemokratische Arbeiterpartei 187, 198, 203
Sozialhilfe 281 f
Spätmittelalter 139 f
Speratus, Paulus 150
Sperl, Josef 215
Sperreuter, Oberst 155
Spießhofer, Johann Gottfried 180
Sprachheilschulen 279
Spranger, Peter 252
Sproll, Joannes Baptista 208
Spruchweisheiten 70 f
Staatsstraßen 176
Stadelmaier GmbH, Mögglingen 479
Städte 267
Stadtfeste 67
Stadtwerke Aalen 480
Stadtwerke Ellwangen 481
Stadtwerke Schwäbisch Gmünd 482
Staufer 125 ff
Stauferburgen 126 ff, 231 f
Stauferklöster 133 ff
Stauferstädte 130 ff
Stegmaier, Schwäbisch Gmünd-Straßdorf 532
Steinkohle 42

Steinzeit 78 ff
Stelzle, Johann Nepomuk 185
Sternbacher, Georg 263
Steuerkraftsumme 268
Stierlin, Verleger 209 f
Stiglitz, Hans 234, 242, 246
Stirner, Karl 263
Stoffels, Norbert, Prior 195
Strasser, Gregor 203
Straßen 164, 290 ff
–, römische 99
Straßenbau 176
Straßennetz 290
Streich, Tribunalrat
Streuwiese 63
Strobel, Eugen 225
Stubensande 45
Stubensandstein 26, 43
Sturmfeder, Friedrich Franz von 165
Stütz, Wenzel Aloys 169
Süddeutscher Zeitungsdienst, Aalen 484 ff
Suevit 35
Suhr, Otto, Kunstschmiede, Aalen 474

Tabakfabrik 165
Tagebaupingen 41
Tassilo III., Herzog von Bayern 119 f
Tertiär 34 f
Teufelsklingenbröller 39
Theiss, Konrad 190
Thermalwasser 43
Theurer, Hugo 212
Theutbald, alamannischer Herzog 119
Thumb, Michael 248
Thurn und Taxis, Haus
Tiedje, Wilhelm 259 f
Timm, Reiner, Schwäbisch Gmünd 483
Tittor, Walther 218, 225
Ton 43
Traub GmbH & Co., Aalen-Ebnat 506 f
Treiber, Pfarrer 208
Trientl, Paul Ulrich 253
Triumph International AG 390
Turmhügelburgen 130, 234

Ueberlandwerk Jagstkreis AG (UJAG), Ellwangen (Jagst) 196, 458 f
Umsiedler 211
Umwelt 412 f
Urnenfelderzeit 87 ff

Varta Batterie AG 390, 514 f
Vegetationsperiode 416
Veit, Steinmetz 244
Verbrauchsgüterindustrie 391
Verfassung, städt. 140 ff, 159 ff
Verkarstung 3
Verkehr 290 f
Verkehrsbetriebe 398 f
Vermögenshaushalt (Landkreis) 271
Verwaltungshaushalt (Landkreis) 270
Verwaltungsräume 268
Verwaltungsreformen 219 f
Verwerfungen 36 f
Vetter, Hans, Schwäbisch Gmünd 493
Viehhaltung 407 f
Viereckschanzen 93 f
Virngrund 64 f
Vischer, Peter 246
Vogel, Rudolf 217
Vogt, d. J. Caspar 246
Volksbanken und Raiffeisenbanken im Ostalbkreis 516 f
Völkerwanderungszeit 111
Volkshochschulen 278
Volksschulverhältnisse 183 ff
Volkssturm 212 f
Volz, Eugen 218, 225
Vorgeschichte 75 ff

Wabro, Gustav 218, 223, 225
Wagner, Prof. 199
Wahl-Druck GmbH, Aalen 512 f
Wahlkreise 217 f
Waiko Möbelwerke GmbH & Co. KG, Durlangen 497 f
Wald 415 ff
Waldberger, Wolfgang 247
Waldbesitzstruktur 416 f
Waldbewirtschaftung 420
Waldburg, Georg Truchseß von 146

Waldfläche 415
Waldraff Formenbau, Schwäbisch Gmünd-Bettringen 527
Waldverhältnisse 418 ff
Waldwirtschaft, naturgemäße 421
Wallfahrt Schönenberg 158
Wallfahrtswesen 68
Walter, Felix 218, 225
Walzer, Raphael, Erzabt von Beuron 194
Wannenmacher, Joseph 251, 252
Wanner, Ernst 263
Wasserscheide 35
Wasserschutz 293, 421
Weber GmbH & Co. KG, Aalen 499
Weidinger, Otto 211
Weißjura 31 ff
Weitbrecht, Konrad 257
Weiterbildung, wirtschaftsnahe 400
Weleda AG, Schwäbisch Gmünd 495
Welf VI. 130
Weltkrieg, Erster 197 f
–, Zweiter 210 ff
Welzheimer Wald 61 f
Wengert, Pfarrer 192
Wepfer, Gottlieb Wilhelm 255
Weyrer d. Ae., Stephan 243
Widemann, Wilhelm 257
Widerstand, kirchlicher 207 f
Widmann GmbH & Co. KG, Autohaus, Aalen und Ellwangen 494
Wiedemann, Christian 251
Wiedertäufer 147
Wienand, R. 262
WIGO Werkzeug GmbH, Neresheim 503
Wilhelm I., König von Württemberg 174
Winter, Diethelm 223
Wintergerst, Anton 253

Wirth, Joseph 202
Wirtschaft 162 ff
Woellwarth, Hans Wolf von 248
–, Sigmund von 148, 149, 150
Woellwarth-Lauterburg, Familie von 157
Wöhr, Karl 226, 305
Wolf, Studienrat 205
Wollindustrie 163
Wörner GmbH & Co. KG, Autohaus, Schwäbisch Gmünd 531
Wortmann, Reinhard 238
Württemberg, Grafen von 140, 144

Zahnradfabrik Friedrichshafen 209, 390, 491 f
Zanek, Theodor 237
Zeiler, Sebastian 187
Carl Zeiss, Oberkochen 508 f.
Zeitblom, Bartholomäus 228, 245
Zelle Gamundias 122
Zementmergel 34, 43
Zentrumspartei 191 ff
Zeugenberge 36
Ziegelbaur, Bernhard, Lippach 540
Ziegelrohstoffe 43
Zimmermann, Dominikus 251
Zinngießerhandwerk 162 f
Zucchi, Peter Franz 166
Zunftverfassung 141
Zwangsarbeiter 211, 213
Zweckverband Landeswasserversorgung, Stuttgart 500 f

Gemeinderegister

Die Zahlen hinter der Ortsangabe bezeichnen die Textseiten, auf denen die Gemeinde erwähnt wird.
GK = Gemeindekurzbiographien in „Wissenswertes aus den Städten und Gemeinden des Kreises"
Abb. = Abbildung Nr. . . . (nicht Seitenzahl)
Tafel = Tafel Nr. . . . (nicht Seitenzahl)

Aalen 41, 54, 67, 69, 71, 72, 106, 108, 112, 121, 123, 130, 131 f, 139, 140, 150 f, 155, 156, 160 f, 164 f, 172, 181, 183, 187, 195, 198, 297 ff, 310 ff, GK 315 ff; Abb. 3, 9, 33, 41, 47–49, 55, 76, 85, 90–92, Tafeln 6, 13, 24, 38–40
-Dewangen GK 316
-Ebnat 39, 43, 68, 72, GK 316 f
-Fachsenfeld 43, 72, 176, GK 317
-Hofen 72, GK 317
-Unterkochen 32, 39, 40, 45, 73, 85, 165, 181, 187, 244, 253, GK 317 f
-Waldhausen 72, 73, GK 318
-Wasseralfingen 31, 40, 45, 68, 73, 94, 165, 177, 182, 187, 213, 245, 256, 279, GK 318 ff
Abtsgmünd 40 f, 43, 54, 174, 177 f, 182, 215, 256, GK 320 ff; Abb. 16, 37, 93, Tafel 32
-Hohenstadt 67, 68, 72, 173 f, GK 320
-Laubach 149, 279, GK 321
-Neubronn 73, GK 321
-Pommertsweiler 256, GK 321
-Untergröningen 245, GK 321 f
Adelmannsfelden 68, 69, 70, 139, 245, GK 321; Abb. 94

Altersberg → Gschwend
Aufhausen → Bopfingen
Baldern → Bopfingen
Bargau → Schwäbisch Gmünd

Bartholomä 33, 39, 43, 54, 69, 71, 236, 245, GK 324; Abb. 95

Benzenzimmern → Kirchheim am Ries
Bettringen → Schwäbisch Gmünd

Böbingen 73, 87, 112, 236, GK 325 f; Abb. 96
Bopfingen 34, 43, 54, 69, 70, 85, 93, 112, 121, 129, 130, 132 f, 138, 151 f, 157, 170, 174, 237, 244, 246, 247, 261, GK 326 ff; Abb. 12, 36; Abb. 42, 50, 51, 89, 97, Tafeln 11, 20, 31
-Aufhausen 40, 71, 188, GK 326 f
-Baldern 71, GK 327
-Flochberg 72, 94, 253, GK 327
-Kerkingen 72, 242, GK 327
-Oberdorf 98, 188, 245, GK 327 f
-Trochtelfingen 73, 87, 157, GK 328
-Unterriffingen 41, 88, GK 328

Dalkingen → Rainau
Degenfeld → Schwäbisch Gmünd
Dewangen → Aalen
Dirgenheim → Kirchheim am Ries
Dorfmerkingen → Neresheim

Durlangen 236, 245, 255, GK 329 f; Abb. 67

Ebnat → Aalen
Elchingen → Neresheim

Ellenberg 49, 54, 72, 149, GK 330 f; Abb. 98
Ellwangen 45, 67, 68, 69, 72, 153 ff, 157 ff, 161 f, 166, 170, 173, 188 f, 197, 204, 232 ff, 237, 241 f, 246, 267, 305 ff, GK 330 ff; Abb. 13, 43, 45, 64, 65, 70, 72, 73, 81, 84, Tafeln 21, 25, 34
-Pfahlheim 73, 94, 100, 112, 113 ff, 121, 149, 260, GK 332
-Rindelbach 149, GK 332 f
-Röhlingen 70, 72, 73, 149, GK 333
-Schrezheim 149, 166, 252, 257, GK 333
Eschach 67, 236, 245, GK 333 f; Tafel 30
Essingen 39, 54, 72, 87, 98, 99, GK 334 ff; Abb. 35
-Lauterburg 72, GK 334 f

Fachsenfeld → Aalen
Flochberg → Bopfingen
Frickenhofen → Gschwend

Geislingen → Unterschneidheim

Göggingen 245, GK 335; Abb. 99

Goldburghausen → Riesbürg
Großdeinbach → Schwäbisch Gmünd

Gschwend 45, 54, 177, GK 335 f; Abb. 100
-Altersberg GK 337
-Frickenhofen 41, GK 337

Herlikofen → Schwäbisch Gmünd

Heubach 33, 39, 54, 72, 85, 140, 173, 177, 180, 198, 237, 256, 279, GK 337 ff; Abb. 5, 101, Tafel 30
Heuchlingen 72, GK 339 ff; Abb. 102

Hofen → Aalen
Hohenstadt → Abtsgmünd
Hülen → Lauchheim
Hussenhofen → Schwäbisch Gmünd

Hüttlingen 40 f, 67, 72, 73, 112, 187, 259, GK 341

Iggingen 255, GK 341; Abb. 103

Jagstzell 72, 149, GK 342 f; Abb. 105

Kerkingen → Bopfingen

Kirchheim am Ries 34, 54, 93, 94, 112, 113 ff, 139, 240 f, GK 343 f
-Benzenzimmern 71, 236, 408, GK 343 f; Abb. 38, 69
-Dirgenheim 72, 237, GK 344

Gemeinderegister

Kösingen → Neresheim
Laubach → Abtsgmünd

Lauchheim 54, 67, 72, 94, 112, 113 ff, 128 f, 177, 245, 247, 255, GK 344 ff; Abb. 15, 106, Tafeln 14, 17
-Hülen 33, 43, 128, GK 345 f
-Röttingen 73, 215, 242, 253, GK 346

Lauterburg → Essingen
Lautern → Heubach
Leinroden → Abtsgmünd

Leinzell 72, 245, GK 346 f; Abb. 107

Lindach → Schwäbisch Gmünd
Lippach → Westhausen

Lorch 54, 67, 73, 126, 229 ff, 256, GK 347 f; Abb. 63, 109, Tafel 15
-Waldhausen 128, 138, GK 347 f

Mögglingen 73, 236, 260, GK 348 f; Abb. 109
Mutlangen 73, 196 f, 255, 279, GK 349 f

Neresheim 34, 54, 67, 68, 73, 112, 138, 152, 157, 170, 194, 247, 253 f, GK 350 ff; Abb. 10, 26, 110, Tafel 33
-Dorfmerkingen 41, 72, 121, GK 351 f
-Elchingen GK 352
-Kösingen 72, 94, 112, 121, 236, GK 352
-Ohmenheim 68, GK 352
-Schweindorf 87, 157, GK 353

Neubronn → Abtsgmünd

Neuler 54, 68, 70, 72, 73, 149, GK 353 f; Abb. 111

Nordhausen → Unterschneidheim
Oberdorf → Bopfingen

Obergröningen 244, GK 354; Abb. 112
Oberkochen 32, 39, 40, 45, 54, 67, 69, 73, 112, 165, 181, 199, 204, 209, 261, GK 354 ff; Abb. 4, 113

Ohmenheim → Neresheim

Pfahlheim → Ellwangen
Pflaumloch → Riesbürg
Pommertsweiler → Abtsgmünd

Rainau 54, GK 356 f; Abb. 30, 31, Tafeln 10, 13
-Dalkingen 90, 100, 106 ff, 256, GK 356 f
-Schwabsberg 49, 72, 73, 98, 106, 109, 149, GK 357

Rechberg → Schwäbisch Gmünd

Riesbürg 34, 54, GK 357 f; Abb. 28, Tafel 12
-Goldburghausen 83 ff, 157, 408, GK 357
-Pflaumloch 157, 188, 408, GK 357 f
-Utzmemmingen 35, 67, 81, 87, 121, 157, GK 358

Rindelbach → Ellwangen
Röhlingen → Ellwangen

Rosenberg 45, 54, 149, 165, 256, 263, GK 358 f; Tafel 37

Röttingen → Lauchheim

Ruppertshofen 244, GK 359 f; Abb. 114, 115

Schechingen GK 360; Abb. 116

Schloßberg → Bopfingen
Schrezheim → Ellwangen

Schwäbisch Gmünd 43, 45, 54, 67, 69, 73, 130 f, 138, 140 ff, 145 f, 154, 155, 159 f, 173, 181, 183, 185, 194, 195, 198, 208, 231 ff, 238 ff, 267, 279, 301 ff, 309 ff, 313 f, GK 361 ff; Abb. 34, 39, 40, 44, 56, 62, 68, 71, 74, 82, 87, 117, Tafeln 16, 23, 26-29, 36
-Bargau 71, 256, GK 363
-Bettringen 71, GK 363
-Degenfeld 72, 236, GK 363 f
-Großdeinbach GK 364
-Herlikofen 121, 255, GK 364
-Hussenhofen 72, GK 364
-Lindach 72, 302, GK 364 f
-Rechberg 73, 248, GK 365
-Straßdorf 73, 245, 258, GK 365
-Weiler in den Bergen 236, 276, GK 365 f

Schwabsberg → Rainau
Schweindorf → Neresheim

Spraitbach 245, 255, GK 366; Abb. 118
Stödtlen 54, 68, 149, 256, GK 366 f; Tafel 35

Straßdorf → Schwäbisch Gmünd

Täferrot 245, 276, GK 367; Abb. 119
Tannhausen 73, 242, 243, GK 368 f; Abb. 120

Trochtelfingen → Bopfingen
Untergröningen → Abtsgmünd
Unterkochen → Aalen
Unterriffingen → Bopfingen

Unterschneidheim 34, 73, 112, 121, 140, 245, GK 369 ff; Abb. 121
-Geislingen 94, GK 3770
-Nordhausen 94, 73, 140, 237, GK 370
-Unterwilflingen 408, GK 370
-Walxheim 73, GK 370 f
-Zipplingen 121, 140, 237, 253, GK 371
-Zöbingen 68, 112, 113 ff, 253, 276, GK 371

Unterwilflingen → Unterschneidheim
Utzmemmingen → Riesbürg
Waldhausen → Aalen
Waldhausen → Lorch

Waldstetten 54, 73, 149, 236, 256, GK 372; Abb. 122
-Wißgoldingen 236, 259, GK 372

Walxheim → Unterschneidheim
Wasseralfingen → Aalen
Weiler in den Bergen → Schwäbisch Gmünd

Westhausen 54, 68, 69, 73, 121, 253, 279, GK 373 f; Abb. 83, 123
-Lippach 68, 73, 213, GK 373 f

Wißgoldingen → Waldstetten

Wört 54, 79, 149, 280, GK 374; Abb. 124

Zipplingen → Unterschneidheim
Zöbingen → Unterschneidheim

Hermann Baumhauer / Joachim Feist

Ostalb

Bild einer Kulturlandschaft. 180 Seiten mit 112 Abbildungen. Die Ostalb, eine landschaftlich vielgestaltige Region mit bewegter Geschichte, wird in Text und Bild vorgestellt.

Konrad A. Theiss

Kunst- und Kulturdenkmale im Ostalbkreis

405 Seiten mit 280 Abbildungen und 16 Farbtafeln. Der reich bebilderte handliche Führer zu den kunsthistorischen Sehenswürdigkeiten und Kulturdenkmalen im Ostalbkreis.

Peter Kruppa / Eugen Hafner

Aalen

82 Seiten mit 90 farbigen Abbildungen. Dreisprachig. Zeugnisse der langen Geschichte Aalens und die Vielfalt der Stadt unserer Tage, zusammengefaßt in einem farbigen Bilderbogen.

Bopfingen
Landschaft – Geschichte – Kultur

Herausgegeben von der Stadt Bopfingen. Ca. 216 Seiten mit 36 Farbtafeln und ca. 60 Textabbildungen. Das neue Heimatbuch: Bopfingen und der Bopfinger Raum in Vergangenheit und Gegenwart.

Das große Buch der Schwäbischen Alb

Herausgegeben von Ernst Waldemar Bauer und Helmut Schönnamsgruber. 216 Seiten mit 410 farbigen Abbildungen. Eine beispiellos gelungene Kombination von farbigem Bildband und modernem Sachbuch über die Schwäbische Alb.

Ottmar Engelhardt

Neresheim und das Härtsfeld

120 Seiten mit 70 Kunstdrucktafeln, davon 15 in Farbe. Der Bildband über eine der reizvollsten und eigenartigsten Landschaften der Schwäbischen Alb.

Ludwig Windstoßer / Hermann Ehinger / Rudolf Sauter

Schwäbisch Gmünd

124 Seiten mit 90 Tafeln, davon 30 in Farbe. Ein liebevolles, aber nicht unkritisches Porträt der Stadt Schwäbisch Gmünd und ihrer Bürger.

Alfred Munz

Wacholderbeeren

Besinnliche Spaziergänge auf der Schwäbischen Alb. 122 Seiten mit 8 Abbildungen. Poetische Miniaturen, nicht nur für nachdenkliche Albwanderer.

THEISS